INSTRUCTOR'S ANNOTATED EDITION



# IMMAGINA

## L'ITALIANO SENZA CONFINI

**Anne Cummings**
El Camino College

**Chiara Frenquellucci**
Harvard University

**Gloria Pastorino**
Fairleigh Dickinson University

VISTA®
HIGHER LEARNING
Boston, Massachusetts

**Publisher:** José A. Blanco
**Editorial Development:** Judith Bach, Deborah Coffey, María Victoria Echeverri
**Project Management:** Hillary Gospodarek, Sharon Inglis, Tiffany Kayes, Sofía Pellón
**Rights Management:** Maria Rosa Alcaraz Pinsach, Annie Pickert Fuller, Caitlin O'Brien
**Technology Production:** Egle Gutierrez, Catherine Hansen, Paola Ríos Schaaf
**Design:** Mark James, Jhoany Jiménez, Andrés Vanegas
**Production:** Manuela Arango, Oscar Díez, Jennifer López, Lina Lozano



Student Text (Perfectbound) ISBN: 978-1-62680-863-8
Student Text (Casebound) ISBN: 978-1-62680-864-5
Instructor's Annotated Edition ISBN: 978-1-62680-866-9

Library of Congress Control Number: 2014948567



1 2 3 4 5 6 7 8 9 TC 19 18 17 16 15 14

Printed in Canada.

# INSTRUCTOR'S ANNOTATED EDITION

## Table of Contents


The Vista Higher Learning Story IAE-4

Getting to Know **IMMAGINA** IAE-5

**Sommario** IAE-6

The **IMMAGINA** Supersite IAE-12

**IMMAGINA** Film Collection IAE-14

**IMMAGINA** and the *Standards for Foreign Language Learning* IAE-16

**IMMAGINA** at-a-glance IAE-18

Instructor Resources IAE-31

Student Resources IAE-32

General Teaching Considerations IAE-33

- Orienting Students to the Student Textbook IAE-33
- Flexible Lesson Organization IAE-33
- Identifying Active Vocabulary IAE-33
- Suggestions for Using **Sommario** IAE-34
- Suggestions for Using **Per cominciare** IAE-34
- Suggestions for Using **Cortometraggio** IAE-35
- Suggestions for Using **Immagina** IAE-36
- Suggestions for Using **Strutture** IAE-37
- Suggestions for Using **Cultura** IAE-38
- Suggestions for Using **Letteratura** IAE-39
- Suggestions for using **Laboratorio di scrittura** IAE-40
- Course Planning IAE-41

Acknowledgments IAE-43

Maps IAE-44

# The Vista Higher Learning Story

## Your Specialized Foreign Language Publisher

Independent, specialized, and privately owned, Vista Higher Learning was founded in 2000 with one mission: to raise the teaching and learning of world languages to a higher level. This mission is based on the following beliefs:

- It is essential to prepare students for a world in which learning another language is a necessity, not a luxury.
- Language learning should be fun and rewarding, and all students should have the tools they need to achieve success.
- Students who experience success learning a language will be more likely to continue their language studies both inside and outside the classroom.

With this in mind, we decided to take a fresh look at all aspects of language instructional materials. Because we are specialized, we dedicate 100 percent of our resources to this goal and base every decision on how well it supports language learning.

That is where you come in. Since our founding, we have relied on the invaluable feedback of language instructors and students nationwide. This partnership has proved to be the cornerstone of our success by allowing us to constantly improve our programs to meet your instructional needs.

The result? Programs that make language learning exciting, relevant, and effective through:

- unprecedented access to resources
- a wide variety of contemporary, authentic materials
- the integration of text, technology, and media, and
- a bold and engaging textbook design.

By focusing on our singular passion, we let you focus on yours.

The Vista Higher Learning Team

VISTA®
HIGHER LEARNING

500 Boylston Street, Suite 620, Boston, MA 02116-3736 TOLL-FREE: 800-618-7375
TELEPHONE: 617-426-4910 FAX: 617-426-5209 www.vistahigherlearning.com

# Getting to Know IMMAGINA, Second Edition

**IMMAGINA**, Second Edition, is a market-leading intermediate Italian program designed to provide students with an active and rewarding learning experience as they strengthen their language skills and develop their cultural competency. **IMMAGINA** takes an interactive, communicative approach. It focuses on real communication in meaningful contexts to develop and consolidate students' speaking, listening, reading, and writing skills. **IMMAGINA** features a fresh, magazine-like design that engages students while integrating thematic, cultural, and grammatical concepts within every section of the text.

### NEW! to the Second Edition

- Enhanced Supersite—groundbreaking technology with more powerful course management tools and a simplified user experience—now with iPad®-friendly* features
- Online video Partner Chat and Virtual Chat activities for conversational skill building and oral practice
- Two new authentic short films: **L'amore non esiste** (lesson 2) and **Il numero di Sharon** (lesson 9)
- Two new **Letteratura** readings: **Il viaggiatore dalla voce profonda** by Dacia Maraini and **Lui e io** by Natalia Ginzburg
- More activities online, including Virtual Chat activities and Partner Chat activities
- vText—the interactive, online text—perfect for hybrid courses. Now, in an iPad®-friendly* format!
- Three new Oral Testing Suggestions per lesson help you evaluate your students' oral communication skills

### Plus, the original hallmark features of IMMAGINA

- Authentic short films by award-winning Italian filmmakers and a wide range of pre- and post-viewing activities
- Dramatic photos and thought-provoking discussion questions
- Real-life, practical vocabulary related to the lesson theme followed by directed and communicative activities
- Rich, contemporary cultural presentations
- Clear, comprehensive grammar explanations followed by thematically and culturally relevant activities
- Authentic literary selections including short stories and excerpts from novels and plays

*Students must use a computer for audio recording and select presentations and tools that require Flash or Shockwave.

| | PER COMINCIARE | CORTOMETRAGGIO | IMMAGINA |
|---|---|---|---|
| **Lezione 1**<br>**Sentire e vivere**<br> | **I rapporti personali** . . . . . . . . . 4<br>la personalità<br>lo stato civile<br>i rapporti<br>i sentimenti | *La scarpa* (5 min.) . . . . . . . . . . 6<br>Regista: Andrea Rovetta | GLI ITALIANI NEL MONDO<br>*Italiani: un popolo in movimento* . . . . . . . . . . . . . . . . 12<br>L'Italia celebrata negli Stati Uniti; Italiani famosi nel mondo . . . . . . . 13 |
| **Lezione 2**<br>**Vivere insieme**<br> | **Città e comunità** . . . . . . . . . . 42<br>luoghi e indicazioni<br>la gente<br>le attività<br>il trasporto<br>per descrivere | *L'amore non esiste* (15 min.) . . . . . . . . . . . . . . . . . 44<br>Regista: Massimiliano Camaiti | ROMA E L'ITALIA CENTRALE<br>*Roma: un museo all'aperto!* . . . . 50<br>Le regioni del Centro Italia; San Francesco d'Assisi . . . . . . . . 51 |
| **Lezione 3**<br>**Distrarsi e divertirsi**<br> | **I passatempi** . . . . . . . . . . . . . 80<br>lo sport<br>il tempo libero<br>lo shopping e l'abbigliamento | *Bulli si nasce* (16 min.) . . . . . 82<br>Regista: Massimo Cappelli | TOSCANA E FIRENZE<br>*In giro per Firenze* . . . . . . . . . . . . 88<br>La Vespa; L'Arcipelago Toscano . . 89 |
| **Lezione 4**<br>**Il valore delle idee**<br> | **La giustizia e la politica** . . . 118<br>le leggi e i diritti<br>la politica<br>la gente<br>la sicurezza e i pericoli | *Mare nostro* (18 min.) . . . . . 120<br>Regista: Andrea D'Asaro | MILANO E LA LOMBARDIA<br>*Milano: capitale del nord* . . . . . 126<br>Il gorgonzola; Terra di laghi . . . . 127 |

| STRUTTURE | CULTURA | LETTERATURA |
|---|---|---|


| STRUTTURE | CULTURA | LETTERATURA |
|---|---|---|
| 1.1 The present tense: regular verbs .......... 14<br>1.2 Articles ............... 18<br>1.3 Gender and number ..... 20<br>1.4 The present tense: irregular verbs ......... 24<br>Sintesi .................... 28 | *Perché studi l'italiano?* ..... 29 | *Il supplente*<br>Salvatore Fiume,<br>racconto ................. 33<br>Laboratorio di scrittura...... 38 |
| 2.1 Reflexive and reciprocal verbs ................. 52<br>2.2 **Piacere** and similiar verbs ................. 56<br>2.3 Possessive adjectives and pronouns .......... 60<br>2.4 Demonstratives; position of adjectives ........... 64<br>Sintesi .................... 66 | *Tutte le strade portano a Roma* .................. 67 | *La mamma e il bambino*<br>Claudio Gianini,<br>racconto ................. 71<br>Laboratorio di scrittura...... 76 |
| 3.1 The **passato prossimo** with **avere** and **essere**... 90<br>3.2 The **imperfetto** ......... 94<br>3.3 The **passato prossimo** vs. the **imperfetto**....... 96<br>3.4 The **passato remoto**.... 100<br>Sintesi .................. 104 | *Rete!* .................... 105 | *La chitarra magica*<br>Stefano Benni,<br>racconto ................ 109<br>Laboratorio di scrittura..... 114 |
| 4.1 The **trapassato prossimo** and the **trapassato remoto** ..128<br>4.2 Object pronouns ....... 132<br>4.3 The imperative ........ 138<br>4.4 **Dovere, potere,** and **volere** ............... 142<br>Sintesi .................. 144 | *Unità nella diversità: l'Italia nell'Unione Europea* ...... 145 | *Il viaggiatore dalla voce profonda,*<br>Dacia Maraini<br>racconto ................ 149<br>Laboratorio di scrittura..... 156 |


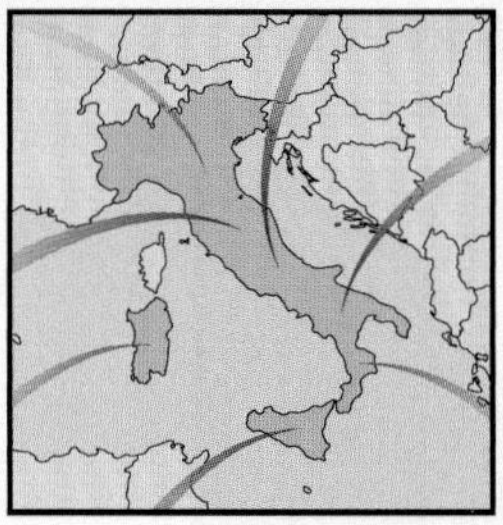

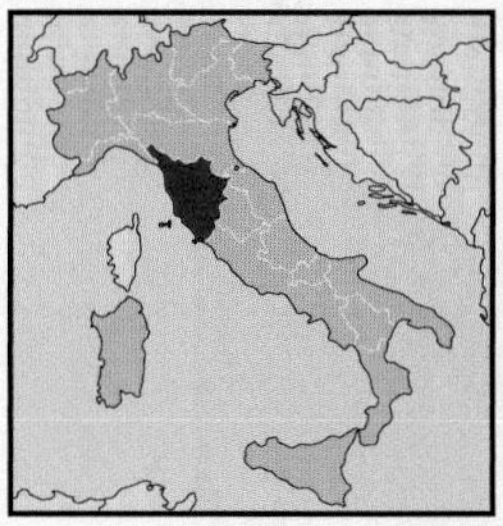

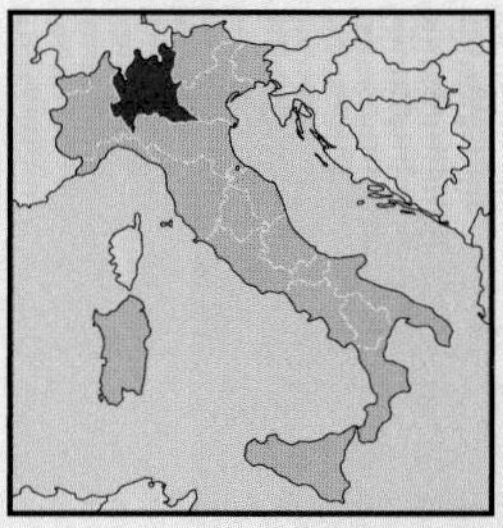

| | PER COMINCIARE | CORTOMETRAGGIO | IMMAGINA |
|---|---|---|---|
| **Lezione 5**<br>**Le generazioni in movimento**<br> | **In famiglia . . . . . . . . . . . . . . 160**<br>i rapporti di parentela<br>le tappe della vita<br>le generazioni<br>la vita in famiglia<br>la personalità | *Dove dormono gli aerei*<br>(18 min.) . . . . . . . . . . . . . . . . 162<br>Regista: Alessandro Federici | SICILIA E SARDEGNA<br>*Due isole che parlano* . . . . . . . . 168<br>Palermo; Due oasi rosa . . . . . . . 169 |
| **Lezione 6**<br>**La società che si evolve**<br> | **Società e cambiamenti . . . . 198**<br>i cambiamenti<br>le tendenze sociali<br>i problemi e le soluzioni<br>le convinzioni religiose | *Lacreme Napulitane*<br>(19 min.) . . . . . . . . . . . . . . . . 200<br>Regista: Francesco Satta | L'ITALIA MERIDIONALE<br>*Tra storia e natura* . . . . . . . . . . . 206<br>Pompei; La pizza napoletana . . . 207 |
| **Lezione 7**<br>**Le scienze e la tecnologia**<br> | **I progressi e la ricerca . . . . 238**<br>gli scienziati<br>la ricerca scientifica<br>la tecnologia<br>il mondo digitale<br>problemi e sfide | *L'età del fuoco* (17 min.) . . . 240<br>Regista: Mauro Calvone | IL TRIVENETO<br>*Dove l'Italia incontra l'Europa* . . 246<br>L'italiano in Slovenia e Croazia;<br>Marco Polo . . . . . . . . . . . . . . . . . 247 |
| **Lezione 8**<br>**Le ricchezze culturali e storiche**<br> | **Le arti e la storia . . . . . . . . . 280**<br>la storia<br>la letteratura<br>l'arte<br>gli artisti | *Il segreto del santo*<br>(21 min.) . . . . . . . . . . . . . . . . 282<br>Regista: Hervé Ducroux | EMILIA-ROMAGNA<br>*Una regione da... mangiare!* . . . 288<br>La Serenissima Repubblica<br>di San Marino; I mosaici<br>ieri e oggi . . . . . . . . . . . . . . . . . . 289 |

| STRUTTURE | CULTURA | LETTERATURA |
|---|---|---|


**5.1** Partitives and expressions of quantity. . . . . . . . . . . . 170
**5.2** Ci and ne . . . . . . . . . . . . 174
**5.3** The future . . . . . . . . . . . . 178
**5.4** Adverbs. . . . . . . . . . . . . . 182
Sintesi . . . . . . . . . . . . . . . . . . 184

*Vivere con la mamma* . . . . . 185

*L'innocenza*
Elsa Morante,
racconto . . . . . . . . . . . . . . . . 189
Laboratorio di scrittura. . . . . 194


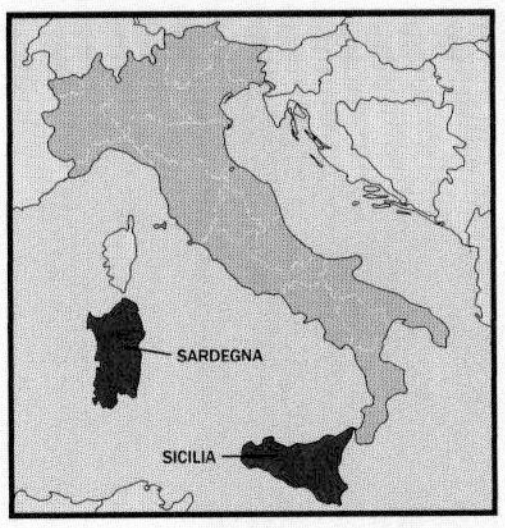



**6.1** The conditional. . . . . . . . 208
**6.2** Negation . . . . . . . . . . . . . 212
**6.3** The subjunctive: impersonal expressions; will and emotion. . . . . . . 216
**6.4** Suffixes. . . . . . . . . . . . . . 220
Sintesi . . . . . . . . . . . . . . . . . . 222

*L'unità d'Italia: identità regionale e nazionale* . . . . . 223

*Il problema dei vecchi*
Dario Fo,
opera teatrale . . . . . . . . . . . . 227
Laboratorio di scrittura. . . . . 234


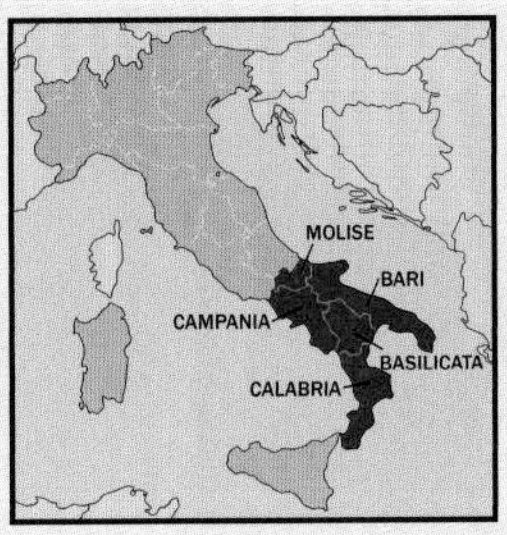



**7.1** Comparatives and superlatives . . . . . . . . . . 248
**7.2** Relative pronouns . . . . . 254
**7.3** The subjunctive with expressions of doubt and conjunctions; the past subjunctive. . . . . . . . . . . 258
**7.4** **Conoscere** and **sapere**. . 262
Sintesi . . . . . . . . . . . . . . . . . . 264

*Venezia: sommersa o salvata?* . . . . . . . . . . . . . . . . 265

*Le meraviglie del duemila*
Emilio Salgari,
frammento . . . . . . . . . . . . . . 269
Laboratorio di scrittura. . . . . 276


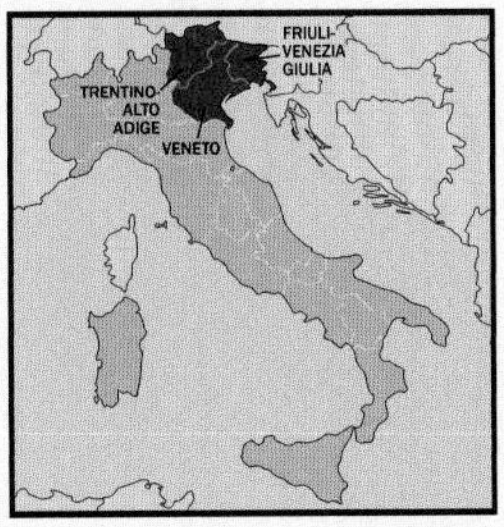



**8.1** Uses of the infinitive. . . . 290
**8.2** Disjunctive pronouns; prepositions . . . . . . . . . . 294
**8.3** Verbs followed by prepositions. . . . . . . . 298
**8.4** Gerunds and participles. . 302
Sintesi . . . . . . . . . . . . . . . . . . 306

*La mano che ubbidisce all'intelletto* . . . . . . . . . . . . . 307

*La parola proibita*
Dino Buzzati,
racconto . . . . . . . . . . . . . . . . 311
Laboratorio di scrittura. . . . . 318


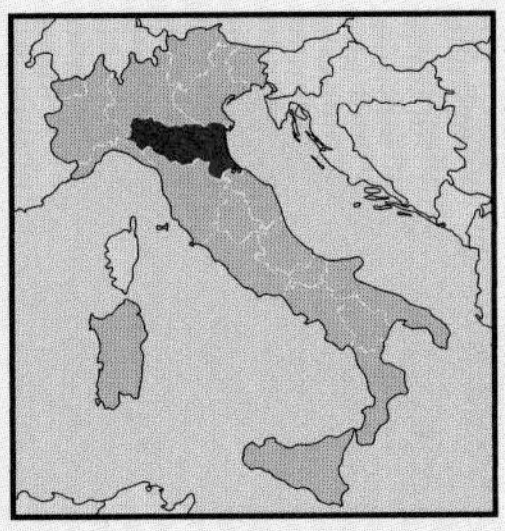

| | PER COMINCIARE | CORTOMETRAGGIO | IMMAGINA |
|---|---|---|---|
| **Lezione 9**<br>**L'influenza dei media**<br> | **Media e cultura** . . . . . . . . . . **322**<br>cinema, radio e televisione<br>i media<br>la gente dei media<br>la stampa<br>la cultura popolare | *Il numero di Sharon* (5 min.) . . . . . . . . . . . . . . . . **324**<br>Regista: Roberto Gagnor | LIGURIA<br>*I patrimoni dell'umanità in Liguria* . . . . . . . . . . . . . . . . . **330**<br>Il Festival della canzone italiana; Renzo Piano . . . . . . . . . . . . . . . . **331** |
| **Lezione 10**<br>**Prospettive lavorative**<br> | **Il lavoro e le finanze** . . . . . . **364**<br>la ricerca di lavoro<br>la gente al lavoro<br>al lavoro<br>le finanze | *Rischio d'impresa* (14 min.) . . . . . . . . . . . . . . . . **366**<br>Regista: Francesco Brandi | LE ALPI<br>*Sport ad alta quota* . . . . . . . . . . **372**<br>Lugano; Ferrero . . . . . . . . . . . . . **373** |

**Laboratorio di scrittura – Punti per la revisione dei saggi** . . . . . . . . . . . . . . . . . . . . . . . . . . . . . . . **403**

**Verb conjugation tables** . . . . . . . . . . . . . . . . . . . . . . . . . . . . . . . . . . . . . . . . . . . . . . . . . . . . . . . . **405**

**Vocabulary**

Italiano-Inglese . . . . . . . . . . . . . . . . . . . . . . . . . . . . . . . . . . . . . . . . . . . . . . . . . . . . . . . . . . . . . . . **419**

English-Italian . . . . . . . . . . . . . . . . . . . . . . . . . . . . . . . . . . . . . . . . . . . . . . . . . . . . . . . . . . . . . . . . **440**

**Index** . . . . . . . . . . . . . . . . . . . . . . . . . . . . . . . . . . . . . . . . . . . . . . . . . . . . . . . . . . . . . . . . . . . . . . . **461**

**Credits** . . . . . . . . . . . . . . . . . . . . . . . . . . . . . . . . . . . . . . . . . . . . . . . . . . . . . . . . . . . . . . . . . . . . . **464**

**About the authors** . . . . . . . . . . . . . . . . . . . . . . . . . . . . . . . . . . . . . . . . . . . . . . . . . . . . . . . . . . . . **466**

| STRUTTURE | CULTURA | LETTERATURA | |
|---|---|---|---|
| **9.1** The imperfect subjunctive and the past perfect subjunctive; tense sequencing . . . . . . **332**<br>**9.2** Indefinite adjectives and pronouns . . . . . . . . . **338**<br>**9.3** Hypothetical statements. **342**<br>**9.4** Other uses of the subjunctive. . . . . . . . **346**<br>Sintesi . . . . . . . . . . . . . . . . . . **348** | *Federico Fellini: il 'maestro' dei sogni* . . . . . . . . . . . . . . . . **349** | *Lui e io*<br>Natalia Ginzburg<br>brano. . . . . . . . . . . . . . . . . . . **353**<br>Laboratorio di scrittura. . . . . **360** |  |
| **10.1** Passive voice . . . . . . . . **374**<br>**10.2 Si passivante** and **si impersonale**. . . . . . . **376**<br>**10.3** Indirect discourse. . . . . **380**<br>**10.4 Fare, lasciare,** and verbs of perception followed by the infinitive . . . . . . . . . **384**<br>Sintesi . . . . . . . . . . . . . . . . . . **388** | *La moda italiana* . . . . . . . . . **389** | *L'avventura di due sposi*<br>Italo Calvino,<br>racconto . . . . . . . . . . . . . . . . **393**<br>Laboratorio di scrittura. . . . . **400** |  |


## Icons

Familiarize yourself with these icons that appear throughout **IMMAGINA**.

- Content on the Supersite: audio, video, and presentations
- Activity on the Supersite
- Pair activity
- Group activity

Pair and mouse icons together indicate that the activity is available as an assignable Partner Chat or Virtual Chat on the Supersite. Additional practice on the Supersite, not included in the textbook, is indicated with this icon feature:

Practice more at **vhlcentral.com.**

# The IMMAGINA, Second Edition Supersite

The **IMMAGINA**, Second Edition Supersite is your online source for integrating text and technology resources. The Supersite enhances language learning and facilitates simple course management. With powerful functionality, a focus on language learning, and a simplified user experience, the Supersite offers features based directly on feedback from thousands of users.

## End Student Frustration

Make it a cinch for students to track due dates, save work, and access all assignments and resources.

## Set-Up Ease

Customize your course and section settings, create your own grading categories, plus copy previous settings to save time.

## All-in-One Gradebook

Add your own activities or use the new grade adjustment tool for a true, cumulative grade.

## Grading Options

Choose to grade student-by-student, question-by-question, or spot check. Plus, give targeted feedback via in-line editing and voice comments.

## Accessible Student Data

Conveniently share information one-on-one, or issue class reports in the formats that best fit you and your department.

## For Instructors

- A gradebook to manage rosters, assignments, and grades
- Time-saving auto-graded activities, plus question-by-question and automated spot-checking
- A communication center for announcements, notifications, and help requests
- Online administration of quizzes and exams, now with time limits and password protection
- Testing Program in editable RTF format
- Lab and Testing Audio Program MP3 files
- Tools to add your own content to the Supersite:
    - Create and assign Partner Chat and open-ended activities
    - Upload and assign videos and outside resources
- Pre-made sample syllabus and lesson plan in customizable RTF format
- Answer keys, audio scripts, Italian and English video scripts, grammar presentation slides, and teaching suggestions
- Single sign-on feature for integration with your LMS
- Live Chat for video chat, audio chat, and instant messaging
- Voiceboards for oral assignments, group discussions, and projects
- vText—the online, interactive text

# Supersite

Each section of the textbook comes with resources and activities on the **IMMAGINA** Supersite, many of which are auto-graded with immediate feedback. Plus, the Supersite is iPad®-friendly*, so it can be accessed on the go! Visit **vhlcentral.com** to explore this wealth of exciting resources.

| | |
|---|---|
| **PER COMINCIARE** | • Audio recordings of all vocabulary items<br>• Textbook and extra practice activities<br>• Chat activities for conversational skill building and oral practice |
| **CORTOMETRAGGIO** | • Streaming video of the short film with instructor-controlled options for subtitles<br>• Audio recordings of all vocabulary items<br>• Textbook pre and post-viewing<br>• Additional activities for extra practice |
| **IMMAGINA** | • Main **IMMAGINA** cultural reading<br>• **Progetto** search activity<br>• Textbook and extra practice activities |
| **STRUTTURE** | • Textbook grammar presentations<br>• Textbook and extra practice activities<br>• Chat activities for conversational skill building and oral practice<br>• **Sintesi** composition engine writing activity |
| **CULTURA** | • Audio of the **Vocabulary**<br>• **Cultura** reading<br>• Textbook and extra practice activities |
| **LETTERATURA** | • Audio recordings of all vocabulary items<br>• Audio-synced, dramatic reading of the literary text<br>• Textbook and extra practice activities<br>• **Tema** composition activity |
| **LABORATORIO DI SCRITTURA** | • **Saggio** composition engine writing activity |
| **VOCABOLARIO** | • Vocabulary list with audio<br>• Customizable study lists |

**Plus!** Also found on the Supersite:

- Lab audio MP3 files
- Live Chat tool for video chat, audio chat, and instant messaging without leaving your browser
- Communication center for instructor notifications and feedback
- A single gradebook for all Supersite activities
- WebSAM online Student Activities Manual
- vText—online, interactive student edition with access to Supersite activities, audio, and video.

Supersite features vary by access level. Visit **vistahigherlearning.com** to explore which Supersite level is right for you.
*Students must use a computer for audio recording and select presentations and tools that require Flash or Shockwave.

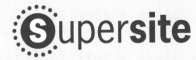

# IMMAGINA Film Collection

Fully integrated with your textbook, the **IMMAGINA** Film Collection features dramatic short films by Italian filmmakers. These films are the basis for the pre- and post-viewing activities in the **Cortometraggio** section of each lesson. The films are a central feature of the lesson, providing opportunities to review and recycle vocabulary from **Per cominciare**, and previewing and contextualizing the grammar from **Strutture**.

These films offer entertaining and thought-provoking opportunities to build listening comprehension skills and your cultural knowledge of Italian speakers.

Besides providing entertainment, the films serve as a useful learning tool. As you watch the films, you will observe characters interacting in various situations, using real-world language that reflects the lesson themes as well as the vocabulary and grammar you are studying.

**LEZIONE 1**

## La scarpa

(5 minuti)

A woman wakes up to some unexpected bad news. Thinking quickly, she races across town to meet her boyfriend at the train station one last time, but will she arrive in time to speak her mind?

**LEZIONE 2**

## NEW! L'amore non esiste

(15 minuti)

True to his name, Solo is a loner who does not believe in love. He even thinks he is the reason couples break up. And then, there is **la mamma**...

**LEZIONE 3**

## Bulli si nasce

(16 minuti)

Thanks to "good" genes and persistent parents, Ale became a schoolyard king. What else is he genetically destined for?

**LEZIONE 4**

## Mare nostro

(18 minuti)

When Marcello's ordinary fishing trip suddenly goes terribly wrong, he learns a lesson in what it means to rely on one's fellow man. How will he react when someone needs to rely on him?

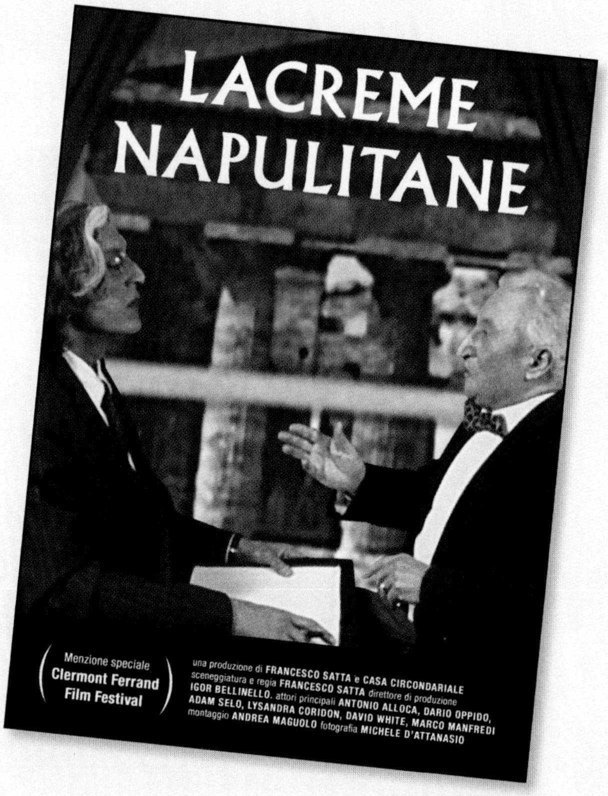


**LEZIONE 5**

## Dove dormono gli aerei

(18 minuti)

In a crowded airport, an independent, extroverted little boy and a shy girl become friends. While they run off to play, they unknowingly leave worried parents, paranoid airport staff, and a forgotten backpack in their wake.

**LEZIONE 6**

## Lacreme napulitane

(19 minuti)

Northerners and Southerners historically don't get along. What will happen when a reserved **Milanese** and an outspoken **Napoletano** are stuck together on the long journey to Milan?

**LEZIONE 7**

## L'età del fuoco

(16 minuti)

In the future, when technology links every household appliance, sometimes the innovations that are supposed to make life easier make the simplest things impossible.

**LEZIONE 8**

## Il segreto del santo

(21 minuti)

According to the villagers, San Faustino, the beloved patron saint who watches over the town, brings certain people together. Are the forces of history and time too strong for Lapo and Erminia to overcome, or will they be reunited... with a little help?

**LEZIONE 9**

## NEW! Il numero di Sharon

(5 minuti)

Andrea chats online with Lisa and falls in love. A blackout leaves him with an incomplete phone number, but he is determined to find her. After all; there are only about a thousand possible numbers.

**LEZIONE 10**

## Rischio d'impresa

(14 minuti)

Balancing a career and a family is difficult. For Marina, breaking the news of a big promotion to her husband might be even harder.

# IMMAGINA and the *Standards for Foreign Language Learning*

Since 1982, when the *ACTFL Proficiency Guidelines* were first published, that seminal document and its subsequent revisions have influenced the teaching of modern languages in the United States. **IMMAGINA** was written with the concerns and philosophy of the *ACTFL Proficiency Guidelines* in mind. It emphasizes an interactive, proficiency-oriented approach to the teaching of language and culture.

The pedagogy behind **IMMAGINA** was also informed from its inception by the *Standards for Foreign Language Learning in the 21st Century*. First published under the auspices of the *National Standards in Foreign Language Education Project*, the Standards are organized into five goal areas, often called the Five C's: Communication, Cultures, Connections, Comparisons, and Communities. National Standards icons appear on the pages of your IAE to call out sections that have a particularly strong relationship with the Standards.

Since **IMMAGINA** takes a communicative approach to the teaching of Italian, the Communications goal is an integral part of the student text. Diverse formats (discussion topics, role-plays, interviews, oral presentations, and so forth) promote authentic communicative exchanges in which students provide, obtain, and interpret information, as well as express emotions or opinions. Interactive **Comunicazione, Sintesi,** and **Analisi** activities allow students to synthesize grammatical, cultural, and thematic material to expand their communicative abilities. In addition to oral skills, written communicative skills are strengthened through a wide array of practical and creative tasks.

**IMMAGINA** also stresses cultural competency and the ability to make connections as invaluable components of language learning. The **Cortometraggio, Immagina, Cultura,** and **Letteratura** sections all provide students with the opportunity to acquire information, to expand cultural knowledge, and to recognize distinctive viewpoints. Through connections with multiple disciplines such as film, literature, and art, students are exposed to various cultural practices and perspectives of Italian speakers. **Nota culturale** sidebars provide additional opportunities for students to connect to language through culture.

Students develop further insight into the nature of language and culture through comparisons with their own. Compelling discussion topics throughout the text encourage students to compare new information with familiar concepts and ideas. In addition, the clear, comprehensive grammar explanations in **Strutture** allow students to compare and contrast the grammatical structures of their own language with those presented in **IMMAGINA**.

Finally, **IMMAGINA** encourages students to expand their use of language beyond the classroom setting and participate in broader, richer Italian-speaking communities. In the **Immagina** section of each lesson, outside projects provide access to a wealth of opportunities for students to expand their use of Italian outside the classroom.

As you become familiar with the **IMMAGINA** program, you will find many more connections to the *Standards for Foreign Language Learning*. We encourage you to keep its goals in mind and to make new connections as you work with the text and ancillaries.

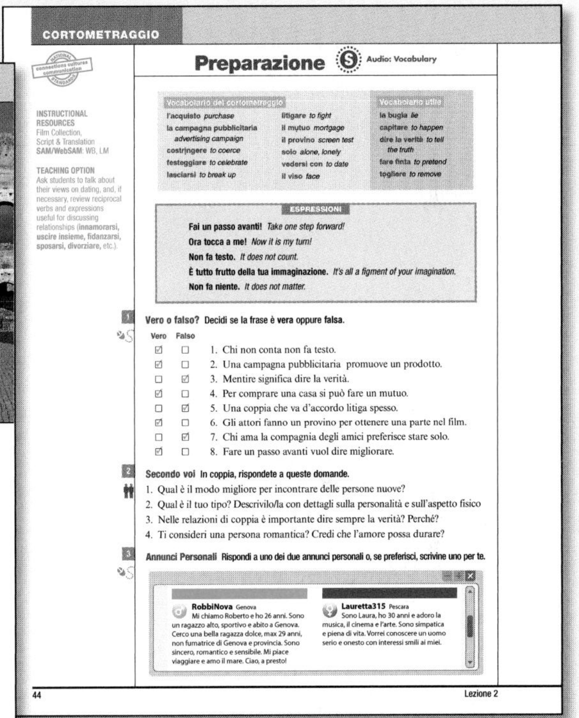

CORTOMETRAGGIO

INSTRUCTIONAL RESOURCES Film Collection, Script & Translation SAM/WebSAM: WB, LM

TEACHING OPTION Ask students to talk about their views on dating, and, if necessary, review reciprocal verbs and expressions useful for discussing relationships (**innamorarsi, uscire insieme, fidanzarsi, sposarsi, divorziare**, etc.).

**Preparazione** Audio: Vocabulary

Vocabolario del cortometraggio

**l'acquisto** *purchase*
**la campagna pubblicitaria** *advertising campaign*
**costringere** *to coerce*
**festeggiare** *to celebrate*
**lasciarsi** *to break up*
**litigare** *to fight*
**il mutuo** *mortgage*
**il provino** *screen test*
**solo** *alone, lonely*
**vedersi con** *to date*
**il viso** *face*

Vocabolario utile

**la bugia** *lie*
**capitare** *to happen*
**dire la verità** *to tell the truth*
**fare finta** *to pretend*
**togliere** *to remove*

ESPRESSIONI

**Fai un passo avanti!** *Take one step forward!*
**Ora tocca a me!** *Now it is my turn!*
**Non fa testo.** *It does not count.*
**È tutto frutto della tua immaginazione.** *It's all a figment of your imagination.*
**Non fa niente.** *It does not matter.*

1 **Vero o falso?** Decidi se la frase è vera oppure falsa.

| Vero | Falso | |
|---|---|---|
| ☑ | ☐ | 1. Chi non conta non fa testo. |
| ☑ | ☐ | 2. Una campagna pubblicitaria promuove un prodotto. |
| ☐ | ☑ | 3. Mentire significa dire la verità. |
| ☑ | ☐ | 4. Per comprare una casa si può fare un mutuo. |
| ☐ | ☑ | 5. Una coppia che va d'accordo litiga spesso. |
| ☑ | ☐ | 6. Gli attori fanno un provino per ottenere una parte nel film. |
| ☐ | ☑ | 7. Chi ama la compagnia degli amici preferisce stare solo. |
| ☑ | ☐ | 8. Fare un passo avanti vuol dire migliorare. |

2 **Secondo voi** In coppia, rispondete a queste domande.

1. Qual è il modo migliore per incontrare delle persone nuove?
2. Qual è il tuo tipo? Descrivilo/la con dettagli sulla personalità e sull'aspetto fisico
3. Nelle relazioni di coppia è importante dire sempre la verità? Perché?
4. Ti consideri una persona romantica? Credi che l'amore possa durare?

3 **Annunci Personali** Rispondi a uno dei due annunci personali o, se preferisci, scrivine uno per te.

**RobbiNova** Genova
Mi chiamo Roberto e ho 26 anni. Sono un ragazzo alto, sportivo e abito a Genova. Cerco una bella ragazza dolce, max 29 anni, non fumatrice di Genova e provincia. Sono sincero, romantico e sensibile. Mi piace viaggiare e amo il mare. Ciao, a presto!

**Lauretta315** Pescara
Sono Laura, ho 30 anni e adoro la musica, il cinema e l'arte. Sono simpatica e piena di vita. Vorrei conoscere un uomo serio e onesto con interessi smili ai miei.

44 Lezione 2

IMMAGINA

INSTRUCTIONAL RESOURCES: Teaching suggestions
SAM/WebSAM: WB

IMMAGINA

Reading

**Roma: un museo all'aperto!**

Eccoci a **Roma**, *Caput Mundi*, la capitale del mondo! Passeggiamo alla scoperta° di alcuni dei monumenti più emblematici della città per arrivare alla fine in un vero e proprio stato indipendente che si trova nel cuore di Roma: **Città del Vaticano**.

Iniziamo la nostra passeggiata da uno dei simboli di Roma: l'**Anfiteatro Flavio**, noto a tutti come il **Colosseo**. Costruito nel I secolo, poteva contenere fino a 50.000 spettatori ed era l'arena per i combattimenti° tra gladiatori. Non lontano c'è l'**Arco di Costantino**, ricco di bassorilievi° che raccontano le imprese° militari dell'imperatore. Camminiamo lungo la **via dei Fori** e ammiriamo le rovine° del **Foro di Traiano** e del **Foro Romano**. I Fori erano il centro della vita pubblica dell'antica Roma e avevano piazze, templi°, portici° ed edifici. Erano usati per il commercio, per le celebrazioni politiche e religiose e naturalmente per esaltare° la gloria degli imperatori.

La seconda tappa della nostra visita inizia a **Piazza del Popolo**. La piazza, di origini molto antiche, è stata ristrutturata e ampliata° nel **Rinascimento**, epoca a cui risalgono° l'obelisco e le fontane. Le due **Chiese Gemelle** fanno da ingresso al **Tridente** romano: **via del Corso, via del Babbuino e via della Ripetta**, con eleganti negozi dove possiamo fare acquisti di ogni genere. Da qui ci dirigiamo verso° **piazza di Spagna**. Al centro c'è la caratteristica **Fontana della Barcaccia**, in stile barocco, così chiamata per la sua forma di una barca che affonda°. Saliamo i celebri 137 gradini e arriviamo a **Trinità dei Monti** da dove possiamo ammirare un magnifico panorama della città.

Nelle vicinanze c'è la **Fontana di Trevi**, la più grandiosa fontana di Roma in stile classico e barocco, costruita nel '700. Il tema della fontana è il mare, rappresentato da sculture di conchiglie°, animali marini e divinità dell'oceano. Per tradizione, lanciamo una moneta° nell'acqua per tornare a Roma e continuiamo verso **piazza Navona**, simbolo del **Barocco** romano. La piazza, un tempo stadio romano, ha una forma ovale; al centro ha una fontana realizzata dal **Bernini** ed è circondata da palazzi di famiglie importanti. Oggi è luogo di incontro di venditori e artisti e qui si tiene il mercatino di Natale in cui si celebra la famosa **Befana** romana°.

La terza tappa ci porta «all'estero», senza andare via da Roma. Siamo infatti a **Città del Vaticano**, centro della chiesa cattolica e residenza del **Papa**. Arriviamo a **piazza San Pietro** antistante° la **Basilica** e all'interno contempliamo numerosi capolavori tra cui la statua della **Pietà** di **Michelangelo**. Se saliamo i 537 scalini per salire in cima alla **Cupola**, si apre ai nostri occhi un panorama mozzafiato°! Visitiamo i **Musei Vaticani** e in particolare la **Cappella Sistina** per ammirare gli affreschi di Michelangelo che decorano la volta.

Dopo tanta arte e tanto cammino, concludiamo la nostra visita in una tipica trattoria del quartiere **Trastevere** per gustare dell'ottimo cibo romano.

Basilica di San Pietro

**In più...**
Roma è attraversata dal fiume **Tevere**. Secondo la leggenda°, sulle rive° del Tevere un pastore° trovò due fratelli gemelli abbandonati, **Romolo** e **Remo**, e li salvò°. Dopo molti anni e molte avventure, proprio negli stessi luoghi, Romolo fondò **Roma** nel 753 a.C.

**scoperta** *discovery* **combattimenti** *combats* **bassorilievi** *relief sculptures* **imprese** *exploits* **rovine** *ruins* **templi** *temples* **portici** *colonnades* **esaltare** *to exalt* **ampliata** *enlarged* **risalgono** *date back* **ci dirigiamo verso** *let's move on to* **affonda** *sinks* **conchiglie** *sea-shells* **moneta** *coin* **Befana romana** *celebration of the Epiphany* **antistante** *in front of* **mozzafiato** *breath-taking* **Secondo...** *According to legend* **rive** *shores* **pastore** *shepherd* **salvò** *saved*



50 Lezione 2

**Communication** Understand and be understood: read and listen to understand the Italian-speaking world, converse with others, and share your thoughts clearly through speaking and writing.

**Cultures** Experience Italian-speaking cultures through their own viewpoints, in the places, objects, behaviors, and beliefs important to the people who live them.

**Connections** Apply what you learn in your Italian course to your other studies; apply what you know from other courses to your Italian studies.

**Comparisons** Discover in which ways the Italian language and Italian-speaking cultures are like your own—and how they differ.

**Communities** Engage with Italian-speaking communities locally, nationally, and internationally both in your courses and beyond—for life.

# SOMMARIO

## outlines the content and themes of each lesson.

LEZIONE 2

Vivere insieme

Le città, anche se non hanno parole, ci comunicano la loro storia. Da sempre sono la testimonianza del bisogno delle persone di vivere insieme ed esprimono così la capacità umana di costruire e di sfidare il tempo. Che rapporto hai con la città e con i suoi simboli? Come ti senti rispetto ai continui cambiamenti e agli sviluppi edilizi e demografici?

SOMMARIO

44 **CORTOMETRAGGIO**
Solo, il protagonista del cortometraggio *L'amore non esiste* di **Massimiliano Camaiti**, non crede nell'amore ed è convinto che in sua presenza l'amore sia sempre destinato a spegnersi. L'incontro con Mia gli farà cambiare idea?

50 **IMMAGINA**
In questa lezione farete un salto indietro nel tempo e passeggerete tra i monumenti che testimoniano la grandezza della **Roma** imperiale. Visiterete le regioni del **Centro Italia** e conoscerete la storia di **san Francesco**, il santo patrono d'Italia.

67 **CULTURA**
Perché si dice che *Tutte le strade portano a Roma*? Oltre alle secolari vie dell'impero, l'ingegneria, l'urbanistica e l'inventiva degli antichi romani sono ancora vive nella capitale.

71 **LETTERATURA**
Nel racconto *La mamma e il bambino*, **Claudio Gianini** rivela il potere dei pregiudizi nelle relazioni umane.

45

68

Destinazione: L'ITALIA CENTRALE

42 PER COMINCIARE
52 STRUTTURE
2.1 Reflexive and reciprocal verbs
2.2 **Piacere** and similar verbs
2.3 Possessive adjectives and pronouns
2.4 Demonstratives; position of adjectives
77 VOCABOLARIO

Vivere insieme 41

**Lesson opener** The first two pages introduce students to the lesson theme. Dynamic photos and brief descriptions of the theme's film, culture topics, and readings serve as a springboard for class discussion.

**Destinazione** A locator map highlights each lesson's region of focus.

**Lesson overview** A lesson outline prepares students for the linguistic and cultural topics they will study in the lesson.

## Supersite

Supersite resources are available for every section of the lesson at **vhlcentral.com.** Icons show you which textbook activities are also available online, and where additional practice activities are available. The description next to the Ⓢ icon indicates what additional resources are available for each section: videos, audio recordings, readings and presentations, and more!

Supersite features vary by access level. Visit **vistahigherlearning.com** to explore which Supersite level is right for you.

# PER COMINCIARE

## practices the lesson vocabulary with thematic activities.

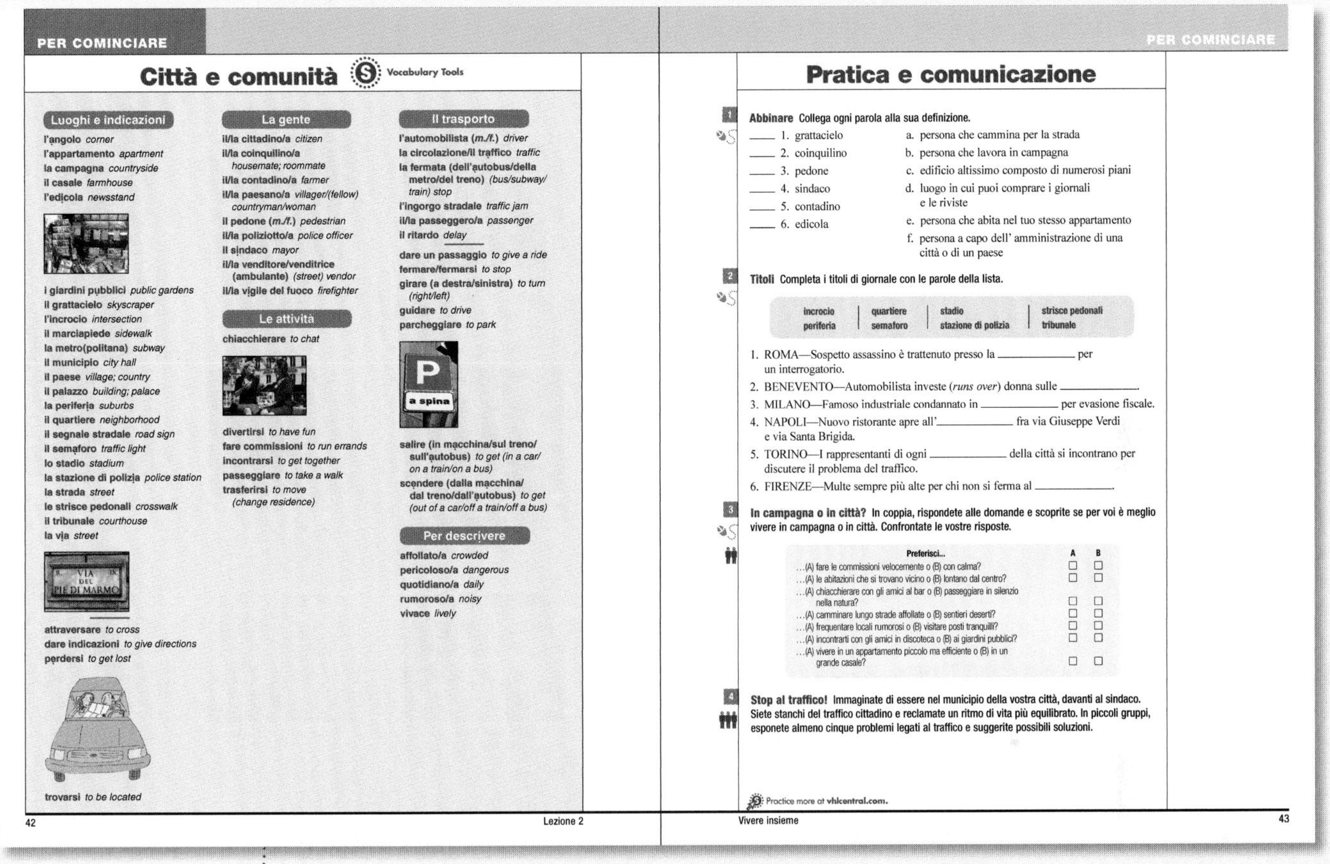

PER COMINCIARE

### Città e comunità

Vocabulary Tools

**Luoghi e indicazioni**

**l'angolo** *corner*
**l'appartamento** *apartment*
**la campagna** *countryside*
**il casale** *farmhouse*
**l'edicola** *newsstand*
**i giardini pubblici** *public gardens*
**il grattacielo** *skyscraper*
**l'incrocio** *intersection*
**il marciapiede** *sidewalk*
**la metro(politana)** *subway*
**il municipio** *city hall*
**il paese** *village; country*
**il palazzo** *building; palace*
**la periferia** *suburbs*
**il quartiere** *neighborhood*
**il segnale stradale** *road sign*
**il semaforo** *traffic light*
**lo stadio** *stadium*
**la stazione di polizia** *police station*
**la strada** *street*
**le strisce pedonali** *crosswalk*
**il tribunale** *courthouse*
**la via** *street*

VIA DEL PIE DI MARMO

**attraversare** *to cross*
**dare indicazioni** *to give directions*
**perdersi** *to get lost*
**trovarsi** *to be located*

**La gente**

**il/la cittadino/a** *citizen*
**il/la coinquilino/a** *housemate; roommate*
**il/la contadino/a** *farmer*
**il/la paesano/a** *villager/(fellow) countryman/woman*
**il pedone (*m./f.*)** *pedestrian*
**il/la poliziotto/a** *police officer*
**il sindaco** *mayor*
**il/la venditore/venditrice (ambulante)** *(street) vendor*
**il/la vigile del fuoco** *firefighter*

**Le attività**

**chiacchierare** *to chat*
**divertirsi** *to have fun*
**fare commissioni** *to run errands*
**incontrarsi** *to get together*
**passeggiare** *to take a walk*
**trasferirsi** *to move (change residence)*

**Il trasporto**

**l'automobilista (*m./f.*)** *driver*
**la circolazione/il traffico** *traffic*
**la fermata (dell'autobus/della metro/del treno)** *(bus/subway/train) stop*
**l'ingorgo stradale** *traffic jam*
**il/la passeggero/a** *passenger*
**il ritardo** *delay*
**dare un passaggio** *to give a ride*
**fermare/fermarsi** *to stop*
**girare (a destra/sinistra)** *to turn (right/left)*
**guidare** *to drive*
**parcheggiare** *to park*

P
a spina

**salire (in macchina/sul treno/sull'autobus)** *to get (in a car/on a train/on a bus)*
**scendere (dalla macchina/dal treno/dall'autobus)** *to get (out of a car/off a train/off a bus)*

**Per descrivere**

**affollato/a** *crowded*
**pericoloso/a** *dangerous*
**quotidiano/a** *daily*
**rumoroso/a** *noisy*
**vivace** *lively*

42 Lezione 2

PER COMINCIARE

### Pratica e comunicazione

1 **Abbinare** Collega ogni parola alla sua definizione.

____ 1. grattacielo
____ 2. coinquilino
____ 3. pedone
____ 4. sindaco
____ 5. contadino
____ 6. edicola

a. persona che cammina per la strada
b. persona che lavora in campagna
c. edificio altissimo composto di numerosi piani
d. luogo in cui puoi comprare i giornali e le riviste
e. persona che abita nel tuo stesso appartamento
f. persona a capo dell' amministrazione di una città o di un paese

2 **Titoli** Completa i titoli di giornale con le parole della lista.

incrocio | quartiere | stadio | strisce pedonali
periferia | semaforo | stazione di polizia | tribunale

1. ROMA—Sospetto assassino è trattenuto presso la ____________ per un interrogatorio.
2. BENEVENTO—Automobilista investe (*runs over*) donna sulle ____________.
3. MILANO—Famoso industriale condannato in ____________ per evasione fiscale.
4. NAPOLI—Nuovo ristorante apre all'____________ fra via Giuseppe Verdi e via Santa Brigida.
5. TORINO—I rappresentanti di ogni ____________ della città si incontrano per discutere il problema del traffico.
6. FIRENZE—Multe sempre più alte per chi non si ferma al ____________.

3 **In campagna o in città?** In coppia, rispondete alle domande e scoprite se per voi è meglio vivere in campagna o in città. Confrontate le vostre risposte.

| Preferisci... | A | B |
|---|---|---|
| ...(A) fare le commissioni velocemente o (B) con calma? | ☐ | ☐ |
| ...(A) le abitazioni che si trovano vicino o (B) lontano dal centro? | ☐ | ☐ |
| ...(A) chiacchierare con gli amici al bar o (B) passeggiare in silenzio nella natura? | ☐ | ☐ |
| ...(A) camminare lungo strade affollate o (B) sentieri deserti? | ☐ | ☐ |
| ...(A) frequentare locali rumorosi o (B) visitare posti tranquilli? | ☐ | ☐ |
| ...(A) incontrarti con gli amici in discoteca o (B) ai giardini pubblici? | ☐ | ☐ |
| ...(A) vivere in un appartamento piccolo ma efficiente o (B) in un grande casale? | ☐ | ☐ |

4 **Stop al traffico!** Immaginate di essere nel municipio della vostra città, davanti al sindaco. Siete stanchi del traffico cittadino e reclamate un ritmo di vita più equilibrato. In piccoli gruppi, esponete almeno cinque problemi legati al traffico e suggerite possibili soluzioni.

Practice more at **vhlcentral.com.**

Vivere insieme 43

**Vocabulary** Easy-to-study thematic lists present useful vocabulary.

**Photos and illustrations** Dynamic, full-color photos and art illustrate selected vocabulary terms.

**Pratica** This set of activities practices vocabulary in diverse formats and engaging contexts.

## Supersite

- Audio recordings of all vocabulary items
- Textbook activities
- Chat activities for conversational skill-building and oral practice
- Additional online-only practice activity

Supersite features vary by access level. Visit **vistahigherlearning.com** to explore which Supersite level is right for you.

# CORTOMETRAGGIO

## features award-winning short films by contemporary Italian filmmakers.

CORTOMETRAGGIO
Video
L'amore non esiste
MASSIMILIANO CAMAITI BLUE SUEDE SHOOTS SRL MASSIMILIANO CAMAITI
MASSIMILIANO CAMAITI, GIOVANNI CARTA, GIOVANNI FERRARA PIETRO SERMONTI, MARINA ROCCO
PAOLA FREDDI MAURIZIO LEONARDI
STEFANO FRESI
Premio del Pubblico al 14° Festival La Cittadella del Corto e al Kimera International Film Festival
Miglior cortometraggio al Festival La Cittadella del Corto di Trevignano,
al Cort'O Globo Film Festival di Angri e al Milazzo Film Festival
Menzioni speciali all'Euganea Film Festival e al Short Film Festival di Los Angeles
46
Lezione 2
SCENE
Trama Solo, fedele al suo nome, non crede all'amore e pensa anche di essere la causa della separazione delle coppie che incontra al lavoro in banca e passando per strada.
1
SOLO Dove ci sono io l'amore si spegne.
2
NICKY Sei pronto?
SOLO No.
3
SOLO Non sono la persona giusta.
MIA Ha paura di diventare famoso?
SOLO No.
4
NICKY Posso darti un consiglio?
SOLO No.
NICKY Provaci.
SOLO Non mi interessa.
5
MIA Ho finito i provini. Domani parto.
SOLO Festeggiamo? No, nel senso... volevo dire... ci verresti in un posto con me?
MIA Sì!
6
SOLO Non ti eri lasciato con Daria due anni fa?
NICKY Eh.
SOLO Bravo! Per cui mi hai raccontato solo bugie.
CORTOMETRAGGIO
Nota CULTURALE
La sfortuna
Gli italiani sono molto superstiziosi e hanno numerose parole per descrivere la sfortuna: iella, mala sorte, scalogna, malocchio e iettatura con variazioni regionali. Si può "avere sfortuna" quando le cose vanno male e una persona si trova in una situazione difficile e si sente iellato, o sfortunato per colpa di influssi malefici. Alcuni credono che la cattiva sorte possa anche essere causata da un'altra persona capace di "portare sfortuna" agli altri e ci sono parole anche per descrivere i portatori: iettatori. Ci sono gesti, riti, amuleti e portafortuna come il classico corno rosso per neutralizzare tutte le forme della sfortuna e "fare scaramanzia*".
scaramanzia avoid the bad luck
Sullo SCHERMO
Quali sono le emozioni di Solo in queste scene?
1. Quando vede la coppia che litiga Solo è ____.
2. Durante il colloquio Solo si sente ____.
3. Da piccolo Solo sente ____.
4. Sulla spiaggia con Mia Solo è ____.
5. Quando Nicky ammette di avere mentito Solo ____.
a. la mancanza del papà
b. innamorato
c. si arrabbia
d. triste
e. imbarazzato
Vivere insieme
47


**Films** Compelling short films let students see and hear Italian in its authentic contexts. Films are thematically linked to the lessons.

**Scene** Video stills with captions from the film prepare students for the film and introduce some of the expressions they will encounter.

**Nota culturale** These sidebars with cultural information related to the **Cortometraggio** help students understand the cultural context and background surrounding the film.

### Supersite

- Streaming video of short films with instructor-controlled subtitle options

Supersite features vary by access level. Visit **vistahigherlearning.com** to explore which Supersite level is right for you.

# PREPARAZIONE & ANALISI

## provide pre- and post-viewing support for each film.

CORTOMETRAGGIO

### Preparazione

Audio: Vocabulary

**Vocabolario del cortometraggio**

**l'acquisto** *purchase*
**la campagna pubblicitaria** *advertising campaign*
**costringere** *to coerce*
**festeggiare** *to celebrate*
**lasciarsi** *to break up*
**litigare** *to fight*
**il mutuo** *mortgage*
**il provino** *screen test*
**solo** *alone, lonely*
**vedersi con** *to date*
**il viso** *face*

**Vocabolario utile**

**la bugia** *lie*
**capitare** *to happen*
**dire la verità** *to tell the truth*
**fare finta** *to pretend*
**togliere** *to remove*

**ESPRESSIONI**

**Fai un passo avanti!** *Take one step forward!*
**Ora tocca a me!** *Now it is my turn!*
**Non fa testo.** *It does not count.*
**È tutto frutto della tua immaginazione.** *It's all a figment of your imagination.*
**Non fa niente.** *It does not matter.*

1 **Vero o falso?** Decidi se la frase è **vera** oppure **falsa**.

Vero Falso
☐ ☐ 1. Chi non conta non fa testo.
☐ ☐ 2. Una campagna pubblicitaria promuove un prodotto.
☐ ☐ 3. Mentire significa dire la verità.
☐ ☐ 4. Per comprare una casa si può fare un mutuo.
☐ ☐ 5. Una coppia che va d'accordo litiga spesso.
☐ ☐ 6. Gli attori fanno un provino per ottenere una parte nel film.
☐ ☐ 7. Chi ama la compagnia degli amici preferisce stare solo.
☐ ☐ 8. Fare un passo avanti vuol dire migliorare.

2 **Secondo voi** In coppia, rispondete a queste domande.

1. Qual è il modo migliore per incontrare delle persone nuove?
2. Qual è il tuo tipo? Descrivilo/la con dettagli sulla personalità e sull'aspetto fisico
3. Nelle relazioni di coppia è importante dire sempre la verità? Perché?
4. Ti consideri una persona romantica? Credi che l'amore possa durare?

3 **Annunci Personali** Rispondi a uno dei due annunci personali o, se preferisci, scrivine uno per te.

**RobbiNova** Genova
Mi chiamo Roberto e ho 26 anni. Sono un ragazzo alto, sportivo e abito a Genova. Cerco una bella ragazza dolce, max 29 anni, non fumatrice di Genova e provincia. Sono sincero, romantico e sensibile. Mi piace viaggiare e amo il mare. Ciao, a presto!

**Lauretta315** Pescara
Sono Laura, ho 30 anni e adoro la musica, il cinema e l'arte. Sono simpatica e piena di vita. Vorrei conoscere un uomo serio e onesto con interessi smili ai miei.

44 Lezione 2

CORTOMETRAGGIO

### Analisi

1 **Comprensione** Indica se ogni affermazione è **vera** o **falsa**.

Vero Falso
☐ ☐ 1. Solo pensa di essere fortunato in amore.
☐ ☐ 2. Solo e i suoi colleghi lavorano nell'ufficio archivi della banca Fidem.
☐ ☐ 3. Mia e Solo si incontrano per la prima volta alla stazione.
☐ ☐ 4. Quando vede delle coppie che litigano, Solo si sente in colpa.
☐ ☐ 5. Il padre di Solo è morto molti anni fa.
☐ ☐ 6. Nicky è innamorato di Mia.
☐ ☐ 7. I colleghi di Solo gli dicono delle bugie sulla loro vita sentimentale.

2 **Scegliamo** In coppia, completate le frasi.

1. All'inizio del film Solo è ____.
   a. al mare b. in banca c. alla stazione d. dalla mamma
2. Per farsi pubblicità la banca Fidem sta facendo i provini ____.
   a. ai suoi impiegati b. agli attori famosi c. ai passanti per strada d. alle coppie felici
3. Mario è convinto di essere ____.
   a. poco espressivo b. molto espressivo c. un impiegato modello d. innamorato
4. Solo chiede a Mia di ____.
   a. andare dalla sua mamma b. tornare a casa c. andare insieme a lui sulla spiaggia d. guardare la TV
5. Nicky vuole ____.
   a. aiutare Solo b. andare in treno c. sposare Daria d. comprare un ombrello
6. Alla fine Mia decide di ____.
   a. restare con Solo b. partire c. fare l'attrice d. uscire con Mario

3 **Associazioni** Collega le persone con le frasi corrispondenti. Poi confronta le tue risposte con quelle dei tuoi compagni.

| | |
|---|---|
| 1. Nicky ____ | a. ha il nome di un cantante famoso. |
| 2. La madre di Solo ____ | b. viene da Milano. |
| 3. La coppia sulla spiaggia ____ | c. si vede con una donna da tre anni. |
| 4. Il padre di Solo ____ | d. è sposata. |
| 5. Mia ____ | e. parla del marito come fosse morto. |
| 6. Solo ____ | f. è scelto per la campagna pubblicitaria. |
| 7. Mario ____ | g. pensa che sia normale litigare. |
| 8. Lucia ____ | h. ha lasciato la moglie, ma abita vicino. |

48 Lezione 2

**Preparazione** Pre-viewing activities set the stage for the film by providing vocabulary support, background information, and opportunities to anticipate the film content.

**Analisi** Post-viewing activities check student comprehension and allow them to explore broader themes from the film in relation to their own life.

**Supersite**

- Textbook activities
- Additional online-only and practice activities

Supersite features vary by access level. Visit **vistahigherlearning.com** to explore which Supersite level is right for you.

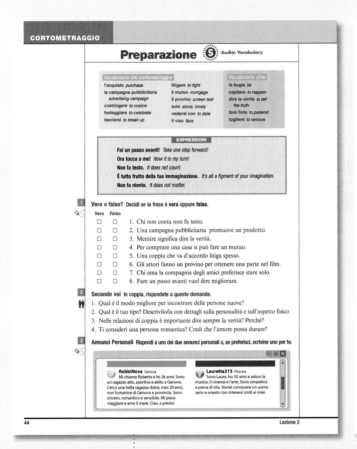

# IMMAGINA

## simulates a voyage to the featured country or region.

IMMAGINA

# IMMAGINA

Reading

## Roma: un museo all'aperto!

Eccoci a **Roma**, *Caput Mundi*, la capitale del mondo! Passeggiamo alla scoperta° di alcuni dei monumenti più emblematici della città per arrivare alla fine in un vero e proprio stato indipendente che si trova nel cuore di Roma: **Città del Vaticano**.

Iniziamo la nostra passeggiata da uno dei simboli di Roma: l'**Anfiteatro Flavio**, noto a tutti come il **Colosseo**. Costruito nel I secolo, poteva contenere fino a 50.000 spettatori ed era l'arena per i combattimenti° tra gladiatori. Non lontano c'è l'**Arco di Costantino**, ricco di bassorilievi° che raccontano le imprese° militari dell'imperatore. Camminiamo lungo la **via dei Fori** e ammiriamo le rovine° del **Foro di Traiano** e del **Foro Romano**. I Fori erano il centro della vita pubblica dell'antica Roma e avevano piazze, templi°, portici° ed edifici. Erano usati per il commercio, per le celebrazioni politiche e religiose e naturalmente per esaltare° la gloria degli imperatori.

La seconda tappa della nostra visita inizia a **Piazza del Popolo**. La piazza, di origini molto antiche, è stata ristrutturata e ampliata° nel **Rinascimento**, epoca a cui risalgono° l'obelisco e le fontane. Le due **Chiese Gemelle** fanno da ingresso al **Tridente** romano: **via del Corso, via del Babbuino e via della Ripetta**, con eleganti negozi dove possiamo fare acquisti di ogni genere. Da qui ci dirigiamo verso° **piazza di Spagna**. Al centro c'è la caratteristica **Fontana della Barcaccia**, in stile barocco, così chiamata per la sua forma di una barca che affonda°. Saliamo i celebri 137 gradini e arriviamo a **Trinità dei Monti** da dove possiamo ammirare un magnifico panorama della città.

Nelle vicinanze c'è la **Fontana di Trevi**, la più grandiosa fontana di Roma in stile classico e barocco, costruita nel '700. Il tema della fontana è il mare, rappresentato da sculture di conchiglie°, animali marini e divinità dell'oceano. Per tradizione, lanciamo una moneta° nell'acqua per tornare a Roma e continuiamo verso **piazza Navona**, simbolo del **Barocco** romano. La piazza, un tempo stadio romano, ha una forma ovale; al centro ha una fontana realizzata dal **Bernini** ed è circondata da palazzi di famiglie importanti. Oggi è luogo di incontro di venditori e artisti e qui si tiene il mercatino di Natale in cui si celebra la famosa **Befana** romana°.

Basilica di San Pietro

ROMA E L'ITALIA CENTRALE

La terza tappa ci porta «all'estero», senza andare via da Roma. Siamo infatti a **Città del Vaticano**, centro della chiesa cattolica e residenza del **Papa**. Arriviamo a **piazza San Pietro** antistante° la **Basilica** e all'interno contempliamo numerosi capolavori tra cui la statua della **Pietà** di **Michelangelo**. Se saliamo i 537 scalini per salire in cima alla **Cupola**, si apre ai nostri occhi un panorama mozzafiato°! Visitiamo i **Musei Vaticani** e in particolare la **Cappella Sistina** per ammirare gli affreschi di Michelangelo che decorano la volta.

Dopo tanta arte e tanto cammino, concludiamo la nostra visita in una tipica trattoria del quartiere **Trastevere** per gustare dell'ottimo cibo romano.

**In più...**

Roma è attraversata dal fiume **Tevere**. Secondo la leggenda°, sulle rive° del Tevere un pastore° trovò due fratelli gemelli abbandonati, **Romolo** e **Remo**, e li salvò°. Dopo molti anni e molte avventure, proprio negli stessi luoghi, Romolo fondò **Roma** nel 753 a.C.

**scoperta** *discovery* **combattimenti** *combats* **bassorilievi** *relief sculptures* **imprese** *exploits* **rovine** *ruins* **templi** *temples* **portici** *colonnades* **esaltare** *to exalt* **ampliata** *enlarged* **risalgono** *date back* **ci dirigiamo verso** *let's move on to* **affonda** *sinks* **conchiglie** *sea-shells* **moneta** *coin* **Befana romana** *celebration of the Epiphany* **antistante** *in front of* **mozzafiato** *breath-taking* **Secondo...** *According to legend* **rive** *shores* **pastore** *shepherd* **salvò** *saved*

**Le regioni del Centro Italia** Tra le regioni del Centro Italia ci sono **Lazio**, **Umbria**, **Marche** e **Abruzzo**. Le coste sono bagnate dal **mar Tirreno** a ovest e dal **mar Adriatico** ad est. L'interno è attraversato dagli **Appennini** con la montagna più alta, il **Gran Sasso** (2.912 metri), in Abruzzo. Il **Centro** è caratterizzato da paesaggi collinari° con foreste e laghi, soprattutto in Umbria e Lazio, e splendidi litorali° come il **Conero** nelle Marche.

**San Francesco d'Assisi** **San Francesco**, nato ad **Assisi** in Umbria nel 1181 o nel 1182, è uno dei santi più cari agli italiani. Francesco, figlio di un ricco mercante, dopo una guerra tra Assisi e Perugia, si converte° e si dedica completamente alla vita spirituale. Abbandona ogni suo bene° e vive tra i poveri e i lebbrosi° per aiutarli e per diffondere la Parola di Dio. San Francesco fonda l'ordine dei frati° francescani ed è l'autore del **Cantico delle Creature**. Dal 1939 è il **santo patrono°** d'Italia e la sua festa si celebra il 4 ottobre.

**collinari** *hilly* **litorali** *coasts* **si converte** *is converted* **bene** *property* **lebbrosi** *lepers* **frati** *friars* **patrono** *patron saint*

IMMAGINA

**Vero o falso?** Indica se ogni frase è **vera** o **falsa**. Correggi le frasi false.

1. I gladiatori combattevano al Colosseo.
2. I Fori erano luoghi utilizzati solo per le celebrazioni religiose.
3. Trinità dei Monti e piazza di Spagna sono due luoghi vicini.
4. Piazza Navona era un Foro romano.
5. La montagna più alta degli Appennini si trova in Abruzzo.
6. San Francesco è il santo protettore d'Italia.

**Quanto hai imparato?** Rispondi alle domande.

1. In che epoca è stato costruito il Colosseo?
2. Chi ha realizzato i Fori?
3. Che cos'è il Tridente?
4. Perché la Fontana della Barcaccia ha questo nome?
5. Qual è il tema che ha ispirato la costruzione della Fontana di Trevi?
6. Che cos'è la Cappella Sistina?
7. Dove si trova la Città del Vaticano?
8. Quali sono le caratteristiche naturali delle regioni del Centro?
9. Chi era san Francesco?
10. In che stagione si celebra la festa di san Francesco?

**Progetto**

**L'Impero Romano**

Quanto era grande l'Impero Romano? Che lingua si parlava nell'Impero?

Vai in rete e cerca informazioni sull'estensione dell'Impero al massimo del suo splendore.

- Crea una mappa dell'Impero Romano
- Scopri quali sono le lingue di oggi che hanno sostituito il latino parlato all'epoca dell'Impero.
- Cerca almeno tre luoghi con resti di edifici e strutture romane.
- Confronta i tuoi risultati con il resto della classe.

50 Lezione 2 | Vivere insieme 51

**Magazine-like design** Each reading is presented in the attention-grabbing visual style you would expect from a magazine.

**Region-specific readings** Dynamic readings draw students' attention to culturally significant locations, traditions, and monuments of the country or region.

**Activities** The activities check students' comprehension of the **Immagina** readings and lead you to further exploration.

**Supersite**

- Cultural reading
- All textbook activities and online-only comprehension activities
- **Progetto** search activity

Supersite features vary by access level. Visit **vistahigherlearning.com** to explore which Supersite level is right for you.

# STRUTTURE

## presents grammar points key to intermediate Italian in a graphic-intensive format.

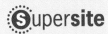

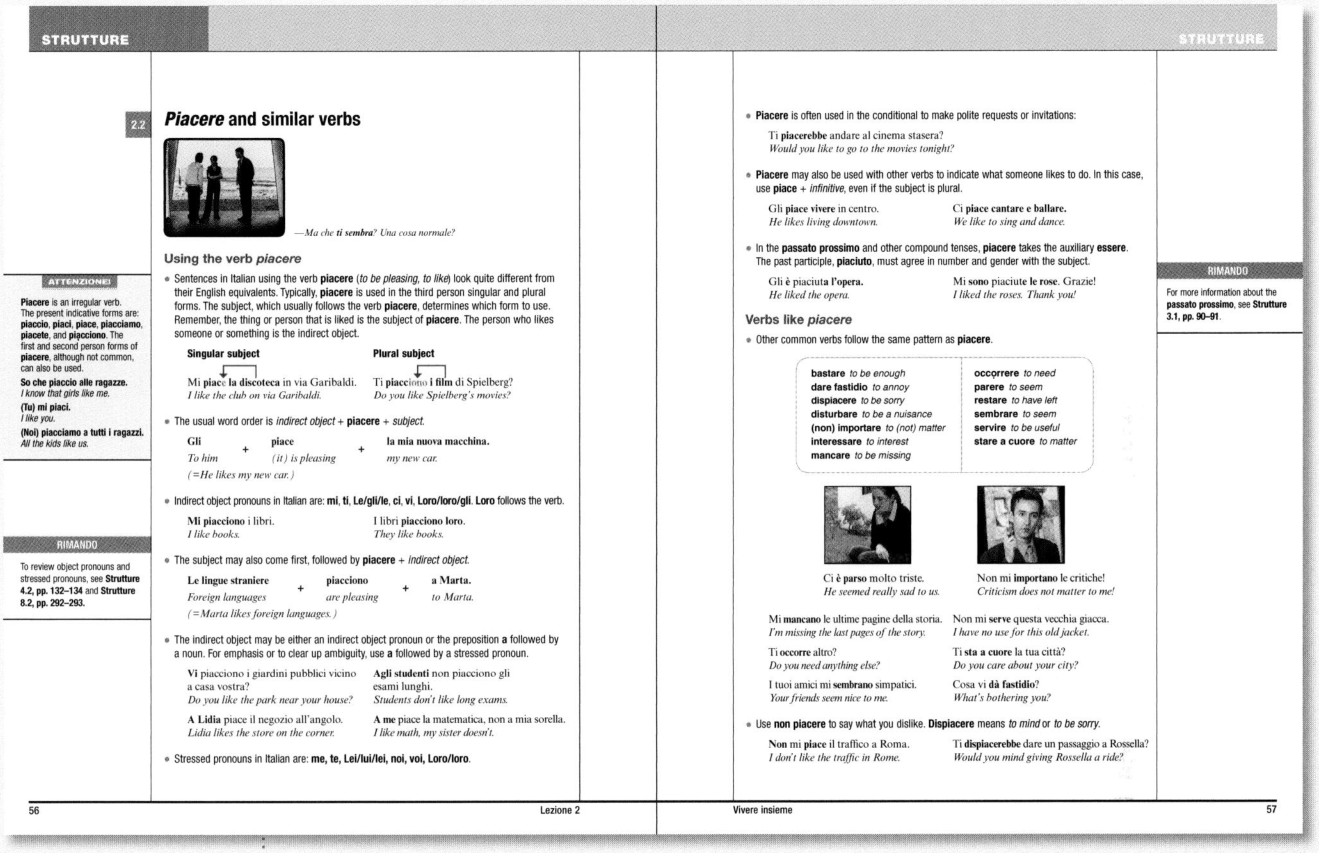

STRUTTURE

2.2 ***Piacere* and similar verbs**

—*Ma che **ti sembra**? Una cosa normale?*

### Using the verb *piacere*

- Sentences in Italian using the verb **piacere** (*to be pleasing, to like*) look quite different from their English equivalents. Typically, **piacere** is used in the third person singular and plural forms. The subject, which usually follows the verb **piacere**, determines which form to use. Remember, the thing or person that is liked is the subject of **piacere**. The person who likes someone or something is the indirect object.

| **Singular subject** | **Plural subject** |
|---|---|
| Mi **piace la discoteca** in via Garibaldi.<br>*I like the club on via Garibaldi.* | Ti **piacciono i film** di Spielberg?<br>*Do you like Spielberg's movies?* |

- The usual word order is *indirect object* + **piacere** + *subject*.

**Gli** + **piace** + **la mia nuova macchina.**
*To him* + *(it) is pleasing* + *my new car.*
*(=He likes my new car.)*

- Indirect object pronouns in Italian are: **mi**, **ti**, **Le/gli/le**, **ci**, **vi**, **Loro/loro/gli**. **Loro** follows the verb.

**Mi piacciono** i libri. *I like books.*
I libri **piacciono loro**. *They like books.*

- The subject may also come first, followed by **piacere** + *indirect object*.

**Le lingue straniere** + **piacciono** + **a Marta.**
*Foreign languages* + *are pleasing* + *to Marta.*
*(=Marta likes foreign languages.)*

- The indirect object may be either an indirect object pronoun or the preposition **a** followed by a noun. For emphasis or to clear up ambiguity, use **a** followed by a stressed pronoun.

**Vi** piacciono i giardini pubblici vicino a casa vostra? *Do you like the park near your house?*
**Agli studenti** non piacciono gli esami lunghi. *Students don't like long exams.*
**A Lidia** piace il negozio all'angolo. *Lidia likes the store on the corner.*
**A me** piace la matematica, non a mia sorella. *I like math, my sister doesn't.*

- Stressed pronouns in Italian are: **me, te, Lei/lui/lei, noi, voi, Loro/loro**.

**ATTENZIONE!**

**Piacere** is an irregular verb. The present indicative forms are: **piaccio**, **piaci**, **piace**, **piacciamo**, **piacete**, and **piạcciono**. The first and second person forms of **piacere**, although not common, can also be used.

**So che piaccio alle ragazze.** *I know that girls like me.*
**(Tu) mi piaci.** *I like you.*
**(Noi) piacciamo a tutti i ragazzi.** *All the kids like us.*

**RIMANDO**

To review object pronouns and stressed pronouns, see **Strutture 4.2, pp. 132–134** and **Strutture 8.2, pp. 292–293.**

56 Lezione 2

- **Piacere** is often used in the conditional to make polite requests or invitations:

Ti **piacerebbe** andare al cinema stasera? *Would you like to go to the movies tonight?*

- **Piacere** may also be used with other verbs to indicate what someone likes to do. In this case, use **piace** + *infinitive*, even if the subject is plural.

Gli **piace vivere** in centro. *He likes living downtown.*
Ci **piace cantare e ballare.** *We like to sing and dance.*

- In the **passato prossimo** and other compound tenses, **piacere** takes the auxiliary **essere**. The past participle, **piaciuto**, must agree in number and gender with the subject.

Gli **è** piaciut**a l'opera.** *He liked the opera.*
Mi **sono** piaciut**e le rose**. Grazie! *I liked the roses. Thank you!*

### Verbs like *piacere*

- Other common verbs follow the same pattern as **piacere**.

| | |
|---|---|
| **bastare** *to be enough* | **occọrrere** *to need* |
| **dare fastidio** *to annoy* | **parere** *to seem* |
| **dispiacere** *to be sorry* | **restare** *to have left* |
| **disturbare** *to be a nuisance* | **sembrare** *to seem* |
| **(non) importare** *to (not) matter* | **servire** *to be useful* |
| **interessare** *to interest* | **stare a cuore** *to matter* |
| **mancare** *to be missing* | |

Ci **è parso** molto triste. *He seemed really sad to us.*

Non mi **importano** le critiche! *Criticism does not matter to me!*

Mi **mancano** le ultime pagine della storia. *I'm missing the last pages of the story.*
Non mi **serve** questa vecchia giacca. *I have no use for this old jacket.*
Ti **occorre** altro? *Do you need anything else?*
Ti **sta a cuore** la tua città? *Do you care about your city?*
I tuoi amici mi **sembrano** simpatici. *Your friends seem nice to me.*
Cosa vi **dà fastidio**? *What's bothering you?*

- Use **non piacere** to say what you dislike. **Dispiacere** means *to mind* or *to be sorry*.

**Non** mi **piace** il traffico a Roma. *I don't like the traffic in Rome.*
Ti **dispiacerebbe** dare un passaggio a Rossella? *Would you mind giving Rossella a ride?*

**RIMANDO**

For more information about the **passato prossimo**, see **Strutture 3.1, pp. 90–91**.

Vivere insieme 57

**Integration of Cortometraggio** Photos with quotes or captions from the lesson's short film show the new grammar structures in meaningful contexts.

**Charts and diagrams** Colorful, easy-to-understand charts and diagrams highlight key grammar structures and related vocabulary.

**Grammar explanations** Explanations are written in clear, easy-to-understand language for reference both in and out of class.

**Attenzione** These sidebars expand on the current grammar point and call attention to possible sources of confusion.

**Rimando** These sidebars reference relevant grammar points actively presented in **Strutture**.

**Supersite**

- Grammar presentations

Supersite features vary by access level. Visit **vistahigherlearning.com** to explore which Supersite level is right for you.

# STRUTTURE

## progresses from directed to communicative practice.



### Pratica

1 **Al supermercato** Michele e Carla sono andati in centro a fare la spesa, ma non sono d'accordo su quello che devono comprare. Completa la conversazione inserendo la forma corretta del verbo tra parentesi e i pronomi appropriati.

**MICHELE** Allora cosa dobbiamo comprare per la cena di stasera? (1) _______ (occorrere) la pasta?
**CARLA** Sì, e (2) _______ (servire) i funghi e il prosciutto.
**MICHELE** Non per me, non (3) _______ (piacere) i funghi!
**CARLA** E va bene, prendiamo le zucchine! Abbiamo preso tutto? No, aspetta, (4) _______ (servire) la frutta. Quale preferisci?
**MICHELE** (5) _______ (piacere) le ciliege e le mele.
**CARLA** Perfetto, adesso (6) _______ (mancare) solo l'acqua minerale.

2 **Cosa ti piace?** In coppia, domandatevi se vi piacciono o non vi piacciono le seguenti persone o attività e spiegate perché.

**Modello** **dormire fino a tardi**
—Ti piace dormire fino a tardi?
—Sì, mi piace. / No, a me piace svegliarmi presto.

| | | |
|---|---|---|
| fare sport | l'opera | Roberto Benigni |
| i film d'avventura | la musica di Laura Pausini | uscire con gli amici |
| i romanzi d'amore | non fare niente | viaggiare |

3 **Il prossimo fine settimana?** In coppia, domandatevi se vi piacerebbe fare le attività illustrate nelle foto. Utilizzate i verbi **piacere, interessare** e **dare fastidio.**

**Modello** Ti interesserebbe andare al parco?
Sì, mi piacerebbe molto.

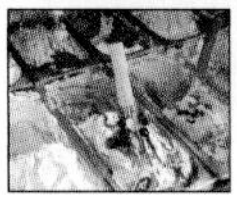

Practice more at **vhlcentral.com.**



STRUTTURE

### Comunicazione

4 **Domande** In coppia, fatevi a turno delle domande sulle persone e sui luoghi seguenti.

**Modello** **piacere / a tuo padre**
Secondo te cosa piace a tuo padre?
Non so, secondo me gli piace dormire.

1. interessare / ai tuoi compagni di classe
2. non importare / al presidente
3. piacere / al(la) tuo/a migliore amico/a
4. non piacere / a tua madre
5. dare fastidio / al(la) tuo/a ragazzo/a
6. stare a cuore / al tuo professore
7. mancare / alla tua città
8. occorrere / ai cittadini

5 **Come sono?** Scegli un personaggio famoso e immagina quello che gli/le piace/piaceva. Dì al(la) tuo/a compagno/a cosa hai pensato senza dire il nome del personaggio famoso. Lui/Lei deve indovinare chi è. Usate tutti i verbi della lista.

**Modello** —Gli piace cantare e gli sta a cuore la situazione dell'Africa. Chi è?
—È Bono!

| | |
|---|---|
| dare fastidio | non piacere |
| importare | parere |
| interessare | piacere |

6 **In centro** In coppia, descrivete cosa fate di solito quando andate in centro. Utilizzate alcune parole della lista.

| | | |
|---|---|---|
| divertirsi | incontrarsi | passeggiare |
| fare commissioni | mancare | perdersi |
| fermata | non piacere | piacere |
| guidare | parcheggiare | restare |

**Modello** Di solito, il sabato mattina vado in centro. Prendo la metro perché non mi piace il traffico e mi preoccupo per l'ambiente.

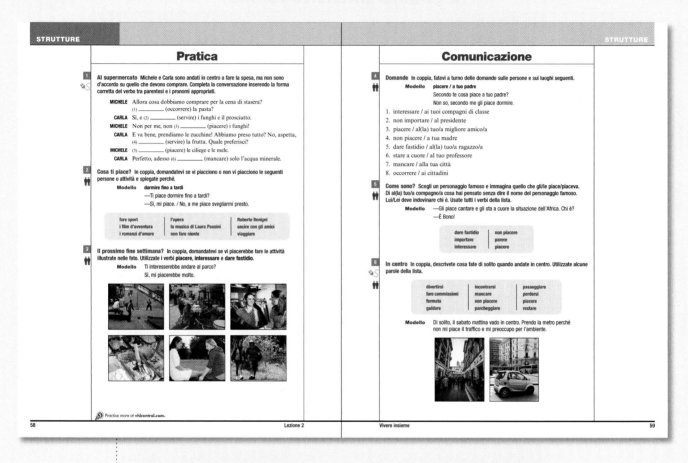

**Pratica** Directed exercises support students as they begin working with the grammar structures, helping them master the forms they need for personalized communication.

**Comunicazione** Open-ended, communicative activities help students internalize the grammar point in a range of contexts involving pair and group work.

**Nota culturale** Where appropriate, sidebars explain cultural references embedded in activities and expand the culture content of each lesson.

### Supersite

- Textbook activities
- Chat activities for conversational skill-building and oral practice
- Additional online-only practice activities

Supersite features vary by access level. Visit **vistahigherlearning.com** to explore which Supersite level is right for you.

# SINTESI

## brings together the lesson grammar and vocabulary themes.

STRUTTURE

## Sintesi

**1** **Parliamo** In gruppi di quattro, guardate le foto e rispondete alle domande.

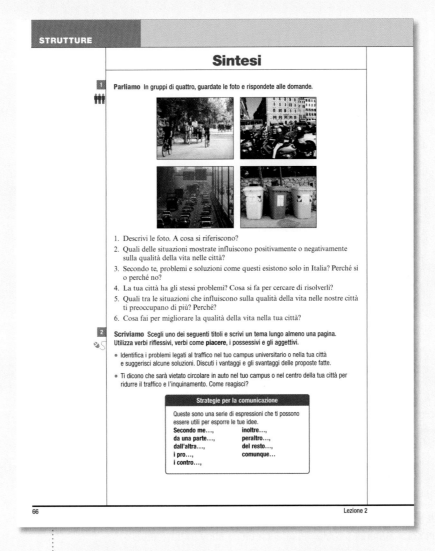

1. Descrivi le foto. A cosa si riferiscono?
2. Quali delle situazioni mostrate influiscono positivamente o negativamente sulla qualità della vita nelle città?
3. Secondo te, problemi e soluzioni come questi esistono solo in Italia? Perché sì o perché no?
4. La tua città ha gli stessi problemi? Cosa si fa per cercare di risolverli?
5. Quali tra le situazioni che influiscono sulla qualità della vita nelle nostre città ti preoccupano di più? Perché?
6. Cosa fai per migliorare la qualità della vita nella tua città?

**2** **Scriviamo** Scegli uno dei seguenti titoli e scrivi un tema lungo almeno una pagina. Utilizza verbi riflessivi, verbi come **piacere**, i possessivi e gli aggettivi.

- Identifica i problemi legati al traffico nel tuo campus universitario o nella tua città e suggerisci alcune soluzioni. Discuti i vantaggi e gli svantaggi delle proposte fatte.
- Ti dicono che sarà vietato circolare in auto nel tuo campus o nel centro della tua città per ridurre il traffico e l'inquinamento. Come reagisci?

**Strategie per la comunicazione**

Queste sono una serie di espressioni che ti possono essere utili per esporre le tue idee.

| | |
|---|---|
| **Secondo me...,** | **inoltre...,** |
| **da una parte...,** | **peraltro...,** |
| **dall'altra...,** | **del resto...,** |
| **i pro...,** | **comunque...** |
| **i contro...,** | |

66 Lezione 2

**Parliamo** Realia and photography serve as springboards for pair, group, or class discussions.

**Scriviamo** Gives students the opportunity to use the grammar and vocabulary of the lesson in engaging, real-life writing tasks.

**Strategie** Tips, techniques, key words, and expressions help students improve their oral and written communication skills.

**Supersite**

- Composition engine for writing activity

Supersite features vary by access level. Visit **vistahigherlearning.com** to explore which Supersite level is right for you.

# CULTURA

## features a dynamic cultural reading.

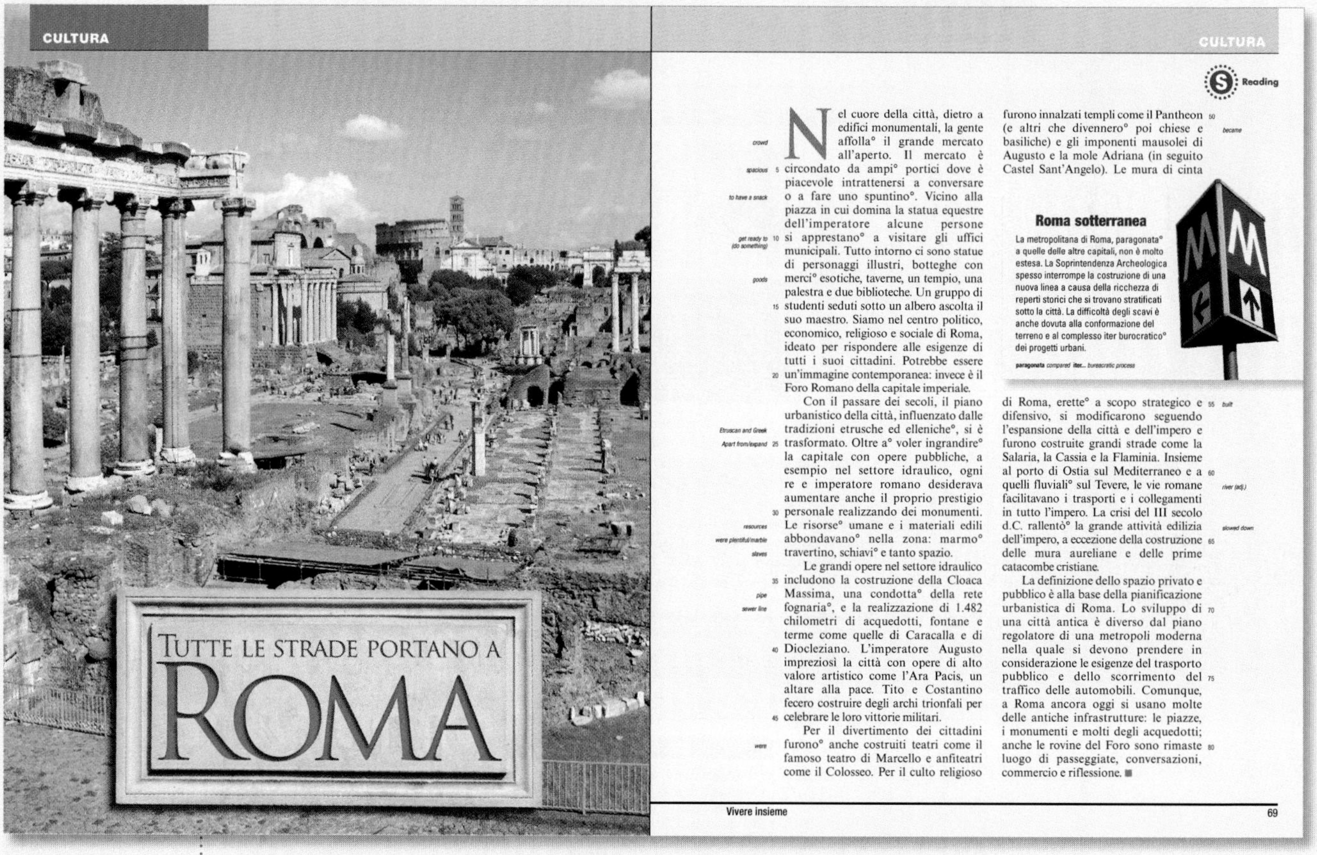

CULTURA

TUTTE LE STRADE PORTANO A ROMA

CULTURA

Reading

Nel cuore della città, dietro a edifici monumentali, la gente affolla° il grande mercato all'aperto. Il mercato è circondato da ampi° portici dove è piacevole intrattenersi a conversare o a fare uno spuntino°. Vicino alla piazza in cui domina la statua equestre dell'imperatore alcune persone si apprestano° a visitare gli uffici municipali. Tutto intorno ci sono statue di personaggi illustri, botteghe con merci° esotiche, taverne, un tempio, una palestra e due biblioteche. Un gruppo di studenti seduti sotto un albero ascolta il suo maestro. Siamo nel centro politico, economico, religioso e sociale di Roma, ideato per rispondere alle esigenze di tutti i suoi cittadini. Potrebbe essere un'immagine contemporanea: invece è il Foro Romano della capitale imperiale.

Con il passare dei secoli, il piano urbanistico della città, influenzato dalle tradizioni etrusche ed elleniche°, si è trasformato. Oltre a° voler ingrandire° la capitale con opere pubbliche, a esempio nel settore idraulico, ogni re e imperatore romano desiderava aumentare anche il proprio prestigio personale realizzando dei monumenti. Le risorse° umane e i materiali edili abbondavano° nella zona: marmo° travertino, schiavi° e tanto spazio.

Le grandi opere nel settore idraulico includono la costruzione della Cloaca Massima, una condotta° della rete fognaria°, e la realizzazione di 1.482 chilometri di acquedotti, fontane e terme come quelle di Caracalla e di Diocleziano. L'imperatore Augusto impreziosì la città con opere di alto valore artistico come l'Ara Pacis, un altare alla pace. Tito e Costantino fecero costruire degli archi trionfali per celebrare le loro vittorie militari.

Per il divertimento dei cittadini furono° anche costruiti teatri come il famoso teatro di Marcello e anfiteatri come il Colosseo. Per il culto religioso furono innalzati templi come il Pantheon (e altri che divennero° poi chiese e basiliche) e gli imponenti mausolei di Augusto e la mole Adriana (in seguito Castel Sant'Angelo). Le mura di cinta di Roma, erette° a scopo strategico e difensivo, si modificarono seguendo l'espansione della città e dell'impero e furono costruite grandi strade come la Salaria, la Cassia e la Flaminia. Insieme al porto di Ostia sul Mediterraneo e a quelli fluviali° sul Tevere, le vie romane facilitavano i trasporti e i collegamenti in tutto l'impero. La crisi del III secolo d.C. rallentò° la grande attività edilizia dell'impero, a eccezione della costruzione delle mura aureliane e delle prime catacombe cristiane.

La definizione dello spazio privato e pubblico è alla base della pianificazione urbanistica di Roma. Lo sviluppo di una città antica è diverso dal piano regolatore di una metropoli moderna nella quale si devono prendere in considerazione le esigenze del trasporto pubblico e dello scorrimento del traffico delle automobili. Comunque, a Roma ancora oggi si usano molte delle antiche infrastrutture: le piazze, i monumenti e molti degli acquedotti; anche le rovine del Foro sono rimaste luogo di passeggiate, conversazioni, commercio e riflessione. ■

*crowd; spacious; to have a snack; get ready to (do something); goods; Etruscan and Greek; Apart from/expand; resources; were plentiful/marble; slaves; pipe; sewer line; were; became; built; river (adj.); slowed down*

### Roma sotterranea

La metropolitana di Roma, paragonata° a quelle delle altre capitali, non è molto estesa. La Soprintendenza Archeologica spesso interrompe la costruzione di una nuova linea a causa della ricchezza di reperti storici che si trovano stratificati sotto la città. La difficoltà degli scavi è anche dovuta alla conformazione del terreno e al complesso iter burocratico° dei progetti urbani.

**paragonata** *compared* **iter...** *bureaucratic process*

Vivere insieme 69

**Readings** Brief, comprehensible readings present students with additional cultural information related to the lesson theme.

**Design** Readings are carefully laid out with line numbers, marginal glosses, and box features to help make each piece easy to navigate.

**Photos** Vibrant, dynamic photos visually illustrate the reading.

## Supersite

- Cultural reading
- Audio recordings of vocabulary terms
- Textbook activities
- Additional online-only practice activity

Supersite features vary by access level. Visit **vistahigherlearning.com** to explore which Supersite level is right for you.

# LETTERATURA

## showcases literary readings by well-known Italian writers.

LETTERATURA

# La mamma e il bambino

CLAUDIO GIANINI

LETTERATURA

Audio: Dramatic Reading

Era tanto tempo che non tornavo più nella città in cui sono nato e nella quale ho vissuto per oltre trent'anni della mia vita. In realtà non abito poi così lontano, quaranta chilometri appena, da non poterci venire più di frequente. Semplicemente non ho occasioni particolari per farlo. Tranne° oggi.

La mia Milano. Quanti ricordi sono evocati dai clacson° delle vetture°, dal rumore caotico del traffico, dallo sferragliare° dei tram. Un'onda° di emozioni mi assale appena scendo dal treno delle Ferrovie Nord Milano. Un treno da Far West, come dico spesso ridendo. In effetti mancano solo le frecce°, scagliate° dagli archi dei pellerossa durante un qualche attacco ai visi° pallidi e piantate° nel legno° dei vagoni° attorno ai finestrini.

Ho viaggiato con il treno perché il luogo in cui devo recarmi è a pochi metri dalla Stazione di Piazza Cadorna. Sarebbe stato masochismo puro venirci con l'automobile. Non tanto per il viaggio, che già in sé sarebbe stato allucinante°, quanto per la ricerca di un parcheggio. Meglio quindi il mezzo pubblico.

Mentre attraverso la strada guardo già il portone° del palazzo presso il quale ho il mio appuntamento. Un'occhiata all'orologio mi conferma che sono in anticipo. Ho almeno il tempo per fare un giretto, per immergermi° nella folla di gente frettolosa e indaffarata, per tornare a vivere il gusto della vita frenetica della grande metropoli. Una donna, forse filippina, mi viene incontro spingendo una carrozzina° con dentro un marmocchio°. Mi fissa° per un istante negli occhi. Io ricambio° con fermezza il suo sguardo°. Mi ferma, e io so già cosa vuole. Inizia a parlare, mentre la mia mente sta preparando un rifiuto°.

«Posso farti una domanda?», mi chiede. Ha negli occhi una luce di rassegnata° speranza. Gli anni passati a fermare in quel modo gente diffidente le hanno insegnato a leggere sui visi, tra le pieghe di sorrisi compiacenti o di smorfie° sdegnose°.

«Se so rispondere... », dico con tono lievemente ironico.

«Te lo chiedo come a un fratello», prosegue. Dai suoi occhi è sparita° la rassegnazione ed è rimasta solo la speranza. Forse ritiene già un grosso successo il fatto che io l'abbia almeno degnata° di un minimo di considerazione.

«Mi compri dei pannolini per mio figlio?», continua la donna indicandomi la farmacia che si trova alle mie spalle.

**«Posso farti una domanda?», mi chiede.**

Il rifiuto che avevo pensato sale veloce alle mie labbra, prima ancora che le sue parole mi arrivino al cervello e scendano al cuore, prima che tocchino corde diverse da quelle solitamente fatte vibrare dalle pretese° di qualche spicciolo°. Bastano due passi e la folla si richiude attorno a noi, separandoci. Frazioni di secondo, nelle quali infine realizzo che la preghiera appena ricevuta era una sincera richiesta° d'aiuto.

Quella mamma aveva calpestato° il proprio orgoglio°. Non voleva soldi, voleva direttamente qualcosa di necessario per il suo bambino. Mi giro, torno sui miei passi°, voglio correggere quello che adesso riconosco come un errore. In fondo°, quanto mi può costare un pacco di pannolini? Ma non vi° è più traccia° della donna. Sembra che la folla l'abbia ingoiata°.

Chissà° se qualcun altro, meno pronto di me a presentare un rifiuto, porrà rimedio al mio sbaglio°? ■

Except for; car horn/cars; clanging/wave; arrows/shot; faces; stuck/wood; wagons; devastating; entrance door; immerse myself; pram; kid/stares; return; gaze; refusal; resigned; grimaces/disdaining; disappeared; deigned; demands/small change; demand; had trampled upon; pride; steps; after all; (=ci) there; trace; swallowed; Who knows; mistake

Vivere insieme 73

**Letteratura** Comprehensible and compelling, these readings present new avenues for using the lesson's grammar and vocabulary.

**Design** Each reading is presented in the attention-grabbing visual style you would expect from a magazine, along with glosses of unfamiliar words.

## Supersite

- Dramatic recordings of each literary selection bring the plot to life
- Audio-sync technology for the literary reading highlights text as it is being read

Supersite features vary by access level. Visit **vistahigherlearning.com** to explore which Supersite level is right for you.

# PREPARAZIONE & ANALISI

## activities provide in-depth pre- and post-reading support for each selection in Letteratura and Cultura.

LETTERATURA

### Preparazione

Audio: Vocabulary

#### A proposito dell'autore

Claudio Gianini (Milano, 1968) ha cominciato recentemente la carriera di scrittore di narrativa. Per anni ha lavorato come ingegnere meccanico e ha scritto libri prevalentemente tecnici, anche per l'università, collaborando fra l'altro con Ferrari e Toyota allo sviluppo di macchine di Formula Uno. Da quando ha iniziato a scrivere racconti e romanzi gialli, o noir, non può immaginare di vivere solo di parole tecniche. Il racconto che segue è tratto dalla collezione *Spicchi di realtà*.

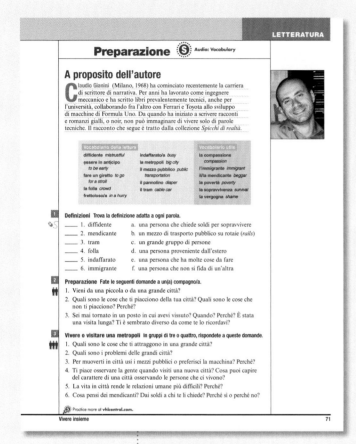

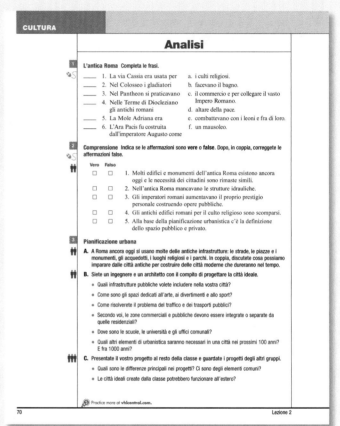

**Vocabolario della lettura**

- **diffidente** *mistrustful*
- **essere in anticipo** *to be early*
- **fare un giretto** *to go for a stroll*
- **la folla** *crowd*
- **frettoloso/a** *in a hurry*
- **indaffarato/a** *busy*
- **la metropoli** *big city*
- **il mezzo pubblico** *public transportation*
- **il pannolino** *diaper*
- **il tram** *cable car*

**Vocabolario utile**

- **la compassione** *compassion*
- **l'immigrante** *immigrant*
- **il/la mendicante** *beggar*
- **la povertà** *poverty*
- **la sopravvivenza** *survival*
- **la vergogna** *shame*

1 **Definizioni** Trova la definizione adatta a ogni parola.

| | |
|---|---|
| ____ 1. diffidente | a. una persona che chiede soldi per sopravvivere |
| ____ 2. mendicante | b. un mezzo di trasporto pubblico su rotaie (*rails*) |
| ____ 3. tram | c. un grande gruppo di persone |
| ____ 4. folla | d. una persona proveniente dall'estero |
| ____ 5. indaffarato | e. una persona che ha molte cose da fare |
| ____ 6. immigrante | f. una persona che non si fida di un'altra |

2 **Preparazione** Fate le seguenti domande a un(a) compagno/a.

1. Vieni da una piccola o da una grande città?
2. Quali sono le cose che ti piacciono della tua città? Quali sono le cose che non ti piacciono? Perché?
3. Sei mai tornato in un posto in cui avevi vissuto? Quando? Perché? È stata una visita lunga? Ti è sembrato diverso da come te lo ricordavi?

3 **Vivere o visitare una metropoli** In gruppi di tre o quattro, rispondete a queste domande.

1. Quali sono le cose che ti attraggono in una grande città?
2. Quali sono i problemi delle grandi città?
3. Per muoverti in città usi i mezzi pubblici o preferisci la macchina? Perché?
4. Ti piace osservare la gente quando visiti una nuova città? Cosa puoi capire del carattere di una città osservando le persone che ci vivono?
5. La vita in città rende le relazioni umane più difficili? Perché?
6. Cosa pensi dei mendicanti? Dai soldi a chi te li chiede? Perché sì o perché no?

Practice more at **vhlcentral.com.**

Vivere insieme 71

CULTURA

### Analisi

1 **L'antica Roma** Completa le frasi.

| | |
|---|---|
| ____ 1. La via Cassia era usata per | a. i culti religiosi. |
| ____ 2. Nel Colosseo i gladiatori | b. facevano il bagno. |
| ____ 3. Nel Pantheon si praticavano | c. il commercio e per collegare il vasto Impero Romano. |
| ____ 4. Nelle Terme di Diocleziano gli antichi romani | d. altare della pace. |
| ____ 5. La Mole Adriana era | e. combattevano con i leoni e fra di loro. |
| ____ 6. L'Ara Pacis fu costruita dall'imperatore Augusto come | f. un mausoleo. |

2 **Comprensione** Indica se le affermazioni sono **vere** o **false**. Dopo, in coppia, correggete le affermazioni false.

| Vero | Falso | |
|---|---|---|
| ☐ | ☐ | 1. Molti edifici e monumenti dell'antica Roma esistono ancora oggi e le necessità dei cittadini sono rimaste simili. |
| ☐ | ☐ | 2. Nell'antica Roma mancavano le strutture idrauliche. |
| ☐ | ☐ | 3. Gli imperatori romani aumentavano il proprio prestigio personale costruendo opere pubbliche. |
| ☐ | ☐ | 4. Gli antichi edifici romani per il culto religioso sono scomparsi. |
| ☐ | ☐ | 5. Alla base della pianificazione urbanistica c'è la definizione dello spazio pubblico e privato. |

3 **Pianificazione urbana**

**A.** A Roma ancora oggi si usano molte delle antiche infrastrutture: le strade, le piazze e i monumenti, gli acquedotti, i luoghi religiosi e i parchi. In coppia, discutete cosa possiamo imparare dalle città antiche per costruire delle città moderne che dureranno nel tempo.

**B.** Siete un ingegnere e un architetto con il compito di progettare la città ideale.

- Quali infrastrutture pubbliche volete includere nella vostra città?
- Come sono gli spazi dedicati all'arte, ai divertimenti e allo sport?
- Come risolverete il problema del traffico e dei trasporti pubblici?
- Secondo voi, le zone commerciali e pubbliche devono essere integrate o separate da quelle residenziali?
- Dove sono le scuole, le università e gli uffici comunali?
- Quali altri elementi di urbanistica saranno necessari in una città nei prossimi 100 anni? E fra 1000 anni?

**C.** Presentate il vostro progetto al resto della classe e guardate i progetti degli altri gruppi.

- Quali sono le differenze principali nei progetti? Ci sono degli elementi comuni?
- Le città ideali create dalla classe potrebbero funzionare all'estero?

Practice more at **vhlcentral.com.**

70 Lezione 2

**Preparazione** Vocabulary presentation and practice, author biographies, and pre-reading discussion activities prepare students for the reading.

**Analisi** Post-reading activities check student understanding and guide them to discuss the topic of the reading, express their opinions, and explore how it relates to their own experiences.

## Supersite

- Audio recordings of vocabulary terms
- Textbook activities
- Additional online-only comprehension activities
- **A proposito dell'autore** reading with online-only activity

Supersite features vary by access level. Visit **vistahigherlearning.com** to explore which Supersite level is right for you.

# LABORATORIO DI SCRITTURA

## synthesizes the lesson with a writing assignment.

LABORATORIO DI SCRITTURA

### Pratica

**Le citazioni**

In un saggio la tesi deve essere sostenuta con prove evidenti. Un tipo di prova molto attendibile è rappresentato dalle citazioni ottenute direttamente dalle fonti originali. Le citazioni devono:

- Essere collegate direttamente a quello che si vuole dimostrare.
- Essere inserite nel contesto. Non si può cambiare il messaggio dell'autore originale.
- Includere la fonte. Citare testi senza dichiararne la fonte costituisce un plagio (*plagiarism*).

Le citazioni letterali devono essere riportate tra virgolette «...» (*quotes*); se si omette parte del testo, si indica così: [ ... ]. Infine, se decidiamo di citare usando le nostre parole si può eseguire un cambio nei tempi dei verbi o in altri elementi simili. Esempi:

Citazione diretta: Claudio Gianini nel brano *La mamma e il bambino* giustifica l'uso del treno quando dice: «Non tanto per il viaggio, che già in sé sarebbe stato allucinante, quanto per la ricerca di un parcheggio».

Citazione parziale: Claudio Gianini nel brano *La mamma e il bambino* giustifica l'uso del treno quando dice: «Non tanto per il viaggio, [ ... ], quanto per la ricerca di un parcheggio.»

Citazione indiretta: Claudio Gianini nel brano *La mamma e il bambino* giustifica l'uso del treno in quanto è difficile trovare un parcheggio.

1 **Preparazione** In coppia, rileggete l'articolo a pagina 31 e identificate i tipi di citazione presenti.

2 **Saggio** Scegli uno di questi argomenti e scrivi un saggio

- Il tuo saggio deve far riferimento a uno o due dei quattro brani di questa lezione contenuti in **Cortometraggio**, **Immagina**, **Cultura** e **Letteratura**.
- Deve includere almeno tre citazioni dirette o indirette, ricavate dai brani, per difendere o sostenere i tuoi argomenti.
- Il saggio deve essere lungo almeno due pagine.

Nelle letture *Tutte le strade portano a Roma* e *Roma: un museo all'aperto*, abbiamo un'immagine dell'antica Roma in tutta la sua grandezza. Anche se con duemila anni di differenza, puoi fare un confronto fra lo stile di vita ai tempi dei Romani e lo stile di vita moderno?

Nel brano di Claudio Gianini *La mamma e il bambino* e nel cortometraggio *La ritirata* uno dei temi predominanti è il rapporto tra sconosciuti in cui una persona ha bisogno di aiuto. Fino a che punto un individuo può spingersi per aiutare uno sconosciuto? Secondo te, è rischioso o vale la pena in nome della compassione e del rispetto per tutta l'umanità?

Nei brani su Roma, emerge una ricchezza culturale attraverso l'arte e l'urbanistica che supera il tempo. Secondo te, nelle città americane come si esprime la ricchezza culturale e che valore ha?

76 Lezione 2

**Preparazione & Pratica** Writing strategies with practice help students develop their ability to draft clear, logical essays.

**Saggio** Writing topics bring the lesson together by asking students to construct and defend a thesis in the context of the lesson theme, film, and readings they have studied.

**Supersite**

- Composition engine for writing activity

Supersite features vary by access level. Visit vistahigherlearning.com to explore which Supersite level is right for you.

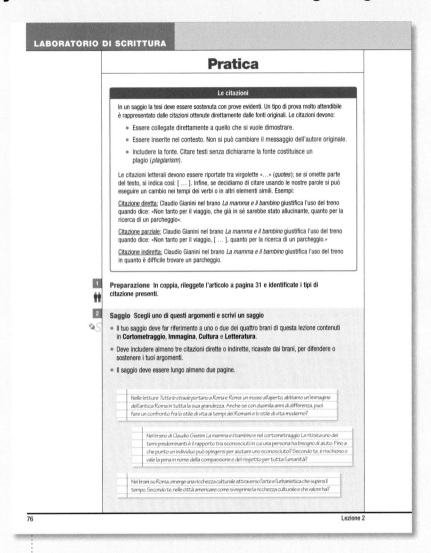

# VOCABOLARIO

## summarizes the active vocabulary in each lesson.

VOCABOLARIO

### Città e comunità

Vocabulary Tools

**Luoghi e indicazioni**

**l'ạngolo** *corner*
**l'appartamento** *apartment*
**la campagna** *countryside*
**il casale** *farmhouse*
**l'edịcola** *newsstand*
**i giardini pụbblici** *public gardens*
**il grattacielo** *skyscraper*
**l'incrocio** *intersection*
**il marciapiede** *sidewalk*
**la metro(politana)** *subway*
**il municipio** *city hall*
**il paese** *village*
**il palazzo** *building; palace*
**la perifẹria** *suburbs*
**il quartiere** *neighborhood*
**il segnale stradale** *road sign*
**il semạforo** *traffic light*
**lo stadio** *stadium*
**la stazione di polizịa** *police station*
**la strada** *street*
**le strisce pedonali** *crosswalk*
**il tribunale** *courthouse*
**la vịa** *street*

**attraversare** *to cross*
**dare indicazioni** *to give directions*
**pẹrdersi** *to get lost*
**trovarsi** *to be located*

**La gente**

**il/la cittadino/a** *citizen*
**il/la coinquilino/a** *housemate; roommate*
**il/la contadino/a** *farmer*
**il/la paesano/a** *villager/(fellow) countryman/woman*
**il pedone (*m./f.*)** *pedestrian*
**il/la poliziotto/a** *police officer*
**il sịndaco** *mayor*
**il/la venditore/venditrice (ambulante)** *(street) vendor*
**il/la vịgile del fuoco** *firefighter*

**Le attività**

**chiacchierare** *to chat*
**divertirsi** *to have fun*
**fare commissioni** *to run errands*
**incontrarsi** *to get together*
**passeggiare** *to take a walk*
**trasferirsi** *to move (change residence)*

**Il trasporto**

**l'automobilista (*m./f.*)** *driver*
**la circolazione/il trạffico** *traffic*
**la fermata (dell'ạutobus/della metro/del treno)** *(bus/subway/train) stop*
**l'ingorgo stradale** *traffic jam*
**il/la passeggero/a** *passenger*
**il ritardo** *delay*

**dare un passaggio** *to give a ride*
**fermare/fermarsi** *to stop*
**girare (a destra/sinistra)** *to turn (right/left)*
**guidare** *to drive*
**parcheggiare** *to park*
**salire (in mạcchina/sul treno/sull'ạutobus)** *to get (in a car/on a train/on a bus)*
**scẹndere (dalla mạcchina/dal treno/dall'ạutobus)** *to get (out of a car/off a train/off a bus)*

**Per descrịvere**

**affollato/a** *crowded*
**pericoloso/a** *dangerous*
**quotidiano/a** *daily*
**rumoroso/a** *noisy*
**vivace** *lively*

**Cortometraggio**

**l'acquisto** *purchase*
**la bugia** *lie*
**la campagna pubblicitaria** *advertising campaign*
**il mụtuo** *mortgage*
**il provino** *screen test*
**il viso** *face*

**capitare** *to happen*
**costrịngere** *to coerce*
**dire la verità** *to tell the truth*
**festeggiare** *to celebrate*
**fare finta** *to pretend*
**lasciarsi** *to break up*
**tọgliere** *to remove*
**litigare** *to fight*
**vedersi con** *to date*

**solo** *alone; lonely*

**Cultura**

**l'acquedotto** *aqueduct*
**la composizione demogrạfica** *demographic makeup*
**l'edificio** *building*
**l'esigenza** *requirement*
**l'infrastruttura** *infrastructure*
**l'ingegnere** *engineer*
**il materiale edile** *building material*
**le mura di cinta** *city walls*
**il piano urbanịstico** *city plan*
**il reperto** *find (archeol.)*
**le rovine** *ruins*
**lo scavo** *excavation*
**il sẹcolo** *century*
**le terme** *(thermal) baths*
**la topografịa** *topography*
**l'urbanịstica** *city/planning*

**d.C. (dopo Cristo)** *AD (Anno Domini)*

**Letteratura**

**la compassione** *compassion*
**la folla** *crowd*
**l'immigrante** *immigrant*
**il/la mendicante** *beggar*
**la metrọpoli** *big city*
**il mezzo pụbblico** *public transportation*
**il pannolino** *diaper*
**la povertà** *poverty*
**la sopravvivenza** *survival*
**il tram** *cable car*
**la vergogna** *shame*

**ẹssere in antịcipo** *to be early*
**fare un giretto** *to go for a stroll*

**diffidente** *mistrustful*
**frettoloso/a** *in a hurry*
**indaffarato/a** *busy*

Vivere insieme 77

**Vocabolario** All the lesson's active vocabulary is grouped in easy-to-study thematic lists and tied to the lesson section in which it was presented.

## Supersite

- Vocabulary list with audio
- Customizable study lists

Supersite features vary by access level. Visit **vistahigherlearning.com** to explore which Supersite level is right for you.

# Instructor Resources

**IMMAGINA**, Second Edition, offers a wide array of resources to support instructors and students. Below is a list of the key instructor support materials.

## Instructor's Annotated Edition

This edition of **IMMAGINA** contains activity answers, tips, suggestions, ideas for expansion, and more—all conveniently overprinted on the Student Edition page.

## Supersite

The password-protected Instructor Supersite allows instructors to assign and track student progress through its course management system. Instructors have full access to the Student Supersite, and seamless integration with the **IMMAGINA**, Second Edition **WebSAM** and **vText**. Instructor Resources for easy access and download include:

- sample syllabus and lesson plan
- scripts and translations for the **Cortometraggio** films
- teaching suggestions for **Immagina** sections
- Student Activities Manual (SAM) Answer Key
- Grammar presentation slides

*For more details about the Supersite, see pages IAE-12 and IAE-13.*

## Film Collection DVD

This DVD includes the **Cortometraggio** films with instructor-controlled subtitles in English and Spanish. The videos are also available on the Supersite.

## Testing Program

The Testing Program is delivered in ready-to-print PDF and also in editable RTF (rich text format). Tests and exams can be downloaded from the Supersite or assigned online. The testing materials include lesson tests, a midterm exam, a final exam, and answer keys. An optional listening comprehension activity with the corresponding scripts and MP3 files for listening is provided for each test and exam.

# Student Resources

### Student Edition

The Student Edition is available in hardcover, loose-leaf, and digital (online vText) formats.

### Student Activities Manual (SAM)

The **Student Activities Manual** consists of two parts: the **Workbook** and the **Lab Manual**.

- **Workbook**

  The **Workbook** activities focus on developing students' reading and writing skills. Each workbook lesson reflects the organization of the corresponding textbook lesson; it begins with **Per cominciare**, followed by **Cortometraggio**, **Immagina**, and **Strutture**. Each lesson ends with **Laboratorio di scrittura**, which develops students' writing skills through a longer, more focused assignment.

- **Lab Manual**

  The **Lab Manual** activities focus on building students' listening comprehension and speaking skills as they reinforce the vocabulary and grammar of the corresponding textbook lesson. Each Lab Manual lesson contains a **Per cominciare** section followed by **Strutture**, and ending with **Vocabolario**, a complete list of the active lesson vocabulary.

### WebSAM

Completely integrated with the **IMMAGINA** Supersite, the **WebSAM** provides access to online **Workbook** and **Lab Manual** activities with instant feedback and grading for select activities. The complete audio program is accessible online in the **Lab Manual** and features record-submit functionality for select activities. The MP3 files can be downloaded from the **IMMAGINA** Supersite and can be played on a computer, portable MP3 player or mobile device.

### IMMAGINA, Second Edition, Supersite

Included with the purchase of every new student edition, the passcode to the Supersite (**vhlcentral.com**) gives students access to a wide variety of interactive activities for each section of every lesson of the student text, including auto-graded activities for extra practice with vocabulary, grammar, video, and cultural content; reference tools; the short films, the Lab Program MP3 files, and more. *For additional details, see pages IAE-12 and IAE-13.*

# General Teaching Considerations

## Orienting Students to the Textbook

You may want to spend some time orienting students to the **IMMAGINA** textbook on the first day. Have students flip through **Lezione 1**. Explain that all lessons are organized in the same manner so they will always know "where they are" in the textbook. Emphasize that all sections are self-contained, occupying either a full page or spreads of two facing pages. Call students' attention to the use of color and/or boxes to highlight important information in charts, diagrams, word lists, and activities. Provide a brief overview of the main sections of each lesson: **Per cominciare, Cortometraggio, Immagina, Strutture, Cultura, Letteratura, Laboratorio di scrittura,** and **Vocabolario**. Then point out the **Attenzione!, Rimando,** and **Nota culturale** sidebars and explain that these boxes provide useful lexical, grammatical, and cultural information related to the material they are studying.

## Flexible Lesson Organization

To meet the needs of diverse teaching styles, institutions, and instructional objectives, **IMMAGINA** has a very flexible lesson organization. You can begin with the lesson opener spread and progress sequentially through the lesson, or you may rearrange the order of the material in each lesson to suit your teaching preferences and students' needs.

If you do not want to devote class time to teaching grammar, you can assign the **Strutture** explanations for outside study, freeing up class time for working with the activities.

## Identifying Active Vocabulary

The thematic vocabulary lists in **Per cominciare** are active vocabulary, as are all words and expressions in the **Vocabolario** boxes of the **Cortometraggio, Cultura,** and **Letteratura** sections. Words in the charts, lists, and sample sentences of **Strutture** are also part of the active vocabulary load. At the end of each lesson, the **Vocabolario** section provides a convenient one-page summary of the items students should know and that may appear on quizzes and exams.

Note that the marginal glosses from the readings and film captions are presented for recognition only. They are not included in testing materials, although you may wish to make them active vocabulary for your course, if you so choose. The additional terms and lexical variations provided in the annotations of the Instructor's Annotated Edition are also considered optional.

# Suggestions for Using *Sommario* and *Per cominciare*

## Lesson Theme and Vocabulary

- Use the title, photo, and text on the lesson opening page as a springboard to introduce the themes and vocabulary of the lesson. Use the discussion questions in the introductory paragraph and **Preview** annotation for partner, group, or class activities.
- Allow time for students to scan the table of contents and flip through the pages of each lesson, much as they would a magazine. Have students point out sections that appeal to them and briefly describe the cultural and thematic content of each lesson.
- To prepare students for new material, have them review what they already know about each theme by brainstorming related vocabulary words they have already learned.
- Introduce the new vocabulary by describing words and categories, then asking students yes/no or multiple-choice questions.
- Introduce the new vocabulary using Total Physical Response (TPR) or interactive class games such as Charades, Pictionary, and Hangman.
- Tell students that they will see some of the vocabulary in the context of a short film and ask them to look at the vocabulary and predict what they think the short film might be about.
- Use the lab materials in class to introduce vocabulary and develop listening skills or assign lab and workbook activities for extra practice outside of class.

## *Pratica*

- The **Pratica** exercises can be done orally as class, pair, or group activities. One pair activities may also be completed online as Partner Chat or Virtual Chat activity. They may also be assigned as written homework.
- Insist on the use of Italian during partner and group activities. Encourage students to use the language creatively.
- Have students form pairs or groups quickly. Assign or rotate partners and group members as necessary to ensure a greater variety of communicative exchanges.
- Allow sufficient time for pair and group activities (between five and ten minutes depending on the activity), but do not give students too much time or they may lapse into English and socialize. Always give students a time limit for an activity before they begin.
- Circulate around the room and monitor students to make sure they are on task. Provide guidance as needed and note common errors for future review.
- Remind students to jot down information during pair and group discussion activities so they can report the results to the class.
- Encourage students to practice more online on the **IMMAGINA** Supersite.

# Suggestions for Using *Cortometraggio*

The **Cortometraggio** section of the student text and the **IMMAGINA** Film Collection were created as interlocking pieces. All photos in the **Cortometraggio** section are actual video stills from authentic, award-winning short films. These dramatic short films highlight the themes and language of each lesson and provide comprehensible input at the discourse level. The films and corresponding activities offer rich and unique opportunities to build students' listening skills and cultural awareness.

Depending on your teaching preferences and school facilities, you might use the **IMMAGINA** Film Collection on DVD to show the films in class, or you might assign them for viewing outside the classroom at **vhlcentral.com**. You could begin by showing the first film in class to teach students how to approach viewing a film and listening to natural speech. After that, you could work with the **Cortometraggio** section and have students view the remaining films outside of class. No matter which approach you choose, students have the support they need to view the films independently and process them in a meaningful way. Here are some strategies for coordinating the film with the subsections of **Cortometraggio**.

## *Preparazione*

- Preview the vocabulary in **Preparazione** using the activities provided and the suggestions for teaching vocabulary on page IAE-34.
- Initiate group discussion of important themes and issues. Ask students to discuss recent films from the same genre or that touch on similar themes.

## *Scene*

- The poster, photos, and text in **Scene** may be used in a variety of ways. Before viewing the film, you might ask students to read or act out the dialogues, invent endings, or make predictions based on the photos and captions. You may also use the scenes while viewing, pausing for discussion at each of the scenes pictured. You may even choose to play the film first as a springboard into the lesson, returning to the scenes and text later for reinforcement.
- Use the **Nota culturale** sidebar to provide background information and cultural context before viewing the film, as a starting point for enrichment activities or projects, and to make connections to cultural information in other sections of the text.
- Use the film to introduce or reinforce the themes, vocabulary, and grammar points in each lesson, pausing and replaying examples of important words, structures, or concepts. If students need additional support before or while viewing, print the scripts (available at **vhlcentral.com**) and provide them to students. Students may read them ahead of time, looking up unknown words, or follow along as they watch.
- Before you show the film, ask students to read the **Sullo schermo** activity. Have them complete it while they watch the film.

## *Analisi*

- Have students scan the comprehension questions before viewing the film. Pause the film after key scenes to ask related questions. Replay scenes as needed.
- Ask students to compare the plot, characters, and endings to their earlier predictions.
- Assign expansion and follow-up activities based on the film, such as film reviews, sequels, alternate endings, and comparisons with other **corti** or recent movies.

# Suggestions for Using *Immagina*

The **Immagina** section is designed to be visually stimulating. It gives students the opportunity to get acquainted with Italian geography, history, architecture, and traditions through engaging readings about the region of focus. In addition to the general suggestions listed here, the Instructor's Resources, available on the **IMMAGINA** Supersite, contain specific teaching ideas and activities for all ten **Immagina** sections.

- Use the locator map in the lesson opener to help students become familiar with the region(s) of focus.
- Use the main feature and photo of **Immagina** to introduce the region of focus. The feature articles can be assigned for outside reading or you may use them in class to develop reading skills.
- Use the shorter readings as you would a travel brochure to highlight "must-see" locations or iconic people in each region. Encourage students to bring in photographs from their own travels or assign group projects to research important cities, parks, architecture, or museums, depending on the theme of each lesson.
- Check comprehension using the **Vero o falso?** and **Quanto hai imparato?** activities.
- Depending on your teaching preferences and time constraints, you may wish to use all of the **Progetto** features or you might select some for large oral projects. You may choose to have all students complete each **Progetto** or you may assign one or two small groups for each lesson.

# Suggestions for Using *Strutture*

## Grammar Explanations

- Have students read the explanations at home and come to class with any questions. Explain the grammar in Italian and try to keep explanations to a minimum, about five to ten minutes for each point. Grammar explanations should be assigned for homework so that class time can be devoted to the **Pratica** and **Comunicazione** activities.
- Introduce new grammar in context, using short narrations, guided discussions, brief readings, or realia. Call on students to share what they already know about each grammar point.
- Use other sections of the text to introduce or reinforce grammatical concepts. Pause the **Cortometraggio** film to discuss uses of each grammatical structure or have students jot down examples as they watch. Have students take notes of key grammatical structures as they read the **Cultura** and **Letteratura** selections.

## *Pratica, Comunicazione,* and *Sintesi*

- The **Pratica** exercises can be done orally as class, pair, or group activities. They may also be assigned as written homework.
- Activities marked with a mouse icon are also available on the Supersite with auto-grading or they can be submitted online for instructor grading. These activities may be assigned as homework; depending on students' success rate, devote additional time to the explanation or to extra **Pratica** activities before moving on to **Comunicazione**.
- Insist on the use of Italian for all pair and group activities.
- Have students form pairs or groups quickly or assign them yourself for variety. Allow sufficient time for **Comunicazione** activities (between five and ten minutes), but do not give students too much time or they may lapse into English and socialize. Always give students a time limit for an activity before they begin.
- Circulate around the room to answer questions and keep students on task.
- Encourage students to practice more online on the **IMMAGINA** Supersite.
- Use **Sintesi** activities to review all four grammar points and to make connections with the theme, vocabulary, and culture of the lesson. Encourage debate and open discussion.

# Suggestions for Using *Cultura*

## *Preparazione*

- Preview the vocabulary in **Preparazione** using the activities provided and the suggestions for teaching vocabulary on page IAE-34.
- Refer students to the **Immagina** section for background information and cultural context.

## Cultural Readings

- Talk to students about how to become effective readers in Italian. Point out the importance of using reading strategies. Encourage them to read every selection more than once. Explain that they should read the entire text through first to gain a general understanding of the main ideas without stopping to look up words. Then, they should read the text again for a more in-depth understanding of the material.
- Discourage students from translating the readings into English and relying too heavily on a dictionary. Tell them that reading directly in the language will help them grasp the meaning better and improve their ability to discuss the reading in Italian.
- Use the reading to reinforce the themes and linguistic structures of each lesson.

## *Analisi*

- Have students scan the comprehension questions before reading, then pause after each paragraph to ask related questions. Ask students to summarize the reading orally or in writing.

# Suggestions for Using *Letteratura*

## *Preparazione*

- Preview the vocabulary in **Preparazione** using the activities provided and the suggestions for teaching vocabulary on page IAE-34.
- Read the background information about each author.
- Introduce important themes and literary techniques used in the reading and call attention to genre and style. Encourage students to think about other works they have read in Italian or English from the same genre or that make use of similar themes and techniques.

## Literary Readings

- Talk to students about how to become effective readers in Italian. Point out the importance of using reading strategies. Encourage them to read every selection more than once. Explain that they should read the entire text through first to gain a general understanding of the plot or main ideas without stopping to look up words. Then, they should read the text again for a more in-depth understanding of the material.
- Discourage students from translating the readings into English and relying too heavily on a dictionary. Tell them that reading directly in the language will help them grasp the meaning better and improve their ability to discuss the reading in Italian.
- Use the reading to reinforce the themes and linguistic structures of each lesson.

## *Analisi*

- Have students scan the comprehension questions before reading, then pause after each paragraph to ask related questions. Ask students to summarize the reading orally or in writing.
- For the **Tema** activities (and other writing assignments), have students maintain a writing portfolio so they can periodically review their progress. The Composition Engine on the Supersite allows you to edit a student's draft. Have students create a running list of the most common grammatical or spelling errors they make when writing for reference, when revising their work, or for peer editing. Explain your grading system for writing assignments. This rubric could be used or adapted to suit your needs.

**Evaluation**

| **Criteria** | **Scale** | | **Scoring** |
|---|---|---|---|
| Appropriate details | 1 2 3 4 | Excellent | 18–20 points |
| Organization | 1 2 3 4 | Good | 14–17 points |
| Use of vocabulary | 1 2 3 4 | Satisfactory | 10–13 points |
| Grammatical accuracy | 1 2 3 4 | Unsatisfactory | <10 points |
| Mechanics | 1 2 3 4 | | |

# Suggestions for Using *Laboratorio di scrittura*

- The **Laboratorio di scrittura** essays are best suited as written homework. The preparation activities may be done orally in pairs or groups.
- Encourage students to be creative in their writings, but remind them to follow the essay requirements carefully and use vocabulary they know, rather than relying on a dictionary.
- Encourage students to use the check lists provided in the **Punti per la revisione dei saggi** appendix on p. 401-402 of the student edition to review their work before handing in a draft or the final essay.
- Allow class time for peer review of drafts; remind students to be tactful in their comments and to give positive feedback while reading with a critical eye.
- Make a list of frequent errors and review the material with the class.
- Explain to students how you will grade their writing. For example, you could use the rubric on p. IAE-39 and adapt it to suit your needs.

# Course Planning

The **IMMAGINA** program was developed keeping in mind the need for flexibility and manageability in a wide variety of academic situations. The following sample course plans illustrate how **IMMAGINA** can be used in courses on semester or quarter systems. You should, of course, feel free to organize your courses in the way that best suits your students' needs and your instructional goals.

## Two-Semester System

This chart shows how **IMMAGINA** can be completed in a two-semester course. Please see the Table of Contents (IAE-6-10) for a breakdown of the material covered in each lesson.

| Semester 1 | Semester 2 |
|---|---|
| Lessons 1–5 | Lessons 6–10 |

## Quarter System

This chart illustrates how **IMMAGINA** can be used in the quarter system. If you wish to have more time for review at the end of the course, you may choose to teach four lessons in the first quarter instead of three. Keep in mind, however, that you will need to adjust testing materials accordingly with the **Testing Program** (available on the Supersite).

| Quarter 1 | Quarter 2 | Quarter 3 |
|---|---|---|
| Lessons 1–3 | Lessons 4–6 | Lessons 7–10 |

Please access the **IMMAGINA Supersite** at **vhlcentral.com** for teaching resources for this program.

# Acknowledgments

We extend a special thank you to the contributing writers and editors whose hard work was essential to bringing **IMMAGINA**, Second Edition to fruition: Chiara Frenquellucci (Harvard University), Irene Bubula-Phillips (Santa Clara University), Silvia Abbiati (Ithaca College).

Vista Higher Learning would also like to offer sincere thanks to the many instructors nationwide who reviewed **IMMAGINA**. Their insights, ideas, and detailed comments were invaluable to the final product.

**Katie Boyle**
College of William and Mary, VA

**Rita Brock**
Weber State University, UT

**Irene Bubula-Phillips**
Santa Clara University, CA

**Cynthia Capone**
George Washington University, VA

**Debra Karr**
University of Kansas, KS

**Paola Ceruti Warfield**
George Washington University, VA

**Rossella Chiolini Bagley**
San Diego City College, CA

**Nicoletta Da Ros**
California State University Fullerton, CA

**Chiara Dal Martello**
Arizona State University, AZ

**Marina de Fazio**
University of Kansas, KA

**Antonella Dell'Anna**
Arizona State University, AZ

**Silvia Dupont**
University of Virginia, VA

**Maria Holmes**
Weber State University, UT

**Erich Lichtscheidl**
Montgomery County Community College, PA

**Antonella Longoni**
George Washington University, VA

**Sandra Palaich**
Arizona State University, AZ

**Magda Pearson**
Florida International University, FL

**Gina Pietrantoni**
Arizona State University, AZ

**Concettina Pizzuti**
University of Georgia, GA

**Christopher Renner**
Kansas State University, KS

**Manuel M. Garcia-Rossi**
University of Miami, FL

**Simona Sansovini**
Metropolitan State University of Denver, CO

**Roberta Waldbaum**
University of Denver, CO

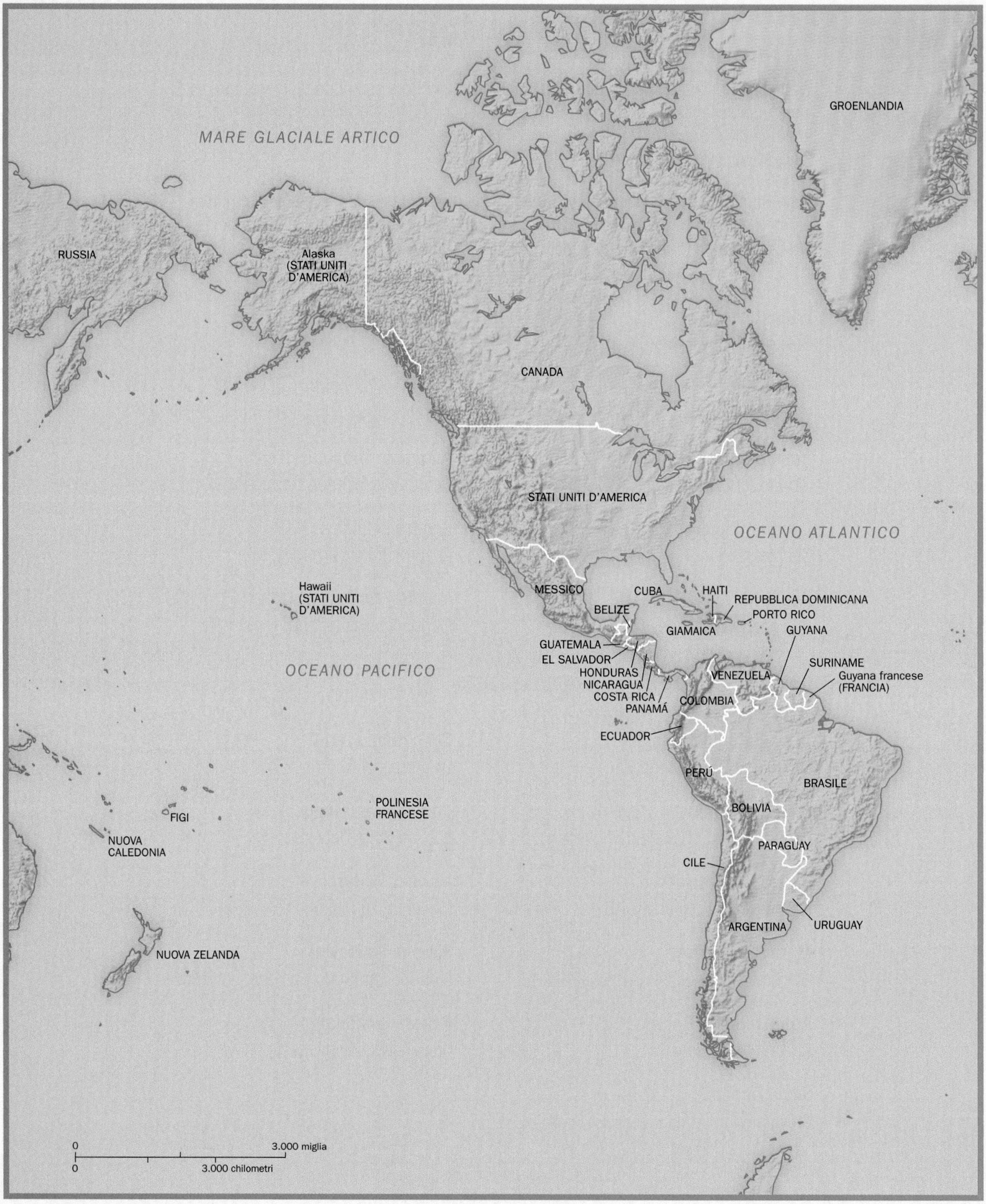
MARE GLACIALE ARTICO
GROENLANDIA
RUSSIA
Alaska
(STATI UNITI
D'AMERICA)
CANADA
STATI UNITI D'AMERICA
OCEANO ATLANTICO
Hawaii
(STATI UNITI
D'AMERICA)
MESSICO
CUBA
HAITI
REPUBBLICA DOMINICANA
PORTO RICO
BELIZE
GIAMAICA
GUYANA
GUATEMALA
EL SALVADOR
HONDURAS
NICARAGUA
COSTA RICA
PANAMÁ
OCEANO PACIFICO
VENEZUELA
SURINAME
Guyana francese
(FRANCIA)
COLOMBIA
ECUADOR
PERÙ
BRASILE
BOLIVIA
PARAGUAY
CILE
ARGENTINA
URUGUAY
POLINESIA
FRANCESE
FIGI
NUOVA
CALEDONIA
NUOVA ZELANDA
0
3.000 miglia
0
3.000 chilometri

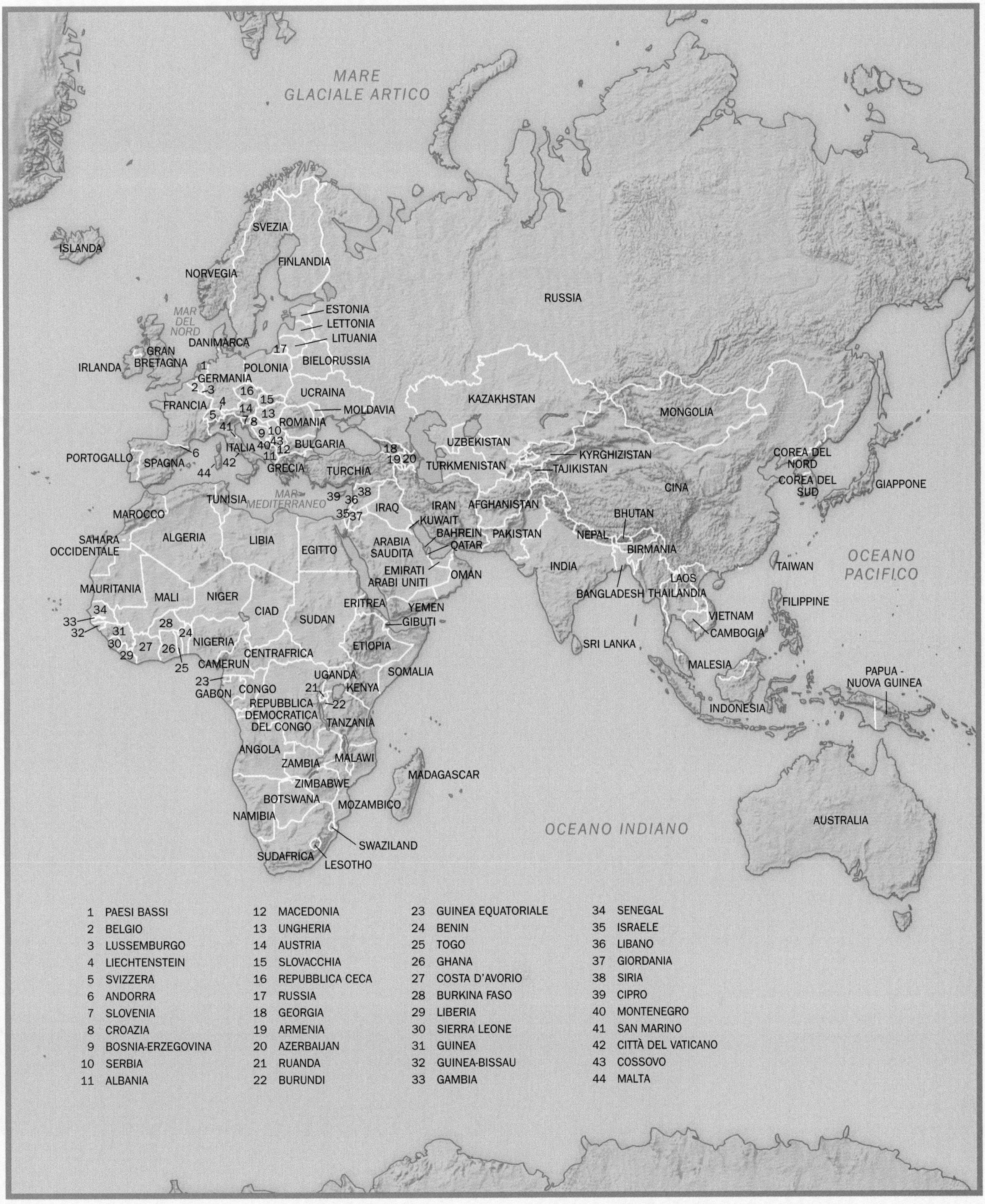
MARE GLACIALE ARTICO
ISLANDA
SVEZIA
FINLANDIA
NORVEGIA
RUSSIA
MAR DEL NORD
ESTONIA
LETTONIA
LITUANIA
DANIMARCA
17
GRAN BRETAGNA
IRLANDA
1
POLONIA
BIELORUSSIA
GERMANIA
2
3
16
15
UCRAINA
FRANCIA
4
5
14
13
MOLDAVIA
7
8
ROMANIA
41
9
10
43
40
12
BULGARIA
ITALIA
11
6
PORTOGALLO
SPAGNA
44
42
GRECIA
TURCHIA
18
19
20
KAZAKHSTAN
MONGOLIA
UZBEKISTAN
KYRGHIZISTAN
TURKMENISTAN
TAJIKISTAN
COREA DEL NORD
COREA DEL SUD
GIAPPONE
CINA
TUNISIA
MAR MEDITERRANEO
39
36
38
35
37
IRAQ
IRAN
AFGHANISTAN
MAROCCO
KUWAIT
BAHREIN
QATAR
PAKISTAN
BHUTAN
NEPAL
SAHARA OCCIDENTALE
ALGERIA
LIBIA
EGITTO
ARABIA SAUDITA
BIRMANIA
INDIA
EMIRATI ARABI UNITI
OMAN
TAIWAN
OCEANO PACIFICO
LAOS
MAURITANIA
MALI
NIGER
ERITREA
YEMEN
BANGLADESH
THAILANDIA
FILIPPINE
34
33
32
CIAD
SUDAN
GIBUTI
VIETNAM
CAMBOGIA
28
31
24
30
29
27
26
NIGERIA
CENTRAFRICA
ETIOPIA
SRI LANKA
25
CAMERUN
MALESIA
23
GABON
CONGO
UGANDA
SOMALIA
21
KENYA
PAPUA - NUOVA GUINEA
REPUBBLICA DEMOCRATICA DEL CONGO
22
TANZANIA
INDONESIA
ANGOLA
ZAMBIA
MALAWI
MADAGASCAR
ZIMBABWE
BOTSWANA
MOZAMBICO
NAMIBIA
OCEANO INDIANO
AUSTRALIA
SWAZILAND
SUDAFRICA
LESOTHO
1 PAESI BASSI
2 BELGIO
3 LUSSEMBURGO
4 LIECHTENSTEIN
5 SVIZZERA
6 ANDORRA
7 SLOVENIA
8 CROAZIA
9 BOSNIA-ERZEGOVINA
10 SERBIA
11 ALBANIA
12 MACEDONIA
13 UNGHERIA
14 AUSTRIA
15 SLOVACCHIA
16 REPUBBLICA CECA
17 RUSSIA
18 GEORGIA
19 ARMENIA
20 AZERBAIJAN
21 RUANDA
22 BURUNDI
23 GUINEA EQUATORIALE
24 BENIN
25 TOGO
26 GHANA
27 COSTA D'AVORIO
28 BURKINA FASO
29 LIBERIA
30 SIERRA LEONE
31 GUINEA
32 GUINEA-BISSAU
33 GAMBIA
34 SENEGAL
35 ISRAELE
36 LIBANO
37 GIORDANIA
38 SIRIA
39 CIPRO
40 MONTENEGRO
41 SAN MARINO
42 CITTÀ DEL VATICANO
43 COSSOVO
44 MALTA

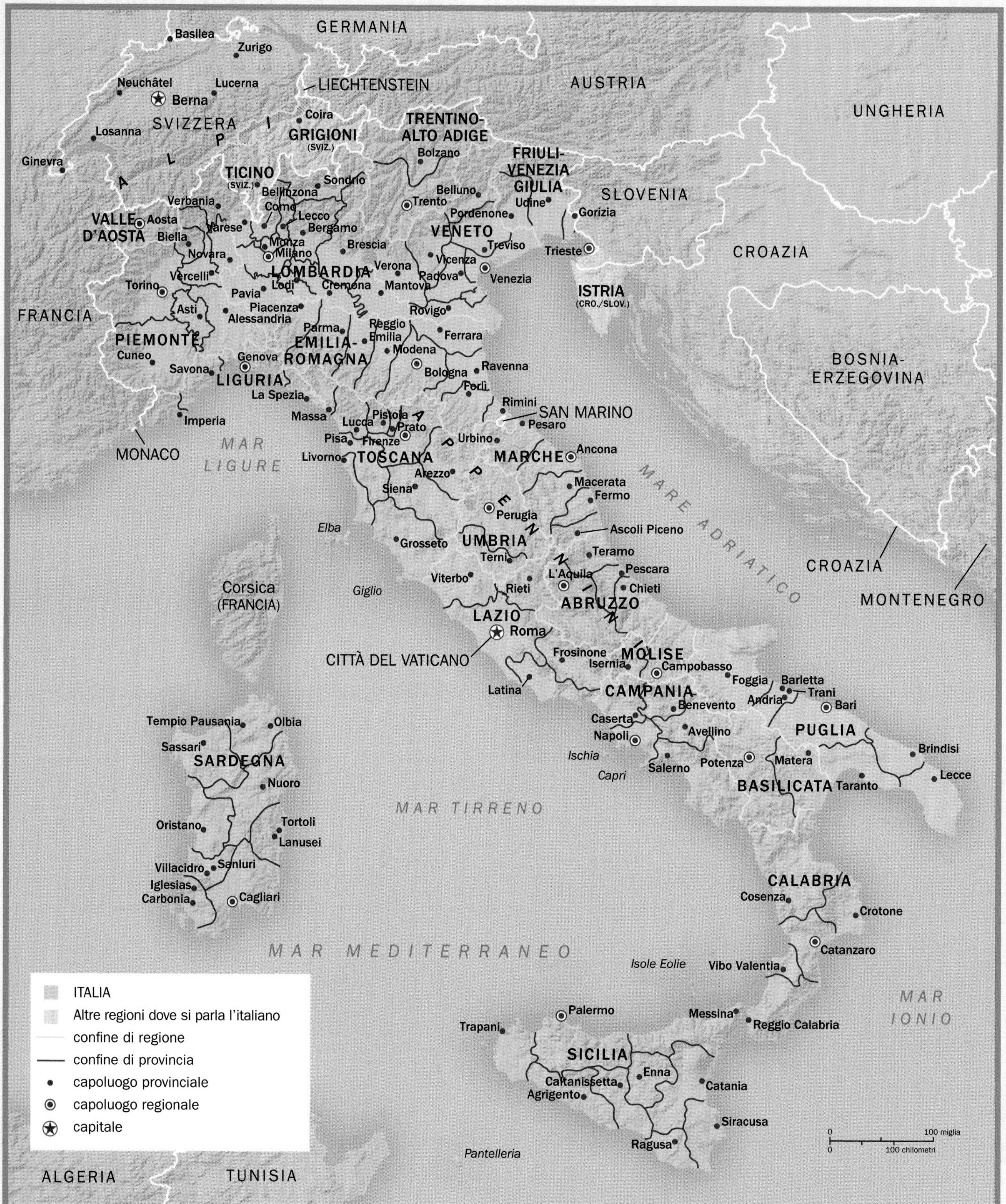
GERMANIA
Basilea
Zurigo
Neuchâtel
Lucerna
Berna
LIECHTENSTEIN
AUSTRIA
UNGHERIA
Losanna
SVIZZERA
Coira
GRIGIONI
(SVIZ.)
TRENTINO-ALTO ADIGE
Bolzano
FRIULI-VENEZIA GIULIA
Ginevra
A L P I
TICINO
(SVIZ.)
Bellinzona
Sondrio
Belluno
Trento
Udine
SLOVENIA
Gorizia
Verbania
Como
Lecco
Bergamo
Pordenone
VALLE D'AOSTA
Aosta
Biella
Varese
Monza
Milano
Brescia
VENETO
Treviso
Trieste
CROAZIA
Novara
Vicenza
Vercelli
LOMBARDIA
Verona
Padova
Venezia
Torino
Pavia
Lodi
Cremona
Mantova
ISTRIA
(CRO./SLOV.)
FRANCIA
Asti
Piacenza
Alessandria
Rovigo
PIEMONTE
Parma
Reggio Emilia
Ferrara
EMILIA-ROMAGNA
Modena
Cuneo
Genova
Savona
LIGURIA
Bologna
Ravenna
BOSNIA-ERZEGOVINA
La Spezia
Forlì
Rimini
SAN MARINO
Pesaro
Imperia
Massa
Lucca
Pistoia
Prato
A P P E N N I N I
MONACO
MAR LIGURE
Pisa
Firenze
Urbino
Livorno
TOSCANA
MARCHE
Ancona
Arezzo
Siena
Macerata
Fermo
MARE ADRIATICO
Perugia
Elba
Ascoli Piceno
Grosseto
UMBRIA
Terni
Teramo
CROAZIA
Viterbo
L'Aquila
Pescara
Corsica
(FRANCIA)
Giglio
Rieti
Chieti
ABRUZZO
MONTENEGRO
LAZIO
Roma
Frosinone
Isernia
MOLISE
CITTÀ DEL VATICANO
Campobasso
Foggia
Barletta
Trani
Latina
CAMPANIA
Andria
Benevento
Bari
Tempio Pausania
Olbia
Caserta
Avellino
PUGLIA
Sassari
Napoli
SARDEGNA
Ischia
Potenza
Matera
Brindisi
Salerno
Capri
Nuoro
Lecce
BASILICATA
Taranto
MAR TIRRENO
Tortoli
Oristano
Lanusei
Villacidro
Sanluri
CALABRIA
Iglesias
Cosenza
Carbonia
Cagliari
Crotone
MAR MEDITERRANEO
Catanzaro
Isole Eolie
Vibo Valentia
MAR IONIO
Palermo
Messina
Trapani
Reggio Calabria
SICILIA
Enna
Caltanissetta
Catania
Agrigento
Siracusa
Pantelleria
Ragusa
0
100 miglia
0
100 chilometri
ALGERIA
TUNISIA
ITALIA
Altre regioni dove si parla l'italiano
confine di regione
confine di provincia
capoluogo provinciale
capoluogo regionale
capitale

500 miglia
0
500 chilometri
Paesi dove l'italiano è una lingua ufficiale
MARE DI BARENTS
MARE DI NORVEGIA
ISLANDA
Reykjavik
SVEZIA
FINLANDIA
NORVEGIA
Helsinki
RUSSIA
Stoccolma
Tallinn
Oslo
ESTONIA
MARE BALTICO
LETTONIA
Riga
Mosca
MARE DEL NORD
DANIMARCA
LITUANIA
Vilnius
Copenaghen
Minsk
RUSSIA
BIELORUSSIA
Dublino
IRLANDA
PAESI BASSI
GRAN BRETAGNA
Berlino
Varsavia
Amsterdam
POLONIA
Kiev
Londra
Bruxelles
GERMANIA
UCRAINA
LUSSEMBURGO
BELGIO
Praga
OCEANO ATLANTICO
Lussemburgo
Parigi
REPUBBLICA CECA
SLOVACCHIA
Bratislava
MOLDAVIA
Chisinau
LIECHTENSTEIN
Vienna
AUSTRIA
Budapest
Berna
Vaduz
SLOVENIA
UNGHERIA
SVIZZERA
Lubiana
Zagabria
ROMANIA
FRANCIA
CROAZIA
Bucarest
MARE NERO
ITALIA
BOSNIA-ERZEGOVINA
Belgrado
SERBIA
Sarajevo
COSSOVO
Monaco
SAN MARINO
Città di San Marino
Pristina
MONTENEGRO
BULGARIA
Sofia
Andorra la Vella
Podgorica
Skopje
PORTOGALLO
MONACO
MACEDONIA
Ankara
ANDORRA
Roma
Tirana
Madrid
Corsica
TURCHIA
Lisbona
ALBANIA
CITTÀ DEL VATICANO
SPAGNA
GRECIA
Sardegna
Atene
Sicilia
Nicosia
Algeri
CIPRO
Tunisi
La Valetta
MALTA
Rabat
ALGERIA
MARE MEDITERRANEO
MAROCCO
TUNISIA
Tripoli
Il Cairo
EGITTO
LIBIA

2nd EDITION

# IMMAGINA

L'ITALIANO SENZA CONFINI

LEZIONE 1

# Sentire e vivere

L'essere umano è un animale sociale. Abbiamo bisogno degli altri per sentirci vivi. Amici, famiglia, compagni di vita, colleghi di lavoro, ma anche incontri con nuove persone, ci permettono di confrontarci, di esprimere i nostri sentimenti e quindi (*therefore*) di imparare a capire noi stessi. In una società che cambia e che diventa sempre più multietnica, che rapporto hai con gli altri? Ti senti meglio da solo o in mezzo ad altre persone? Prova a riflettere e a capire perché.

6 **CORTOMETRAGGIO**
Nel cortometraggio *La scarpa* del regista **Andrea Rovetta**, un paio di scarpe di alta moda servono alla protagonista per esprimere dei sentimenti.

12 **IMMAGINA**
In questa sezione, seguiamo gli italiani in varie parti del mondo. Scopriamo quali sono state le ragioni dell'emigrazione italiana, come gli emigrati si sono integrati e come **gli italiani all'estero** celebrano le loro origini.

29 **CULTURA**
Ci sono varie ragioni per **studiare l'italiano**: per motivi professionali, per viaggiare, per approfondire lo studio dell'arte, dell'architettura, della letteratura e della musica, ma anche per recuperare il proprio retaggio (*heritage*) culturale.

33 **LETTERATURA**
In *Il supplente*, di **Salvatore Fiume**, un insegnante parla d'amore ai suoi studenti.

7

30

4 PER COMINCIARE

14 STRUTTURE

1.1 The present tense: regular verbs

1.2 Articles

1.3 Gender and number

1.4 The present tense: irregular verbs

39 VOCABOLARIO

# GLI ITALIANI NEL MONDO

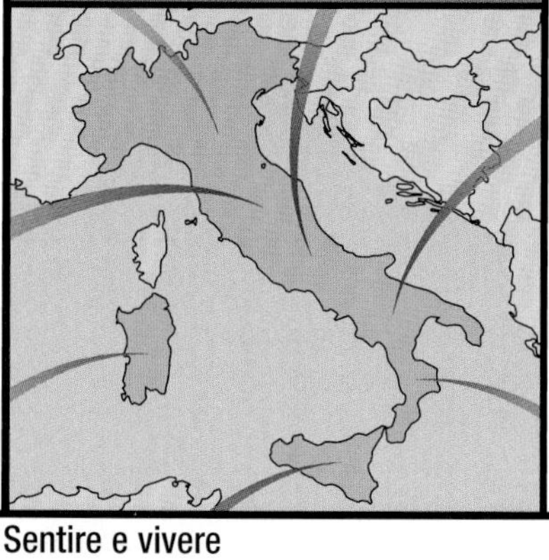

**PREVIEW** Point to the photo on the previous page and to the photo of three young people on this page. Engage students in a discussion about friendship. **Dove avete conosciuto i vostri amici? A scuola? Nel vostro quartiere? Sulla rete? Quali sono le caratteristiche di un buon amico?**

# I rapporti personali

Vocabulary Tools

## La personalità

**affascinante** *charming*

**affettuoso/a** *affectionate*
**attraente** *attractive*
**geniale** *great*
**idealista** *idealistic*
**insicuro/a** *insecure*
**(im)maturo/a** *(im)mature*
**(dis)onesto/a** *(dis)honest*
**orgoglioso/a** *proud*
**ottimista** *optimistic*
**pessimista** *pessimistic*
**prudente** *careful*
**sensịbile** *sensitive*
**tịmido** *shy*
**tranquillo/a** *calm*
**ụmile** *humble*

## Lo stato civile

**divorziare (da)** *to divorce*
**fidanzarsi (con)** *to get engaged (to)*
**sposarsi (con)** *to get married (to)*

---

**cẹlibe** *single (m.)*
**divorziato/a** *divorced*
**fidanzato/a** *engaged; fiancé(e)*
**nụbile** *single (f.)*
**sposato/a** *married*
**vẹdovo/a** *widowed; widower/widow*

Explain that **sposarsi (con)** is a reflexive verb, while **sposare** is followed by a direct object.

## I rapporti

**l'amicizia** *friendship*

**l'ạnima gemella** *soul mate*
**l'appuntamento** *date*
**il colpo di fụlmine** *love at first sight*
**il/la compagno/a** *partner*
**la coppia** *couple*

**il matrimonio** *wedding*
**i pettegolezzi** *gossip*

---

**avere fiducia (in)** *to trust*
**condivịdere** *to share*
**contare su** *to rely on*
**lasciare** *to leave*
**mentire** *to lie*
**meritare** *to deserve*
**rọmpere con** *to break up with*
**uscire con** *to go out with*

---

**comprensivo/a** *understanding*
**(in)dimenticạbile** *(un)forgettable*
**(in)fedele** *(un)faithful*

**ATTENZIONE!**

Generally, Italian words are stressed on the second-to-last syllable. To aid with pronunciation, when words do not follow this rule and are presented in a vocabulary or grammar feature, this text uses a dot under the stressed vowel: (1) when a word is stressed on the third or fourth syllable from the last (**parole sdrụcciole e bisdrụcciole**), and (2) when a diphthong is broken because the **i** or **u** is stressed (ex.: **farmacịa**, **pạura**). In addition, it is sometimes used for clarification when presenting difficult words or when contrasting words.

## I sentimenti

**adorare** *to adore*
**amare** *to love*
**arrabbiarsi** *to get angry*

**avere vergogna (di)** *to be ashamed (of)*
**dare fastidio (a)** *to annoy*
**disturbare** *to bother*
**innamorarsi** *to fall in love*
**odiare** *to hate*
**provare** *to feel*
**sentirsi** *to feel*
**sognare** *to dream*
**volere bene a** *to feel affection for*

---

**ansioso/a** *anxious*
**contrariato/a** *annoyed*
**deluso/a** *disappointed*
**depresso/a** *depressed*

**emozionato/a** *excited*
**entusiasta** *enthusiastic*
**geloso/a** *jealous*
**preoccupato/a** *worried*
**stufo/a** *fed up*

**SINONIMI**
**avere vergogna (di)** ↔ **vergognarsi (di)**
**avere fiducia (in)** ↔ **fidarsi (di)**
**la personalità** ↔ **il carattere**

Give students examples with **provare** and **sentirsi**. Ex.: **provare odio/rancore**; **sentirsi felice**.

**INSTRUCTIONAL RESOURCES**
Audioscripts, SAM AK, Lab MP3s
**SAM/WebSAM:** WB, LM

# Pratica e comunicazione

**1** **L'intruso** Trova la parola che non c'entra.

| | | | |
|---|---|---|---|
| 1. affascinante | ottimista | timido | nubile |
| 2. avere fiducia | odiare | adorare | volere bene |
| 3. prudente | ansioso | preoccupato | stufo |
| 4. sposato | divorziato | fidanzato | contrariato |
| 5. arrabbiarsi | odiare | innamorarsi | dare fastidio |
| 6. orgoglioso | vedovo | ottimista | immaturo |
| 7. pettegolezzi | coppia | anima gemella | matrimonio |
| 8. depresso | emozionato | geniale | preoccupato |

**2** **Sinonimi** Inserisci la parola o l'espressione più adeguata per ogni situazione.

| | | | |
|---|---|---|---|
| **anima gemella** | **colpo di fulmine** | **entusiasta** | **idealista** |
| **ansioso** | **deluso** | **geloso** | **indimenticabile** |

1. Ieri sera sono uscito con Giulia; è stata una serata bellissima che non dimenticherò mai. indimenticabile
2. La settimana scorsa mio fratello ha conosciuto Elena e si è innamorato subito di lei. colpo di fulmine
3. L'estate scorsa ho mangiato in un famoso ristorante, ma il cibo non era buono come mi avevano detto. deluso
4. Domani inizio un nuovo progetto e sono molto contento. entusiasta
5. Mio cugino non è felice quando la sua fidanzata esce con le amiche; ha paura che lei incontri un altro uomo. geloso
6. Mia sorella ha finalmente trovato l'uomo perfetto per lei. anima gemella

**3** **Introverso o estroverso?** Rispondi alle domande e poi calcola il tuo punteggio. Confronta il risultato del tuo test con quello di un(a) compagno/a.

| Sì | Qualche volta | No | | Punteggio |
|---|---|---|---|---|
| ☐ | ☐ | ☐ | 1. Diventi ansioso/a quando c'è tanta gente? | **Sì** = 0 punti |
| ☐ | ☐ | ☐ | 2. Ti imbarazza mostrare le tue emozioni? | **Q.v.** = 1 punto |
| ☐ | ☐ | ☐ | 3. Hai paura di essere il primo/la prima a parlare? | **No** = 2 punti |
| ☐ | ☐ | ☐ | 4. L'idea di avere un appuntamento con qualcuno che non conosci ti fa paura? | **Risultati** |
| ☐ | ☐ | ☐ | 5. Ti disturbano le persone che ti fanno tante domande? | **Da 0 a 7 punti** Hai la tendenza a essere introverso/a. Esci più spesso. |
| ☐ | ☐ | ☐ | 6. Hai paura di parlare in pubblico? | **Da 8 a 11 punti** Non sei né introverso/a né estroverso/a. Hai un buon equilibrio. |
| ☐ | ☐ | ☐ | 7. Durante un viaggio in treno o in aereo cominci a parlare con chi ti è seduto vicino? | **Da 12 a 20 punti** Hai la tendenza ad essere estroverso/a. Ascolti sempre gli altri? |
| ☐ | ☐ | ☐ | 8. Ti senti più felice quando sei in compagnia di altre persone? | |
| ☐ | ☐ | ☐ | 9. Dici mai di essere d'accordo con qualcuno solo per evitare una discussione? | |
| ☐ | ☐ | ☐ | 10. Ti senti molto in imbarazzo in alcune situazioni? | |

**1** Explain that **volere bene a** (*to feel affection for*) is generally used for friends and family members. **Amare** is used in romantic relationships. Example: **Ti voglio bene, mamma./Ti amo, Sara.**

**1** To check comprehension, ask students to describe what the three similar words in each group have in common.

**1** Have pairs of students add two more groups of new vocabulary words. Then call on volunteers to indicate the word that does not belong.

**2** Have pairs of students create situations for two additional vocabulary words. Then call on each pair to read their situations while the rest of the class guesses what is being described.

**3** Before assigning the activity, ask if anyone has ever taken a personality test. Have students predict their results.

**3** After students complete the test, ask: **Ti sorprende il risultato del test? Perché?**

**TEACHING OPTION**
Have students describe their **anima gemella** using the new vocabulary.

Practice more at **vhlcentral.com.**

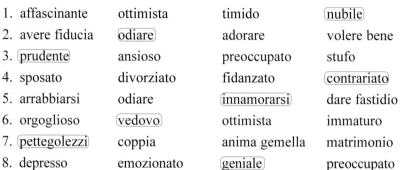

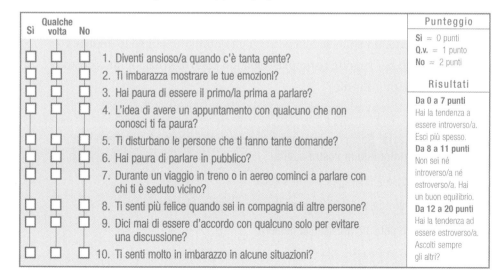

NATIONAL STANDARDS connections cultures communication

**INSTRUCTIONAL RESOURCES**
Film Collection,
Script & Translation
**SAM/WebSAM:** WB

# Preparazione

S Audio: Vocabulary

**Vocabolario del cortometraggio**

**il binario** *train track*
**buttare vịa** *to throw away*
**la colpa** *fault*
**la piattaforma** *platform*
**resistente** *sturdy*

**Vocabolario utile**

**la commessa** *saleswoman*
**indossare** *to wear*
**mẹttersi** *to put on (clothing, shoes)*
**l'orario** *schedule*
**la scạtola** *box*
**i tacchi alti/bassi** *high/low heels*
**truccarsi** *to put on make up*
**la vetrina** *shop window*
**vendicativo/a** *vengeful*

**ESPRESSIONI**

**basta** *enough*
**come può essere finita?** *how can it be over?*
**dai!** *come on!*
**perché fai così?** *why are you doing this?*

1 Ask students to compare their answers and then to report them to the class.

**1** **Un'avventura in treno** Elisa va in treno a Milano. Usate le parole dalla lista del vocabolario per completare la storia.

Pronto, parla la polizia? Ho bisogno d'aiuto. Oggi è il compleanno di mia sorella Giulia che vive a Milano; io abito a Venezia e volevo andare a trovarla in treno. Stamattina prima di andare alla stazione ho controllato l'(1) __orario__: c'era un treno per Milano che partiva alle 11 dal (2) __binario__ numero 8. Poi sono andata a comprare il regalo per Giulia. Nella (3) __vetrina__ di un negozio ho visto dei bellissimi guanti neri, eleganti e (4) __resistenti__ allo stesso tempo. Con il freddo che fa a Milano in inverno bisogna (5) __indossare__ spesso i guanti. Sono entrata per comprarli e ho chiesto alla (6) __commessa__ di metterli in una (7) __scatola__.
C'era molto traffico. Il treno stava quasi per partire quando sono finalmente arrivata alla stazione. Ho dovuto correre per non perderlo! Per fortuna avevo i (8) __tacchi bassi__; con quelli alti non sarei mai arrivata in tempo.
Una volta sul treno, mi sono seduta per qualche minuto e poi sono andata a prendere un caffè nel vagone ristorante. Quando sono ritornata al mio posto la scatola non c'era più! Pronto?
Pronto? Oh, no! Il mio telefonino si sta scaricando! Pronto? Polizia?

2 Encourage students to use words that describe feelings from the previous section.

**2** **Continuate la storia** Secondo voi, cosa è successo alla scatola? Scegliete una conclusione e commentate la vostra scelta.

- Elisa ritrova il regalo e festeggia con la sorella.
- Elisa non ritrova il regalo e nella confusione perde anche il telefonino.
- La polizia arriva e pensa che Elisa sia la ladra.

3 **Cosa fareste?** In coppia, rispondete a queste domande.

1. Quali situazioni vi causano stress? Parlate delle vostre esperienze.
2. Vi siete mai trovati in una situazione particolarmente stressante? Descrivete la situazione.
3. Quali sentimenti avete provato? Come avete reagito?
4. Secondo voi, quale effetto ha lo stress sulle persone?

4 **Come reagiresti?**

**A.** Scegli la reazione che corrisponde meglio alla tua personalità.

## Test della Personalità

**1. Aspetti una mail da una persona con cui vorresti avere una relazione.**
- **a.** Controlli l'e-mail ogni cinque minuti.
- **b.** Hai da fare (*You have things to do*) ma controlli l'e-mail ogni volta che puoi.
- **c.** Non ti preoccupi troppo e controlli l'e-mail normalmente.

**2. La mail che ricevi da un tuo professore o dal tuo capo è scritta tutta in lettere maiuscole (*uppercase*).**
- **a.** Pensi che la persona che ti scrive sia molto arrabbiata con te.
- **b.** Pensi che sia un errore.
- **c.** Non lo noti.

**3. Una persona che conosci è molto triste.**
- **a.** Anche tu ti senti triste come quella persona.
- **b.** Provi compassione per la persona.
- **c.** Pensi che i sentimenti degli altri non ti riguardino.

**4. Hai una brutta notizia da riferire a qualcuno.**
- **a.** La riferisci subito, faccia a faccia. È il modo migliore.
- **b.** Eviti (*avoid*) la persona per qualche giorno prima di riferire la notizia.
- **c.** Preferisci mandare una mail che parlare faccia a faccia.

**5. Il tuo telefonino squilla (*rings*) alle tre di notte. Qual è la tua prima reazione?**
- **a.** Ti preoccupi: deve essere successo qualcosa di grave.
- **b.** Ti arrabbi per essere stato/a svegliato/a così all'improvviso.
- **c.** Non lo senti e continui a dormire.

**6. Compri qualcosa on-line. Quale metodo di spedizione preferisci?**
- **a.** Posta celere (*express*): sei impaziente.
- **b.** Posta normale: sai aspettare.
- **c.** Posta assicurata: non si sa mai.

**B.** In coppia, confrontate le vostre reazioni. Avete personalità simili o diverse?

5 **Immaginate** In coppia, guardate le immagini e immaginate una storia.

- Cosa fa la donna? Quali sono i suoi sentimenti?
- Perché guarda le scarpe in vetrina?
- Chi è l'uomo? Qual è il rapporto tra i due personaggi?
- Come sono le loro rispettive personalità?

4 As a warm-up, ask students: **Come reagite ad un evento triste? E ad un evento felice? Siete molto emotivi o più controllati? Estroversi o introversi?**

5 After students have come up with their own narration, ask them to share it with the rest of the class.

Practice more at **vhlcentral.com.**

Video

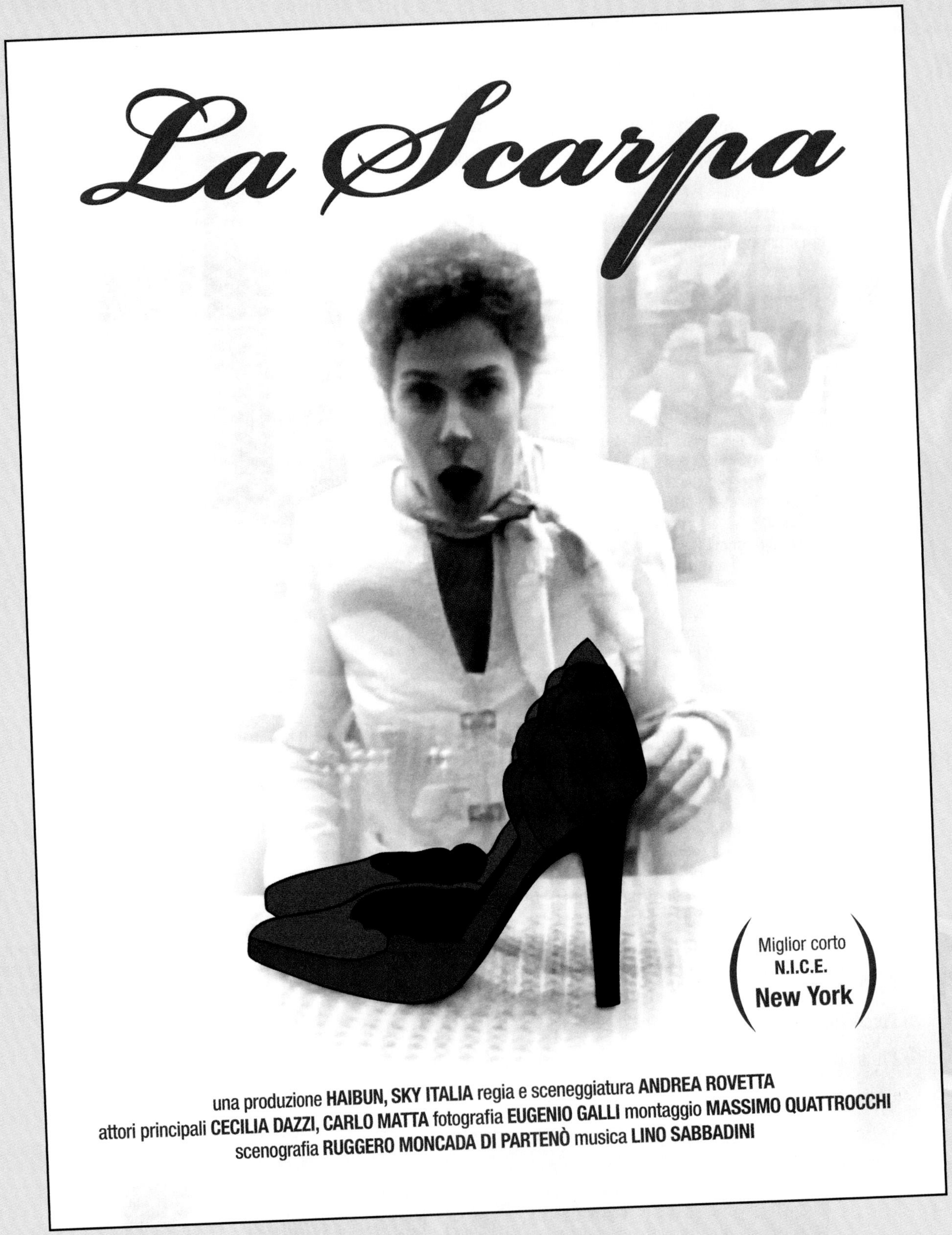
La Scarpa
Miglior corto
N.I.C.E.
New York
una produzione HAIBUN, SKY ITALIA regia e sceneggiatura ANDREA ROVETTA
attori principali CECILIA DAZZI, CARLO MATTA fotografia EUGENIO GALLI montaggio MASSIMO QUATTROCCHI
scenografia RUGGERO MONCADA DI PARTENÒ musica LINO SABBADINI

**Trama** *Una donna riceve una brutta notizia per telefono e ha pochi minuti per reagire. Cosa farà per risolvere la situazione?*

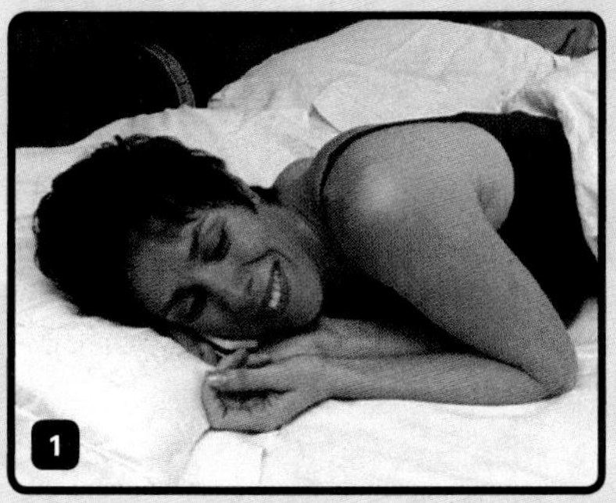

1

**DONNA** Ciao amore! Perché non sei qui?

2

**UOMO** Sono in stazione. Devo dirti una cosa. È finita. Devo dirti che è finita, basta. Dai, ciao.

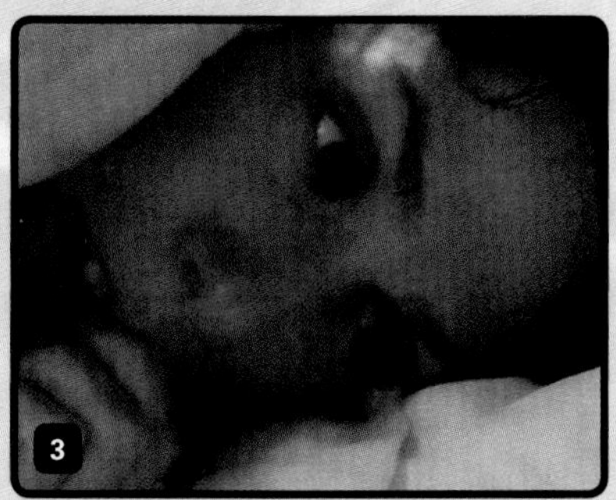

3

**DONNA** Ti prego di non buttar via tutto! Siamo stati benissimo insieme.

4

**COMMESSA** Signorina, la carta!
**DONNA** Dopo, dopo! Taxi!

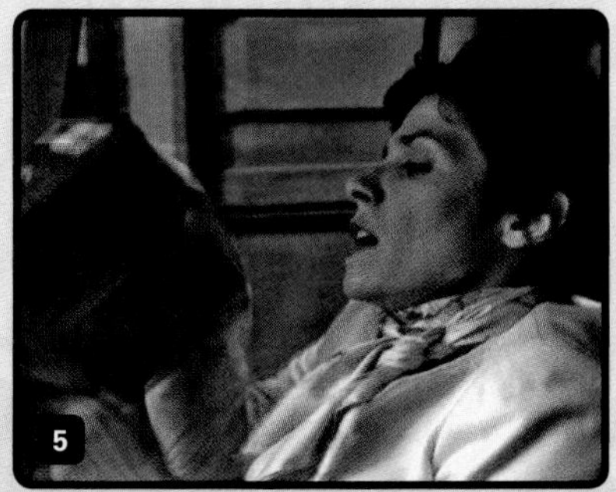

5

**DONNA** In stazione!

6

**DONNA** Ehi...

**TEACHING OPTION** The dialogue is very fast in this short, but the fast pace of the action and the protagonist's facial expressions help to keep track of what is happening on the screen. Suggest that the students focus on the protagonist's changing emotions as she responds to the phone call and carries out her plan.

## Nota CULTURALE

### Le scarpe italiane

L'alta qualità e il design delle scarpe italiane sono celebri. Le calzature° d'alta moda più famose, come quelle di **Dolce e Gabbana, Fendi, Ferragamo** (il marchio° citato nel film), **Gucci, Moschino, Prada, Tod's** e molte altre, si vendono in tutto il mondo. Alcuni sostengono che i tacchi alti siano un'invenzione di **Leonardo da Vinci**, mentre altri pensano che **Caterina de' Medici** sia stata la prima donna ad indossarli in occasione del suo matrimonio: prima di lei erano riservati esclusivamente agli uomini. Secondo l'Istituto nazionale di statistica, la regione italiana che esporta più scarpe nel mondo è il **Veneto**, seguito dalle **Marche** e dalla **Toscana**.

**le calzature** *footwear* **il marchio** *brand*

Ask students: **Avete delle scarpe italiane? Quali comprereste? Quali negozi le vendono? Quali firme conoscete? Ci sono delle persone famose che le indossano?** e.g. **il presidente Obama, Madonna, Robert Pattinson. In quali film sono importanti?** e.g. ***Il diavolo veste Prada, Sex & the City***.

## Sullo SCHERMO

Mentre guardi il corto completa queste frasi.

1. Il telefono __d__.
2. L'uomo è __c__.
3. Nella vetrina c'è __a__.
4. La donna lascia __e__.
5. La donna prende __b__.

**a.** un paio di scarpe
**b.** un taxi
**c.** alla stazione
**d.** sveglia la donna
**e.** la carta di credito

NATIONAL communication STANDARDS

# Analisi

2 Before completing the activity, review the **Per cominciare** vocabulary by asking each student to express an emotion with a facial expression; the rest of the class should guess the emotion being expressed. After completing the activity, ask students to expand their descriptions to include physical attributes, style of clothing (and shoes!), and to try to guess what the characters' professions, hobbies, and friends might be like.

3 Encourage students to share their opinions with the rest of the class. If there is controversy about a particular topic, divide the class into two teams and ask them to debate the issue. Ask everyone to give at least one opinion.

1 **Comprensione** Indica se l'affermazione è **vera** o **falsa**. Dopo, in coppia, correggete le affermazioni false.

| Vero | Falso | |
|---|---|---|
| ☑ | ☐ | 1. La donna è felice quando risponde al telefono. |
| ☐ | ☑ | 2. L'uomo è innamorato della donna. |
| ☐ | ☑ | 3. L'uomo è all'aereoporto. |
| ☐ | ☑ | 4. La donna si veste con calma. |
| ☑ | ☐ | 5. La donna corre per strada. |
| ☑ | ☐ | 6. La donna compra un paio di scarpe. |
| ☐ | ☑ | 7. La donna prende la metropolitana. |
| ☑ | ☐ | 8. Alla stazione la donna si cambia le scarpe. |
| ☑ | ☐ | 9. L'uomo sta salendo sul treno quando arriva la donna. |
| ☐ | ☑ | 10. L'uomo sorride alla fine del film. |

2 **I protagonisti** Descrivi le personalità e i sentimenti della donna e dell'uomo nel corto, mettendo le parole della lista vicino al personaggio appropriato. Dopo, in coppia, confrontate le vostre descrizioni. Some answers will vary.

| | | |
|---|---|---|
| a. ansioso/a | d. intelligente | g. stufo/a |
| b. contrariato/a | e. onesto/a | h. tranquillo/a |
| c. sensibile | f. sicuro/a | i. vendicativo/a |

**Donna: personalità e sentimenti**
a, b, c, d, i

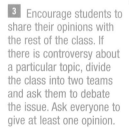

**Uomo: personalità e sentimenti**
b, c, e, f, g, h

3 **Opinioni**

**A.** Sei d'accordo con queste affermazioni?

| Affermazioni | sono d'accordo | non sono d'accordo |
|---|---|---|
| 1. L'uomo e la donna stavano insieme da molti anni. | ☐ | ☐ |
| 2. La donna è vanitosa. | ☐ | ☐ |
| 3. L'uomo è egoista. | ☐ | ☐ |
| 4. La vendetta è una soluzione a molti problemi. | ☐ | ☐ |
| 5. Le separazioni sono sempre dolorose. | ☐ | ☐ |
| 6. L'amore è un sentimento pericoloso. | ☐ | ☐ |
| 7. Lo shopping è un'attività terapeutica. | ☐ | ☐ |
| 8. Una persona si può giudicare dalle scarpe che indossa. | ☐ | ☐ |
| 9. Le emozioni possono influenzare il nostro modo di vestire. | ☐ | ☐ |
| 10. È importante seguire la moda per avere successo. | ☐ | ☐ |

**B.** In coppia, spiegate le ragioni delle vostre risposte. Ci sono delle ragioni personali o delle esperienze passate che hanno motivato le vostre risposte? Quali?

4 **Commenti** In coppia, rispondete a queste domande.

1. La donna aveva già un piano (*plan*) preciso quando ha deciso di uscire o le è venuta un'idea quando ha visto le scarpe in vetrina?
2. Che conclusione vi aspettavate quando l'uomo e la donna si sono incontrati alla stazione?
3. Quale potrebbe essere un titolo alternativo per questo film?
4. Il film è una riflessione sulle relazioni fra donne e uomini o è, più semplicemente, una storia superficiale con un finale a sorpresa?
5. Vi ricordate un altro film o un'altra storia con un finale inaspettato? Quale?

5 **Modi di comunicare**

**A.** Qual è il modo migliore di comunicare emozioni e sentimenti? In coppia, indicate i vantaggi e gli svantaggi per ogni mezzo di comunicazione.

| mezzo di comunicazione | vantaggi | svantaggi |
|---|---|---|
| una lettera | | |
| una mail | | |
| una telefonata | | |
| una conversazione faccia a faccia | | |
| un SMS (*text message*) | | |
| Altro? | | |

**B.** Ora descrivete qual è il mezzo di comunicazione migliore nelle seguenti situazioni.

- Devi lamentarti con la compagnia della tua carta di credito perché ha aumentato il tasso d'interesse.
- Devi comunicare al(la) tuo/a coinquilino/a che stai per lasciare l'appartamento che condividete.
- Devi fare dei piani per il fine settimana con il/la tuo/a migliore amico/a.
- Devi dire ai tuoi genitori che non hai superato (*passed*) un esame importante.

6 **Una conversazione** In coppia, inventate una conversazione basata su una di queste situazioni e poi recitatelo davanti alla classe.

**A**
L'uomo e la donna si incontrano alcuni mesi dopo. Immaginate la prima conversazione fra i due. Si riconciliano?

**B**
Hai un appuntamento con un(a) ragazzo/a. Sei molto nervoso/a e non sai cosa indossare. Chiedi l'opinione del(la) tuo/a coinquilino/a.

7 **Scriviamo** Racconta la storia del corto dal punto di vista di un altro personaggio: per esempio, l'uomo, la commessa del negozio di scarpe, l'autista del taxi, o viaggiatore alla stazione che osserva la scena finale.

4 Ask an additional question: **C'è qualcosa di «italiano» in questo film? Che cosa?**

6 Give students an additional, more open ended option: **Pensate ad una situazione difficile e immaginate il dialogo fra le due persone coinvolte: qual è il problema? Perché è una situazione stressante? Nel dialogo esprimete i vostri sentimenti e suggerite una o più soluzioni al problema.**

7 While students are preparing to write, ask **Come interpreta i sentimenti dei personaggi il nuovo narratore? Come cambia la storia?**

Practice more at **vhlcentral.com.**

INSTRUCTIONAL RESOURCES: Teaching suggestions
SAM/WebSAM: WB

# IMMAGINA

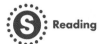

# GLI ITALIANI

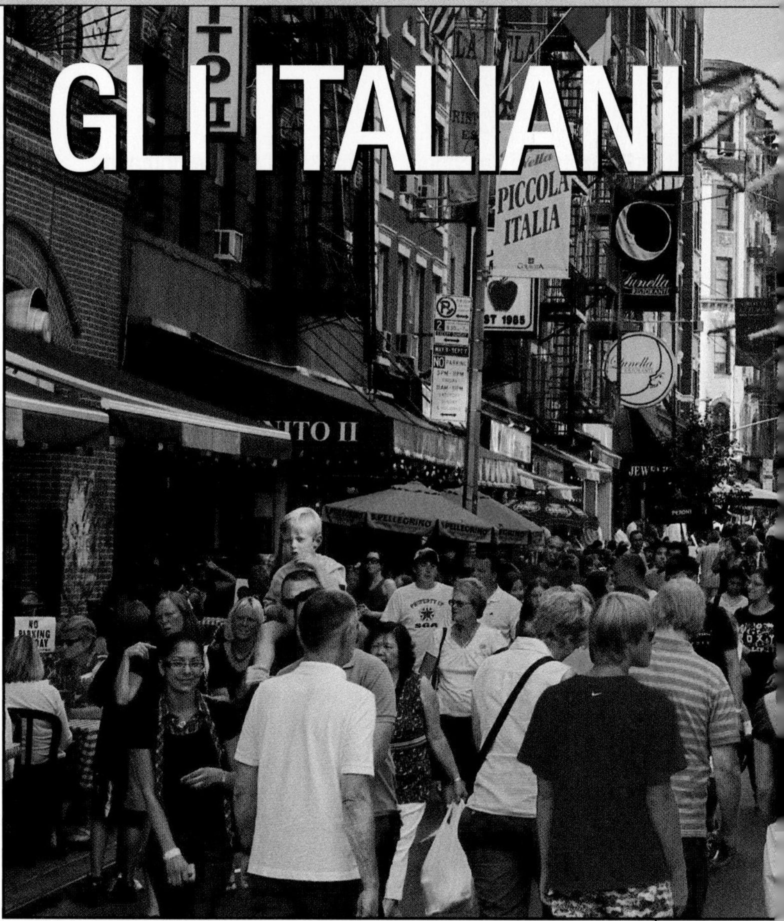


Reading

## Italiani: un popolo in movimento

«Tutto il mondo è paese» dice un proverbio che sembra definire la condizione degli **emigrati**° italiani nel mondo. Anche se l'Italia è un paese relativamente piccolo, gli italiani che vivono in altre parti del mondo sono moltissimi. Oggi si contano più di quattro milioni di italiani all'estero e circa 80 milioni sono gli **oriundi**, cioè persone nate fuori dall'Italia da genitori di origine italiana. Il paese che ospita° il maggior numero di oriundi italiani è il Brasile, seguito da Argentina, Stati Uniti, Francia e Canada.

Perché ci sono così tante comunità di origine italiana nel mondo? Chi sono e cosa fanno gli emigrati italiani? La ricerca di un lavoro è sempre stata la prima ragione che ha spinto° e ancora spinge gli italiani a lasciare il loro paese. È necessario, però, distinguere gli **emigranti**° del secolo° scorso da quelli attuali. Gli emigranti del XX secolo sono partiti soprattutto dopo la Prima e la Seconda Guerra Mondiale. Negli Stati Uniti erano impiegati nella costruzione di ferrovie e strade e spesso erano minatori°. In Germania, Canada e Australia lavoravano nel settore edile°. In Argentina hanno collaborato alla realizzazione di grandi infrastrutture e molti hanno lavorato nell'agricoltura.

Grazie ai sacrifici dei primi emigrati e alla veloce integrazione delle **seconde generazioni**, oggi gli oriundi italiani sono presenti in ogni settore dell'economia dei nuovi paesi, dall'agricoltura, all'industria e ai servizi. In molti casi sono piccoli imprenditori°, hanno aperto bar, ristoranti e pasticcerie. Negli Stati Uniti si registrano discendenti di italiani anche nei settori della politica e del cinema, e fra la classe dirigente° dell'industria e della finanza.

In molte città statunitensi ci sono dei quartieri con comunità italiane, spesso conosciute come *Little Italy*. La ***Little Italy*** originale, e forse più grande e famosa, è a New York. Ci sono quartieri italiani anche a Boston (il **North End**), Chicago, San Francisco, San Diego, Toronto e Montreal (**Petite Italie**).

Negli ultimi vent'anni la tipologia dell'italiano che si trasferisce all'estero è cambiata. Gli emigranti del dopoguerra avevano poca o nessuna conoscenza della lingua parlata nel nuovo paese ed erano costretti° a cercare lavoro e fortuna lontano dall'Italia. I nuovi emigranti sono spesso giovani specializzati, con un alto livello di istruzione, in genere una laurea, che scelgono di emigrare per poter mettere alla prova° le loro potenzialità, soprattutto nella ricerca accademica. Anche il rapporto con la **madrepatria**° è cambiato: per i primi emigranti il sogno era quello di tornare in Italia e molti lo hanno fatto. I giovani di oggi, in genere, mantengono un rapporto stretto° con la loro nazione d'origine soprattutto grazie alle tecnologie e a Internet, ci tornano per le vacanze, ma di solito si stabiliscono° definitivamente nel nuovo paese.

### In più...

**L'emigrazione** dall'Italia verso l'estero inizia alla fine del 1800. Il periodo con il più alto numero di emigranti è quello tra il 1950 e la fine degli anni '60. Le regioni di provenienza sono soprattutto quelle del Sud, in particolare la Sicilia. Nel XX secolo sono emigrati **30 milioni** di italiani di cui 10 milioni sono tornati in Italia.

**emigrati** *people who left their country and live abroad* **ospita** *hosts* **spinto** *pushed* **emigranti** *people who leave their country to move abroad* **secolo** *century* **minatori** *miners* **settore edile** *building sector* **imprenditori** *entrepreneurs* **classe dirigente** *executives* **costretti** *forced* **mettere alla prova** *to test* **madrepatria** *homeland* **rapporto stretto** *close connection* **si stabiliscono** *they settle*

# NEL MONDO

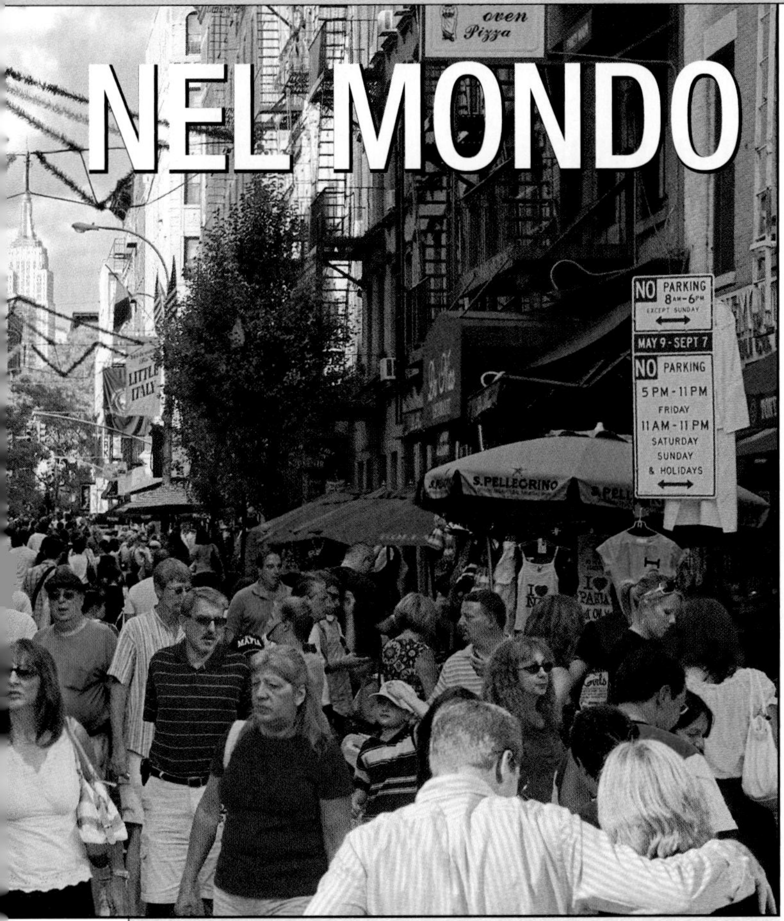


**L'Italia celebrata negli Stati Uniti** I festival italiani negli Stati Uniti sono numerosi. Alcuni hanno un tema, come il **Festival di Sant'Antonio e Santa Lucia** a Boston, in cui si celebrano i santi con messe° e processioni. A San Francisco c'è la **Parata° del patrimonio italiano**, che ricorda l'arrivo di Colombo sulle coste americane. In ogni caso, i festival sono un'occasione per la celebrazione dell'eredità° culturale e dei valori° italiani e la gente festeggia con giochi tradizionali, cibo, vino, musica e artigianato tutto rigorosamente «Made in Italy».

Antonio Meucci

**Italiani famosi nel mondo** Molti italiani e discendenti di italiani hanno raggiunto la fama e il successo in ogni parte del mondo e in ogni settore: dal cinema alla musica alla scienza. **Antonio Meucci** realizza un primo prototipo di telefono a New York; **Guglielmo Marconi** sceglie la Gran Bretagna e l'America per i suoi esperimenti di radio-trasmissione°. Anche oggi in molti nomi famosi si nasconde° un'origine italiana: **Martin Marcantonio Luciano Scorsese, Robert Mario De Niro, Leon Panetta, Janet Napolitano** e molti altri!

**messe** *masses* **parata** *parade* **eredità** *heritage* **valori** *values* **esperimenti di radio-trasmissione** *radio-transmitter experiments* **si nasconde** *it is hidden*

**Vero o falso?** Indica se ogni frase è **vera** o **falsa**. Correggi le frasi false. Some answers will vary.

1. Il maggior numero di emigranti italiani vive negli Stati Uniti. Falso. Il paese con il maggior numero di emigranti dall'Italia è il Brasile.
2. Gli emigranti del XX secolo venivano soprattutto dalle regioni del Sud Italia. Vero.
3. Gli italiani di seconda generazione si sono integrati bene nel mondo del lavoro. Vero.
4. I nuovi emigranti italiani hanno buone possibilità di successo all'estero. Vero.
5. Gli italiani che emigrano oggi hanno una buona istruzione. Vero.
6. La maggior parte degli emigranti dei nostri giorni vuole tornare a vivere in Italia. Falso. La maggior parte degli emigranti di oggi si stabilisce nel nuovo paese.
7. Alcuni dei festival italiani in America sono celebrazioni in onore dei santi. Vero.
8. Esempi di italiani famosi all'estero si trovano solo negli Stati Uniti. Falso. Si trovano anche in altri paesi come l'Australia.

**Quanto hai imparato?** Rispondi alle domande. Some answers will vary.

1. Qual è la ragione da sempre alla base dell'emigrazione dall'Italia? la ricerca del lavoro
2. Quali erano le condizioni degli emigranti del XX secolo? Avevano poca o nessuna conoscenza della nuova lingua; erano costretti a emigrare.
3. In quali settori operavano gli emigranti del secolo scorso? settore edile, agricoltura, realizzazione di infrastrutture, miniere
4. Quali sono le caratteristiche del nuovo emigrante italiano? più istruito, sceglie di andare all'estero, si stabilisce nel nuovo paese
5. Che cosa vogliono celebrare gli italiani all'estero con i loro festival? i santi, l'eredità, la cultura e i valori italiani
6. Quali sono alcune delle invenzioni realizzate da italiani emigrati all'estero? il prototipo del telefono e la radio

## Progetto

Dove sono gli italiani negli Stati Uniti e in Canada?

- Cerca le maggiori comunità italiane negli Stati Uniti e in Canada.
- Scegli una comunità italiana e raccogli informazioni sulla sua storia.
- Confronta i tuoi risultati con il resto della classe.

comparisons

NATIONAL STANDARDS

**INSTRUCTIONAL RESOURCES**
Audioscripts, SAM AK, Lab MP3s, Grammar Presentation Slides
**SAM/WebSAM:** WB, LM

ATTENZIONE!

Some pronouns have formal equivalents. **Egli** and **ella** are formal, literary forms for **lui** and **lei**. They are rarely used in conversation. **Esso** and **essa** (*it*) usually refer to animals and things, but **essi** and **esse** (*they*) can refer to people, in addition to animals or things. Note that these forms are rarely used in conversational Italian.

**Cerco la mia gatta, ma essa non è qui.**
*I'm looking for my cat, but she's not here.*

Give students examples of people they would address using **Lei** and **Loro**: your instructor, your friend's grandparents, your new boss, etc.

ATTENZIONE!

Be careful not to confuse **lei** and **loro** with the second person, formal pronouns **Lei** and **Loro**. The formal pronouns are often capitalized, a rule that will be followed in this textbook.

ATTENZIONE!

In Italian, you may also use the present indicative to talk about an action that will happen in the immediate future.

**Stasera Enrico esce con Rosa.**
*Enrico is going out with Rosa tonight.*

# 1.1 The present tense: regular verbs

*Il treno **parte** dal binario 9.*

## Subject pronouns

- In Italian, the subject pronouns are:

| | 1st person | 2nd person | 3rd person |
|---|---|---|---|
| Singular | io<br>*I* | tu/Lei<br>*you/you (formal)* | lui lei<br>*he she* |
| Plural | noi<br>*we* | voi/Loro<br>*you/you (formal)* | loro<br>*they (m./f.)* |

- Italian subject pronouns are used much less frequently than their English counterparts because the verb form usually identifies the subject.

**Mangiamo** spesso al ristorante.
*We often eat at the restaurant.*

**Abiti** ancora a Roma?
*Do you still live in Rome?*

- Subject pronouns add emphasis with words such as **neanche**, **soltanto**, and **anche**; they also add emphasis when placed after the verb. Before the verb, subject pronouns prevent ambiguity or contrast subjects.

**È lei** che odia la pizza.
*She's the one who hates pizza.*

**Lui** ha un fratello e **lei** ha una sorella.
*He has a brother and she has a sister.*

**Neanche noi** siamo sposati.
*We aren't married either.*

**Anche tu** puoi venire alla festa.
*You can come to the party, too.*

- Use **Lei** and **Loro** to address people formally. **Voi**, rather than **Loro**, is typically used for both the formal and informal second person plural, especially in speaking. That style will be followed in this book.

Buonasera, signori, **Loro** desiderano?
*Good evening, ladies and gentlemen, what would you like?*

Ehi, ragazzi, partite anche **voi** domani?
*Hey, guys, are you leaving tomorrow too?*

## The present tense

- The present indicative tense expresses actions and circumstances in the present. It has three equivalents in English.

**canto** > *I sing* / *I am singing* / *I do sing*

- To form the present indicative of the three regular verb conjugations, drop the ending of the infinitive (**–are**, **–ere**, or **–ire**) and add the appropriate endings to the stem.

| | parlare | prẹndere | dormire | capire |
|---|---|---|---|---|
| io | parlo | prendo | dormo | capisco |
| tu | parli | prendi | dormi | capisci |
| lui/lei/Lei | parla | prende | dorme | capisce |
| noi | parliamo | prendiamo | dormiamo | capiamo |
| voi | parlate | prendete | dormite | capite |
| loro/Loro | parlano | prẹndono | dọrmono | capịscono |

- There are two types of **–ire** verbs. Verbs conjugated like **capire** insert **–isc–** between the stem and the ending of all forms except the first and second person plural. Verbs conjugated like **dormire** do not require insertion of **–isc–**.

- Most **–ire** verbs that do not require insertion of **–isc–** have a consonant five letters from the end of the infinitive: **aprire**, **coprire**, **dormire**, **offrire**, **partire**, **scoprire**, **seguire**, **sentire**, **servire**, **soffrire**, etc.

- Spelling changes are required in the present indicative of some **–are** verbs. To avoid a double **i**, drop the **i** of the **tu** and **noi** stems of most verbs ending in **–iare**.

| | | |
|---|---|---|
| **cominciare** | **cominc~~i~~ + i/iamo** | **cominci (tu) / cominciamo (noi)** |
| **cambiare** | **camb~~i~~ + i/iamo** | **cambi (tu) / cambiamo (noi)** |
| **lasciare** | **lasc~~i~~ + i/iamo** | **lasci (tu) / lasciamo (noi)** |
| **sbagliare** | **sbagl~~i~~ + i/iamo** | **sbagli (tu) / sbagliamo (noi)** |
| **studiare** | **stud~~i~~ + i/iamo** | **studi (tu) / studiamo (noi)** |

- When the **i** of the stem is stressed in the first person of the present indicative, in verbs ending in **–iare** like **inviare** and **sciare**, do not drop the **i** of the stem in the **tu** form.

| | | |
|---|---|---|
| **sciare** | **scịo (io)** | **scịi (tu)** |
| **inviare** | **invịo (io)** | **invịi (tu)** |

- Add an **h** to the **tu** and **noi** forms of verbs ending in **–care** and **–gare** to maintain the hard sound of the **c** and **g**.

| | | |
|---|---|---|
| **cercare** | **cerch + i/iamo** | **cerchi (tu) / cerchiamo (noi)** |
| **spiegare** | **spiegh + i/iamo** | **spieghi (tu) / spieghiamo (noi)** |

- Use the simple present tense for ongoing actions that began in the past. Use **da** (*for; since*) to indicate when the action first began. Use **da quando** or **da quanto tempo** when asking *How long?* or *Since when?*

**Da quanto tempo sei** fidanzata?
*How long have you been engaged?*

**Sono** fidanzata **da** sei mesi.
*I've been engaged for six months.*

**Da quando escono** insieme Mario e Carla?
*Since when have Mario and Carla been going out?*

**Escono** insieme **dal** mese scorso.
*They've been dating since last month.*

Remind students that **–isc–** verbs are denoted in vocabulary lists by (**–isc–**) after the infinitive.

You may want to point out to students that some **–ire** verbs such as **mentire**, **nutrire**, and **tossire** can be conjugated either with or without **–isc–**, but that one form generally prevails (**mento**, **nutro**, and **tossisco**).

Provide the infinitive of verbs ending in **–iare**, then ask students to say the **tu** form aloud. Here are a few to get you started: **inviare, studiare, sbucciare, sciare, cambiare, cominciare, arrabbiare, lasciare, sbagliare, iniziare, spogliare,** etc.

Give students a list of spelling change verbs (**pagare, spiegare, mancare, cominciare, lasciare, sbagliare,** etc), then randomly pick subject pronouns to go with a given verb. Call on students to give the appropriate form, indicating any spelling changes. For example, you say "**tu, spiegare**" and the student should reply "**Spieghi, con l'acca.**"

**ATTENZIONE!**

Verbs with a root ending in **–gn** —such as **guadagnare** (*to earn*), **insegnare** (*to teach*), and **sognare** (*to dream*)—can be spelled with or without the **i** in the first person plural.

**guadagniamo** or **guadagnamo**
**sogniamo** or **sognamo**

# Pratica

1 Ask students to express their opinion on how the story will continue. Encourage students by asking questions. Example: **Secondo te, Luciana è fedele ad Attilio o è innamorata di Mario? Cosa succede dopo? Attilio rompe con Luciana?**

2 Ask the students to imagine other disastrous events that might happen one week before a wedding.

**1** **Ci sposiamo o ci lasciamo?** Attilio e Luciana sono una coppia in crisi. Completa il paragrafo coniugando al presente il verbo fra parentesi.

Attilio e Luciana sono fidanzati da molti anni, ma da qualche tempo lei gli (1) ___mente___ (mentire), o almeno così lui sospetta, su un'amicizia con un compagno di scuola, Mario. Attilio è preoccupato perché (2) ___circolano___ (circolare) già molti pettegolezzi!

Luciana non (3) ___capisce___ (capire) il comportamento di Attilio, che lei considera troppo geloso. Lei è una ragazza molto fedele e Mario è il suo migliore amico. Così, un giorno, Luciana decide: «(4) ___Chiedo___ (Chiedere) a Mario di fare da testimone (*witness*) al mio matrimonio con Attilio!»

Attilio, intanto, (5) ___preferisce___ (preferire) non parlare dell'argomento con Luciana: non le (6) ___telefona___ (telefonare) e non (7) ___apre___ (aprire) la sua casella di posta elettronica da ormai quindici giorni. Poi, un giorno, finalmente (8) ___decide___ (decidere) anche lui: «(9) ___Lascio___ (lasciare) Luciana e (10) ___cerco___ (cercare) la mia vera anima gemella!» Cosa succede? Attilio lascia Luciana?

## Nota CULTURALE

«**Le bomboniere**» sono oggetti ricordo che si regalano ad amici e parenti in occasioni importanti come un matrimonio. Le accompagnanano i «**confetti**», piccole caramelle fatte di mandorle° ricoperte di zucchero. Sempre in numero dispari°, generalmente cinque, augurano° successo e prosperità. Solitamente i confetti sono rosa o azzurri per il battesimo di una bambina o di un bambino, rossi per la laurea, bianchi per il matrimonio e argentati° o dorati rispettivamente per le nozze d'argento e le nozze d'oro (venticinque e cinquant'anni di matrimonio).

**mandorle** *almonds* **dispari** *odd* **augurano** *wish* **argentati** *silver coated*

**2** **Che disastro!** Ecco qual è la situazione una settimana prima delle nozze (*wedding*) di Attilio e Luciana. Scrivete le frasi con i soggetti e i verbi nella lista.

**Modello** **Attilio / perdere / carta di credito**
Attilio perde la carta di credito.

1. pasticcere / chiudere / per ferie Il pasticcere chiude per ferie.
2. testimoni / partire / per un viaggio di lavoro I testimoni partono per un viaggio di lavoro.
3. fratello di Attilio / perdere / anelli Il fratello di Attilio perde gli anelli.
4. prete (*priest*) / cadere / dalle scale Il prete cade dalle scale.
5. ristorante / cambiare / indirizzo Il ristorante cambia indirizzo.
6. negozio di bomboniere / finire / confetti Il negozio di bomboniere finisce i confetti.
7. genitori di Luciana / invitare / anche i cugini americani I genitori di Luciana invitano anche i cugini americani.
8. cugini americani / arrivare / una settimana prima I cugini americani arrivano una settimana prima.

3 Explain the Italian expression **Chi trova un amico trova un tesoro** and its connection to this activity.

3 As an expansion, have a volunteer create an original statement using one of the verbs from the list. Then ask students to link other sentences to the established theme, in order to create a story with as many verbs from the list as possible. Write the story on the blackboard as the students invent it.

**3** **Chi trova un amico...** Unite gli elementi delle tre colonne per creare delle frasi complete.

**Modello** I miei genitori condividono le gioie (*joys*) e i dolori del matrimonio.

| A | B | C |
|---|---|---|
| i miei genitori | odiare | il suo compagno di stanza |
| io | contare su | il traffico |
| la mia migliore amica | condividere | la sorella di Luisa |
| le mie compagne di classe | ammirare | la sua amica del cuore |
| mia madre | cercare | la sua anima gemella |
| mia sorella | mentire a | le gioie e i dolori del matrimonio |
| noi | disturbare | le persone oneste |
| ? | ? | ? |

Practice more at **vhlcentral.com**

# Comunicazione

4 **Conversazione** Con un(a) compagno/a, descrivete a turno ogni persona usando il verbo corrispondente.

**Modello** **mio fratello / preferire**
—Mio fratello preferisce lavorare la sera tardi.
—Anche mia sorella. Lei preferisce fare i compiti dopo le sei di sera.

1. la mia migliore amica / disturbare
2. io e mia madre / condividere
3. i miei compagni di classe / studiare
4. io / contare su
5. io e mia madre / condividere
6. tu e i tuoi amici / adorare

4 Encourage students to expand on their statements by adding information about other people. Example: **Mia sorella non mi disturba mai. I miei genitori, invece, mi disturbano sempre mentre guardo la TV.**

5 **Da quanto tempo...?** Fatevi delle domande usando i verbi della lista.

**Modello** **studiare**
—Da quanto tempo studi italiano?
—Studio italiano da due anni.

- amare
- ascoltare
- condividere
- conoscere
- abitare
- scrivere
- seguire
- ?

5 As an expansion, ask volunteers to repeat the interview asking **da quando** rather than **da quanto tempo**. Example: **Da quando conosci il tuo fidanzato? → Conosco il mio fidanzato dal 2007.**

6 **Una chiacchierata** In coppia, fatevi domande usando questi verbi. Potete parlare dei temi suggeriti o di altri.

**Modello** **provare un senso di insicurezza**
—C'è qualche situazione in cui provi sempre un senso di insicurezza?
—Sì. Provo sempre un senso di insicurezza quando devo parlare in pubblico perché sono timido.

1. provare un senso di: (in)sicurezza / solitudine / benessere / felicità / depressione
2. raccomandare: un film di un regista italiano / un gruppo musicale italiano / un libro di uno scrittore o un artista italiano
3. ricordarsi: quando hai imparato a nuotare / di una persona che ti ha influenzato / del tuo primo bacio
4. sognare di: visitare un luogo particolare in Italia / rivedere una persona speciale, forse lontana

6 Explain that **sognare** (item 4) uses the preposition **di** only when followed by a verb. Otherwise, no preposition is used. Example: **Sogno di fare un viaggio intorno al mondo./ La notte scorsa ho sognato Giacomo.**

7 **Tra moglie e marito...** Ecco Attilio e Luciana, finalmente sposi! Ma la vita matrimoniale è solo l'inizio di un'avventura... In coppia, usate i verbi della lista per parlare della vita di Attilio e Luciana dopo il matrimonio e dei loro progetti nell'immediato futuro.

| | | |
|---|---|---|
| cambiare | decidere | partire |
| capire | guadagnare | perdere |
| cercare | mentire | preferire |
| cominciare | offrire | trovare |

**Modello** —Attilio trova lavoro in banca.
—Luciana domani parte per cercare lavoro in Inghilterra.

7 Explain that the title refers to an Italian expression (**Tra moglie e marito non mettere il dito!**), meaning that friends should not interfere with the private matters of a husband and a wife.

7 Encourage students to give unexpected twists to the story. Then ask volunteers to share their story with the class, who will vote on the funniest story.

NATIONAL comparisons STANDARDS

**INSTRUCTIONAL RESOURCES**
Audioscripts, SAM AK, Lab MP3s, Grammar Presentation Slides
**SAM/WebSAM:** WB, LM

**ATTENZIONE!**

Omit the indefinite article in these two cases:

- before unmodified nouns designating profession or religion

**È professoressa.**
*She's a professor.*
but
**È una professoressa molto divertente.**
*She's a very funny professor.*

- after **che** in the expression *What a...!*

**Che bel pupazzo di neve!**
*What a nice snowman!*

**ATTENZIONE!**

The definite article is also used when talking about certain illnesses or ailments (**Luca ha la febbre**). It may also be used before names of languages (**L'italiano è la mia lingua preferita**).

**ATTENZIONE!**

Remember to use the definite article **le** when telling time for all numbered hours, except one o'clock, which takes a singular article (**l'una**). Don't forget to use the indefinite article **un** for quarter past an hour or quarter to the next hour.

Explain to students that **con** may also be contracted, though less frequently than the prepositions in the table. The contracted forms are **col**, **collo**, **coll'**, **colla**, **coi**, **cogli**, and **colle**.

## 1.2 Articles

- Definite and indefinite articles must agree in number and gender with the nouns they modify. They vary in form for pronunciation purposes, and in spelling depending on the word they precede.

**Definite articles (*the*)**

| Before... | masc. sing. | fem. sing. | masc. pl. | fem. pl. |
|---|---|---|---|---|
| most consonants | **il** padre | **la** madre | **i** genitori | **le** sorelle |
| **s** + cons., **z**, **y**, **x**, **ps**, **gn** | **lo** psicologo | **la** zia | **gli** studenti | **le** scuole |
| a vowel | **l'**uomo | **l'**amica | **gli** uomini | **le** amiche |

**Indefinite articles (*a; an*)**

| Before... | masculine | feminine |
|---|---|---|
| most consonants | **un** fratello | **una** cugina |
| **s** + cons., **z**, **y**, **x**, **ps**, **gn** | **uno** stadio | **una** zia |
| a vowel | **un** amore | **un'**amica |

- Use the definite article in these circumstances.

| | |
|---|---|
| when referring to specific people or things | **Il** cane che abbaia si chiama Nobile.<br>*The dog that is barking is named Nobile.* |
| with last names and titles of people | Ho visto **il** signor Bianchi stamattina.<br>*I saw Mister Bianchi this morning.* |
| with geographical names such as countries, continents, large islands, regions, and mountains | **La** Sardegna è un'isola molto bella.<br>*Sardinia is a very beautiful island.* |
| with days of the week or time expressions, to mean *every* or *each* | Abbiamo lezione **il** martedì e **il** giovedì.<br>*We have class on Tuesdays and Thursdays.* |
| with the hour (when telling time) | Sono **le** undici.<br>*It's eleven o'clock.* |
| when describing body parts, such as hair or eye color | La mia fidanzata ha **gli** occhi blu e **i** capelli biondi.<br>*My fiancée has blue eyes and blonde hair.* |
| when referring to general categories and abstract ideas | Grazie a Meetic ho conosciuto **l'**amore...<br>*Thanks to Meetic I found love...* |

- When the definite article follows the prepositions **a**, **di**, **da**, **in**, and **su**, the article and the preposition form a contraction.

| | +il | +lo | +l' | +la | +i | +gli | +le |
|---|---|---|---|---|---|---|---|
| **a** (*in; at*) | **al** | **allo** | **all'** | **alla** | **ai** | **agli** | **alle** |
| **di** (*of*) | **del** | **dello** | **dell'** | **della** | **dei** | **degli** | **delle** |
| **da** (*from; for*) | **dal** | **dallo** | **dall'** | **dalla** | **dai** | **dagli** | **dalle** |
| **in** (*in*) | **nel** | **nello** | **nell'** | **nella** | **nei** | **negli** | **nelle** |
| **su** (*on; about*) | **sul** | **sullo** | **sull'** | **sulla** | **sui** | **sugli** | **sulle** |

# Pratica e comunicazione

**1**

**A ciascuno il suo** Carla ha un sogno: lavorare in un'agenzia matrimoniale (*matchmaking service*). Leggi cosa pensa dei suoi amici e completa le frasi usando la forma corretta degli articoli determinativi o indeterminativi.

1. Maria è __una__ ragazza matura, ma troppo orgogliosa. Ha bisogno di __un__ uomo con __un__ carattere dolce e forte.
2. __La__ fidanzata di Giorgio è sensibile, ma molto timida. Quando vede Giorgio diventa rossa come __un__ peperone!
3. Giorgio è __una__ persona molto superficiale. Gli piacciono tutte __le__ studentesse della scuola!
4. Lucia è __una__ donna affascinante ma rompe con tutti __i__ fidanzati dopo qualche settimana. Può andare bene per __un__ seduttore come Giorgio.
5. Carlo, invece, è __un__ ragazzo molto simpatico e carino. Ha __gli__ occhi neri, __i__ capelli scuri, __il__ naso dritto e __una__ voce profonda e affascinante! Forse va bene per me!

**2**

**Ugo e Flavia** Leggi la storia di Ugo e Flavia e inserisci gli articoli determinativi, combinandoli con le preposizioni quando è necessario.

1. Ugo e Flavia si incontrano __il__ lunedì prima di andare a scuola, (da) __dalle__ 7.00 (a) __alle__ 8.00.
2. Quando Flavia scende (da) __dall'__autobus, Ugo è già (su) __sul__ marciapiede che la aspetta.
3. Poi, insieme, vanno (in) __nel__ bar (di) __del__ centro e prendono un cappuccino e una brioche per colazione.
4. Si raccontano __le__ cose che hanno fatto durante __il__ fine settimana e parlano (di) __dei__ loro progetti per __i__ giorni successivi.
5. Poi si rimettono __gli__ zaini (su) __sulle__ spalle e vanno verso __la__ scuola, mano (in) __nella__ mano.

**3**

**Chi cerca trova!** In coppia, fatevi delle domande per capire quanto siete simili o diversi.

| | | | |
|---|---|---|---|
| A che ora | comprare | a | casa |
| Chi | invitare | da | discoteca |
| Come | mangiare | in | famiglia |
| Cosa | ritornare | | luce |
| Quando | spegnere (*turn off*) | | ristorante |
| Quante volte | telefonare | | supermercato |

**4**

**L'anima gemella** Scrivi una lettera a «La Posta del cuore di Carla» per trovare la tua anima gemella. Descrivi la tua donna/il tuo uomo ideale in otto frasi, usando le preposizioni articolate, le parole della lista e altre parole imparate in questa lezione.

| | | | | |
|---|---|---|---|---|
| appuntamento | condividere | coppia | fiducia | matrimonio |
| cercare | contare su | credere | lasciare | mentire |

Practice more at vhlcentral.com.

**INSTRUCTIONAL RESOURCES**
Audioscripts, SAM AK, Lab MP3s, Grammar Presentation Slides
**SAM/WebSAM:** WB, LM

Explain to students that, while some words may look like masculine and feminine forms of the same noun, they may actually be completely different words with unrelated meanings. A few examples are: **il pasto** (*meal*), **la pasta** (*noodles*); **il caso** (*case*), **la casa** (*house*); **il banco** (*counter*), **la banca** (*bank*); **il mostro** (*monster*), **la mostra** (*exhibition*).

## 1.3 Gender and number

- All nouns in Italian are characterized by their gender (masculine or feminine) and number (singular or plural). Adjectives agree in number and gender with the nouns they modify.

### Gender

- Most Italian nouns end in a vowel. Nouns ending in **–o** are usually masculine and nouns ending in **–a** are usually feminine. Nouns ending in **–e** can be either masculine or feminine. While there is no sure way to determine the gender of a noun just by looking at the ending, there are a few general tendencies.

- To make the feminine form of some nouns, replace the masculine ending with the feminine ending.

| change in ending | masculine → feminine |
|---|---|
| **o → a** | ragazz**o** → ragazz**a** |
| **e → essa** | student**e** → student**essa** |
| **e → a** | signor**e** → signor**a** |
| **ore → rice** | att**ore** → att**rice** |
| **a → essa** | poet**a** → poet**essa** |

- Some nouns denoting traditionally male professions or activities are used in the masculine form to refer to women, for example, **l'ingegnere** (*engineer*), **l'architetto** (*architect*), and **il chirurgo** (*surgeon*). The accompanying articles and adjectives should also be used in the masculine form. On the other hand, **la guida** (*guide*) and **la spia** (*spy*) are always feminine in gender, even when referring to a man.

Mia zia Rita è **un noto architetto.**
*My aunt Rita is a well-known architect.*

James Bond è **una spia famosa.**
*James Bond is a famous spy.*

- Some nouns have the same ending for masculine and feminine forms; the gender can be determined by the context or the article. For example, **il/la pianista** (*pianist*) and **lo/la psichiatra** (*psychiatrist*) end in **–a**, but can be either masculine or feminine.

**L'artista** (*m.*) si chiama **Leonardo.**
*The artist's name is Leonardo.*

**L'artista** (*f.*) si chiama **Artemisia Gentileschi.**
*The artist's name is Artemisia Gentileschi.*

- Adjectives, like nouns, have masculine and feminine forms and tend to follow the same rules as nouns. Most masculine adjectives end in **–o**, and most feminine adjectives end in **–a**. Adjectives ending in **–e** can modify either masculine or feminine nouns.

Marcell**o** è molto sensibil**e.**
*Marcello is very sensitive.*

**La** mia gatt**a** non è affettuos**a.**
*My cat isn't affectionate.*

- Not all adjectives follow the rules of **–o**, **–a**, or **–e** endings. Some common adjectives end in **–ista** (**ottimista**, **pessimista**, and **idealista**, for example) and describe both masculine and feminine nouns. Other adjectives such as **viola**, **rosa**, **blu**, **ogni**, and **qualche** are invariable and have only one form.

**un bambino ottimista**
*an optimistic boy*

**la camicia blu**
*the blue shirt*

**RIMANDO**

For more information about feminine profession words, see **Nota culturale, p. 119.**

**ATTENZIONE!**

**Ogni** (*each, every*) and **qualche** (*some*) may only be used with singular nouns.

**ogni giorno**
*every day*

**qualche volta**
*sometimes*

**RIMANDO**

To learn about placement of adjectives and demonstrative adjectives, see **Strutture 2.4, p. 64.**

To learn about comparatives and superlatives, see **Strutture 7.1, pp. 248–250.**

## Plurals

All nouns are either singular or plural; adjectives that modify them must agree with them in gender and number.

- Singular nouns and adjectives ending in **–o** or **–e** typically become **–i** in the plural. Singular nouns and adjectives ending in **–a** typically become **–e** in the plural.

| | | | |
|---|---|---|---|
| fratell**o** | fratell**i** | ristorant**e** | ristorant**i** |
| scarp**a** | scarp**e** | intelligent**e** | intelligent**i** |

- As you know, some singular nouns and adjectives ending in **–a** can be masculine or feminine. Form their plural by replacing the **–a** with **–i** for the masculine form and with **–e** for the feminine form.

| | |
|---|---|
| il pianist**a** ottimist**a** | i pianist**i** ottimist**i** |
| la pianist**a** ottimist**a** | le pianist**e** ottimist**e** |

- Some nouns and adjectives form plurals according to other patterns for purposes of pronunciation or gender distinctions.

| | singular → plural | example | common exceptions |
|---|---|---|---|
| retain hard sound of consonant by adding an **–h** in the plural | stress on syllable before **–co**: **–co → –chi** | parco → parchi | amico/greco/nemico/porco → amici/greci/nemici/porci |
| | **–ca → –che** | banca → banche | |
| | **–go → –ghi** | albergo → alberghi | |
| | **–ga → –ghe** | lunga → lunghe | |
| change sound of consonant | stress on second syllable before **–co**: **–co → –ci** | dinạmico → dinạmici | cạrico → cạrichi |
| | **–ọlogo → –ọlogi** | biọlogo → biọlogi | monọlogo → monọloghi |
| | **–fago → –fagi** | sarcọfago → sarcọfagi | |
| unstressed **–i** | **–io → –i** | negọzio → negọzi | orẹcchio → orẹcchie |
| | **–cia → –ce** | fạccia → fạcce | camịcia → camịcie |
| | **–gia → –ge** | spiạggia → spiạgge | grịgia → grịgie |
| stressed **–i** | **–ịo → –ịi** | zịo → zịi | |
| | **–cịa → –cịe** | farmacịa → farmacịe | |
| | **–gịa → –gịe** | bugịa → bugịe | |

- You must memorize the irregular plural forms of certain nouns. Some examples are **la moglie → le mogli, l'uomo → gli uomini, il dio → gli dei, il tempio → i templi, l'ala → le ali, la mano → le mani.**

- Some nouns are invariable: they do not change from the singular to the plural. Articles and adjectives can help you determine whether these nouns are singular or plural. Invariable words include some words of foreign origin that end in a consonant (such as **bar**, **film**, and **sport**), words that end in an accented vowel or have only one syllable (such as **re**, **sci**, **virtù**, or **città**), and words that are shortened forms of longer words (such as **cinema**, **foto**, and **radio**).

Remind students to use the masculine plural form of the adjective when referring to two or more nouns of different genders. Example: **Maria e Robertino sono simpatici**.

As you go through the chart, explain any unknown examples and have students use them in sentences.

Tell students they must learn to recognize the plural patterns, adding new words as they learn them.

**ATTENZIONE!**

Masculine words ending in **–ma** or **–ta** that are Greek in origin form their plurals by changing **–a** to **–i**. Some examples are **il programma/i programmi** and **il poeta/i poeti**. Feminine words ending in **–i** that are Greek in origin do not change in the plural. Some examples are **la crisi/le crisi** and **la tesi/le tesi**.

**ATTENZIONE!**

A number of masculine nouns that end in **–o** have a feminine plural form ending in **–a**. Many, but not all of them, refer to parts of the body.

**il labbro** (*lip*) → **le labbra**
**il braccio** (*arm*) → **le braccia**
**il ginocchio** (*knee*) → **le ginocchia**
**il ciglio** (*eyelash*) → **le ciglia**
**l'uovo** (*egg*) → **le uova**

# Pratica

1 For expansion, have students work in pairs to provide the plural form for each item. Remind them that the plural of indefinite articles is made with the preposition **di** combined with the definite article. Example: **un'auto nuova; delle auto nuove**.

**1** **Maschile o femminile?** Colloca l'articolo indefinito davanti ad ogni nome e concorda l'aggettivo.

**Modello** **auto/nuovo** un'auto nuova

1. braccio/forte un braccio forte
2. camera/oscuro una camera oscura
3. cinema/aperto un cinema aperto
4. crisi/lungo una crisi lunga
5. foto/bello una foto bella
6. ingegnere/abile un ingegnere abile
7. labbro/carnoso un labbro carnoso
8. mano/leggero una mano leggera
9. moglie/affettuoso una moglie affettuosa
10. poeta/romantico un poeta romantico
11. problema/politico un problema politico
12. professore/severo un professore severo
13. radio/alternativo una radio alternativa
14. studente/serio uno studente serio
15. tesi/difficile una tesi difficile
16. uovo/fresco un uovo fresco
17. viaggio/avventuroso un viaggio avventuroso
18. virtù/raro una virtù rara

2 Ask pairs of students to write out a detailed description of an imagined person in the consulate waiting room and read it to the class. The rest of the students will determine why each person described is likely to be going to Italy.

**2** **Al consolato italiano** Al consolato italiano di New York ci sono molte persone. Leggi le descrizioni e cambia il genere delle parole sottolineate (*underlined*).

1. La stanza è piena di gente. C'è la professoressa Simonetti che parla con due studenti americani che hanno bisogno di un visto (*visa*) per andare in Italia. il professor / studentesse americane
2. Nell'angolo (*corner*), un uomo anziano e un bambino irrequieto aspettano che la mamma finisca di parlare con il console. una donna anziana / una bambina irrequieta / il papà
3. La donna è un'importante scrittrice, che deve andare in Italia per una conferenza. L'uomo / un importante scrittore
4. In seconda fila ci sono due ragazze italiane allegre e spiritose che devono rinnovare il passaporto. ragazzi italiani allegri e spiritosi
5. Dietro, una ragazza alta dall'aria intellettuale disegna su un quaderno bianco. Ha un vestito colorato molto stravagante. Forse è un'artista principiante che vuole andare in Italia in cerca di ispirazione. un ragazzo alto / un artista principiante

3 Invite pairs of students to describe other common assumptions about Italy and Italians and to read them to the class. Write the sentences on the blackboard and ask the class to give the plural forms.

**3** **Gli stereotipi** Paolo vive a New York con una famiglia americana per imparare l'inglese. La famiglia ha molti stereotipi sull'Italia e gli italiani, e Paolo non è d'accordo. Riscrivi le frasi cambiando al plurale le parole sottolineate, come nell'esempio.

**Modello** **L'automobilista italiano è sempre poco prudente.**
Non tutti gli automobilisti italiani sono sempre poco prudenti.

1. Un figlio vive in famiglia fino a trent'anni perché è immaturo. Non tutti i figli vivono in famiglia fino a trent'anni perché sono immaturi.
2. La moglie fedele prepara un pranzo squisito per il marito. Non tutte le mogli fedeli preparano pranzi squisiti per i mariti.
3. La coppia che si incontra sulla spiaggia divorzia presto. Non tutte le coppie che si incontrano sulle spiaggie divorziano presto.
4. L'italiano è ottimista anche di fronte alla avversità. Non tutti gli italiani sono ottimisti anche di fronte alle avversità.
5. Il negozio di alimentari è sempre chiuso tra le 13.00 e le 16.00. Non tutti i negozi di alimentari sono sempre chiusi tra le 13.00 e le 16.00.
6. Il bar ha sempre un televisore per vedere la partita di calcio. Non tutti i bar hanno sempre dei televisori per vedere le partite di calcio.
7. Il ragazzo italiano arriva sempre tardi all'appuntamento. Non tutti i ragazzi italiani arrivano sempre tardi agli appuntamenti.
8. Un artista deve vivere a Firenze per produrre un'opera geniale. Non tutti gli artisti devono vivere a Firenze per produrre delle opere geniali.

Practice more at **vhlcentral.com**

# Comunicazione

4 **Il mondo come lo vorrei!** In coppia, completate le frasi usando almeno tre aggettivi. Se volete, potete usare alcune parole della lista.

| | | | |
|---|---|---|---|
| comprensivo | fedele | leale | silenzioso |
| educato | geloso | rumoroso | socievole |
| esperto | istruito | severo | tranquillo |

1. L'amico/a ideale è...
2. Il marito/La moglie ideale è...
3. Il professore ideale è...
4. Il fratello/La sorella ideale è...
5. Il vicino di casa ideale è...
6. Il gatto ideale è...

4 Remind the students that **educato** means *well-mannered*, while **istruito** means *educated*.

5 **Dio li fa e poi li accoppia!** In coppia, fatevi queste domande e decidete se l'altra persona può essere un(a) compagno/a di stanza ideale in un viaggio di studio. Aggiungete quattro domande libere alla lista.

1. Sei ordinato/a?
2. Hai un carattere allegro?
3. Sei una persona matura?
4. Cosa fai nel tempo libero?
5. Come sono i tuoi amici?
6. Come ti descrivono i tuoi genitori?

5 Have the students rank all the questions from most to least important and have them explain their choices.

6 **In centro** Con un(a) compagno/a, trovate almeno tre modi per descrivere ciascuna foto. Confrontate le vostre descrizioni con un altro gruppo e discutete le differenze con la classe.

6 Tell students to use as many descriptive adjectives as possible, and remind them to make all necessary agreements.

comparisons

**INSTRUCTIONAL RESOURCES**
Audioscripts, SAM AK, Lab MP3s, Grammar Presentation Slides
**SAM/WebSAM:** WB, LM

**ATTENZIONE!**

To say *there is/are*, use **c'è/ ci sono.**

**C'è uno stadio qui vicino.**
*There is a stadium nearby.*

**Ci sono sempre problemi.**
*There are always problems.*

Remind students that the third person singular forms of **essere** and **dare** require a grave accent. Ask them what the words would mean without the accent.
**È** = *is*, **e** = *and*; **dà** = *gives*, **da** = *from.*

**ATTENZIONE!**

The verb **avere** is used in many idiomatic expressions whose English equivalents use the verb *to be*. These include **avere fame/ sete** (*to be hungry/thirsty*), **avere sonno/paura** (*to be sleepy/afraid*), **avere...anni** (*to be ...years old*), and so on.

**ATTENZIONE!**

**Dare**, **fare**, and **stare** are also used in a number of idiomatic expressions: **dare un esame** (*to take a test*), **fare spese** (*to go shopping*), **fare i compiti** (*to do one's homework*), **fare bel/brutto tempo** (*to be nice/nasty weather*), **fare colazione** (*to have breakfast*), **stare bene/male** (*to be well/ill*), **stare per** (*to be about to*).

On the board, list the verbs **fare**, **dare**, and **stare** in three columns. Ask students to provide as many expressions as they can under each verb. You may also want to provide expressions they may not be familiar with, such as **fare due passi**, **fare quattro chiacchiere**, **stare tranquillo**, **stare da solo**, etc.

1.4

# The present tense: irregular verbs

*—Non **può** finire così!*

- Many Italian verbs are irregular in the present tense. Two of the most important irregular verbs are **essere**, *to be*, and **avere**, *to have*.

| **ẹssere** | | **avere** | |
|---|---|---|---|
| **sono** | **siamo** | **ho** | **abbiamo** |
| **sei** | **siete** | **hai** | **avete** |
| **è** | **sono** | **ha** | **hanno** |

I miei figli **sono** gemelli.
**Hanno** quattordici anni.

- Only four **–are** verbs are irregular.

| **andare** (*to go*) | **dare** (*to give*) | **fare** (*to do/make*) | **stare** (*to stay*) |
|---|---|---|---|
| **vado** | **do** | **faccio** | **sto** |
| **vai** | **dai** | **fai** | **stai** |
| **va** | **dà** | **fa** | **sta** |
| **andiamo** | **diamo** | **facciamo** | **stiamo** |
| **andate** | **date** | **fate** | **state** |
| **vanno** | **danno** | **fanno** | **stanno** |

- Although the conjugations of irregular verbs must be memorized, some follow similar patterns, making them easier to learn. The verbs below, for example, insert **–g–** in the first person singular and third person plural forms.

| **porre** (*to put*) | **rimanere** (*to remain*) | **salire** (*to go up*) | **tenere** (*to hold*) | **venire** (*to come*) |
|---|---|---|---|---|
| **pongo** | **rimango** | **salgo** | **tengo** | **vengo** |
| **poni** | **rimani** | **sali** | **tieni** | **vieni** |
| **pone** | **rimane** | **sale** | **tiene** | **viene** |
| **poniamo** | **rimaniamo** | **saliamo** | **teniamo** | **veniamo** |
| **ponete** | **rimanete** | **salite** | **tenete** | **venite** |
| **pọngono** | **rimạngono** | **sạlgono** | **tẹngono** | **vẹngono** |

**Oggi rimango a casa.**
*I'm staying home today.*

**Neanch'io vengo alla festa.**
*I'm not going to the party either.*

- Four very common **–ere** verbs are also irregular.

| **dovere** *(to have to, must)* | **potere** *(to be able, can)* | **sapere** *(to know)* | **volere** *(to want)* |
|---|---|---|---|
| **devo** | **posso** | **so** | **voglio** |
| **devi** | **puoi** | **sai** | **vuoi** |
| **deve** | **può** | **sa** | **vuole** |
| **dobbiamo** | **possiamo** | **sappiamo** | **vogliamo** |
| **dovete** | **potete** | **sapete** | **volete** |
| **devono** | **possono** | **sanno** | **vogliono** |

- Some irregular verbs add regular present tense endings to irregular stems. The conjugations of **bere**, **dire**, and **tradurre** use stems derived from Latin roots: **bev–**, **dic–**, and **traduc–**.

| **bere** *(to drink)* | **dire** *(to say)* | **tradurre** *(to translate)* |
|---|---|---|
| **bevo** | **dico** | **traduco** |
| **bevi** | **dici** | **traduci** |
| **beve** | **dice** | **traduce** |
| **beviamo** | **diciamo** | **traduciamo** |
| **bevete** | **dite** | **traducete** |
| **bevono** | **dicono** | **traducono** |

- The conjugations of **accogliere**, **cogliere**, **scegliere**, and **togliere** follow a similar pattern. The first person singular and third person plural have **–lg–** before the endings, but all the other forms are like the infinitive, **–gl–**.

| **accogliere** *(to greet)* | **cogliere** *(to pick)* | **scegliere** *(to choose)* | **togliere** *(to remove)* |
|---|---|---|---|
| **accolgo** | **colgo** | **scelgo** | **tolgo** |
| **accogli** | **cogli** | **scegli** | **togli** |
| **accoglie** | **coglie** | **sceglie** | **toglie** |
| **accogliamo** | **cogliamo** | **scegliamo** | **togliamo** |
| **accogliete** | **cogliete** | **scegliete** | **togliete** |
| **accolgono** | **colgono** | **scelgono** | **tolgono** |

- **Uscire** (*to go out/exit*) and **riuscire** (*to succeed*) are irregular and must be memorized.

| **uscire** | | **riuscire** | |
|---|---|---|---|
| **esco** | **usciamo** | **riesco** | **riusciamo** |
| **esci** | **uscite** | **riesci** | **riuscite** |
| **esce** | **escono** | **riesce** | **riescono** |

**RIMANDO**

For more information about **dovere**, **potere**, and **volere**, see **Strutture 4.4, p. 142**. For the distinction between **sapere** and **conoscere**, see **Strutture 7.4, p. 262**.

Point out that **dovere** has two possible conjugations in the first person singular and the third person plural: **devo** or **debbo**, **devono** or **debbono**.

As you go over the irregular verbs in the section, have pairs of students ask each other questions and give answers using the verbs in the charts.

Play a game. Have students draw a square with nine boxes on a sheet of paper, like a tic-tac-toe game. Have them write in each box one of the infinitives from the charts in this section, plus a subject pronoun. Randomly announce different infinitives until a student gets three in a row, vertically, horizontally, or diagonally. To claim a "win" (or prize, if you are giving them), the student must give the three infinitives, say the subject pronoun, and indicate the corresponding verb form. This activity can also be done in teams.

# Pratica

1 As an expansion, ask pairs of students to write a description of a character mentioned in the activity and to share it.

1 **Completare** Completa le frasi con la forma corretta dei verbi.

1. Serena e Bruno stanno (stare) insieme da tre anni e adesso fanno (fare) progetti di matrimonio.
2. Lucia fa (fare) colazione ogni giorno al bar e poi va (andare) in ufficio a piedi.
3. I miei amici hanno (avere) un esame domani, quindi rimangono (rimanere) a casa a studiare stasera.
4. Vittoria dà (dare) lezioni private di italiano e traduce (tradurre) dall'inglese.
5. «Perché quando vengo (venire) a trovarti tu mi accogli (accogliere) sempre così freddamente?»
6. Ogni volta che io tolgo (togliere) la giacca di papà dalla poltrona, lui viene (venire) da me e mi pone (porre) la solita domanda: «Sono io disordinato, o sei tu maniaca dell'ordine?»

2 Ask pairs of students to continue the dialogue mentioning things that they know about the Italian-American community.

2 As an expansion, ask students to search the Web for at least two Italian-American associations and to get information to share with the class (in Italian) about their mission and activities. They could be asked to indicate which of the two associations they prefer and why.

2 **Incontro** Antonio, napoletano, e Marco, romano, sono due vecchi amici. Dopo alcuni anni si incontrano per caso a New York. Completa il dialogo usando i verbi della lista nella forma corretta. Alcuni verbi si usano più di una volta!

| | | |
|---|---|---|
| andare | fare | sapere |
| essere | potere | uscire |

**MARCO** Antonio, ciao! Non ci (1) posso credere! Anche tu (2) sei qui a New York!

**ANTONIO** Ciao, Marco! Che bello rivederti! Sì, studio qui già da tre mesi. Ma... non capisco... oggi la città (3) è più vivace del solito e poi dalle finestre (4) esce un buon profumo di dolci familiari. Che succede?

**MARCO** Ma come, non lo (5) sai? Oggi è il 19 settembre: la festa di san Gennaro! (6) È un giorno importante per la comunità italo-americana.

**ANTONIO** Davvero? E cosa (7) fanno?

**MARCO** Tutto quello che (8) fate voi a Napoli! Cucinano gli struffoli, (9) vanno a messa e portano la statua di san Gennaro in processione per le strade di Little Italy. Perché non (10) andiamo anche noi alla festa?

3 The phrase **tagliare e cucire** (*cut and sew*), is related to **pettegolezzi** because it implies that you look at people for so long and with such attention that you could measure their sizes and make a piece of clothing for them!

3 **Pettegolezzi** Parlate di voi stessi e degli altri usando le parole delle due liste.

| A | B |
|---|---|
| Il professore/La professoressa di italiano | andare |
| Il/La mio/a vicino/a (*neighbor*) | dire |
| I genitori di... | fare |
| Io | stare |
| Tu | venire |
| La mia amica | rimanere |
| ? | ? |

Practice more at **vhlcentral.com**

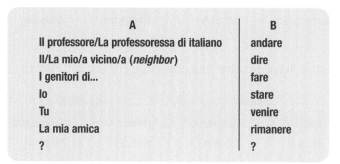

# Comunicazione

4 **Confronti** Con un(a) compagno/a, descrivete le persone della lista usando le espressioni date. Motivate le vostre scelte e poi confrontate le vostre descrizioni con quelle di un altro gruppo.

**Modello** È evidente che Madonna fa ginnastica perché è in ottima forma.

| | | |
|---|---|---|
| avere voglia di | fare ginnastica | stare bene |
| avere paura | fare shopping | stare male |
| avere ragione | fare un viaggio | stare da solo/a |
| avere torto | fare finta di (*to pretend*) | stare per |
| ? | ? | ? |

- Mariah Carey
- Brad Pitt
- Taylor Swift
- Beyoncé
- Will Smith
- Robert De Niro
- Miley Cyrus
- Johnny Depp
- Ben Stiller

4 Before beginning, brainstorm other celebrities for students to use in the activity.

5 **Interpretiamo** Guardate le immagini e rispondete alle domande.

1. Chi sono queste persone?
2. Con chi sono?
3. Dove sono?
4. Cosa fanno?
5. Come stanno?
6. Di che cosa parlano?

6 **Gli affari degli altri**

**A.** Usando i verbi e le espressioni della lista, formulate almeno sei domande da fare al(la) vostro/a compagno/a e poi intervistatelo/a.

| | | |
|---|---|---|
| avere fame | bere | fare colazione |
| avere fretta | dare un esame | rimanere a casa da solo/a |
| avere paura | fare i compiti | scegliere |
| avere sete | fare il bagno | stare bene/male |
| avere sonno | fare spese | tenere |

**B.** A gruppi di quattro o cinque, riassumete le cose che avete saputo del(la) vostro/a compagno/a e condividetele con gli altri.

6 Encourage students to use expressions indicating surprise or scandal while listening to their classmates' reports. Example: **Non ci posso credere! Che strano! Roba da pazzi! Figurati! Ma va!**

# Sintesi

**1**

**Parliamo** **Sandra è negli Stati Uniti per lavoro e condivide l'ufficio con Bruno. Leggete l'e-mail di Sandra a Maria e rispondete alle domande.**

| | |
|---|---|
| Da: | Sandra <smancini@libero.it> |
| A: | Maria Farnetti <mfarnetti@libero.it> |
| Oggetto: | uno strano collega d'ufficio |

Cara Maria, finalmente sono a New York! Qui è tutto così diverso dall'Italia! Le vie sono larghe e spaziose e i grattacieli (*skyscrapers*) sono immensi. C'è sempre traffico, notte e giorno, e gente che cammina lungo i marciapiedi (*sidewalks*). Qui fa già freddo, ma l'ufficio del mio collega Bruno è molto caldo. Troppo! Penso spesso a mia nonna, che ripete sempre di fare economia, di spegnere le luci e il riscaldamento (*heating*)... E poi, è tutto molto silenzioso... tutti lavorano nel loro ufficio e quando si incontrano parlano a voce bassa.
Il nostro dipartimento di italiano è il più rumoroso!

C'è un gatto in ufficio. È carino ed affettuoso, ma sale continuamente sulla mia scrivania e riempie la mia sedia di peli (*hairs*). Come faccio a dire a Bruno che odio i gatti? Non voglio offenderlo, ma non voglio condividere l'ufficio con un collega a quattro zampe (*paws*)! Forse posso chiedere un altro ufficio al capo del dipartimento...
Dammi un consiglio, tu che sai sempre tutto!

A presto, Sandra.

Teach students additional vocabulary that they can use to answer the questions: **spreco** (*waste*), **al massimo** (*at the highest setting*), **allergico/a** (*allergic*).

1. Cosa fa Sandra negli Stati Uniti?
2. Cosa colpisce (*strikes*) l'attenzione di Sandra a New York?
3. Perché Sandra pensa spesso alla nonna?
4. Quali sono gli aspetti degli Stati Uniti che forse non piacciono a Sandra? Siete d'accordo con lei? Perché?
5. Cosa può fare Sandra per liberarsi del gatto senza offendere Bruno?
6. Hai un collega, un compagno di scuola, un vicino o un compagno di stanza che ti rende difficile la vita? Cosa fai per risolvere il problema?

**2**

**Scriviamo** **Scrivi un'e-mail di tre paragrafi, scegliendo uno dei seguenti titoli:**

- Descrivi a un amico/un'amica una situazione nuova che ti preoccupa o in cui per qualche motivo ti senti a disagio (*uncomfortable*).
- Scrivi a Sandra dei suggerimenti per risolvere il problema del gatto in ufficio. Prova a suggerire soluzioni e a lasciare aperta la possibilità di altre proposte.

Point out that in Italian it would be rude to start a letter just with the name of the addressee and that a salutation is always required at the end.

### Strategie per la comunicazione

**Suggerimenti per scrivere un'e-mail informale**
Ecco alcuni consigli per scrivere un'e-mail informale ma corretta:
- Saluto iniziale: Cara Sandra/Ciao Sandra
- Ringraziamenti: grazie/grazie mille/ti ringrazio per (l'aiuto, il consiglio, la disponibilità, ecc.)
- Saluto finale: A presto/Ciao

# Preparazione

Audio: Vocabulary

connections cultures NATIONAL STANDARDS

| Vocabolario della lettura | | Vocabolario utile |
|---|---|---|
| **approfondire** *to study in-depth* | **il quartiere** *neighborhood* | **il bar** *café* |
| **il/la bisnonno/a** *great-grandfather/mother* | **vergognarsi (si vergogna)** *to get embarrassed* | **il biscotto** *cookie* |
| **la cassata** *Sicilian dessert* | **la sfogliatella** *Neapolitan pastry* | **i cantucci** *Tuscan almond biscotti* |
| **il/la curatore/curatrice** *curator* | **lo spumone** *a type of gelato* | **il vassoio** *tray* |
| **il ricordo** *memory* | **il tiramisù** *"pick-me-up" coffee dessert* | |
| **il retaggio** *heritage* | **utile** *useful* | |

**1** **Pratica** Inserisci le parole nuove negli spazi.

1. La materia che vorrei __approfondire__ di più è l'informatica.
2. Il __tiramisù__ è un dolce a base di caffè, mascarpone e biscotti.
3. Soho è uno dei __quartieri__ più famosi di New York.
4. Mia cugina è molto timida: si __vergogna__ di parlare in pubblico.
5. I figli e nipoti degli immigrati sono spesso interessati al loro __retaggio__ culturale.
6. Anche dopo tanti anni ho ancora dei bellissimi __ricordi__ del nostro viaggio a Genova.

**2** **Intervista** In coppia, intervistate degli altri studenti.

1. Cosa ti ha spinto (*drove you*) a studiare l'italiano?
2. Quali lingue sono simili all'italiano? Perché?
3. Hai imparato altre lingue in passato? Quali?
4. Secondo te, quali sono i vantaggi di parlare più di una lingua?
5. Quale altra lingua vorresti studiare? Perché?
6. Pensi che studiare l'italiano ti aiuterà a imparare anche altre lingue? Perché?

**3** **Quartieri e specialità** In coppia, rispondete alle domande.

1. C'è un quartiere italiano nella tua città? E altri quartieri etnici? Come sono?
2. Ci sono ristoranti tipici? Negozi con prodotti importati?
3. Quali sono le specialità italiane che hai assaggiato (*tasted*)?
4. Quali sono le specialità italo-americane? Perché sono diverse, secondo voi?

**2** Ask pairs to report their findings to the rest of the class.

**3** Ask students to share the descriptions of ethnic neighborhoods that they know of or where they grew up and/or where they live now with the rest of the class. Make a list on the board and ask students to provide lists of the features of each neighborhood. Are there restaurants they would recommend? Important landmarks to visit?

### Nota CULTURALE

Secondo il più recente censimento ufficiale, gli **italo-americani sono** circa 18 milioni, cioè il 6% della popolazione degli U.S.A. e ne costituiscono il quarto gruppo etnico. Fra questi, **solo 724.632 parlano italiano** a casa. **L'Associazione delle lingue moderne** (*MLA*) ha annunciato che, dal 2006 al 2009, il numero di studenti universitari iscritti a corsi d'italiano negli Stati Uniti ha continuato ad aumentare.

# PERCHÉ STUDI L'ITALIANO?

Reading

Quali sono le ragioni più diffuse° per imparare l'italiano? Per chi è di origine italiana c'è un legame° personale nel rapporto con i nonni o altri parenti che ancora parlano la lingua o un dialetto. Molti hanno il desiderio di recuperare il proprio retaggio culturale: il ricordo di un piatto speciale, di una tradizione, di immagini e racconti che vengono da un'altra epoca. Anche la lettura di un libro o una scena di un film possono far nascere la curiosità di conoscere meglio la propria storia. Ci sono poi studenti con interessi che li portano a contatto diretto con l'Italia di ieri e di oggi: musica, cinema, ingegneria, architettura e storia dell'arte, teologia, moda, studi classici, medicina, giurisprudenza°, design, sport, economia e commercio e altro ancora. C'è anche chi vuole imparare la lingua perchè si è innamorato di una persona o di una città. E tu, perché studi l'italiano? Con questa domanda siamo andati al Caffè Vittoria nel *North End*, il quartiere italo-americano di Boston.

Il primo a rispondere è Tom, un italo-americano: «Mia nonna parla un misto di italiano e dialetto palermitano°, ma non li ha insegnati alla mia mamma. Voleva che i suoi figli parlassero° bene l'inglese per potersi inserire° meglio nella società statunitense e non essere considerati stranieri. Ma adesso le cose sono cambiate e i sentimenti anti-italiani che si ricorda mia nonna non esistono più. Da quando ho cominciato a studiare l'italiano due anni fa, parliamo per telefono molto più spesso. Però si vergogna quando parla perché non vuole che io impari il palermitano».

Manuel, un argentino di origine italiana che studia al MIT, ci ha detto: «Sto studiando ingegneria e voglio lavorare in Italia. Nessuno nella mia famiglia parla l'italiano, anche se riusciamo a capirlo perché è così simile allo spagnolo e specialmente allo spagnolo argentino in cui si usano tante parole italiane. Non so neanche° esattamente la storia di come il mio bisnonno sia arrivato a Buenos Aires; so solo che si chiamava come me: Emanuele Ricasoli. Ho potuto seguire solo 3 semestri di italiano all'università, ma l'estate scorsa ho partecipato a uno stage° a Venezia e ho fatto una vera immersione nella lingua italiana di 3 mesi. Forse non bisogna dire 'immersione' parlando di una laguna... »

Erin, un'americana di origine irlandese che è curatrice di un museo, ci ha raccontato che viaggia spesso in Italia, specialmente a Firenze, sia per lavoro che° per le vacanze. «All'università ho studiato la storia dell'arte italiana, ma non ho avuto l'opportunità di approfondire la lingua. La prima volta che sono andata in Italia ho imparato qualche parola. Poi ho incominciato a studiare l'italiano seguendo dei corsi di lingua e letteratura. Certamente l'italiano mi è stato utile anche professionalmente, ma la cosa più bella è stata l'amicizia con gli altri studenti dei corsi. Siamo ancora in contatto».

Tom, Manuel ed Erin sono solo tre esempi di persone che hanno scelto di imparare l'italiano, ma le loro storie sono simili a molte altre. E tu, perché stai studiando l'italiano? Perché non ci racconti anche tu la tua storia? ■

*widespread*
*link*
*law*
*dialect from Palermo, Sicily*
*would speak*
*fit in*
*I don't even know*
*internship*
**sia... che** *both... and*

## Il Caffè Vittoria

È il primo bar italiano del North End di Boston, aperto nel 1929. Per i residenti è un locale° per rilassarsi, incontrarsi, chiacchierare e guardarsi intorno; per i turisti è un viaggio nel tempo. Oltre al caffè espresso offre sfogliatelle, tiramisù, gelati e spumoni. Nelle vetrine e all'interno c'è una collezione di antiche macchine per fare l'espresso. Con tanti clienti abituali e turisti di passaggio curiosi di assaggiare le specialità, i camerieri passano di corsa° tenendo magicamente in equilibrio cappuccini e caffè sul vassoio. Accanto e di fronte al Caffè Vittoria ci sono altri bar e pasticcerie italiane come Mike's Pastry.

**locale** *spot* **corsa** *rush by*

# Analisi

**1** **Comprensione** Scegli la risposta giusta.

1. Tom vuole parlare al telefono in italiano con ____.
   a. gli amici a Firenze b. la sua mamma (c.) sua nonna
2. La nonna di Tom è ____.
   a. napoletana (b.) siciliana c. abruzzese
3. Una delle ragioni per cui Manuel studia l'italiano è per ____.
   a. andare a Venezia (b.) lavorare in Italia c. parlare con i suoi nonni
4. Il bisnonno di Manuel è emigrato in ____.
   (a.) Argentina b. Australia c. Brasile
5. Erin ha imparato l'italiano ____.
   (a.) seguendo dei corsi di lingua b. studiando la storia dell'arte
   c. frequentando il *North End*

**2** **Lingue e culture** In coppia, rispondete alle domande a turno. Dopo confrontate le vostre risposte con quelle di un'altra coppia.

1. Con quale delle persone intervistate ti identifichi di più? Perché?
2. Quali lingue potevi studiare al liceo? Quale hai scelto?
3. Quali corsi di lingua puoi frequentare all'università?
4. Ci sono dei film o dei libri che ti hanno fatto venir voglia di viaggiare o/e di imparare una lingua? Quali?

2 As a warm-up for this activity, point out factors that draw attention to a certain language or culture. For example, *The Lord of the Rings* films increased tourism to New Zealand. Encourage students to come up with more examples.

2 As a follow-up question, ask students: **Secondo voi, ci sono delle mode per quanto riguarda le lingue?**

**3** **Tre generazioni** In gruppi di quattro, parlate della famiglia nelle foto.

- Che legame (*link*) c'è tra le persone nelle foto?
- Da dove sono emigrati? In che paese sono andati?
- Perché sono emigrati?
- Cosa speravano di trovare?
- Cosa hanno portato con loro?
- Cosa hanno trovato?

The family featured in these photos is a typical example of Italian immigration all over the world and back to Italy.

Donato e Rosa Corbo;
figli: Nicola, Mario e Maria
Italia → Argentina, 1954

Mario e Amelia Corbo;
figli: Mario, Luis, Sandra
Argentina → Australia, 1974

Gaby Corbo (figlia di Nicola)
Argentina → Italia, 2008

**4** **Scrittura** Scegli uno di questi argomenti e scrivi una composizione.

- Come è arrivata in questo paese la tua famiglia? Avete dei rapporti con il vostro paese di origine? Racconta la storia della tua famiglia in tre paragrafi.
- Scrivi una lettera ad un amico/un'amica per convincerlo/a a studiare una lingua straniera.

Practice more at **vhlcentral.com.**

# Preparazione

Audio: Vocabulary

## A proposito dell'autore

**Salvatore Fiume** (Comiso, Sicilia 1915–Milano, 1997) fu (*was*) pittore, scultore, architetto, scrittore e scenografo. A Milano conobbe (*met*) artisti e intellettuali famosi ed ebbe (*had*) modo di dedicarsi alla carriera di pittore. Famoso per opere grandiose e fuori dal comune —come dipinti su rocce (*rocks*) in Etiopia, o un quadro enorme sulla nave transatlantica Andrea Doria (48 x 3 metri), che sparì (*disappeared*) quando la nave affondò (*sank*)— Fiume scrisse romanzi, racconti e opere teatrali. «Il supplente» è tratto dal libro *Che storie son queste?*

NATIONAL STANDARDS — connections, cultures

Look at the biography and point out the use of the **passato remoto** to students. Have them provide the **passato prossimo** equivalent in each case. Explain that this tense will be taught in detail in Lesson 4.

**Vocabolario della lettura**

**l'amante** *lover*
**ingenuo/a** *naïve*
**la massima** *maxim*
**nascondere** *to hide*
**l'odio** *hatred*
**il piacere** *pleasure*
**sbadigliare** *to yawn*
**lo sbadiglio** *yawn*
**scherzare** *to joke*
**il supplente** *substitute teacher*
**il taccuino** *notebook*
**la tosse** *cough*

**Vocabolario utile**

**la bellezza** *beauty*
**le chiacchiere** *chit-chat*
**la fine** *the end*
**l'inizio** *the beginning*
**i luoghi comuni** *commonplaces*
**la noia** *boredom*

1 **Definizioni** Trova la definizione adatta a ogni parola.

d 1. sbadiglio
b 2. ingenuo
e 3. chiacchiere
c 4. odio
a 5. noia

a. sentimento che provoca sbadigli
b. che crede a tutto e a tutti
c. un sentimento negativo e distruttivo
d. atto involontario di aprire la bocca, segno di sonno, fame, noia.
e. conversazione banale per passare il tempo

2 **Preparazione** Fate le seguenti domande ad un(a) compagno/a.

1. L'amore è una cosa seria o leggera?
2. Alla tua età credi alle storie d'amore lunghe?
3. Trovi divertente o noioso ascoltare racconti sulle storie d'amore degli altri? E parlare delle tue?
4. Cosa sono le tre cose più importanti in una storia d'amore? E le tre cose che di sicuro portano alla fine di un amore?
5. Cosa ti fa innamorare di una persona?

3 **Discussione** Di cosa si parla a scuola? In piccoli gruppi, rispondete alle domande.

1. Hai mai avuto un supplente? Secondo la tua esperienza, i supplenti seguono il programma o creano attività per interessare la classe?
2. Secondo te, è giusto parlare a scuola di questioni personali o di argomenti che non fanno parte del programma?
3. Qual è la funzione della scuola?
4. Se tu fossi un supplente, cosa faresti?

### Nota CULTURALE

Salvatore Fiume lascia la Sicilia a sedici anni per seguire la sua passione per l'arte e studiare ad Urbino. Il trasferimento° a Milano nel 1936 gli permette di conoscere tutti i personaggi più importanti dell'avanguardia artistica e letteraria di un paese già sotto il regime fascista, che non promuoveva° l'arte se non era al suo servizio. Nel secondo dopoguerra° Fiume, trentenne°, esprime il suo talento di pittore e artista completo: autore di opere letterarie originali, è anche maestro nelle arti figurative, sia in stile moderno che rinascimentale.

**trasferimento** *move*
**promuoveva** *used to promote*
**dopoguerra** *period after the war*
**trentenne** *in his thirties*

Practice more at **vhlcentral.com.**

**Audio: Dramatic Reading**

# Il supplente
(II^A LEZIONE)

SALVATORE FIUME

Point out that a **supplente** rarely gets appointed for more than a few days or weeks. It can be hard for a **supplente** to gain the respect of the class, since students may try to take advantage of the principle instructor's absence. The **supplente** in this story tries to hold the students' attention by offering his unique perspective on love.

Fiume is primarily a visual artist, but like many, he did not limit himself to one single outlet for his creativity. Lead a discussion about Fiume using images found on the Internet. Activities may go from the simplest ones (describe the colors used in paintings, what the subjects are doing, etc.) to more complex ones (why does he prefer some subjects to others—nudes, Japanese love scenes, Spanish *corrida* scenes, large animals, etc.). A fun thing to do would be to look at those paintings that reference other iconic works. What effect does the juxtaposition create? The official website at **fiume.org** is a good source of images. A good assignment would be to ask students to find a painting and describe it.

L'argomento° che tratteremo oggi è l'amore. Dal momento° che voi già sapete cos'è stato l'amore per i filosofi, per i poeti, per gli operai°, per gli imperatori°, per le imperatrici e per migliaia di donne celebri°, e per le più famose meretrici°, temo di non potervi dire sull'argomento che delle cose ovvie°. Prima di tutte, ad esempio, che l'amore non prevede° la presenza degli sbadigli. Infatti appena si sbadiglia, nell'amore vuol dire che l'amore è finito. Se doveste scrivere un racconto di un amore che sia finito, al posto della parola fine scrivete «sbadiglio».

A Urbino, dove ho studiato, ho imparato una massima che vi prego° di scrivere sul vostro taccuino: «L'amore è come la tosse, non si può nascondere».

Un'altra cosa ovvia è l'avvertimento° che con l'amore si può fare di tutto meno che scherzarci, con l'amore non si scherza. Chi sa fingere° l'amore è il più indesiderabile, non solo degli amanti, ma degli esseri che camminano sulla Terra.

L'amore può essere fonte° di piaceri sempre nuovi e sempre straordinari, ma ha, al suo interno°, nascosta° una componente che può produrre tutto il contrario, come l'odio e la crudeltà.

Sarei tentato° di dirvi che cosa è per me l'amore, ma mi trattiene° il ricordo° del fastidio° che mi davano quelli che mi intrattenevano° per raccontarmi che cosa era per loro. D'altra parte sappiamo che l'amore degli altri ci dà fastidio.

E siamo tanto sorprendentemente ingenui da raccontare il nostro amore, sicuri che agli altri faccia piacere.

Vedo che non avete preso appunti. Evidentemente queste cose le sapevate già.

*topic*
*since*
*workers/emperors*
*famous*
*prostitutes*
*obvious*
*allow for*
*I beg you*
*warning*
*pretend*
*source*
*inside/hidden*
*I would be tempted*
*prevents me/memory/annoyance*
*engaged me in a conversation*

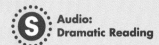

communication NATIONAL STANDARDS

# Analisi

**1** **Sintesi** Scegli la sintesi più adeguata.

1. L'argomento della lezione è l'amore e il supplente sa tutto sulla materia, come anche gli studenti. Sbadigliare significa trovarsi bene con una persona, tossire e ammalarsi insieme, scherzare, provare piacere, amare, odiare e raccontare tutti i dettagli agli amici e alle amiche, perché il nostro piacere fa piacere.
2. L'argomento della lezione è l'amore. Il supplente sembra avere paura di dire cose ovvie, come ad esempio che la noia uccide l'amore, che far finta di amare è una cosa spregevole (*despicable*), che dove c'è amore c'è potenzialmente anche il suo opposto, e che le storie d'amore degli altri sono irritanti.
3. L'argomento della lezione è l'amore e il supplente ha scoperto che gli studenti sanno cos'è l'amore attraverso la letteratura e non vuole essere ovvio. Gli sbadigli non sono una cosa buona alla fine di un rapporto e a Urbino l'amore è come la tosse. L'amore può essere crudele e anche dare fastidio. Agli ingenui i racconti d'amore fanno piacere.

**2** **Comprensione**

**A.** Seleziona la risposta più appropriata secondo te.

1. Il supplente parla d'amore agli studenti ____.
   a. che non prendono appunti   b. che hanno studiato l'amore sui libri
   c. tutte e due le risposte
2. Secondo il supplente l'amore finisce quando ____.
   a. qualcuno ha la tosse   b. qualcuno sbadiglia
   c. qualcuno scrive su un taccuino
3. L'amore è fonte di piacere e anche ____.
   a. di odio e crudeltà   b. di malattia (*disease*)   c. tutte e due le risposte
4. Il supplente provava fastidio quando ____.
   a. altri gli raccontavano le loro storie d'amore
   b. non poteva raccontare le sue storie   c. tutte e due le risposte
5. Gli studenti non prendono appunti perché ____.
   a. sono infastiditi   b. sanno già queste cose   c. tutte e due

**B.** Con un(a) compagno/a discuti le domande a cui hai risposto c. Tu come ti comporteresti se fossi in quella classe? Cosa pensi dell'insegnante? Sei d'accordo con le sue affermazioni?

3 Add more adjectives on the board and ask students to add other adjectives that express their own assessment of the situation. Example: **amaro, deluso, ingegnoso, solitario, sorpreso.**

**3** **I personaggi** A chi possono essere abbinati i seguenti aggettivi? Mettili nel riquadro giusto. Dopo, confronta le tue risposte con quelle di un(a) compagno/a e pensa ad altri modi per descrivere il supplente e gli studenti. Some answers will vary.

| | | | |
|---|---|---|---|
| a. esperto | c. ovvio | e. sicuro | g. interessato |
| b. annoiato | d. attento | f. perplesso | h. infastidito |

| | |
|---|---|
| **il supplente** | a, c, e, h |
| **gli studenti** | b, d, f, g |

4 **Approfondimento** Con un(a) compagno/a, rispondi alle seguenti domande.

1. È chiaro che il supplente parla a una classe?
2. Secondo te, che età hanno gli studenti?
3. Secondo te, come descriverebbe l'amore questo supplente in una classe della scuola elementare? Discutine con un(a) compagno/a.
4. Immagina che il supplente voglia parlare di un testo letterario per esprimere le sue idee sull'amore. Che testo sceglierebbe secondo te?

4 Question 4 can be expanded into a class activity. Write all the texts students mention on the board and vote on which one best exemplifies the **supplente**'s opinions on love.

5 **Discutere** In coppia, rispondete alle seguenti domande.

1. Come reagiresti a una lezione come questa?
2. Secondo te, il supplente è un uomo o una donna? È giovane o vecchio? Perché?
3. Secondo te, il supplente di questa storia è un vero insegnante? Perché sì o no?
4. Mentre il supplente parla, i ragazzi stanno attenti o si distraggono?
5. Cosa è successo nella vita del supplente riguardo all'amore? Quali sono le ragioni per la sua prospettiva sull'amore?
6. Com'è oggi la vita del supplente? È sposato? È felice?

6 **Situazioni** In gruppi di tre o quattro, scegliete uno di questi scenari e improvvisate una breve scenetta.

**A.** Immaginate che gli studenti siano tutti della terza età mentre il supplente è giovane, magari come voi. Che dialogo potrebbe nascere quando il supplente finisce di parlare?

**B.** Immaginate che uno di voi sia il supplente. Come sarebbe diverso il discorso sull'amore? Come reagirebbero gli studenti?

**C.** Dieci anni dopo, il supplente trova due degli studenti in un ristorante. I due studenti sono adesso sposati. Di cosa parlano?

6 Explain that **terza età** is a euphemism for *elderly people*.

7 **Coppie** Con un(a) compagno/a, descrivete le coppie nelle foto. Chi sono? Quanti anni hanno? Com'è il rapporto fra di loro? Credete che sarà una storia d'amore lunga?

8 **Tema** Scegli uno dei seguenti argomenti.

1. Scrivi un lungo SMS d'amore a una persona di cui sei innamorato. Esagera con i sentimentalismi! Scrivi metafore impossibili e assurde. Puoi anche immaginare un dialogo di SMS tra due innamorati.
2. Scrivi un annuncio su un giornale per cuori solitari (*lonely hearts*) e descrivi il tuo uomo o la tua donna ideale. Specifica anche chi non deve rispondere al tuo annuncio.

8 These compositions could also be fun class activities to be done in groups.

Practice more at **vhlcentral.com.**

# Pratica

After students read the strategy, brainstorm examples of good thesis statements with the class.

## La tesi e gli argomenti

Un saggio accademico si divide, in genere, in tre parti: un'introduzione in cui si presenta la tesi; una discussione in cui si presentano gli argomenti per difendere la tesi; e una conclusione. Una tesi è un'idea che si deve sostenere o difendere con degli argomenti. La tesi deve essere:

- **chiara e concisa:** non presentare argomenti troppo diversi altrimenti risulta imprecisa e diventa molto complicato difenderla e giungere a una conclusione coerente.
- **obiettiva:** anche se sono richieste opinioni personali, la tesi deve essere esposta in un linguaggio obiettivo e basarsi su prove evidenti.
- **originale:** la tesi non deve prospettare argomenti ovvi; deve condurre ad una conclusione creativa ed originale.

Gli argomenti che si usano per presentare o difendere la tesi possono esprimere:

- **autorità,** quando si riporta l'opinione di un personaggio di prestigio o di un esperto.
- **esemplificazione,** quando si usano citazioni ed esempi.
- **confutazione,** quando si respingono argomenti contrari alla posizione di chi scrive la tesi.
- **analogia,** quando si mettono a confronto due fatti o situazioni.
- **opinione comune,** quando si fa riferimento a opinioni generali, a favore o contrarie alla tesi sostenuta.

**1 Preparazione** Before starting the activity, give the class a thesis statement (Example: **Tutti gli studenti devono ottenere una A in questo corso**). Then call on individual students to present different arguments to support that thesis. After a student makes an argument, have the class categorize it as **autorità**, **esemplificazione**, **confutazione**, **analogia**, or **opinione comune**. Encourage students to contribute until you have heard arguments in all five categories.

**1 Preparazione** A quali categorie appartiene ognuno di questi argomenti?

1. Oggi tutti i giovani si trovano d'accordo...: **Confutazione/opinione comune**
2. Mentre le persone nel XIX secolo conducevano vite semplici, senza mezzi di comunicazione moderni, ai nostri giorni invece...: **Analogia/confutazione**
3. Già nel 1960, un famoso professore di... aveva difeso la teoria...: **Analogia/autorità**

**2 Saggio** Scegli uno di questi argomenti e scrivi un saggio, lungo almeno due pagine.

- Il tuo saggio deve far riferimento ad almeno uno dei quattro brani studiati in questa lezione e contenuti in Cortometraggio, Immagina, Cultura e Letteratura.
- Deve includere almeno due tipi diversi di argomenti ed esempi tratti dai brani nella lezione.
- Deve far risaltare la tua tesi personale.

1. Al giorno d'oggi, il bilinguismo e il multilinguismo rappresentano un vantaggio o possono essere motivo di discriminazione? Perché?

2. La fine di una relazione segna solo un fallimento o può essere l'inizio di una riflessione su cui costruire i nostri futuri rapporti con gli altri?

3. In relazione agli esempi studiati nei brani di questa lezione, come definiresti le tue idee di amore e rispetto per un'altra persona?

# I rapporti personali

Vocabulary Tools

## La personalità

**affascinante** *charming*
**affettuoso/a** *affectionate*
**attraente** *attractive*
**geniale** *great*
**idealista** *idealistic*
**insicuro/a** *insecure*
**(im)maturo/a** *(im)mature*
**(dis)onesto/a** *(dis)honest*
**orgoglioso/a** *proud*
**ottimista** *optimistic*
**pessimista** *pessimistic*
**prudente** *careful*
**sensibile** *sensitive*
**timido** *shy*
**tranquillo/a** *calm*
**umile** *humble*

## Lo stato civile

**divorziare (da)** *to divorce*
**fidanzarsi (con)** *to get engaged (to)*
**sposarsi (con)** *to get married (to)*

**celibe** *single (m.)*
**divorziato/a** *divorced*
**fidanzato/a** *engaged; fiancé(e)*
**nubile** *single (f.)*
**sposato/a** *married*
**vedovo/a** *widowed; widower/widow*

## I rapporti

**l'amicizia** *friendship*
**l'anima gemella** *soul mate*
**l'appuntamento** *date*
**il colpo di fulmine** *love at first sight*
**il/la compagno/a** *partner*
**la coppia** *couple*
**il matrimonio** *wedding*
**i pettegolezzi** *gossip*

**avere fiducia (in)** *to trust*
**condividere** *to share*
**contare su** *to rely on*
**lasciare** *to leave*
**mentire** *to lie*
**meritare** *to deserve*
**rompere con** *to break up with*
**uscire con** *to go out with*

**comprensivo/a** *understanding*
**(in)dimenticabile** *(un)forgettable*
**(in)fedele** *(un)faithful*

## I sentimenti

**adorare** *to adore*
**amare** *to love*
**arrabbiarsi** *to get angry*
**avere vergogna (di)** *to be ashamed (of)*
**dare fastidio (a)** *to annoy*
**disturbare** *to bother*
**innamorarsi** *to fall in love*
**odiare** *to hate*
**provare** *to feel*
**sentirsi** *to feel*
**sognare** *to dream*
**volere bene a** *to feel affection for*

**ansioso/a** *anxious*
**contrariato/a** *annoyed*
**deluso/a** *disappointed*
**depresso/a** *depressed*
**emozionato/a** *excited*
**entusiasta** *enthusiastic*
**geloso/a** *jealous*
**preoccupato/a** *worried*
**stufo/a** *fed up*

## Cortometraggio

**il binario** *train track*
**la colpa** *fault*
**la commessa** *saleswoman*
**l'orario** *schedule*
**la piattaforma** *platform*
**la scatola** *box*
**i tacchi alti/bassi** *high/low heels*
**la vetrina** *shop window*

**buttare via** *to throw away*
**indossare** *to wear*
**mettersi** *to put on (clothing, shoes)*
**truccarsi** *to put on make up*

**resistente** *sturdy*
**vendicativo/a** *vengeful*

## Cultura

**il bar** *café*
**il biscotto** *cookie*
**il/la bisnonno/a** *great-grandfather/mother*
**i cantucci** *Tuscan almond biscotti*
**la cassata** *Sicilian dessert*
**il/la curatore/curatrice** *curator*
**il quartiere** *neighborhood*
**il retaggio** *heritage*
**il ricordo** *memory*
**la sfogliatella** *Neapolitan pastry*
**lo spumone** *a type of gelato*
**il tiramisù** *"pick-me-up" coffee dessert*
**il vassoio** *tray*

**approfondire** *to study in-depth*
**vergognarsi (si vergogna)** *to get embarrassed*

**utile** *useful*

## Letteratura

**l'amante** *lover*
**la bellezza** *beauty*
**le chiacchiere** *chit-chat*
**la fine** *the end*
**l'inizio** *the beginning*
**i luoghi comuni** *commonplaces*
**la massima** *maxim*
**la noia** *boredom*
**l'odio** *hatred*
**il piacere** *pleasure*
**lo sbadiglio** *yawn*
**il supplente** *substitute teacher*
**il taccuino** *notebook*
**la tosse** *cough*

**nascondere** *to hide*
**sbadigliare** *to yawn*
**scherzare** *to joke*

**ingenuo/a** *naïve*

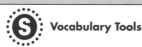

LEZIONE **2**

# Vivere insieme

Le città, anche se non hanno parole, ci comunicano la loro storia. Da sempre sono la testimonianza del bisogno delle persone di vivere insieme ed esprimono così la capacità umana di costruire e di sfidare il tempo. Che rapporto hai con la città e con i suoi simboli? Come ti senti rispetto ai continui cambiamenti e agli sviluppi edilizi e demografici?

44 **CORTOMETRAGGIO**
Solo, il protagonista del cortometraggio *L'amore non esiste* di **Massimiliano Camaiti**, non crede nell'amore ed è convinto che in sua presenza l'amore sia sempre destinato a spegnersi. L'incontro con Mia gli farà cambiare idea?

50 **IMMAGINA**
In questa lezione farete un salto indietro nel tempo e passeggerete tra i monumenti che testimoniano la grandezza della **Roma** imperiale. Visiterete le regioni del **Centro Italia** e conoscerete la storia di **san Francesco**, il santo patrono d'Italia.

67 **CULTURA**
Perché si dice che *Tutte le strade portano a Roma*? Oltre alle secolari vie dell'impero, l'ingegneria, l'urbanistica e l'inventiva degli antichi romani sono ancora vive nella capitale.

71 **LETTERATURA**
Nel racconto *La mamma e il bambino*, **Claudio Gianini** rivela il potere dei pregiudizi nelle relazioni umane.

45

68

**Destinazione:**
**L'ITALIA CENTRALE**

PREVIEW Invite students to share their views on city life, having them cite some of their favorite cities. Have them comment on the statement: **[Le città] sono da sempre la testimonianza del bisogno delle persone di vivere insieme.** Elicit reactions and opinions on whether it is essential for people to live in close proximity to others, or if one can live a satisfying life alone.

42 **PER COMINCIARE**

52 **STRUTTURE**

- **2.1 Reflexive and reciprocal verbs**
- **2.2 Piacere and similar verbs**
- **2.3 Possessive adjectives and pronouns**
- **2.4 Demonstratives; position of adjectives**

77 **VOCABOLARIO**

# Città e comunità

Vocabulary Tools

## Luoghi e indicazioni

**l'ạngolo** *corner*
**l'appartamento** *apartment*
**la campagna** *countryside*
**il casale** *farmhouse*
**l'edịcola** *newsstand*

**i giardini pụbblici** *public gardens*
**il grattacielo** *skyscraper*
**l'incrocio** *intersection*
**il marciapiede** *sidewalk*
**la metro(politana)** *subway*
**il municipio** *city hall*
**il paese** *village; country*
**il palazzo** *building; palace*
**la periferịa** *suburbs*
**il quartiere** *neighborhood*
**il segnale stradale** *road sign*
**il semạforo** *traffic light*
**lo stadio** *stadium*
**la stazione di polizịa** *police station*
**la strada** *street*
**le strisce pedonali** *crosswalk*
**il tribunale** *courthouse*
**la vịa** *street*

---

**attraversare** *to cross*
**dare indicazioni** *to give directions*
**pẹrdersi** *to get lost*

**trovarsi** *to be located*

## La gente

**il/la cittadino/a** *citizen*
**il/la coinquilino/a** *housemate; roommate*
**il/la contadino/a** *farmer*
**il/la paesano/a** *villager/(fellow) countryman/woman*
**il pedone (*m./f.*)** *pedestrian*
**il/la poliziotto/a** *police officer*
**il sịndaco** *mayor*
**il/la venditore/venditrice (ambulante)** *(street) vendor*
**il/la vịgile del fuoco** *firefighter*

## Le attività

**chiacchierare** *to chat*

**divertirsi** *to have fun*
**fare commissioni** *to run errands*
**incontrarsi** *to get together*
**passeggiare** *to take a walk*
**trasferirsi** *to move (change residence)*

SINONIMI E CONTRARI
**automobilista** ↔ **autista**
**passeggiare** ↔ **fare una passeggiata**
**trasferirsi** ↔ **traslocare**
**ingorgo stradale** ↔ **coda**
**giardini pubblici** ↔ **villa (Southern Italy)**
**affollato/a** ≠ **deserto/a**

Point out that **ritardo** is also used in the expression **essere in ritardo**.

Point out that the **poliziotti** and **carabinieri** enforce different laws. The **poliziotti** are a civil corps dependent on the **Ministero degli Interni**. They mainly operate in urban areas. The **carabinieri** are a military corps dependent on the **Ministero della Difesa**. They operate in urban and rural areas. A **vigile urbano** is a local official who enforces traffic laws.

Point out that **traffico** and **circolazione** are sometimes interchangeable. Ex.: **Il traffico/La circolazione oggi è intenso/a**. However, the expression **c'è traffico** means **cattiva circolazione** and the expression **non c'è traffico** means **buona circolazione**.

## Il trasporto

**l'automobilista (*m./f.*)** *driver*
**la circolazione/il trạffico** *traffic*
**la fermata (dell'ạutobus/della metro/del treno)** *(bus/subway/train) stop*
**l'ingorgo stradale** *traffic jam*
**il/la passeggero/a** *passenger*
**il ritardo** *delay*

---

**dare un passaggio** *to give a ride*
**fermare/fermarsi** *to stop*
**girare (a destra/sinistra)** *to turn (right/left)*
**guidare** *to drive*
**parcheggiare** *to park*

**salire (in mạcchina/sul treno/sull'ạutobus)** *to get (in a car/on a train/on a bus)*
**scẹndere (dalla mạcchina/dal treno/dall'ạutobus)** *to get (out of a car/off a train/off a bus)*

## Per descrịvere

**affollato/a** *crowded*
**pericoloso/a** *dangerous*
**quotidiano/a** *daily*
**rumoroso/a** *noisy*
**vivace** *lively*

Point out that **strada** is a general term for any road connecting two places, while **via** usually refers to a street in a city or village. **Via** is used in addresses: **via Garibaldi, n. 10**.

Point out that an **edicola** sells newspapers, magazines, and bus tickets. **Tabacchi** sell bus tickets, postcards, stamps, cigarettes, and lottery tickets. **Tabacchi**, which originally sold salt and tobacco, have distinctive blue or black signs with a white **T** in the middle.

INSTRUCTIONAL RESOURCES
Audioscripts, SAM AK, Lab MP3s
**SAM/WebSAM:** WB, LM

# Pratica e comunicazione

**1** **Abbinare** Collega ogni parola alla sua definizione.

| | |
|---|---|
| __c__ 1. grattacielo | a. persona che cammina per la strada |
| __e__ 2. coinquilino | b. persona che lavora in campagna |
| __a__ 3. pedone | c. edificio altissimo composto di numerosi piani |
| __f__ 4. sindaco | d. luogo in cui puoi comprare i giornali e le riviste |
| __b__ 5. contadino | e. persona che abita nel tuo stesso appartamento |
| __d__ 6. edicola | f. persona a capo dell' amministrazione di una città o di un paese |

**2** **Titoli** Completa i titoli di giornale con le parole della lista.

| | | | |
|---|---|---|---|
| incrocio | quartiere | stadio | strisce pedonali |
| periferia | semaforo | stazione di polizia | tribunale |

1. ROMA—Sospetto assassino è trattenuto presso la __stazione di polizia__ per un interrogatorio.
2. BENEVENTO—Automobilista investe (*runs over*) donna sulle __strisce pedonali__.
3. MILANO—Famoso industriale condannato in __tribunale__ per evasione fiscale.
4. NAPOLI—Nuovo ristorante apre all'__incrocio__ fra via Giuseppe Verdi e via Santa Brigida.
5. TORINO—I rappresentanti di ogni __quartiere__ della città si incontrano per discutere il problema del traffico.
6. FIRENZE—Multe sempre più alte per chi non si ferma al __semaforo__.

**3** **In campagna o in città?** In coppia, rispondete alle domande e scoprite se per voi è meglio vivere in campagna o in città. Confrontate le vostre risposte.

| Preferisci... | A | B |
|---|---|---|
| ...(A) fare le commissioni velocemente o (B) con calma? | ☐ | ☐ |
| ...(A) le abitazioni che si trovano vicino o (B) lontano dal centro? | ☐ | ☐ |
| ...(A) chiacchierare con gli amici al bar o (B) passeggiare in silenzio nella natura? | ☐ | ☐ |
| ...(A) camminare lungo strade affollate o (B) sentieri deserti? | ☐ | ☐ |
| ...(A) frequentare locali rumorosi o (B) visitare posti tranquilli? | ☐ | ☐ |
| ...(A) incontrarti con gli amici in discoteca o (B) ai giardini pubblici? | ☐ | ☐ |
| ...(A) vivere in un appartamento piccolo ma efficiente o (B) in un grande casale? | ☐ | ☐ |

**4** **Stop al traffico!** Immaginate di essere nel municipio della vostra città, davanti al sindaco. Siete stanchi del traffico cittadino e reclamate un ritmo di vita più equilibrato. In piccoli gruppi, esponete almeno cinque problemi legati al traffico e suggerite possibili soluzioni.

Practice more at **vhlcentral.com.**

**1** Divide the class into teams and read these words out loud: **cittadino**, **paesano**, **pedone**, **poliziotto**, and **sindaco**. After each word, allow the students time to write as many related words as possible. The team with the most responses at the end wins.

**2** Have groups of students invent headlines with unused vocabulary. The class can vote on the headline that is funniest, scariest, most/least believable, etc.

**3** Divide the class into two groups to debate the pros and cons of city life and country life.

**3** Point out that the preposition **in** is used in phrases with **campagna** and **centro**: **andare/stare/vivere in campagna/centro**.

**4** Give groups of students a specific role (parents taking their children to school, people going to work, doctors, firemen, etc.). Have each group invent a story in which they did not reach an important destination because of the traffic. Have them present their stories to the class. The group that uses the most vocabulary words wins.

NATIONAL STANDARDS connections cultures communication

**INSTRUCTIONAL RESOURCES**
Film Collection, Script & Translation
**SAM/WebSAM**: WB, LM

**TEACHING OPTION**
Ask students to talk about their views on dating, and, if necessary, review reciprocal verbs and expressions useful for discussing relationships (**innamorarsi, uscire insieme, fidanzarsi, sposarsi, divorziare,** etc.).

# Preparazione

Audio: Vocabulary

**Vocabolario del cortometraggio**

- **l'acquisto** *purchase*
- **la campagna pubblicitaria** *advertising campaign*
- **costrịngere** *to coerce*
- **festeggiare** *to celebrate*
- **lasciarsi** *to break up*
- **litigare** *to fight*
- **il mụtuo** *mortgage*
- **il provino** *screen test*
- **solo** *alone, lonely*
- **vedersi con** *to date*
- **il viso** *face*

**Vocabolario utile**

- **la bugia** *lie*
- **capitare** *to happen*
- **dire la verità** *to tell the truth*
- **fare finta** *to pretend*
- **tọgliere** *to remove*

**ESPRESSIONI**

**Fai un passo avanti!** *Take one step forward!*
**Ora tocca a me!** *Now it is my turn!*
**Non fa testo.** *It does not count.*
**È tutto frutto della tua immaginazione.** *It's all a figment of your imagination.*
**Non fa niente.** *It does not matter.*

1 **Vero o falso?** Decidi se la frase è **vera** oppure **falsa.**

| Vero | Falso | |
|---|---|---|
| ☑ | ☐ | 1. Chi non conta non fa testo. |
| ☑ | ☐ | 2. Una campagna pubblicitaria promuove un prodotto. |
| ☐ | ☑ | 3. Mentire significa dire la verità. |
| ☑ | ☐ | 4. Per comprare una casa si può fare un mutuo. |
| ☐ | ☑ | 5. Una coppia che va d'accordo litiga spesso. |
| ☑ | ☐ | 6. Gli attori fanno un provino per ottenere una parte nel film. |
| ☐ | ☑ | 7. Chi ama la compagnia degli amici preferisce stare solo. |
| ☑ | ☐ | 8. Fare un passo avanti vuol dire migliorare. |

2 **Secondo voi** In coppia, rispondete a queste domande.

1. Qual è il modo migliore per incontrare delle persone nuove?
2. Qual è il tuo tipo? Descrivilo/la con dettagli sulla personalità e sull'aspetto fisico
3. Nelle relazioni di coppia è importante dire sempre la verità? Perché?
4. Ti consideri una persona romantica? Credi che l'amore possa durare?

3 **Annunci personali** Rispondi a uno dei due annunci personali o, se preferisci, scrivine uno per te.

**RobbiNova** Genova
Mi chiamo Roberto e ho 26 anni. Sono un ragazzo alto, sportivo e abito a Genova. Cerco una bella ragazza dolce, max 29 anni, non fumatrice di Genova e provincia. Sono sincero, romantico e sensibile. Mi piace viaggiare e amo il mare. Ciao, a presto!

**Lauretta315** Pescara
Sono Laura, ho 30 anni e adoro la musica, il cinema e l'arte. Sono simpatica e piena di vita. Vorrei conoscere un uomo serio e onesto con interessi simili ai miei.

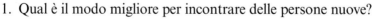

4 **L'amore** Cosa pensate di questi proverbi? Spiegate perché siete d'accordo oppure no.

| Proverbi | D'accordo | | Perché? |
|---|---|---|---|
| | Si | No | |
| Non esiste amore senza gelosia. | | | |
| Al cuore non si comanda. | | | |
| Non c'è amore senza amaro. | | | |
| Il primo amore non si scorda (*forget*) mai. | | | |
| Lontano dagli occhi, lontano dal cuore. | | | |

4 Introduce these and other proverbs to students to make sure the meanings are clear before dividing the class into pairs. Ask students to share other expressions or proverbs they might know about love.

5 **Immaginiamo** Come sono i personaggi di questo film?

**A.** In gruppi di tre o quattro guardate le immagini; poi descrivete l'aspetto fisico e la personalità dei personaggi.

**B.** Quali di questi personaggi sono una coppia? Descrivete il loro rapporto e immaginate insieme la storia del corto.

6 **Sondaggio** Intervistate i vostri compagni e trovate qualcuno che abbia fatto le seguenti cose. Alla fine del sondaggio presentate i risultati alla classe.

| Attività | Nome del compagno/della compagna |
|---|---|
| 1. Ha fatto un acquisto importante recentemente. | |
| 2. Da piccolo/a diceva molte bugie. | |
| 3. Ha fatto un provino. | |
| 4. Da piccolo/a faceva finta di stare male per non andare a scuola. | |
| 5. Pensa di essere sfortunato/a in amore. | |
| 6. Ha avuto un colpo di fulmine (*lightning*). | |

6 After students have had the opportunity to conduct the survey, ask groups to share their results with the rest of the class.

Practice more at **vhlcentral.com.**

Video

L'amore
non esiste
Un film di MASSIMILIANO CAMAITI produzione BLUE SUEDE SHOOTS SRL regia di MASSIMILIANO CAMAITI sceneggiatura MASSIMILIANO CAMAITI, GIOVANNI CARTA, GIOVANNI FERRARA attori principali PIETRO SERMONTI, MARINA ROCCO montaggio PAOLA FREDDI scenografia MAURIZIO LEONARDI musiche STEFANO FRESI
Premio del Pubblico al 14° Festival La Cittadella del Corto e al Kimera International Film Festival
Miglior cortometraggio al Festival La Cittadella del Corto di Trevignano, al Cort'O Globo Film Festival di Angri e al Milazzo Film Festival
Menzioni speciali all'Euganea Film Festival e al Short Film Festival di Los Angeles

**Trama** *Solo, fedele al suo nome, non crede all'amore e pensa anche di essere la causa della separazione delle coppie che incontra al lavoro in banca e passando per strada.*

1

**SOLO** Dove ci sono io l'amore si spegne.

2

**NICKY** Sei pronto?
**SOLO** No.

3

**SOLO** Non sono la persona giusta.
**MIA** Ha paura di diventare famoso?
**SOLO** No.

4

**NICKY** Posso darti un consiglio?
**SOLO** No.
**NICKY** Provaci.
**SOLO** Non mi interessa.

5

**MIA** Ho finito i provini. Domani parto.
**SOLO** Festeggiamo? No, nel senso... volevo dire... ci verresti in un posto con me?
**MIA** Sì!

6

**SOLO** Non ti eri lasciato con Daria due anni fa?
**NICKY** Eh.
**SOLO** Bravo! Per cui mi hai raccontato solo bugie.

## Nota CULTURALE

### La sfortuna

Gli italiani sono molto superstiziosi e hanno numerose parole per descrivere la sfortuna: iella, mala sorte, scalogna, malocchio e iettatura con variazioni regionali. Si può "avere sfortuna" quando le cose vanno male e una persona si trova in una situazione difficile e si sente iellato, o sfortunato per colpa di influssi malefici. Alcuni credono che la cattiva sorte possa anche essere causata da un'altra persona capace di "portare sfortuna" agli altri e ci sono parole anche per descrivere i portatori: iettatori. Ci sono gesti, riti, amuleti e portafortuna come il classico corno rosso per neutralizzare tutte le forme della sfortuna e "fare scaramanzia°".

**scaramanzia** *avoid the bad luck*

**Nota culturale** The word **sfiga** that is used in the film, although commonly used, especially among young people, is still considered vulgar.

## Sullo SCHERMO

Quali sono le emozioni di Solo in queste scene?

1. Quando vede la coppia che litiga, Solo è _d_.
2. Durante il provino, Solo si sente _e_.
3. Da piccolo Solo sente _a_.
4. Sulla spiaggia con Mia, Solo è _b_.
5. Quando Nicky ammette di avere mentito, Solo _c_.

a. la mancanza del papà
b. innamorato
c. si arrabbia
d. triste
e. imbarazzato

# Analisi

1 After students have had the opportunity to answer the questions individually, ask pairs to correct the false statements.

**1** **Comprensione** Indica se ogni affermazione è **vera** o **falsa**.

| Vero | Falso | |
|---|---|---|
| ☐ | ☑ | 1. Solo pensa di essere fortunato in amore. |
| ☑ | ☐ | 2. Solo e i suoi colleghi lavorano nell'ufficio archivi della banca Fidem. |
| ☑ | ☐ | 3. Mia e Solo si incontrano per la prima volta alla stazione. |
| ☑ | ☐ | 4. Quando vede delle coppie che litigano, Solo si sente in colpa. |
| ☐ | ☑ | 5. Il padre di Solo è morto molti anni fa. |
| ☑ | ☐ | 6. Nicky è innamorato di Mia. |
| ☐ | ☑ | 7. I colleghi di Solo gli dicono delle bugie sulla loro vita sentimentale. |

**2** **Scegliamo** In coppia, completate le frasi.

1. All'inizio del film Solo è ____.
   a. al mare b. in banca (c.) alla stazione d. dalla mamma
2. Per farsi pubblicità la banca Fidem sta facendo i provini ____.
   (a.) ai suoi impiegati b. a degli attori famosi c. ai passanti per strada d. a delle coppie felici
3. Mario è convinto di essere ____.
   a. poco espressivo (b.) molto espressivo c. un impiegato modello d. innamorato
4. Solo chiede a Mia di ____.
   a. andare dalla sua mamma b. tornare a casa (c.) andare insieme a lui sulla spiaggia d. guardare la TV
5. Nicky vuole ____.
   (a.) aiutare Solo b. andare in treno c. sposare Daria d. comprare un ombrello
6. Alla fine Mia decide di ____.
   a. restare con Solo (b.) partire c. fare l'attrice d. uscire con Mario

**3** **Associazioni** Collega le persone con le frasi corrispondenti. Poi confronta le tue risposte con quelle dei tuoi compagni.

| | |
|---|---|
| 1. Nicky __c__ | a. ha il nome di un cantante famoso. |
| 2. La madre di Solo __e__ | b. viene da Milano. |
| 3. La coppia sulla spiaggia __g__ | c. si vede con una donna da tre anni. |
| 4. Il padre di Solo __h__ | d. è sposata. |
| 5. Mia __b__ | e. parla del marito come fosse morto. |
| 6. Solo __a__ | f. è scelto per la campagna pubblicitaria. |
| 7. Mario __f__ | g. pensa che sia normale litigare. |
| 8. Lucia __d__ | h. ha lasciato la moglie, ma abita vicino. |

4 **I personaggi** In coppia, immaginate e descrivete la vita di Solo e dei suoi colleghi.

1. Come sono i colleghi di Solo? Com'è la vita di tutti i giorni in banca?
2. Pensi che siano amici fuori dalla banca? Vanno a mangiare insieme a pranzo?
3. Che cosa fanno per distrarsi e divertirsi? E per incontrarsi?
4. Cosa pensano dell'amore?
5. Cosa pensano di Solo i suoi colleghi?
6. Com'è il rapporto tra Solo e sua madre?

5 **La musica** In gruppi di tre o quattro ascoltate la musica nel film, prestando attenzione alla melodia e alle parole delle canzoni. Descrivete quali sentimenti ispira la musica in queste scene e se corrisponde alla storia.

| Scene | Musica | Sentimenti | Corrispondenze |
|---|---|---|---|
|  | La canzone all'inizio e alla fine del corto. | | |
|  | Le canzoni dei dischi della mamma di Solo. | | |
|  | La musica mentre Mia aspetta Solo sulla spiaggia. | | |
|  | La musica mentre Solo esce correndo dalla banca. | | |
|  | La musica del bacio sotto l'ombrello. | | |

6 **Una conversazione** In gruppi di tre improvvisate un dialogo per una di queste situazoni.

- Mia ritorna alla banca dopo qualche mese e incontra Solo.
- I genitori di Solo si vedono per la strada e si parlano per la prima volta dopo tanti anni.

7 **Discussione** In coppia, rispondete alle domande.

1. Siete d'accordo con Solo e pensate che l'amore sia impossibile?
2. Perché, secondo voi, Solo si è convinto di portare sfortuna agli innamorati?
3. Per quale ragione i colleghi di Solo gli raccontano delle bugie?
4. Quale consigli dareste a Solo? E alla sua mamma?
5. Pensate che Solo sia demoralizzato o contento alla fine del film? Perché?

Practice more at **vhlcentral.com.**

4 After student pairs have had the opportunity to think about Solo and his coworkers, ask them to share their answers in groups of four. Circulate around the classroom listening to the group discussions, encouraging students to imagine further details about the characters' lives at work and at home.

7 After student pairs have answered the questions, ask them to discuss their answers with the rest of the class.

communities cultures connections
NATIONAL STANDARDS

INSTRUCTIONAL RESOURCES: Teaching suggestions
SAM/WebSAM: WB

# IMMAGINA

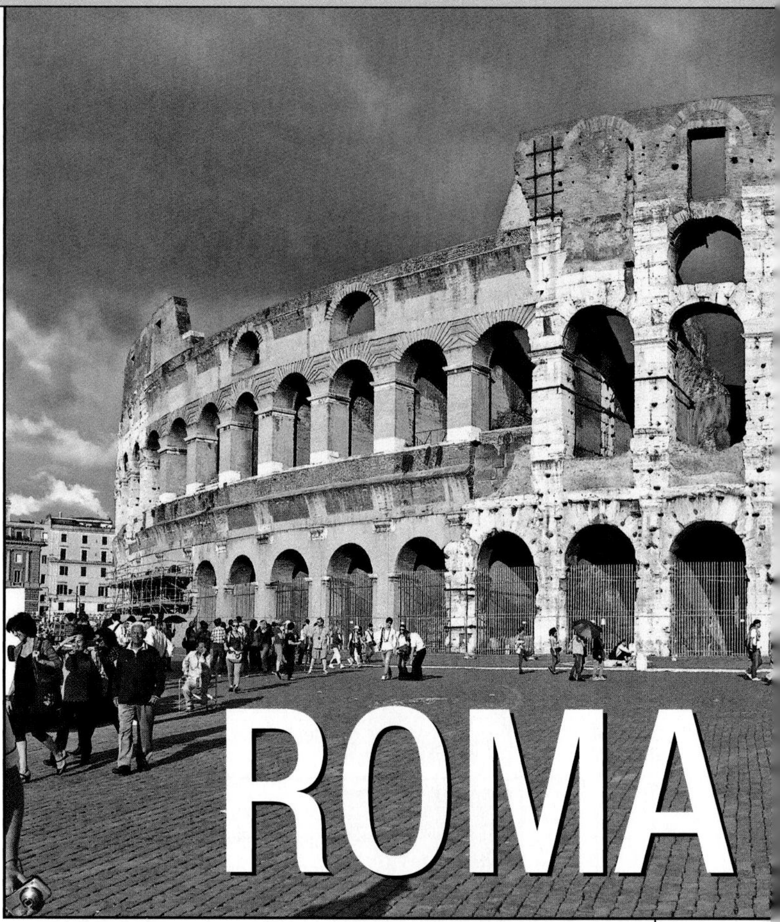

**S** Reading

## Roma: un museo all'aperto!

Eccoci a **Roma**, *Caput Mundi*, la capitale del mondo! Passeggiamo alla scoperta° di alcuni dei monumenti più emblematici della città per arrivare alla fine in un vero e proprio stato indipendente che si trova nel cuore di Roma: **Città del Vaticano**.

Iniziamo la nostra passeggiata da uno dei simboli di Roma: l'**Anfiteatro Flavio**, noto a tutti come il **Colosseo**. Costruito nel I secolo, poteva contenere fino a 50.000 spettatori ed era l'arena per i combattimenti° tra gladiatori. Non lontano c'è l'**Arco di Costantino**, ricco di bassorilievi° che raccontano le imprese° militari dell'imperatore. Camminiamo lungo la **via dei Fori** e ammiriamo le rovine° del **Foro di Traiano** e del **Foro Romano**. I Fori erano il centro della vita pubblica dell'antica Roma e avevano piazze, templi°, portici° ed edifici. Erano usati per il commercio, per le celebrazioni politiche e religiose e naturalmente per esaltare° la gloria degli imperatori.

La seconda tappa della nostra visita inizia a **Piazza del Popolo**. La piazza, di origini molto antiche, è stata ristrutturata e ampliata° nel **Rinascimento**, epoca a cui risalgono° l'obelisco e le fontane. Le due **Chiese Gemelle** fanno da ingresso al **Tridente** romano: **via del Corso, via del Babbuino e via della Ripetta**, con eleganti negozi dove possiamo fare acquisti di ogni genere. Da qui ci dirigiamo verso° **piazza di Spagna**. Al centro c'è la caratteristica **Fontana della Barcaccia**, in stile barocco, così chiamata per la sua forma di una barca che affonda°. Saliamo i celebri 137 gradini e arriviamo a **Trinità dei Monti** da dove possiamo ammirare un magnifico panorama della città.

Nelle vicinanze c'è la **Fontana di Trevi**, la più grandiosa fontana di Roma in stile classico e barocco, costruita nel '700. Il tema della fontana è il mare, rappresentato da sculture di conchiglie°, animali marini e divinità dell'oceano. Per tradizione, lanciamo una moneta° nell'acqua per tornare a Roma e continuiamo verso **piazza Navona**, simbolo del **Barocco** romano. La piazza, un tempo stadio romano, ha una forma ovale; al centro ha una fontana realizzata dal **Bernini** ed è circondata da palazzi di famiglie importanti. Oggi è luogo di incontro di venditori e artisti e qui si tiene il mercatino di Natale in cui si celebra la famosa **Befana** romana°.

**Basilica di San Pietro**

La terza tappa ci porta «all'estero», senza andare via da Roma. Siamo infatti a **Città del Vaticano**, centro della chiesa cattolica e residenza del **Papa**. Arriviamo a **piazza San Pietro** antistante° la **Basilica** e all'interno contempliamo numerosi capolavori tra cui la statua della **Pietà** di **Michelangelo**. Se saliamo i 537 scalini per salire in cima alla **Cupola**, si apre ai nostri occhi un panorama mozzafiato°! Visitiamo i **Musei Vaticani** e in particolare la **Cappella Sistina** per ammirare gli affreschi di Michelangelo che decorano la volta.

Dopo tanta arte e tanto cammino, concludiamo la nostra visita in una tipica trattoria del quartiere **Trastevere** per gustare dell'ottimo cibo romano.

### In più...

Roma è attraversata dal fiume **Tevere**. Secondo la leggenda°, sulle rive° del Tevere un pastore° trovò due fratelli gemelli abbandonati, **Romolo** e **Remo**, e li salvò°. Dopo molti anni e molte avventure, proprio negli stessi luoghi, Romolo fondò **Roma** nel 753 a.C.

**scoperta** *discovery* **combattimenti** *combats* **bassorilievi** *relief sculptures* **imprese** *exploits* **rovine** *ruins* **templi** *temples* **portici** *colonnades* **esaltare** *to exalt* **ampliata** *enlarged* **risalgono** *date back* **ci dirigiamo verso** *let's move on to* **affonda** *sinks* **conchiglie** *sea-shells* **moneta** *coin* **Befana romana** *celebration of the Epiphany* **antistante** *in front of* **mozzafiato** *breath-taking* **Secondo...** *According to legend* **rive** *shores* **pastore** *shepherd* **salvò** *saved*

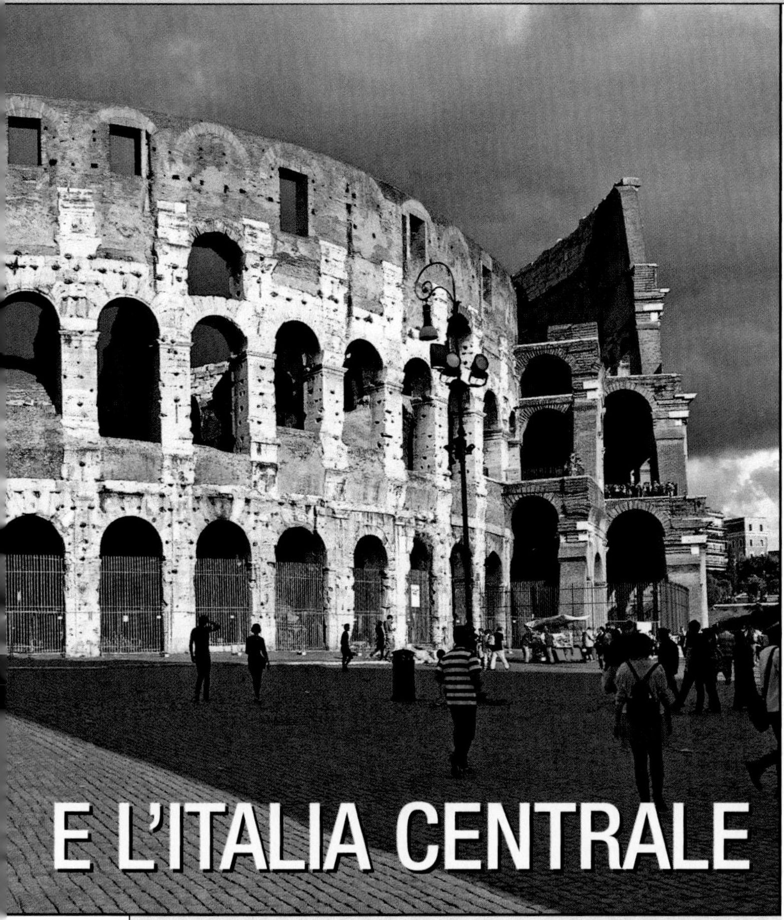

# E L'ITALIA CENTRALE

**Le regioni del Centro Italia** Tra le regioni del Centro Italia ci sono **Lazio**, **Umbria**, **Marche** e **Abruzzo**. Le coste sono bagnate dal **mar Tirreno** a ovest e dal **mar Adriatico** ad est. L'interno è attraversato dagli **Appennini** con la montagna più alta, il **Gran Sasso** (2.912 metri), in Abruzzo. Il **Centro** è caratterizzato da paesaggi collinari° con foreste e laghi, soprattutto in Umbria e Lazio, e splendidi litorali° come il **Conero** nelle Marche.

**San Francesco d'Assisi** **San Francesco**, nato ad **Assisi** in Umbria nel 1181 o nel 1182, è uno dei santi più cari agli italiani. Francesco, figlio di un ricco mercante, dopo una guerra tra Assisi e Perugia, si converte° e si dedica completamente alla vita spirituale. Abbandona ogni suo bene° e vive tra i poveri e i lebbrosi° per aiutarli e per diffondere la Parola di Dio. San Francesco fonda l'ordine dei frati° francescani ed è l'autore del **Cantico delle Creature**. Dal 1939 è il **santo patrono**° d'Italia e la sua festa si celebra il 4 ottobre.

**collinari** *hilly* **litorali** *coasts* **si converte** *is converted* **bene** *property* **lebbrosi** *lepers* **frati** *friars* **patrono** *patron saint*

**Vero o falso?** Indica se ogni frase è **vera** o **falsa.** **Correggi le frasi false.** Some answers will vary.

1. I gladiatori combattevano al Colosseo. Vero.
2. I Fori erano luoghi utilizzati solo per le celebrazioni religiose. Falso. Erano usati anche per il commercio e le celebrazioni politiche.
3. Trinità dei Monti e piazza di Spagna sono due luoghi vicini. Vero.
4. Piazza Navona era un Foro romano. Falso. Era uno stadio.
5. La montagna più alta degli Appennini si trova in Abruzzo. Vero.
6. San Francesco è il santo protettore d'Italia. Vero.

**Quanto hai imparato?** **Rispondi alle domande.** Some answers will vary.

1. In che epoca è stato costruito il Colosseo? I secolo
2. Chi ha realizzato i Fori? vari imperatori
3. Che cos'è il Tridente? tre strade di Roma: via del Corso, via del Babbuino e via della Ripetta.
4. Perché la Fontana della Barcaccia ha questo nome? Perché ha la forma di una barca che affonda.
5. Qual è il tema che ha ispirato la costruzione della Fontana di Trevi? il mare
6. Che cos'è la Cappella Sistina? la cappella con gli affreschi di Michelangelo
7. Dove si trova la Città del Vaticano? a Roma
8. Quali sono le caratteristiche naturali delle regioni del Centro? colline, foreste, laghi e montagne
9. Chi era san Francesco? Era figlio di un mercante. Era un frate che aiutava i poveri e i lebbrosi. Ha fondato l'ordine dei frati francescani. È il santo patrono d'Italia.
10. In che stagione si celebra la festa di san Francesco? autunno

## Progetto

### L'Impero Romano

Quanto era grande l'Impero Romano? Che lingua si parlava nell'Impero?

Vai in rete e cerca informazioni sull'estensione dell'Impero al massimo del suo splendore.

- Crea una mappa dell'Impero Romano
- Scopri quali sono le lingue di oggi che hanno sostituito il latino parlato all'epoca dell'Impero.
- Cerca almeno tre luoghi con resti di edifici e strutture romane.
- Confronta i tuoi risultati con il resto della classe.

NATIONAL comparisons STANDARDS

**INSTRUCTIONAL RESOURCES**
Audioscripts, SAM AK, Lab MP3s, Grammar Presentation Slides
**SAM/WebSAM:** WB, LM

Remind students that infinitives of reflexive verbs end in **–arsi**, **–ersi**, or **–irsi** and that **–si** is attached to the infinitive after dropping the last **–e**.

Pantomime a few of the reflexive verbs for students, having them guess the infinitive. Then ask for volunteers from the class to play charades. You may provide them with the verbs if you wish.

**ATTENZIONE!**

When a reflexive verb is used with **potere**, **volere**, and **dovere**, the reflexive pronoun may attach to the infinitive or precede the conjugated verb.

**Adriana vuole riposarsi.**
**Adriana si vuole riposare.**
*Adriana wants to rest.*

**RIMANDO**

For more information about the use of **potere**, **dovere**, and **volere**, see **Strutture 4.4, p. 142**.

Have students sort the verbs related to daily routines chronologically.

**RIMANDO**

In compound tenses, reflexive and reciprocal verbs are conjugated with **essere** and require agreement between the subject and the past participle. See **Strutture 3.1, pp. 90–91**.

## 2.1 Reflexive and reciprocal verbs

- Reflexive verbs describe an action that the subject of the verb does to or for himself, herself, or itself (the action is "reflected" back on the subject of the verb). Reflexive verbs are always used with a reflexive pronoun: **mi**, **ti**, **si**, **ci**, **vi**, or **si**.

—***Mi vedo*** *con una. Scoperto. Ma da poco.*

**Reflexive verbs**

| **lavar**si | **veder**si | **vestir**si |
|---|---|---|
| mi **lavo** | mi **vedo** | mi **vesto** |
| ti **lavi** | ti **vedi** | ti **vesti** |
| si **lava** | si **vede** | si **veste** |
| ci **laviamo** | ci **vediamo** | ci **vestiamo** |
| vi **lavate** | vi **vedete** | vi **vestite** |
| si **lạvano** | si **vẹdono** | si **vẹstono** |

- Reflexive pronouns precede conjugated verbs, but are attached to infinitives after dropping the final **–e**. The reflexive pronoun always matches the subject of the sentence, even when it is attached to the infinitive.

**Mi alzo** presto ogni giorno.
*I get up early every day.*

Preferisco **alzarmi** presto.
*I prefer to get up early.*

- Many common reflexive verbs are used to describe routines.

| | | |
|---|---|---|
| **addormentarsi** *to fall asleep* | **fermarsi** *to stop (oneself)* | **riposarsi** *to rest* |
| **alzarsi** *to get up* | **incontrarsi** *to meet* | **sbrigarsi** *to hurry* |
| **annoiarsi** *to get bored* | **lavarsi** *to wash oneself* | **sdraiarsi** *to lie down* |
| **asciugarsi** *to dry up* | **mẹttersi** *to put on (clothes)* | **svegliarsi** *to wake up* |
| **divertirsi** *to have fun* | **pẹrdersi** *to get lost* | **truccarsi** *to put on make-up* |
| **farsi la barba** *to shave* | **pettinarsi** *to comb one's hair* | **vestirsi** *to get dressed* |

- When parts of the body or clothing are mentioned with Italian reflexive verbs, use the definite article, not the possessive adjective as in English.

**Ci laviamo** le mani.
*We wash our hands.*

In inverno **mi metto** i guanti.
*In winter I put on my gloves.*

- Some verbs that express feeling, state of mind, or attitude are used in the reflexive form even though they do not literally express a reflexive action.

| | | |
|---|---|---|
| **accọrgersi** *to realize* | **lamentarsi** *to complain* | **sentirsi** *to feel* |
| **annoiarsi** *to get/be bored* | **pentirsi** *to regret* | **stufarsi** *to be fed up* |
| **arrabbiarsi** *to get mad/angry* | **preoccuparsi** *to worry* | **vantarsi** *to brag* |
| **dimenticarsi** *to forget* | **ricordarsi** *to remember* | **vergognarsi** *to be ashamed* |

Perché **si arrabbia**? Non ho fatto niente!
*Why is he getting mad? I didn't do anything!*

**Mi annoio** sempre quando sono con Massimo.
*I am always bored when I am with Massimo.*

- Some verbs change meaning when they are used with a reflexive pronoun.

| non-reflexive | reflexive |
|---|---|
| **alzare** *to raise* | **alzarsi** *to get up* |
| **chiamare** *to call* | **chiamarsi** *to be named* |
| **fermare** *to stop (someone/something)* | **fermarsi** *to stop (oneself); to stay* |
| **mẹttere** *to put* | **mẹttersi** *to put on (clothes)* |
| **muọvere** *to move (someone/something)* | **muọversi** *to move (oneself)* |
| **svegliare** *to wake someone* | **svegliarsi** *to wake up* |

**Hai chiamato** Lola?
*Did you call Lola?*

**Si chiama** Lola.
*Her name is Lola.*

- Reflexive pronouns are also attached to the familiar forms (**tu**, **noi**, and **voi**) of the imperative when the command is affirmative, but can precede or follow negative forms. The reflexive pronoun always precedes a formal command.

Non **ci fermiamo**.
Non **fermiamoci**.
*Let's keep going.*

Prego, **si accomodi**.
*Please sit down.*

- The plural forms of certain verbs can be used with the plural reflexive pronouns **ci**, **vi**, or **si** to express reciprocal actions—actions that people do to or for each other.

| | | |
|---|---|---|
| **abbracciarsi** *to hug each other* | **baciarsi** *to kiss each other* | **scrịversi** *to write to each other* |
| **aiutarsi** *to help each other* | **conọscersi** *to know each other* | **telefonarsi** *to phone each other* |
| **amarsi** *to love each other* | **parlarsi** *to speak to each other* | **vedersi** *to see each other* |

I miei fratelli **si telefonano** ogni sabato.
*My brothers call each other every Saturday.*

**Non ci parliamo** più perché lavori troppo.
*We don't talk anymore because you work too much.*

**ATTENZIONE!**

Certain verbs are used in the reflexive form for emphasis, especially when spoken. Some verbs in this category are **bersi**, **mangiarsi**, **comprarsi**, and **prendersi**.

**Mi sono mangiata una bella pizza.**
*I had myself a nice pizza.*

**ATTENZIONE!**

Some verbs can be used either reflexively or non-reflexively.

**Ho perso le chiavi stamattina.**
*I lost my keys this morning.*

**Mi sono persa stamattina.**
*I got lost this morning.*

Give students an example of a verb that is non-reflexive and ask them to come up with an example of its reflexive counterpart. You may also do the opposite. You say: **Guardo la TV**. They say: **Mi guardo allo specchio**.

**RIMANDO**

For more information about the **imperative**, see **Strutture 4.3, pp. 138–139.**

**ATTENZIONE!**

To differentiate reciprocal from reflexive actions, you may add phrases such as **l'un l'altro/a** (*one another*), or **reciprocamente** (*mutually*).

**Victor e Paolo si aiutano l'un l'altro.**
*Victor and Paolo help one another.*

To reinforce the idea of reciprocity, hold up pictures of one person doing an action, then of two people doing the same action with each other. Alternatively, have one student model an action (**Mariela parla**), then have another join the first so the action is reciprocal (**Mariela e Josh si parlano**). Ask students to say what they see.

# Pratica

**1** As a warm-up, ask students about their own habits and schedules. Example: **A che ora vi svegliate la mattina?**

**1 Il lunedì mattina** Completa il brano e descrivi quello che fanno Guido ed Elena il lunedì mattina. Utilizza la forma corretta dei verbi riflessivi.

| | | |
|---|---|---|
| accorgersi | farsi la barba | pettinarsi |
| addormentarsi | incontrarsi | prepararsi |
| alzarsi | lamentarsi | svegliarsi |
| asciugarsi | mettersi | truccarsi |

Guido ed Elena (1) si svegliano presto la mattina, (2) si alzano subito e (3) si preparano. Elena fa la doccia, (4) si asciuga i capelli, (5) si trucca e prepara la colazione. Anche Guido fa la doccia, (6) si fa la barba/si pettina (7) si pettina/si fa la barba, e va a fare colazione. Dopo colazione Guido ed Elena (8) si mettono il cappotto ed escono di corsa. Alcune volte Guido (9) si accorge di aver dimenticato le chiavi della macchina sul tavolo e così deve rientrare a prenderle. Di solito Guido ed Elena (10) si incontrano per pranzo in una tavola calda vicino al lavoro. La sera tornano a casa tutti e due stanchi. Elena (11) si lamenta del lavoro che non le piace e Guido prepara la cena. Dopo cena guardano la TV e spesso (12) si addormentano sul divano.

**2** Encourage students to give detailed descriptions of the images and to speculate about what is happening.

**2 Cosa fanno?** In coppia, descrivete cosa fanno le persone nelle foto. Utilizzate i verbi riflessivi. Suggested answers.

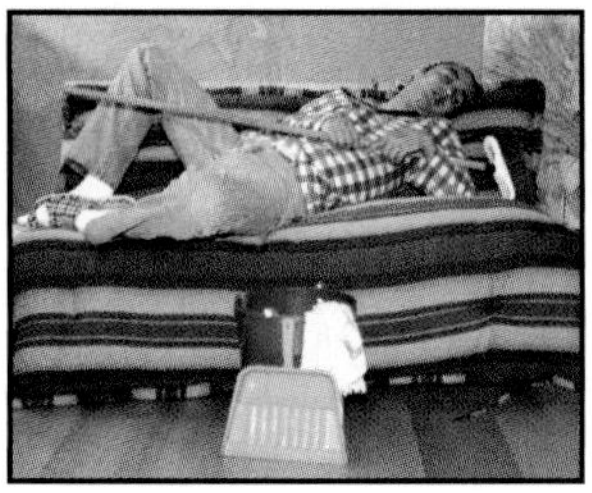

1. Marco si addormenta invece di pulire la casa.

2. Quando Sara vede Paolo con un'altra ragazza, si arrabbia.

3. Antonio e Paola si divertono in piscina.

4. Noi ci incontriamo al caffè.

5. Andrea si sveglia tardi la domenica.

6. A volte mi perdo quando viaggio.

**TEACHING OPTION** Ask students: **Quali sono le tue abitudini e quelle della tua famiglia o dei tuoi amici il sabato mattina?** Encourage students to choose people with very different routines. Example: **tu, la nonna, la migliore amica, il cugino e il padre.**

Practice more at **vhlcentral.com.**

# Comunicazione

3

**E tu?** In coppia, fatevi a turno le seguenti domande. Rispondete con frasi complete e spiegate le vostre risposte.

1. A che ora ti svegli di solito il sabato mattina?
2. Ti alzi sempre appena ti svegli?
3. Ti prepari subito?
4. Di solito, a che ora ti addormenti durante il fine settimana?
5. Cosa fai per rilassarti dopo una lunga giornata?

6. Come ti vesti per uscire con i tuoi amici?
7. Tu e i tuoi amici vi vestite mai in modo elegante? In quali occasioni?
8. Ti diverti quando vai a una festa? E quando vai a una riunione di famiglia? Spiega perché.
9. Impieghi molto tempo a prepararti prima di uscire? Che cosa devi fare?
10. Ti preoccupi del tuo aspetto? Spiega perché sì o perché no.

11. Tu e i tuoi amici vi telefonate o vi scrivete sms?
12. Ti arrabbi spesso? Con chi e perché?
13. Conosci qualcuno che si arrabbia spesso? Con chi e perché?
14. Ti scusi mai per delle cose che hai fatto?
15. Ti sbagli mai quando giudichi qualcuno?

4

**Al caffè** Immagina di essere in un caffè e un tuo amico non trova più il portafoglio. Cosa fate? Lavorate in gruppi di tre e ricreate la scena utilizzando almeno cinque dei verbi della lista.

| | | |
|---|---|---|
| accorgersi | fermarsi | perdersi |
| alzarsi | incontrarsi | preoccuparsi |
| arrabbiarsi | lamentarsi | ricordarsi |
| dimenticarsi | pentirsi | sbrigarsi |

3 Call on students to share their partner's responses with the rest of the class.

3 Have students think of three additional questions—one for each section—to ask their partners.

4 Have groups act out the scene for the class. Encourage them to use props.

**INSTRUCTIONAL RESOURCES**
Audioscripts, SAM AK, Lab MP3s, Grammar Presentation Slides
**SAM/WebSAM:** WB, LM

# 2.2 *Piacere* and similar verbs

—*Ma che **ti sembra**? Una cosa normale?*

## Using the verb *piacere*

- Sentences in Italian using the verb **piacere** (*to be pleasing, to like*) look quite different from their English equivalents. Typically, **piacere** is used in the third person singular and plural forms. The subject, which usually follows the verb **piacere**, determines which form to use. Remember, the thing or person that is liked is the subject of **piacere**. The person who likes someone or something is the indirect object.

| **Singular subject** | **Plural subject** |
|---|---|
| Mi **piace la discoteca** in via Garibaldi. | Ti **piacciono i film** di Spielberg? |
| *I like the club on via Garibaldi.* | *Do you like Spielberg's movies?* |

- The usual word order is *indirect object* + **piacere** + *subject*.

| **Gli** | + | **piace** | + | **la mia nuova macchina.** |
|---|---|---|---|---|
| *To him* | | *(it) is pleasing* | | *my new car.* |

*(=He likes my new car.)*

- Indirect object pronouns in Italian are: **mi**, **ti**, **Le/gli/le**, **ci**, **vi**, **Loro/loro/gli**. **Loro** follows the verb.

| | |
|---|---|
| **Mi piacciono** i libri. | I libri **piacciono loro**. |
| *I like books.* | *They like books.* |

- The subject may also come first, followed by **piacere** + *indirect object*.

| **Le lingue straniere** | + | **piacciono** | + | **a Marta.** |
|---|---|---|---|---|
| *Foreign languages* | | *are pleasing* | | *to Marta.* |

*(=Marta likes foreign languages.)*

- The indirect object may be either an indirect object pronoun or the preposition **a** followed by a noun. For emphasis or to clear up ambiguity, use **a** followed by a stressed pronoun.

| | |
|---|---|
| **Vi** piacciono i giardini pubblici vicino a casa vostra?<br>*Do you like the park near your house?* | **Agli studenti** non piacciono gli esami lunghi.<br>*Students don't like long exams.* |
| **A Lidia** piace il negozio all'angolo.<br>*Lidia likes the store on the corner.* | **A me** piace la matematica, non a mia sorella.<br>*I like math, my sister doesn't.* |

- Stressed pronouns in Italian are: **me, te, Lei/lui/lei, noi, voi, Loro/loro**.

**ATTENZIONE!**

**Piacere** is an irregular verb. The present indicative forms are: **piaccio**, **piaci**, **piace**, **piacciamo**, **piacete**, and **piạcciono**. The first and second person forms of **piacere**, although not common, can also be used.

**So che piaccio alle ragazze.**
*I know that girls like me.*

**(Tu) mi piaci.**
*I like you.*

**(Noi) piacciamo a tutti i ragazzi.**
*All the kids like us.*

**RIMANDO**

To review object pronouns and stressed pronouns, see **Strutture 4.2, pp. 132–134** and **Strutture 8.2, pp. 294–295.**

**TEACHING OPTION** After a brief review of indirect object pronouns, ask students questions using **a** followed by a noun, having them answer with indirect object pronouns.
**–A Jeff piace la lezione d'inglese?**
**–Sì, gli piace la lezione d'inglese.**
**–A Brittany piacciono gli animali?**
**–Sì, le piacciono gli animali.**

- **Piacere** is often used in the conditional to make polite requests or invitations:

  Ti **piacerebbe** andare al cinema stasera?
  *Would you like to go to the movies tonight?*

- **Piacere** may also be used with other verbs to indicate what someone likes to do. In this case, use **piace** + *infinitive*, even if the subject is plural.

  Gli **piace vivere** in centro.
  *He likes living downtown.*

  Ci **piace cantare e ballare.**
  *We like to sing and dance.*

- In the **passato prossimo** and other compound tenses, **piacere** takes the auxiliary **essere**. The past participle, **piaciuto**, must agree in number and gender with the subject.

  Gli **è** piaciut**a l'opera.**
  *He liked the opera.*

  Mi **sono** piaciut**e le rose**. Grazie!
  *I liked the roses. Thank you!*

## Verbs like *piacere*

- Other common verbs follow the same pattern as **piacere**.

| | |
|---|---|
| **bastare** *to be enough* | **occọrrere** *to need* |
| **dare fastidio** *to annoy* | **parere** *to seem* |
| **dispiacere** *to be sorry* | **restare** *to have left* |
| **disturbare** *to be a nuisance* | **sembrare** *to seem* |
| **(non) importare** *to (not) matter* | **servire** *to be useful* |
| **interessare** *to interest* | **stare a cuore** *to matter* |
| **mancare** *to be missing* | |

Ci **è parsa** molto triste.
*She seemed really sad to us.*

Non mi **importano** le critiche!
*Criticism does not matter to me!*

Mi **mancano** le ultime pagine della storia.
*I'm missing the last pages of the story.*

Non mi **serve** questa vecchia giacca.
*I have no use for this old jacket.*

Ti **occorre** altro?
*Do you need anything else?*

Ti **sta a cuore** la tua città?
*Do you care about your city?*

I tuoi amici mi **sembrano** simpatici.
*Your friends seem nice to me.*

Cosa vi **dà fastidio**?
*What's bothering you?*

- Use **non piacere** to say what you dislike. **Dispiacere** means *to mind* or *to be sorry.*

  **Non** mi **piace** il traffico a Roma.
  *I don't like the traffic in Rome.*

  Ti **dispiacerebbe** dare un passaggio a Rossella?
  *Would you mind giving Rossella a ride?*

For more practice of the infinitive with **piacere**, ask students about their daily activities. Ex:
**–Studi molto, Robert?**
**–Sì, studio molto.**
**–Ti piace studiare?**
**–Sì, (No, non) mi piace studiare.**
Give an appropriate reaction depending on the answers. Ex.: **Bravo, Robert!/ Che peccato!**

**RIMANDO**

For more information about the **passato prossimo**, see **Strutture 3.1, pp. 90–91**.

Remind students that the past participle of **piacere** takes an **–i** before the normal **–uto** ending for **–ere** verbs in order to maintain the correct pronunciation.
Have students practice the past participle agreement by asking them questions in the present, then adding **«E ieri?»**
**–Ti piacciono i dolci?**
**–Sì, mi piacciono.**
**–E ieri?**
**–Sì, mi sono piaciuti.**

Point out that **importare** is most commonly used in negative statements. It can be also used with **di**. In these cases, the verb is always used in the third person singular. Ex.: **Non mi importa delle critiche./ Non ci importa del calcio!/ Non mi importa nulla di quello che dicono!**

Have students create an example sentence with each verb in Italian. Then ask which verbs are used like their English equivalents, such as **dare fastidio.**

# Pratica

**1** **Al supermercato** Michele e Carla sono andati in centro a fare la spesa, ma non sono d'accordo su quello che devono comprare. Completa la conversazione inserendo la forma corretta del verbo tra parentesi e i pronomi appropriati.

**MICHELE** Allora cosa dobbiamo comprare per la cena di stasera? (1) ___Ci occorre___ (occorrere) la pasta?

**CARLA** Sì, e (2) ___ci servono___ (servire) i funghi e il prosciutto.

**MICHELE** Non per me, non (3) ___mi piacciono___ (piacere) i funghi!

**CARLA** E va bene, prendiamo le zucchine! Abbiamo preso tutto? No, aspetta, (4) ___ci serve___ (servire) la frutta. Quale preferisci?

**MICHELE** (5) ___Mi piacciono___ (piacere) le ciliege e le mele.

**CARLA** Perfetto, adesso (6) ___ci manca___ (mancare) solo l'acqua minerale.

**2** After the activity, do a survey of the students' answers and write the results on the board.

**2** **Cosa ti piace?** In coppia, domandatevi se vi piacciono o non vi piacciono le seguenti persone o attività e spiegate perché.

**Modello** **dormire fino a tardi**

—Ti piace dormire fino a tardi?

—Sì, mi piace. / No, a me piace svegliarmi presto.

| | | |
|---|---|---|
| fare sport | l'opera | Roberto Benigni |
| i film d'avventura | la musica di Laura Pausini | uscire con gli amici |
| i romanzi d'amore | non fare niente | viaggiare |

**3** Compare students' weekday activities with what they would like to do. Ex.: **Il lunedì hai lezione. Cosa ti piacerebbe fare invece di venire a lezione?**

**3** **Il prossimo fine settimana?** In coppia, domandatevi se vi piacerebbe fare le attività illustrate nelle foto. Utilizzate i verbi **piacere**, **interessare** e **dare fastidio**.

**Modello** Ti interesserebbe andare al parco?

Sì, mi piacerebbe molto.

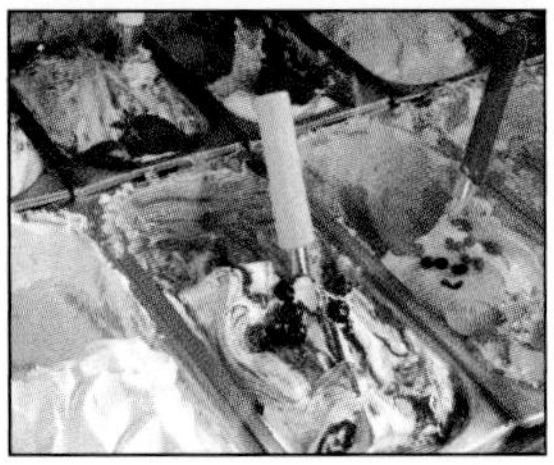

Practice more at **vhlcentral.com.**

# Comunicazione

communication NATIONAL STANDARDS

4 **Domande** In coppia, fatevi a turno delle domande sulle persone e sui luoghi seguenti.

**Modello** **piacere / a tuo padre**
Secondo te cosa piace a tuo padre?
Non so, secondo me gli piace dormire.

1. interessare / ai tuoi compagni di classe
2. non importare / al presidente
3. piacere / al(la) tuo/a migliore amico/a
4. non piacere / a tua madre
5. dare fastidio / al(la) tuo/a ragazzo/a
6. stare a cuore / al tuo professore
7. mancare / alla tua città
8. occorrere / ai cittadini

5 **Come sono?** Scegli un personaggio famoso e immagina quello che gli/le piace/piaceva. Dì al(la) tuo/a compagno/a cosa hai pensato senza dire il nome del personaggio famoso. Lui/Lei deve indovinare chi è. Usate tutti i verbi della lista.

**Modello** —Gli piace cantare e gli sta a cuore la situazione dell'Africa. Chi è?
—È Bono!

| | |
|---|---|
| dare fastidio | non piacere |
| importare | parere |
| interessare | piacere |

5 For a related game, divide the class into small groups. Give group members a photograph of a famous person from current events, recent movies, or popular music. Have students take turns describing the person's likes and dislikes and guessing his/her identity.

6 **In centro** In coppia, descrivete cosa fate di solito quando andate in centro. Utilizzate alcune parole della lista.

| | | |
|---|---|---|
| divertirsi | incontrarsi | passeggiare |
| fare commissioni | mancare | perdersi |
| fermata | non piacere | piacere |
| guidare | parcheggiare | restare |

**Modello** Di solito, il sabato mattina vado in centro. Prendo la metro perché non mi piace il traffico e mi preoccupo per l'ambiente.

6 Have students share their experience with the rest of the class.

INSTRUCTIONAL RESOURCES
Audioscripts, SAM AK, Lab MP3s, Grammar Presentation Slides
**SAM/WebSAM:** WB, LM

## 2.3 Possessive adjectives and pronouns

—***Tuo*** *padre era fotogenico, pace all'anima* ***sua.***

**RIMANDO**

To review articles, see **Strutture 1.2, p. 18.**

- Possessive adjectives and pronouns indicate ownership, possession, or relationships. In Italian, possessive adjectives and possessive pronouns have the same forms, which include the definite article in most cases.

| English meaning | singular | | plural | |
|---|---|---|---|---|
| | **masculine** | **feminine** | **masculine** | **feminine** |
| my/mine | **il mịo** | **la mịa** | **i miẹi** | **le mịe** |
| your/yours | **il tuo** | **la tua** | **i tuọi** | **le tue** |
| your/yours (*formal*) | **il Suo** | **la Sua** | **i Suọi** | **le Sue** |
| his/her(s)/its | **il suo** | **la sua** | **i suọi** | **le sue** |
| our/ours | **il nostro** | **la nostra** | **i nostri** | **le nostre** |
| your/yours | **il vostro** | **la vostra** | **i vostri** | **le vostre** |
| their/theirs | **il loro** | **la loro** | **i loro** | **le loro** |

**RIMANDO**

To review gender and number, see **Strutture 1.3, pp. 20–21.**

### Possessive adjectives

- Possessive adjectives (**gli aggettivi possessivi**) usually precede the noun that they modify. They must agree in number and gender with the noun they modify, not the owner of the object.

Ecco **il mio** palazzo.
*Here's my apartment building.*

Dove sono **i tuoi** genitori?
*Where are your parents?*

- In Italian, there is no difference between his and her. Use the context to determine the meaning.

**Roberto** non ha voglia di vendere **il suo** motorino.
***Roberto*** *doesn't want to sell* ***his*** *scooter.*

**Fiammetta** non ha voglia di vendere **il suo** motorino.
***Fiammetta*** *doesn't want to sell* ***her*** *scooter.*

**ATTENZIONE!**

To clarify, you may use **di lui** or **di lei** to indicate *his* or *her(s)*.

**Ada è amica di lui, non di lei.**
*Ada is his friend, not hers.*

- The possessive adjective may be omitted in Italian when the relationship or ownership is obvious, such as when referring to body parts or clothing.

Ho telefonato **alla mamma**.
*I called* ***my*** *mom.*

Mi metto **le** scarpe.
*I put on* ***my*** *shoes.*

**ATTENZIONE!**

When a preposition precedes the article used with a possessive adjective, combine the preposition and article as you normally would.

**Il mio telefonino è nella mia camera.**
*My cellphone is in my room.*

**Diamo questi fiori alle tue amiche.**
*Let's give these flowers to your friends.*

- To express the idea *of mine*, *of yours* and so on, use an indefinite article, a number, or a demonstrative adjective with the appropriate form of the possessive adjective.

**Due tuoi** coinquilini sono venuti da me.
*Two of your roommates came by my place.*

**Questa mia** compagna di classe si chiama Paola.
*This classmate of mine is called Paola.*

- With the exception of **loro**, which always requires the definite article, possessive adjectives are generally used *without* the definite article when referring to singular, unmodified family members. Use the definite article when the noun referring to a family member is plural and when it is a modified or affectionate form, such as **mamma** or **papà**. Compare:

| | | |
|---|---|---|
| **Nostro fratello** studia a Napoli.<br>*Our brother studies in Naples.* | ***but*** | **I nostri fratelli** studiano a Roma.<br>*Our brothers study in Rome.* |
| **Mia sorella** ha ventotto anni.<br>*My sister is twenty-eight years old.* | ***but*** | **La mia sorellina** ha otto anni.<br>*My little sister is eight years old.* |
| **Tuo cugino** abita a Roma.<br>*Your cousin lives in Rome.* | ***but*** | **Il tuo cugino preferito** abita a Perugia.<br>*Your favorite cousin lives in Perugia.* |

- Possessive adjectives are used without the definite article in some common expressions. Note that the possessive adjective follows the noun in these expressions.

Festeggiamo **a casa nostra**.
*Let's celebrate at our house.*

Preferisce fare **a modo suo**.
*He prefers doing things his way.*

È **colpa mia**.
*It's my fault.*

Vorrei farlo **per conto mio**.
*I want to do it on my own.*

You may want to point out that this rule is not always followed. **Mamma** and **papà** can be used without the definite article. **Nonno/a** can be used with the definite article even when it is not modified.

Remind students that **loro** is invariable, but that the definite article must agree in number and gender with the noun it modifies.

Some other idiomatic expressions you may want to share with students are: **da parte sua** (*on his/her behalf*), **a vostra disposizione** (*at your disposal*), **affari miei** (*my business*).

## Possessive pronouns

- Possessive pronouns replace nouns, and must agree in number and gender with the nouns to which they refer.

**Il tuo gatto** ha sempre fame, ma **il mio** mangia poco.
*Your cat is always hungry, but mine doesn't eat much.*

Ecco **la tua borsetta**, ma dov'è **la mia**?
*There's your purse, but where is mine?*

La nostra è una buona squadra, ma **la vostra** è fantastica!
*Our team is good, but yours is fantastic!*

Se non trovi **il tuo iPad**, prendi **il mio**.
*If you can't find your iPad, take mine.*

**ATTENZIONE!**

Possessive pronouns may be used to refer to family.

**I suoi** non abitano in Umbria.
*His parents don't/family doesn't live in Umbria.*

Un grande abbraccio **ai tuoi**.
*A big hug to your parents/family.*

- The definite article is almost always used with possessive pronouns, even when referring to a single family member.

Hai visto mio fratello? No, ma ho visto **il suo**.
*Have you seen my brother? No, but I saw hers.*

Il quartiere di Michele è tranquillo, ma **il tuo** è molto rumoroso.
*Michele's neighborhood is quiet, but yours is very noisy.*

- When the possessive pronoun follows the verb **essere**, the definite article is generally omitted. However, the article may be used after **essere** for clarification or emphasis.

| | | |
|---|---|---|
| Questi CD sono **nostri**?<br>*Are these our CDs?* | ***but*** | Questi CD sono **i nostri o i tuoi**?<br>*Are these CDs ours or yours?* |
| È **tuo** questo telefonino? Sì, è **mio**.<br>*Is this your cell phone? Yes, it's mine.* | ***but*** | È **il tuo** telefonino o **il mio**?<br>*Is that your cell phone or mine?* |

To get students to practice possessive pronouns, ask them questions using possessive adjectives and have them answer using a pronoun in the negative, following up with someone else's item(s).

**–Sono i tuoi libri?**
**–No, non sono i miei, sono i suoi.**
**–Mi dai la tua matita?**
**–No, non ti do la mia, ti do la loro.**

# Pratica

**1**

**Trasforma** Inserisci l'aggettivo possessivo e il pronome possessivo corrispondente.

**Modello** **Il palazzo di Luisa** Il suo palazzo / Il suo

1. L'appartamento di Marco il suo appartamento / il suo
2. L'automobile tua e di Paolo la vostra automobile / la vostra
3. Le biciclette dei bambini le loro biciclette / le loro
4. Il paese mio il mio paese / il mio
5. La via tua la tua via / la tua
6. Il casale mio e di mio fratello il nostro casale / il nostro

**2** Have students retell the story from the perspective of different people. Give them the beginning and ask them to continue the story. Ex.: **La settimana scorsa nostra nonna ha organizzato…**

**2**

**La riunione di famiglia** Giulia racconta della riunione di famiglia a cui ha partecipato la settimana scorsa. Completa il brano con gli aggettivi possessivi giusti.

*La settimana scorsa (1)* mia *(mia/la mia) nonna ha organizzato una festa per il suo 80° compleanno e ha voluto attorno a sé tutti i suoi cari. C'erano proprio tutti e finalmente dopo tanto tempo ho potuto rivedere (2)* mio *(mio/il mio) cugino Giovanni, che studia a Firenze. È stata una bellissima festa. (3)* I miei *(Miei/I miei) zii hanno regalato alla nonna una bella spilla* (brooch) *d'oro. (4)* Le mie *(Mie/Le mie) cugine hanno cantato la canzone preferita della nonna. (5)* Mio *(Mio/Il mio) fratello ha organizzato le foto dei momenti più belli della vita di (6)* nostra *(nostra/la nostra) nonna. Ovviamente (7)* la mia *(mia/la mia) mamma si è commossa* (was moved) *e (8)* il mio *(mio/il mio) papà l'ha presa in giro* (made fun of her)*.*

**3** Have students come up with similar questions to ask a partner about things in the classroom. Ex.: **Questa è la tua penna? Questo è lo zaino di Cristiano?**

**3**

**Di chi è?** Il tuo coinquilino sta controllando quali oggetti gli appartengono. In coppia, rispondete a turno alle domande con i pronomi possessivi.

**Modello** **Questa è la tua calcolatrice?** Sì, è la mia / No, non è la mia.

1. Questo è il tuo cellulare? il mio
2. Questa è la calcolatrice dei tuoi genitori? la loro
3. Questo è il mio asciugamano? il tuo
4. Queste sono le foto di tuo cugino? le sue
5. Questi sono gli appunti di Sabrina? i suoi
6. Questi sono i CD miei e di mio fratello? i vostri

**4** Have pairs of students extend the conversation, providing an imaginative finale.

**4** Have pairs of students re-create the conversation, modifying it to talk about their own neighborhoods.

**4**

**Un incontro inaspettato** Due amiche si incontrano alla fermata dell'autobus e parlano di dove abitano. Completa il dialogo con gli aggettivi e i pronomi possessivi.

**ROBERTA** Quanto tempo! Non ci vediamo da una vita. Abiti sempre in centro?

**ALESSIA** No, mi sono trasferita in un'altra zona.

**ROBERTA** Raccontami, com'è (1) il tuo quartiere? (2) Il mio è così caotico!

**ALESSIA** (3) Il mio è molto tranquillo. Anche se (4) mio marito dice che è troppo tranquillo. Però ci sono molti giardini pieni di fiori e piante.

**ROBERTA** Che bello! (5) I nostri invece sono quasi abbandonati. (6) Le mie figlie non vogliono mai andare a giocare fuori. E (7) le tue come stanno?

**ALESSIA** Stanno bene, crescono in fretta! Ah, ecco (8) il mio autobus, devo andare, a presto!

**ROBERTA** (9) Il mio è in ritardo… A presto!

Practice more at **vhlcentral.com.**

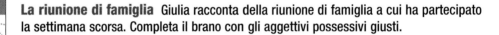

# Comunicazione

**5** **Intervista** In coppia, a turno, fatevi le seguenti domande e aggiungetene altre. Rispondete utilizzando gli aggettivi possessivi.

1. Hai fratelli o sorelle? Come si chiamano?
2. Quanti anni ha tuo padre?
3. Dove lavora tua madre?
4. Dove vivono i tuoi cugini?
5. Quando vedi i tuoi nonni?
6. Quali lingue parla la tua famiglia?

**6** **I vicini di casa** Descrivi le persone della foto con cinque o sei frasi; utilizza gli aggettivi e i pronomi possessivi.

**7** **Cosa porteresti con te?**

**A.** L'estate prossima ti trasferisci in una nuova città. Fai una lista degli oggetti personali che porti con te.

**Modello** L'estate prossima vado a vivere per due mesi a Rimini. Di sicuro porto con me i miei CD musicali preferiti, le mie scarpe da ginnastica per le passeggiate in collina, la mia macchina fotografica per fare foto bellissime...

**B.** In piccoli gruppi, condividete e discutete le vostre liste. Scrivete negli spazi giusti gli oggetti simili e quelli diversi. Dopo domandate e spiegate perché volete portare le cose nella lista di oggetti diversi.

**Modello** Io voglio portare la mia Wii ma tu non vuoi portare la tua. Perché?

| oggetti simili | oggetti diversi |
|---|---|
| | |

National Standards: comparisons

**INSTRUCTIONAL RESOURCES**
Audioscripts, SAM AK, Lab MP3s, Grammar Presentation Slides
**SAM/WebSAM:** WB, LM

**ATTENZIONE!**

Note that **quello** follows the pattern of the definite article when used before a noun.

**ATTENZIONE!**

**San** (*Saint*) is used for masculine names beginning with a consonant, **santo** is used for **s** + *cons.*, **sant'** for names beginning with a vowel and **santa** for feminine names beginning with a consonant.

**ATTENZIONE!**

All adjectives are placed after the noun when modified by **molto** or another adverb.

**Mario è un bel ragazzo.**
*Mario is a handsome boy.*

**Mario è un ragazzo molto bello.**
*Mario is a really handsome boy.*

You may wish to share more adjectives that change meaning depending on their position in the sentence: **massimo**, **nuovo**, **stesso**, **unico**, **vario**, etc.

**ATTENZIONE!**

The singular forms of **buono** are:
**un buono stadio**
**un buon libro**
**una buona ragione**
**una buon'amica**

The forms of **bello** are:
**il bel paese**
**il bello stadio**
**il bell'appartamento**
**la bella villa**
**i begli occhi**
**le belle strade**
**i bei giardini**

# 2.4 Demonstratives; position of adjectives

## Demonstratives

- The demonstrative adjectives **questo** and **quello** correspond to *this* and *that*, respectively. They agree in number and gender with the nouns they modify. **Questo** has four forms, but may be abbreviated to **quest'** before a singular noun or adjective that begins with a vowel. **Quello**, like the definite article, has seven forms.

| masc./sing. | fem./sing. | masc./pl. | fem./pl. |
|---|---|---|---|
| **questo** poliziotto | **questa** farmacia | **questi** quartieri | **queste** macchine |
| **quest'**anno | **quest'**amica | | |

| masc./sing. | fem./sing. | masc./pl. | fem./pl. |
|---|---|---|---|
| **quel** segnale | **quella** città | **quei** tribunali | **quelle** cose |
| **quell'**amico | **quell'**edicola | **quegli** angoli | **quelle** amiche |
| **quello** stadio | **quella** strada | **quegli** zii | **quelle** banche |

- **Questo** and **quello** may also be used as demonstrative pronouns. Used as a pronoun, each has only four forms ending in **–o**, **–a**, **–i**, or **–e**.

Non mi piace **quell'appartamento** in via Roma; preferisco **questo**.
*I don't like that apartment on via Roma; I prefer this one.*

## Position of adjectives

- Most adjectives follow the nouns they modify. There are, however, a dozen or so common adjectives that usually precede the noun. They are typically adjectives of beauty, age, quality, or size, but you must memorize them to avoid making mistakes. Some of them are **bello**, **bravo**, **brutto**, **buono**, **cattivo**, **nuovo**, **vecchio**, **piccolo**, and **grande**.

Roma è una **grande città**.
*Rome is a big city.*

- Some adjectives change meaning depending on whether they are placed before or after the noun they modify.

| | | |
|---|---|---|
| **caro** | un **caro** amico<br>un quaderno **caro** | *a **dear** friend*<br>*an **expensive** notebook* |
| **povero** | un **povero** ragazzo<br>un ragazzo **povero** | *a **poor (unfortunate)** boy*<br>*a **poor (penniless)** boy* |
| **vecchio** | una **vecchia** amica<br>un'amica **vecchia** | *an **old (longtime)** friend*<br>*an **old (elderly)** friend* |

- The singular form of **buono** follows the pattern of the indefinite article when it precedes a noun. **Bello**, like **quello**, follows the pattern of the definite article when used before a noun.

- **Grande** may be shortened to **gran** in front of masculine or feminine nouns beginning with a consonant (except **s** + *consonant*, **z** or **ps**). Before words beginning with a vowel, it may be shortened to **grand'**.

# Pratica e comunicazione

**1** **Perugia** Una guida sta parlando ai turisti di Perugia. Completa il brano con la forma giusta degli elementi tra parentesi.

**GUIDA** Buongiorno a tutti e benvenuti a Perugia. Perugia è una città antica e ricca di storia. Ci sono (1) ___molti___ (molto) monumenti e (2) ___molte___ (molto) fontane. Ci sono (3) ___bei___ (bello) palazzi, ristrutturati di recente. (4) ___Questa___ (questo) è una delle più antiche università d'Italia e (5) ___quella___ (quello) è una famosa università per stranieri. Se mi seguite, ora vi mostro uno dei monumenti più importanti di Perugia: (6) ___quelle___ (quello) sono le antiche mura della città.

**TURISTA** Scusi, ma cosa sono (7) ___quegli___ (quello) edifici in fondo alla piazza?

**GUIDA** (8) ___Quelli___ (Quello) sono il Palazzo dei Priori e la cattedrale di San Lorenzo. E non dimenticate di ammirare l'(9) ___antica___ (antico) Fontana Maggiore. Ora, prima di lasciarvi liberi di girare da soli, voglio consigliarvi un (10) ___buon___ (buono) ristorante per il pranzo. A più tardi.

**2** **Dialoghi** In coppia, create dei piccoli dialoghi con gli elementi forniti. Fate tutte le modifiche necessarie.

**Modello** **Lei / visitare / chiesa**
—Vuole visitare questa chiesa o quella chiesa?
—Non voglio visitare né questa né quella.

1. Tu / affittare / appartamenti
2. Voi / visitare / giardini pubblici
3. Lui / comprare / motorino
4. Loro / fotografare / fontane
5. Lei / preferire / quartiere
6. Voi / guidare / automobile

**3** **Le città** Crea delle frasi con gli elementi forniti. Fai tutte le modifiche necessarie e stai attento alla posizione degli aggettivi!

**Modello** **Ad Ascoli Piceno c'è una (piazza / grande / bello)**
Ad Ascoli Piceno c'è una gran bella piazza.

1. A Urbino c'è un (museo/grande/molto). museo molto grande
2. A Pisa c'è una (torre/pendente/famoso). famosa torre pendente
3. A Milano c'è un (grattacielo/grande/nuovo). nuovo grande grattacielo
4. A Viterbo ci sono (rovine/romano/antico). antiche rovine romane
5. Ad Assisi c'è un (festival/grande/invernale). grande festival invernale
6. A Orvieto ci sono due (teatri/importante/nuovo). importanti nuovi teatri

**4** **Chi sono?** In coppia, inventate un'identità per ogni personaggio. Scrivete almeno tre frasi per ogni foto. Utilizzate i dimostrativi e gli aggettivi che avete imparato in questa lezione.

**Modello** Questa è Francesca. È una brava giornalista...

Practice more at **vhlcentral.com.**

Nota
**CULTURALE**

**Perugia** si trova in **Umbria**, nell'Italia centrale. È la sede di una delle più antiche università italiane e di una famosa università per stranieri dove studenti di tutto il mondo vanno per imparare l'italiano. Tra i monumenti più importanti di Perugia ci sono la **Fontana Maggiore**, il **Palazzo dei Priori** e le **mura etrusche**. A Perugia si produce un famoso cioccolatino (il **Bacio Perugina**). Tra gli eventi da ricordare ci sono **Umbria Jazz**, che si tiene a luglio, ed **Eurochocolate**, che si tiene ad ottobre.

**3** You may wish to share the phrase "BAQS in front" with your students to remind them that adjectives of beauty, age, quality, and size tend to precede the nouns they modify.

# Sintesi

**1** **Parliamo** In gruppi di quattro, guardate le foto e rispondete alle domande.

1. Descrivi le foto. A cosa si riferiscono?
2. Quali delle situazioni mostrate influiscono positivamente o negativamente sulla qualità della vita nelle città?
3. Secondo te, problemi e soluzioni come questi esistono solo in Italia? Perché sì o perché no?
4. La tua città ha gli stessi problemi? Cosa si fa per cercare di risolverli?
5. Quali tra le situazioni che influiscono sulla qualità della vita nelle nostre città ti preoccupano di più? Perché?
6. Cosa fai per migliorare la qualità della vita nella tua città?

**2** **Scriviamo** Scegli uno dei seguenti titoli e scrivi un tema lungo almeno una pagina. Utilizza verbi riflessivi, verbi come **piacere**, i possessivi e gli aggettivi.

- Identifica i problemi legati al traffico nel tuo campus universitario o nella tua città e suggerisci alcune soluzioni. Discuti i vantaggi e gli svantaggi delle proposte fatte.
- Ti dicono che sarà vietato circolare in auto nel tuo campus o nel centro della tua città per ridurre il traffico e l'inquinamento. Come reagisci?

Explain to the students that they can use these terms to express their point of view on a subject or to debate. You may wish to split the class into two teams and debate an issue related to city life, instructing the students to use as many of these terms as possible.

**Strategie per la comunicazione**

Queste sono una serie di espressioni che ti possono essere utili per esporre le tue idee.

**Secondo me...,**
**da una parte...,**
**dall'altra...,**
**i pro...,**
**i contro...,**
**inoltre...,**
**peraltro...,**
**del resto...,**
**comunque...**

# Preparazione

Audio: Vocabulary

connections cultures NATIONAL STANDARDS

**Vocabolario della lettura**

**l'acquedotto** *aqueduct*
**d.C. (dopo Cristo)** *AD (Anno Domini)*
**l'edificio** *building*
**l'esigenza** *requirement*
**il materiale edile** *building material*
**le mura di cinta** *city walls*
**il piano urbanịstico** *city plan*
**il reperto** *find (archeol.)*
**le rovine** *ruins*
**lo scavo** *excavation*
**il sẹcolo** *century*
**le terme** *(thermal) baths*

**Vocabolario utile**

**la composizione demogrạfica** *demographic makeup*
**l'infrastruttura** *infrastructure*
**l'ingegnere** *engineer*
**la topografịa** *topography*
**l'urbanịstica** *city planning*

1 Encourage students to continue the association game by asking them to name actual monuments and sites: **Qual è il nome di una chiesa? Di un monumento? Di un museo?** and the reverse: **Che cos'è il Colosseo? Che cos'è San Pietro? Che cosa sono gli Uffizi?** and so on.

**1** **La città** Associa le parole nelle due colonne.

| | |
|---|---|
| e 1. le rovine | a. il cemento |
| d 2. le terme | b. il piano urbanistico |
| a 3. il materiale edile | c. le opere idrauliche |
| c 4. l'acquedotto | d. i bagni |
| b 5. l'ingegnere | e. i resti |

**2** **Il centro** Completa il paragrafo.

| | | | |
|---|---|---|---|
| acquedotto | edificio | mura di cinta | rovine |
| composizione demografica | infrastrutture | piano urbanistico | topografia |

Il patrimonio artistico delle città antiche è spesso concentrato nel centro storico. Nella (1) topografia di Firenze, per esempio, il Duomo è un (2) edificio dominante. Altri monumenti ed elementi come i parchi e le (3) mura di cinta intorno alla città hanno influenzato lo sviluppo del (4) piano urbanistico moderno. Con l'arrivo degli immigranti nelle città italiane è cambiata la (5) composizione demografica, creando nuove necessità nella pianificazione urbanistica.

**3** **La tua città** In coppia, descrivete la città dove siete nati o la città dove abitate.

1. Quali sono i monumenti principali della tua città?
2. Ci sono elementi che dominano la topografia della tua città?
3. Come coesistono gli edifici antichi e quelli recenti? C'è armonia o contrasto?
4. Dove vai quando vuoi rilassarti? E quando esci con gli amici?
5. Pensi che la tua città sia ben organizzata?

## Nota CULTURALE

All'inizio del 200 d.C., l'**imperatore Caracalla** fece costruire delle magnifiche terme dove gli antichi romani potevano fare il bagno freddo, tiepido o caldo, consultare una biblioteca con testi in greco e in latino, scambiarsi notizie e pettegolezzi° e fare esercizi di ginnastica, come in una palestra° di oggi. L'ingresso costava poco per permettere a tutti di usare i bagni. Dal 1937 le rovine delle terme di Caracalla vengono usate come teatro per concerti e opere liriche.

**pettegolezzi** *gossip* **palestra** *gym*

Ask students for examples of old or ancient structures they know that have been rehabilitated or **restaurate** for new uses, such as **fabbriche** remodeled into **appartamenti**, **ville** now used as **musei**, and so-on.

3 Ask students to describe their partners' city and favorite places for the rest of the class.

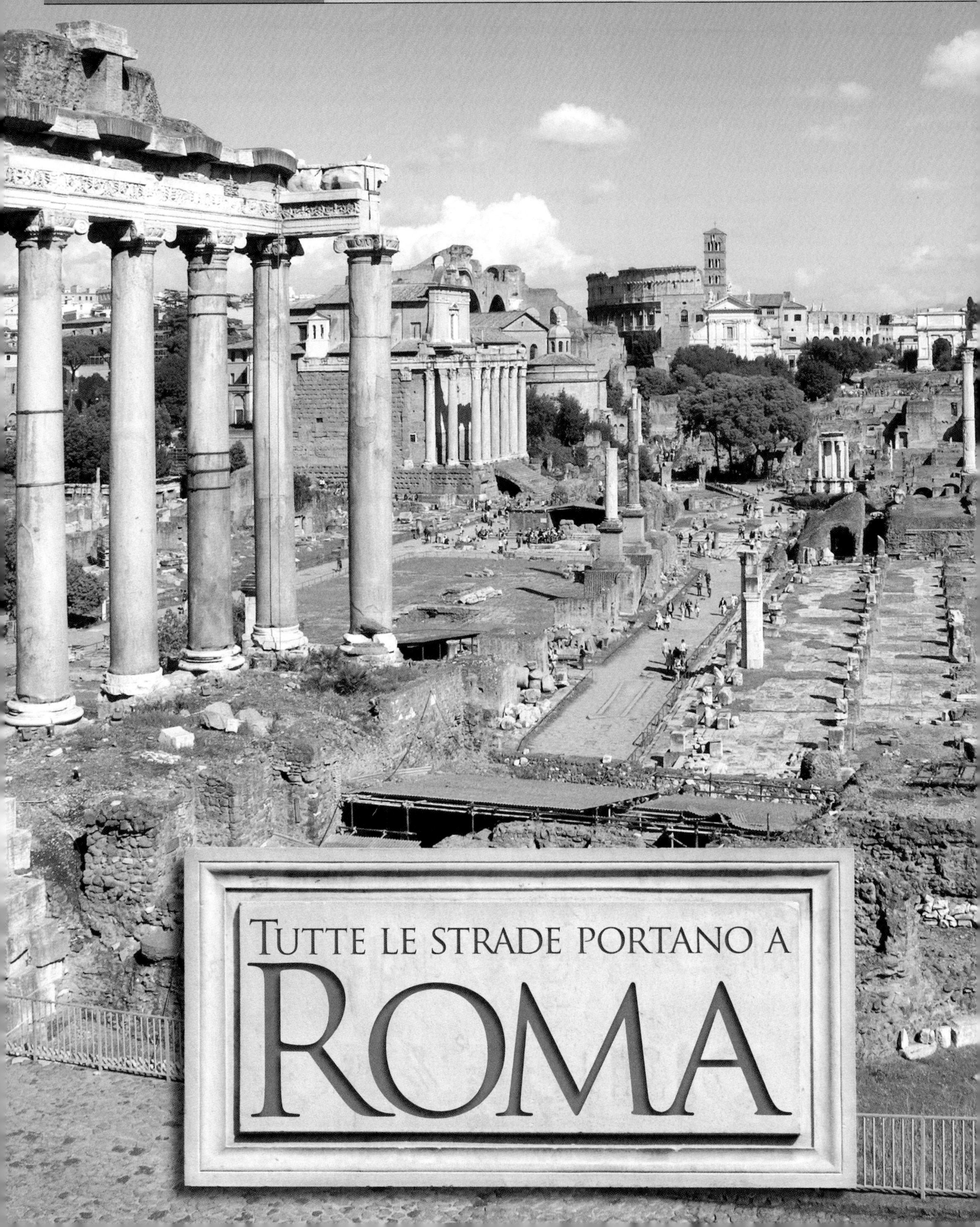

# TUTTE LE STRADE PORTANO A ROMA

Ask students to observe and describe the architectural elements in the photo: **le rovine, le colonne, la strada, l'edificio,** etc. Bring in maps of ancient and modern Rome (GoogleEarth has some very detailed maps). Pictures of the Forum and other famous Roman landmarks mentioned in the reading will also help the students visualize them.

S Reading

Nel cuore della città, dietro a edifici monumentali, la gente affolla° il grande mercato all'aperto. Il mercato è circondato da ampi° portici dove è piacevole intrattenersi a conversare o a fare uno spuntino°. Vicino alla piazza in cui domina la statua equestre dell'imperatore alcune persone si apprestano° a visitare gli uffici municipali. Tutto intorno ci sono statue di personaggi illustri, botteghe con merci° esotiche, taverne, un tempio, una palestra e due biblioteche. Un gruppo di studenti seduti sotto un albero ascolta il suo maestro. Siamo nel centro politico, economico, religioso e sociale di Roma, ideato per rispondere alle esigenze di tutti i suoi cittadini. Potrebbe essere un'immagine contemporanea: invece è il Foro Romano della capitale imperiale.

Con il passare dei secoli, il piano urbanistico della città, influenzato dalle tradizioni etrusche ed elleniche°, si è trasformato. Oltre a° voler ingrandire° la capitale con opere pubbliche, a esempio nel settore idraulico, ogni re e imperatore romano desiderava aumentare anche il proprio prestigio personale realizzando dei monumenti. Le risorse° umane e i materiali edili abbondavano° nella zona: marmo° travertino, schiavi° e tanto spazio.

Le grandi opere nel settore idraulico includono la costruzione della Cloaca Massima, una condotta° della rete fognaria°, e la realizzazione di 1.482 chilometri di acquedotti, fontane e terme come quelle di Caracalla e di Diocleziano. L'imperatore Augusto impreziosì la città con opere di alto valore artistico come l'Ara Pacis, un altare alla pace. Tito e Costantino fecero costruire degli archi trionfali per celebrare le loro vittorie militari.

Per il divertimento dei cittadini furono° anche costruiti teatri come il famoso teatro di Marcello e anfiteatri come il Colosseo. Per il culto religioso furono innalzati templi come il Pantheon (e altri che divennero° poi chiese e basiliche) e gli imponenti mausolei di Augusto e la mole Adriana (in seguito Castel Sant'Angelo). Le mura di cinta di Roma, erette° a scopo strategico e difensivo, si modificarono seguendo l'espansione della città e dell'impero e furono costruite grandi strade come la Salaria, la Cassia e la Flaminia. Insieme al porto di Ostia sul Mediterraneo e a quelli fluviali° sul Tevere, le vie romane facilitavano i trasporti e i collegamenti in tutto l'impero. La crisi del III secolo d.C. rallentò° la grande attività edilizia dell'impero, a eccezione della costruzione delle mura aureliane e delle prime catacombe cristiane.

La definizione dello spazio privato e pubblico è alla base della pianificazione urbanistica di Roma. Lo sviluppo di una città antica è diverso dal piano regolatore di una metropoli moderna nella quale si devono prendere in considerazione le esigenze del trasporto pubblico e dello scorrimento del traffico delle automobili. Comunque, a Roma ancora oggi si usano molte delle antiche infrastrutture: le piazze, i monumenti e molti degli acquedotti; anche le rovine del Foro sono rimaste luogo di passeggiate, conversazioni, commercio e riflessione. ■

*crowd* · *spacious* · *to have a snack* · *get ready to (do something)* · *goods* · *Etruscan and Greek* · *Apart from/expand* · *resources* · *were plentiful/marble* · *slaves* · *pipe* · *sewer line* · *were* · *became* · *built* · *river (adj.)* · *slowed down*

## Roma sotterranea

La metropolitana di Roma, paragonata° a quelle delle altre capitali, non è molto estesa. La Soprintendenza Archeologica spesso interrompe la costruzione di una nuova linea a causa della ricchezza di reperti storici che si trovano stratificati sotto la città. La difficoltà degli scavi è anche dovuta alla conformazione del terreno e al complesso iter burocratico° dei progetti urbani.

**paragonata** *compared* **iter...** *bureacratic process*

Ask students to research il **Tevere, i sette colli, Villa Borghese,** and other places of interest (old and new) and to think about their role in the city and the lives of its inhabitants. Have they changed throughout the centuries?

# Analisi

**1** **L'antica Roma** Completa le frasi.

| | | |
|---|---|---|
| c | 1. La via Cassia era usata per | a. i culti religiosi. |
| e | 2. Nel Colosseo i gladiatori | b. facevano il bagno. |
| a | 3. Nel Pantheon si praticavano | c. il commercio e per collegare il vasto Impero Romano. |
| b | 4. Nelle Terme di Diocleziano gli antichi romani | d. altare della pace. |
| f | 5. La Mole Adriana era | e. combattevano con i leoni e fra di loro. |
| d | 6. L'Ara Pacis fu costruita dall'imperatore Augusto come | f. un mausoleo. |

**2** **Comprensione** Indica se le affermazioni sono **vere** o **false**. Dopo, in coppia, correggete le affermazioni false.

| Vero | Falso | |
|---|---|---|
| ☑ | ☐ | 1. Molti edifici e monumenti dell'antica Roma esistono ancora oggi e le necessità dei cittadini sono rimaste simili. |
| ☐ | ☑ | 2. Nell'antica Roma mancavano le strutture idrauliche. |
| ☑ | ☐ | 3. Gli imperatori romani aumentavano il proprio prestigio personale costruendo opere pubbliche. |
| ☐ | ☑ | 4. Gli antichi edifici romani per il culto religioso sono scomparsi. |
| ☑ | ☐ | 5. Alla base della pianificazione urbanistica c'è la definizione dello spazio pubblico e privato. |

**3** **Pianificazione urbana**

**A.** A Roma ancora oggi si usano molte delle antiche infrastrutture: le strade, le piazze e i monumenti, gli acquedotti, i luoghi religiosi e i parchi. In coppia, discutete cosa possiamo imparare dalle città antiche per costruire delle città moderne che dureranno nel tempo.

**B.** Siete un ingegnere e un architetto con il compito di progettare la città ideale.

- Quali infrastrutture pubbliche volete includere nella vostra città?
- Come sono gli spazi dedicati all'arte, ai divertimenti e allo sport?
- Come risolverete il problema del traffico e dei trasporti pubblici?
- Secondo voi, le zone commerciali e pubbliche devono essere integrate o separate da quelle residenziali?
- Dove sono le scuole, le università e gli uffici comunali?
- Quali altri elementi di urbanistica saranno necessari in una città nei prossimi 100 anni? E fra 1000 anni?

**C.** Presentate il vostro progetto al resto della classe e guardate i progetti degli altri gruppi.

- Quali sono le differenze principali nei progetti? Ci sono degli elementi comuni?
- Le città ideali create dalla classe potrebbero funzionare all'estero?

Practice more at **vhlcentral.com.**

# Preparazione

Audio: Vocabulary

connections cultures NATIONAL STANDARDS

## A proposito dell'autore

**Claudio Gianini** (Milano, 1968) ha cominciato recentemente la carriera di scrittore di narrativa. Per anni ha lavorato come ingegnere meccanico e ha scritto libri prevalentemente tecnici, anche per l'università, collaborando fra l'altro con Ferrari e Toyota allo sviluppo di macchine di Formula Uno. Da quando ha iniziato a scrivere racconti e romanzi gialli, o noir, non può immaginare di vivere solo di parole tecniche. Il racconto che segue è tratto dalla collezione *Spicchi di realtà*.

**Vocabolario della lettura**

**diffidente** *mistrustful*
**essere in anticipo** *to be early*
**fare un giretto** *to go for a stroll*
**la folla** *crowd*
**frettoloso/a** *in a hurry*
**indaffarato/a** *busy*
**la metropoli** *big city*
**il mezzo pubblico** *public transportation*
**il pannolino** *diaper*
**il tram** *cable car*

**Vocabolario utile**

**la compassione** *compassion*
**l'immigrante** *immigrant*
**il/la mendicante** *beggar*
**la povertà** *poverty*
**la sopravvivenza** *survival*
**la vergogna** *shame*

1 **Definizioni** Trova la definizione adatta a ogni parola.

| | |
|---|---|
| _f_ 1. diffidente | a. una persona che chiede soldi per sopravvivere |
| _a_ 2. mendicante | b. un mezzo di trasporto pubblico su rotaie (*rails*) |
| _b_ 3. tram | c. un grande gruppo di persone |
| _c_ 4. folla | d. una persona proveniente dall'estero |
| _e_ 5. indaffarato | e. una persona che ha molte cose da fare |
| _d_ 6. immigrante | f. una persona che non si fida di un'altra |

2 **Preparazione** Fate le seguenti domande a un(a) compagno/a.

1. Vieni da una piccola o da una grande città?
2. Quali sono le cose che ti piacciono della tua città? Quali sono le cose che non ti piacciono? Perché?
3. Sei mai tornato in un posto in cui avevi vissuto? Quando? Perché? È stata una visita lunga? Ti è sembrato diverso da come te lo ricordavi?

2 Ask if any students have ever returned to their old home. Have them describe their feelings. Write nouns on the board: happiness, melancholy, nostalgia, disconnect, etc.

3 **Vivere o visitare una metropoli** In gruppi di tre o quattro, rispondete a queste domande.

1. Quali sono le cose che ti attraggono in una grande città?
2. Quali sono i problemi delle grandi città?
3. Per muoverti in città usi i mezzi pubblici o preferisci la macchina? Perché?
4. Ti piace osservare la gente quando visiti una nuova città? Cosa puoi capire del carattere di una città osservando le persone che ci vivono?
5. La vita in città rende le relazioni umane più difficili? Perché?
6. Cosa pensi dei mendicanti? Dai soldi a chi te li chiede? Perché sì o perché no?

3 Point out that public transportation in Italy, both within cities and nationwide, is generally affordable and reliable. Trains and buses are cheap and reach most destinations. It is possible to live and travel without owning a car, however many people use a car to get to work. This creates huge parking problems, especially in big cities, and often takes longer than the train.

Practice more at **vhlcentral.com.**

# La mamma e il bambino

CLAUDIO GIANINI

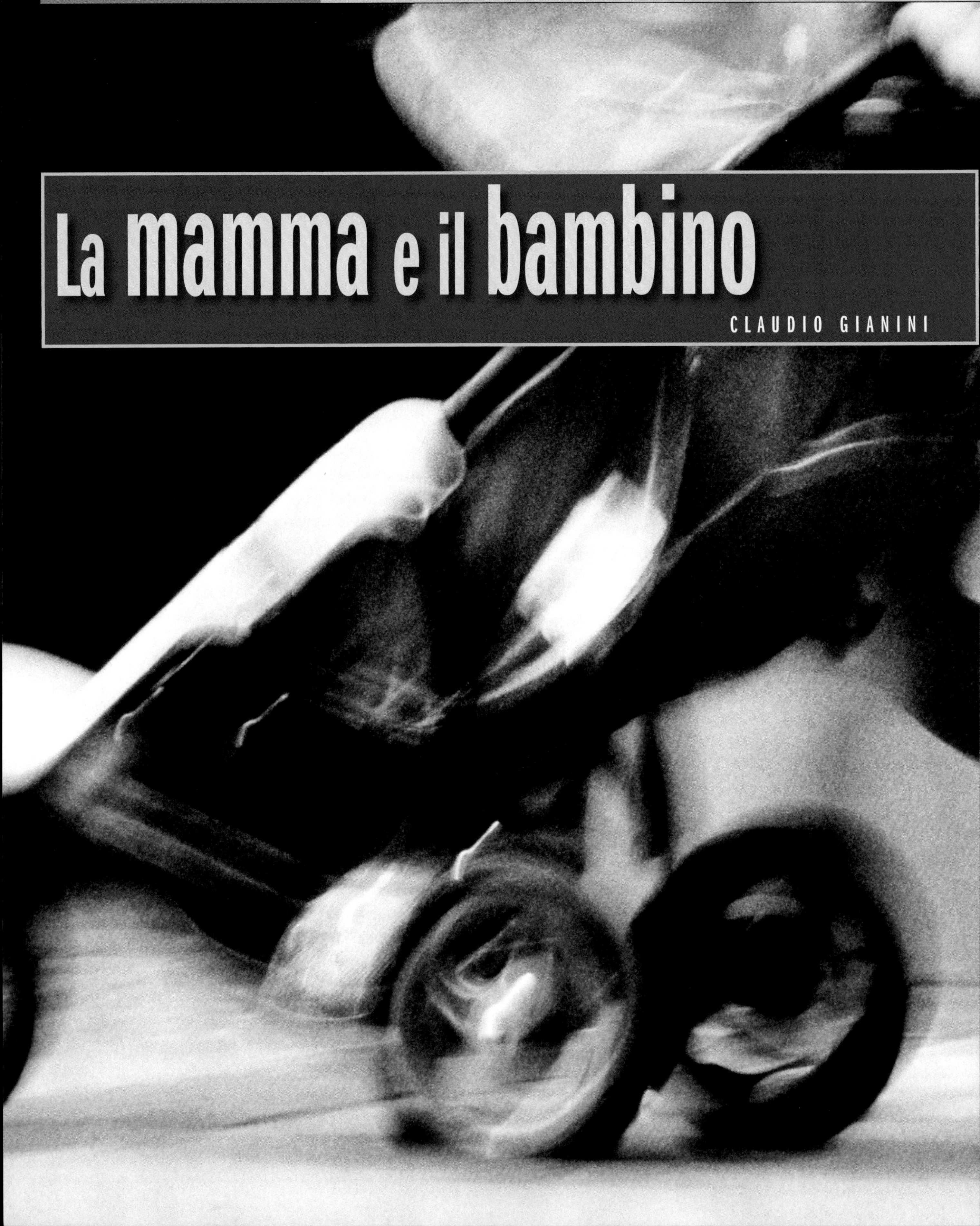

**Audio: Dramatic Reading**

Era tanto tempo che non tornavo più nella città in cui sono nato e nella quale ho vissuto per oltre trent'anni della mia vita. In realtà non abito poi così lontano, quaranta chilometri appena, da non poterci venire più di frequente. Semplicemente non ho occasioni particolari per farlo. Tranne° oggi.

La mia Milano. Quanti ricordi sono evocati dai clacson° delle vetture°, dal rumore caotico del traffico, dallo sferragliare° dei tram. Un'onda° di emozioni mi assale appena scendo dal treno delle Ferrovie Nord Milano. Un treno da Far West, come dico spesso ridendo. In effetti mancano solo le frecce°, scagliate° dagli archi dei pellerossa durante un qualche attacco ai visi° pallidi e piantate° nel legno° dei vagoni° attorno ai finestrini.

Ho viaggiato con il treno perché il luogo in cui devo recarmi è a pochi metri dalla Stazione di Piazza Cadorna. Sarebbe stato masochismo puro venirci con l'automobile. Non tanto per il viaggio, che già in sé sarebbe stato allucinante°, quanto per la ricerca di un parcheggio. Meglio quindi il mezzo pubblico.

Mentre attraverso la strada guardo già il portone° del palazzo presso il quale ho il mio appuntamento. Un'occhiata all'orologio mi conferma che sono in anticipo. Ho almeno il tempo per fare un giretto, per immergermi° nella folla di gente frettolosa e indaffarata, per tornare a vivere il gusto della vita frenetica della grande metropoli. Una donna, forse filippina, mi viene incontro spingendo una carrozzina° con dentro un marmocchio°. Mi fissa° per un istante negli occhi. Io ricambio° con fermezza il suo sguardo°. Mi ferma, e io so già cosa vuole. Inizia a parlare, mentre la mia mente sta preparando un rifiuto°.

«Posso farti una domanda?», mi chiede. Ha negli occhi una luce di rassegnata° speranza. Gli anni passati a fermare in quel modo gente diffidente le hanno insegnato a leggere sui visi, tra le pieghe di sorrisi compiacenti o di smorfie° sdegnose°.

«Se so rispondere... », dico con tono lievemente ironico.

«Te lo chiedo come a un fratello», prosegue. Dai suoi occhi è sparita° la rassegnazione ed è rimasta solo la speranza. Forse ritiene già un grosso successo il fatto che io l'abbia almeno degnata° di un minimo di considerazione.

«Mi compri dei pannolini per mio figlio?», continua la donna indicandomi la farmacia che si trova alle mie spalle.

«Posso farti una domanda?», mi chiede.

Il rifiuto che avevo pensato sale veloce alle mie labbra, prima ancora che le sue parole mi arrivino al cervello e scendano al cuore, prima che tocchino corde diverse da quelle solitamente fatte vibrare dalle pretese° di qualche spicciolo°. Bastano due passi e la folla si richiude attorno a noi, separandoci. Frazioni di secondo, nelle quali infine realizzo che la preghiera appena ricevuta era una sincera richiesta° d'aiuto.

Quella mamma aveva calpestato° il proprio orgoglio°. Non voleva soldi, voleva direttamente qualcosa di necessario per il suo bambino. Mi giro, torno sui miei passi°, voglio correggere quello che adesso riconosco come un errore. In fondo°, quanto mi può costare un pacco di pannolini? Ma non vi° è più traccia° della donna. Sembra che la folla l'abbia ingoiata°.

Chissà° se qualcun altro, meno pronto di me a presentare un rifiuto, porrà rimedio al mio sbaglio°? ■

*Except for* · *car horn/cars* · *clanging/wave* · *arrows/shot* · *faces* · *stuck/wood* · *wagons* · *devastating* · *entrance door* · *immerse myself* · *pram* · *kid/stares* · *return* · *gaze* · *refusal*

*resigned* · *grimaces/disdaining* · *disappeared* · *deigned* · *demands/small change* · *demand* · *had trampled upon* · *pride* · *steps* · *after all* · (=**ci**) *there* · *trace* · *swallowed* · *Who knows* · *mistake*

NATIONAL communication STANDARDS

1 Point out that **marmocchio** is a disparaging term, like "brat". Point out also that Filipinos are very well integrated in Italy, and that it is unlikely for a Filipino woman to beg in **piazza Cadorna**. The protagonist's uncertainty about the ethnicity of the woman may indicate that he unthinkingly considers all foreigners as potential beggars, with no distinction of nationality.

# Analisi

1 **Comprensione** Indica se ogni affermazione è **vera** o **falsa**. Dopo, in coppia, correggete le affermazioni false.

| Vero | Falso | |
|---|---|---|
| ☑ | ☐ | 1. Il protagonista ha preso il treno per andare a Milano. |
| ☐ | ☑ | 2. Il protagonista è in ritardo. |
| ☑ | ☐ | 3. Il protagonista vede una donna con un marmocchio in una carrozzina che lo guarda fisso. |
| ☑ | ☐ | 4. Secondo il narratore la donna è filippina. |
| ☐ | ☑ | 5. Il protagonista compra i pannolini. |
| ☑ | ☐ | 6. Il protagonista cambia idea. |

2 **Opzioni** Scegli la frase corretta tra le due.

1. a. Il protagonista lavora a Milano.
   (b.) Il protagonista vive fuori Milano.
2. (a.) Il protagonista si emoziona rivedendo Milano.
   b. Il protagonista resta indifferente rivedendo Milano.
3. (a.) Il viaggio in treno è un'avventura da film western.
   b. Il viaggio in treno è comodo e tranquillo.
4. a. Trovare parcheggio non sarebbe stato un problema.
   (b.) Trovare parcheggio sarebbe stata una tortura.
5. a. Il narratore dà soldi alla donna.
   (b.) Il narratore non fa il favore chiesto.

3 **Pensaci su** Scegli la risposta più appropriata. Dopo, in coppia, discutete le frasi che avete segnato con **d.**

1. La donna spera di ____.
   a. aver trovato una persona gentile  b. aver trovato il padre di suo figlio
   c. riuscire a prendersi cura di (*take care of*) suo figlio  (d.) sia a che c
2. Il protagonista ____.
   a. ha un atteggiamento ironico  b. è subito compassionevole
   c. è pieno di pregiudizi  (d.) sia a che c
3. La donna è ____.
   a. una mendicante professionista  (b.) una persona orgogliosa ma disperata
   c. una ladra  d. una bugiarda
4. Il narratore ____.
   a. pensa a lungo prima di dare una risposta  b. cerca di nascondersi tra la folla
   (c.) impulsivamente dice sempre di no a chi non conosce  d. aiuta la donna
5. La metropoli ____.
   (a.) può essere impersonale  b. favorisce la comprensione tra le persone
   c. è il posto ideale per conoscere stranieri  d. aiuta il dialogo
6. Qualcuno tra la folla ____.
   a. aiuta sicuramente la donna  (b.) forse aiuterà la donna  c. andrà in farmacia
   d. darà soldi alla donna

**4** **Cosa pensate?** In coppia, rispondete alle seguenti domande.

1. A chi si riferiscono queste frasi? Che aggettivi usereste per descrivere le emozioni di entrambe le persone?
   «Ha negli occhi una luce di rassegnata speranza.»
   «Ha negli occhi sospetto e sfiducia.»
2. Secondo te, cosa pensa la donna quando dice queste frasi? Descrivi le sue emozioni.
   «Posso farti una domanda?»
   «Te lo chiedo come a un fratello.»
3. Perché chiede dei pannolini invece dei soldi per comprarli?
4. Secondo te, chiede sempre soldi o oggetti ai passanti?
5. Come immagini che potrebbe proseguire il dialogo se il narratore la ritrovasse?

**5** **Tu cosa faresti?** Dai la tua opinione personale.

1. Perché credi che il narratore sia così antipatico, persino (*even*) ironico?
2. Il viaggio in treno è paragonato a un Far West da fumetti (*cartoonish*). L'idea dei «buoni» (i visi pallidi) contro «i cattivi» (i pellerossa) è un'indicazione del pregiudizio che il narratore avrà verso la donna. È possibile non avere pregiudizi? Ci sono pregiudizi nei confronti di specifici gruppi etnici nel tuo paese? Per esempio?
3. Cosa faresti se fossi la donna del racconto?
4. Ti sei mai trovato/a in una situazione simile?
5. Sei mai stato/a vittima di pregiudizi?
6. Se tu fossi il narratore, cosa faresti? Saresti così pronto a dire di no? Perché sì o perché no?

**6** **Dialogo** In coppia, create un finale diverso. Immaginate il dialogo che il narratore e la donna avrebbero potuto avere. Scrivete almeno otto frasi e poi recitatele.

**NO!** Il narratore dice di no. La folla non li separa. Cosa risponde la donna?

**SÌ!** Il narratore dice di sì. Cosa succede?

**7** **Tema** Scegli uno dei seguenti argomenti e scrivi una breve composizione.

- Hai mai incontrato una persona per la strada che ti ha chiesto qualcosa? Come hai reagito? Ti sei sorpreso/a della tua reazione? Pensi che avresti potuto comportarti diversamente? Non deve essere per forza un incontro con un mendicante o un'esperienza negativa: può anche essere una bella esperienza.
- Descrivi le tue emozioni quando sei andato per la prima volta in una grande città. Se vivi in una grande città, descrivi cosa provi quando vai fuori città.

**6** Have groups of students re-write the whole story as a play, adding characters (depending on how large is the class), and perform it in class memorizing their lines at home or reading off flash cards. Make sure they write on the board words they may use in their skit if the whole class does not know them.

## Nota CULTURALE

**Milano** è la seconda città più grande d'Italia dopo Roma. Il comune ha una popolazione di un milione e trecentomila abitanti e l'area metropolitana supera gli otto milioni di abitanti. Più del 16% degli abitanti del comune di Milano sono immigranti. È raro sentire di incidenti dovuti alla convivenza° di tante culture diverse.

**convivenza** *coexistence*

| Comunità d'immigranti con più di 10.000 abitanti a Milano | |
|---|---|
| Filippine | 33.753 |
| Egitto | 28.666 |
| Cina Rep. Popolare | 18.918 |
| Perù | 17.674 |
| Ecuador | 13.539 |
| Sri Lanka | 13.339 |

(Fonte: www.comuni-italiani.it)

**5** Point out that **pellerossa** e **viso pallido** are not intended to be politically incorrect terms. They bring to mind John Wayne films and Italian graphic novels such as *Tex Willer*. Just as history has recognized that native cultures have been systematically exterminated, the narrator of this story realizes that his own antagonistic attitude has prevented him from seeing that the woman was not a professional beggar.

Practice more at **vhlcentral.com.**

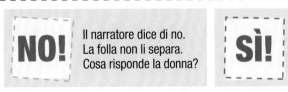

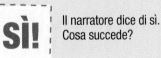

# Pratica

## Le citazioni

In un saggio la tesi deve essere sostenuta con prove evidenti. Un tipo di prova molto attendibile è rappresentato dalle citazioni ottenute direttamente dalle fonti originali. Le citazioni devono:

- Essere collegate direttamente a quello che si vuole dimostrare.
- Essere inserite nel contesto. Non si può cambiare il messaggio dell'autore originale.
- Includere la fonte. Citare testi senza dichiararne la fonte costituisce un plagio (*plagiarism*).

Le citazioni letterali devono essere riportate tra virgolette «...» (*quotes*); se si omette parte del testo, si indica così: [ ... ]. Infine, se decidiamo di citare usando le nostre parole si può eseguire un cambio nei tempi dei verbi o in altri elementi simili. Esempi:

Citazione diretta: Claudio Gianini nel brano *La mamma e il bambino* giustifica l'uso del treno quando dice: «Non tanto per il viaggio, che già in sé sarebbe stato allucinante, quanto per la ricerca di un parcheggio».

Citazione parziale: Claudio Gianini nel brano *La mamma e il bambino* giustifica l'uso del treno quando dice: «Non tanto per il viaggio, [ ... ], quanto per la ricerca di un parcheggio.»

Citazione indiretta: Claudio Gianini nel brano *La mamma e il bambino* giustifica l'uso del treno in quanto è difficile trovare un parcheggio.

Point out to students the difference between Italian and English quotation marks. «...» "..."

To help students cite quotations, distribute some examples of quotes from famous Italian authors and have students practice changing them into indirect quotes.
**«Quanto piace al mondo è breve sogno». (Petrarca)**
**«Il compito degli uomini di cultura è più che mai oggi quello di seminare dei dubbi, non già di raccogliere certezze». (Bobbio)**
**«Nessun maggior dolore che ricordarsi del tempo felice nella miseria». (Dante, *Inferno* V)**

1 **Preparazione** In coppia, rileggete l'articolo a pagina 31 e identificate i tipi di citazione presenti.

2 **Saggio** Scegli uno di questi argomenti e scrivi un saggio.

- Il tuo saggio deve far riferimento a uno o due dei quattro brani di questa lezione contenuti in **Cortometraggio**, **Immagina**, **Cultura** e **Letteratura**.
- Deve includere almeno tre citazioni dirette o indirette, ricavate dai brani, per difendere o sostenere i tuoi argomenti.
- Il saggio deve essere lungo almeno due pagine.

Nelle letture *Tutte le strade portano a Roma* e *Roma: un museo all'aperto*, abbiamo un'immagine dell'antica Roma in tutta la sua grandezza. Anche se con duemila anni di differenza, puoi fare un confronto fra lo stile di vita ai tempi dei Romani e lo stile di vita moderno?

Nel brano di Claudio Gianini *La mamma e il bambino* uno dei temi predominanti è il rapporto tra sconosciuti in cui una persona ha bisogno di aiuto. Fino a che punto un individuo può spingersi per aiutare uno sconosciuto? Secondo te, è rischioso o vale la pena in nome della compassione e del rispetto per tutta l'umanità?

Nei brani su Roma, emerge una ricchezza culturale attraverso l'arte e l'urbanistica che supera il tempo. Secondo te, nelle città americane come si esprime la ricchezza culturale e che valore ha?

# Città e comunità

Vocabulary Tools

## Luoghi e indicazioni

**l'angolo** *corner*
**l'appartamento** *apartment*
**la campagna** *countryside*
**il casale** *farmhouse*
**l'edicola** *newsstand*
**i giardini pubblici** *public gardens*
**il grattacielo** *skyscraper*
**l'incrocio** *intersection*
**il marciapiede** *sidewalk*
**la metro(politana)** *subway*
**il municipio** *city hall*
**il paese** *village*
**il palazzo** *building; palace*
**la periferia** *suburbs*
**il quartiere** *neighborhood*
**il segnale stradale** *road sign*
**il semaforo** *traffic light*
**lo stadio** *stadium*
**la stazione di polizia** *police station*
**la strada** *street*
**le strisce pedonali** *crosswalk*
**il tribunale** *courthouse*
**la via** *street*

---

**attraversare** *to cross*
**dare indicazioni** *to give directions*
**perdersi** *to get lost*
**trovarsi** *to be located*

## La gente

**il/la cittadino/a** *citizen*
**il/la coinquilino/a** *housemate; roommate*
**il/la contadino/a** *farmer*
**il/la paesano/a** *villager/(fellow) countryman/woman*
**il pedone (*m./f.*)** *pedestrian*
**il/la poliziotto/a** *police officer*
**il sindaco** *mayor*
**il/la venditore/venditrice (ambulante)** *(street) vendor*
**il/la vigile del fuoco** *firefighter*

## Le attività

**chiacchierare** *to chat*
**divertirsi** *to have fun*
**fare commissioni** *to run errands*
**incontrarsi** *to get together*
**passeggiare** *to take a walk*
**trasferirsi** *to move (change residence)*

## Il trasporto

**l'automobilista (*m./f.*)** *driver*
**la circolazione/il traffico** *traffic*
**la fermata (dell'autobus/della metro/del treno)** *(bus/subway/train) stop*
**l'ingorgo stradale** *traffic jam*
**il/la passeggero/a** *passenger*
**il ritardo** *delay*

---

**dare un passaggio** *to give a ride*
**fermare/fermarsi** *to stop*
**girare (a destra/sinistra)** *to turn (right/left)*
**guidare** *to drive*
**parcheggiare** *to park*
**salire (in macchina/sul treno/sull'autobus)** *to get (in a car/on a train/on a bus)*
**scendere (dalla macchina/dal treno/dall'autobus)** *to get (out of a car/off a train/off a bus)*

## Per descrivere

**affollato/a** *crowded*
**pericoloso/a** *dangerous*
**quotidiano/a** *daily*
**rumoroso/a** *noisy*
**vivace** *lively*

## Cortometraggio

**l'acquisto** *purchase*
**la bugia** *lie*
**la campagna pubblicitaria** *advertising campaign*
**il mutuo** *mortgage*
**il provino** *screen test*
**il viso** *face*

---

**capitare** *to happen*
**costringere** *to coerce*
**dire la verità** *to tell the truth*
**festeggiare** *to celebrate*
**fare finta** *to pretend*
**lasciarsi** *to break up*
**togliere** *to remove*
**litigare** *to fight*
**vedersi con** *to date*

---

**solo** *alone; lonely*

## Cultura

**l'acquedotto** *aqueduct*
**la composizione demografica** *demographic makeup*
**l'edificio** *building*
**l'esigenza** *requirement*
**l'infrastruttura** *infrastructure*
**l'ingegnere** *engineer*
**il materiale edile** *building material*
**le mura di cinta** *city walls*
**il piano urbanistico** *city plan*
**il reperto** *find (archeol.)*
**le rovine** *ruins*
**lo scavo** *excavation*
**il secolo** *century*
**le terme** *(thermal) baths*
**la topografia** *topography*
**l'urbanistica** *city/planning*

---

**d.C. (dopo Cristo)** *AD (Anno Domini)*

## Letteratura

**la compassione** *compassion*
**la folla** *crowd*
**l'immigrante** *immigrant*
**il/la mendicante** *beggar*
**la metropoli** *big city*
**il mezzo pubblico** *public transportation*
**il pannolino** *diaper*
**la povertà** *poverty*
**la sopravvivenza** *survival*
**il tram** *cable car*
**la vergogna** *shame*

---

**essere in anticipo** *to be early*
**fare un giretto** *to go for a stroll*

---

**diffidente** *mistrustful*
**frettoloso/a** *in a hurry*
**indaffarato/a** *busy*

LEZIONE 3

# Distriti e divertirsi

La vita di tutti i giorni è frenetica e faticosa. Ognuno dovrebbe trovare del tempo da dedicare al proprio corpo e allo spirito. Fare una passeggiata in città o a contatto con la natura. Incontrare gli amici al caffè e fare due chiacchiere. Rilassarsi in casa con un bel libro o davanti a un film. Andare in palestra o dedicarsi a uno sport. Ognuno è diverso e dà sfogo allo stress della routine in modo diverso. Tu che cosa preferisci? Quale attività ti rilassa e ti dà la carica giusta per affrontare una nuova giornata piena di impegni?

82 **CORTOMETRAGGIO**
Cosa determina la nostra personalità? Quali caratteristiche ci rendono unici? Un bambino delle elementari con un talento particolare cerca le risposte in *Bulli si nasce*, del regista **Massimo Cappelli**.

88 **IMMAGINA**
**Visitare Firenze** e la **Toscana** sono uno dei tuoi sogni? Finalmente farai una gita nella capitale dell'arte rinascimentale, scoprirai come è nata la **Vespa** e navigherai tra le isole dell'**Arcipelago Toscano**.

105 **CULTURA**
È noto che gli italiani amano il calcio. Ma sapevi che la passione per uno sport può anche influenzare la cultura e la mentalità di un'intera nazione? Leggi l'articolo *Rete!* e vivi la passione.

109 **LETTERATURA**
Nel racconto *La chitarra magica*, **Stefano Benni** propone una fiaba con un finale a sorpresa.

85

106

**Destinazione: TOSCANA**

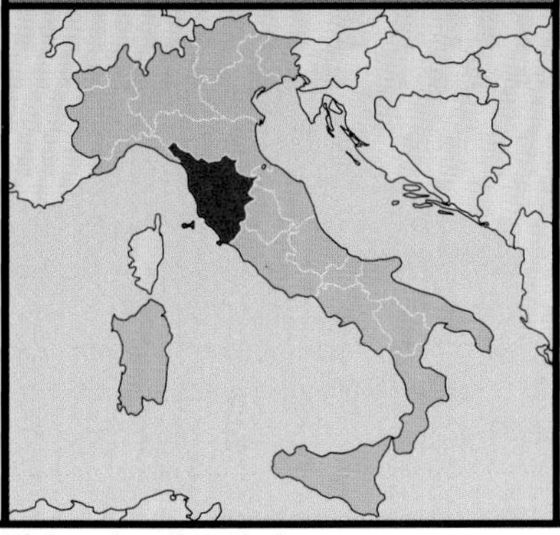

**PREVIEW** Invite students to comment on the picture on **p. 78**. Do they prefer to occupy their free time with sports or other physical activities like the people in the photo, or do they prefer other leisurely activities? After students have explained their preferences, expand the conversation by asking if both relaxation and exercise are important for a well-balanced person. Which is more important? Why?

80 PER COMINCIARE
90 STRUTTURE
- **3.1 The passato prossimo with avere and essere**
- **3.2 The imperfetto**
- **3.3 The passato prossimo vs. the imperfetto**
- **3.4 The passato remoto**

115 VOCABOLARIO

# I passatempi

Vocabulary Tools

## Lo sport

**l'allenatore/allenatrice** *coach*
**l'alpinismo** *mountain climbing*
**l'arbitro** *referee*

**l'automobilismo** *car racing*
**il calcio** *soccer*
**il campo di/da gioco** *playing field*
**il canottaggio** *rowing*
**il club sportivo** *sports club*
**l'equitazione** *horseback riding*
**la gara** *race*
**il giocatore/la giocatrice** *player*
**il pareggio** *tie*
**il pattinaggio (sul ghiaccio)** *(ice-)skating*
**il pugilato** *boxing*
**lo sci (di fondo)** *(cross-country) skiing*

**la squadra** *team*
**il/la tifoso/a** *fan*

---

**allenarsi** *to train*
**andare in palestra** *to go to the gym*
**farsi male** *to injure oneself*
**scalare** *to climb*
**segnare (un gol)** *to score (a goal)*
**vincere/perdere/pareggiare (una partita)** *to win/lose/tie (a game)*

**INSTRUCTIONAL RESOURCES**
Audioscripts, SAM AK, Lab MP3s
**SAM/WebSAM:** WB, LM

Supply the students with more vocabulary related to soccer: **tirare, passare, dribblare, parare, commettere un fallo**.

## Il tempo libero

**il biglietto** *ticket*
**il biliardino** *foosball*
**il biliardo** *billiards*

**l'escursionismo** *hiking*
**il gioco di società** *board game*
**il gruppo (musicale)** *band*
**il luna park** *amusement park*
**la mostra** *exhibition*
**la prima** *opening night*
**gli scacchi** *chess*
**lo spettacolo** *show*
**il videogioco** *videogame*

---

**applaudire** *to clap*
**fare campeggio** *to camp*

**fare la fila** *to wait in line*
**festeggiare** *to celebrate*
**giocare a nascondino** *to play hide-and-seek*
**prendere qualcosa da bere/mangiare** *to get something to drink/eat*
**valere la pena** *to be worth it*

---

**buffo/a** *funny*
**da non perdere** *must-see*
**tutto esaurito** *sold out*

**SINONIMI E CONTRARI**
**biliardino ↔ calciobalilla**
**fare campeggio ↔ campeggiare**
**farsi male ↔ infortunarsi**
**firmato ↔ di marca**
**passato di moda ↔ fuori moda**
**il pugilato ↔ la boxe**
**scalare ↔ arrampicarsi**
**sostituire (–isc) ↔ cambiare**
**raffinato ≠ rozzo**
**fare la fila ≠ saltare la fila**
**applaudire ≠ fischiare**

## Lo shopping e l'abbigliamento

**l'abito da sera** *evening dress*
**il cappotto** *coat*
**il centro commerciale** *mall*
**l'impermeabile** *raincoat*
**le infradito** *flip-flops*
**i saldi (di fine stagione)** *(end-of-season) sales*
**le scarpe da ginnastica/tennis** *sneakers*

**i tacchi alti** *high heels*
**il vestito (da uomo/donna)** *suit/dress*

---

**cambiare** *to exchange*
**dare un'occhiata** *to take a look*
**provare** *to try on*

---

**alla moda** *fashionable*
**firmato/a** *designer brand*
**passato/a di moda** *out-of-style*
**raffinato/a** *refined*

Point out that a film or a play may be **buffo/a** or **divertente**, but also **triste, a lieto fine, con finale aperto**. A film may be **d'azione, dell'orrore, giallo, di fantascienza, comico**, or **drammatico**.

Explain that **abbigliamento** is a non-count noun indicating clothing in general, while **vestito** or **abito** indicates something concrete. A single piece of clothing is referred to as **un capo d'abbigliamento**.

Clarify that **tifoso** is used only for teams, while **fan** is used for people. Ex. **Sono un tifoso della Roma e un fan di Francesco Totti**.

Point out that most Italian stores will not allow customers to return (**portare indietro**) items for a refund. Some may let customers exchange items.

# Pratica e comunicazione

1

**Categorie** Trova nella lista le parole che appartengono a ciascuna categoria.

| | | | | |
|---|---|---|---|---|
| applaudire<br>biliardo | cappotto<br>impermeabile | infradito<br>prima | scacchi<br>tacchi alti | tutto esaurito<br>videogioco |

**Giochi** (1) videogioco, (2) biliardo, (3) scacchi
**Teatro** (4) applaudire, (5) prima, (6) tutto esaurito
**Abbigliamento** (7) cappotto, (8) impermeabile
**Scarpe** (9) infradito, (10) tacchi alti

2

**Ne vale la pena?** Completa la conversazione utilizzando le parole appropriate della lista.

| | | | | |
|---|---|---|---|---|
| allenarmi<br>arbitro | calcio<br>campo da gioco | pareggio<br>partita | segnare<br>tifosi | vincere<br>una partita |

**MARCO** Ciao, Giorgio! Che ti è successo alla gamba?
**GIORGIO** Mi sono fatto male giocando a (1) calcio ieri.
**MARCO** Fai come me: segui il calcio dalla poltrona!
**GIORGIO** No, Marco, questo mai! Io sono un vero sportivo: preferisco stare sul (2) campo da gioco.
**MARCO** Non dire così! I (3) tifosi sono importanti quanto i calciatori per (4) vincere una partita!
**GIORGIO** È vero, ma quelli che vengono allo stadio contano di più di quelli che guardano la (5) partita in TV! Ora, che per un po' di tempo non potrò più (6) allenarmi, andrò allo stadio ogni domenica con tutta la famiglia!
**MARCO** Ma hai fatto in tempo a (7) segnare almeno un gol prima di farti male?
**GIORGIO** A dir la verità, mi sono fatto male tirando in porta (*shooting a goal*). Il pallone è entrato, ma l'(8) arbitro ha fischiato fallo di mano (*hand-ball*) e la partita è finita in (9) pareggio.
**MARCO** Vedi? Ho ragione io! Non ne vale la pena!

3

**Conversazione** In coppia, fatevi queste domande e confrontate le vostre risposte.

1. Come preferisci impiegare il tempo libero? Qual è il tuo passatempo preferito?
2. Quale sport segui? Quale ti piace di più? Qual è la tua squadra preferita?
3. Cosa indossi quando pratichi il tuo sport o il tuo passatempo preferito?
4. Ti sei mai fatto male praticando uno sport?
5. Qual è lo spettacolo che hai visto più di recente? Ti è piaciuto? Perché?
6. Cosa indossi di solito per una serata galante?

4

**Il tempo libero** Immaginate di avere una settimana libera e fate dei progetti. Cosa volete fare nel tempo a disposizione? Dove volete andare? Perché? Discutete con i vostri compagni e scrivete un programma per la settimana.

2 Before starting the activity, make sure students are familiar with the expression **ne vale la pena** by giving them different scenarios: Ex. **Giorgio vuole frequentare la scuola di moda, ma sa già che sarà difficilissimo per lui trovare lavoro./Marco vuole fare il calciatore, ma quando avrà 35 anni sarà già troppo vecchio per questo lavoro. Ne vale la pena?**

### Nota CULTURALE

Il **calcio** è sicuramente lo sport italiano più seguito. Ogni città e piccolo paese ha la propria squadra di calcio. Sono molti gli italiani che amano il calcio o, più propriamente, amano seguire il calcio la domenica, dalla poltrona di casa propria.

Ci sono però anche gruppi di ragazzi (o adulti) che si riuniscono nel fine settimana per giocare a una versione ridotta del calcio, il **«calcetto»**. Nel calcetto ci sono solo cinque giocatori per squadra, anziché undici, e il campo è molto più piccolo di un campo di calcio classico. Quando si gioca a calcetto, non c'è un arbitro, perché lo scopo del gioco è divertirsi e non vincere la partita. Spesso la serata si conclude in pizzeria.

2 As an expansion, have students act out the dialogue. Then ask them to work in pairs and write a similar dialogue about a different sport, keeping the first and the last sentences from the original dialogue.

Practice more at **vhlcentral.com.**

NATIONAL STANDARDS connections cultures communication

**INSTRUCTIONAL RESOURCES**
Film Collection, Script & Translation
**SAM/WebSAM:** WB

# Preparazione

**Audio: Vocabulary**

**Vocabolario del cortometraggio**

**il bullo** *bully*
**competitivo/a** *competitive*
**l'ecografịa** *ultrasound*
**il fenọmeno** *phenomenon*
**improvvisare** *to improvise*
**l'orgoglio** *pride*
**l'ọttico** *optician*
**prenatale** *prenatal*
**il/la quattrocchi** *four eyes*
**il/la secchione/a** *student who studies too hard*
**sminuire (–isc)** *to play down*

**Vocabolario utile**

**il burattino** *puppet*
**la coincidenza** *coincidence*
**la genẹtica** *genetics*
**le lenti a specchio** *mirrored lenses*
**la merendina** *snack*
**la suora** *nun*

**ESPRESSIONI**

**prẹndere di mira** *to target*
**prẹndere in giro** *to make fun of*
**tutto va per il meglio** *everything is turning out for the best*

**1** Preparation. Ask the class: **Chi porta gli occhiali? Sono occhiali da vista o occhiali da sole? Chi ha le lenti a contatto? Ne hai bisogno per leggere o per guardare la televisione? Anche i tuoi genitori hanno gli occhiali? E i tuoi nonni?**

**1**

**Pratica** **Scegli la risposta giusta.**

1. Quando due amici si incontrano per caso si tratta di ________.
   a. una secchiona (b.) una coincidenza c. un fenomeno
2. L'ottico fa ________.
   (a.) gli occhiali b. le merendine c. l'ecografia
3. I burattini sono un tipo di ________.
   (a.) marionette senza fili b. occhiali a specchio c. asteroidi
4. L'ecografia prenatale si fa prima che il bambino ________.
   a. vada a scuola b. compia due anni (c.) nasca
5. Quando gli altri studenti chiamano un compagno «quattrocchi» ________.
   a. gli prendono gli occhiali (b.) lo prendono in giro c. lo ammirano

**2**

## Secondo te

**A. Quali attributi contribuiscono al successo?**

| CARATTERISTICA | SÌ | NO | CARATTERISTICA | SÌ | NO |
|---|---|---|---|---|---|
| Orgoglio | ☐ | ☐ | Rispetto per l'autorità | ☐ | ☐ |
| Senso di responsabilità | ☐ | ☐ | Spirito d'indipendenza | ☐ | ☐ |
| Iniziativa | ☐ | ☐ | Aggressività | ☐ | ☐ |
| Rispetto per le regole | ☐ | ☐ | Determinazione | ☐ | ☐ |
| Spirito ribelle | ☐ | ☐ | Pazienza | ☐ | ☐ |
| Timidezza | ☐ | ☐ | Compassione | ☐ | ☐ |

**2** After the students have discussed their answers, ask them to write the results on the board.

**B. In piccoli gruppi, confrontate le vostre risposte. Poi rispondete insieme a queste domande.**

1. La timidezza è davvero il contrario dell'aggressività?
2. È possibile essere responsabili e ribelli allo stesso tempo?
3. Ci sono delle persone che hanno uno spirito indipendente anche quando rispettano l'autorità?
4. Pensate a dei personaggi famosi: quali caratteristiche hanno? Ci sono delle apparenti contraddizioni in queste caratteristiche?

3 **Ingegneria genetica** In coppia, immaginate e descrivete il/la vostro/a figlio/a ideale. Poi rispondete insieme alle domande.

| | |
|---|---|
| Sesso (maschio o femmina) | |
| Carattere | |
| Intelligenza (quoziente) | |
| Abilità e talento (accademico, artistico, sportivo, ecc.) | |
| Preferenze (opinioni, amici, attività, cibi, ecc.) | |

1. Avete scelto un(a) figlio/a con caratteristiche simili alle vostre?
2. Quali caratteristiche sono invece diverse dalle vostre? Perché avete scelto così?
3. Siete d'accordo su tutti gli attributi o avete fatto dei compromessi? Se sì, quali?
4. Pensate che vostro/a figlio/a avrà successo nella vita? In cosa? Perché?

3 Ask each pair to report the similarities and differences in their ideal child to the class.

4 **Intervista** In coppia, fatevi a turno queste domande.

1. Quali dei tuoi gusti e interessi sono simili a quelli dei tuoi genitori?
2. Che interessi avevi da piccolo/a? Sono ancora gli stessi o sono cambiati con il passare degli anni?
3. Qual è l'attività a cui dedichi più tempo in questo momento? Perché?
4. Che cosa ha influenzato di più le tue scelte personali e accademiche fino a oggi? L'opinione dei tuoi genitori o quella dei tuoi amici?
5. Quali elementi saranno più importanti per il tuo futuro? Assegna un punteggio da 1 a 5 ai seguenti.

- il successo professionale
- l'intelligenza
- la salute
- la bellezza
- la felicità in famiglia e con gli amici

4 Ask each pair to report their responses to the rest of the class, encouraging other students to ask further questions and to explore how genetics shape us.

5 **La scuola** In piccoli gruppi, rispondete e commentate le risposte.

- Ci si può dedicare agli studi e allo sport senza sacrificare i rapporti con gli altri?
- Cosa pensi dei gruppi di amici che si formano a scuola? Ti hanno mai fatto sentire incluso/a o escluso/a? Perché?
- Quale delle tue caratteristiche rende i tuoi genitori orgogliosi di te?

5 Circulate among the groups facilitating discussion and encouraging students to draw upon their own childhood experiences with sports or other competitive activities.

6 **Immaginate** Guardate le immagini in piccoli gruppi e immaginate insieme chi sono e come sono i personaggi del corto. Che rapporto c'è tra di loro? Come sono le loro rispettive personalità?

Practice more at **vhlcentral.com.**

Video

**TEACHING OPTION** Explain the Italian expression **belli si nasce** (beauty is born, not made) and ask students to comment on the pun in the title. To highlight the irony in the story, ask them to imagine how they would react if they found out their child would have an unusual characteristic, such as an extreme talent for music or great physical beauty.

**Trama** *Ale è nato con le caratteristiche genetiche di un bullo eccezionale, ma con il tempo deve anche accettare le altre caratteristiche che fanno parte della sua natura.*

1

**ALE** Quel giorno mamma e papà erano molto agitati. Andavano dal dottore per sapere se ero un maschio o una femmina.
**MARIA** Ho capito, il solito problema: loro volevano una femmina, ma poi sei arrivato tu e allora...

2

**PADRE** Nostro figlio è un bullo! Dottore, è una notizia bellissima!
**MADRE** Oh, Dio, il nostro piccolo bulletto!
**PADRE** Ha detto «bullo», il Dottore; non sminuire. (*Al dottore*) Era «bullo», no?

3

**ALE** All'asilo° poi sono diventato un fenomeno e tutti riconoscevano la mia natura.
**MARIA** È andata avanti così fino alla quarta elementare°?
**ALE** Sì, un vero successo.

4

**MARIA** Hai cambiato scuola?
**ALE** No, non è per quello.
**MARIA** Qualche compagno ti ha preso di mira?

5

**ALE** Mi mancavano quattro decimi ipometropi°, come a mia madre.
**MARIA** Un bullo quattrocchi non si è mai visto.

6

**ALE** Occhiali da vista con lenti a specchio! Nessuno si sarebbe accorto del mio problema. Anzi, a scuola il mio prestigio aumentò°.

**asilo** *kindergarten* **quarta elementare** *fourth grade* **ipometropi** *nearsighted* **aumentò** *grew*

## Nota CULTURALE

### I burattini

Arlecchino e Pulcinella, maschere° che provengono dalla tradizione della Commedia dell'Arte, sono anche protagonisti del teatro dei burattini che esiste almeno dal 1500. Pulcinella rappresenta lo spirito del popolo napoletano e Arlecchino è il servo° a volte astuto e a volte sciocco°. Il burattino italiano più famoso del mondo è Pinocchio, il personaggio creato da Carlo Collodi nel 1881 e poi reinventato da Walt Disney nel film animato del 1940.

**maschere** *stock characters* **servo** *servant* **sciocco** *silly*

Point out that the terms **burattino** and **marionetta** are often used interchangeably.

## Sullo SCHERMO

Mentre guardi le scene principali del film scegli la risposta corretta:

1. Quando vanno dal dottore i genitori sono molto ____.
   **a.** delusi
   **(b.)** agitati
2. Il dottore è sorpreso di vedere che il bambino sarà ____.
   **(a.)** un bullo perfetto
   **b.** un maschio
3. Nel film Ale ha ____.
   **a.** un cappello e uno zaino blu
   **(b.)** un cappello e uno zaino nero
4. All'inizio Maria prova ____.
   **a.** orgoglio per Ale
   **(b.)** compassione per Ale
5. I bambini dell'asilo ____.
   **(a.)** hanno paura di Ale
   **b.** vogliono imitare Ale
6. Ale va dall'ottico perché ha bisogno ____.
   **(a.)** degli occhiali da vista
   **b.** degli occhiali da sole

# Analisi

1 **Comprensione** Indica se l'affermazione è **vera** o **falsa**. Dopo, in coppia, correggete le affermazioni false.

| Vero | Falso | |
|---|---|---|
| ☐ | ☑ | 1. I genitori di Ale volevano che diventasse un calciatore. |
| ☑ | ☐ | 2. La mamma di Ale ha bisogno degli occhiali. |
| ☐ | ☑ | 3. I genitori sono disperati che Ale sia un bullo. |
| ☑ | ☐ | 4. I genitori non sono contenti che Ale assomigli a loro. |
| ☑ | ☐ | 5. Ale resta calmo quando gli rompono gli occhiali. |
| ☑ | ☐ | 6. Alla fine del film Maria rivela una caratteristica inaspettata. |

2 Encourage pairs to share their statements with the rest of the class. Could the statements be assigned to more than one character?

2 **Chi lo dice?**

**A.** Associa personaggi e affermazioni.

| | | |
|---|---|---|
| f | 1. Mio figlio ha gli occhiali. È colpa mia! | a. il dottore |
| g | 2. Non essere impertinente! | b. il padre |
| h | 3. Voglio seguire la mia natura. | c. i bulli |
| c | 4. Adesso ti rompiamo gli occhiali! | d. la suora |
| a | 5. I test sono tutti positivi. | e. la secchiona |
| e | 6. Ale non vede la lavagna. | f. la mamma |
| d | 7. I bambini dell'asilo hanno tanta paura di Ale! | g. la maestra |
| b | 8. Mi piace fare il teatro dei burattini. | h. Ale |

**B.** In coppia, scrivete quattro nuove affermazioni e scambiatele con un'altra coppia; poi associate le rispettive affermazioni ai personaggi del film.

3 **Chi è responsabile?**

**A.** Indica le persone che hanno creato queste situazioni.

**Ale | i bulli | il dottore | i genitori | Maria**

1. Ale ha gli occhi della mamma e le orecchie del papà. i genitori
2. I bambini piccoli sono tormentati. Ale
3. I genitori di Ale fanno l'ecografia. il dottore
4. Ale racconta la sua storia. Maria
5. Ale ha sempre gli occhiali rotti. i bulli

**B.** In gruppi di tre, confrontate le vostre risposte. Poi rispondete alle seguenti domande.

- Pensi che Ale cambi durante il film? Come?
- Cosa imparano i genitori di Ale?
- Cosa capisce Ale alla fine?
- Come si sente Ale alla fine del film?
- Chi sono le vittime nel film? Chi sono i bulli?
- Ci sono dei personaggi stereotipati nel film? Chi sono?
- Chi è responsabile del fatto che Ale sia un bullo?

4 **Opinioni** In coppia, decidete se siete d'accordo o no con queste affermazioni. Spiegate il perché.

| Affermazioni | sono d'accordo | non sono d'accordo |
|---|---|---|
| 1. I nostri gusti dipendono esclusivamente dalla nostra natura. | ☐ | ☐ |
| 2. I nostri genitori o le esperienze che facciamo influiscono sulla nostra personalità. | ☐ | ☐ |
| 3. Andare all'asilo aiuta i bambini a socializzare. | ☐ | ☐ |
| 4. Le scuole pubbliche sono migliori delle scuole private. | ☐ | ☐ |
| 5. Gli sport di squadra sono migliori degli sport individuali. | ☐ | ☐ |
| 6. Studiare da soli è più efficace che studiare in gruppo. | ☐ | ☐ |
| 7. Per i miei genitori il successo accademico è più importante del successo nello sport. | ☐ | ☐ |

5 **I passatempi**

**A.** **In gruppi di tre, fate una lista dei vantaggi e degli svantaggi di queste attività. Poi presentate la lista al resto della classe.**

**Modello** **suonare uno strumento**
Vantaggi: È rilassante; si può far parte di un'orchestra...
Svantaggi: Bisogna fare pratica spesso; ci vogliono molti anni per...

- studiare in biblioteca
- Facebook
- leggere
- guardare la TV
- giocare con i videogiochi
- mandare sms
- Twitter
- il vostro passatempo preferito

**B.** **Commentate i vantaggi e gli svantaggi delle attività che fate nel tempo libero, a scuola o all'università.**

5 Help students share their lists by creating a scoreboard on the blackboard.

6 **Una conversazione** In coppia, improvvisate una conversazione per una di queste situazioni.

**A**

Siete una giovane coppia che aspetta un bambino. Il dottore vi rivela che sarà una campionessa di calcio con notevoli abilità linguistiche. Qual è la vostra reazione? Come aiuterete la vostra bambina a sviluppare le sue abilità naturali? Dove abiterete? In quali scuole la manderete a studiare?

**B**

Maria e Ale si incontrano dieci anni dopo, quando sono all'università. Qual è la loro reazione nel rivedersi dopo tanto tempo? Come sono cambiati? Che cosa studiano? Quali sono i loro passatempi? Cosa si dicono?

6 Help students be creative in their dialogues by circulating among the groups and asking "what if" questions.

7 **Scriviamo** Scegli uno di questi argomenti e scrivi una breve composizione.

- Quali caratteristiche fisiche o mentali sono necessarie per eccellere nel campo che preferisci? Descrivi quello che ti appassiona: una professione, un passatempo o altro.
- Sei un(a) giornalista e vuoi scrivere un articolo sulle scuole che hai frequentato, specialmente su come le attività del dopo-scuola aiutano gli studenti a fare amicizia e a sviluppare un senso di gruppo o di squadra.
- Se potessi acquisire una caratteristica o un'abilità, quale sarebbe? Come la useresti?

7 Help students adapt and personalize the topics to make them more relevant to their own lives.

Practice more at vhlcentral.com.

INSTRUCTIONAL RESOURCES: Teaching suggestions
SAM/WebSAM: WB

# IMMAGINA

# TOSCANA E FIRENZE

Reading

## In giro per Firenze

Firenze, capoluogo della regione Toscana e città ricca di opere d'arte uniche al mondo, è considerata la **culla del Rinascimento**°. Proveremo a suggerirvi degli itinerari artistici alla scoperta di alcuni dei tesori di questa storica città.

Vi consigliamo di iniziare con la **Galleria dell'Accademia** dove è conservato uno dei capolavori° di **Michelangelo**, la statua del ***David***, scolpita in un unico pezzo di marmo° e considerata da molti il più alto esempio di bellezza maschile rinascimentale. Da qui potrete continuare a piedi verso **piazza del Duomo** dove si trova **Santa Maria del Fiore**, il Duomo di Firenze progettato° nel XIII secolo. La **Cupola** è uno dei simboli di Firenze e un esempio dell'ingegneria innovativa di **Brunelleschi**, uno dei maggiori architetti del Rinascimento. Di fronte al Duomo c'è il **Battistero**, tra i monumenti più antichi della città. L'esterno è in marmo bianco e verde, le porte in bronzo sono divise in pannelli incisi° e all'interno ci sono elaborati mosaici. La porta principale, completamente dorata, è nota come la **Porta del Paradiso** ed è opera di **Lorenzo Ghiberti**. A fianco del Duomo si innalza° il **Campanile**, ai cui lavori collaborò anche **Giotto**.

Dalla cima° del Campanile e della Cupola potrete godere° di una vista panoramica su Firenze. Nelle vicinanze c'è la basilica di **Santa Maria Novella** con la sua spettacolare facciata° in marmo e all'interno preziosi affreschi e vetrate°.

In **piazza della Signoria** potrete invece visitare **Palazzo Vecchio**, che da diversi secoli è il municipio° di Firenze. Nelle vicinanze si trova uno dei musei più ricchi di raccolte d'arte del mondo: la **Galleria degli Uffizi**. Qui sono conservati° i più famosi dipinti di **Botticelli**, tra cui la **Nascita di Venere** e la **Primavera**, oltre alle opere di importanti pittori del tardo **Medioevo** e del Rinascimento come **Cimabue**, **Raffaello**, **Michelangelo** e **Leonardo da Vinci**.

La visita continuerà al **Museo Nazionale del Bargello** con la sua collezione di sculture, tra cui il ***David*** in bronzo di **Donatello**. Non lontano potrete visitare la chiesa di **Santa Croce** con gli affreschi di Giotto e le tombe dell'astronomo e filosofo **Galileo Galilei**, di Michelangelo e di **Niccolò Machiavelli**, storico e politico rinascimentale.

Ponte Vecchio

L'ultimo itinerario vi farà attraversare il fiume **Arno** passando per il **Ponte Vecchio**, noto per le sue botteghe artigiane e orafe°. Vi troverete nella zona denominata **Oltrarno**, dove sorgono altri due musei importanti: il colossale **Palazzo Pitti** e la **Cappella Brancacci**. Palazzo Pitti ospita eccezionali opere di pittura e scultura e comprende la Galleria Palatina che conserva molte delle collezioni della famiglia Medici, grande protagonista della storia politica e artistica di Firenze. La Cappella Brancacci, situata all'interno della chiesa di **Santa Maria del Carmine**, ospita gli affreschi di **Masaccio**, tra cui la ***Cacciata di Adamo ed Eva dal paradiso terrestre.*** In quest'opera l'artista introduce l'uso della prospettiva°, che sarà un elemento fondamentale dell'arte rinascimentale.

Dopo questa visita avrete avuto un assaggio° delle bellezze artistiche di Firenze e magari° sarete desiderosi di conoscerne altre.

### In più...

La storia di Firenze è stata caratterizzata dall'ascesa° e dal declino di famiglie importanti. La famiglia **Antinori** ha avuto un ruolo significativo nella vita economica della città. Gli Antinori iniziarono a commerciare tessuti° alla fine del XIII secolo arrivando fino in Francia e, nel corso dei secoli, hanno ricoperto anche cariche politiche. Ancora oggi la famiglia Antinori contribuisce alla ricchezza cittadina con la produzione del **Chianti**, un vino riconosciuto in tutto il mondo.

**culla...** *cradle of the Renaissance* **capolavori** *masterpieces* **marmo** *marble* **progettato** *planned* **pannelli...** *engraved panels* **si innalza** *it rises* **cima** *top* **godere** *to enjoy* **facciata** *façade* **affreschi...** *frescoes and stained glass windows* **municipio** *city hall* **conservati** *preserved* **botteghe...** *craftsmen and goldsmiths' shops* **prospettiva** *perspective* **assaggio** *taste* **magari** *perhaps* **ascesa** *rise to power* **tessuti** *fabrics*

**La Vespa** Lo scooter **Vespa**, una delle icone italiane più conosciute nel mondo, è uno dei prodotti delle industrie toscane **Piaggio**. La sede della Piaggio è a Pontedera, in provincia di Pisa. La Piaggio inizia la sua attività alla fine del 1800 con la produzione di materiale per ferrovie°, ma ben presto si dedica alla costruzione di aerei. Negli anni '20 e '30 produce automobili ed elicotteri finché, nel 1946, brevetta° e commercializza la Vespa, seguita da altri motocicli come il **Ciao** e il **Sì**.

**L'Arcipelago Toscano** La Regione Toscana ha 397 chilometri di litorale° bagnato dal mar Tirreno. Al largo della costa ci sono sette isole maggiori e alcune minori che fanno parte dell'**Arcipelago Toscano**. La più grande e conosciuta è **l'isola d'Elba**, famosa per aver ospitato Napoleone Bonaparte durante il suo esilio e oggi ricercata° destinazione turistica. Altre isole dell'arcipelago sono **l'isola del Giglio** e **l'isola di Montecristo.**

**ferrovie** *railways* **brevetta** *patents* **litorale** *coast* **ricercata** *in great demand*

**Vero o falso?** Indica se ogni frase è **vera** o **falsa**. Correggi le frasi false. Some answers will vary.

1. I lavori per il Campanile di Firenze iniziarono nel Rinascimento. Falso. I lavori iniziarono alla fine del Medioevo, nel XIII secolo.
2. Palazzo Vecchio è la sede politico-amministrativa di Firenze. Vero.
3. Molti degli affreschi di Masaccio sono conservati al Museo del Bargello. Falso. Il Bargello è un museo di sculture. Gli affreschi di Masaccio si trovano nella Cappella Brancacci.
4. Palazzo Pitti ha all'interno altri musei. Vero.
5. La famiglia Antinori oggi produce tessuti. Falso. Produce vino.
6. La Vespa è un'automobile prodotta dalla Piaggio. Falso. La Vespa è uno scooter.
7. L'isola di Montecristo è l'isola più grande dell'Arcipelago Toscano. Falso. L'isola d'Elba è l'isola più grande.
8. I più famosi dipinti di Botticelli si trovano nella Galleria degli Uffizi. Vero.

**Quanto hai imparato?** Rispondi alle domande. Some answers will vary.

1. Quale famosa statua è conservata nella Galleria dell'Accademia di Firenze? i *Prigioni*, il *San Matteo* o il *David* di Michelangelo
2. Quali sono alcune caratteristiche di Santa Croce? affreschi di Giotto; tombe di Galileo, Michelangelo e Machiavelli
3. Che tipo di negozi ci sono su Ponte Vecchio? botteghe artigiane e orafe
4. Che cos'è l'Oltrarno? un'area dopo Ponte Vecchio; l'area dove si trovano Palazzo Pitti e la Cappella Brancacci
5. Perché è famosa la famiglia Antinori? produzione di tessuti nei secoli scorsi; cariche politiche; produzione di vino oggi
6. Quali sono alcuni dei prodotti attuali (*current*) delle industrie Piaggio? motocicli e scooter

## Progetto

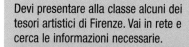

Devi presentare alla classe alcuni dei tesori artistici di Firenze. Vai in rete e cerca le informazioni necessarie.

- Ricerca sei opere famose presenti nei musei o nelle chiese di Firenze (possono essere opere di pittura, scultura, mosaici, ecc.).
- Per ogni opera scrivi una didascalia (*caption*) con informazioni sull'autore, l'epoca in cui ha vissuto e le caratteristiche artistiche dell'opera.
- Presenta il tuo lavoro alla classe.

INSTRUCTIONAL RESOURCES
Audioscripts, SAM AK, Lab MP3s, Grammar Presentation Slides
**SAM/WebSAM:** WB, LM

**ATTENZIONE!**

Note that it is common to use the **passato prossimo** where in English you would often use the simple past. The **passato prossimo** may be translated in several ways:

Lui **ha perso** la partita.
*He **has lost/lost/did lose** the game.*

Ieri Luisa **è rimasta** a casa.
*Yesterday Luisa **stayed** home.*

**TEACHING OPTION** Divide the class into small groups. Give groups two minutes to think of as many **–are**, **–ere**, and **–ire** verbs as possible. When time is up, invite students to ask each other questions using the **passato prossimo** of the verbs. Encourage them to use expressions such as **ieri**, **l'anno scorso**, and **tre giorni fa**.

To help students master the irregular past participles, encourage grouping similar participles together. Example: **scritto**, **fatto**, **detto** or **chiesto**, **rimasto**, **risposto**.

**ATTENZIONE!**

Here are some **–are** and **–ire** verbs with irregular past participles.

aprire → ap**erto**
dire → **detto**
fare → **fatto**
morire → mo**rto**
offrire → off**erto**
venire → ven**uto**

3.1

# The *passato prossimo* with *avere* and *essere*

—***Ho visto*** *cosa* ***è successo****.*

—*Il giorno stesso* ***sono andato*** *dall'ottico.*

- Use the **passato prossimo** to express an action completed in the past. This compound tense is formed by combining the present tense of an auxiliary verb (**avere** or **essere**) with the past participle of the main verb. When the verb is conjugated with **essere**, the past participle must agree in gender and number with the subject of the verb.

| Transitive verbs | |
|---|---|
| **ho** | |
| **hai** | |
| **ha** | **perduto** |
| **abbiamo** | |
| **avete** | |
| **hanno** | |

| Intransitive verbs | |
|---|---|
| **sono** | |
| **sei** | **andato/a** |
| **è** | |
| **siamo** | |
| **siete** | **andati/e** |
| **sono** | |

- The past participle of regular verbs is formed as follows.

| | | |
|---|---|---|
| **–are → –ato** | **–ere → –uto** | **–ire → –ito** |
| **parlare → parlato** | **potere → potuto** | **finire → finito** |

- Many past participles from the second conjugation verb group (**–ere**) are irregular. Here is a partial list.

| | | |
|---|---|---|
| bere → be**vuto** | ẹssere → **stato** | rimanere → rima**sto** |
| chiẹdere → chie**sto** | lẹggere → le**tto** | rispọndere → rispo**sto** |
| chiụdere → chiu**so** | mẹttere → me**sso** | rọmpere → ro**tto** |
| corrẹggere → corre**tto** | nạscere → **nato** | scẹgliere → sce**lto** |
| cọrrere → cor**so** | pẹrdere → per**so** | scẹndere → sce**so** |
| cuọcere → co**tto** | piạngere → pia**nto** | scrịvere → scri**tto** |
| decịdere → deci**so** | prẹndere → pre**so** | smẹttere → sme**sso** |
| dipịngere → dipi**nto** | raccọgliere → racco**lto** | vedere → **visto**/ved**uto** |
| discụtere → discu**sso** | rịdere → ri**so** | vịncere → vi**nto** |

- Transitive verbs employ **avere** as their auxiliary verb; the past participle ends in **–o**. Verbs that are intransitive usually require **essere** as their auxiliary; the past participle must agree in gender and number with the subject of the verb and will end in **–o**,**–a**, **–i**, or **–e**.

**Transitive verb** (takes **avere**, past participle ends in **–o**)

| | |
|---|---|
| Paola **ha scalato** una montagna.<br>*Paola climbed a mountain.* | Marcello **ha segnato** un gol.<br>*Marcello scored a goal.* |

**Intransitive verb** (takes **essere**, past participle agrees with subject)

| | |
|---|---|
| Paola **è caduta.**<br>*Paola fell.* | I giocatori **sono andati** in palestra.<br>*The players went to the gym.* |

- Intransitive verbs often express either physical movement or, in contrast, lack of movement. They also indicate changes in state.

| | |
|---|---|
| movement | **andare, arrivare, cadere, entrare, fuggire, partire, passare, (ri)tornare, salire, saltare, scẹndere, uscire, venire** |
| lack of movement | **ẹssere, restare, rimanere, stare** |
| change of state | **crẹscere, divenire, diventare, impazzire, morire, nạscere, risultare, sparire** |

- Some verbs, like **cambiare**, **cominciare**, **finire**, **iniziare**, and **passare**, can be used both transitively and intransitively. Compare:

| | |
|---|---|
| Carlo **ha finito** le linguine.<br>*Carlo finished the linguine.* | Lo spettacolo **è finito** alle 10.30.<br>*The show ended at 10:30.* |

- Not all intransitive verbs are conjugated with **essere**. Some intransitive verbs that describe common activities are conjugated with **avere**. These include **camminare**, **dormire**, **nuotare**, **saltare**, and **viaggiare**.

| | |
|---|---|
| Ieri notte **abbiamo dormito** solo due ore!<br>*We only slept two hours last night!* | Laura **ha viaggiato** molto.<br>*Laura has travelled a lot.* |

- Reflexive and reciprocal verbs, as well as the verb **piacere**, always require **essere** as their auxiliary. The past participle must agree with the subject of the verb.

| | |
|---|---|
| Paola **si è allenata** in palestra.<br>*Paola worked out at the gym.* | Le amiche **si sono telefonate**.<br>*The friends called each other.* |
| A Luigi **sono piaciuti** i tuoi amici.<br>*Luigi liked your friends.* | Non mi **sono piaciute** le lasagne.<br>*I did not like the lasagna.* |

- If a direct object pronoun precedes a verb in the **passato prossimo**, the past participle must agree with it. Remember that the past participle of transitive verbs (those verbs that are conjugated with **avere**) otherwise ends in **–o**.

| | |
|---|---|
| Dove **hai comprato** le scarpe da ginnastica?<br>*Where did you buy your sneakers?* | **Le ho comprate** al centro commerciale.<br>*I bought them at the mall.* |

**ATTENZIONE!**

When the verb acts upon, or has the potential to act upon an object, it is transitive. When the verb cannot be followed by a direct object, it is intransitive. Compare:

Transitive verb:
**Ho comprato un gioco di società.**
*I bought a board game.*

Intransitive verb:
**Quando siete arrivati?**
*When did you arrive?*

**RIMANDO**

The verbs **dovere**, **potere**, and **volere**, when combined with an infinitive in the **passato prossimo**, generally use the auxiliary verb employed with that infinitive. See **Strutture 4.4, p. 142**.

**Ho potuto comprare i biglietti.**
*I was able to buy the tickets.*

**Siete dovuti partire alle otto.**
*You had to leave at eight o'clock.*

**RIMANDO**

To review reflexive and reciprocal verbs, see **Strutture 2.1, pp. 52–53**.

**RIMANDO**

You will learn more about object pronouns in **Strutture 4.2, pp. 132–134**.

# Pratica

1 Ask pairs of students to write a biography of an athlete they particularly admire and read it to the class. The rest of the class can guess whose biography it is.

1 Provide students with a translation of the title of Totti's book: *All the Jokes About Totti (Collected by Me)*. Totti has been the center of many jokes in Italy because of his thick accent and his public antics. Discuss the reaction of other famous stars to jokes that circulate about them.

**1** **Francesco Totti** **Completa il paragrafo su Francesco Totti, un famoso giocatore italiano, usando il passato prossimo dei verbi tra parentesi.**

Francesco Totti (1) __è nato__ (nascere) a Roma il 27 settembre 1976. Dall'età di 16 anni fino a oggi, (2) __ha giocato__ (giocare) solo nella Roma. Il 4 settembre del 1994, (3) __ha segnato__ (segnare) il suo primo gol in Serie A e da quel momento non (4) __ha smesso__ (smettere) di stupirci (*astonish us*). Nel 1998 (5) __è diventato__ (diventare) il capitano della Roma. Pelé, il famoso giocatore brasiliano, lo (6) __ha incluso__ (includere) nella lista dei 125 più grandi giocatori viventi. Nel 2003 Totti (7) __ha scritto__ (scrivere) un libro: *Tutte le barzellette su Totti (raccolte da me)*. Le librerie italiane (8) __hanno venduto__ (vendere) moltissime copie e Totti (9) __ha donato__ (donare) i guadagni (*proceeds*) all'Unicef e ad altre associazioni di beneficenza. Nel 2005 il calciatore (10) __ha sposato__ (sposare) la famosa presentatrice televisiva Ilary Blasi. Dopo un infortunio (*accident*) che lo (11) __ha tenuto__ (tenere) lontano dal campo da gioco per tre mesi, Totti (12) __è tornato__ (tornare) a giocare con la Nazionale nei campionati mondiali del 2006, in cui la nazionale di calcio italiana (13) __ha vinto__ (vincere) il titolo di Campioni del Mondo.

2 Have pairs of students write a similar conversation and act it out for the class. Students can decide in each case which of the two people had the most interesting weekend.

**2** **Un fine settimana particolare** **Completa la conversazione tra Luisa e Mara con la forma corretta dei verbi.**

| | | | | | |
|---|---|---|---|---|---|
| andare | cadere | discutere | fare | passare | studiare |
| annoiarsi | costruire | essere | farsi male | sentire | venire |

**LUISA** Cosa (1) __hai fatto__ questo fine settimana?

**MARA** (2) __Sono andata__ a Sant'Anna di Stazzema, vicino a Lucca, per un Campo di Educazione alla Pace.

**LUISA** Interessante. Racconta!

**MARA** Eravamo in tutto trenta ragazzi e (3) __abbiamo discusso__ di temi legati alla nonviolenza e alla solidarietà internazionale. (4) __Sono venuti__ anche ospiti e relatori (*guests and speakers*) stranieri. (5) __È stata__ un' esperienza indimenticabile.

**LUISA** Sant'Anna di Stazzema... (6) __ho sentito__ questo nome...

**MARA** Probabilmente lo (7) __hai studiato__ a scuola...

**LUISA** Ma sì, certo: Sant'Anna è il luogo in cui, durante la Seconda Guerra Mondiale, i nazisti hanno sparato su tantissimi civili!

**MARA** Esatto. Per ricordare quell'evento gli abitanti (8) __hanno costruito__ il Museo della Memoria: da non perdere! E tu, come (9) __hai passato__ questo fine settimana?

**LUISA** Sono restata qui, a Firenze, ma non (10) __mi sono annoiata__. Ho partecipato alla Maratona della Pace, con altre 10.000 persone! Peccato però che (11) __sono caduta__ e (12) __mi sono fatta male__ alla caviglia (*ankle*)!

**MARA** Allora, il prossimo anno vieni con me. È meno pericoloso.

### Nota CULTURALE

A **Sant'Anna di Stazzema**, il 12 agosto 1944, i soldati tedeschi hanno ucciso 560 persone, per la maggior parte donne, bambini e anziani. L'eccidio° di Sant'Anna, considerato un crimine contro l'umanità, ha ispirato numerosi film, tra i quali il famoso *La Notte di San Lorenzo* dei fratelli Taviani e *Miracolo a Sant'Anna* (*Miracle at St. Anna*) del regista americano Spike Lee, basato sull'omonimo romanzo (*novel*) di James McBride.

**eccidio** *massacre*

Practice more at **vhlcentral.com.**

# Comunicazione

3 **Cos'è successo?** In coppia, guardate le immagini e immaginate una storia per ogni situazione.

**Modello** Marilena ha ricevuto una lettera da suo fratello che è andato in vacanza ai Caraibi. Il fratello ha deciso di rimanere lì. Si è sposato...

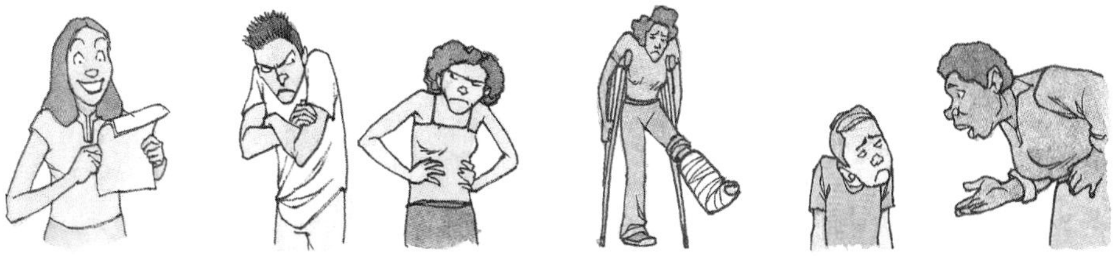

**Marilena** **Marco e Gloria** **Patrizia** **Giorgio e Luana**

4 **Hai una buona memoria?** Ecco una lista di attività. Quando è stata l'ultima volta che avete fatto queste cose? In coppia, fatevi queste domande a turno.

**Modello** **guardare una partita di calcio**

—Quando è stata l'ultima volta che hai guardato una partita di calcio?

—Ho visto una partita di calcio domenica scorsa.

—Chi ha giocato?

1. andare in vacanza
2. scrivere un'e-mail
3. guardare un film
4. cenare al ristorante
5. mandare un sms
6. leggere un libro
7. fare una fotografia
8. andare in palestra
9. perdere qualcosa
10. farsi male

5 **Com'è strana la vita!**

**A.** In coppia, scrivete due brevi storie: una vera, ma buffa o incredibile di cui uno/a di voi è stato/a protagonista; un'altra completamente inventata, ma anche questa inusuale. Cercate di essere dettagliati e di rispondere alle seguenti domande.

- Cos'è successo?
- Ti ha visto qualcuno?
- Che cosa hai detto?
- Cosa hai fatto dopo?

**B.** A turno, ogni coppia legge le sue brevi storie alla classe che dovrà indovinare qual è la storia vera e qual è quella falsa.

6 **I divertimenti** Che fate per divertirvi? Che attività praticate?

**A.** Fate una lista di cinque cose divertenti che avete fatto il mese scorso.

**B.** In coppia, domandate al(la) vostro/a compagno/a se ha fatto le attività della vostra lista e scrivete **sì** o **no** accanto a ognuna.

**C.** In gruppi di quattro, descrivete a turno quello che il/la vostro/a compagno/a ha fatto il mese scorso.

NATIONAL communication STANDARDS

3 Ask students to read their stories to the class. Have the students vote on the most amusing story.

4 Ask the students to pick an activity they have done recently from the list. Their partner can then ask questions to guess the activity: **Quando lo hai fatto? Dove lo hai fatto? Cosa hai fatto dopo? I tuoi genitori si sono arrabbiati? È stata una brutta esperienza?** Students may start guessing what happened only after asking five different questions.

4 Encourage students to ask each other about other recent activities that do not appear in the list.

6 As an expansion, ask students to talk about their partner using one of the following reflexive verbs: **stancarsi, stressarsi, rilassarsi, riposarsi, interessarsi, divertirsi, annoiarsi**. Example: **Mary si è stancata perché ha lavorato molto e ha dormito poco**.

comparisons
NATIONAL STANDARDS

**INSTRUCTIONAL RESOURCES**
Audioscripts, SAM AK, Lab MP3s, Grammar Presentation Slides
**SAM/WebSAM:** WB, LM

3.2

# The *imperfetto*

- Use the **imperfetto** to talk about what used to happen or to describe ongoing and habitual actions and conditions in the past. The English equivalent of the **imperfetto** is often expressed with *used to* or *would.*

Da piccoli, **giocavamo** spesso a nascondino.
*When we were little, we often played (used to play/would play) hide-and-seek.*

- To form the **imperfetto**, remove the final **–re** from the infinitive and add the endings **–vo**, **–vi**, **–va**, **–vamo**, **–vate**, and **–vano**.

| tifare | pẹrdere | applaudire |
|---|---|---|
| tifavo | perdevo | applaudivo |
| tifavi | perdevi | applaudivi |
| tifava | perdeva | applaudiva |
| tifavamo | perdevamo | applaudivamo |
| tifavate | perdevate | applaudivate |
| tifạvano | perdẹvano | applaudịvano |

- There are few irregularities in the **imperfetto**. Note, however, the irregular forms of **essere** and the special stems for **bere**, **dire**, and **fare**.

| | |
|---|---|
| **ẹssere** | **ero, eri, era, eravamo, eravate, ẹrano** |
| **bere (bev–)** | **bevevo, bevevi, beveva, bevevamo, bevevate, bevẹvano** |
| **dire (dic–)** | **dicevo, dicevi, diceva, dicevamo, dicevate, dicẹvano** |
| **fare (fac–)** | **facevo, facevi, faceva, facevamo, facevate, facẹvano** |

- The **imperfetto** is also used to describe or set the scene when narrating a past event. Conditions such as the weather, time, age of persons involved, emotions, and circumstances may all be expressed with the **imperfetto**.

**Pioveva** a catinelle.
*It was raining buckets.*

Nel 1970, Carla **aveva** sei anni.
*In 1970, Carla was six years old.*

- The **imperfetto** can describe states of mind that continued over an unspecified period of time.

Mi **sentivo** triste.
*I felt sad.*

**Volevi** studiare in Italia?
*Did you want to study in Italy?*

- Several verbs in the **imperfetto** can be used together to convey simultaneous ongoing activities in the past.

Il padre **lavava** i piatti mentre i bambini **giocavano** a carte.
*The father was washing the dishes while the children were playing cards.*

Quando la mamma **cantava**, mia sorella e io **ballavamo** sempre.
*When mom sang, my sister and I would always dance.*

**ATTENZIONE!**

When the **imperfetto** conveys ongoing or habitual actions, it is often accompanied by adverbial expressions such as: **mentre**, **sempre**, **di solito**, **spesso**, **ogni giorno/settimana**, etc., **tutto/a/i/e** + [*period of time*], and **il/la** + [*day of week*]. In Italian, days of the week are masculine except **la domenica**.

**La squadra non si allenava la domenica.**
*The team didn't practice on Sundays.*

**Da piccola, passavo tutta l'estate dalla nonna.**
*When I was little, I used to spend the whole summer at my grandmother's.*

**ATTENZIONE!**

Just as it is possible to use **Da quanto tempo** with the present tense to inquire about actions that began in the past but continue into the present, the **imperfetto** can be used with this expression to inquire about actions that began in a more distant past and continued in the more recent past.

**Da quanto tempo parlavi il tedesco quando sei andato in Germania per la prima volta?**
*How long had you been speaking German when you traveled to Germany for the first time?*

**Lo parlavo da tre anni.**
*I had been speaking it for three years.*

**ATTENZIONE!**

Verb ending in **–urre**, **–orre**, and **–arre** use stems derived from Latin roots.

produrre (produc-) → **producevo**
proporre (propon-) → **proponevo**
trarre (tra-) → **traevo**

# Pratica e comunicazione

**1** **Da piccolo** Completa il paragrafo con l'imperfetto dei verbi fra parentesi.

Da piccolo mi (1) piaceva (piacere) passare l'estate a casa dei nonni, a Lucca. Di solito (2) giocavo (giocare) con i miei amici nel parco, oppure (*or*) (3) andavo (andare) in bicicletta per le strade del centro. Un giorno, mentre (4) pedalavo (pedalare) e (5) guardavo (guardare) in alto i tetti rossi delle case lucchesi, sono caduto e mi sono fatto male al piede. Sono rimasto ingessato (*in a cast*) per un mese intero! (6) Avevo (avere) solo sei anni, ma ricordo tutto perfettamente! Quello che (7) preferivo (preferire) erano le passeggiate con il nonno quasi ogni domenica. La mattina la nonna (8) preparava (preparare) i panini per il pranzo, mentre noi (9) ci mettevamo (mettersi) le scarpe da ginnastica. Poi (10) cominciavamo (cominciare) la nostra escursione tra i boschi e la natura lungo la Via Francigena. (11) Incontravamo (Incontrare) spesso tante persone che (12) andavano (andare) a caccia (*hunting*) o (13) raccoglievano (raccogliere) i funghi. Poi, quando (14) era (essere) mezzogiorno, (15) ci fermavamo (fermarsi) a mangiare sotto un albero. Che bei tempi!

**2** **Prima e dopo** In coppia, confrontate le due immagini e commentatele. Com'era la vita prima e com'è oggi? Rispondete con almeno cinque commenti.

com'era prima

com'è adesso

**3** **Da piccoli**

**A.** Utilizzate gli elementi dati per parlare di voi quando avevate otto anni. Scrivete due frasi per ogni elemento e confrontatevi con il/la compagno/a.

**Modello** abitare
Abitavo in un appartamento in centro con i miei genitori e mia sorella.

1. mangiare
2. giocare
3. divertirsi
4. piangere
5. guardare uno spettacolo televisivo
6. praticare uno sport
7. suonare uno strumento musicale
8. avere un animale domestico

**B.** In gruppi di quattro o cinque, cercate la persona che condivide con voi il maggior numero di caratteristiche. Quando l'avete trovata, spiegate alla classe in cosa siete simili e in cosa differenti.

**Modello** Da piccolo io guardavo sempre i Simpson. Anche Jane li guardava.
Da piccolo io non mangiavo le verdure, invece Jane mangiava tutto!

Practice more at **vhlcentral.com.**

Nota
**CULTURALE**

La **Via Francigena** è un'antica strada medievale che passa per Lucca, collegando° Canterbury a Roma. I pellegrini° che arrivavano a Roma decidevano se fermarsi lì o proseguire fino a Brindisi, dove si imbarcavano° fino in Terra Santa. Oggi i percorsi° della Via Francigena coincidono in parte con strade asfaltate, in parte con affascinanti sentieri tra la natura.

**collegando** *connecting* **pellegrini** *pilgrims* **si imbarcavano** *embarked* **percorsi** *routes*

**1** After the activity, have students prepare their own story, beginning with **Da piccolo**, detailing a memory of an important place or person in their lives. Ask for volunteers to share their recollections with the class.

**2** For a discussion, write some of the students' comments on the blackboard. Ask students to consider the advantages and disadvantages of living in today's society and of living in the past. Ex: **Nel passato non c'erano così tante automobili: si viveva meglio o peggio? Quali erano i lati positivi di una città senza tante automobili? Quali i lati negativi?**

**3** After reading the example, point out that when making a comparison in Italian, the subject of each element is retained. **Anche** is never used at the end of such sentences.

National Standards: comparisons

**INSTRUCTIONAL RESOURCES**
Audioscripts, SAM AK, Lab MP3s, Grammar Presentation Slides
**SAM/WebSAM:** WB, LM

3.3

# The *passato prossimo* vs. the *imperfetto*

- Italian uses both the **passato prossimo** and the **imperfetto** to talk about events in the past. The two tenses have distinct uses, however, and are not interchangeable.

*—All'asilo, poi,* ***sono diventato*** *un fenomeno e tutti* ***riconoscevano*** *la mia natura.*

- The **passato prossimo** narrates completed events, whereas the **imperfetto** describes ongoing conditions, habitual actions, or the circumstances surrounding such activities, such as the time, weather, and age or emotional state of the people involved.

**Volevamo** festeggiare il compleanno di Giorgio, così **abbiamo comprato** una torta.
*We wanted to celebrate Giorgio's birthday, so we bought a cake.*

## Uses of the *passato prossimo*

Use the **passato prossimo** in these instances.

- To express completed actions.

L'allenatrice **ha passato** tre ore in palestra ieri.
*The trainer spent three hours in the gym yesterday.*

La sua squadra **ha vinto** la partita sabato scorso.
*Her team won the game last Saturday.*

- To express the beginning or end of a past action.

La partita **è cominciata** alle dieci.
*The game began at ten o'clock.*

**Ho finito** il libro.
*I finished the book.*

- To specify the number of times an event took place.

La Juventus **ha perso** le ultime tre partite.
*Juventus has lost the last three games.*

**Hai fatto campeggio** sull'isola due volte?
*You camped on the island twice?*

- To list a series of past actions.

**Ho dato** un'occhiata agli ultimi arrivi, poi **ho provato** una gonna.
*I took a look at the latest fashions, then I tried on a skirt.*

- To indicate a change of state or a reaction.

Margherita e la sua mamma **si sono stancate**.
*Margherita and her mom got tired.*

Dopo l'abbondante cena, non **ho potuto** prendere il dolce.
*After such a big dinner, I could not have dessert.*

## Uses of the *imperfetto*

Use the **imperfetto** in these instances.

- To express ongoing past actions that lack a clear beginning or ending point.

**Andavi** in palestra.
*You used to go to the gym.*

**Preferivo** fare escursionismo.
*I used to prefer hiking.*

- To express habitual actions in the past.

Di solito, non **segnavamo** molti gol.
*Usually, we did not score many goals.*

Da giovane, **praticavo** la scherma.
*When I was young, I used to fence.*

- To describe emotional or physical states.

Leo **era** triste quel giorno.
*Leo was sad that day.*

Mi **faceva** male la schiena.
*My back was hurting.*

## The *passato prossimo* and the *imperfetto* used together

- The **passato prossimo** and **imperfetto** often appear together, in the same sentence or paragraph, because both are necessary to fully narrate a past event.
- You may find it helpful to think of the **passato prossimo** as the tense that moves a story forward, whereas the **imperfetto** is the tense that fills out the background of the story. The **imperfetto** may also describe what was ongoing when another event took place.

Ieri io e mio marito **abbiamo fatto** una passeggiata sulla spiaggia. **Erano** le otto di mattina quando **siamo usciti**. Purtroppo (*Unfortunately*) **faceva** brutto tempo; **pioveva**, **tirava** un vento fortissimo e le onde (*waves*) del mare **erano** altissime. All'improvviso **abbiamo visto** un fulmine (*lightening bolt*) tremendo nel cielo! In quel momento **ho avuto** paura, allora **siamo tornati** subito a casa.

| Events (passato prossimo) | Details, background (imperfetto) |
|---|---|
| **Abbiamo fatto** una passeggiata. | **Erano** le otto di mattina. |
| ...quando **siamo usciti**. | **Faceva** brutto tempo: **pioveva**, **tirava** vento... le onde **erano** altissime. |
| **Abbiamo visto** un fulmine. | |
| **Ho avuto** paura, allora **siamo tornati**... | |

- Note that some verbs carry different meanings in the **passato prossimo** and **imperfetto**.

| Verb | Passato prossimo | Imperfetto |
|---|---|---|
| **conọscere** | *to meet* | *to know or be familiar with a person, place, or thing* |
| **sapere** | *to find out* | *to know (a fact, how to do something)* |

- The verbs **dovere**, **potere**, and **volere** also have different meanings in the **passato prossimo** and **imperfetto**. If the action is completed, use the **passato prossimo**. The **imperfetto** may imply that something was supposed to take place, but for some reason, did not. Compare:

**Abbiamo dovuto** fare la fila per comprare un biglietto.
*We had to stand in line to buy a ticket.*

**Dovevo** comprare i biglietti, ma non l'ho fatto.
*I was supposed to buy the tickets, but I didn't.*

**ATTENZIONE!**

Depending on the tense, certain adverbial expressions may be used to indicate the time frame of a past event or situation. Note these expressions.

Used with the **passato prossimo**:

**una volta, in quel momento, all'improvviso, a un tratto**
*one time, in that moment, suddenly, all of a sudden*

Used with the **imperfetto**:

**mentre**, **sempre**, **di solito**, **spesso**, **ogni giorno/settimana**, etc., **tutto/a/i/e** + [*period of time*], and **il/la** + [*day of week*].

**TEACHING OPTION** Play parts of *Bulli si nasce* with examples of the **passato prossimo** and **imperfetto**. Pass out the script with blank lines for students to fill in the correct past-tense forms, or have them write down the examples they hear.

**RIMANDO**

**Conoscere** and **sapere** are not interchangeable. For more information about their uses, see **Strutture 7.4, p. 262**.

**RIMANDO**

For more information about the use of **dovere**, **potere**, and **volere**, see **Strutture 4.4, p. 142**.

# Pratica

**1** **Una splendida idea!** Luisa racconta come ieri ha vinto la noia (*boredom*). Completa il paragrafo coniugando i verbi tra parentesi al passato prossimo o all'imperfetto.

Ieri il tempo (1) era (essere) brutto. Non (2) pioveva (piovere), ma (3) faceva (fare) freddo. (4) Mi sentivo (sentirsi) un po' triste, così, per cambiare umore, (5) ho deciso (decidere) di passare il pomeriggio al centro commerciale. (6) Sono entrata (entrare) in un negozio d'abbigliamento e (7) ho provato (provare) quindici gonne tutte diverse! La commessa, piuttosto irritata, (8) alzava (alzare) continuamente gli occhi al cielo. Ovviamente io non (9) volevo (volere) comprare nulla, ma solo divertirmi come da bambina, quando (10) giocavo (giocare) con i vestiti della mamma. Alla fine, fingendo di dare un'occhiata agli abiti da sera, (11) mi sono avvicinata (avvicinarsi) alla porta, (12) mi sono messa (mettersi) il cappotto e (13) ho esclamato (esclamare): «Grazie di tutto. Tornerò quando ci saranno i saldi di fine stagione!». È stata una giornata intensa, ma molto divertente!

**2** As a follow-up activity, ask pairs of students to put some of their sentences together and invent a story using as many words from the four columns as possible. Have pairs read their stories to the class, indicating how many words they have included. The pair using the most words in an effective story wins.

**2** **Interruzioni** Unisci gli elementi delle quattro colonne e spiega cosa facevano i personaggi quando sono stati interrotti.

**Modello** I turisti facevano campeggio quando è arrivato un orso.

| | | | | |
|---|---|---|---|---|
| i turisti | fare la fila | | il professore | cominciare a... |
| tu | fare campeggio | | io | dire che... |
| noi | giocare a calcio | quando | un orso (*bear*) | arrivare da... |
| la cliente | guardare i vestiti | | la commessa | cadere... |
| gli studenti | ascoltare | | un giocatore | spiegare che... |

**3** As an expansion, have pairs pick one frame and imagine a dialogue between the characters. The dialogue should contain as many verbs in the **passato prossimo** and **imperfetto** as possible. Have the students act out their dialogues to the class, which will vote on the best written and most entertaining.

**3** **La vacanze** In coppia, guardate le immagini e usate le parole della lista per parlare delle vacanze di Piero e Ida a Taormina l'anno scorso. Usate il passato prossimo e l'imperfetto.

**Modello** L'anno scorso Piero e Ida sono andati in un'agenzia turistica. Erano entusiasti...

| | | | |
|---|---|---|---|
| **andare in aereo/ barca/taxi/treno** | **aeroporto** | **(s)cortese** | **il giorno dopo** |
| **controllare** | **agenzia turistica** | **economico/a** | **mentre** |
| **giocare** | **albergo** | **entusiasta** | **ogni giorno** |
| **prenotare** | **camera** | **lussuoso/a** | **sempre** |
| | **spiaggia** | **(s)piacevole** | **un giorno** |

Practice more at **vhlcentral.com.**

# Comunicazione

4

## Eventi importanti

**A.** Ecco cinque avvenimenti importanti nella vita di Piero. In coppia, fatevi delle domande per descrivere ogni avvenimento.

**Modello** —Cosa è successo a Piero nel 1975?
—Il 24 luglio 1975 Piero è nato.
—Dov'era e con chi?
—Era all'ospedale con sua madre.

| 1984 | 1990 | 1991 | 2009 | 2010 | 2013 |
|---|---|---|---|---|---|
| La mia nascita, 24 luglio | Incontro con il mio migliore amico | Nascita della mia sorellina, 13 maggio | Laurea in ingegneria, 29 giugno | Amore a prima vista con Ida, novembre | Matrimonio, 27 maggio |

**B.** Pensate a cinque date importanti della vostra vita e scrivetele. Poi, in piccoli gruppi, parlatene con i vostri compagni, che vi chiederanno i dettagli di ogni avvenimento.

**Modello** —Il 26 agosto 2006 è stata una data importante perché ho incontrato il mio fidanzato.
—Dov'eri? Con chi eri? ...

5

**Una storia** In gruppi di tre o quattro, completate le frasi utilizzando il passato prossimo o l'imperfetto. Poi cambiate l'ordine delle frasi per creare una storia logica.

1. Ogni anno...
2. Di solito...
3. Un giorno...
4. Poco dopo...
5. All'improvviso...
6. Per due ore...

6

## Interviste

**A.** In coppia, assumete il ruolo di un giornalista e di una persona celebre di cui conoscete bene la vita. Preparate un'intervista di sei domande con le relative risposte utilizzando il passato prossimo e/o l'imperfetto.

**Modello** **Giornalista:** Sappiamo che recentemente Lei ha scritto un libro. Cosa ha fatto con i guadagni (*proceeds*) delle vendite?
**Celebrità:** Volevo comprare una villa, ma li ho donati interamente ad alcune associazioni di beneficenza.

**B.** Recitate le interviste alla classe. I vostri compagni dovranno indovinare chi è il personaggio intervistato e potranno fare ulteriori domande, se necessario.

NATIONAL communication STANDARDS

4 You may want to recap how to express dates in Italian. Then go over the **modello** with a volunteer.

5 After each group has finished its story, ask the students to write a clear, readable draft, eliminating the sentence starters. Collect the stories and pass them out randomly to different groups, instructing them to fill in the blanks using appropriate sentence starters from the list.

NATIONAL comparisons STANDARDS

**INSTRUCTIONAL RESOURCES**
Audioscripts, SAM AK, Lab MP3s, Grammar Presentation Slides
**SAM/WebSAM:** WB, LM

**ATTENZIONE!**

The **passato remoto** and **passato prossimo** are generally not used together.

Emphasize recognition of **passato remoto** verbs for reading comprehension. Present a reading and ask students to identify the verbs and provide their infinitive forms. As follow up, see if they can generate the other forms of the **passato remoto** verb found in the passage.

In the third person singular, verbs end in an accented form of their characteristic stem vowel, except for the third person singular of **–are** verbs, which replaces **–a** with **–o**. For the forms of the first and second person, and the third person plural, the same endings are used in all conjugations (**–i, –sti, –mmo, –ste, –rono**).

3.4

# The *passato remoto*

- The **passato remoto**, like the **passato prossimo**, expresses completed past actions. The **passato remoto** usually refers to events of the distant past that do not have a continuing effect in the present.

| Passato prossimo | Passato remoto |
|---|---|
| Mia madre **è nata** nel 1939.<br>*My mother was born in 1939.* | Il re **nacque** nel 1546.<br>*The king was born in 1546.* |
| **Ho scoperto** il jazz solo recentemente.<br>*I discovered jazz only recently.* | Chi **scoprì** l'America?<br>*Who discovered America?* |

- The **passato remoto** is not commonly used in spoken Italian, although there are regional variations. It is used to some extent in Tuscany and in parts of southern Italy, where it is sometimes used in place of the **passato prossimo**.

- Although, as a student of Italian, you will almost never use the **passato remoto** in conversation, it is essential to recognize its forms because it is frequently used in literature and most magazines and newspapers.

- To form the **passato remoto**, drop the **–re** ending of the infinitive and add the endings indicated in the table below. Note that some **–ere** verbs also have alternate first person singular and third person irregular forms.

| parlare → parla– | vendere → vende– | finire → fini– |
|---|---|---|
| parlai | vendei/vendetti | finii |
| parlasti | vendesti | finisti |
| parlò | vendé/vendette | finì |
| parlammo | vendemmo | finimmo |
| parlaste | vendeste | finiste |
| parlarono | venderono/vendettero | finirono |

- Many verbs are irregular in the **passato remoto**. Most of them, however, are irregular only in the first person singular (**io**), and third person singular and plural (**lui/lei, loro**) forms. Because of this pattern, they can be referred to as **1-3-3** verbs. Once you know the first person singular form of these verbs, you can easily derive all the other forms. The verbs are regular in the **tu**, **noi**, and **voi** forms. For example:

| leggere (irregular forms in orange) | |
|---|---|
| 1 lessi | 1 leggemmo |
| 2 leggesti | 2 leggeste |
| 3 lesse | 3 lessero |

- Here is a list of verbs that follow the pattern **1**, **3**, **3**.

| | | | | | |
|---|---|---|---|---|---|
| **avere** | **ebbi** | **nascere** | **nacqui** | **spegnere** | **spensi** |
| **chiedere** | **chiesi** | **perdere** | **persi** | **spendere** | **spesi** |
| **chiudere** | **chiusi** | **piacere** | **piacqui** | **tenere** | **tenni** |
| **conoscere** | **conobbi** | **piangere** | **piansi** | **uccidere** | **uccisi** |
| **correre** | **corsi** | **prendere** | **presi** | **vedere** | **vidi** |
| **crescere** | **crebbi** | **rimanere** | **rimasi** | **venire** | **venni** |
| **decidere** | **decisi** | **rispondere** | **risposi** | **vincere** | **vinsi** |
| **dipingere** | **dipinsi** | **sapere** | **seppi** | **vivere** | **vissi** |
| **mettere** | **misi** | **scrivere** | **scrissi** | **volere** | **volli** |

- Some verbs are irregular in all forms of the **passato remoto**.

| essere | bere | fare | stare | dire | dare |
|---|---|---|---|---|---|
| fui | bevvi | feci | stetti | dissi | diedi/detti |
| fosti | bevesti | facesti | stesti | dicesti | desti |
| fu | bevve | fece | stette | disse | diede/dette |
| fummo | bevemmo | facemmo | stemmo | dicemmo | demmo |
| foste | beveste | faceste | steste | diceste | deste |
| furono | bevvero | fecero | stettero | dissero | diedero/dettero |

- The **passato remoto** is used in narrations with the **imperfetto** just as the **passato prossimo** is used. The **passato remoto** relates the completed events and moves the action forward; the **imperfetto** is used for descriptions or to express habitual or ongoing actions.

| Description (imperfetto) | Events (passato remoto) |
|---|---|
| C'**era** una volta una fanciulla bellissima che si **chiamava** Cenerentola.<br>*Once upon a time there was a beautiful young girl named Cinderella.* | Il figlio del re **decise** di dare un gran ballo per tutte le fanciulle del regno.<br>*The king's son decided to hold a grand ball for all the young women in the kingdom.* |
| | La matrigna **prestò** i suoi gioielli alle figlie che **dissero** a Cenerentola: «Resta qui a lavorare!»<br>*The stepmother loaned her jewels to her daughters, who told Cinderella: "Stay here and work!"* |
| | Cenerentola **arrivò** finalmente e **fece** il suo ingresso nella sala da ballo.<br>*Cinderella finally arrived and made her entrance into the ballroom.* |
| **Era** la più bella ed elegante della festa!<br>*She was the most beautiful and elegant one at the party!* | Il principe **fu** colpito dalla sua bellezza e la **invitò** a ballare.<br>*The prince was struck by her beauty and asked her to dance.* |

It may be helpful to encourage students to recognize similar patterns in the morphology of the **1-3-3** verbs. Group similarities together. **Chiedere, chiudere, decidere**: last consonant of stem changes to **–s** in **1-3-3**. **Tenere, venire, volere**: last consonant of stem doubles in **1-3-3**. **Leggere, scrivere, vivere**: last consonant of stem changes to **–ss** in **1-3-3**.

# Pratica

**1** **Che verbo è?** Identificate l'infinito di ogni verbo e coniugatelo al passato prossimo.

**Modello** noi demmo
dare: noi abbiamo dato

1. loro vennero venire: loro sono venuti/e
2. lui nacque nascere: lui è nato
3. voi chiudeste chiudere: voi avete chiuso
4. io lessi leggere: io ho letto
5. lei scrisse scrivere: lei ha scritto
6. tu decidesti decidere: tu hai deciso
7. io persi perdere: io ho perso
8. noi piangemmo piangere: noi abbiamo pianto
9. loro rimasero rimanere: loro sono rimasti/e
10. lui rispose rispondere: lui ha risposto
11. voi uccideste uccidere: voi avete ucciso
12. io vidi vedere: io ho visto
13. tu volesti volere: tu hai voluto
14. lei spense spegnere: lei ha spento
15. lui mise mettere: lui ha messo

**2** Give students sentences in the **passato remoto** and have them change the verbs to the **passato prossimo**.

**2** **Chi l'ha visto?** Trasforma le frasi al passato prossimo.

1. Il ragazzo indossò gli sci e partì. Il ragazzo ha indossato gli sci ed è partito.
2. Dopo qualche minuto prese velocità. Dopo qualche minuto ha preso velocità.
3. Vide da lontano un uomo fermo sulla pista (*ski slope*). Ha visto da lontano un uomo fermo sulla pista.
4. Capì di andare troppo veloce. Ha capito di andare troppo veloce.
5. Non riuscì a fermarsi in tempo. Non è riuscito a fermarsi in tempo.
6. L'impatto fu terribile. L'impatto è stato terribile.
7. L'uomo travolto rimase a terra. L'uomo travolto è rimasto a terra.
8. Il ragazzo corse via veloce come il vento. Il ragazzo è corso via veloce come il vento.

**3** **Raccontiamo una favola!** Trasforma i verbi al passato remoto o all'imperfetto, cominciando la storia con **C'era una volta un falegname....**

Un falegname (*carpenter*) di nome Geppetto un bel giorno decide di costruire un burattino. Mentre lavora al suo burattino, sente una voce che dice: «Non mi fare il solletico (*tickle*)!». Geppetto si guarda intorno, ma non vede nessuno. La stessa cosa si ripete altre tre volte. Alla fine Geppetto capisce che la vocina viene proprio dal pezzo di legno (*wood*). Incredibile! Un pezzo di legno che sa parlare! Così Geppetto chiama il pezzo di legno Pinocchio e lo tiene con sé per tutta la vita, come un figlio.

**3** Answer: **C'era una volta un falegname di nome Geppetto. Un bel giorno decise di costruire un burattino. Mentre lavorava al suo burattino, sentì una voce che disse/diceva: «Non mi fare il solletico!». Geppetto si guardò intorno, ma non vide nessuno. La stessa cosa si ripeté altre tre volte. Alla fine Geppetto capì che la vocina veniva proprio dal pezzo di legno. Incredibile! Un pezzo di legno che sapeva parlare! Così Geppetto chiamò il pezzo di legno Pinocchio e lo tenne con sé per tutta la vita, come un figlio.**

### Nota CULTURALE

**Le avventure di Pinocchio** è un libro scritto da Carlo Collodi nel 1881. Narra le avventure di un burattino bugiardo e disubbidiente che alla fine riesce a diventare buono, trasformandosi in un bambino vero in carne e ossa°. Con il suo film, Walt Disney ha reso Pinocchio famoso in tutto il mondo, insieme agli altri personaggi che popolano il libro.

**carne e ossa** *flesh and bone*

Practice more at **vhlcentral.com.**

# Comunicazione

NATIONAL communication STANDARDS

4 **Italiani nella storia** In coppia, create una breve biografia dei quattro italiani rappresentati nelle immagini, mettendo in ordine le informazioni che seguono (tre per ogni persona) e usando il **passato remoto**. Includete i dati biografici con l'anno di nascita e di morte.

Dante Alighieri (1265–1321)

Leonardo da Vinci (1452–1519)

Maria Montessori (1870–1952)

Rita Levi-Montalcini (1909–2012)

**Modello** Dante Alighieri nacque nel 1265 e morì nel 1321. Scrisse la *La Divina commedia* in lingua volgare fiorentina.

andare in esilio nel 1302 / non tornare mai più a Firenze
aprire la sua prima scuola nel 1907
dipingere la *Gioconda*
diventare la prima dottoressa italiana nel 1896
essere pittore, scienziato e inventore
laurearsi in medicina / studiare il sistema nervoso
lavorare con i bambini / creare un nuovo metodo di insegnamento
partecipare alla vita politica di Firenze
scrivere *La Divina commedia* in lingua volgare fiorentina
vincere il premio Nobel per la medicina nel 1986
trasferirsi a Milano / lavorare al suo famoso affresco *L'Ultima Cena*
vivere e fare ricerca scientifica negli Stati Uniti per trent'anni.

5 **Ti ricordi quando…?** In piccoli gruppi, elencate cinque eventi importanti del mondo dello sport o dello spettacolo accaduti negli ultimi dieci anni e descriveteli usando il passato remoto.

**Modello** Nel 2006 l'Italia vinse il campionato mondiale di calcio.

6 **…e vissero felici e contenti!** In piccoli gruppi, scegliete l'inizio di una delle due favole e inventatene il proseguimento.

1. C'era una volta un re che aveva tre figli maschi e desiderava ardentemente una figlia. Un giorno incontrò un cervo (*deer*). Stava per colpirlo con una freccia (*arrow*) quando il cervo cominciò a parlare e gli disse: «Se non mi ucciderai, ti prometto che presto avrai una figlia». Allora il re…
2. Chi dice che sui pianeti della nostra galassia non ci sono altre forme di vita sicuramente non ha mai sentito questa storia. Un afoso (*sultry*) giorno d'agosto il signor Leopoldo camminava per le strade deserte della città quando, a un tratto, vide passare veloce nel cielo un grosso «uovo» luminoso. «Accidenti! Deve essere il caldo…», pensò il signor Leopoldo e si aggiustò il berretto sulla testa…

4 Have the students share their lists with the class and compare them. Where do the interests of the class lie?

4 As the students read out their lists, write the events on the blackboard and then ask the students why they remember a particular event and what their reaction was when that event took place. Ex: **Eri contento/a quando l'Italia ha vinto i mondiali? Cosa facevi mentre l'Italia giocava contro la Francia? Cosa hai fatto quando la partita è finita?**

6 Explain that **…e vissero felici e contenti** is often the closing sentence of fairy tales.

6 Ask students to read their stories to the class and vote on the most amusing and the most imaginative story.

# Sintesi

1 **Parliamo** **In piccoli gruppi, guardate queste foto di persone che praticano sport estremi e rispondete alle domande.**

*Diving*: l'amore per uno sport che mette a rischio la vita: ne vale veramente la pena?

*Free-climbing*: desiderio di libertà o eccessiva sicurezza di sé?

*Alpinismo*: sacrificio, fatica e ricompensa finale. Attraverso il corpo si può migliorare anche il proprio carattere?

*Parapendio*: guardare il mondo dall'alto ci dà la percezione della nostra fragilità umana?

1. Conosci qualcuno di questi sport? Lo hai mai praticato? Perché sì e perché no?
2. Immagina di essere una delle persone nelle foto. Perché hai scelto questo sport? Hai mai avuto paura?
3. Sei mai stato in una situazione pericolosa a causa degli sport? Cosa è successo?
4. Perché la gente in generale sembra attratta da questi sport? La loro popolarità continuerà a crescere?
5. Quali sono gli «effetti collaterali» degli sport estremi? Pensa ad almeno tre cose e discutine con i tuoi compagni.

2 **Scriviamo** **Scrivi una pagina di diario su uno dei seguenti argomenti.**

- Descrivi un episodio memorabile che ti è successo mentre praticavi uno sport o passatempo.
- Descrivi un episodio memorabile che è successo mentre guardavi un evento sportivo.

**Strategie per la comunicazione**

**Suggerimenti per scrivere un diario:**

- Un diario è di solito un oggetto personale: oltre agli eventi, assicurati di descrivere anche i tuoi sentimenti, le tue reazioni, le tue opinioni, ecc.
- Un diario è per sua natura un testo informale; lo stile è semplice e lineare.
- Cerca di usare un vocabolario familiare e strutture sintattiche semplici.
- Un diario spesso è usato per raccogliere non solo pensieri e ricordi, ma anche buoni propositi per il futuro: termina il tuo testo dicendo cosa hai imparato da quello che è successo.

# Preparazione

Audio: Vocabulary

| Vocabolario della lettura | | Vocabolario utile |
|---|---|---|
| **il calciatore** *soccer player* | **il regolamento** *regulations* | **il calcio di rigore** *penalty kick* |
| **giocare in casa/trasferta** *to play a home/away game* | **la rete** *goal; net* | **il centravanti** *center forward* |
| **leale** *loyal* | **scendere in campo** *to join the game* | **la difesa** *defense* |
| **la maglia** *jersey* | **a squarciagola** *at the top of one's voice* | **parare** *to save* |
| **il pallone** *soccer; ball* | **il torneo** *tournament* | **pareggiare** *to tie* |
| | | **il portiere** *goalkeeper* |
| | | **tifare (per)** *to root for* |

NATIONAL STANDARDS connections cultures

Point out that **il calcio** and **il pallone** are synonyms when referring to the sport, although they also mean *kick* and *ball*, respectively.

**1** **Giochiamo!** **Utilizza le parole nuove per completare le frasi.**

1. Un ___torneo___ è una serie di partite.
2. Tutti i miei amici ___tifano___ per il Milan.
3. Il ___portiere___ ha parato molti rigori (*penalty kicks*).
4. L'allenatore preferisce ___giocare in casa___ con tutti gli spettatori che tifano per la sua squadra.
5. Tutta la squadra indossa una ___maglia___ dello stesso colore.
6. Tutti giocatori devono seguire il ___regolamento___.
7. Le squadre ___scendono in campo___ per iniziare la partita.
8. Mario è un amico ___leale___, sincero e generoso.

**2** **Sondaggio**

**A.** **Scopri chi sono i tifosi in classe: domanda ad altri quattro studenti quali sono i loro gusti sportivi. Aggiungi altre due domande.**

- Quale sport preferisci guardare alla TV?
- C'è uno sport che vai a vedere allo stadio?
- C'è una squadra che preferisci? Quale?
- C'è un giocatore che ammiri? Chi è?

**B.** **In piccoli gruppi, confrontate i risultati dei vostri sondaggi. Poi scriveteli alla lavagna per determinare quali sono i gusti della vostra classe.**

**3** **Il calcio nel mondo** **In coppia, fate una lista di tutte le informazioni che avete sul calcio.**

- Avete mai giocato a calcio?
- Come funziona il gioco?
- Quali altri sport sono simili al calcio?
- Conoscete qualche giocatore o una squadra in particolare?
- Avete mai guardato una partita importante? Quale?

### Nota CULTURALE

Dal 1946 il **Totocalcio** e, più recentemente, il **Totogol** (nato nel 1992) sono **giochi a premi** molto diffusi in Italia. L'obiettivo è quello di pronosticare° i risultati delle partite di calcio settimanali. Per molti italiani compilare la schedina (1 per la squadra che gioca in casa, 2 per la squadra in trasferta e X per il pareggio) è un passatempo e un'occasione per scommettere°. **Fare 13**, cioè indovinare il risultato di tredici partite, è un'espressione entrata nel linguaggio comune che significa «vincere tutto».

**pronosticare** *predict* **scommettere** *to bet*

**2** Assign a couple of students the task of keeping track of the results on the blackboard: **sport alla TV, sport allo stadio,** and **sport da praticare**.

**3** After giving the pairs a few minutes to gather the information they remember, you might want to ask a few students to share their information. You could also fill in some gaps and present some further soccer information and/or anecdotes from your personal experience.

# RETE!

## I MONDIALI

Dopo la strepitosa vittoria alla Coppa del Mondo di calcio del 2006, gli Azzurri non sono riusciti a superare il primo turno° ai due Mondiali successivi, in Sudafrica e in Brasile, deludendo così le speranze dei tifosi italiani che hanno seguito con trepidazione le partite della loro squadra. Nonostante le polemiche° e le delusioni la passione degli italiani per il calcio rimane inalterata, come la speranza nella ricostruzione di una squadra nazionale che ritornerà presto ai vertici°.

**primo turno** *first round* **polemiche** *controversy* **vertici** *top*

«Perché, perché la domenica mi lasci sempre sola per andare a vedere la partita di pallone?» cantava Rita Pavone nel 1962 in una delle classiche canzoni italiane sul calcio, lo sport nazionale. Infatti, la domenica è il giorno in cui ancora oggi si svolgono le partite, seguite alla televisione dalla maggioranza dei tifosi. Molti vanno allo stadio per guardare la squadra del cuore° dal vivo°. Il silenzio dei pomeriggi domenicali è interrotto da grida° entusiaste provenienti da case e appartamenti quando i giocatori segnano un gol e, la sera, dai canti a squarciagola degli autobus pieni di tifosi che rientrano dallo stadio.

*favorite* (del cuore) *live* (dal vivo) *shouts* (grida)

Il calcio è uno sport imprevedibile° che combina il gioco di squadra con il talento individuale. Le sorti° della partita possono cambiare da un momento all'altro e nel cuore degli spettatori italiani si alternano disperazione ed estasi nel giro di pochi minuti.

*unpredictable* (imprevedibile) *outcome* (sorti)

Il calcio è un'industria: dalla vendita dei giornali specializzati, come *La Gazzetta dello Sport*, quotidiano dalle pagine rosa letto avidamente per strada e nei bar, al commercio delle maglie. I giocatori di calcio in Italia sono celebrità, più importanti di attori e musicisti, e guadagnano° milioni di euro all'anno. Le grandi società proprietarie delle squadre vendono e acquistano giocatori: nel giro di pochi giorni un calciatore può trovarsi a giocare contro quelli che l'anno prima erano i suoi più leali compagni. Le migliori venti squadre del calcio italiano competono in Serie A. La stagione è molto lunga e va da settembre a maggio. La squadra che finisce al primo posto vince lo scudetto° mentre le ultime tre classificate retrocedono° in Serie B. La rivalità tra i tifosi è intensa, ma può anche diventare eccessiva e purtroppo negli stadi ci sono stati deplorevoli episodi di violenza o di razzismo. Tra le squadre più antiche e conosciute ci sono il Torino e la Juventus (di Torino), la Roma e la Lazio (di Roma), il Milan e l'Inter (di Milano), il Napoli e la Fiorentina che sono spesso chiamate affettuosamente con il colore delle loro maglie: per esempio «i bianconeri» (la Juventus), «i neroazzurri» (l'Inter) e «i giallorossi» (la Roma).

*earn* (guadagnano) *"little shield"* (scudetto) *are relegated* (retrocedono)

La passione per il calcio che normalmente divide i tifosi delle varie squadre riesce però a unire un intero paese quando a giocare è la squadra nazionale italiana di calcio.

Anche la squadra nazionale italiana ha un soprannome ispirato al colore delle maglie «gli Azzurri». La nazionale azzurra, formata dai migliori giocatori, gioca nei tornei europei e mondiali, come i Campionati Europei e la Coppa del Mondo. Secondo il regolamento, i giocatori della squadra nazionale devono essere cittadini italiani, al contrario delle squadre di club che possono acquistare calciatori di diverse nazionalità. Finora gli Azzurri hanno vinto quattro campionati del mondo: a Roma nel 1934, a Parigi nel 1938, a Madrid nel 1982 e a Berlino nel 2006. Forza Azzurri! ■

Bring in article clippings and/or encourage students to surf the Internet to gather information about specific soccer players or other sports superstars for stats and gossip.

# Analisi

communication
NATIONAL STANDARDS

1 Encourage students to go back to the reading while they match the sentences.

1 Point out that **Torino** is one of the two soccer teams from the city of **Torino**. The other team is **Juventus**.

1 **Comprensione** Abbina ogni frase nella colonna di sinistra con la fine appropriata nella colonna di destra.

1. La domenica negli stadi italiani __f__
2. Il calcio è __g__
3. La Coppa del Mondo __e__
4. I tifosi __l__
5. Il principale giornale sportivo italiano __d__
6. I giocatori di calcio italiani sono __h__
7. Quando un calciatore viene comprato da un'altra squadra __c__
8. I tifosi cantano __i__
9. «Il Torino» è __b__
10. «Gli Azzurri» sono __a__

a. la squadra nazionale di calcio italiana.
b. la squadra di calcio della città di Torino.
c. può trovarsi a giocare contro la propria ex-squadra.
d. si chiama *La Gazzetta dello Sport.*
e. è il più importante torneo di calcio della Nazionale italiana.
f. si sentono le grida e le canzoni dei tifosi durante la partita.
g. uno sport che combina il gioco di squadra con il talento individuale.
h. celebri come gli attori e i cantanti.
i. a squarciagola.
l. guardano la partita, vanno allo stadio e indossano la maglia dei loro giocatori preferiti.

**TEACHING OPTION** Play one of the many Italian soccer songs (such as Antonello Venditti's **Grazie Roma**, Rita Pavone's **La partita di pallone,** or Gianna Nannini/Edoardo Bennato's **Un'estate italiana**) for students. Make a cloze activity from the lyrics, and have students fill in the missing words as they listen.

2 **Il tuo sport** In coppia, parlate dello sport nazionale del vostro paese. Confrontate le vostre conclusioni con il resto della classe.

- Come sono i tifosi?
- Che effetto ha sulla vita del paese?
- Ha ispirato libri, canzoni o film?
- Ha influenzato l'economia, la politica o la storia nazionale?
- Ha mai causato problemi di traffico?

**TEACHING OPTION** There are many soccer-inspired expressions in Italian in addition to **scendere in campo**, **fare rete**, and **fare 13**. You could teach students other common expressions such as **salvarsi in corner, dribblare,** and **prendere in contropiede**. Encourage students to draw the expressions to aid comprehension.

3 **Oltre lo stadio** In coppia, esprimete la vostra opinione su eventi legati allo sport che hanno ripercussioni sociali.

| | Eventi | Opinione |
|---|---|---|
| **la violenza nello sport** | | |
| **il mercato dei giocatori** | | |
| **lo stipendio delle celebrità sportive** | | |
| **sport femminili e maschili** | | |
| **sport amatoriali (*amateur*) e professionistici** | | |

4 **Inventiamo una squadra** In piccoli gruppi, create la vostra squadra.

- Quale sport pratica la squadra?
- Avete un nome?
- Come sono le vostre maglie?
- Quale slogan volete usare?

Practice more at **vhlcentral.com.**

# Preparazione

Audio: Vocabulary

NATIONAL STANDARDS connections cultures

## A proposito dell'autore

Autore satirico, prolifico e versatile, **Stefano Benni** (1947) ha scritto romanzi, racconti, opere teatrali, poesie, articoli ed è anche regista cinematografico. Benni è appassionato di jazz e creatore della *Pluriversità dell'Immaginazione*, un ciclo di conferenze legate all'Associazione culturale Italo Calvino. I generi letterari che predilige (*prefers*) vanno dalla fantascienza al fantastico, dalla fiaba (*fable*) moderna e disincantata alla quotidianità, sempre trattata con umorismo e a volte con un fondo di amarezza (*bitterness*). Benni continua a scrivere e a promuovere attività culturali. I suoi libri sono tradotti in moltissime lingue.

| Vocabolario della lettura | | Vocabolario utile |
|---|---|---|
| **bastare** *to be sufficient* | **il pezzo** *piece* | **la bontà** *goodness* |
| **la classifica** *chart* | **gli spiccioli** *small change* | **la coscienza** *conscience* |
| **fatato/a** *enchanted* | **lo spinotto** *plug* | **la fiaba/favola** *fairy tale* |
| **fingere** *to pretend* | **suonare** *to play* | **la magia** *magic* |
| **la ninnananna** *lullaby* | **le zeppe** *wedge shoes* | **la morale** *moral* |

**1** **Definizioni** Trova la definizione adatta a ogni parola.

| | |
|---|---|
| _c_ 1. la favola | a. la lezione di un racconto |
| _e_ 2. gli spiccioli | b. una canzone in rima per dormire |
| _d_ 3. le zeppe | c. un racconto di fantasia |
| _a_ 4. la morale | d. un tipo di scarpe |
| _f_ 5. la bontà | e. pochi soldi in contanti |
| _b_ 6. la ninnananna | f. la qualità di essere buoni |

**2** **Preparazione** Fate le seguenti domande a un(a) compagno/a.

1. Che tipo di persona sceglie di suonare per la strada?
2. In che modo un suonatore di strada è diverso da un mendicante?
3. Cosa pensi dei suonatori di strada? Di solito dove li incontri? Li trovi bravi? Ti fermi ad ascoltarli? Perché sì o no?
4. Se ti piacciono, dai dei soldi?
5. Suoni uno strumento? Ti verrebbe mai in mente di suonarlo per la strada? Perché sì o perché no?

**3** **Discussione** In coppia, rispondete alle domande.

1. Il racconto che segue è tratto dal libro *Il bar sotto il mare*. Secondo te, che tipo di libro è? Come può esistere un bar sotto il mare?
2. Hai mai letto *Alice nel paese delle meraviglie*? Qual è il principio fondamentale di quel libro?
3. Conosci altre fiabe in inglese in cui il mondo è alla rovescia (*upside-down*)?
4. Immagina di avere un oggetto magico: cos'è e cosa può fare?

**2** Point out that many street players (**artisti di strada**) are actually out-of-work musicians, and sometimes they get discovered playing in the streets, subway stations, coffee houses, etc. Famous street performers include Eric Clapton, Rod Stewart, Bob Dylan, Joni Mitchell, Tracy Chapman, and Jewel, among others. In Italy street artists can even join the **Federazione nazionale artisti di strada** (www.fnas.org) and get assistance and funds for promoting their trade.

### Nota CULTURALE

***Il bar sotto il mare*** è una raccolta° di racconti, pubblicata nel 1987. All'inizio della storia il protagonista vede un anziano signore che entra nel mare e scompare° sott'acqua. Lo vuole salvare° e così si ritrova in un fantastico bar sommerso°. Come nel *Decameron* di Boccaccio o *I racconti di Canterbury* di Chaucer, i diversi personaggi del bar raccontano tutti una storia per passare il tempo. La caratteristica comune a tutti è l'elemento assurdo e inaspettato.

**raccolta** *collection* **scompare** *to disappear* **salvare** *to save* **sommerso** *submerged*

Practice more at **vhlcentral.com.**

# LA CHITARRA *magica*

STEFANO BENNI

## Il racconto della ragazza col ciuffo

*Ogni ingiustizia ci offende, quando non ci procuri direttamente alcun profitto.*

—LUC DE VAUVENARGUES

**S** Audio: Dramatic Reading

C'era un giovane musicista di nome Peter che suonava la chitarra agli angoli delle strade. Racimolava° così i soldi per proseguire° gli studi al Conservatorio: voleva diventare una grande rock star. Ma i soldi non bastavano°, perché faceva molto freddo e in strada c'erano pochi passanti°.

Un giorno, mentre Peter stava suonando «Crossroads» si avvicinò° un vecchio con un mandolino.

—Potresti cedermi° il tuo posto? È sopra un tombino° e ci fa più caldo.

—Certo—disse Peter che era di animo° buono.

—Potresti per favore prestarmi la tua sciarpa°? Ho tanto freddo.

—Certo—disse Peter che era di animo buono.

—Potresti darmi un po' di soldi? Oggi non c'è gente, ho raggranellato° pochi spiccioli e ho fame.

—Certo—disse Peter che eccetera. Aveva solo dieci monete nel cappello e le diede tutte al vecchio.

Allora avvenne° un miracolo: il vecchio si trasformò in un omone° truccato con rimmel° e rossetto°, una lunga criniera° arancione, una palandrana° di lamé e zeppe alte dieci centimetri.

L'omone disse:—Io sono Lucifumandro, il mago degli effetti speciali. Dato che sei stato buono con me ti regalerò una chitarra fatata. Suona da sola qualsiasi° pezzo, basta che tu glielo ordini. Ma ricordati: essa può essere usata solo dai puri di cuore. Guai° al malvagio° che la suonerà! Succederebbero cose orribili!

Ciò detto si udì° nell'aria un tremendo accordo di mi settima° e il mago sparì°. A terra restò una chitarra elettrica a forma di freccia°, con la cassa° di madreperla e le corde d'oro zecchino°. Peter la imbracciò° e disse:

He scraped together / continue / were not enough / passers-by / approached / let me have / manhole cover / heart / scarf / I have scraped together / took place / big man / mascara/lipstick/mane / long loose coat / any / Heaven help / wicked man / was heard / E seven/disappeared / arrow/body / pure gold/he slung on his arm

—Suonami «Ehi Joe».

La chitarra si mise a eseguire il pezzo come neanche° Jimi Hendrix, e Peter non dovette far altro che fingere di suonarla. Si fermò moltissima gente e cominciarono a piovere soldini° nel cappello di Peter.

Quando Peter smise di suonare, gli si avvicinò un uomo con un cappotto di caimano°. Disse che era un manager discografico e avrebbe fatto di Peter una rock star. Infatti tre mesi dopo Peter era primo in tutte le classifiche americane italiane francesi e malgasce°. La sua chitarra a freccia era diventata un simbolo per milioni di giovani e la sua tecnica era invidiata da tutti i chitarristi.

Una notte, dopo uno spettacolo trionfale, Peter credendo di essere solo sul palco°, disse alla chitarra di suonargli qualcosa per rilassarsi. La chitarra gli suonò una ninnananna. Ma nascosto° tra le quinte° del teatro c'era il malvagio Black Martin, un chitarrista invidioso del suo successo. Egli scoprì così che la chitarra era magica. Scivolò° alle spalle di Peter e gli infilò° giù per il collo° uno spinotto° a tremila volt, uccidendolo. Poi rubò la chitarra e la dipinse° di rosso.

La sera dopo, gli artisti erano riuniti in concerto per ricordare Peter prematuramente scomparso°. Suonarono Prince, Ponce e Parmentier, Sting, Stingsteen e Stronhaim. Poi salì sul palco il malvagio Black Martin.

Sottovoce ordinò alla chitarra:

—Suonami «Satisfaction».

Sapete cosa accadde°?

La chitarra suonò meglio di tutti i Rolling Stones insieme. Così il malvagio Black Martin diventò una rock star e in breve nessuno ricordò più il buon Peter.

Era una chitarra magica con un difetto di fabbricazione°. ■

better than / coins / cayman / Madagascan / stage / hidden / wings / He slid / put/neck / plug / painted / dead / happened / manufacturing

Many of the musicians Benni mentions are invented. Even though Ponce and Parmentier are actual names, the idea is to create fake foreign-sounding names, to point out, polemically, the Eighties' craze for any music in English. The book was published in 1987.

communication NATIONAL STANDARDS

# Analisi

**1** **Vero o falso?** Indica se l'affermazione è **vera** o **falsa**. Dopo, in coppia, correggete le affermazioni false.

| Vero | Falso | |
|---|---|---|
| ☐ | ☑ | 1. Peter suona il sassofono. |
| ☑ | ☐ | 2. Peter presta la sua sciarpa al vecchio. |
| ☑ | ☐ | 3. La chitarra è magica e ha istruzioni precise. |
| ☑ | ☐ | 4. La chitarra suona da sola. |
| ☐ | ☑ | 5. Black Martin è un amico di Peter. |
| ☐ | ☑ | 6. La chitarra funziona secondo le regole dette dal vecchio. |

**2** **Comprensione** Rispondi alle domande. Dopo, in coppia, discutete le domande che avete segnato con **d.**

1. Perché il vecchio chiede tante cose a Peter?
   a. perché si sente solo b. perché è molto curioso
   c. perché Peter è di animo buono (d.) perché nelle fiabe ci sono formule ripetitive
2. Che tipo di chitarra gli lascia il mago?
   a. una chitarra classica b. una chitarra di madreperla con le corde d'oro
   c. una chitarra da concerto rock (d.) sia b che c
3. Qual è la magia della chitarra?
   (a.) suona da sola b. riconosce le persone buone c. fa volare
   d. ha le corde d'oro
4. Perché ha successo Peter?
   a. perché ha talento b. perché i caimani portano fortuna c. perché suona come Jimi Hendrix (d.) perché ha un contratto con una casa discografica
5. Come prende la chitarra Black Martin?
   a. chiede a Peter di prestargliela b. la trova su una sedia (c.) uccide Peter
   d. la ruba mentre Peter dorme
6. Perché fanno un concerto la sera dopo?
   a. perché il mondo dello spettacolo è crudele b. perché Peter manca a tutti
   c. perché è un'occasione per fare soldi (d.) forse tutte e tre le risposte

**3** **Personaggi**

**A.** Indica le parole dell'elenco che descrivono i personaggi.

| | | | | |
|---|---|---|---|---|
| affarista | criminale | di talento | generoso | malvagio |
| assassino | di buon cuore | disonesto | interessato | opportunista |

1. Peter 2. Vecchio 3. Manager discografico 4. Black Martin

**B.** Confronta le tue risposte con un(a) compagno/a e discutete le differenze.

4 **Esaminare** In coppia, usate la tabella per determinare se *La chitarra magica* segue o non segue la convenzione delle fiabe. Alla fine aggiungete due frasi originali.

| Tipico delle fiabe | Segue la convenzione? | NON segue la convenzione? |
|---|---|---|
| 1. C'è una persona buona che ha un problema. | | |
| 2. La persona buona è anche generosa con chi ha bisogno. | | |
| 3. Un vecchio insignificante si rivela un mago. | | |
| 4. La persona buona ha un beneficio per la sua bontà. | | |
| 5. Una persona cattiva cerca di avere lo stesso beneficio. | | |
| 6. Il cattivo fa del male al protagonista. | | |
| 7. Il bene alla fine trionfa. | | |
| 8. Il cattivo è punito. | | |

5 **Cosa pensano?** In coppia, improvvisate una conversazione tra Black Martin e Peter, se Peter si svegliasse.

**Modello** **Peter:** Cosa fai?
**Black Martin:** Niente... passavo di qui...
**Peter:** Perché hai in mano quello spinotto?

6 **Discutere** In coppia, rispondete alle domande.

1. Peter è davvero un personaggio totalmente onesto?
2. Qual è il ruolo dell'opportunismo in questa fiaba?
3. Perché il bene non trionfa in questo racconto?
4. Tutte le fiabe hanno una morale più o meno esplicita. Secondo te, hanno una funzione sociale al di là dell'educazione dei bambini?

7 **Una conversazione sulle fiabe** Conosci il finale originale di queste fiabe? Perché ti piacciono o non ti piacciono? Scegli una fiaba dalla lista e cambia il finale con due compagni.

| | | |
|---|---|---|
| La sirenetta | Cenerentola (*Cinderella*) | Cappuccetto Rosso |
| La bella addormentata | I tre porcellini | La tua fiaba preferita |
| Pinocchio | | |

8 **Tema** Scegli uno dei seguenti argomenti e scrivi una breve composizione.

1. Cosa vuole dire la citazione da Vauvenargues all'inizio del racconto? Secondo te, la morale della gente è legata agli interessi personali e cambia secondo la convenienza? Pensa a degli esempi specifici.
2. Peter muore ed è dimenticato velocemente. Perché secondo te alcuni artisti del mondo dello spettacolo non vengono mai dimenticati? Cosa crea un mito?
3. Immagina di dover scrivere una fiaba originale. Qual è la morale della tua fiaba?

### Nota CULTURALE

Il formalista russo Vladimir Propp è stato il primo a teorizzare gli elementi base dei racconti folkloristici e di fantasia (le fiabe). Anche se le sue teorie non sono perfette, è vero che ci sono elementi comuni a tutte le fiabe. Questo appare evidente anche nella raccolta ***Fiabe italiane*** (1956), del famoso scrittore **Italo Calvino**. È importante dire che le fiabe non devono essere sempre a lieto fine. Al contrario, le fiabe hanno una forte struttura morale e il finale rispecchia spesso l'etica del paese d'origine.

6 Ask additional questions:
**5. Conosci fiabe in cui l'ordine costituito è rovesciato?**
**6. È giusto agire secondo coscienza? Perché?**
**7. Secondo te, esiste davvero la «giustizia poetica», un meccanismo che alla fine punisce i malvagi? Se ci credi, come ti aiuta questa nozione nella vita di tutti i giorni?**

7 Point out that in the original stories, the Little Mermaid dies for love and becomes sea foam; the Wolf gets killed in Little Red Riding Hood and in the Three Little Pigs; Pinocchio is extremely undisciplined and rude to both his father and the cricket; etc. All fairy tales have a serious potential for tragedy leading up to the happy ending.

Practice more at **vhlcentral.com.**

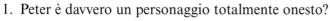

# Pratica

## La proposizione principale

Il corpo di un saggio si organizza in vari paragrafi nei quali si presentano gli argomenti per difendere la tesi esposta nell'introduzione. Ognuno di questi paragrafi comprende una proposizione principale. Questa proposizione:

- fissa e riassume l'idea principale del paragrafo;
- è utile per il lettore perché offre un'idea chiara sul contenuto del paragrafo;
- è utile per l'autore perché specifica l'informazione che si vuole dare.

1 Before beginning the **Preparazione** activity, review the idea of topic sentences with students. The topic sentence should make the intention of the whole paragraph clear and easy to follow.

1 **Preparazione** **In coppia, leggete il seguente brano e individuate la proposizione principale.**

Anna ama studiare l'inglese, ma fino a poco tempo fa aveva sempre paura di fare una brutta figura quando parlava. Anche se è molto timida, un giorno ha fatto una domanda in inglese a uno sconosciuto a New York perché si è persa. Dopo una lunga camminata, Anna ha finalmente trovato la strada giusta per raggiungere il teatro che cercava: per la prima volta si è sentita sicura del suo inglese!

2 Before working on the **Saggio**, have students discuss Americans' attitudes towards their favorite sports.

2 **Saggio** **Scegli uno di questi argomenti e scrivi un saggio.**

- Il tuo saggio deve far riferimento a uno o due dei quattro brani di questa lezione contenuti in **Cortometraggio**, **Immagina**, **Cultura** e **Letteratura**.
- Deve includere almeno tre paragrafi per difendere la tua tesi e ogni paragrafo deve contenere una proposizione principale.
- Il saggio deve essere lungo almeno due pagine.

Nel brano (*piece*) *Rete!* si parla dell'estasi dei tifosi per le vittorie della propria squadra e della disperazione per le sconfitte. Spesso queste scene degenerano e si assiste a veri e propri atti criminali. Che cosa può trasformare un tifoso in un criminale? Che cosa può fare la società per combattere questi fenomeni?

In una realtà quotidiana sempre in movimento, molte persone cercano «sfogo» (*outlet*) nei passatempi. Secondo te, quando questo tempo è ben speso e quando invece diventa tempo perso? In una realtà quotidiana sempre in movimento, molte persone cercano rifugio (*refuge*) dallo stress nei passatempi. Pensi che dedicare del tempo libero a queste attività serva a dare la carica necessaria per affrontare nuovi impegni o sia una distrazione inutile? Secondo te, quando questo tempo è ben speso e quando invece diventa tempo perso?

Have a discussion about how people are influenced by friends, family, or society to become something they are not.

Nel cortometraggio *Bulli si nasce*, emerge in modo surreale la figura di due genitori che, influenzati dalle regole sociali, spingono il proprio figlio a diventare un «bullo». È giusto forzare la personalità di una persona per adeguarsi alle esigenze della società?

# I passatempi

Vocabulary Tools

## Lo sport

**l'allenatore/allenatrice** *coach*
**l'alpinismo** *mountain climbing*
**l'arbitro** *referee*
**l'automobilismo** *car racing*
**il calcio** *soccer*
**il campo di/da gioco** *playing field*
**il canottaggio** *rowing*
**il club sportivo** *sports club*
**l'equitazione** *horseback riding*
**la gara** *race*
**il giocatore/la giocatrice** *player*
**il pareggio** *tie*
**il pattinaggio (sul ghiaccio)** *(ice-)skating*
**il pugilato** *boxing*
**lo sci (di fondo)** *(cross-country) skiing*
**la squadra** *team*
**il/la tifoso/a** *fan*

---

**allenarsi** *to train*
**andare in palestra** *to go to the gym*
**farsi male** *to injure oneself*
**scalare** *to climb*
**segnare (un gol)** *to score (a goal)*
**vincere/perdere/pareggiare (una partita)** *to win/lose/tie (a game)*

## Il tempo libero

**il biglietto** *ticket*
**il biliardino** *foosball*
**il biliardo** *billiards*
**l'escursionismo** *hiking*
**il gioco di società** *board game*
**il gruppo (musicale)** *band*
**il luna park** *amusement park*
**la mostra** *exhibition*
**la prima** *opening night*
**gli scacchi** *chess*
**lo spettacolo** *show*
**il videogioco** *videogame*

---

**applaudire** *to clap*
**fare campeggio** *to camp*
**fare la fila** *to wait in line*
**festeggiare** *to celebrate*
**giocare a nascondino** *to play hide-and-seek*
**prendere qualcosa da bere/mangiare** *to get something to drink/eat*
**valere la pena** *to be worth it*

---

**buffo/a** *funny*
**da non perdere** *must-see*
**tutto esaurito** *sold out*

## Lo shopping e l'abbigliamento

**l'abito da sera** *evening dress*
**il cappotto** *coat*
**il centro commerciale** *mall*
**l'impermeabile** *raincoat*
**le infradito** *flip-flops*
**i saldi (di fine stagione)** *(end-of-season) sales*
**le scarpe da ginnastica/tennis** *sneakers*
**i tacchi alti** *high heels*
**il vestito (da uomo/donna)** *suit/dress*

---

**cambiare** *to exchange*
**dare un'occhiata** *to take a look*
**provare** *to try on*

---

**alla moda** *fashionable*
**firmato/a** *designer brand*
**passato/a di moda** *out-of-style*
**raffinato/a** *refined*

## Cortometraggio

**il bullo** *bully*
**il burattino** *puppet*
**la coincidenza** *coincidence*
**l'ecografia** *ultrasound*
**il fenomeno** *phenomenon*
**la genetica** *genetics*
**le lenti a specchio** *mirrored lenses*
**la merendina** *snack*
**l'orgoglio** *pride*
**l'ottico** *optician*
**il/la quattrocchi** *four eyes*
**il/la secchione/a** *student who studies too hard*
**la suora** *nun*

---

**improvvisare** *to improvise*
**sminuire (-isc)** *to play down*

---

**competitivo/a** *competitive*
**prenatale** *prenatal*

## Cultura

**il calciatore** *soccer player*
**il calcio di rigore** *penalty kick*
**il centravanti** *center forward*
**la difesa** *defense*
**la maglia** *jersey*
**il pallone** *soccer; ball*
**il portiere** *goalkeeper*
**il regolamento** *regulations*
**la rete** *goal; net*
**il torneo** *tournament*

---

**giocare in casa/trasferta** *to play a home/away game*
**parare** *to save*
**pareggiare** *to tie*
**scendere in campo** *to join the game*
**tifare (per)** *to root for*

---

**leale** *loyal*

---

**a squarciagola** *at the top of one's voice*

## Letteratura

**la bontà** *goodness*
**la classifica** *chart*
**la coscienza** *conscience*
**la fiaba/favola** *fairy tale*
**la magia** *magic*
**la morale** *moral*
**la ninnananna** *lullaby*
**il pezzo** *piece*
**gli spiccioli** *small change*
**lo spinotto** *plug*
**le zeppe** *wedge shoes*

---

**bastare** *to be sufficient*
**fingere** *to pretend*
**suonare** *to play*

---

**fatato/a** *enchanted*

LEZIONE 4

# Il valore delle idee

La politica, anche se spesso ci appare lontana e incomprensibile, è un aspetto importante della società. I governi con i loro rappresentanti hanno il compito di guidare i cittadini e garantire i loro bisogni fondamentali come la giustizia e il bene comune. Ti interessi di politica? Pensi che sia importante per i giovani avere un'opinione politica ed esprimerla?

120 **CORTOMETRAGGIO**

Nel corto *Mare nostro*, il regista **Andrea D'Asaro** ci mostra cosa può succedere a un pescatore subacqueo che rimane da solo in mezzo al mare. Nelle situazioni più difficili si può trovare qualcosa di straordinario? Si può aiutare qualcuno ed essere aiutati?

126 **IMMAGINA**

**Milano** città cosmopolita e moderna, è la capitale finanziaria d'Italia, ma è anche una città ricca di arte e circondata (*surrounded*) da bellezze naturali.

145 **CULTURA**

Entrando nell'**Unione Europea**, l'Italia ha ricevuto vantaggi economici e politici, ma si è anche trovata a dover far fronte a nuove responsabilità. Cosa significa essere uno dei 27 paesi membri di una comunità fondata sulla tolleranza della diversità?

149 **LETTERATURA**

La protagonista di *Il viaggiatore dalla voce profonda* di **Dacia Maraini** scopre come un incontro su un treno forse non è del tutto casuale e come le apparenze spesso ingannano (*are deceiving*).


**Destinazione:**
**LOMBARDIA**

**PREVIEW** Have students look at the photo and speculate about what is going on. Ask: **È una dimostrazione politica? È pacifica? Perchè reclama la gente? Sei mai stato in una dimostrazione? Quando?**

123

146


118 **PER COMINCIARE**

128 **STRUTTURE**

4.1 **The trapassato prossimo and the trapassato remoto**

4.2 **Object pronouns**

4.3 **The imperative**

4.4 ***Dovere, potere,* and *volere***

157 **VOCABOLARIO**

# La giustizia e la politica

Vocabulary Tools

## Le leggi e i diritti

**la cittadinanza** *citizenship*
**la criminalità** *crime*
**il crịmine** *felony*
**i diritti umani** *human rights*
**l'emigrazione (*f.*)** *emigration*
**la giustizia** *justice*
**l'immigrazione (*f.*)** *immigration*

**la libertà** *freedom*
**l'uguaglianza** *equality*

---

**abusare** *to abuse*
**approvare/passare una legge** *to pass a law*

**difẹndere** *to defend*
**emigrare** *to emigrate*
**giudicare** *to judge*
**imprigionare** *to imprison*

---

**analfabeta** *illiterate*
**colpẹvole** *guilty*
**(in)giusto/a** *(un)fair*
**ineguale** *unequal*
**innocente** *innocent*
**(il)legale** *(il)legal*
**oppresso/a** *oppressed*
**uguale** *equal*

**SINONIMI E CONTRARI**
la giustizia ≠ l'ingiustizia
l'uguaglianza ≠ la disuguaglianza

**VOCABOLARIO SUPPLEMENTARE**
**l'immigrazione interna** *internal immigration*
**l'immigrazione clandestina** *illegal immigration*
**l'emigrazione (*f.*) di massa** *mass emigration*
**l'emigrazione (*f.*) temporanea** *temporary emigration*

## La polịtica

**l'abuso di potere** *abuse of power*
**la crudeltà** *cruelty*
**la democrazịa** *democracy*
**la dittatura** *dictatorship*
**l'esẹrcito** *army*
**il governo** *government*
**la guerra (civile)** *(civil) war*
**la pace** *peace*
**il partito polịtico** *political party*

**la polịtica** *politics*
**la sconfitta** *defeat*
**la vittoria** *victory*

---

**dedicarsi a** *to dedicate oneself to*
**elẹggere** *to elect*
**governare** *to govern*
**influenzare** *to influence*
**vịncere/pẹrdere le elezioni** *to win/lose the election*
**votare** *to vote*

---

**conservatore/conservatrice** *conservative*
**liberale** *liberal*
**moderato/a** *moderate*
**pacịfico/a** *peaceful*
**pacifista** *pacifist*
**potente** *powerful*
**vittorioso/a** *victorious*

Explain that the Italian Armed Forces include four different branches: **l'Esercito** (*Army*), **la Marina Militare** (*Navy*), **l'Aeronautica Militare** (*Air Force*), and **i Carabinieri** (*Military Police*). In addition, **La Polizia di Stato** (*Civil Police*) patrols highways, railways, and airports, controls immigration, and maintains public security, while **la Guardia di Finanza** (*Fraud Squad*) investigates tax evasion, money laundering, and drug traffic. Lastly, the **Polizia Municipale** or **Vigili** (*Local Police*) enforces traffic and parking regulations.

## La gente

**l'attivista (*m., f.*)** *activist*
**l'avvocato (*m., f.*)** *lawyer*
**il/la criminale** *criminal*
**il/la deputato/a** *congressman/congresswoman*
**il/la giụdice** *judge*
**la giurịa** *jury*
**il/la ladro/a** *thief*

**il/la polịtico/a** *politician*
**il/la presidente** *president*
**il/la terrorista** *terrorist*
**il/la testimone** *witness*
**la vịttima** *victim*

## La sicurezza e i perịcoli

**l'arma** *weapon*
**la minaccia** *threat*
**la paụra** *fear*
**il perịcolo** *danger*
**lo scạndalo** *scandal*
**la sicurezza** *safety*

**il terrorismo** *terrorism*
**la violenza** *violence*

---

**combạttere** *to fight*
**promuọvere** *to promote*
**salvare** *to save*
**spiare** *to spy*

**INSTRUCTIONAL RESOURCES**
Audioscripts, SAM AK, Lab MP3s
**SAM/WebSAM:** WB, LM

# Pratica e comunicazione

**1** **L'intruso** Trova la parola o l'espressione che non c'entra.

1. **I diritti umani**
   a. l'uguaglianza b. la giustizia (c.) l'abuso di potere d. la libertà
2. **Le professioni**
   a. l'avvocato (b.) il pacifista c. il giudice d. il presidente
3. **La politica**
   a. la dittatura b. la democrazia c. il governo (d.) la giuria
4. **I pericoli**
   (a.) il testimone b. la minaccia c. la criminalità d. il terrorismo
5. **La politica**
   a. conservatore b. moderato (c.) innocente d. liberale
6. **Entità governative**
   a. il governo (b.) l'attivista c. l'esercito d. il partito politico

**2** **Abbinamenti** Collega ogni parola alla sua definizione.

d 1. andare a vivere in un altro paese, soprattutto per motivi di lavoro
c 2. proibito dalla legge
b 3. possibilità di agire (*act*) senza restrizioni
e 4. principio secondo il quale tutti gli uomini hanno gli stessi diritti
a 5. chi opera attivamente all'interno di un'organizzazione

a. attivista
b. la libertà
c. illegale
d. l'emigrazione
e. l'uguaglianza

**3** **Domande personali** In gruppi di tre, fatevi le seguenti domande. Some answers will vary.

1. A quale partito politico ti senti più vicino/a?
2. Hai votato alle ultime elezioni?
3. Chi è il presidente del tuo paese? Ti piace il suo programma politico? Perché?
4. C'è un personaggio politico che ammiri particolarmente? Perché?
5. Secondo te, quali sono i principali problemi del tuo paese?
6. Conosci qualcuno che è immigrato in questo paese? Quali sono stati i problemi principali che ha dovuto affrontare (*face*)?

**4** **Diritti umani** Immagina di essere un attivista per i diritti umani. Discuti i seguenti punti con un(a) compagno/a.

1. Per quale causa ti batti (*fight for*), i diritti umani, l'emigrazione, la giustizia sociale? Perché?
2. Quali problemi combatti? Come cerchi di risolvere questi problemi?
3. Quali mezzi utilizzi per sensibilizzare (*increase awareness in*) l'opinione pubblica su questi problemi?

Practice more at **vhlcentral.com.**

Nota
**CULTURALE**

Per i nomi di professione non sempre si ricorre all'uso della desinenza° **–essa** per formare il femminile, quindi è meglio non usare parole come **l'avvocatessa, la deputatessa, la presidentessa**, ma lasciare invariato il nome maschile e aggiungere il nome della persona, per esempio **l'avvocato Giulia Bongiorno, il presidente della Camera dei deputati Laura Boldrini.** Fanno eccezione la **professoressa** e la **dottoressa**, parole comunemente usate.

**desinenza** *ending*

**TEACHING OPTION** Have students compare and contrast different types of government and comment on what basic rights a good government must provide. After the discussion, break the class into groups and have them imagine a theoretical government and explain to the class how their system would work.

NATIONAL STANDARDS connections cultures communication

INSTRUCTIONAL RESOURCES
Film Collection, Script & Translation
**SAM/WebSAM:** WB

# Preparazione

Audio: Vocabulary

**Vocabolario del cortometraggio**

**il faro** *lighthouse*
**inaffidabile** *unreliable*
**nascosto/a** *hidden*
**pescare** *to fish*
**la poppa** *stern*
**promesso** *promised*
**la prua** *bow*
**il punto di riferimento** *reference point*
**salvo/a** *safe*
**la spigola** *bass (fish)*

**Vocabolario utile**

**il boccaglio** *snorkel*
**la camera d'aria** *inner tube*
**il clandestino** *illegal immigrant*
**la guardia costiera** *coast guard*
**la maschera** *mask*
**la muta** *wet suit*
**naufragare** *to sink, wreck*
**il naufrago** *castaway*
**le pinne** *flippers*
**il subacqueo** *scuba diver*

**1** **Pratica** Completa il dialogo con le parole nuove.

**MARCELLO** Mimì, vuoi venire a (1) pescare in barca con me oggi?

**MIMÌ** Certo! Possiamo andare vicino al vecchio (2) faro! Ho sentito che lì ci sono molti pesci, soprattutto le (3) spigole. È un posto (4) nascosto: non lo conosce nessuno.

**MARCELLO** Va bene, è un posto molto vicino. Oggi il tempo è (5) inaffidabile. Hai visto quante nuvole? Preferisco non andare troppo lontano se piove.

**MIMÌ** Sai quali sono i (6) punti di riferimento per arrivarci? A nord c'è un'isola e ad ovest si vede la costa.

**MARCELLO** Perfetto. Per fare pesca subacquea abbiamo bisogno di indossare la (7) muta; per vedere sott'acqua ci metteremo la (8) maschera; per nuotare più velocemente porteremo le (9) pinne ai piedi; e per respirare useremo il (10) boccaglio.

**2** Have students discuss their experiences in detail. Ask them to describe their partner's experiences too, prompting them to clarify and expand. Encourage the rest of the class to ask more questions as well.

**2** **Preparazione**

**A.** In coppia, fatevi a turno queste domande.

1. Sei mai andato/a in barca o in nave? Ti sei divertito/a?
2. Conosci qualcuno che soffre il mal di mare (*seasickness*)?
3. Sai nuotare bene? Come hai imparato? In quali mari, laghi e fiumi hai nuotato?
4. Quanto puoi resistere sott'acqua senza respirare?
5. Hai mai fatto snorkeling o immersioni subacquee? Dove? Che cosa hai visto sott'acqua?
6. Sei mai andato/a a pesca? Qual è il pesce più grande o più strano che hai pescato?

**B.** Raccontate una delle esperienze dell'altro/a studente(ssa) al resto della classe.

**3** Encourage group discussion by reminding students of historical or current events regarding immigration issues in your area. Invite them to share their own experiences.

**3** **Immigrazione** In piccoli gruppi, parlate delle vostre opinioni.

1. Cosa pensi, in generale, dell'immigrazione legale?
2. Conosci degli immigrati? Da quali paesi provengono e da quanto tempo sono nel tuo paese?
3. Ci sono anche clandestini nel tuo paese?
4. Come arrivano? Per mare o per terra?
5. Perché vengono? Che tipo di lavoro fanno?
6. Hai mai parlato con un clandestino? In quale lingua?
7. Quali sono le questioni legali legate all'immigrazione clandestina?

4 **L'immigrazione sui giornali** In coppia, leggete questo articolo e rispondete alle domande.
Some answers will vary.

# Il lungo viaggio della paura

Davide Carlucci e Sandro De Riccardis

Quando arrivano a Milano i clandestini sono ormai in salvo. Trovano una cooperativa che li fa lavorare nei cantieri (*construction sites*) o nei campi tra le cassette di frutta; altri invece cercano qualcuno da sposare per regolarizzarsi (*obtain legal status*). Ma i clandestini si lasciano alle spalle storie drammatiche difficili da immaginare. «Sono più numerosi quelli che muoiono che quelli che arrivano sani a destinazione», «La spiaggia è piena di cadaveri...» sono alcune tra le tante frasi dei testimoni. I carabinieri di Milano hanno arrestato diciassette trafficanti. Le indagini (*investigations*) ricostruiscono nel dettaglio quello che succede nei viaggi, dal «mare brutto» alle confortevoli anticamere delle cooperative che li assumeranno in nero (*hire illegally*).

Khadija, una clandestina, racconta: «Sono stata per due mesi prima a Tripoli e poi a Zuwasrah. Per arrivare in Italia ho pagato in contanti 1.300 euro. A Tripoli ci ero arrivata in aereo e Youseef, un libico, mi aveva mandato un taxi per prelevarmi». Khadija diventa la donna di un trafficante, Hafid, ed entra nell'organizzazione. Una notte le arriva una telefonata spaventosa: «Ti prego, ho un gommone (*inflatable boat*) fermo in mezzo al mare... siamo rimasti tutta la notte fino alle 7 di mattina insieme alla polizia... il mare lo ha sommerso (*sunk it*)... ho salvato 36 persone».

In un'altra occasione Khadija organizza i soccorsi per un'altra barca.

K: «Cosa userai: il gommone o una barca?».

H: «No, una barca. Una piccola barca di 13 metri».

K: «13 metri, bene».

H: «Porterà 75 persone».

Il 12 ottobre, nuova conversazione. Hafid informa Khadija che i soccorsi (*rescues*) non sono arrivati. Le persone sul gommone «rischiano di morire». Uno dei trafficanti dell'organizzazione, l'egiziano Gamal El Basatini, è già in prigione, accusato di essere uno dei responsabili della strage (*massacre*) dell'8 novembre 2007, quando su una spiaggia in Calabria restarono i cadaveri di 11 migranti uccisi dalla tempesta.

Ma i trafficanti dichiarano professionalità: «Pensi che facciamo morire la gente in mezzo al mare?». In realtà, tengono i clandestini in condizioni pietose (*pitiful*). Racconta una vittima: «Ho passato tre giorni chiuso a chiave in una stanza, mangiavo una sola volta al giorno. Eravamo 34 persone su due gommoni. Ho pagato 2.000 euro per venire in Italia». Un welfare criminale per un'umanità invisibile.

**(adattato da Repubblica.it.)**

1. Da dove vengono i clandestini di cui parla l'articolo? Vengono dal Nord Africa.
2. In quale città italiana arrivano? Arrivano a Milano.
3. Dove vanno a lavorare? Vanno a lavorare nei cantieri e nei campi.
4. Qual è la storia di Khadija? Khadija è andata a Tripoli in aereo e poi a Zuwasrah. Per arrivare in Italia ha pagato 1.300 euro.
5. Che attività fanno Khadija e Hafid? Trasportano i clandestini.
6. Quante persone può trasportare Hafid nella sua piccola barca? Può trasportare 75 persone.
7. Cosa è successo nella strage dell'8 novembre 2007? Sono morte 11 persone.
8. In quali condizioni vivono i clandestini? Vivono in condizioni pietose.

4 Circulate among the class helping with difficult passages and answering questions. When the groups are done with the activity, initiate a class discussion on illegal immigration, covering both the students' personal experiences (from Activity 3) and the contents of the article, expanding the topic as needed.

5 **Preparazione**

**A.** In coppia, guardate queste foto e inventate una storia. Usate questo elenco per creare la vostra storia.

- personaggi principali
- inizio della storia
- situazione da risolvere
- conclusione

**B.** Raccontate la vostra storia e confrontatela con il resto della classe.

Practice more at **vhlcentral.com.**

Video

diretto da
Andrea D'Asaro
un film di
Marcello Mazzarella e Vincenzo Mineo
MARE NOSTRO
Marcello Mazzarella - Gaspare Balsamo - Mambaye Diop - Raffaella Castelli
fotografia e colorist Bruno Fundarò - operatore sub Orazio Aloi - scenografia Emanuela Ceres - costumi Daniela Gusmano
suono di presa diretta Alessandro Boscolo - musiche di Gabriele Coen e Mario Rivera - montaggio Silvia Oliva
montaggio del suono Gianluigi Fulvio - mixage Andrea Malavasi
© Elimi dei Mulini 2008
progetto grafico Poyanart

**Trama** *Mentre nuota nel Mediterraneo, un pescatore subacqueo siciliano incontra un naufrago africano: tutti e due sono in pericolo di vita.*

1

**MARCELLO** Allora, i punti che devi tenere sono questi: la cupola di San Francesco con il Castello di Venere e «Porta Ossuna» che deve diventare bianca. La vedi?

2

**MIMÌ** Vai tranquillo, Marcello!

3

**MIMÌ** Mi sono addormentato! I punti ho perso! Marcello, sei tu? Guarda che non mi spavento° più!

4

**MARCELLO** Mimì? Mimìiiiiiiiii!

5

**MARCELLO** Vieni, andiamo al faro... là... al faro... nuotiamo insieme.

6

**NAUFRAGO** (*in broken Italian*) Mare entrato nella barca. Nero, non vedere niente. Avere paura, tutti gridare. C'erano delle donne, dei bambini...

**spavento** *scare*

Nota
**CULTURALE**

*Mare Nostrum*

Il titolo del corto viene da *Mare Nostrum*. È il nome che gli antichi Romani davano al **Mediterraneo** (il nome attuale in latino significa «in mezzo alle terre»). Molti clandestini attraversano questo mare, soprattutto dalle coste settentrionali dell'Africa. Negli ultimi anni, numerose imbarcazioni che trasportavano i clandestini hanno fatto naufragio, con un tragico numero di vittime.

Point out that the castaway is most likely from a French-speaking country in Central or West Africa. He may have reached the coast of Libya or Tunisia by land to then cross the Mediterranean on a raft. Show students a map of the Mediterranean and point out the proximity between Italy and North Africa.

Sullo **SCHERMO**

Mentre guardi il corto, indica l'ordine di questi eventi:

__2__ Marcello prende un pesce con la fiocina (*harpoon*).
__1__ Mimì arriva al porto.
__4__ Marcello incontra il clandestino.
__5__ La guardia costiera si avvicina all'isola.
__3__ Mimì si addormenta.

NATIONAL communication STANDARDS

# Analisi

1 **Comprensione** Scegli la risposta giusta.

1. Cosa fa Marcello sott'acqua?
   (a.) Pesca una spigola. b. Trova una barca abbandonata. c. Vede un mostro.
2. Cosa fa Mimì mentre aspetta Marcello?
   a. Guarda i punti di riferimento. (b.) Si addormenta. c. Canta una canzone.
3. Mimì è terrorizzato perché ____
   a. ha perso Marcello. b. vede i cadaveri vicino alla barca. (c.) a. e b.
4. Cosa è successo all'amico del naufrago?
   (a.) È morto in mare. b. È tornato a casa. c. Lo aspetta sull'isola.
5. Il naufrago non è contento dell'arrivo della guardia costiera perché ____
   a. non vuol essere salvato. b. ha paura di nuotare.
   (c.) ha paura che lo rimandino a casa.
6. Marcello promette al naufrago di ____
   (a.) tornare più tardi a salvarlo con la sua barca. b. telefonare alla sua famiglia.
   c. tornare più tardi a salvarlo con Mimì.

2 **I personaggi** Associa queste affermazioni con il personaggio giusto. Dopo, in coppia, scrivete quattro nuove affermazioni e scambiatele con un'altra coppia.

f 1. Mimì, puoi andare da Marcello al posto mio?
e 2. Speriamo che sia arrivato salvo in Italia!
b 3. C'è un pescatore subacqueo in pericolo. Salviamolo!
a 4. Tutti i miei compagni di viaggio sono morti.
d 5. Dov'è la barca? Mimì, dove sei andato a finire?
c 6. Pronto, guardia costiera? Non trovo più Marcello!

a. il naufrago
b. la guardia costiera
c. Mimì
d. Marcello
e. la famiglia del naufrago
f. Andrea

3 **Analisi** Associa i sentimenti al personaggio e al momento corrispondente nel film. Usa il dizionario per cercare gli aggettivi che non conosci. Dopo, in coppia, aggiungete altri aggettivi per descrivere i personaggi. Some answers will vary.

| | | | |
|---|---|---|---|
| a. addolorato | c. arrabbiato | e. impaurito | g. speranzoso |
| b. indaffarato | d. disperato | f. pensieroso | h. stanco |

| | all'inizio del film | a metà film | alla fine del film |
|---|---|---|---|
| **Marcello** | b, c | a, d, e, h | f, h |
| **Naufrago** | a, d, e, h | a, d, e, h | g, h |

4 **Marcello e il naufrago** In coppia, parlate dei personaggi principali del corto.

| | |
|---|---|
| **Marcello** | Che tipo è? Cosa fa di professione? Qual è il suo hobby? Tornerà per salvare il naufrago? Perché? |
| **Naufrago** | Perché ha affrontato un viaggio così rischioso? Cosa ha lasciato? Cosa spera di trovare? Crede alla promessa che fa Marcello? Perché? |

5

## Opinioni

**A. In coppia, usate la tabella e dite se le affermazioni sono confermate o negate nel film. Poi aggiungete due affermazioni nuove.** Some answers will vary.

| Opinione | Confermata dal film | Negata dal film |
|---|---|---|
| 1. L'immigrazione è un fenomeno negativo. | ☐ | ☑ |
| 2. I clandestini sono pericolosi. | ☐ | ☑ |
| 3. I clandestini sono in pericolo. | ☑ | ☐ |
| 4. È giusto aiutare le persone in difficoltà. | ☑ | ☐ |
| 5. Gli immigrati portano via il lavoro agli italiani. | ☐ | ☑ |
| 6. Il Mediterraneo non appartiene soltanto all'Europa. | ☑ | ☐ |
| 7. ______________________ | ☐ | ☐ |
| 8. ______________________ | ☐ | ☐ |

**B. Adesso proponete le vostre affermazioni al resto della classe: cosa ne pensano gli altri studenti?**

6

**Riflessione** **In gruppi di tre, scambiate le vostre opinioni sull'emigrazione e sull'immigrazione.**

- Secondo voi, considerando il loro passato di nazione di emigranti, quale dovrebbe essere l'atteggiamento (*attitude*) degli italiani verso l'immigrazione?
- Cosa devono fare gli immigranti per integrarsi nel nuovo paese?
- Cosa deve fare il governo per far fronte alle necessità ed ai problemi dei nuovi immigranti?
- Qual è l'atteggiamento del vostro paese verso l'immigrazione regolare e clandestina?

7

**Una conversazione** **In piccoli gruppi, improvvisate un dialogo davanti alla classe su una di queste situazioni.**

**A**

Marcello torna di notte al faro e aiuta il naufrago ad arrivare in Sicilia. Dopo 5 anni, il naufrago riesce a regolarizzarsi (*obtain legal status*). Decide di raccontare a Marcello la buona notizia. Cosa si dicono quando s'incontrano di nuovo?

**B**

Marcello torna a casa e racconta alla sua famiglia cosa è successo. Cosa ne pensano i suoi familiari? Deve tornare per salvare il naufrago oppure no?

**C**

Siete una famiglia di immigrati appena arrivati a Milano. Cosa fate il primo giorno in città? Di cosa avete paura? Cosa desiderate di più in quel giorno?

8

**Scriviamo** **Scegli uno di questi argomenti e scrivi una breve composizione usando il vocabolario che hai imparato in questa lezione.**

- Commenta la citazione alla fine del film: «Dedicato a tutti coloro che intraprendono un viaggio per conoscersi, migliorarsi e fuggire la sofferenza e vivere in pace su questo piccolo e tormentato pianeta». Chi sono queste persone secondo te?
- Hai un(a) parente o un amico/un'amica che è emigrato/a all'estero? Da dove? Quali difficoltà ha dovuto superare? Quali esperienze positive e negative ti ha raccontato? Cosa pensi della vita e delle idee di questa persona?
- Secondo te, quali sono gli aspetti negativi dell'immigrazione? Quali ne sono invece i benefici sociali ed economici? Qual è il punto di vista del corto?

6 You might suggest that students watch the feature ***Quando sei nato non puoi più nasconderti*** (2005) by Marco Tullio Giordana. Synopsis: 10-year-old Sandro is the son of a wealthy factory owner. During a cruise in Greece, Sandro is thrown overboard, and picked up by a rickety boat carrying illegal immigrants to Italy. On the boat, Sandro meets two Romanian siblings. The three end up in a waiting facility for illegal immigrants when abandoned by the two Italians in charge.

### Nota CULTURALE

Dalla fine del 1800 agli anni '60 oltre **24 milioni** di italiani sono **emigrati** in diverse parti del mondo, ma soprattutto negli Stati Uniti, in Brasile, in Argentina, nel resto d'Europa e in Australia. Alla fine del 1900 l'Italia è diventata invece meta° di **immigranti**, che adesso sono 4 milioni e mezzo, ovvero° il 7,4% della popolazione.

**meta** *destination* **ovvero** *or rather*

6 You might want to bring current articles about immigration in Italy to class, and to discuss the recent Mare Nostrum Operation as well as the concepts of **extracomunitario**, **centro di permanenza temporanea**, **seconde generazioni**, and the **ius soli** debate.

7 Help students adapt and personalize the topics before they start writing so that they become more relevant to their own experience. Encourage them to come up with concrete examples.

Practice more at **vhlcentral.com.**

communities cultures connections NATIONAL STANDARDS

INSTRUCTIONAL RESOURCES Teaching suggestions
SAM/WebSAM: WB

# IMMAGINA

Reading

## Milano: capitale del Nord

Milano, capoluogo della regione Lombardia, è una città ricca sotto ogni punto di vista: storia, arte, economia, sport. L'appellativo° **Mediolanum** che i Romani hanno dato alla città descrive la sua collocazione geografica al centro della **pianura Padana**, e oggi questo significato si può estendere al dinamismo cosmopolita di Milano.

A Milano, infatti, è possibile viaggiare in tram o in metropolitana con persone provenienti da° ogni parte del mondo che si trovano nel capoluogo lombardo per turismo e spesso per lavoro. Milano è considerata il «cuore» formativo e professionale del Nord Italia. Le sue numerose e rinomate° università, come la **Bocconi**, il **Politecnico**, la **Cattolica**, la **Bicocca**, sono il motivo per cui migliaia di studenti e lavoratori pendolari° ogni giorno viaggiano da altre città lombarde verso Milano.

Economicamente Milano è la città più sviluppata del Nord Italia. Qui hanno la loro sede° la **Borsa valori**°, molte società multinazionali di fama mondiale, aziende del settore pubblicitario, dell'editoria°, del marketing e anche media televisivi.

Per la sua centralità, la posizione geografica di Milano è strategica e permette collegamenti con le maggiori città del Nord-Est e del Nord-Ovest, come **Torino**, **Venezia** e **Genova**, e anche con la catena alpina e i passi doganali°.

Dal punto di vista artistico e storico, Milano possiede dei tesori invidiati° da tutto il mondo: il **Duomo**; il **Teatro alla Scala**; la **Galleria Vittorio Emanuele**, famosa per i negozi esclusivi; il **Castello Sforzesco** del XV secolo; il quartiere dell'**Accademia delle belle arti** di **Brera**; i **Navigli**, canali artificiali iniziati nel XII secolo; e la chiesa di **Santa Maria delle Grazie** con il **Cenacolo Vinciano**°.

Galleria Vittorio Emanuele

Uno dei fiori all'occhiello° della città è l'industria della moda, per cui Milano detiene° un primato mondiale. Qui hanno i loro *atelier*° **Versace**, **Armani**, **Dolce & Gabbana** e molti altri stilisti di fama internazionale.

Milano non è solo istruzione, finanza, arte e moda, ma anche sport. Due delle maggiori società calcistiche° di **Serie A**, l'**Inter** e il **Milan**, rappresentano la città. I rispettivi tifosi, i «nerazzurri» e i «rossoneri» che prendono il nome dal colore delle divise° dei giocatori, affollano lo stadio di **San Siro** e l'incontro° annuale più atteso è il «**derby della Madonnina**». Il derby prende il nome dalla statua che si innalza° sulla guglia° maggiore del Duomo, divenuta il simbolo di Milano.

E per concludere, il nome di Milano occupa un posto importante anche in cucina. Famosi sono, infatti, i suoi piatti tipici come la **cotoletta alla milanese**, il **risotto alla milanese** e il dolce nazionale di Natale: il **panettone**. Scoprire tutto ciò che offre questa meravigliosa città è un'avventura.

### In più...

Gli *atelier* degli stilisti più famosi d'Italia e del mondo si trovano nel centro di Milano nel «**Quadrilatero della moda**»: **via Montenapoleone, via della Spiga, corso Venezia e via Manzoni**. Ma anche nel resto della città ci sono negozi d'abbigliamento per tutti i gusti dove si può acquistare un capo° alla moda.

**appellativo** *name* **provenienti da** *coming from* **rinomate** *renowned* **pendolari** *commuters* **sede** *location* **Borsa valori** *stock market* **editoria** *publishing* **passi doganali** *customs offices* **invidiati** *envied* **Cenacolo Vinciano** *Da Vinci's Last Supper* **fiori all'occhiello** *feathers in its cap* **detiene** *holds* **atelier** *studios* **società calcistiche** *soccer clubs* **divise** *uniforms* **incontro** *match* **si innalza** *rises* **guglia** *spire* **capo** *an item of clothing*

**Vero o falso?** Indica se ogni frase è **vera** o **falsa**. Correggi le frasi false. Some answers will vary.

1. Milano si trova in mezzo ad una pianura. Vero.
2. I pendolari vanno a Milano per turismo. Falso. I pendolari vanno a Milano per lavoro e per studio.
3. A Milano ci sono importanti università. Vero.
4. Milano è una città difficile da raggiungere (*to reach*). Falso. La sua posizione è centrale e permette collegamenti con molte altre città.
5. L'Inter ed il Milan sono squadre di calcio. Vero.
6. La Madonnina si trova all'interno del Duomo. Falso. Si trova sulla guglia del Duomo.
7. Il gorgonzola è un formaggio pronto da mangiare appena prodotto. Falso. Il gorgonzola è pronto dopo 90–110 giorni.
8. Il Lago di Garda è una meta per gli sportivi e gli amanti dell'arte. Vero.

**Quanto hai imparato?** Rispondi alle domande. Some answers will vary.

1. Qual è il significato antico e moderno dell'appellativo Mediolanum? centralità geografica e centralità socio-culturale
2. Perché Milano è considerata la città economicamente più sviluppata del Nord Italia? Per le industrie, la finanza e la moda.
3. Che cosa sono i Navigli? canali artificiali
4. Qual è l'incontro più atteso tra l'Inter e il Milan? il derby della Madonnina
5. Quali sono le caratteristiche del formaggio gorgonzola? venature verdi-blu, muffe particolari
6. Quali sono le attività che si possono praticare sul Lago di Garda? windsurf, kitesurf

**Il gorgonzola** Il nome di questo formaggio deriva dalla città in cui è nato, nelle vicinanze di Milano. Le caratteristiche venature° verde-blu dipendono dalla presenza di muffe° aggiunte° agli ingredienti necessari per la sua produzione. Esistono due tipi di gorgonzola: quello «**dolce**», più cremoso, e quello «**piccante**» o «**naturale**», caratterizzato da un gusto più forte. Dopo una stagionatura° tra i 90 e i 110 giorni è pronto da mangiare.

**Terra di laghi** La Lombardia è una regione con molti laghi, tra cui il **Lago di Como**, il **Lago Maggiore** e il **Lago di Garda**, il più grande d'Italia. Il Lago di Garda, situato tra la Lombardia e il Veneto, è visitato da moltissimi turisti italiani e stranieri. Diverse ragioni° contribuiscono alla fama di questo lago, tra cui, il **Vittoriale**, che fu la dimora° del poeta **Gabriele D'Annunzio**, e **Sirmione**, famoso centro termale, conosciuto già in epoca romana. Negli ultimi anni la pratica del *windsurf* e del *kitesurf* lungo il lago ha sviluppato un grande interesse tra i giovani appassionati di sport acquatici di tutta l'Europa e del mondo.

**Lago di Garda**

**venature** *veins* **muffe** *molds* **aggiunte** *added* **stagionatura** *maturing* **ragioni** *reasons* **dimora** *residence*

## Progetto

### Cremona

Cremona è una città della Lombardia con delle particolarità e delle curiosità legate ai suoi monumenti e alla sua produzione artigianale di dolci e strumenti musicali.

- Cerca informazioni sulla città.
- Scopri quali sono i monumenti e i prodotti artigianali caratteristici di Cremona.
- Raccogli informazioni sui monumenti e sui prodotti.
- Confronta i tuoi risultati con il resto della classe.

comparisons NATIONAL STANDARDS

**INSTRUCTIONAL RESOURCES**
Audioscripts, SAM AK, Lab MP3s, Grammar Presentation Slides
**SAM/WebSAM:** WB, LM

# 4.1 The *trapassato prossimo* and the *trapassato remoto*

*Mimì* ***aveva*** *già* ***perso*** *i punti quando si è svegliato.*

## The *trapassato prossimo*

- The **trapassato prossimo** indicates what someone *had done* or what *had occurred* prior to another past action, event, or state. Like the **passato prossimo** and other compound tenses, the **trapassato prossimo** is formed by combining an auxiliary verb (the **imperfetto** of **essere** or **avere**) with a past participle.

  Abbiamo detto alla polizia che **avevamo visto** i ladri vicino all'edificio.
  *We told the police that we had seen the thieves near the building.*

  **Eravate** già **andati** in tribunale quando l'avvocato ha chiamato.
  *You had already gone to court when the lawyer called.*

| The *trapassato prossimo* with *avere* | |
|---|---|
| avevo | |
| avevi | salvato |
| aveva | combattuto |
| avevamo | finito |
| avevate | |
| avẹvano | |

| The *trapassato prossimo* with *ẹssere* | |
|---|---|
| ero | andato/a |
| eri | caduto/a |
| era | partito/a |
| eravamo | andati/e |
| eravate | caduti/e |
| ẹrano | partiti/e |

- You will remember that transitive verbs—those that can take a direct object—require **avere** as their auxiliary. In these cases, the past participle must agree with the direct object pronoun, just as it does with the **passato prossimo**.

  Il presidente **aveva proposto** quelle leggi?
  *Did the president proposed those laws?*

  Sì, e la Camera **le aveva approvate**.
  *Yes, and the House passed them.*

- Intransitive verbs, which take **essere** in compound tenses, often express physical movement, lack of movement, and changes in state. In the **trapassato prossimo** with **essere**, the past participle must agree with the subject of the verb.

  Il giudice sapeva che **la testimone era** già **arrivata**.
  *The judge knew that the witness had already arrived.*

- Reflexive verbs, reciprocal verbs, and the verb **piacere** also require **essere** as their auxiliary in the **trapassato prossimo**. Again, the past participle agrees with the subject of the verb.

  Durante il processo tutti si **erano messi** a piangere perché la sentenza non **era piaciuta**.
  *During the trial, everyone had started to cry because they did not like the verdict.*

- The **trapassato prossimo** expresses past events in relation to one another, indicating what *had already* taken place before something else happened or was going on. It is often used in clauses introduced by **quando**, **dopo che**, **appena**, and **perché** when the verb in the main clause is in the **passato prossimo** or the **imperfetto**. Use the **passato prossimo** to express completed events in the more recent past and the **imperfetto** to describe states of being, conditions, habits, or circumstances in the past. Use the **trapassato prossimo** to express events that occurred before another past point of reference.

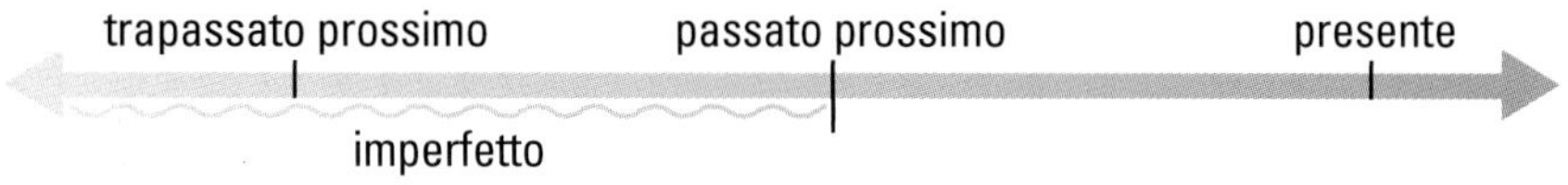


Il candidato **era** felice perché **aveva vinto** le elezioni.
*The candidate was happy because he won the election.*

Dopo che **era entrata** la giuria, il giudice **ha iniziato** il processo.
*As soon as the jury had entered, the judge began the trial.*

- The adverbs **già**, **(non) … ancora**, and **(non) ... mai** often accompany a verb in the **trapassato prossimo** because this tense conveys completed events that *already, had not yet,* or *had (n)ever* taken place when another past event occurred or while a past condition existed.

**Avevo già saputo** i risultati delle elezioni.
*I had already found out the election results.*

I politici **non si erano mai dedicati** alla riforma.
*The politicians had never dedicated themselves to reform.*

## The *trapassato remoto*

- The **trapassato remoto** indicates what someone *had done* or what *had occurred* prior to another past action, event, or state *if* that action is expressed with the **passato remoto** instead of with the **passato prossimo**. The **trapassato remoto** is used very rarely in spoken Italian and is found primarily in literary contexts. Compare:

| trapassato prossimo + passato prossimo | trapassato remoto + passato remoto |
|---|---|
| Dopo che la giuria **era arrivata** a un verdetto, l'avvocato **è entrato**. | Dopo che la giuria **fu arrivata** a un verdetto, l'avvocato **entrò**. |
| *After the jury had reached a verdict, the lawyer entered.* | *After the jury had reached a verdict, the lawyer entered.* |

- Form the **trapassato remoto** by combining the **passato remoto** of the auxiliary verb with the past participle of the main verb. The agreement rules for compound tenses apply.

**The *trapassato remoto* with *avere***

| | |
|---|---|
| **ebbi** | |
| **avesti** | **salvato** |
| **ebbe** | **combattuto** |
| **avemmo** | **finito** |
| **aveste** | |
| **ẹbbero** | |

**The *trapassato remoto* with *ẹssere***

| | |
|---|---|
| **fui** | **andato/a** |
| **fosti** | **caduto/a** |
| **fu** | **partito/a** |
| **fummo** | **andati/e** |
| **foste** | **caduti/e** |
| **fụrono** | **partiti/e** |

It may help students to see the **trapassato prossimo** as the "past in the past." Use a timeline to map out a series of past events. Provide simple examples, such as: **Quando sono tornato a casa, la posta era già arrivata**.

Give students additional examples and point out the tense sequencing and the use of conjunctions. Example: **Tra i deputati eletti c'erano pochi moderati perché il partito conservatore aveva vinto le elezioni.**

Remind students to place the adverbs **già**, **mai**, **ancora**, and **più** between the auxiliary verb and the past participle, as with the other compound tenses.

**ATTENZIONE!**

In English, speakers often use the *simple past* tense to imply the past perfect tense (the **trapassato prossimo**). In Italian, one must use the **trapassato prossimo**.

**I politici hanno scritto ai soldati che avevano sconfitto il nemico.**
*The politicians wrote to the soldiers who defeated (had defeated) the enemy.*

**RIMANDO**

To review the **passato remoto**, see **Strutture 3.4, pp. 100–101**.

Give students additional examples and point out the tense sequencing and the use of conjunctions. Example: **Quando la regina ebbe trovato sua figlia, le diede un bacio e la portò a casa.**
**Non appena l'esercito ebbe sconfitto il nemico, rientrò trionfalmente in patria.**

# Pratica

1 Have students invent two of their own sentences modelled on those in the activity. Their partner can fill in the correct **trapassato prossimo** forms.

2 Ask questions to check students' comprehension. Example: **Cosa gli avevano insegnato i suoi genitori? Che cosa aveva provato a fare?**

4 Have students check their work with a partner.

**1** **Notizie di politica** Inserisci i verbi tra parentesi al trapassato prossimo.

1. Il governo voleva fare delle riforme ma i deputati non le avevano approvate (approvare).
2. Anche se il paese era contrario, il governo aveva inviato (inviare) altri militari in missione.
3. L'avvocato si era battuto (battersi) per difendere l'imputato (*accused*) senza riuscire a farlo assolvere (*to acquit*).
4. La polizia si è opposta alla manifestazione anche se i pacifisti l'avevano organizzata (organizzare) secondo le regole.
5. Giovanni aveva partecipato (partecipare) alla protesta nella speranza di aiutare i più deboli.

**2** **Un pacifista** Aldo Capitini, pacifista italiano, racconta come si è avvicinato al movimento pacifista. Completa il brano con i verbi al trapassato prossimo.

I miei genitori mi avevano insegnato che molta gente aveva bisogno di aiuto e io (1) avevo provato (provare) in vari modi a rendermi utile. Al liceo (2) avevo conosciuto (conoscere) altri giovani che come me volevano aiutare i più bisognosi. Prima di trasferirmi a Pisa, il nostro gruppo (3) aveva combattuto (combattere) l'ingiustizia e la povertà e (4) ci eravamo iscritti (noi / iscriversi) all'università con l'intenzione di cambiare le cose nel nostro paese. (5) Ero andato (io / andare) all'università per diventare dottore, ma sono diventato avvocato. (6) Avevo capito (capire) che per aiutare gli oppressi era necessario fare qualcosa di concreto.

**3** **Notizie** Sottolinea i verbi al passato remoto e al trapassato remoto e poi sostituiscili con il passato prossimo e il trapassato prossimo.

**Modello** La giuria si alzò in piedi dopo che il giudice fu entrato in tribunale.
La giuria si è alzata in piedi dopo che il giudice era entrato in tribunale.

1. La manifestazione iniziò dopo che furono arrivati tutti i rappresentanti sindacali. La manifestazione è iniziata dopo che erano arrivati tutti i rappresentanti sindacali.
2. Capii che non aveva torto dopo che ebbe spiegato le sue ragioni. Ho capito che non aveva torto dopo che aveva spiegato le sue ragioni.
3. I deputati votarono dopo che il presidente ebbe chiuso le discussioni. I deputati hanno votato dopo che il presidente aveva chiuso le discussioni.
4. Applaudimmo dopo che il presidente del Senato ebbe letto il messaggio. Abbiamo applaudito dopo che il presidente del Senato aveva letto il messaggio.
5. Iniziarono i lavori dopo che il governo ebbe allocato i fondi. Hanno iniziato i lavori dopo che il governo aveva allocato i fondi.

**4** **Causa ed effetto** Utilizza il trapassato prossimo per spiegare perché sono accadute (*happened*) queste cose.

**Modello** La giustizia regnava. La democrazia ha vinto.
La giustizia regnava perché la democrazia aveva vinto.

1. I cittadini sono diventati più poveri. Il governo non si è accorto dei loro problemi. I cittadini sono diventati più poveri perché il governo non si era accorto dei loro problemi.
2. Il governo è caduto. Il governo non ha ottenuto la fiducia. Il governo è caduto perché non aveva ottenuto la fiducia.
3. Gli studenti hanno manifestato. Il governo ha modificato il sistema scolastico. Gli studenti hanno manifestato perché il governo aveva modificato il sistema scolastico.
4. Abbiamo votato domenica. Abbiamo visto il dibattito politico sabato sera. Abbiamo votato domenica perché avevamo visto il dibattito politico sabato sera.
5. Gli attivisti sono entrati nella sala riunioni. Il sindaco ha finito di parlare. Gli attivisti sono entrati nella sala riunioni perché il sindaco aveva finito di parlare.

Practice more at **vhlcentral.com.**

# Comunicazione

5 **Pompei** Immagina di essere andato in vacanza in Campania. In coppia, create un dialogo dove a turno vi fate domande sulle vostre vacanze. Utilizzate i verbi suggeriti al trapassato prossimo quando è possibile.

**Modello** —Dove sei andata in vacanza?

—Sono andata a Pompei; non ero mai stata in vacanza in Campania prima d'ora. Avevo sentito parlare delle rovine, ma non le immaginavo così belle...

| | | |
|---|---|---|
| andare | finire | piacere |
| apprezzare | mangiare | preferire |
| avere l'occasione | passeggiare | vedere |
| conoscere | permettere | visitare |

### Nota CULTURALE

**Pompei** è un importantissimo centro archeologico vicino a Napoli. In epoca romana Pompei era luogo di villeggiatura dei **patrizi** (nobili romani). Il 24 agosto del 79 d.C. ci fu l'eruzione del **Vesuvio** che ricoprì la città di ceneri° e fango°, causando morte e distruzione. Gli scavi, non ancora terminati, hanno riportato alla luce le bellezze di questa città.

**ceneri** *ash* **fango** *mud*

6 **Secondo te** Cosa pensi dell'attuale governo? È migliore del governo precedente? In coppia, discutete di questi argomenti utilizzando il trapassato prossimo.

**Modello** —Il governo attuale ha fatto molte cose finora.

—Forse, ma secondo me il governo precedente era riuscito a migliorare...

- economia
- istruzione
- immigrazione
- ambiente
- relazioni internazionali
- disoccupazione

6 Before assigning this activity, discuss the questions in the direction lines. Then have two students act out the **modello**.

7 **Perché?** In gruppi di tre, fate una lista di cosa hanno fatto di recente politici o personaggi famosi contemporanei. Utilizzate i verbi suggeriti. Poi, a turno, leggete la lista e commentate.

**Modello** Il candidato ha perso le elezioni.

Il candidato ha perso le elezioni perché non aveva preparato una campagna elettorale efficace.

| | |
|---|---|
| approvare una legge | giudicare |
| dedicarsi a | imprigionare |
| difendere | influenzare |
| eleggere | vincere/perdere le elezioni |

7 Give students a list of people that they can use as subjects. Example: **il presidente, la senatrice, il ministro per l'educazione, il Dalai Lama, il Papa, l'ambasciatore/ambasciatrice dell'ONU.**

comparisons NATIONAL STANDARDS

**INSTRUCTIONAL RESOURCES**
Audioscripts, SAM AK, Lab MP3s, Grammar Presentation Slides
**SAM/WebSAM:** WB, LM

**ATTENZIONE!**

A direct object receives the action of a verb and answers the question *what?* or *who(m)?*

**Capisco la legge.**
**Che cosa capisco? – la legge**
**Avevi visto il ladro?**
**Chi avevi visto? – il ladro**

An indirect object indicates *for whom* or *to whom* an action occurs.

**Diamo la bandiera a Franco.**
**A chi diamo la bandiera?**
**– a Franco**

**ATTENZIONE!**

In the third person, direct object pronouns have gender and can refer to people, animals, or things. Indirect object pronouns, in contrast, may only refer to people and animals.

**Lo vediamo.** *We see him/it.* **La vediamo.** *We see her/it.*

*but*

**Gli parliamo.** *We talk to him.* **Le parliamo.** *We talk to her.*

Remind students that direct and indirect object pronouns differ only in the third person. This may also be a good time to remind them that only the direct object pronouns **lo** and **la** may be shortened to **l'**. **Gli** and **le** may not be elided.

While speakers generally attach pronouns to infinitives following **amare**, **desiderare**, **odiare**, and **preferire**, the pronoun may either precede or follow when the main verb is **andare** or **venire**. Example: **Vado/Vengo a prenderla** or **La vado/vengo a prendere**.

## 4.2 Object pronouns

*—Oh, guarda! Vengono a prender**ci**.*

### Direct and indirect object pronouns

- To avoid repetition, use object pronouns to take the place of direct and indirect object nouns.

  I deputati propongono le leggi e la camera **le** approva. (le = le leggi)
  *The congressmen propose the laws and the House approves them.*

  Quando vedo l'avvocato, **gli** do i documenti. (gli = all'avvocato)
  *When I see the lawyer, I'll give him the documents.*

- Object pronouns directly precede a conjugated verb and compound tenses. One exception to this rule is the indirect object pronoun **loro**, which must follow the verb. Note, however, that in contemporary Italian, **gli** is used more than **loro**.

| Direct object pronouns | | Indirect object pronouns | |
|---|---|---|---|
| mi (m') | ci | mi (m') | ci |
| ti (t') | vi | ti (t') | vi |
| lo/la/La/(l') | li/le | gli/le/Le | gli *or* loro |

- When using an object pronoun in a *verb + infinitive* construction, drop the final **–e** of the infinitive and attach the pronoun. Verbs commonly used with an infinitive include **amare**, **desiderare**, **odiare**, and **preferire**.

  Claudio desidera combattere la violenza. *Claudio wants to fight violence.* → Claudio desidera combatter**la**. *Claudio wants to fight it.*

- When an object pronoun is used in a *verb + infinitive* construction with **dovere**, **potere**, or **volere**, the pronoun may be placed either before the conjugated verb or attached to the infinitive, after dropping the final **–e**.

  Il candidato avrebbe potuto difendere i diritti umani. *The candidate would have been able to defend human rights.* → **Li** avrebbe potuti difendere./Avrebbe potuto difender**li**. *He would have been able to defend them.*

  Il senatore voleva proporre la riforma. *The senator wanted to propose reform.* → **La** voleva proporre./Voleva propor**la**. *He wanted to propose it.*

- When a direct object pronoun precedes a compound verb, the past participle may agree with the pronoun. Agreement is obligatory with the pronouns **lo**, **la**, **li**, and **le**; it is optional with the pronouns **mi**, **ti**, **ci**, and **vi**.

I candidati hanno promosso **la sicurezza** dei bambini. → **L'**hanno promoss**a**.
*The candidates promoted child safety.* → *They promoted it.*

Carla, gli attivisti **ti** hanno chiamat**o**?/Carla, gli attivisti **ti** hanno chiamat**a**?
*Carla, did the activists call you?*

- Some Italian verbs take an indirect object, whereas their English counterparts take a direct object (E.g. **fare bene/male, fare paura, insegnare, rispondere, somigliare, telefonare**). Conversely, some Italian verbs take a direct object, whereas their English counterparts are followed by *preposition + indirect object* (E.g. **ascoltare, aspettare, cercare, guardare**). Compare:

Telefoni **a Giorgio**? Sì, **gli** telefono domani.
*Are you calling George? Yes, I'll call him tomorrow.*

Aspettiamo **il giudice**? Sì, **l'**aspettiamo.
*Are we waiting for the judge? Yes, we are waiting for him.*

- The neuter pronoun **lo** can replace an entire idea.

Sai che il governo ha approvato una nuova legge sull'immigrazione?
*Did you know that the government approved a new immigration law?*

Sì, **lo** so.
*Yes, I knew that.*

## Combined pronouns

- When a sentence contains both direct and indirect object pronouns, they can combine. The indirect object pronoun precedes the direct object pronoun. The pronouns also undergo some changes.

**Double object pronouns**

| *indirect object* | *+ direct object* | *= double object pronoun* |
|---|---|---|
| **mi** | **+ lo, la, li, le, ne** | **me lo, me la, me li, me le, me ne** |
| **ti** | | **te lo, te la, te li, te le, te ne** |
| **ci** | | **ce lo, ce la, ce li, ce le, ce ne** |
| **vi** | | **ve lo, ve la, ve li, ve le, ve ne** |
| **gli**<br>**le (Le)** | | **glielo, gliela, glieli, gliele, gliene** |

Il politico ha dato i documenti alla segretaria?
*Did the politician give the documents to the secretary?*
→ Sì, il politico **glieli** ha dati.
*Yes, the politician gave them to her.*

L'attivista ti ha dato la bandiera?
*Did the activist give you the flag?*
→ No, l'attivista non **me l'**ha data.
*No, he didn't give it to me.*

- Double object pronouns with **mi**, **ti**, **ci**, and **vi** are written as two words (**me lo**, **me la**, and so forth). Note the changes in spelling (**mi** → **me** / **ti** → **te** / **ci** → **ce** / **vi** → **ve**).

**ATTENZIONE!**

Some object pronouns may elide with the following verb if it begins with a vowel sound. Elision of **mi** and **ti** is less common, while it is frequent with **lo** and **la**. Note that indirect object pronouns and the plural forms **li** and **le** are never elided.

**L'avvocato l'ha difeso.**
**(l'ha = lo + ha)**
*The lawyer defended him.*

**RIMANDO**

**Ne** replaces a prepositional phrase or nouns when using certain expressions of quantity. When combined with other pronouns, it always appears last. When **ne** is used with **ci**, the combination becomes **ce ne**. See **Strutture 5.2, pp. 172–173.**

**Hai inviato molte lettere al sindaco?**
*Have you sent many letters to the mayor?*

**Sì, gliene ho inviate molte.**
*Yes, I sent him many.*

**Quante bottiglie di latte ci sono in frigo?**
*How many bottles of milk are in the fridge?*

**Ce ne sono due.**
*There are two.*

Remind students that past participle agreement applies also with the direct object pronoun in double pronouns.

- Note that the indirect object pronouns **gli** and **le** (and **Le**) become **glie**– before **lo**, **la**, **li**, and **le**.

Avete dato i documenti al giudice?
*Did you give the documents to the judge?*

Sì, **glieli** abbiamo dati.
*Yes, we gave them to him.*

Hanno fatto le domande alla testimone?
*Did they ask the witness the questions?*

No, non **gliele** hanno fatte.
*No, they didn't ask her them.*

- The indirect object **loro** does not combine with direct object pronouns because it always follows the verb. In current usage **gli** is often used instead of **loro**.

Ha scritto la lettera di protesta ai senatori.
*He wrote the letter of protest to the senators.*
〉
**Gliel'**ha scritta. = **L'**ha scritta **loro**.
*He wrote it to them.*

- Reflexive pronouns may be combined with direct object pronouns, following the same rules as indirect object pronouns. Note that the reflexive pronoun **si** becomes **se**.

**Reflexive pronouns with direct object pronouns**

| *reflexive pronoun* | + *lo* | + *la* | + *li* | + *le* |
|---|---|---|---|---|
| **mi** | **me lo** | **me la** | **me li** | **me le** |
| **ti** | **te lo** | **te la** | **te li** | **te le** |
| **si** | **se lo** | **se la** | **se li** | **se le** |
| **ci** | **ce lo** | **ce la** | **ce li** | **ce le** |
| **vi** | **ve lo** | **ve la** | **ve li** | **ve le** |
| **si** | **se lo** | **se la** | **se li** | **se le** |

**RIMANDO**

For information about using the object pronouns with the imperative, see **Strutture 4.3, pp. 138–139.**

**Mi** lavo **le mani.** 〉 **Me le** lavo.

- In compound tenses, the past participle of reflexive verbs agrees with the direct object pronoun, not the subject of the verb.

L'avvocato si è lavato le mani?
*Did the lawyer wash his hands?*

Sì, **se le** è lavat**e**.
*Yes, he washed them.*

Lucia, ti sei messa l'abito da sera?
*Lucia, did you wear an evening gown?*

Sì, **me lo** sono mess**o**.
*Yes, I wore one.*

- Direct object pronouns—and combinations of direct and indirect object pronouns—are attached to **ecco**.

**Ecco il caffè per te! Eccotelo!**
*Here is the coffee for you! Here it is for you!*

**Eccomi!**
*Here I am!*

# Pratica

**1**

**La giornata dell'avvocato** Riscrivi le frasi sostituendo le parole sottolineate con i pronomi diretti o indiretti.

1. L'avvocato Rossi parla ai clienti. L'avvocato Rossi gli parla.
2. Legge gli appunti sul caso. Li legge.
3. Scrive la relazione per il tribunale. La scrive per il tribunale.
4. Chiede alla segretaria di mandare un fax. Le chiede di mandare un fax.
5. Difende i clienti in tribunale. Li difende in tribunale.
6. Telefona ai colleghi. Gli telefona.
7. Prepara il controesame. Lo prepara.
8. Incontra i collaboratori. Li incontra.
9. Manda un messaggio alla fidanzata. Le manda un messaggio.
10. Finalmente va a casa e mangia la pizza per cena. La mangia per cena.

**2**

**In ufficio** Completa le frasi con i pronomi diretti o indiretti.

1. – Signorina Paola, per favore telefoni al signor De Carli.
   – Sì, avvocato, ___ gli ___ telefono subito.
2. – Signor Bianchi, non si dimentichi di portare i documenti in ufficio.
   – Va bene, ___ li ___ porto subito.
3. – Signorina Carmela, deve mandare subito questo fax, è importantissimo!
   – Certamente avvocato, ___ lo ___ mando immediatamente.
4. – Signor Melotti, spedisca le lettere prima della pausa pranzo.
   – Sì avvocato, ___ le ___ spedisco ora.
5. – Signor Varutti, si ricordi di rispondere al signor De Carli.
   – Sì avvocato, ___ gli ___ rispondo subito.
6. – Mi scusi signorina, mi può per cortesia portare il giornale?
   – Certo avvocato, ___ lo ___ porto subito.

**3**

**La scelta** Trova la risposta giusta. Fai attenzione agli accordi con il passato prossimo.

1. Sua sorella ___ gli ___ (lo/gli) ha insegnato il tedesco.
2. I politici volevano aiutar___ ci ___ (ci/ce).
3. La polizia ___ le ___ (le/la) ha telefonato.
4. I vostri amici ___ vi ___ (vi/ve) hanno preparato una festa bellissima.
5. Simona ___ li ___ (gli/li) ha aspettati davanti al bar.
6. Il direttore doveva incontrar___ ti ___ (ti/te) alle 15.

**4**

**Trasformare** Forma delle frasi e poi riscrivile usando i pronomi combinati.

**Modello** La segretaria / spedire / le lettere / ai clienti
La segretaria spedisce le lettere ai clienti. Gliele spedisce.

1. Il deputato / descrivere / ai politici / i problemi del paese Il deputato glieli descrive.
2. Il presidente / mostrare / a me / il nuovo progetto Il presidente me lo mostra.
3. L'avvocato / spiegare / il caso / a noi L'avvocato ce lo spiega.
4. I ladri / rubare / i gioielli (*jewelry*) / alle vittime I ladri glieli rubano.
5. Gli attivisti / portare / aiuti / agli immigrati Gli attivisti glieli portano.
6. Il sindaco / illustrare / a voi / le riforme Il sindaco ve le illustra.

5

**Domande** In coppia, preparate a turno delle domande con gli elementi forniti e rispondete usando i pronomi diretti, indiretti o combinati. Some answers will vary.

**Modello** Il latte / fare bene
—Il latte fa bene ai bambini?
—Sì, gli fa bene.

1. La professoressa / insegnare La professoressa insegna agli studenti? Sì, insegna loro.
2. Tu / telefonare Telefoni a Giacomo? Sì, gli telefono dopo.
3. Andrea e Marco / cercare Andrea e Marco cercano un lavoro? No, non lo cercano.
4. Tu / ascoltare Ascolti spesso i tuoi CD? Sì, li ascolto tutti i giorni.
5. Voi / rispondere Rispondete a Marina? Sì, le rispondiamo.
6. Alberto / aspettare Alberto aspetta la sua ragazza in biblioteca? Sì, l'aspetta.
7. Laura / guardare Laura guarda i film d'avventura? Sì, li guarda.
8. Carla e Maria / somigliare Carla e Maria somigliano ai loro genitori? Sì, gli somigliano.

6

**La cartolina** Giulia è in vacanza sul Lago Maggiore e manda una cartolina alla sorella. Trova le frasi con i complementi diretti e indiretti e riscrivile con i pronomi. Fai attenzione agli accordi con il passato prossimo.

*Cara Elena,*

*Il Lago Maggiore è proprio come lo immaginavo, circondato da paesi pieni di fascino e di atmosfera. Ti mostrerò le foto al mio ritorno. Mi sono divertita molto, ho visitato l'Isola Bella con i suoi splendidi giardini. Ho comprato una borsa per la mamma e un paio di orecchini per te. Stasera, i miei amici italiani mi portano in un ristorante tipico della zona. Quando torno a casa, manderò un bel regalo ai miei amici; li voglio ringraziare per la loro ospitalità.*

*A presto,*
*Julia*

*Elena Carzoglio*
*Via Garibaldi 24*
*Roma*

1. te le mostrerò
2. l'ho visitata
3. gliel'ho comprata
4. te l'ho comprato/te li ho comprati
5. glielo manderò

### Nota CULTURALE

Il **Lago Maggiore** è il secondo lago più grande d'Italia. Si trova tra l'Italia e la Svizzera e in Italia è situato tra la Lombardia e il Piemonte. Nel Lago Maggiore ci sono molte isole; le più famose sono le **Isole Borromee** (l'Isola Bella, l'Isola Madre e l'Isola dei Pescatori). Le Isole Borromee sono visitate ogni anno da molti turisti che vanno ad ammirare i palazzi Borromeo e i rispettivi giardini botanici pieni di piante e animali esotici come i pavoni° bianchi.

**pavoni** *peacocks*

7

**Creare** In coppia, fatevi delle domande a turno, utilizzando gli elementi forniti, e rispondete negativamente.

**Modello** **testimone / dire / verità / giudice**
—Il testimone ha detto la verità al giudice?
—No, non gliel'ha detta.

1. giudice / farsi la barba Il giudice si è fatto la barba? No, non se l'è fatta.
2. tu / lavarsi / denti Ti sei lavato i denti? No, non me li sono lavati.
3. segretaria / mandare / fax / direttore La segretaria ha mandato il fax al direttore? No, non gliel'ha mandato.
4. voi / volere / offrire / cena / me Mi volete offrire la cena? No, non te la vogliamo offrire./No, non vogliamo offrirtela.
5. ragazzi / scrivere / cartolina / voi I ragazzi vi hanno scritto la cartolina? No, non ce l'hanno scritta.
6. mamma / prestare / macchina / Roberto La mamma ha prestato la macchina a Roberto? No, non gliel'ha prestata.
7. presidente / mettersi / cappello Il presidente si è messo il cappello? No, non se l'è messo.
8. Giovanni / asciugarsi / i capelli Giovanni si è asciugato i capelli? No, non se li è asciugati.

# Comunicazione

**8** **In aeroporto** Guardate il disegno e in coppia fatevi delle domande per capire cosa stanno facendo i personaggi e perché. Utilizzate i pronomi diretti e indiretti e i verbi della lista.

**Modello** Cosa fa Diana?

Diana legge un libro. Lo legge perché si annoia.

| | | | | |
|---|---|---|---|---|
| ascoltare | comprare | domandare | mostrare | portare |
| cercare | dare | leggere | parlare | trovare |

**9** **I premi** Tu e due amici avete vinto una strana serie di premi alla lotteria. Usando i pronomi diretti, indiretti o combinati, decidete come dividervi i premi e motivate le vostre decisioni.

**Modello** **Alessia:** Che belli tutti questi premi! Come ce li dividiamo?

**Silvia:** Tu dovresti prendere il cagnolino e l'aspirapolvere!

**Roberta:** Non, non li voglio. Carlo invece li vuole. Perché non glieli diamo?

| | | |
|---|---|---|
| un cagnolino | una macchina | una pianta di limoni |
| una dozzina di uova | un aspirapolvere | un albero di Natale |
| un asciugacapelli | un ferro da stiro (*iron*) | una bicicletta |

**10** **Secondo te** Cosa pensi di queste affermazioni? Scrivi le tue idee e i tuoi commenti. Utilizza almeno otto pronomi diretti e indiretti.

**Modello** **L'immigrazione illegale causa la criminalità.**

Secondo me, non la causa; la criminalità è causata da...

- L'immigrazione aiuta lo sviluppo economico di un paese.
- Non è necessario conoscere la lingua ufficiale del paese dove si vuole andare a vivere.
- La globalizzazione causa problemi in tutto il mondo.
- I nuovi immigrati fanno i lavori che i cittadini non vogliono fare.
- La sovrappopolazione diminuisce la qualità della vita di un paese.

comparisons

**INSTRUCTIONAL RESOURCES**
Audioscripts, SAM AK, Lab MP3s, Grammar Presentation Slides
**SAM/WebSAM:** WB, LM

4.3

# The imperative

—***Sta'*** *attento che c'è corrente! Se scarrocci (*drift*), non mi trovi più.* ***Tieni*** *i punti!*

- The imperative mood is used to give a command. Subject pronouns are not usually used.
- The informal imperative forms are used to address people in the **tu**, **noi**, or **voi** forms. Note that the **noi** form expresses *let's* + [*verb*].

| | | |
|---|---|---|
| **Rispetta** le leggi! | **Rispettiamo** le leggi! | **Rispettate** le leggi! |
| *Respect the laws!* | *Let's respect the laws!* | *Respect the laws!* |

- The imperative forms of –**are** verbs end in –**a** in the second person singular while the **noi** and **voi** forms are the same as the present indicative forms. The imperative forms of –**ere** and –**ire** verbs are identical to those of the present indicative.

| | votare | mettere | partire | finire |
|---|---|---|---|---|
| tu | Vota! | Metti! | Parti! | Finisci! |
| noi | Votiamo! | Mettiamo! | Partiamo! | Finiamo! |
| voi | Votate! | Mettete! | Partite! | Finite! |

- To make a command in a formal setting, use the **Lei** and **Loro** forms indicated below. Note, however, that the **voi** form often replaces the **Loro** form in contemporary usage.

| votare | | mettere | | partire | | finire | |
|---|---|---|---|---|---|---|---|
| Voti! | Vọtino! | Metta! | Mẹttano! | Parta! | Pạrtano! | Finisca! | Finịscano! |

- A number of verbs are irregular in the imperative.

| | tu | Lei | noi | voi | Loro |
|---|---|---|---|---|---|
| andare (io vado) | vai/va' | vada | andiamo | andate | vạdano |
| dire (io dico) | dì/di' | dica | diciamo | dite | dịcano |
| tenere (io tengo) | tieni | tenga | teniamo | tenete | tẹngano |
| venire (io vengo) | vieni | venga | veniamo | venite | vẹngano |
| uscire (io esco) | esci | esca | usciamo | uscite | ẹscano |
| dare (noi diamo) | dai/dà/da' | dịa | diamo | date | dịano |
| fare (noi facciamo) | fai/fa' | faccia | facciamo | fate | fạcciano |
| stare (noi stiamo) | stai/sta' | stịa | stiamo | state | stịano |

Explain that if subject pronouns are used with the imperative, they should follow the verb and that they serve to provide emphasis.
**Parlate voi al testimone!**
***You*** *talk to the witness!*

**ATTENZIONE!**

It is helpful to remember that the **Lei** imperative forms for regular verbs are the inversion of the informal **tu** forms.

| tu | Lei |
|---|---|
| Vota! | Voti! |
| Scrivi! | Scriva! |
| Finisci! | Finisca! |

It will be helpful for students to learn the imperative forms well. When they reach **Lezione 6**, they will appreciate finding out that they already know the forms of the present subjunctive!

Point out that once students know the **Lei** form, they must simply add –**no** to make the **Loro** form.

**ATTENZIONE!**

Note that the irregular formal imperative forms closely resemble the present indicative stems used in the first person singular or plural (**io/noi**). Short forms exist for the verbs **andare**, **dare**, **dire**, **fare**, and **stare**.

- The verbs **essere**, **avere**, and **sapere** have irregular imperative forms. Note the similarity of all imperative forms with the present indicative **noi** form.

| | tu | Lei | noi | voi | Loro |
|---|---|---|---|---|---|
| **avere (noi abbiamo)** | **abbi** | **abbia** | **abbiamo** | **abbiate** | **abbiano** |
| **essere (noi siamo)** | **sii** | **sia** | **siamo** | **siate** | **siano** |
| **sapere (noi sappiamo)** | **sappi** | **sappia** | **sappiamo** | **sappiate** | **sappiano** |

- For a negative command, use **non** plus the command for all forms except the **tu** form. For the **tu** form, use **non** + [*infinitive*].

**(voi) Non date** i volantini a me! *but* **(tu) Non dare** i volantini a me!
*Don't give me the flyers!* *Don't give me the flyers!*

## The imperative with object pronouns

- Imperative verbs are often combined with an object pronoun. All pronouns (except the indirect object pronoun **loro**) attach to the informal (**tu**, **noi**, **voi**) imperative forms, but precede the formal (**Lei**, **Loro**) imperative forms.

**Eleggetelo!**
*Elect him! (voi)*

**Lo elegga!**
*Elect him! (Lei)*

- With the short, one-syllable **tu** forms **da'**, **di'**, **fa'**, **sta'**, and **va'**, drop the apostrophe and double the initial consonant of all object pronouns except **gli**.

**Da' il libro a me!** → **Dammi il libro!**
*Give the book to me!* → *Give me the book!*

**Di' a lui la verità!** → **Digliela!**
*Tell him the truth!* → *Tell him!*

- With a negative imperative, object pronouns may be placed either before or after the verb. If placed after the negative **tu** form, the infinitive looses the final **–e**.

**Non dimenticare** le vittime! → **Non le dimenticare!/Non dimenticarle!**
*Don't forget the victims!* → *Don't forget them!*

## The imperative of reflexive verbs

- Reflexive pronouns in the imperative follow the same rules as object pronouns. In the informal imperative, they attach to the verb, while in the formal imperative they must precede the verb.

**Dedicati** alla nostra causa!
*Dedicate yourself to our cause!* (tu)

**Si dedichi** alla nostra causa!
*Dedicate yourself to our cause!* (Lei)

- Reflexive pronouns can be combined with direct object pronouns in the imperative, just as in the indicative. Note that they attach to the imperative verb form.

**Chiarisciti le idee!** → **Chiariscitele!**
*Think things through!* → *Think them through!*

**Si metta gli occhiali!** → **Se li metta!**
*Put your glasses on!* → *Put them on!*

**ATTENZIONE!**

The infinitive often replaces the imperative on street signs, public instructions, and announcements.

**Pagare qui.**
*Pay here.*

**RIMANDO**

To review object pronouns, see **Strutture 4.2, pp. 132–133.**

**RIMANDO**

To review reflexive verbs, see **Strutture 2.1, pp. 52–53.**

**ATTENZIONE!**

To make a polite request, use the conditional form of **potere** plus the infinitive.

**Mi dica l'ora!**
*Tell me the time!*

**Potrebbe dirmi l'ora?**
*Could you tell me the time?*

# Pratica

**1**

**Cosa fare?** Usa l'imperativo per dare ordini o consigli.

**Modello** **Dì al tuo fidanzato di telefonarti.**
Telefonami.
**Dì a Stefano di andare al teatro con te.**
Andiamo al teatro.

| Dì a Carlo di: | Dì ai nuovi studenti di: | Dì a Giovanna di: |
|---|---|---|
| 1. andare in biblioteca *Vai/Va' in biblioteca.*<br>2. contare su di te *Conta su di me.*<br>3. non uscire spesso *Non uscire spesso.*<br>4. dare a te una mano *Dammi una mano.*<br>5. aspettare te dopo la lezione *Aspettami dopo la lezione.* | 6. prestare attenzione ai professori *Prestate attenzione ai professori.*<br>7. svegliarsi presto *Svegliatevi presto.*<br>8. andare a lezione *Andate a lezione.*<br>9. avere fiducia *Abbiate fiducia.*<br>10. non uscire la domenica *Non uscite la domenica.* | 11. andare al cinema con te *Andiamo al cinema.*<br>12. bere un caffè con te *Beviamo un caffè.*<br>13. ascoltare la musica con te *Ascoltiamo la musica.*<br>14. giocare a tennis con te *Giochiamo a tennis.*<br>15. non rimanere a casa con te *Non rimaniamo a casa.* |

**2**

**Suggerimenti** Hai la possibilità di parlare con un politico della tua città; utilizzando l'imperativo formale, dagli dei suggerimenti sui problemi locali.

1. ___Promuova___ (Promuovere) riforme per la sicurezza pubblica.
2. ___Faccia___ (Fare) rispettare le leggi già esistenti.
3. ___Risolva___ (Risolvere) il problema dei parcheggi.
4. ___Non si dedichi___ (Non dedicarsi) solo ai suoi elettori.
5. ___Crei___ (Creare) più spazi verdi.

**3**

**Buoni consigli** Quali consigli puoi dare in queste situazioni? Utilizza l'imperativo.
Some answers will vary.

1. I tuoi amici non hanno votato alle ultime elezioni. Votate alle prossime elezioni.
2. Il tuo amico non è aggiornato (*up-to-date*) sulla situazione politica del vostro paese. Leggi più giornali.
3. I tuoi amici non hanno mai partecipato ad una manifestazione pacifista. Partecipate alla prossima manifestazione.
4. Tu e il tuo amico non avete mai ascoltato un comizio elettorale (*rally*). Andiamo al prossimo comizio.
5. Il tuo amico legge solo fumetti (*comics*). Non leggere solo fumetti.

**4**

**Raccomandazioni** Dai dei suggerimenti alle seguenti persone. Usa la forma appropriata dell'imperativo.

1. al tuo professore d'italiano
2. al tuo compagno di stanza
3. al tuo migliore amico
4. al rettore (*dean*) dell'università
5. al tuo compagno di classe
6. al sindaco della tua città

# Comunicazione

**5** **Internet** Quali consigli puoi dare a un amico/un'amica per essere più informato/a sull'attualità (*current events*)? In coppia, create una lista di otto raccomandazioni, sia con la forma affermativa che negativa dell'imperativo. Utilizzate i verbi suggeriti e siate creativi.

**Modello** Naviga su internet. Ci sono siti web che offrono informazioni di ogni tipo. Non leggere solo romanzi di fantascienza.

| | | |
|---|---|---|
| andare | fare | navigare |
| ascoltare | interessare | parlare |
| chiedere | investigare | ricercare |
| consigliare | leggere | vedere |

**6** **Cosa dicono?** In coppia, inventate delle brevi conversazioni per ogni foto. Ricordati di utilizzare l'imperativo affermativo e negativo.

1. 

2. 

3. 

4. 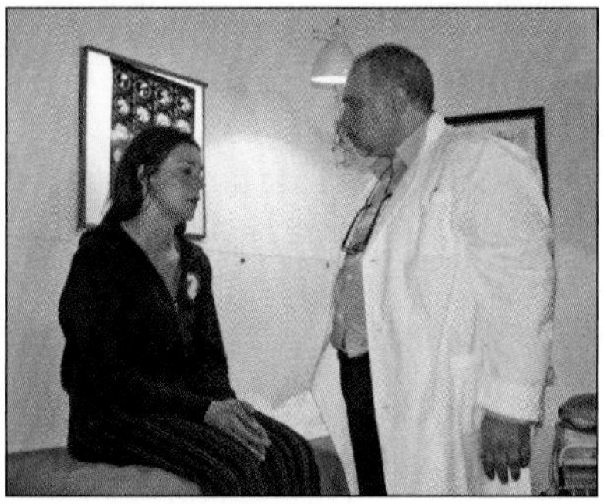

**7** **Pubblicità** In gruppi di tre, create uno spot pubblicitario per promuovere uno dei prodotti suggeriti. Inventate anche un nome originale per il prodotto. Utilizzate l'imperativo formale e i pronomi diretti e indiretti.

**Modello** Comprate il nuovo profumo «Fascino», vi renderà più affascinanti e attraenti. Non perdete questa occasione. È il profumo dell'anno!

| | |
|---|---|
| Yogurt | Automobile |
| Succo di frutta | Dentifricio |
| Scarpe da ginnastica | Giornale politico |
| Cellulare | Crema solare |

NATIONAL communication STANDARDS

**5** Call on students to write one of their commands on the board. As a variant, have them convert their sentences into commands for the entire class using the **voi** form.

**6** Ask students to act out their dialogues in small groups. Their classmates can guess which dialogues go with which photos.

**7** Ask groups to read their advertisements aloud, then have the class discuss whether or not they were convinced to buy the product.

## 4.4 *Dovere, potere,* and *volere*

- **Dovere**, **potere**, and **volere** are usually followed by an infinitive.

| **dovere** (*need or obligation*) | **potere** (*ability or permission*) | **volere** (*willingness*) |
|---|---|---|
| **Devi** studiare. | **Puoi** ballare. | **Vuoi** uscire. |
| *You **must** study.* | *You **can** dance./You **are able** to dance.* | *You **want** to go out.* |

- When **dovere**, **potere**, and **volere** are used with object pronouns and an infinitive, two structures are possible. The pronouns (except **Loro** and **loro**) can be placed either before the conjugated verb or attached to the infinitive (after removing the final **–e**).

L'attivista vuole proteggere le vittime. > **Le** vuole proteggere./Vuole protegger**le**.
*The activist wants to protect victims.* *He wants to protect them.*

- When used in the conditional, **dovere**, **potere**, and **volere** carry the specific meanings of *should*, *could*, and *would like*.

**Dovremmo** studiare di più. *We should study more.*
**Potremmo** imparare molto. *We could learn a lot.*
**Vorremmo** intervistare il sindaco. *We would like to interview the mayor.*

- In compound tenses, when **dovere**, **potere**, and **volere** are used with an infinitive, they can take either **avere** or **essere** as the auxiliary. Use the auxiliary verb that is normally employed with the infinitive. If no infinitive is present, simply use **avere** as the auxiliary verb.

**Ho** potuto comprare una bandiera. ***but*** **Sono** potuta tornare a casa.
*I was able to buy a flag.* *I made it back home.*

- Used in the imperfect, **dovere**, **potere**, and **volere** indicate a repeated, habitual, or underlying condition of *needing to*, *being able to*, or *wanting to* do something. In contrast, in the **passato prossimo**, they indicate a specific moment of necessity, success at doing something, or an instance of wanting something.

Non sono uscito perché **dovevo** lavorare.
*I didn't go out because I had to work. (I was scheduled to work.)*
Non sono uscito perché **ho dovuto** lavorare.
*I didn't go out because I had to work. (I had to work this particular day.)*

- When **dovere**, **potere**, and **volere** are used with the infinitive of a reflexive verb, the reflexive pronoun can be placed either before the conjugated verb or attached to the infinitive (after removing the final **–e**). Note that it is more common to attach the reflexive pronoun to the infinitive.

**Mi** voglio dedicare alla causa./Voglio dedicar**mi** alla causa.
*I want to dedicate myself to the cause.*
**Ci** possiamo vedere domani./Possiamo veder**ci** domani.
*We can see each other tomorrow.*

National Standards: comparisons

**INSTRUCTIONAL RESOURCES**
Audioscripts, SAM AK, Lab MP3s, Grammar Presentation Slides
**SAM/WebSAM:** WB, LM

**RIMANDO**

To review the full conjugation of **dovere**, **potere**, and **volere** in the present tense, see **Strutture 1.4, p. 25.**

**ATTENZIONE!**

When used alone, the present indicative forms of **volere** means *to want*. Use the conditional form of the verb to make polite requests (using the indicative to make a request can be considered rude).

**Voglio un cappuccino.**
*I want a cappuccino.*

**Vorrei un cappuccino.**
*I would like a cappuccino.*

When **dovere** is followed by a noun, it means *to owe*, in both a monetary and figurative sense.

**Quanto ti devo?**
*How much do I owe you?*

**ATTENZIONE!**

**Dovere**, **potere**, and **volere** can be used on their own, sometimes in response to a question containing both the verb and an infinitive.

**Francesco, vuoi votare alle elezioni?**
*Francesco, do you want to vote in the elections?*

**Sì, voglio. (=Sì, voglio farlo.)**
*Yes, I want to. (=Yes, I want to do it.)*

**RIMANDO**

To review reflexive verbs, see **Strutture 2.1, pp. 52–53.**

# Pratica e comunicazione

1 **Consigli** Reagisci alle affermazioni. Dai dei suggerimenti con i verbi **dovere**, **potere** e **volere**.

**Modello** **«Non sono felice degli attuali politici».**
Devi **votare alle prossime elezioni per cambiare i politici attuali**.

1. «Francesco non si interessa di politica».
   __Deve__ (Dovere) dedicarsi di più alla politica.
2. «Noi non abbiamo mai partecipato a una protesta».
   __Volete__ (Volere) venire con noi la settimana prossima?
3. «Loro non sono membri di un'associazione umanitaria».
   __Possono__ (Potere) iscriversi alla nostra associazione.
4. «Non ho fiducia nelle istituzioni locali».
   __Devi__ (Dovere) avere fiducia nei politici che ti rappresentano.
5. «Vorrei contribuire a migliorare la mia città».
   __Puoi__ (Potere) presentarti alle prossime elezioni.
6. «I giovani non hanno ideali politici».
   __Devono__ (Dovere) essere più attivi in politica.

2 **Lo scorso fine settimana** Completa le frasi con la forma giusta dei verbi **dovere**, **potere**, e **volere**. Some answers will vary.

**Modello** **Volevamo andare alla conferenza ma** abbiamo dovuto accompagnare Laura dal dottore.

1. Dovevi studiare ma __sei voluto andare alla festa di Paolo__.
2. Non sono potuti venire al cinema perché __hanno dovuto lavorare__.
3. Marta voleva uscire con gli amici ma __è dovuta andare con la mamma__.
4. Dovevo incontrare Stefania ma __sono dovuta uscire con mia zia__.
5. Non siamo potuti partire perché __abbiamo dovuto portare la macchina dal meccanico__.

3 **Immagina tre storie** In gruppi di tre o quattro persone, immaginate una storia per ogni foto. Includete cosa vogliono, possono e/o devono fare le persone nelle foto.

4 **Preparativi** I tuoi genitori vengono a trovarti questo fine settimana. Prepara una lista di cosa devi, puoi e vuoi fare per prepararti al loro arrivo.

**Modello** Per prima cosa devo pulire la casa. Poi devo andare a fare la spesa...

4 Have students share their lists in small groups and discuss who has the most to do, who has the most ambitious plans, etc.

Practice more at **vhlcentral.com.**

# Sintesi

**1** **Parliamo** In coppia, discutete dei seguenti argomenti.

**La Gazzetta Della Sera**

**La crisi economica continua!**

**Ancora uno sbarco di immigrati illegali**

**Famoso politico arrestato per corruzione**

**Diminuisce la produzione industriale**

1. In che modo si possono risolvere i problemi descritti nei titoli?
2. Quali problemi ti preoccupano di più? Perché?
3. Secondo te, sono stati fatti dei progressi per cercare di risolvere questi problemi?
4. Finalmente hai la possibilità di parlare con un politico. Cosa gli dici? Quali consigli gli dai per risolvere i problemi?
5. Cosa possono o devono fare i cittadini per contribuire a risolverli?

**2** **Scriviamo** **Scegli uno dei due argomenti e prepara un discorso di circa una pagina.**

- Scrivi un discorso dove esorti (*urge*) i tuoi compagni di classe a diventare politicamente attivi invece che apatici. Suggerisci cose realistiche da fare dove vivi. Fai riferimento ai problemi della tua comunità.
- Scrivi un discorso dove dai il tuo sostegno (*support*) a un politico locale. Spiega perché appoggi (*support*) il politico e il suo partito. Esorta gli ascoltatori a fare qualcosa di concreto per sostenere la campagna elettorale. Fornisci esempi realistici.

**Strategie per la comunicazione**

Quando ti rivolgi a un pubblico utilizza le seguenti strutture: **Signore e signori, Cittadine e cittadini, Cari elettori,** ...
Ricorda di utilizzare l'imperativo per dare consigli e suggerimenti.
Utilizza i verbi che hai imparato in questa lezione: **abusare, approvare una legge, difendere, imprigionare, giudicare, dedicarsi a, eleggere, governare, influenzare, vincere/perdere le elezioni, promuovere, votare.**

# Preparazione

Audio: Vocabulary

| Vocabolario della lettura | | Vocabolario utile |
|---|---|---|
| **il consiglio** *council* | **lo scambio** *exchange* | **l'accordo** *agreement* |
| **la crẹscita** *growth* | **il trattato** *treaty* | **la bandiera** *flag* |
| **la guerra mondiale** *world war* | **la valuta** *currency* | **il confine** *(national) boundary* |
| **l'inno** *anthem* | **il vantaggio** *advantage* | **l'integrazione** *integration* |
| **la potenza** *power* | **la volontà** *willingness* | **il multilinguismo** *multilinguism* |

Help students practice new vocabulary by modeling its use.

**1** **Da scegliere** Completa queste frasi con le parole nuove.

1. Ci sono molti ___vantaggi___ a vivere in una democrazia.
2. La popolazione è aumentata: c'è stata una grande ___crescita___ demografica.
3. Nella prima metà del XX secolo ci sono state due violente ___guerre mondiali___.
4. Prima della partita i giocatori cantano l'___inno___ nazionale.
5. La ___bandiera___ italiana è verde, bianca e rossa.
6. Dopo la guerra le nazioni hanno firmato un ___accordo/trattato___ di pace.
7. In Italia, la ___valuta___ ufficiale è l'euro.
8. Durante la riunione, il ___consiglio___ delle nazioni ha eletto un presidente.

**2** **Ideali** In coppia, leggete il motto dell'Unione Europea e, a turno, rispondete alle domande.

***«Unità nella diversità»***

1. Secondo te, quale ideale riflette questo motto? Perché?
2. Cosa succede invertendo i due termini: «Diversità nell'unità»? Cambia il significato? Perché?
3. Hai un motto personale? Qual è?
4. Qual è il motto del tuo paese? E della tua università? Quali altri motti conosci? Compila una lista.

**2** Help students by providing other sample mottos. The motto of the US is the Latin **E pluribus unum** (*Out of many, one*). Remind them that many words that end in *–ty* in English in Italian end in **–tà**: **generosità**, **lealtà**, **unità**, and so on.

**3** **Inventate** Usando le parole della lista, create un nuovo motto nazionale per il vostro paese.

| | | | | |
|---|---|---|---|---|
| **difendere** | **giustizia** | **pace** | **promuovere** | **vittoria** |
| **diritto** | **libertà** | **potente** | **uguaglianza** | **volontà** |

**3** Ask students to share their motto with the class; then ask students to vote for the three best mottos.

**4** **Feste** In piccoli gruppi, rispondete alle domande.

- Quando è la festa nazionale del vostro paese? Perché proprio questa data? In onore di quale evento storico?
- Quando si celebrano altre feste che ricordano eventi storici?

**4** You might wish to make a timeline on the blackboard, encouraging students to name important historical events, perhaps surrounding WWI and WWII.

### Nota CULTURALE

L'idea di un'Europa unita risale alle antiche espansioni imperiali dei Romani e, in seguito, di Carlo Magno e di Napoleone. Ma la data storica in cui fu ufficialmente proposta un'istituzione europea sovrannazionale° e democratica fu il **9 Maggio 1950** con la dichiarazione° di **Robert Schuman**, il ministro francese degli affari esteri. Fu un discorso rivoluzionario: secondo Schuman, «La pace mondiale non potrebbe essere salvaguardata senza sforzi creativi all'altezza dei pericoli che ci minacciano». Oggi il **9 maggio** è la festa ufficiale dell'Europa.

**sovrannazionale** *supranational*
**dichiarazione** *declaration*

# UNITÀ NELLA DIVERSITÀ

## L'ITALIA NELL'UNIONE EUROPEA

You might want to share with the students the contributions Italians made to the process of creating the EU, and important figures such as **Altiero Spinelli, Ernesto Rossi**, and **Alcide De Gasperi.** You may also want to mention **il Manifesto di Ventotene** and **i Trattati di Roma**.

Reading

L'Europa è un continente formato da 50 nazioni, ognuna con una propria storia, lingue diverse e complesse tradizioni culturali, in alcuni casi incompatibili tra di loro. Anche la geografia montagnosa europea crea delle divisioni che, senza una rete di trasporti internazionale, in passato sembravano insormontabili. Le differenze tra queste nazioni erano più evidenti delle loro somiglianze, tanto che, nel XX secolo, due guerre mondiali nacquero da dissensi nell'Europa centrale e coinvolsero° il resto del mondo.

Come suggerisce il suo motto, l'Unione Europea (UE) promuove l'unità ma allo stesso tempo rispetta la diversità delle nazioni che la formano. Finora° sono 28 i paesi europei che fanno parte dell'Unione. L'UE non è una nazione (come lo sono gli Stati Uniti, per esempio) e non è un'organizzazione internazionale come l'ONU (l'Organizzazione delle Nazioni Unite): l'UE è più simile a un consiglio che decide democraticamente sulle questioni economiche e politiche di interesse comune a tutti i suoi membri.

La Repubblica Italiana è stata una delle nazioni fondatrici dell'Unione Europea, insieme alla Francia, alla Germania, al Belgio, all'Olanda e al Lussemburgo. Oggi, con il suo PIL° (Prodotto Interno Lordo) pari a circa due milioni di miliardi° di dollari, l'Italia è la nona potenza economica mondiale e contribuisce alla stabilità della valuta europea, l'euro (€). La creazione dell'EU permette la libera circolazione dei cittadini dei paesi membri che possono così liberamente trovare lavoro o studiare all'interno dell'unione. L'apertura delle frontiere ha anche aumentato il commercio con gli altri paesi europei e ha ulteriormente° favorito l'esportazione e la crescita economica del paese. La crescita dell'euro rispetto alle altre valute mondiali è molto positiva non solo per l'Italia, ma per tutti i paesi membri dell'UE.

I cambiamenti, soprattutto all'inizio, non sono stati facili. Il processo di adozione dell'euro come nuova valuta ufficiale e l'abbandono della vecchia lira ha portato grandi disagi° ai cittadini italiani. Anche adeguarsi° ai nuovi regolamenti europei per l'industria e il commercio è stato problematico: le nuove norme igieniche, ad esempio, non corrispondevano alle tradizioni artigianali della produzione dei formaggi e di altri prodotti gastronomici. L'improvviso arrivo di un numero inaspettato di immigranti ha causato una vera emergenza e purtroppo anche sentimenti di razzismo.

Nonostante le difficoltà, il mondo è cambiato dal 1945 e continua a crescere: con internet, con gli estesi° collegamenti° aerei e ferroviari e con l'apprendimento delle lingue, ogni giorno ognuno di noi è in contatto con luoghi e persone in tutto il mondo. Non essendo più legati a un unico territorio nazionale anche la nostra mentalità si sta allargando°. Le singole nazioni europee sono ormai caratterizzate dalla reciproca volontà di scambi e cooperazione. Sarà sempre più necessario che non solo le persone, ma anche i paesi possano imparare a coesistere in pace, tolleranza e solidarietà. ■

*involved* · *So far* · *GDP* · *2.000 trillion* · *further* · *hardships* · *adapting* · *extensive/connections* · *broaden, widen, enlarge*

## L'inno europeo

«L'Inno alla gioia» è l'adattamento del movimento finale della nona sinfonia composta da Ludwig van Beethoven nel 1824 basata su un poema scritto da Friedrich von Schiller nel 1785. Il poema esprime° idealismo e speranza in un senso di fratellanza° fra gli esseri umani. L'inno è stato adottato per la prima volta dal Consiglio d'Europa nel 1972 dichiarando che «senza parole, con il linguaggio universale della musica, questo inno esprime gli ideali di libertà, pace e solidarietà perseguiti dall'Europa».

**esprime** *expresses* **fratellanza** *brotherhood*

Students can listen to the European anthem at europa.eu/abc/symbols/anthem/index_it.htm.

# Analisi

1 Ask pairs to create 3 more false statements and then give them to a different group to correct.

**1** **Comprensione** Indica se le affermazioni sono **vere** o **false**. Dopo, in coppia, correggete le affermazioni false.

| Vero | Falso | |
|---|---|---|
| ☐ | ☑ | 1. L'Unione Europea è simile alle Nazioni Unite. |
| ☐ | ☑ | 2. I paesi europei sono molto simili. |
| ☑ | ☐ | 3. L'Unione Europea vuole mantenere la pace. |
| ☑ | ☐ | 4. L'Unione Europea non è una nazione come lo sono gli Stati Uniti. |
| ☐ | ☑ | 5. Le nazioni fondatrici dell'UE sono cinque. |
| ☑ | ☐ | 6. L'entrata nell'UE ha portato molti vantaggi all'Italia. |
| ☑ | ☐ | 7. Il 9 maggio è la festa ufficiale dell'Europa. |
| ☐ | ☑ | 8. Schiller ha composto la musica per l'inno europeo. |

2 Ask students additional questions: **7. Quali sono stati alcuni dei contributi italiani all'UE? (L'Italia è uno dei membri fondatori; con il suo alto PIL, l'Italia contribuisce alla stabilità della valuta europea.) 8. Chi è il compositore del brano usato come inno europeo? (Beethoven)**

**2** **L'Italia e l'UE** In coppia, rispondete alle domande. Some answers will vary.

1. Per quali ragioni storiche è stata creata l'UE? per evitare la guerra
2. Quali sono i principi di base dell'UE? risolvere democraticamente questioni economiche e politiche di interesse comune a tutti i membri
3. Che cos'è l'UE? un'organizzazione sovrannazionale; un concilio di nazioni europee
4. Come si chiamava la vecchia valuta italiana? la lira
5. Quali vantaggi ha comportato (*entailed*) per l'Italia l'entrata nell'UE? Ha reso più facile l'immigrazione che ha contribuito alla crescita economica e demografica del paese; ha permesso la libera circolazione dei cittadini dei paesi membri e ha contribuito alla crescita economica del paese.
6. Quali sono state alcune delle difficoltà che l'Italia ha incontrato dopo l'entrata nell'UE? adottare l'euro; adeguarsi alle nuove norme e regolamenti europei; l'inaspettato arrivo degli immigranti

**3** **Opinioni** In coppia, confrontate le vostre opinioni.

1. Pensi che la creazione dell'UE sia stata una buona idea? Perché?
2. Quali sono stati, secondo te, gli ostacoli (*obstacles*) più grandi alla fondazione dell'UE? Perché?
3. Si potrebbe creare un'unione simile in un'altra parte del mondo? In quale? Perché? Quali problemi potrebbe risolvere?
4. In che modo l'UE è diversa da altre organizzazioni sovrannazionali come l'ONU o la NAFTA?
5. Pensi che il tuo paese possa un giorno unirsi con degli altri in una comunità simile all'UE? Con quali paesi pensi che sarebbe possibile farlo? Quali sarebbero i vantaggi? E gli svantaggi?

4 Ask students to share their situations with the rest of the class. Then, organize a discussion where each side has to propose fair solutions.

**4** **Senza frontiere** In piccoli gruppi, parlate di come risolvere democraticamente delle gravi dispute o incomprensioni nel mondo in cui viviamo: pensate a degli esempi reali e poi suggerite delle possibili soluzioni.

- **Territorio:** Due nazioni non sono d'accordo sui confini.
- **Commercio:** Una nazione offre prodotti a costi troppo bassi in confronto alle altre.
- **Religione:** Due religioni vorrebbero condividere (*would like to share*) lo stesso luogo sacro.
- **Ideologia:** Due gruppi nella stessa nazione hanno tradizioni e abitudini diverse e vogliono separarsi.

Practice more at **vhlcentral.com.**

# Preparazione

Audio: Vocabulary

connections cultures — NATIONAL STANDARDS

## A proposito dell'autrice

**Dacia Maraini,** scrittrice di romanzi, saggi (*essays*), poesie e opere teatrali, nacque a Fiesole nel 1936. Per il lavoro del padre Dacia trascorse l'infanzia in Giappone dove venne anche internata con i genitori in un campo di prigionia durante la guerra. In seguito si trasferì in Sicilia e poi a Roma. Negli anni Sessanta pubblicò i primi romanzi e incontrò Alberto Moravia che lasciò la moglie Elsa Morante per lei. Nel 1990 pubblicò *La lunga vita di Marianna Ucrìa* con successo della critica e del pubblico. Nel 1993 uscì il suo romanzo autobiografico *Bagherìa.*

| Vocabolario della lettura | Vocabolario utile |
|---|---|
| **la carrozza** *car (train)* | **assaggiare** *to taste* |
| **l'ingordigia** *gluttony* | **l'assegno** *check* |
| **il lusso** *luxury* | **deporre** *to testify* |
| **la pietanza** *dish* | **goloso/a** *food-loving* |
| **rapinare** *to rob* | **incassare** *to cash* |
| **sparare** *to shoot* | **la rapina** *robbery* |
| **la tovaglia** *tablecloth* | **il sapore** *flavor* |

1 **Definizioni** Trova la definizione adatta per ogni parola.

| | |
|---|---|
| _c_ 1. il lusso | a. portare via illegalmente con violenza o minaccia. |
| _f_ 2. la pietanza | b. la golosità di quelli a cui piace molto mangiare. |
| _e_ 3. la carrozza | c. una spesa superflua o eccessiva. |
| _b_ 4. l'ingordigia | d. telo che si usa per apparecchiare la tavola. |
| _a_ 5. rapinare | e. il vagone del treno. |
| _d_ 6. la tovaglia | f. un piatto o un cibo servito a tavola. |

2 **Preparazione** Fate le seguenti domande a un(a) compagno/a.

1. Quale mezzo di trasporto preferisci? Perché?
2. Ti piacerebbe fare un lungo viaggio in treno? Perché sì o no? Dove ti piacerebbe andare?
3. Cosa fai durante un lungo viaggio per passare il tempo? Leggi, ascolti la musica, dormi o parli con gli altri passeggeri?
4. Durante un viaggio hai mai incontrato per caso qualcuno che già conoscevi?

3 **Discussione** In piccoli gruppi, intervistatevi a vicenda.

In italiano l'espressione "dimmi cosa mangi e ti dirò chi sei" significa che possiamo capire il carattere di una persona dal cibo che mangia.

1. Qual è il tuo cibo preferito? Come riflette la tua personalità?
2. Pensate che le preferenze dei compagni nel gruppo corrispondano al loro carattere? Come e perché?

Practice more at **vhlcentral.com.**

### Nota CULTURALE

#### Parlare e mangiare

In italiano ci sono moltissimi modi di dire° relativi al cibo che spesso sottolineano l'attività conviviale di sedersi a tavola per mangiare e bere insieme. Spesso si dice che «a tavola non s'invecchia» perché l'allegria di mangiare è un piacere che fa bene e allunga la vita. Gli italiani dicono anche che «l'appetito vien mangiando»: più cose abbiamo, più ne desideriamo. Una delle espressioni usate più comunemente è «parla come mangi», cioè: «parla in modo semplice e spontaneo, non parlare in modo complicato». Naturalmente, il vino ha un posto d'onore tra i proverbi italiani–il più famoso è quasi una prescrizione medica: «buon vino fa buon sangue». Buon appetito a tutti!

**modi di dire** *sayings*

3 Ask students if they can think of an English expression similar to **dimmi cosa mangi e ti dirò chi sei.** Introduce other Italian idioms related to food (**Buono come il pane, aver sale in zucca, avere una fame da lupo, tutto fumo e niente arrosto,** etc.) Encourage students to discuss similarities and differences between these idioms and expressions in English or other languages.

*Dacia Maraini*

# IL VIAGGIATORE
## *dalla voce profonda*

Go over the menu described in the story and bring in pictures or recipes for some of the regional specialties mentioned.

**Audio: Dramatic Reading**

Il treno correva di notte sotto una pioggia torrenziale. Dall'interno si vedevano i finestrini neri rigati da gocce scintillanti che colavano° veloci segnando il vetro per traverso.

Jole Pontormo aveva preso posto al tavolo del vagone ristorante e consultava con attenzione il menú. Le piaceva leggere le descrizioni dei cibi. Fosse stato per lei avrebbe ordinato tutti i piatti, e avrebbe assaggiato un boccone° di ogni pietanza. Ma si tratteneva per non ingrassare. Da quando suo marito era sparito nelle Americhe, tendeva a mangiare sempre troppo. Le piaceva il cerimoniale che accompagnava i pranzi e le cene. Sapeva che avrebbe speso piú del dovuto per quel pranzo in treno, ma aveva deciso di concedersi quel lusso. Anche se poi l'avrebbe pagato con qualche sacrificio. Seduta in una carrozza di seconda classe non era riuscita a leggere in pace per le chiacchiere della gente.

Ora si trovava di fronte a una tovaglia bianca, con un garofano° rosso infilato in una bottiglietta trasparente e aveva preso in mano con ingordigia il menú. Un elegante quadernetto di cartoncino giallo decorato di fiori rosa su cui, a caratteri barocchi, in un inchiostro° azzurro, erano elencate° le specialità del giorno: *vol-au-vent* ripieni di besciamella e funghi, spaghetti al sugo di lepre°, cappellacci di zucca°. E poi, a scelta: *vitel tonnè*, manzo al limone di Sorrento, baccalà alla vicentina. Insalate di stagione. Ma quello che piú le piaceva erano i dolci. Col dito seguiva le proposte: *cake* di cioccolata dal cuore fondente. Già ne percepiva il profumo. Ma la panna dov'era? Senza panna un tortino di cioccolata non è un vero tortino. E poi: involtino° di frutta secca con crema di fragola, fagottini di mele al profumo di rose, *parfait* di mandorle° in nido croccante°.

Jole Pontormo aveva chiuso gli occhi assorbendo gli odori che le parole le suggerivano. Proprio in quel momento sentí una voce maschile che diceva:

«Permette?».

Aprí gli occhi sognanti e vide un uomo alto e magro con una borsa in mano che si chinava° con un gesto cortese, sussiegoso°. [...]

«Prego!» disse con voce indispettita°.

L'uomo, con gesti lenti, si sfilò° il cappotto e lo appese° al gancio° sulla parete°. Quindi si sedette con fare delicato e cauto sulla seggiolina imbottita°:

Jole Pontormo alzò lo sguardo sul suo dirimpettaio°. L'uomo era vestito con una eleganza un poco impettita°: giacca blu su pantaloni grigi, camicia candida, cravatta a righe verdi e azzurre. Aveva i capelli castani che gli scivolavano° sulla fronte ampia e severa. Portava gli occhiali da miope. La bocca era stretta, le labbra sottili e taglienti come di uno abituato a comandare. [...]

Il silenzio fu rotto da una voce che a Jole Pontormo parve di conoscere. Ma dove l'aveva sentita? Delle note lontane e stridenti che provenivano da una memoria sepolta°. L'uomo prese a parlare con un leggero accento veneto, lento e avvolgente°.

*dripped*
*bite*
*carnation*
*ink*
*listed*
*hare/pumpkin*
*roll*
*almonds*
*crunchy*
*was leaning over*
*haughty*
*irritated*
*took off*
*hung/hook*
*wall*
*quilted*
*the man in front of her*
*stuffy*
*slid down*
*buried*
*enveloping*

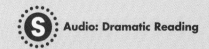

«Questo treno che corre nella notte ha qualcosa di misterioso. Non le pare di essere sospesa nel vuoto fra queste finestre scure rigate d'argento?».

Jole Pontormo rimase interdetta° a fissare il menú. Quel viaggiatore dall'apparenza così rigida e severa aveva una voce profonda e dolce, languida. Non corrispondeva affatto al corpo da dirigente d'azienda che aveva visto avanzare con passo slanciato° verso il suo tavolino. Sollevò di nuovo lo sguardo e vide che in quella faccia anonima e impenetrabile era spuntato un sorriso accattivante° e gentile.

*dumbfounded* · *slender* · *captivating*

«Lei scrive poesie»? gli chiese, ancora sorpresa da quell'attacco letterario.

«No, commercio in cavalli». [...]

«Un commerciante di cavalli? Che strano... Lei parla come se recitasse una poesia».

«Sono un lettore di poesie infatti».

**« Dimmi quello che mangi e ti dirò chi sei. »**

Eppure le sembrava di conoscerlo quest'uomo. Dove aveva sentito quella voce dal leggero accento veneto? Dove aveva visto quella bocca rigida e serrata°? Quegli occhi duri e decisi? Quella testa dai capelli lisci, che tendevano a scivolare continuamente sulla fronte? E quegli occhiali grandi dalle lenti appena affumicate? Non riusciva proprio a ricordare.

*closed*

«Dimmi quello che mangi e ti dirò chi sei», enunciò lui mandando giú un sorso° con aria beata°.

*sip/content*

«E noi chi siamo che mangiamo *vol au vent* con crema di funghi?».

«Un uomo e una donna seduti comodamente al caldo, fra luci seducenti e un vino squisito nei bicchieri, mentre fuori la tempesta si accanisce° contro i fianchi° del treno e la pioggia cerca di entrare prepotente°. Immagini qualcuno che ci vede passare, da fuori, come un lampo [...]

*rages* · *sides* · *overbearing*

Jole Pontormo lo ascoltava socchiudendo le palpebre. [...]

Poi improvvisamente, [...] ebbe un sussulto °. Spalancò gli occhi e guardò l'uomo con un misto di terrore e di sbigottimento°.

*was startled* · *astonishment*

Le venne in mente il giorno piú terribile della sua vita. La banca dove aveva appena ritirato i soldi della pensione del marito, un irrompere° di giovani che imbracciavano mitragliatrici° e pistole. Ordini secchi. Le casse che si chiudevano automaticamente, l'allarme che partiva. Il direttore che urlava mentre un uomo alto, dai jeans sdruciti° e le scarpe da ginnastica bianche le puntava una pistola alla tempia. Quell'uomo parlava, parlava.

*a sudden entrance* · *machine guns* · *ripped*

Non ha mai ricordato cosa dicesse, ma parlava con il direttore, dava ordini brutali... Ricorda a stento° che le aveva strappato dalle mani i pochi biglietti da cento piegati° dentro la ricevuta, e nel farlo l'aveva rabbiosamente spinta° per terra. Subito dopo si era avventato° sul direttore costringendolo° a riaprire

*barely* · *folded* · *pushed* · *attacked* · *forcing him*

le casse, e alla fine, quando il direttore aveva fatto un gesto azzardato°, gli aveva sparato sulle gambe senza pietà.

*risky*

Una coincidenza assurda. L'uomo seduto di fronte a lei certamente assomigliava molto a quell'altro, ma non poteva che trattarsi di un caso°. Come poteva, una persona cosí gentile, cosí colta°, che parlava quasi in versi, [...] No, non poteva essere, la sua memoria la stava ingannando°. [...]

*coincidence* · *cultured* · *was decieving her*

Intanto erano quasi arrivati. L'uomo – ma come si chiamava? [...] – si infilò il cappotto di cashmere, la aiutò a indossare l'imbottita di plastica color fucsia, sollevò° da terra la borsa che appariva davvero pesante e si avviarono ciascuno verso il proprio vagone.

*lifted*

«Arrivederci!» disse lei quando si aprirono le porte all'interno della stazione.

«Arrivederci, signora Pontormo!» aveva gridato lui mentre scendeva con un salto dal predellino° e spariva nella folla della stazione. [...]

*step*

Come faceva a sapere che si chiamava Pontormo? E improvvisamente le era tornato in mente che l'uomo in banca le aveva strappato dalle mani la ricevuta della pensione del marito con il nome scritto sopra. E ricordava la voce. Era proprio quella voce, anche se il tono era un altro.

Ora era sicura che si trattava di lui. Ma dove sarà sparito? E poi perché l'aveva voluta ingannare cosí perfidamente? [...]

> « Un bruto, un ignorante, si vedeva lontano un miglio che era analfabeta, uno cresciuto in mezzo alla strada. »

Ricordò improvvisamente una intervista che aveva dato a un giornale poco dopo il fatto. Al cronista°, che le chiedeva cosa pensasse dell'uomo che l'aveva rapinata° e buttata per terra lussandole° una spalla, aveva risposto: «Un bruto, un ignorante, si vedeva lontano un miglio che era analfabeta°, uno cresciuto in mezzo alla strada». [...] Cosí aveva detto al giornalista. E ora sapeva con certezza che l'uomo dei cavalli aveva letto quelle parole.

*reporter* · *had robbed her* · *dislocating* · *illiterate*

Prese la valigia, scese dal treno e si diresse verso la polizia. Ma cosa avrebbe deposto? Che aveva cenato in treno con l'uomo che un anno prima aveva rapinato la banca vicino casa e l'aveva gettata° per terra strappandole dalle mani la pensione del marito? Ma se non sapeva nemmeno come si chiamava! [...] Cosa poteva dire? Che quello che aveva creduto un bruto analfabeta era un signore elegante e colto [...]? Era poco, era veramente poco. ■

*had thrown her*

# Analisi

NATIONAL communication STANDARDS

1 Ask the students to correct the false statements in pairs.

1 **Vero o falso?** Indica se le affermazioni sono **vere** o **false**.

| Vero | Falso | |
|---|---|---|
| ☑ | ☐ | 1. Jole Pontormo viaggia in treno nel vagone-ristorante. |
| ☐ | ☑ | 2. Il marito di Jole è partito per l'Australia. |
| ☑ | ☐ | 3. Durante il viaggio di Jole c'è una pioggia torrenziale. |
| ☐ | ☑ | 4. L'uomo dalla voce profonda è un poeta. |
| ☐ | ☑ | 5. Jole e l'uomo ordinano il baccalà alla vicentina. |
| ☑ | ☐ | 6. Jole aveva già incontrato l'uomo del treno durante la rapina alla banca. |
| ☑ | ☐ | 7. L'uomo aveva puntato la pistola alla tempia di Jole. |
| ☑ | ☐ | 8. Jole aveva detto al giornalista che l'uomo era un bruto analfabeta. |

2 **Comprensione del testo** Scegli la risposta giusta.

**A.** Scegli la risposta giusta.

1. Jole è molto sorpresa perché
   - a. l'uomo è colto e gentile
   - b. pensa di aver già incontrato l'uomo del treno
   - c. la personalità dell'uomo è il contrario di quello che lei ricorda
   - (d.) tutt'e tre
2. Leggendo il menù del vagone-ristorante Jole nota che
   - a. è uguale tutti i giorni
   - (b.) elenca alcune pietanze regionali
   - c. non include i dolci
   - d. tutt'e tre
3. In realtà la vera occupazione dell'uomo è
   - a. commerciante di cavalli
   - b. lettore di poesie
   - (c.) rapinatore di banche
   - d. direttore di azienda
4. Durante la rapina in banca, l'uomo
   - a. ha sparato alle gambe del direttore
   - b. ha lussato la spalla di Jole
   - c. ha rubato i soldi e la ricevuta di Jole
   - (d.) tutt'e tre
5. Alla fine del racconto l'uomo salta giù dal treno e
   - a. fugge dalla polizia che lo insegue
   - b. ruba una fetta di torta perché ha ancora fame
   - (c.) saluta Jole usando il suo cognome anche se non si sono mai presentati
   - d. spara al conduttore che lo ha riconosciuto
6. Dopo aver riconosciuto l'uomo Jole decide di
   - a. prendere un caffè con panna
   - b. telefonare al marito per raccontargli la storia
   - (c.) andare dalla polizia anche se non sa cosa dire
   - d. non viaggiare più in treno

3 **Personaggi** Scegli gli aggettivi che descrivono meglio i due personaggi del racconto.

| | Jole | l'uomo |
|---|---|---|
| goloso/a | | |
| languido/a | | |
| deciso/a | | |
| indispettito/a | | |
| sbigottito/a | | |
| brutale | | |
| terrorizzato/a | | |

4 **Discussione** In piccoli gruppi, rispondete a queste domande usando degli esempi specifici presi dal racconto.

1. Come fa Jole a riconoscere l'uomo sul treno? Cosa le fa capire di averlo già incontrato?
2. Descrivete il contrasto tra l'incontro nel vagone-ristorante e quello precedente durante la rapina nella banca.
3. Cosa pensate che farà Jole dopo la conclusione della storia? Andrà davvero dalla polizia? Cosa racconterà? Le crederanno?
4. Immaginate la vita dell'uomo. Perché era sul treno? Dove stava andando? Aveva intenzione di rapinare un'altra banca o voleva semplicemente cambiare l'opinione che Jole aveva di lui?

5 **Opinioni** In coppia, rispondete alle domande.

1. Vi è mai capitato di cambiare opinione su un'altra persona? Come e perché? Cosa vi ha fatto capire di esservi sbagliati/e?
2. Durante un viaggio vi è mai successo di incontrare una persona interessante con cui avete fatto una conversazione? Di cosa avete parlato?
3. Avete mai assistito a un crimine? Raccontate la storia.
4. Nel posto in cui abitate, c'è criminalità? Di che tipo? Quale pensate sia la causa del problema? E quale la soluzione?

6 **I gialli** In piccoli gruppi pensate a romanzi, film e storie poliziesche che parlano di criminali e di investigatori. Quali sono i vostri preferiti? Perché?

7 **Scrittura** Scegli uno di questi argomenti e scrivi una breve composizione.

1. Inventa una storia a sorpresa, in cui alla fine si scopre la vera identità di uno dei personaggi principali.
2. Immagina di incontrare una persona famosa durante un viaggio in aereo. Scrivi un dialogo con la vostra conversazione.
3. Descrivi una cena in un ristorante di lusso. Com'è l'atmosfera, con i tavoli apparecchiati, i clienti e i camerieri? Descrivi il menù, elencando gli antipasti, le pietanze principali, i contorni e, naturalmente, i dolci.

4 Many interviews and video clips featuring the author of this story can be found by searching for Dacia Maraini on the Rai website.

Show one of the clips in class (e.g. **Dacia Maraini: viaggiare non da turista** to further encourage discussion on travel destinations, readings and approaches. Assign further videochats with Maraini for individual or group presentations.

Nota
**CULTURALE**

**Il giallo**

L'origine del termine *giallo* in italiano proviene dalla serie di romanzi *noir* o polizieschi che l'editore Mondadori ha cominciato a pubblicare nel 1929 con una copertina° gialla. È in seguito divenuta una parola di uso comune per indicare tutte le opere letterarie o cinematografiche con storie di criminali e delle indagini° condotte dalla polizia. La presenza di un investigatore carismatico o di criminali molto abili e simpatici ha catturato molti lettori di questo genere e ispirato anche serie di fumetti°.

**copertina** *cover* **indagini** *investigations* **fumetti** *comic books*

6 To further encourage class discussion, provide examples of the *mystery, police drama*, and *true crime* genres which in Italy are called **gialli**. Ask the students to share novels, authors, movies and series they enjoy reading or watching and introduce popular Italian titles and characters such as Camilleri's Montalbano and series of graphic novels such as **Diabolik** and **Dylan Dog** (which also contain **nero** elements).

Practice more at **vhlcentral.com.**

# Pratica

**Preparazione** Have students look for examples of essays on the Internet. One good source is the editorial section of online Italian newspapers. Have students bring to class an example of an essay with a good conclusion and write a paragraph analyzing it and explaining its strengths.

## La conclusione

L'introduzione e la conclusione sono le due parti della tesi che richiedono maggior lavoro di scrittura. Per questa ragione, sono le due parti che devono essere scritte con maggior attenzione perché costituiscono la struttura della tesi.

**Una buona conclusione deve:**
- far riferimento alla tesi iniziale e rinforzarla
- sintetizzare i punti principali
- lasciare un'impressione finale chiara
- essere scritta nello stesso registro del resto del saggio

**Una buona conclusione non deve:**
- limitarsi a ripetere la tesi iniziale
- introdurre nuovi argomenti
- includere argomenti aggiuntivi
- introdurre la tesi per la prima volta

**Una buona conclusione può:**
- impostare nuove domande
- includere una citazione che sintetizza le idee dello scrittore

1 **Preparazione** In coppia, rileggete ed esaminate la conclusione di uno dei brani in questa lezione o in quelle precedenti. In base alle caratteristiche che definiscono una buona conclusione, come definereste la conclusione del brano? Quali cambiamenti potrebbero essere fatti?

2 **Saggio** Scegli uno di questi argomenti e scrivi un saggio.

- Il tuo saggio deve far riferimento ad uno o due dei quattro brani studiati in questa lezione e contenuti in **Cortometraggio**, **Immagina**, **Cultura** e **Letteratura**, oppure studiati nelle lezioni precedenti.
- La parte finale del tuo saggio deve rispettare le caratteristiche di una buona conclusione.
- Il saggio deve essere lungo almeno due pagine.

1. Anche se viviamo in una realtà sempre più multietnica, la diffidenza (*mistrust*) nei confronti dell'«altro» è sempre presente. I confini tra le nazioni sono una necessità che assicura protezione oppure un'imposizione alla libera circolazione delle persone?

2. In un mondo che cambia demograficamente, molti vivono in condizioni di clandestinità e hanno bisogno di aiuto. Secondo te, è giusto aiutare se questo significa non rispettare la legge?

3. La Seconda Guerra Mondiale, con l'Olocausto degli ebrei, ha cambiato per sempre il mondo, ma le guerre continuano in varie parti del pianeta. Perché i potenti non sembrano aver imparato dal genocidio di quella guerra a rispettare gli «altri». Perché si continua a combattere?

# La giustizia e la politica

Vocabulary Tools

## Le leggi e i diritti

**la cittadinanza** *citizenship*
**la criminalità** *crime*
**il crimine** *felony*
**i diritti umani** *human rights*
**l'emigrazione (*f.*)** *emigration*
**la giustizia** *justice*
**l'immigrazione (*f.*)** *immigration*
**la libertà** *freedom*
**l'uguaglianza** *equality*

**abusare** *to abuse*
**approvare/passare una legge** *to pass a law*
**difendere** *to defend*
**emigrare** *to emigrate*
**giudicare** *to judge*
**imprigionare** *to imprison*

**analfabeta** *illiterate*
**colpevole** *guilty*
**(in)giusto/a** *(un)fair*
**ineguale** *unequal*
**innocente** *innocent*
**(il)legale** *(il)legal*
**oppresso/a** *oppressed*
**uguale** *equal*

## La politica

**l'abuso di potere** *abuse of power*
**la crudeltà** *cruelty*
**la democrazia** *democracy*
**la dittatura** *dictatorship*
**l'esercito** *army*
**il governo** *government*
**la guerra (civile)** *(civil) war*
**la pace** *peace*
**il partito politico** *political party*
**la politica** *politics*
**la sconfitta** *defeat*
**la vittoria** *victory*

**dedicarsi a** *to dedicate oneself to*
**eleggere** *to elect*
**governare** *to govern*
**influenzare** *to influence*
**vincere/perdere le elezioni** *to win/lose the election*
**votare** *to vote*

**conservatore/conservatrice** *conservative*
**liberale** *liberal*
**moderato/a** *moderate*
**pacifico/a** *peaceful*
**pacifista** *pacifist*
**potente** *powerful*
**vittorioso/a** *victorious*

## La gente

**l'attivista (*m., f.*)** *activist*
**l'avvocato (*m., f.*)** *lawyer*
**il/la criminale** *criminal*
**il/la deputato/a** *congressman/congresswoman*
**il/la giudice** *judge*
**la giuria** *jury*
**il/la ladro/a** *thief*
**il/la politico/a** *politician*
**il/la presidente** *president*
**il/la terrorista** *terrorist*
**il/la testimone** *witness*
**la vittima** *victim*

## La sicurezza e i pericoli

**l'arma** *weapon*
**la minaccia** *threat*
**la paura** *fear*
**il pericolo** *danger*
**lo scandalo** *scandal*
**la sicurezza** *safety*
**il terrorismo** *terrorism*
**la violenza** *violence*

**combattere** *to fight*
**promuovere** *to promote*
**salvare** *to save*
**spiare** *to spy*

## Cortometraggio

**il boccaglio** *snorkel*
**la camera d'aria** *inner tube*
**il clandestino** *illegal immigrant*
**il faro** *lighthouse*
**la guardia costiera** *coast guard*
**la maschera** *mask*
**la muta** *wet suit*
**il naufrago** *castaway*
**naufragare** *to sink, wreck*
**le pinne** *flippers*
**la poppa** *stern*
**la prua** *bow*
**il punto di riferimento** *reference point*
**la spigola** *bass (fish)*
**il subacqueo** *scuba diver*

**pescare** *to fish*

**inaffidabile** *unreliable*
**nascosto/a** *hidden*
**salvo/a** *safe*

**promesso** *promised*

## Cultura

**l'accordo** *agreement*
**la bandiera** *flag*
**il confine** *(national) boundary*
**il consiglio** *council*
**la crescita** *growth*
**la guerra mondiale** *world war*
**l'inno** *anthem*
**l'integrazione** *integration*
**il multilinguismo** *multilinguism*
**la potenza** *power*
**lo scambio** *exchange*
**il trattato** *treaty*
**la valuta** *currency*
**il vantaggio** *advantage*
**la volontà** *willingness*

## Letteratura

**la carrozza** *car (train)*
**l'assegno** *check*
**l'ingordigia** *gluttony*
**il lusso** *luxury*
**la pietanza** *dish*
**la rapina** *robbery*
**il sapore** *flavor*
**la tovaglia** *tablecloth*

**assaggiare** *to taste*
**deporre** *to testify*
**incassare** *to cash*
**rapinare** *to rob*
**sparare** *to shoot*

**goloso/a** *food-loving*

LEZIONE **5**

# Le generazioni in movimento

I legame (*relationship*) tra genitori e figli è indissolubile, anche se con il tempo cambia. Da bambini garantisce sicurezza, protezione e ed è determinante nel formare l'identità personale. Poi, durante l'adolescenza, spesso diventa conflittuale. In genere si trasforma in un trampolino da cui prendere il volo per crescere e diventare persone autonome e complete. Ti senti pronto e forte abbastanza per volare? Come giudichi (*judge*) il tuo legame con le generazioni che ti hanno preceduto?

162 **CORTOMETRAGGIO**
Nel corto *Dove dormono gli aerei* del regista **Alessandro Federici**, due bambini fanno amicizia in un aeroporto e si allontanano in cerca di avventure mentre i rispettivi genitori li cercano.

168 **IMMAGINA**
Andiamo in **Sicilia** ed in **Sardegna**, dove il paesaggio è spettacolare! Scopriamo come le voci del passato riescono a sopravvivere nel presente.

185 **CULTURA**
Tutti sanno che la mamma è una figura importantissima nella società italiana. Ma come è cambiato il suo ruolo? Chi sono i **mammoni**? E com'è la struttura della famiglia italiana nel ventunesimo secolo?

189 **LETTERATURA**
Nel racconto *L'innocenza* di **Elsa Morante**, un bambino affronta un evento importante del quale non comprende il senso.


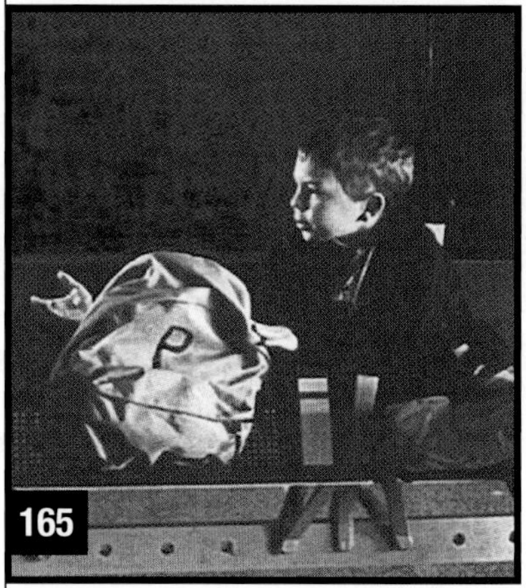

165

186


160 **PER COMINCIARE**

170 **STRUTTURE**

**5.1 Partitives and expressions of quantity**

**5.2 Ci and ne**

**5.3 The future**

**5.4 Adverbs**

195 **VOCABOLARIO**


**Destinazione:**
**SICILIA E SARDEGNA**

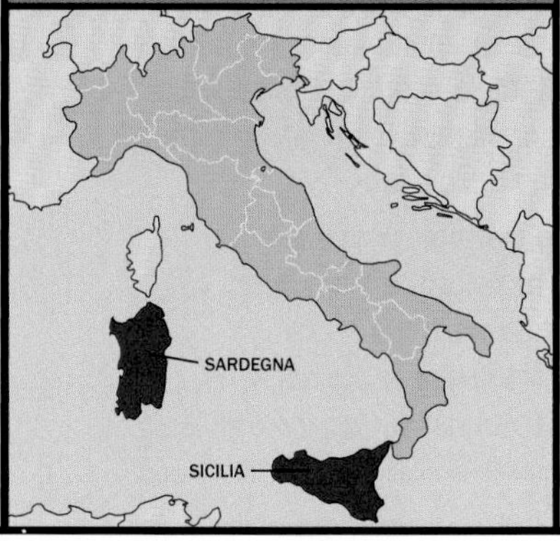


**PREVIEW** Use the photo on p. 158 as a springboard for discussion. Ask students:
1. Le famiglie italiane sono diverse da quelle degli altri paesi? Perché?
2. In Italia danno ai figli solo il cognome del padre. Cosa ne pensi? Porti il cognome di tuo padre, di tua madre o di tutti e due?

# In famiglia

Vocabulary Tools

## I rapporti di parentela

**il/la (bis)nonno/a** *(great-) grandfather/grandmother*
**il/la cugino/a** *cousin*
**il/la figlio/a (ụnico/a)** *son/daughter; (only) child*
**il/la figlioccio/a** *godson/goddaughter*
**il/la gemello/a** *twin*

**il gẹnero** *son-in-law*
**il genitore (single)** *(single) parent*
**la madrina** *godmother*
**il marito** *husband*
**la moglie** *wife*
**il/la nipote** *nephew/niece; grandson/granddaughter*
**la nuora** *daughter-in-law*
**il padrino** *godfather*
**il/la parente** *relative*
**la parentela** *relatives*
**lo/la sposo/a** *groom/bride*

**il/la suọcero/a** *father-/mother-in-law*
**lo/la zịo/a** *uncle/aunt*

---

**adottivo/a** *adopted*
**imparentato/a** *related*
**lontano/a** *distant*
**materno/a** *maternal*
**paterno/a** *paternal*

---

**aspettare un figlio** *to be expecting (a baby)*
**ẹssere incinta** *to be pregnant*

**INSTRUCTIONAL RESOURCES**
Audioscripts, SAM AK, Lab MP3s
**SAM/WebSAM:** WB, LM

## Le tappe della vita

**l'età adulta** *adulthood*
**la giovinezza** *youth*
**l'infanzia** *childhood*
**la maturità** *maturity*
**la morte** *death*
**la nạscita** *birth*
**la vecchiạia** *old age*

## Le generazioni

**l'antenato** *ancestor*
**le radici** *roots*
**il salto generazionale** *generation gap*

**il soprannome** *nickname*

---

**assomigliare** *to resemble*
**ereditare** *to inherit*
**sopravvịvere** *to survive*

## La vita in famiglia

**diventare indipendente** *to become independent*
**educare** *to raise*
**ẹssere desolato/a** *to be sorry*
**litigare** *to fight*

**pentirsi** *to regret*
**punire (isc)** *to punish*
**rimproverare** *to scold*
**sormontare** *to overcome*
**trasferirsi** *to move*
**viziare** *to spoil*

**SINONIMI E CONTRARI**
**essere desolato/a ↔ essere dispiaciuto/a**
**il genitore single ↔ monogenitore**
(in legal contexts, forms, etc.)
**maleducato ≠ educato**

## La personalità

**il carạttere** *personality*

---

**affiatato/a** *close-knit*
**amạbile** *lovable*
**autoritario/a** *bossy*

**codardo/a** *coward*
**egoista** *selfish*
**furbo/a** *sly*
**insopportạbile** *unbearable*
**maleducato/a** *bad-mannered*
**possessivo/a** *possessive*
**remissivo/a** *submissive*
**ribelle** *rebellious*

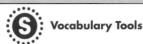

**severo/a** *strict*
**sociẹvole** *sociable*
**testardo/a** *stubborn*
**vanitoso/a** *vain*
**vivace** *lively*

### Nota CULTURALE

In Italia le famiglie allargate (*extended*) sono una realtà sempre più comune, ma le parole che esprimono questi rapporti di parentela sono percepite come dispregiative (*derogatory*) e quindi sono poco usate.

**il patrigno** *stepfather*
**la matrigna** *stepmother*
**il figliastro** *stepson*
**la figliastra** *stepdaughter*
**il fratellastro** *half-brother*
**la sorellastra** *half-sister*

# Pratica e comunicazione

**1** **La parentela** Completa le frasi con la forma corretta delle parole nel riquadro.

| | | |
|---|---|---|
| amabile | litigare | padrino |
| autoritario | madrina | paterno |
| carattere | materno | pentirsi |

1. Di solito, i miei fratellini gemelli ___litigano___ per i giocattoli.
2. I fratelli di mio padre sono i miei zii ___paterni___.
3. Al battesimo, la ___madrina___ e il ___padrino___ erano molto emozionati.
4. Mio nonno ha un ___carattere___ molto tranquillo. Mia nonna, invece, è un po' ___autoritaria___.

**1** Have students create sentences with the words not used in this exercise.

**2** **Indovinelli** Identifica i membri della famiglia con un aggettivo che descrive la loro personalità utilizzando solo le parole studiate in questa lezione. Some answers will vary.

1. Non ho né fratelli né sorelle e non mi piace condividere le mie cose con gli altri. un(a) figlio/a unico/a egoista
2. Pretendo (*I expect*) molto dai miei figli: devono essere bravi a scuola, fare sport e mangiare frutta e verdura. una madre severa/un padre severo
3. L'apparenza è molto importante per me. Mi piace vestire bene e alla moda, ci tengo a fare bella figura quando vado a casa della mamma di mia moglie. un genero vanitoso
4. Sono il fratello della mamma. Mi piace fare tanti regali ai figli di mia sorella. uno zio generoso
5. Sono il figlio della sorella del papà. Sono sempre pieno di vita; mi piace giocare, correre e fare scherzi. un cugino vivace

**2** Have groups of students create an original riddle using new vocabulary. Call on a volunteer from each group to share his or her riddle with the class. Then have the class guess the answer.

**3** **Biografia** Scrivi la biografia di una persona famosa o inventata e utilizza almeno otto parole della lista. Usa la nota culturale come esempio.

| | | | |
|---|---|---|---|
| amabile | egoista | nonno/a | soprannome |
| assomigliare | figlio/a | rapporto | trasferirsi |
| educare | infanzia | socievole | viziare |

**3** Have students share their biographies in small groups.

### Nota CULTURALE

**Giuseppe Tomasi di Lampedusa** (1896–1957) nacque a Palermo il 23 dicembre 1896. Figlio di genitori aristocratici, Giuseppe era molto legato alla madre, mentre con il padre i rapporti erano freddi perché non approvava l'amore di suo figlio per la letteratura. Anche la nonna fu una figura importante nella vita del giovane Giuseppe; fu lei che gli fece leggere i romanzi di **Emilio Salgari**. Dopo la morte della sorella Stefania a causa di una malattia, rimase figlio unico. Nel 1932 sposò **Alessandra Wolf-Stomersee**, figliastra di uno zio. Il suo romanzo più noto è **Il Gattopardo**, libro che divenne ancora più famoso dopo che il regista **Luchino Visconti** lo adattò a un film di grande successo.

**4** **A pranzo** Descrivete le persone nella foto.

- Quante generazioni sono rappresentate?
- Qual è il loro rapporto di parentela?
- Immaginate com'è la loro vita familiare: I bambini sono rispettosi o viziati? Sono ribelli o educati? Spesso vengono sgridati (*scolded*) o puniti? I genitori sono autoritari o comprensivi?

**4** Have students prepare an oral presentation about their own families, using photographs or other visual aids.

Practice more at **vhlcentral.com.**

NATIONAL STANDARDS connections cultures communication

**INSTRUCTIONAL RESOURCES**
Film Collection, Script & Translation
**SAM/WebSAM:** WB

**TEACHING OPTION** Along with the verbs in the vocabulary lists, review other relevant reflexive verbs **sposarsi**, **separarsi**, **baciarsi**, **lasciarsi**, **nascondersi**, and others. You might also wish to point out that in Italian **fidanzarsi** (just like **avere un(a) ragazzo/a**) has the more casual meaning of dating and does not necessarily imply engagement.

# Preparazione

**Audio: Vocabulary**

**Vocabolario del cortometraggio**

- **accomodarsi** *to make oneself comfortable*
- **avvicinarsi** *to go near*
- **il/la fidanzato/a** *boyfriend/girlfriend*
- **la lavatrice** *washing machine*
- **l'ordigno** *bomb*
- **il rinforzo** *reinforcement*
- **sorridere** *to smile*
- **stare in fila** *to stand in line*
- **lo zainetto** *small backpack*

**Vocabolario utile**

- **la bambola** *doll*
- **il banco** *(check-in) counter*
- **la cabina di controllo** *cockpit*
- **i carabinieri** *military police*
- **fare il bucato** *to do the laundry*
- **il nastro trasportatore** *luggage carousel*

**ESPRESSIONI**

- **fidati di me** *trust me*
- **rompere le scatole** *to be a pain in the neck*
- **senti un po'** *hey, listen*
- **stare insieme** *to be together (dating)*

1

## Collegamenti Completa le frasi.

1. Se chiamiamo i rinforzi ___c___
2. Usiamo la lavatrice ___a___
3. Quando una persona sorride ___d___
4. Un ordigno è ___b___
5. I carabinieri ___g___
6. I fidanzati ___f___
7. All'aeroporto si va al banco ___e___
8. Il nastro trasportatore ___h___

a. per fare il bucato.
b. una bomba.
c. vuol dire che abbiamo bisogno di aiuto.
d. ha l'aria di essere felice.
e. per fare il check in.
f. sono innamorati.
g. sono la polizia militare italiana.
h. porta i bagagli.

2 Encourage students to share the most unusual stories with the rest of the class.

2

## Sondaggio

**A.** Trova qualcuno che da bambino/a...

1. ...aiutava i genitori in casa: cosa faceva?
2. ...si è perso/a: dove?
3. ...andava a scuola a piedi da solo/a: quanti anni aveva?
4. ...ha preso l'aereo o il treno da solo/a: per andare dove?
5. ...faceva il bucato: quanti anni aveva?

**B.** Confronta i tuoi risultati con gli altri.

**3** **In viaggio** In coppia, parlate delle vostre esperienze di viaggio.

1. Qual è stato il tuo viaggio più interessante? Perché?
2. Hai mai perso il bagaglio? L'hai poi ritrovato?
3. Ti sei mai perso/a in una città che non conoscevi? Cos'è successo?
4. Qual è la cosa più strana che hai visto viaggiando?
5. Ti piace viaggiare in auto, in treno o preferisci l'aereo?
6. Hai mai fatto un viaggio con la tua famiglia? Dove siete andati?

**4** **Preparativi per il viaggio** Stai organizzando un viaggio con un(a) compagno/a. Insieme, decidete dove andare e con chi; poi fate una lista delle cose che volete mettere in valigia.

- Compagni di viaggio
- Mezzi di trasporto
- Destinazione
- Durata
- Luoghi da visitare (monumenti, parchi, spiagge, ecc.)
- Abbigliamento
- Cose indispensabili
- Cose utili
- Cose superflue ma divertenti

4 Have pairs share their lists of travel preferences on the board and encourage the class to find trends. How many pairs chose to go to the beach? To a city? To another country?

**5** **Immaginiamo**

**A.** Guardate le immagini e inventate una storia.

- Chi è il protagonista? Come si chiama?
- Cosa sta facendo?
- Dove sta andando? Perché?
- Cosa gli succederà?

**B.** Adesso presentate la vostra storia agli altri studenti.

5 Encourage students to ask/answer questions about their respective stories using **il futuro di probabilità** (See **Strutture 5.3, pp. 178–179**). Example: **Dove andrà il protagonista alla fine della storia? E cosa farà?**

**6** **Generazioni** Parlate della vostra infanzia rispondendo a turno alle domande.

1. I tuoi genitori erano molto protettivi? Perché sì o perché no?
2. Quando eri piccolo/a, c'era un'attività che ti faceva sentire «grande» e indipendente? Quale?
3. Hai mai dovuto prenderti cura di (*take care of*) un fratellino o di una sorellina?
4. Ti ricordi se i tuoi nonni avevano opinioni diverse da quelle dei tuoi genitori?
5. Hai mai cercato di chiedere il permesso di fare qualcosa a un genitore più permissivo dopo che l'altro ti aveva già detto di no?
6. Quanti anni avevi la prima volta che sei uscito/a da solo/a con gli amici? Dove siete andati?
7. Quando avrai dei figli, pensi che li lascerai andare a scuola da soli? Perché?
8. Secondo te, è giusto che i genitori abbiano regole diverse per i figli maschi e le figlie femmine? Perché?

6 Divide the class in two or three groups to debate questions 7 and 8.

Practice more at **vhlcentral.com.**

Video

DOVE DORMONO GLI AEREI
Premio FACIBA assegnato dal pubblico
un film di GIANLUCA ARCHIPINTO produzione PABLO regia di ALESSANDRO FEDERICI. sceneggiatura FRANCESCA COTICONI, LEONARDO ANGELINI, ALESSIO MARIA FEDERICI attori principali ILENIA ROSATI, GABRIELE UNGHERANI, LORENZA INDOVINA, GIANPIERO LUDICA soggetto FRANCESCA COTICONI, ALESSIO MARIA FEDERICI montaggio ANDREA BRIGANTI musiche originali MOKA suono DARIO CALVARI

**Trama** *Paolo e Alice, due bambini che s'incontrano per caso all'aeroporto di Roma, si allontanano da soli in cerca di avventure.*

1

**PAPÀ DI ALICE** Pronta? Andiamo! Non essere triste. Papà questo weekend ha avuto molto da fare. Ti vengo a trovare presto. Te lo prometto.

2

**PAOLO** Mi scusi, le posso rubare il giornale per un paio di minuti?
**SIGNORA** Prego, prego!

3

**ALICE** Mi chiamo Alice.
**PAOLO** Io Paolo e mia mamma fa la *hostess*. Sta tornando da Londra.

4

**PAPÀ DI ALICE** Dov'è finita? L'ho lasciata qui con un bambino...
**IMPIEGATA** Non si preoccupi: la cerchiamo subito.
**PAPÀ DI ALICE** Ma subito, però!

5

**ALICE** Senti un po', ma tu ce l'hai la fidanzata?
**PAOLO** No e tu?

6

**MAMMA DI PAOLO** Ma dov'è mio figlio?
**PAPÀ DI ALICE** Non lo so, è sparito° con mia figlia...

**sparito** *disappeared*

## Nota CULTURALE

### Come si arriva all'aeroporto di Roma?

Il treno Fiumicino–Termini collega l'aeroporto Leonardo da Vinci con la stazione dei treni Termini al centro di Roma. Il treno più rapido, che non fa fermate intermedie, si chiama «Leonardo Express» e parte ogni mezz'ora nei due sensi°. È un viaggio di circa 31 minuti. Una volta arrivati alla stazione, si possono prendere gli autobus o la metropolitana per spostarsi° nella capitale, oppure un altro treno per raggiungere° altre destinazioni italiane o europee.

**sensi** *directions* **spostarsi** *move* **raggiungere** *reach*

Point out that **aeroporto** is the correct spelling for *airport*. Many people, however, pronounce it **areoporto**.

## Sullo SCHERMO

Associa i personaggi con le azioni.

1. Paolo ___e___
2. Il papà di Alice ___b___
3. Alice ___a___
4. La mamma di Paolo ___c___
5. Paolo e Alice ___g___
6. I carabinieri ___d___
7. Il treno ___f___
8. I passeggeri ___l___
9. La mamma di Alice ___h___
10. I bagagli ___i___

a. gioca con le Barbie.
b. è sempre al telefono.
c. torna da Londra.
d. trovano lo zainetto.
e. fa il bucato in lavatrice.
f. parte dalla stazione.
g. si baciano.
h. abita a Parigi.
i. arrivano sul nastro trasportatore.
l. fanno la fila.

NATIONAL communication STANDARDS

# Analisi

1

## Vero o falso? Indica se le affermazioni corrispondono alla storia del corto. Dopo, in coppia, correggete le affermazioni false.

| Vero | Falso | |
|---|---|---|
| ☑ | ☐ | 1. Alice e Paolo s'incontrano all'aeroporto. |
| ☐ | ☑ | 2. Il papà di Alice fa il pilota. |
| ☑ | ☐ | 3. Paolo va spesso all'aeroporto ad aspettare la mamma. |
| ☐ | ☑ | 4. La signora sul treno è preoccupata perché Paolo è da solo. |
| ☐ | ☑ | 5. La mamma di Paolo torna da Parigi. |
| ☑ | ☐ | 6. Il papà di Alice è disperato quando non la trova più. |
| ☑ | ☐ | 7. L'impiegata aiuta il papà a cercare Alice. |
| ☑ | ☐ | 8. Dopo essersi baciati, Alice e Paolo si sentono fidanzati. |

2

## Comprensione Come si sentono i personaggi?

1. Quando il papà parla al telefono, Alice si sente ____.
   (a.) ignorata b. felice c. indipendente
2. Quando incontra Paolo, Alice è ____.
   a. curiosa b. allegra (c.) sospettosa
3. All'inizio del corto, il papà di Alice è ____.
   a. preoccupato di andare all'aeroporto (b.) preoccupato per il suo lavoro
   c. preoccupato per Alice
4. La mamma di Paolo ____.
   a. è avventurosa e vuole ripartire subito (b.) è stanca e vuole tornare a casa
   c. non riconosce lo zainetto di Paolo
5. Quando salgono sull'aereo segreto, Paolo e Alice si sentono ____.
   (a.) liberi b. abbandonati c. arrabbiati
6. Quando comincia a giocare con Alice, Paolo non è più ____.
   a. indipendente (b.) solo c. avventuroso

3 Ask students if they think the experience in the airport will make either the parents or the children view their behavior differently. What have the characters learned? How have they changed?

3

## Paolo e Alice

**A.** Descrivi i due protagonisti del corto con le parole più adatte della lista. Some answers will vary.

| | | | | |
|---|---|---|---|---|
| allegro | avventuroso | gentile | (ir)responsabile | simpatico |
| arrabbiato | (in)dipendente | preoccupato | serio | triste |

| | |
|---|---|
| **Paolo** | allegro, avventuroso, gentile, indipendente, simpatico |
| **Alice** | arrabbiata, gentile, preoccupata, seria, simpatica, triste |

**B.** In coppia, aggiungete delle altre caratteristiche, gusti, difetti e qualità di Paolo e Alice.

**C.** Adesso descrivete con le caratteristiche opportune il papà di Alice e la mamma di Paolo, usando le parole del vocabolario e aggiungendone delle altre.

4

## Punti di vista

**A.** In coppia, descrivete come i personaggi vedono la stessa cosa diversamente.

**Modello** **il giornale**

**Paolo:** È importante essere informati! / **Il ragazzo medio:** Che noia!

| Oggetto/Situazione | Reazioni | | | |
|---|---|---|---|---|
| l'aeroporto | la mamma | Paolo | il papà | Alice |
| il telefono | il papà | Alice | la signora in treno | il carabiniere |
| lo zainetto | i carabinieri | l'impiegata | la mamma | il papà |
| l'aereo | Alice | Paolo | i passeggeri | la hostess |
| le bambole | Alice | Paolo | gli adulti | tu |

**B.** In coppia, rispondete alle domande.

- Perché le reazioni sono così diverse?
- Con chi ti identifichi di più riguardo a ogni oggetto o situazione? Perché?

5

**Opinioni** Siete d'accordo o no con queste affermazioni? Rispondete individualmente e poi spiegate le vostre ragioni in coppia.

| Affermazione | Sono d'accordo perché... | Non sono d'accordo perché.... |
|---|---|---|
| I bambini devono imparare a essere indipendenti. | | |
| In una famiglia tutti i membri devono partecipare alle attività domestiche. | | |
| I genitori non devono mai lasciare i loro bambini da soli. | | |
| Bisogna insegnare ai bambini a non parlare con gli sconosciuti. | | |
| La famiglia moderna è diversa dal modello tradizionale del secolo scorso. | | |
| La sicurezza negli aeroporti è eccessiva. | | |

6

**Interpretiamo** Improvvisate una conversazione basata su una di queste situazioni e recitatelo davanti alla classe.

**A**

La mamma di Paolo e il papà di Alice vanno a cena fuori per conoscersi meglio. Si accorgono di avere molto in comune. Di cosa parlano? Che programmi fanno?

**B**

Una famiglia è all'aeroporto. C'è molta confusione: i genitori si distraggono per un momento e quando si guardano intorno si accorgono che uno dei due bambini non c'è più. Cosa fanno per ritrovarlo?

7

**Scriviamo** Hai mai incontrato una persona che ti ha mostrato il mondo in maniera diversa o che ti ha fatto capire una cosa molto importante? Racconta l'episodio in uno o due paragrafi.

Practice more at **vhlcentral.com.**

INSTRUCTIONAL RESOURCES
Teaching suggestions **SAM/WebSAM:** WB

# IMMAGINA

**Reading**

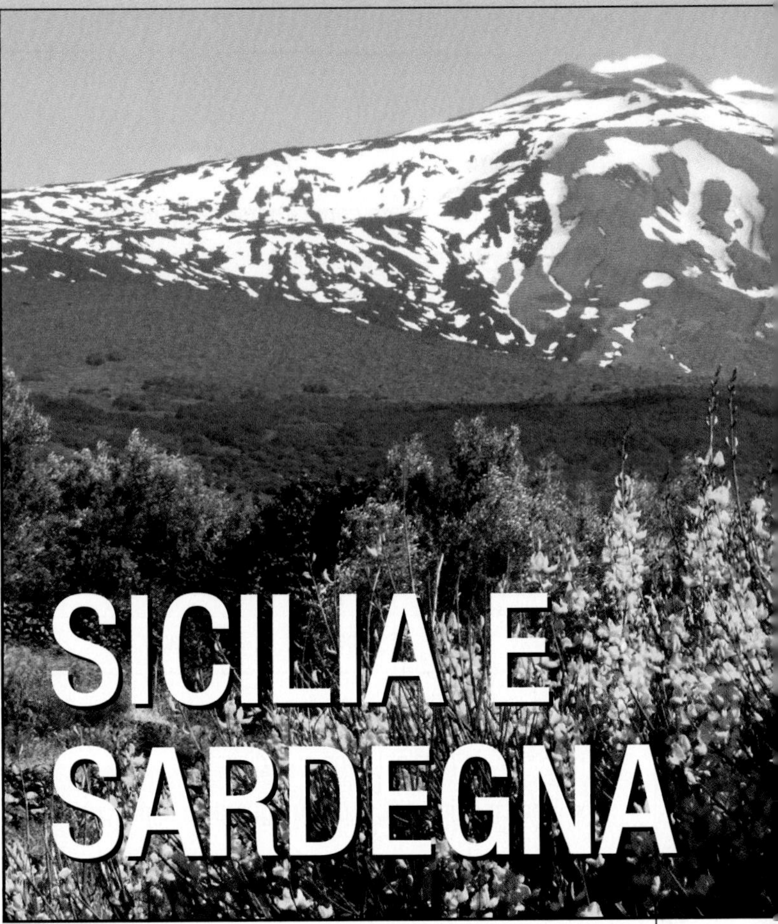


## Due isole che parlano

La **Sicilia** e la **Sardegna** sono le due isole più grandi del **Mediterraneo**, famose per la bellezza delle coste, per le acque cristalline del loro mare e per il clima mite° che permette la crescita° di una vegetazione mediterranea.

Sono regioni con un passato intenso, che ha visto alternarsi° tante dominazioni, le cui testimonianze° sono visibili in molti monumenti.

I templi di **Segesta** e **Agrigento** in Sicilia sono simboli della colonizzazione dei Greci. I mosaici della **Villa romana** di **Piazza Armerina** ci parlano dell'epoca in cui i Romani furono sull'isola. Numerosi sono anche i segni lasciati da altri popoli come il quartiere arabo della **Kalsa** a Palermo, il **Duomo** normanno di **Monreale** e il **Duomo** aragonese di **Enna**.

Anche la Sardegna è stata a lungo° un luogo di conquiste: Cartaginesi, Romani, Vandali, Arabi, Pisani e altri hanno lasciato le loro tracce°. A Cagliari possiamo ammirare la necropoli cartaginese di **Tuvixeddu**, i resti dell'anfiteatro romano e le chiese in stile romanico di epoca pisana. A **Porto Torres** ci sono rovine° di templi romani, ad **Assemini** ci sono la bellissima chiesa bizantina di San Giovanni e quella di San Pietro in stile gotico. E molti ancora sono i tesori artistici di inestimabile valore in tutte e due isole.

La mescolanza° di tante culture non è presente soltanto nell'arte e nell'architettura, ma in ogni aspetto della vita siciliana e sarda: dalla cucina, alla musica, alla lingua.

Stemma (*coat of arms*) Regione Sicilia

In entrambe° le isole esistono idiomi° originali, il **siculo** e il **sardo**, affascinanti e misteriosi, che si tramandano° da tempi antichissimi. Le popolazioni delle isole lottano° per la sopravvivenza° delle loro lingue, minacciate° in tempi recenti dalla lingua italiana, che si è imposta con i mezzi di comunicazione di massa°.

Per contrastare il pericolo di estinzione del siculo e del sardo, negli ultimi anni sono nati movimenti che promuovono la loro riscoperta° e rivalutazione°. La lingua sicula e la lingua sarda oggi hanno dizionari, grammatiche e siti web, oltre a un significativo patrimonio letterario°, musicale e teatrale. Dal 1997 il sardo è lingua ufficiale insieme alla lingua italiana ed è usata nei documenti ufficiali così come nei segnali stradali. Il siculo è oggi parlato da cinque milioni di siciliani in Sicilia e da moltissimi emigrati all'estero. Negli Stati Uniti, in particolare a New York, esiste il **Siculish**, un misto di siciliano e inglese. Insomma, le identità sarda e siciliana sono ancora forti anche quando convivono con l'identità nazionale italiana.

### In più...

La Sicilia e le varie isole che la circondano si trovano in una zona con un'intensa attività vulcanica. Ci sono tre vulcani, unici per le loro caratteristiche: l'**Etna**, il vulcano più alto d'Europa, che alterna periodi di inattività a eruzioni; **Vulcano**, che non registra un'eruzione dal 1890; e **Stromboli**, il più attivo dei vulcani europei, che erutta circa ogni ora!

**mite** *mild* **crescita** *growth* **alternarsi** *alternate; follow one another* **testimonianze** *witnesses* **a lungo** *for a long time* **tracce** *traces* **rovine** *ruins* **mescolanza** *mixture* **entrambe** *both* **idiomi** *languages* **si tramandano** *are handed on* **lottano** *fight* **sopravvivenza** *survival* **minacciate** *threatened* **mezzi...** *mass media* **riscoperta** *rediscovery* **rivalutazione** *revaluation* **patrimonio letterario** *literary heritage*

**Palermo** Palermo, capoluogo della regione Sicilia, sorge nella **Conca d'Oro**, una pianura sul mar Tirreno circondata da° montagne. La città, fondata dai **Fenici**° nel 735 a.C., è stata conquistata da numerose popolazioni: Romani, Bizantini, Arabi, Normanni e Aragonesi i cui monumenti in stili diversi rendono° unica questa città. Tra i luoghi più caratteristici di Palermo ci sono anche i coloratissimi e profumati mercati della **Vucciria** e di **Ballarò**.

**Due oasi rosa** Lo **stagno° di Santa Gilla** e lo **stagno di Molentargius,** che si trovano in una laguna vicino a Cagliari, sono due oasi naturali particolarmente interessanti per l'**avifauna**°. Tra le diverse specie di uccelli che si ammirano qui, i **fenicotteri° rosa** sono ineguagliabili° per la loro bellezza ed eleganza. I fenicotteri si fermano in questi stagni in inverno, durante le loro migrazioni europee e si nutrono° di piccoli crostacei° che danno loro il tipico colore rosa. I fenicotteri rosa sono oggi il simbolo di queste zone umide° del sud della Sardegna.

**circondata da** *surrounded by* **Fenici** *Phoenicians* **rendono** *make* **stagno** *pond* **avifauna** *birdlife* **fenicotteri** *flamingos* **ineguagliabili** *incomparable* **si nutrono** *they feed* **crostacei** *shellfish* **zone umide** *wetlands*

**Vero o falso?** Indica se ogni frase è **vera** o **falsa. Correggi le frasi false.** Some answers will vary.

1. La Sicilia e la Sardegna sono le due isole maggiori del mar Mediterraneo. Vero.
2. I Greci e/o i Romani hanno colonizzato le due isole. Vero.
3. Il quartiere della Kalsa si trova in Sardegna. Falso. Si trova a Palermo, in Sicilia.
4. La mescolanza delle culture è visibile solo nell'arte. Falso. È visibile anche nella cucina, nella musica e nella lingua.
5. Televisione e stampa hanno minacciato di estinzione le lingue delle due isole. Vero.
6. La lingua sarda, oggi, è solo orale. Falso. È usata anche come lingua scritta in documenti ufficiali e segnali stradali.
7. Vucciria e Ballarò sono due piazze di Palermo. Falso. Sono due mercati.
8. I fenicotteri rosa si fermano negli stagni di Cagliari durante le migrazioni. Vero.

**Quanto hai imparato? Rispondi alle domande.** Some answers will vary.

1. Quali sono le caratteristiche naturali più famose della Sicilia e della Sardegna? belle coste, acque cristalline, clima mite, vegetazione mediterranea
2. Che cosa sono il siculo e il sardo? due lingue originali della Sicilia e della Sardegna
3. Qual è una minaccia per il siculo e per il sardo? L'influenza dell'italiano attraverso i mezzi di comunicazione di massa
4. Quali sono le caratteristiche dei tre vulcani siciliani? L'Etna alterna frequenti periodi di inattività a eruzioni; Vulcano dorme per lunghi periodi ma ha eruzioni violente; Stromboli erutta circa ogni ora.
5. Che cos'è la Conca d'Oro? È il nome della pianura in cui si trova Palermo.
6. Di che cosa si nutrono i fenicotteri negli stagni di Cagliari? di piccoli crostacei
7. Quali sono state alcune dominazioni a Palermo? Fenici, Bizantini, Arabi, Normanni, Aragonesi
8. Che caratteristica ha l'area degli stagni di Cagliari? È un'oasi naturale nota per l'avifauna.

## Progetto

Quali sono le testimonianze degli antichi popoli che hanno abitato in Sicilia e in Sardegna?

- Individua quali popolazioni hanno abitato le due isole e in che epoca.
- Cerca alcuni dei siti archeologici di maggiore interesse sulle due isole.
- Descrivi le loro caratteristiche architettoniche e artistiche.
- Confronta i tuoi risultati con il resto della classe.

NATIONAL comparisons STANDARDS

**INSTRUCTIONAL RESOURCES**
Audioscripts, SAM AK, Lab MP3s, Grammar Presentation Slides
**SAM/WebSAM:** WB, LM

Review definite articles with students before beginning the discussion of the partitive. Remind them that definite articles are used to refer to specific people or things, with abstract ideas, and with nouns used as the subject of the verb **piacere**.

**RIMANDO**

To review definite and indefinite articles, see **Strutture 1.2, p. 18**.

To help students practice the various forms of the partitive, call out different food items and ask them to repeat the noun with the appropriate partitive. If you like, make it a contest by dividing the class into two or more teams. Keep score to see which team can get the most correct answers.

Point out to students that the partitive is used in negative sentences when a certain quantity is negated. **Non voglio mangiare del pesce.**

# 5.1 Partitives and expressions of quantity

*—Ha fatto **tanti** chilometri.*

## Il partitivo

- In English, words like *some*, *a few*, *a little*, *any*, and *several* express an indefinite amount or part of the whole. The Italian equivalent is conveyed by **il partitivo** and expressions of quantity such as **del**, **un po' di**, **qualche**, and **alcuni/e**.

- To form the partitive, combine the preposition **di** with the definite article: **del**, **dello**, **della**, **dell'**, **dei**, **degli**, **delle**.

  Ho comprato **della pasta**.
  *I bought some pasta.*

  Metti **dello zucchero** sul tavolo.
  *Put some sugar on the table.*

  Avete preparato **degli spaghetti**? Gnam!
  *Did you make spaghetti? Yum!*

  Hanno invitato **delle amiche** alla festa.
  *They invited some friends to the party.*

- Use **un po' di** (*a little of, a bit of*) with a singular noun that is abstract or that you can measure (but not count).

  Marco mi ha dato **un po' di** carne per il mio cagnolino.
  *Marco gave me some meat for my puppy.*

  Quando avrò **un po' di** tempo libero, ti telefonerò.
  *When I have some free time, I'll call you.*

- Use **qualche** with a singular noun, even though it expresses the plural meaning of *some*, *a few*, or *several*.

  Ti ho preso **qualche** libro. Va bene?
  *I picked up some/a few books for you. Is that all right?*

  Dove mangiamo stasera? Hai **qualche** idea?
  *Where should we eat tonight? Do you have any ideas?*

- **Alcuni** and **alcune** are always followed by plural nouns and mean *some* or *a few*.

  **Alcune** persone sono arrivate in ritardo alla festa.
  *A few people arrived late for the party.*

  Facciamo **alcuni** acquisti prima di tornare a Spello.
  *Let's buy a few things before we go back to Spello.*

- In negative sentences, the partitive is omitted. It may also be omitted in questions and when listing items.

  I vegetariani non mangiano carne.
  *Vegetarians don't eat meat.*

  Avete figli?
  *Do you have children?*

  Abbiamo bisogno di cipolle, funghi e pomodori per fare la pizza.
  *We need onions, mushrooms, and tomatoes to make the pizza.*

## Expressions of quantity

- When **molto**, **parecchio**, **poco**, **sempre**, **tanto**, **troppo**, and other expressions of quantity are used as adjectives, they must agree in number and gender with the nouns they modify.

  **Troppe** persone non pensano all'ambiente.
  *Too many people don't think about the environment.*

  Ho **molta** fame. Mangiamo!
  *I'm very hungry. Let's eat!*

- When **molto**, **parecchio**, **poco**, **sempre**, **tanto**, **troppo**, and other expressions of quantity are used as adverbs, always use the masculine, singular form.

  Riccardo mangia **sempre** troppo.
  *Riccardo always eats too much.*

  La storia della Sicilia è **molto** interessante.
  *The history of Sicily is very interesting.*

- Many expressions of quantity are followed by **di**.

| | |
|---|---|
| **un bicchiere di** *a glass of* | **un pezzo di** *a piece of* |
| **una bottiglia di** *a bottle of* | **un po' di** *a little (of)* |
| **un chilo di** *a kilo of* | **un sacco di** *a lot of/lots of* |
| **un litro di** *a liter of* | **una scatola di** *a box of* |
| **un paio di** *a pair of* | **una tazza di** *a cup of* |

Mi dia **un chilo di** uva, per favore.
*Give me a kilo of grapes, please.*

Mio genero ha dato **un pezzo di** cioccolato al figlio.
*My son-in-law gave a piece of chocolate to his son.*

- The numerical expressions **un milione** and **un miliardo** (and their multiples) are also followed by di.

Te l'ho già detto **un miliardo di** volte!
*I've already told you that a billion times!*

**Tre milioni di** persone sono venute alla manifestazione.
*Three million people came to the demonstration.*

- Note these conversions and equivalencies.

| **Tabella conversioni - Unità di misura comuni** | |
|---|---|
| 1 chilogrammo (kg) = 2,2 libbre | 1 chilometro (km) = 0,6 miglia |
| 1 etto = 0,22 libbre | 1 metro (m) = 3,28 piedi |
| 1 litro = 1,13 quarto di gallone | 1 centimetro (cm) = 0,39 pollici (inches) |

| **Numeri – Italia** | **Numeri – Stati Uniti** |
|---|---|
| milione | *million* |
| miliardo | *billion* |
| bilione | *trillion* |
| biliardo | *quatrillion* |

Ask students if they would like a certain food or drink. Tell them to answer "yes" each time. Then ask "**Quanto ne vuoi?**", explaining to them that they must answer with an expression of quantity. (Don't bother explaining **ne** at this point; it will be explained in **Strutture 5.2, pp. 174–175**.)
**—Vuoi del caffè?**
**—Sì (voglio del caffè).**
**—Quanto ne vuoi?**
**—Voglio una tazza di/un litro di/molto caffè.**

**ATTENZIONE!**

Don't forget that the metric system is used in Italy. To buy about two pounds of pasta, for example, ask for **un chilo di pasta**. To buy a little over a pound of something, use **mezzo chilo di...** If you want only a small amount, ask for **un etto di...** or **due etti di...**, 100 or 200 grams, respectively. For liquid measures, **un litro** is somewhat more than a quart.

# Pratica

1 Have students come up with a dialogue that takes place during this event. Tell them to talk about food being served, people attending, and other topics. Alternatively, they can come up with a dialogue that takes place at an event that they have organized.

**1** **I preparativi** La famiglia Collina ha organizzato una cena per il prossimo fine settimana e sta ultimando (*finalizing*) i preparativi. Completa la conversazione con i partitivi.

**ANDREA** Ciao mamma, come va? Tutto pronto per la cena? Chi viene?

**MAMMA** Vengono (1) __dei__ miei colleghi. Vado a fare la spesa; vuoi venire con me?

**ANDREA** Va bene, cosa devi comprare?

**MAMMA** (2) __Degli__ asparagi e (3) __degli__ spinaci per la torta rustica, (4) __del__ formaggio per l'antipasto e (5) __della__ carne.

**ANDREA** E per dolce, cosa fai?

**MAMMA** Faccio la torta di mele.

**ANDREA** Allora prendiamo (6) __delle__ mele e (7) __dello__ zucchero a velo.

**MAMMA** Sì, hai ragione!

**ANDREA** E non dimentichiamo qualcosa da bere.

**MAMMA** Vediamo, dobbiamo prendere (8) __dell'__ acqua gassata, (9) __del__ vino bianco e rosso e (10) __dei__ limoni; servono sempre!

2 As a follow-up activity, have students write a reply to the e-mail as Lucia.

**2** **Sardegna** Elena è in vacanza in Sardegna. Completa l'e-mail con il partitivo e le espressioni di quantità. Some answers will vary.

Da: Elena <elena73@email.it>
A: Lucia <lucia.partemi@email.it>
Oggetto: Saluti dalla Sardegna

Cara mamma,
la Sardegna è stupenda! Ho passato (1) __alcuni__ giorni a Porto Cervo. Ci sono (2) __delle__ spiagge bellissime e (3) __dei__ locali (4) __molto__ alla moda, dove è facile incontrare (5) __molte__ persone famose. (6) __Qualche__ giorno fa, siamo andati a fare un giro in macchina e abbiamo visto (7) __delle__ ville meravigliose e al porto c'erano (8) __tanti__ yacht (9) __molto__ grandi! Ci siamo divertiti (10) __tanto__.
Baci e abbracci,
*Elena*

### Nota CULTURALE

La **Sardegna** è la seconda isola più grande del Mediterraneo. Grazie al suo clima mite° e alle acque cristalline è diventata dagli anni '60 meta turistica di grande fama. **Porto Rotondo** e **Porto Cervo** (quest'ultimo in **Costa Smeralda**) sono i centri che maggiormente attraggono persone famose da tutto il mondo che arrivano in Sardegna con yacht da favola.

**mite** *mild*

3 Ask volunteer pairs to read a few of their sentences to the class, who will reply **logico** or **illogico**, depending on whether or not they think each sentence makes sense.

**3** **Immagina** In coppia, completate la prima frase con il partitivo e poi finite la seconda frase usando le espressioni di quantità indicate e la vostra immaginazione. Some answers will vary.

**una bottiglia di** | **un pezzo di** | **un po' di** | **qualche** | **tanto**

1. Mi piace mangiare __del__ pesce. Oggi preferisco comprare __un po' di carne__.
2. Durante il volo leggiamo __delle__ riviste o __qualche libro__. Ho comprato soltanto __qualche rivista__.
3. Mi sono dimenticato di prendere __dello__ spumante. Però ho comprato __una bottiglia di aranciata__.
4. Nel mio giardino voglio piantare __degli__ alberi e anche __tanti fiori__.
5. Sono a dieta. Devo mangiare __della__ frutta, non posso mangiare __un pezzo di formaggio__.

Practice more at vhlcentral.com.

# Comunicazione

4 **La festa** Gli invitati stanno per arrivare e volete essere sicuri che tutto sia pronto. Con un(a) compagno/a, a turno create delle domande e delle risposte usando le parole nelle tre colonne.

**Modello** —Ci sono degli stuzzichini (*appetizers*)?
—Certo! Ci sono delle bruschette al pomodoro.

| | | |
|---|---|---|
| Hai messo | degli | tovaglioli sul tavolo |
| Ci sono | del | stuzzichini |
| Hai preparato | dei | spumante |
| Hai | della | frutta |
| C'è | delle | verdure per contorno |
| Hai portato | dello | ? |

5 **Prodotti** In coppia, per ogni prodotto, dite la quantità che acquistate o che tenete in casa e perché. Utilizzate le espressioni di quantità.

| | | | | |
|---|---|---|---|---|
| caffè | pomodori | latte | verdura | vino |
| carne | formaggio | pasta | succo di frutta | zucchero |

**Modello** —Di solito tengo sempre molte bottiglie di acqua gassata in frigo; non mi piace bere l'acqua del rubinetto (*tap*).
—Io invece non bevo l'acqua gassata, ma compro sempre alcune lattine (*cans*) di aranciata.

6 **Al supermercato** Sei andato/a a trovare un amico a Taormina e vuoi preparargli uno dei tuoi piatti preferiti. In coppia, create una conversazione dove parlate di cosa hai bisogno per preparare quel piatto. Utilizzate il partitivo e le espressioni di quantità dove possibile.

**Modello** —Oggi voglio cucinarti un piatto tipico della mia zona, gli spaghetti alla carbonara.
—Devi comprare dei pomodori?
—No, devo prendere della pancetta.

7 **Cosa ne pensi?** Le famiglie di oggi hanno molti problemi. Quali sono i più ricorrenti? Cosa bisogna fare, secondo te, per risolverli? In coppia, elencate (*list*) sei problemi e trovate delle possibili soluzioni. Utilizzate le parole relative alla famiglia che avete imparato in questa lezione e le espressioni di quantità come **tanto, molto, poco, troppo, parecchio** e **alcuni/e.**

**Modello** —Il rapporto tra genitori e figli è molto problematico.
—Sì, bisogna educare i figli a rispettare i genitori.

NATIONAL communication STANDARDS

Nota
**CULTURALE**

**Taormina** è una delle mete turistiche più famose della Sicilia dove ogni anno arrivano turisti da tutto il mondo. Tra i monumenti principali c'è il **Teatro Antico** dove si svolgono i maggiori eventi culturali come il **Taormina Film Fest,** rassegna° cinematografica che si svolge° all'interno della manifestazione culturale **Taormina Arte**.

**rassegna** *festival* **si svolge** *takes place*

6 Have a few pairs act out their conversations for the class.

**INSTRUCTIONAL RESOURCES**
Audioscripts, SAM AK, Lab MP3s, Grammar Presentation Slides
**SAM/WebSAM:** WB, LM

**RIMANDO**

To review reflexive pronouns, see **Strutture 2.1, pp. 52–53.**

To review direct and indirect object pronouns, see **Strutture 4.2, pp. 132–134.**

Let students know they should use **lì** or **là** to express the idea of *there* when a location has not been previously mentioned. **Mettete le carote lì.** *Put the carrots there.*

**ATTENZIONE!**

**Ci** is frequently used with verbs such as **andare**, **venire**, **stare**, **rimanere**, **restare**, and **essere** because they often are followed by a prepositional phrase indicating location.

**ATTENZIONE!**

When **ci** is used with a direct object pronoun, a reflexive pronoun, or **ne**, the pronoun precedes **ci** in some cases and follows it in others. The correct forms are **mi ci**, **ti ci**, **vi ci**, **ci si**, **ce lo**, **ce l'**, **ce la**, **ce li**, **ce le**, **ce ne**. The form **vi ci** is used to avoid the awkward form **ci ci**. Note that **ci** changes to **ce** before **lo**, **la**, **l'**, **li**, **le** and **ne**.

**Avete messo il rossetto nel cassetto?**
*Did you put the lipstick in the drawer?*

**Sì, ce l'abbiamo messo.**
*Yes, we put it there.*

Remind students that with the verbs **dovere**, **potere**, and **volere**, **ci** and **ne** can precede the conjugated verb or attach to the infinitive.

## 5.2 *Ci* and *ne*

### Uses of ci

- You have already learned that **ci** is used as a reflexive and reciprocal pronoun meaning *ourselves* or *each other* and as a direct and indirect object pronoun meaning *us* or *to us*. **Ci** also has other meanings and uses.

- **Ci** can refer to a location. It often replaces a prepositional phrase introduced by **a**, **su**, or **in**.

Vai **in discoteca** stasera?
*Are you going to the club tonight?*

Sì, **ci** vado con Roberto.
*Yes, I'm going there with Roberto.*

Hanno messo i cibi **sul tavolo**?
*Did they put the food on the table?*

**Ci** vado martedì prossimo.
*I'm going there next Tuesday.*

- **Ci** can replace **da** + [*noun/pronoun*] to mean *someone's house* or *someone's place.*

Venite **da me** domenica?
*Are you coming to my place Sunday?*

Sì, **ci** veniamo.
*Yes, we're coming.*

Quando vai **dal dentista**?
*When are you going to the dentist?*

**Ci** vado martedì prossimo.
*I'm going there next Tuesday.*

- **Ci** often replaces a phrase introduced by **a** or **su** after verbs such as **riuscire (a)**, **pensare (a)**, **credere (in/a)**, and **contare (su)**.

Possiamo contare sul **suo aiuto**?
*Can we count on his help?*

Sì, **ci** potete contare.
*Yes, you can count on it.*

È riuscita a **mangiare tutti gli gnocchi**?
*Did she manage to eat all the gnocchi?*

No, non **ci** è riuscita.
*No, she couldn't do it.*

- **Ci** precedes a conjugated verb and the formal imperative, but follows and is attached to infinitives and informal imperatives. Drop the **–e** of the infinitive before attaching **ci**.

Ecco la mia borsa. Metti**ci** le chiavi.
*Here's my purse. Put the keys in it.*

Devo andare a Perugia, ma non desidero restar**ci**.
*I have to go to Perugia, but I don't want to stay there.*

- Verbs such as **avercela (con)** (*to have it in for someone*), **farcela** (*to manage*), **tenerci** (*to care for something*), **sentirci** (*to be able to hear*), **vederci** (*to be able to see*), **volerci** and **metterci** have idiomatic meanings that are not related to location. **Volerci**, used only in the third person, refers to how long it takes to do something, and **metterci**, conjugated in all forms, refers to how long it takes a particular person to do something.

Non so perché lui **ce l'ha** con me.
*I don't know why he has it in for me.*

Penso di **farcela**; anzi, **ci tengo**!
*I think I can get it done; in fact, it means a lot to me!*

Quanto tempo **ci vuole** per andare a Roma?
*How long does it take to get to Rome?*

**Ci hanno messo** un'ora per finire il giallo.
*It took them an hour to finish the detective story.*

La mia bisnonna ha cento anni. Non **ci sente** e non **ci vede** più.
*My great-grandmother is one hundred years old. She can't hear or see anything anymore.*

## Uses of **ne**

- **Ne** replaces nouns that are introduced by the partitive. The partitive article is deleted along with the noun that is being replaced.

  Ho trovato del limoncello al supermercato. **Ne** vuoi?
  *I bought some limoncello at the supermarket. Do you want some?*

  Mia madre mi dà spesso delle caramelle, ma non **ne** dà a mia sorella.
  *My mother often gives me candies, but she doesn't give my sister any.*

- **Ne** also replaces a noun or phrase introduced by an expression of quantity or a number. The number or quantity remains in the sentence even after the noun or phrase is replaced. Note that in this instance **ne** means *of it* or *of them*, which often is not expressed in English.

  Quanti amici hai?
  *How many friends do you have?*

  **Ne** ho tanti!
  *I have a lot (of them)!*

  Mi compri un gelato?
  *Will you buy me an ice cream?*

  Certo, te **ne** compro due se vuoi!
  *Of course, I'll buy you two (of them) if you want!*

- **Ne** is used to replace a phrase introduced by a preposition. **Ne** typically replaces **di** + [*a person or thing*], **di** + [*an infinitive*] or **da** + [*a place*].

  Hai paura **dei serpenti**?
  *Are you afraid of snakes?*

  Io, sì, **ne** ho molta paura.
  *I am, I'm really afraid of them.*

  Avete voglia **di andare in trattoria**?
  *Do you feel like going to the trattoria?*

  Sì, **ne** abbiamo voglia.
  *Yes, we feel like it.*

  Sono tornati **dalla spiaggia**. **Ne sono tornati** stanchi ma felici.
  *They came back from the beach. They came back (from there) tired but happy.*

- When **ne** replaces a noun or a partitive and is used with a verb in a compound tense, the past participle agrees in number and gender with the noun that **ne** replaces. There is no agreement when **ne** replaces a prepositional phrase.

  **Quante magliette** hai comprato al mercato di Sant'Ambrogio? **Ne ho comprate** tre.
  *How many T-shirts did you buy at the Sant'Ambrogio market? I bought three (of them).*

  Berenice ha preso **degli asparagi e ne ha dati** un po' a Matteo.
  *Berenice took some asparagus and gave some to Matteo.*

- **Ne** precedes a conjugated verb and the formal imperative, but follows and is attached to infinitives and informal imperatives. Drop the **–e** of the infinitive before attaching **ne**.

  Cerco un'orologio per mia moglie. Dove posso comprar**ne** uno?
  *I'm looking for a watch for my wife. Where can I buy one?*

  Non mangiate tutto il pollo! Date**ne** a vostra sorella!
  *Don't eat all the chicken! Give some to your sister!*

- When using the various forms of **tutto**, you must use the appropriate direct object pronoun instead of **ne**.

  **L'**ha mangiato tutto!
  *He ate the whole thing!/He ate all of it!*

**ATTENZIONE!**

**Ne** is used idiomatically with certain expressions and verbs. **Andarsene**, *to go away*, and the phrase **che ne dici (di)...?**, *what do you think (of)...?* are two examples. You may also use **ne** when asking what the date is.

**Non voglio più vederti! Vattene!**
*I don't want to see you anymore. Go away!*

**Che ne dici di fare una passeggiata con me?**
*What do you think of taking a walk with me?*

**Quanti ne abbiamo oggi?**
*What's today's date?*

**RIMANDO**

To review the partitives and expressions of quantity, see **Strutture 5.1, pp. 170–171**.

**ATTENZIONE!**

When **ne** is combined with other pronouns, it comes last. Also, remember to change **ci** to **ce** when combined with **ne**. See the combined pronouns chart on **p. 134**.

**ATTENZIONE!**

**Pensare** may be followed by the preposition **a** or **di**. Both are translated *to think about* in English. However, with **a**, the verb has a meaning of *to consider something* whereas **di** suggests an opinion. Note how **ne** and **ci** can be used with **pensare** in these instances.

**Cosa pensi del mio motorino? Che ne pensi?**
*What do you think of my scooter? What do you think of it?*

**Pensi ai tuoi guai?**
*Do you think about your problems?*

**Sì, ci penso ogni giorno.**
*Yes, I think about them every day.*

# Pratica

1 Have students check each other's work. Then have pairs act out the conversation.

**Nota CULTURALE**

L'isola di **Pantelleria** è una delle isole minori della Sicilia. Tra i suoi prodotti più famosi ci sono i **capperi° di Pantelleria** e i vini dolci: il **Moscato** ed il **Passito**.

**capperi** *capers*

**1** **Progetti** Sara e Mauro si incontrano e parlano dei loro progetti per l'estate. Completa il dialogo con **ci** e **ne**.

**MAURO** Ciao Sara, come va?
**SARA** Bene, e tu?
**MAURO** Sto organizzando un viaggio a Pantelleria.
**SARA** (1) _Ne_ ho sentito parlare molto bene. Perché (2) _ci_ vai?
**MAURO** Ho sempre voluto (3) andar_ci_ perché i miei nonni materni vengono da lì e me (4) _ne_ parlano spesso.
**SARA** Ah, che bello! Loro (5) _ci_ tornano spesso?
**MAURO** No, purtroppo è da tanto tempo che non (6) _ci_ tornano perché il viaggio è troppo lungo, però (7) _ci_ pensano sempre.
**SARA** Quanto tempo (8) _ci_ vuole per arrivare a Pantelleria?
**MAURO** Penso che (9) _ci_ metterò sei ore.
**SARA** Hai tanti parenti a Pantelleria?
**MAURO** Sì, (10) _ne_ ho tanti, i miei zii e i miei cugini ancora (11) _ci_ vivono. Che (12) _ne_ dici, hai voglia di partire con me?
**SARA** Certo!

TEACHING OPTION
To help students practice answering questions with **ci**, tell them about places you have gone and what you did there. Then ask them "**E tu?**" and require them to answer with **ci**.
**—Sono andata al mare e ho visto un delfino. E tu?**
**—Anch'io ci sono andato/ Non ci sono mai andato.**

**2** **Quanti/e ce ne sono?** Utilizza la statistica relativa alla Sicilia e scrivi una frase con i pronomi **ci** e **ne** per indicare la quantità delle cose citate.

**Modello** **Abitanti in Sicilia (5.000.000 circa):**
Ce ne sono cinque milioni circa.

1. Isole minori (17): _Ce ne sono diciassette._
2. Vulcani attivi (3): _Ce ne sono tre._
3. Laghi (1): _Ce n'è uno._
4. Riserve marine (6): _Ce ne sono sei._
5. Festival internazionali (2): _Ce ne sono due._

**Teatro Antico di Taormina**

TEACHING OPTION
To elicit responses using **ne**, ask students questions about their family, pets, and possessions. Ask how many brothers and sisters they have, if they have a cat or dog, how many books they have in their room, etc. You may want to ask and answer the first couple of questions to model **ne** for them.
**—Quanti fratelli hai? Io ne ho due. E tu?**
**—Marco ha fratelli? Quanti ne ha?**

**3** **La nostra società** In coppia, scrivete delle frasi in base ai suggerimenti forniti. Some answers will vary.

**Modello** **Restare a casa il sabato sera.**
Non ci resto mai!

1. Andare a trovare i nonni. Ci vado...
2. Avere paura della morte. Ne ho paura...
3. Parlare dell'infanzia. Ne parlo...
4. Pensare alla vecchiaia. Ci penso...
5. Contare sull'aiuto dei tuoi genitori. Ci conto...
6. Mangiare schifezze (*junk food*). Ne mangio...

Practice more at **vhlcentral.com.**

# Comunicazione

4 **In giro per il mondo** In coppia, chiedetevi quali paesi avete già visitato, cosa avete visto, quando ci siete andati e se ci tornerete.

**Modello** —Sei mai stato in Irlanda?
—Sì, ci sono stato, è bellissima!
—Ah sì, e quando ci sei andato?
—Ci sono andato due anni fa....

5 **Ricetta** Un(a) tuo/a amico/a ti ha dato la ricetta per preparare il tiramisù, ma tu non sei sicuro/a di aver capito bene. Gli/Le fai delle domande sulla ricetta e lui/lei risponde usando **ci** e **ne**.

## TIRAMISÙ

**Ingredienti** 5 uova, 5 cucchiai di zucchero, 500 gr. di mascarpone, 1 pacchetto di biscotti Pavesini o Savoiardi, caffè, liquore, cacao.

**Procedimento** Preparare il caffè. Separare gli albumi (*egg whites*) dai tuorli (*yolk*), lavorare i tuorli con lo zucchero, aggiungere il mascarpone e mescolare bene. Montare a neve (*beat until stiff*) gli albumi e aggiungerli delicatamente al composto. Bagnare i biscotti nel caffè zuccherato, al quale si può aggiungere il liquore. Mettere i biscotti in una pirofila (*pan*) e coprirli con metà della crema. Ripetere lo stesso procedimento per il secondo strato e mettere in frigo per 2 ore. Spolverizzare (*sprinkle*) con del cacao prima di servire.

**Modello** —Grazie per la ricetta, ma non sono sicura di aver capito bene.
—Dimmi pure.
—Quanto caffè devo preparare?
—Ne devi preparare un po'.

6 **Sondaggio**

**A.** Fai ai tuoi compagni le seguenti domande. Per ogni domanda trova un(a) compagno/a che risponde **sì** e uno/a che risponde **no** e annota le risposte nella tabella. Usa **ci** e **ne** nelle risposte.

**Modello** —Ti piace andare in montagna per le vacanze?
—Sì, mi piace andarci.

| Trova qualcuno che... | Nome | Sì | No |
|---|---|---|---|
| ...ha paura del futuro. | ________ | ☐ | ☐ |
| ...ha delle incertezze. | ________ | ☐ | ☐ |
| ...discute di politica. | ________ | ☐ | ☐ |
| ...pensa ai problemi ambientali. | ________ | ☐ | ☐ |
| ...crede al destino. | ________ | ☐ | ☐ |
| ...fa dei pettegolezzi. | ________ | ☐ | ☐ |
| ...spera di superare tutti gli esami. | ________ | ☐ | ☐ |
| ...va in palestra tutti i giorni. | ________ | ☐ | ☐ |
| ...riesce a studiare con la TV accesa. | ________ | ☐ | ☐ |
| ...beve troppo caffè. | ________ | ☐ | ☐ |

**B.** A turno, condividete con la classe quello che avete imparato sui vostri compagni.

communication NATIONAL STANDARDS

4 Have volunteers point out different places they have visited on a world map or globe. Review with the class the names of various countries.

**TEACHING OPTION**
Show students pictures of different objects and/ or people. Ask them what they see and how many there are. Example: **Vedi turisti davanti alla chiesa? Quanti ce ne sono? Ne vedi venti? Molti? Troppi?**

5 You can turn this into a discrete activity in which students need to fill in the blanks with **ne** and **ci**.
**—Quanto caffè devo preparare?**
**—(1) _Ne_ devi preparare un po' per inzuppare i biscotti.**
**—Allora basta una caffettiera?**
**—Sì, (2) _ne_ basta una!**
**—Ma tu (3) _ci_ metti sempre il liquore?**
**—Io veramente (4) _ci_ metto solo il caffè; non mi piacciono i liquori.**
**—E quanti biscotti (5) _ci_ vogliono?**
**—Beh, un pacco da mezzo kg è sufficiente, comunque dipende da te; se vuoi (6) _ci_ puoi mettere più biscotti.**

6 Before assigning this activity, have students go through the list and note whether they should use **ci** or **ne** to talk about each item. Then have them indicate the part that **ci** or **ne** will replace. (**1. ne; del futuro 2. ne; delle incertezze 3. ne; di politica 4. ci; ai problemi... 5. ci; al destino 6. ne; dei pettegolezzi 7. ci; di superare... 8. ci; in palestra 9. ci; a studiare 10. ne; caffè**)

National Standards: comparisons

**INSTRUCTIONAL RESOURCES**
Audioscripts, SAM AK, Lab MP3s, Grammar Presentation Slides
**SAM/WebSAM:** WB, LM

**ATTENZIONE!**

The immediate future is often expressed by the present tense in Italian.

**Finisco questo libro stanotte.**
*I'm going to finish this book tonight.*

5.3

# The future

## Il futuro semplice

- To form the simple future (**il futuro semplice**), drop the final **–e** of the infinitive and add the future ending. For **–are** verbs, change the **–a–** of the infinitive ending to **–e–**.

| cantare | prẹndere | dormire | capire |
|---|---|---|---|
| canterò | prenderò | dormirò | capirò |
| canterai | prenderai | dormirai | capirai |
| canterà | prenderà | dormirà | capirà |
| canteremo | prenderemo | dormiremo | capiremo |
| canterete | prenderete | dormirete | capirete |
| canteranno | prenderanno | dormiranno | capiranno |

Domani, **dormiremo** dodici ore!
*Tomorrow we will sleep twelve hours!*

Chi **canterà** al teatro domani?
*Who's going to sing at the theater tomorrow?*

- To maintain the hard sound, insert an **–h–** after the **–c–** or **–g–** of verbs ending in **–care** and **–gare**.

Lui **pagherà** i biglietti e io **pagherò** l'albergo.
*He will pay for the tickets and I will pay for the hotel.*

Non **dimenticheranno** mai la nascita del loro figlio.
*They will never forget the birth of their son.*

- Drop the **–i–** of the stem of verbs ending in **–ciare**, **–giare** and **–sciare**.

**Comincerete** a fare i compiti alle tre.
*You will start your homework at three.*

Mio marito non mi **lascerà** mai.
*My husband will never leave me.*

**ATTENZIONE!**

Note that verbs like **inviare** (*to send*), **ravviare** (*to tidy up*), **sciare** (*to ski*), and **spiare** (*to spy on*) do not drop the **–i–** of the stem in the future because the **–i–** is stressed in the first person form of the present tense. (**scịo**).

**Io scio bene; quando andremo in montagna scierò molto.**
*I ski well; when we go to the mountains I will ski a lot.*

- Some verbs have irregular stems in the simple future. The verbs **dare**, **fare**, and **stare** retain the **–a–** of the infinitive in their future stem: **dar–**, **far–**, **star–**. The future stem of **essere** is **sar–**.

**Starai** a casa stanotte?
*Are you staying in tonight?*

Un giorno **sarete** meno egoisti.
*One day you will be less selfish.*

- Irregular verbs drop the characteristic vowel of the infinitive before adding the future endings.

| | | | | | |
|---|---|---|---|---|---|
| **andare** | andr– | **dovere** | dovr– | **vedere** | vedr– |
| **avere** | avr– | **potere** | potr– | **vịvere** | vivr– |
| **cadere** | cadr– | **sapere** | sapr– | | |

Mia nonna **vivrà** con mia zia quando **andremo** in Francia.
*My grandmother will live with my aunt when we go to France.*

- Some verbs have irregular future stems that end in **–rr–**.

| | | | |
|---|---|---|---|
| **bere** | berr– | **tenere** | terr– |
| **parere** | parr– | **venire** | verr– |
| **rimanere** | rimarr– | **volere** | vorr– |

Mia nipote **rimarrà** con la nostra famiglia quest'estate.
*My niece will stay with our family this summer.*

Share some other irregular verbs that have a double –r– with your students: **trarre**, **porre**, **parere**, **valere**, **ritenere**, etc. Ex.: **Non ne varrà la pena./Ti riterrò responsabile**.

To help students learn to recognize the two future tenses when they hear them, read some sentences with the present, simple future, and future perfect aloud. Ask students to hold up one hand when they hear the simple future, two hands when they hear the future perfect, and to keep their hands flat on their desks or to clap when they hear the present tense.

- The simple future is used to express actions that will happen in the future.

**Finirò** gli studi nel 2020.
*I will graduate in 2020.*

Secondo me, la vecchiaia **sarà** molto divertente.
*I think old age will be really fun.*

- The simple future may be used to express probability or speculation.

Quanti anni **avrà** quella signora?
*How old do you think that lady is?*

**Avrà** 80 anni.
*She must be 80.*

- The simple future may be used to express a polite command.

**Pulirai** la tua camera, poi **andrai** al supermercato.
*(You will) clean your room, then go to the supermarket.*

- After **se**, **quando**, **dopo che**, (**non**) **appena**, and other expressions of time, use the simple future for the main verb and for the verb in the dependent clause, if the action takes place in the future. In English, the verb in the dependent clause is usually in the present tense.

Quando **arriveremo**, **metteremo** le valige in camera.
*When we get there, we'll put the bags in the room.*

Se **avrà** tempo, **andrà** a comprare il formaggio.
*If he/she has time, he/she will go buy the cheese.*

## Il futuro anteriore

- The future perfect (**il futuro anteriore**) is used to express an action that *will have taken place* by a particular time in the future. **Il futuro anteriore** is formed with the future tense of the auxiliary verb **avere** or **essere** plus the past participle of the main verb.

| finire | arrivare | alzarsi |
|---|---|---|
| avrò **finito** | sarò **arrivato/a** | **mi** sarò **alzato/a** |
| avrai **finito** | sarai **arrivato/a** | **ti** sarai **alzato/a** |
| avrà **finito** | sarà **arrivato/a** | **si** sarà **alzato/a** |
| avremo **finito** | saremo **arrivati/e** | **ci** saremo **alzati/e** |
| avrete **finito** | sarete **arrivati/e** | **vi** sarete **alzati/e** |
| avranno **finito** | saranno **arrivati/e** | **si** saranno **alzati/e** |

- The future perfect is almost always used with the simple future to indicate that one action will have taken place before another in the future. The future perfect is often introduced by the expressions **quando**, **se**, **dopo che**, (**non**) **appena**, etc.

Quando **avrò preparato** il minestrone, mangeremo.
*When I finish the soup, we'll eat.*

Dopo che **ci saremo alzati**, ci vestiremo.
*After we get up, we will get dressed.*

- **Il futuro anteriore** may be used to express probability in the past. In English, the same concept is expressed by the use of *must have* plus the past participle or by the word *probably* and the simple past tense.

**Saranno** già **usciti**.
*They must have already gone out.*

**Avrà stampato** la tesi all'università.
*He probably printed his thesis at school.*

**ATTENZIONE!**

The simple future may be used for "on-the-spot" decisions, statements of concession or predictions.

**Piove. Non uscirò, guarderò un DVD a casa.**
*It's raining. I'm not going out, I'll watch a DVD at home.*

**ATTENZIONE!**

Some words that are often used with the future are **il/la prossimo/a** + [*expressions of time*] and, **fra/tra** + [*expressions of time*].

**Il prossimo anno, comprerò una casa per la mamma.**
*Next year, I will buy a house for my mom.*

**Credo che fra alcuni minuti pioverà.**
*I think it will rain in a few minutes.*

**RIMANDO**

To study hypothetical statements with **se**, see **Strutture 9.3, pp. 342–343**.

**ATTENZIONE!**

With the future perfect, as with other compound tenses, you must follow the rules for past participle agreement, the choice of the auxiliary verb, and word order (with negation and adverbs).

**Dopo che Gianna sarà uscita, telefonerò a suo fratello.**
*After Gianna has gone out, I will call her brother.*

**ATTENZIONE!**

In spoken Italian, the **futuro anteriore** is often replaced by the simple future. Example:
**Quando farà la torta di spinaci, la metterà sul tavolo.**
**Quando avrà fatto la torta di spinaci, la metterà sul tavolo.**

# Pratica

**1** Remind students to watch for irregular verbs as they complete the activity.

**1** **Oroscopo cinese** **Leggi le previsioni dell'oroscopo cinese per il segno del gallo. Metti i verbi al futuro semplice.**

*Gallo:* 1945-1957-1969-1981-1993-2014

**LAVORO** (1) ___Sarà___ (essere) un anno importante per il lavoro. All'inizio (2) ___avrai___ (tu / avere) qualche delusione ma se (3) ___terrai___ (tenere) duro, dopo l'estate (4) ___ti rifarai___ (rifarsi) e (5) ___otterrai___ (ottenere) grandi soddisfazioni.

**SOLDI** La tua situazione finanziaria (6) ___migliorerà___ (migliorare), i tuoi investimenti (7) ___daranno___ (dare) frutto e così (8) ___potrai___ (tu / potere) fare un acquisto importante.

**SALUTE** Non (9) ___avrai___ (tu / avere) grossi problemi di salute ma (10) ___dovrai___ (dovere) seguire un'alimentazione sana e questo ti (11) ___farà___ (fare) sentire pieno/a d'energia.

**AMORE** Questo è l'anno in cui i tuoi sogni (12) ___si realizzeranno___ (realizzarsi): (13) ___incontrerai___ (tu / incontrare) una persona importante che ti (14) ___renderà___ (rendere) felice e (15) ___starete___ (voi / stare) insieme per tutta la vita.

**2** **I preparativi** **Il signor Mancini e la sua famiglia partono domani per l'isola della Maddalena. Completa le frasi con i verbi al futuro anteriore.**

Finalmente domani mattina si parte per le vacanze, ma dovremo fare tutto in fretta (*in a hurry*) senza perdere tempo. Dopo che (1) ___ci saremo svegliati___ (svegliarsi) e (2) ___avremo fatto colazione___ (fare colazione), ci vestiremo. Appena i ragazzi (3) ___si saranno preparati___ (prepararsi), prenderanno le loro valige e le porteranno in macchina. Nel frattempo, mia moglie (4) ___avrà finito___ (finire) di sistemare la casa e io (5) ___avrò controllato___ (controllare) i biglietti. Non appena tutti (6) ___saranno saliti___ (salire) in macchina, partiremo per l'aeroporto.

Nota
**CULTURALE**

**La Maddalena** è un arcipelago di isole situato a nord est della Sardegna. Tra le più conosciute ci sono La Maddalena, famosa per le sue spiagge, e **Caprera**, dove **Giuseppe Garibaldi** trascorse gli ultimi anni della sua vita.

**3** On the board, list the infinitives of several verbs that have irregular past participles. Have students work in pairs to write a new dialogue using the future perfect and five verbs from the list.

**3** **Conversazione** **Marco si lamenta di suo fratello Francesco perché fa sempre tante promesse e non le mantiene mai. In coppia, completate la conversazione usando il futuro semplice o il futuro anteriore poi leggetela ad alta voce per controllare le risposte.** Some answers will vary.

**MARCO** Dove sono i CD che ti ho dato tanto tempo fa?
**FRANCESCO** Non so più dove li ho messi. Te li ridarò appena li (1) ___avrò trovati___.
**MARCO** Questa camera è un disastro!
**FRANCESCO** (2) ___La pulirò___ dopo che sarò tornato dalla festa.
**MARCO** Guarda che il frigo è vuoto, e toccava a te fare la spesa!
**FRANCESCO** Hai ragione, andrò al supermercato non appena (3) ___avrò finito di guardare la TV___.
**MARCO** E quando pensi di restituirmi i soldi che ti ho prestato?
**FRANCESCO** Che noia, te li restituirò dopo che (4) ___saranno arrivati i soldi di mamma e papà___.
**MARCO** E guarda tutti i piatti nel lavandino!
**FRANCESCO** Ma dai, (5) ___li laverò___ appena avrò finito di fare tutte le cose che mi hai chiesto!

Practice more at **vhlcentral.com.**

# Comunicazione

4 **Progetti** Come passerai l'estate? In coppia, fatevi a turno queste domande.

- Dove andrai in vacanza?
- Passerai l'estate con la tua famiglia?
- Ti sarai riposato per la fine dell'estate?
- Avrai guadagnato abbastanza soldi prima dell'inizio delle lezioni?

5 **Come sarà?** Tutto cambia con il tempo. In coppia, discutete di come cambieranno i seguenti elementi. In ogni caso, indicate l'anno.

| | |
|---|---|
| le case | la religione |
| la cucina | la televisione |
| la medicina | l'umanità |
| i mezzi di trasporto | la vecchiaia |
| i rapporti umani | la vita in famiglia |

5 Tell students to describe what each item in the list will be like in a particular year in the future. Example: **La televisione avrà mille canali nel 2057**.

6 **Nel 2030** In gruppi di tre, dite come sarà cambiata la vostra vita nel 2030. Poi, spiegate al resto della classe quello che sarà cambiato nella vita dei vostri compagni.

**Modello** —Io e i miei genitori avremo imparato a capirci meglio nel 2030.

- la carriera
- il rapporto con i vostri amici
- il rapporto con i vostri genitori
- i passatempi
- la vostra situazione economica
- i vostri gusti
- ?

6 Have students use their ideas for this activity to write a short, futuristic story that explains what will or won't have happened in their lives in the next twenty years.

7 **Tra 20 anni** In piccoli gruppi, fate una lista di almeno cinque persone famose e immaginate come saranno tra 20 anni e cosa avranno fatto.

7 Model the activity by citing an example and briefly talking about it as a class.

8 **Situazioni** In coppia, scegliete uno dei seguenti temi e inventate una conversazione utilizzando il futuro semplice e il futuro anteriore.

- Una mamma e un(a) figlio/a che sta per sposarsi parlano di come sarà diversa la vita dopo il matrimonio.
- Un papà e un(a) figlio/a che vuole cambiare lavoro parlano di cosa farà il/la ragazzo/a per cercare un nuovo lavoro e per avere una brillante carriera.
- Un nonno e un(a) nipote, che si trasferisce in un'altra città, parlano di cosa farà il/la ragazzo/a per iniziare la sua nuova vita.
- Due compagni di università parlano di cosa faranno dopo la laurea (*graduation*).

8 Have volunteers perform their conversations for the class. For listening comprehension, ask students to write down the verbs used in the future and future perfect tenses.

**INSTRUCTIONAL RESOURCES** 5.4
Audioscripts, SAM AK, Lab MP3s, Grammar Presentation Slides
**SAM/WebSAM:** WB, LM

**ATTENZIONE!**

Some common adverbial expressions consist of two or more words.

**Ogni tanto mia nuora fa un salto da noi.**
*Every once in a while my daughter-in-law drops by for a visit.*

**Di solito ai nonni piace viziare i nipoti.**
*Grandparents usually like to spoil their grandchildren.*

**ATTENZIONE!**

Some exceptions to this rule are:
**altro → altrimenti**
**benevolo → benevolmente**
**leggero → leggermente**
**violento → violentemente**

Remind students that adverbs modify verbs, adjectives, or other adverbs, but adjectives modify only nouns. Adverbs are invariable, but adjectives agree with the nouns they modify.

**ATTENZIONE!**

Adverbs usually follow the verb. However, they may precede a verb for emphasis.

**Non tornerò mai in questo ristorante.**
*I will never come back to this restaurant.*

**Mai tornerò in questo ristorante!**
*Never will I return to this restaurant!*

Sometimes the placement of an adverb can change the meaning of the sentence.

**Le piace molto mangiare con gli amici.**
*She really likes eating with her friends.*

**Le piace mangiare molto con gli amici.**
*She likes to eat a lot with her friends.*

# Adverbs

—***Sinceramente*** *a me fa un po' schifo.*

- Adverbs provide information about location, time, manner, quantity, and frequency. Adverbs modify verbs, adjectives, or other adverbs. They are invariable.

  Carla è **molto** bella ma si veste **male**.
  *Carla is very pretty, but she dresses badly.*

  Arrivano **puntualmente** a lezione.
  *They are on time for class.*

- Most adverbs are formed by adding **–mente** to the feminine singular form of an adjective.

  **lenta** > **lentamente**    **veloce** > **velocemente**

- Adjectives that end in **–le** or **–re** drop the final **–e** before adding **–mente**, unless a consonant precedes that ending.

  **normale**, **speciale** > **normalmente**, **specialmente**    *but*    **mediocre** > **mediocremente**

- **Bene** and **male** are the adverbs that correspond to the adjectives **buono** and **cattivo**.

- Some adverbs have exactly the same form as the corresponding adjective.

  Chi va **piano** va **sano** e va **lontano**.
  *Slow and steady wins the race.*

  Il papà single che abita sopra lavora **sodo**.
  *The single dad that lives upstairs works hard.*

- Some common adverbs have their own form: **spesso**, **insieme**, **così**, **volentieri**, etc.

  Andrò **volentieri**!
  *I will go with pleasure!*

  Carla fa **spesso** stupidaggini.
  *Carla often does foolish things.*

- In sentences with compound tenses, common, short adverbs such as **già**, **ancora**, **più**, **mai**, **sempre**, and **spesso** are usually placed after the auxiliary verb.

  Avete **già** finito di traslocare?
  *Have you already finished moving?*

  In Italia siamo **spesso** andati al mercato.
  *In Italy we went often to the market.*

- Adverbs that express time or location often come at the beginning or end of a sentence, or they may follow the past participle in compound tenses.

  Il volo è partito **tardi**.
  *The flight left late.*

  **Qui** si parla italiano.
  *Italian is spoken here.*

- An adverb precedes the adjective or adverb that it modifies.

  Ecco un cliente **molto** soddisfatto.
  *There's a very satisfied customer.*

  Oggi lavoro **proprio** bene.
  *Today I'm working really well.*

# Pratica e comunicazione

**1** **Gli avverbi** Per ogni aggettivo scrivi il corrispondente avverbio.

1. gentile gentilmente
2. vero veramente
3. sincero sinceramente
4. facile facilmente
5. recente recentemente
6. particolare particolarmente
7. buono bene
8. cattivo male
9. leggero leggermente
10. molto molto

**1** Have pairs ad-lib a short conversation that uses as many of these adjectives and adverbs as possible.

**2** **In che modo?** Riscrivi le frasi con l'avverbio al posto giusto.

1. Isabella torna a casa. (rapidamente) Isabella torna a casa rapidamente.
2. Giovanni cucina la pizza. (bene) Giovanni cucina bene la pizza.
3. I nonni sono arrivati. (già) I nonni sono già arrivati.
4. La signora ha aiutato la vecchietta. (gentilmente) La signora ha gentilmente aiutato la vecchietta.
5. Le ragazze sono simpatiche. (molto) Le ragazze sono molto simpatiche.
6. Il bambino dorme. (tranquillamente) Il bambino dorme tranquillamente.

**3** **La famiglia Stipa** In coppia, dite a turno in che modo fanno le loro attività i membri della famiglia Stipa. Some answers will vary.

**Modello** **Vittorio è tornato dall'università. È orgoglioso dei suoi voti.**
Mostra orgogliosamente i suoi voti.

1. La signora Stipa è in fila allo sportello. È paziente. Aspetta pazientemente il suo turno.
2. Laura è a casa. È nervosa. Aspetta nervosamente una telefonata.
3. I signori Stipa vanno a una festa. Sono eleganti. Sono vestiti elegantemente.
4. Il signor Stipa ascolta il figlio. È attento. Ascolta attentamente il discorso.
5. I ragazzi escono da casa. Sono veloci. Escono da casa velocemente.

**3** Have students list errands around town and say how they run them. Example: **Fare la spesa: Faccio la spesa regolarmente.**

**4** **Sondaggio** Intervista alcuni tuoi compagni di classe. Con che frequenza fanno le seguenti cose? Aggiungi altre due attività. Confronta i tuoi risultati con il resto della classe.

**Modello** **Andare al cinema**
—Vai spesso al cinema?
—No, ci vado raramente.

| | Sempre | Spesso | Qualche volta | Raramente | Mai |
|---|---|---|---|---|---|
| 1. andare a un concerto | | | | | |
| 2. visitare un museo il fine settimana | | | | | |
| 3. partecipare a una gara sportiva | | | | | |
| 4. annoiarsi il sabato sera | | | | | |
| 5. utilizzare i mezzi pubblici | | | | | |
| 6. cucinare per gli amici | | | | | |

**4** Compile the results of the survey to determine which activity or occurrence is most/least common among students.

Practice more at **vhlcentral.com.**

# Sintesi

1 Have students share their answers with the class. Encourage class discussion.

**1** **Foto di famiglia** In gruppi di tre, rispondete alle seguenti domande.

1. Che cosa vedete nelle due foto?
2. Chi ha fatto le due foto? In quale occasione?
3. Quale delle due situazioni vi è più familiare? Perché?
4. Quali saranno le attività delle persone nelle foto?
5. Le due foto rispecchiano (*reflect*) una situazione tipica degli Stati Uniti, o piuttosto una italiana? Perché?
6. Secondo voi, quale delle due situazioni sarà quella più comune negli anni futuri?

2 After students have finished the activity, have them exchange papers to peer edit.

**2** **Scriviamo** Scegli uno dei seguenti argomenti e scrivi un tema di circa una pagina.

1. Come sarà la tua famiglia quando avrai l'età dei tuoi genitori? Sarai sposato/a? Avrai figli? Tu e il/la tuo/a compagno/a lavorerete entrambi fuori casa? Cosa farete spesso e cosa farete raramente come famiglia? Sarai in contatto con la tua famiglia acquisita (*in-laws*)?
2. Immagina come sarà tra quindici anni la vita dei componenti della famiglia ritratta nella foto a sinistra. La loro vita sarà simile alla vita che vivono ora? In che modo? Come sarà cambiata?

Point out the difference between **anche** and **inoltre**. **Anche** (*also, too, as well*) should be placed in front of the phrase or word to which it refers. **Inoltre** (*furthermore, besides, in addition, moreover*) should be used instead of **anche** when referring to a whole sentence or phrase. Examples: **Anch'io desidero ballare con Giusy**. (*I, too, want to dance with Giusy.*) **Desidero ballare anche con Giusy**. (*I want to dance with Giusy, too.*) **Sono in ritardo. Inoltre, ho lasciato il regalo a casa!** (*I'm running late. In addition, I left the gift at home.*)

### Strategie per la comunicazione

**Quando ti prepari a scrivere un tema, ricordati di utilizzare gli avverbi per rendere più chiaro e vivace quello che scrivi.**

- Usa gli avverbi di tempo, come **spesso**, **mai**, **già**, ecc., per dire con quale frequenza fai alcune cose.
- Usa gli avverbi di modo, come **bene**, **male**, **velocemente**, ecc., per dire in che modo fai le cose.
- Usa gli avverbi di quantità, come **molto**, **poco**, **troppo**, **di più**, **di meno**, ecc., per dire in che misura fai qualcosa.

# Preparazione

Audio: Vocabulary

connections cultures NATIONAL STANDARDS

| Vocabolario della lettura | Vocabolario utile |
|---|---|
| **abbiente** *affluent* | **assụmersi una responsabilità** *to assume responsibility* |
| **le abitazioni** *housing* | **autosufficiente** *self-sufficient* |
| **di prima necessità** *absolutely necessary* | **il nụcleo familiare** *family unit* |
| **il fenọmeno** *phenomenon* | **prẹndere l'iniziativa** *to take initiative* |
| **il mammone** *mama's boy* | **rimandare** *to postpone* |
| **il vitto e l'alloggio** *room and board* (lit. *food and lodging)* | **il ruolo** *role* |

**1** Ask students to come up with an antonym for five vocabulary words.

**2** Have pairs of students summarize and report their responses to the class.

1 **Lessico** Trova un sinonimo per ogni parola.

1. cibo ___vitto___
2. iniziare ___prendere l'iniziativa___
3. indipendente ___autosufficiente___
4. ricco ___abbiente___
5. essenziale ___di prima necessità___
6. genitori e figli ___il nucleo familiare___
7. case ___abitazioni/alloggi___
8. ritardare ___rimandare___

2 **La mia famiglia** Rispondete alle domande individualmente e poi confrontate insieme le risposte.

1. Che età avevi quando hai cominciato a frequentare l'università? Sei rimasto/a a casa o ti sei trasferito/a?
2. Secondo te, dopo l'università abiterai da solo/a o resterai in famiglia?
3. I tuoi genitori saranno d'accordo?
4. A quale età pensi che i tuoi genitori ti considererebbero troppo grande per abitare con loro?
5. Hai dei fratelli o delle sorelle maggiori che non abitano più a casa? Da quanto tempo? Sono sposati?
6. Hai un parente che ha più di 30 anni e che abita con i genitori?
7. Quanti anni avevano i tuoi nonni quando si sono sposati?
8. Hai intenzione di sposarti? A quale età?
9. Secondo te, cosa significa essere indipendenti?

3 **Ipotesi** Leggete il titolo e guardate le immagini della lettura nella pagina seguente; poi rispondete insieme alle domande.

- Chi sono le persone nell'immagine? Dove sono e cosa fanno?
- Quale sarà l'argomento della lettura?
- Che cosa sapete sull'argomento? Fate una lista delle informazioni.
- Perché, secondo voi, «vivere con la mamma» è un fenomeno culturale tipicamente italiano?

### Nota CULTURALE

L'amore degli italiani per la mamma si manifesta anche con la musica. Le arie più famose sono certamente «**Mamma**» (Bixio e di Stefano) del 1941 e «**Addio alla madre**» dall'opera lirica *Cavalleria Rusticana* (Mascagni) del 1889. Molto amate sono anche le più recenti «**Viva la mamma**», canzone pop di Edoardo Bennato, e «**Portami a ballare**», con la quale Luca Barbarossa ha vinto il Festival di Sanremo, il più importante concorso musicale in Italia, nel 1992.

In class, show a video of one Italian song about mothers: those in the **Nota culturale** or others such as Laura Pausini's **Uguale a lei** or Carmen Consoli's **In bianco e nero** (available on YouTube). You might want to hand out the lyrics of your favorite one and sing it along with the students. A useful listening comprehension activity involves whiting out some of the lyrics and asking the students to fill in the blanks as they listen.

Ask students to brainstorm English language rock or pop songs about mothers (Queen's *Bohemian Rhapsody*; Pink Floyd's *Mother*). How do they compare to the Italian songs?

# VIVERE CON LA MAMMA

Reading

A quale età è comune lasciare la casa dei genitori e andare a vivere da soli? In Italia questa domanda ha una risposta diversa da quelle tipiche in altri paesi. È infatti una delle caratteristiche più specifiche degli italiani quella di restare in famiglia fino ad un'età più avanzata. Il fenomeno dei «mammoni» o «bamboccioni» si riferisce ai figli che vivono con i genitori fino a trent'anni e passa°.

Secondo gli ultimi dati ISTAT sono 7 milioni i giovani tra i 18 e i 34 anni che vivono ancora in casa con i genitori. Si tratta del 61,2% dei giovani non sposati. Spesso questo si attribuisce alla disoccupazione e ai prezzi molto alti delle abitazioni, specialmente in città, ma in realtà non si tratta solo di fattori economici ma anche di tradizioni culturali. Alcuni sociologi pensano che questo fenomeno sia il risultato di una società consumista: restando a casa i giovani non devono preoccuparsi di pagare vitto e alloggio e hanno più denaro° a disposizione. Se vogliono, possono mettere da parte lo stipendio° per potere un giorno comprare un appartamento. In Italia non sono comuni le case dello studente come in Nord America e molti giovani, una volta finito il liceo°, restano a casa mentre frequentano i corsi all'università. Le difficoltà a trovare lavoro dopo gli studi prolungano la permanenza. Con la disoccupazione e la mancanza° di alloggi, molti giovani italiani non hanno i mezzi finanziari per andare a vivere da soli.

I dati indicano che il fenomeno è prevalente tra i figli maschi, che sono circa quattro milioni, quasi un milione in più a confronto con le giovani donne. E il numero dei mammoni continua a crescere: la maggioranza resta a casa fino al matrimonio, che in Italia avviene° abbastanza tardi (oltre ai trent'anni) ed è in declino (secondo i risultati dell'ISTAT).

In generale le donne italiane si separano dai genitori prima degli uomini e quelle che rinunciano° alla vita indipendente lo fanno per poter risparmiare° prima del matrimonio.

Quali sono le conseguenze del mammismo sulla società italiana?

**I genitori italiani, ormai anziani, continuano ad assumersi le responsabilità dei figli adulti e a sentirsi in dovere di mettersi a loro completa disposizione.**

La convivenza con un marito mammone che si sente ancora legato° a sua madre e che si sente figlio prima che genitore può essere molto difficile. Alcuni ricercatori attribuiscono la crescita dei divorzi in Italia al progressivo aumento dei mammoni. I genitori italiani, ormai° anziani, continuano ad assumersi le responsabilità dei figli adulti e a sentirsi in dovere di mettersi a loro completa disposizione. E poi ci sono le questioni più difficili da capire: si può diventare adulti senza separarsi dai genitori? Ci si può formare un'identità individuale senza essere indipendenti? La riluttanza a tagliare° il cordone ombelicale può portare anche a rimandare le scelte importanti della vita, inclusa quella di diventare genitori, una categoria in diminuzione nella penisola. Ma il vantaggio di restare vicino all'amore incondizionato dei genitori rimane una forte tentazione per i giovani italiani. ■

*and beyond* · *money* · *salary* · *high school* · *lack* · *happens* · *give up* · *to save* · *tied* · *already* · *to cut*

## La festa del papà

Il 19 marzo, il giorno della festa di san Giuseppe, in Italia si festeggiano tutti i papà. Per l'occasione si mangiano i deliziosi bigné o zeppole di san Giuseppe (che in ogni regione hanno ricette e nomi un po' diversi): delle paste fritte, ripiene° di crema e spolverate° di zucchero a velo°.

**ripiene** *filled* **spolverate** *dusted* **zucchero a velo** *powdered sugar* communication STANDARDS NATIONAL

# Analisi

TEACHING OPTION
**Rai International** has compiled and explained other common stereotypes about Italians regarding musical and artistic aptitude, pasta consumption, religion, terrorism, mafia, and soccer. If you'd like to share and discuss them with your students, they can be found at www.italica.rai.it/principali/lingua/culture/luoghi_com.htm

1 **Comprensione** Indica se le affermazioni sono **vere** o **false**. Dopo, in coppia, correggete le affermazioni false.

| Vero | Falso | |
|---|---|---|
| ☐ | ☑ | 1. La famiglia italiana non è unita. |
| ☑ | ☐ | 2. Ai genitori italiani piace prendersi cura dei figli. |
| ☑ | ☐ | 3. Ai figli italiani piace la sicurezza della famiglia. |
| ☐ | ☑ | 4. Restare a casa con i genitori rende i figli indipendenti. |
| ☑ | ☐ | 5. I matrimoni in Italia stanno diminuendo. |
| ☑ | ☐ | 6. Le cause del mammismo includono l'alto costo delle abitazioni. |

2 **Opinioni** A turno rispondete alle domande.

1. Quali sono le caratteristiche del mammone italiano?
2. Quali sono i risultati dell'indagine ISTAT?
3. Perché i figli e i genitori italiani hanno difficoltà a separarsi?
4. Quali sono le conseguenze del fenomeno dei mammoni nella società italiana?
5. Quali sono i vantaggi e gli svantaggi di abitare con i genitori anche da adulti?
6. Come si può definire un mammone nel tuo paese? Conosci qualcuno?
7. Qual è la tua opinione sui mammoni?
8. Abiteresti con i tuoi genitori oppure vicino a loro dopo l'università? Perché?

3 **Un'altra opinione** Leggete il paragrafo e rispondete alle domande.

I genitori traggono beneficio dalla compagnia e dai servizi che i figli possono offrire e soprattutto, secondo la ricerca, dall'opportunità di costringere° i figli a osservare le loro regole. Mentre, quindi, per i genitori la situazione risulta vantaggiosa, al contrario i giovani si trovano con le ali tarpate°, sono spesso disoccupati°, viaggiano di meno e faticano a mettere su famiglia°. «Il prezzo che i giovani italiani si trovano a pagare è una scarsa indipendenza e, a lungo termine, poca soddisfazione nella vita. In conclusione, riteniamo che i genitori italiani si sforzino molto per farsi amare dalla loro prole°, ma in un certo senso comprano questo amore in cambio dell'indipendenza dei figli», hanno concluso i ricercatori.

**(Fonte: Il Corriere della Sera, 3 febbraio 2006)**

**costringere** *to force* **le ali tarpate** *clipped wings* **disoccupati** *unemployed* **faticano a...** *find it hard to start a family* **la prole** *offspring*

1. Come è diversa l'opinione espressa nell'articolo rispetto a quella della lettura?
2. Chi è responsabile del mammismo, secondo l'articolo?
3. Quali sono i vantaggi di tenere i figli in casa per i genitori?
4. Secondo te, il mammismo è un fenomeno temporaneo o a lungo termine?

4 **Situazioni** In gruppi di tre, improvvisate una conversazione basata su una di queste situazioni e recitatelo per gli altri studenti.

**A**
A Roma uno/a studente(ssa) di 18 anni deve spiegare ai suoi genitori molto protettivi che vuole frequentare l'università di Bologna e che vuole abitare con degli amici. I suoi genitori preferiscono che frequenti l'università vicino a casa e che abiti con loro.

**B**
A New York uno/a studente(ssa) che ha appena finito l'università vuole tornare ad abitare con i suoi genitori prima di decidere cosa fare del proprio futuro, ma loro non sono d'accordo. Preferirebbero che il/la figlio/a cominciasse subito a lavorare e che fosse indipendente.

Practice more at **vhlcentral.com.**

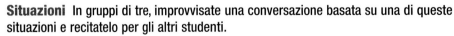

# Preparazione

Audio: Vocabulary

connections cultures NATIONAL STANDARDS

## A proposito dell'autrice

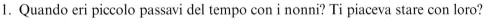

**Elsa Morante** (Roma, 1912–1985) è una delle maggiori scrittrici italiane del XX secolo. *La storia* (1974) è il suo libro più importante, iniziato nel 1943 quando si era rifugiata in un paesino vicino a Roma con il marito, il famoso scrittore Alberto Moravia. Finita la guerra, la casa della coppia a Roma divenne il ritrovo del mondo intellettuale romano di sinistra. I racconti, le fiabe e i romanzi della Morante sono un inno (*hymn*) alla vita, anche quando la guerra cerca di distruggere le cose più belle.

| Vocabolario della lettura | | Vocabolario utile |
|---|---|---|
| **l'ạnima** *soul* | **la pạlpebra** *eyelid* | **l'estrạneo/a** *stranger* |
| **bussare** *to knock* | **la pelliccia** *fur* | **il fantasma** *ghost* |
| **dare retta** *to pay attention* | **rubare** *to steal* | **l'ingenuità** *naïveté* |
| **la dentiera** *denture* | **il sangue** *blood* | **invecchiare** *to age* |
| **la gengiva** *gum* | **sordo/a** *deaf* | **il mịracolo** *miracle* |
| **il legno** *wood* | **spettinare** *to ruffle hair* | **strano/a** *strange* |

Teach students common expressions with the word **anima**. Examples:
**con tutta l'anima** *with all one's heart*
**buon'anima** *may he/she rest in peace/God rest his/her soul*
**l'anima della festa** *the life of the party*
**rompere l'anima a qualcuno** *to drive somebody mad*

**1** **Definizioni** Trovate la definizione adatta ad ogni parola.

| | | |
|---|---|---|
| c | 1. la dentiera | a. parte immortale dell'uomo |
| e | 2. l'ingenuità | b. liquido che scorre nelle vene |
| b | 3. il sangue | c. dentatura artificiale |
| f | 4. il fantasma | d. che non sente |
| d | 5. sordo | e. l'essere ingenuo; candore |
| h | 6. la gengiva | f. apparizione soprannaturale |
| a | 7. l'anima | g. battere alla porta per farsi aprire |
| g | 8. bussare | h. parte carnosa che copre la base dei denti |

**2** **Preparazione** In coppia, fatevi le seguenti domande.

1. Quando eri piccolo passavi del tempo con i nonni? Ti piaceva stare con loro?
2. È importante che i bambini passino del tempo con i nonni? Perché?
3. Secondo te, per un bambino è meglio stare con un nonno o con una baby-sitter? Perché?
4. Ti ricordi una storia divertente che ti è successa quando eri con uno dei tuoi nonni?
5. Da piccolo/a inventavi storie fantastiche per spiegare cose che non capivi?

**3** **Discussione** In piccoli gruppi, discutete queste domande.

1. Invecchiare fa paura? Puoi fare un esempio di metodi che la gente usa per cercare di esorcizzare (*exorcise*) la paura di invecchiare?
2. I bambini spesso si trovano in situazioni pericolose e non lo sanno. Ti ricordi di essere mai stato/a in una situazione pericolosa senza saperlo? Che cosa è successo?

### Nota CULTURALE

Il romanzo° più famoso della Morante, **La storia**, dopo una breve carrellata° storica che va dal 1900 al 1940, è un grande affresco degli anni della Seconda Guerra Mondiale. Il carattere popolare e poetico dello stile narrativo dell'autrice rendono *La storia* uno dei più importanti romanzi storici del Novecento°.

**romanzo** *novel* **carrellata** *overview*
**Novecento** *twentieth century*

Practice more at **vhlcentral.com.**

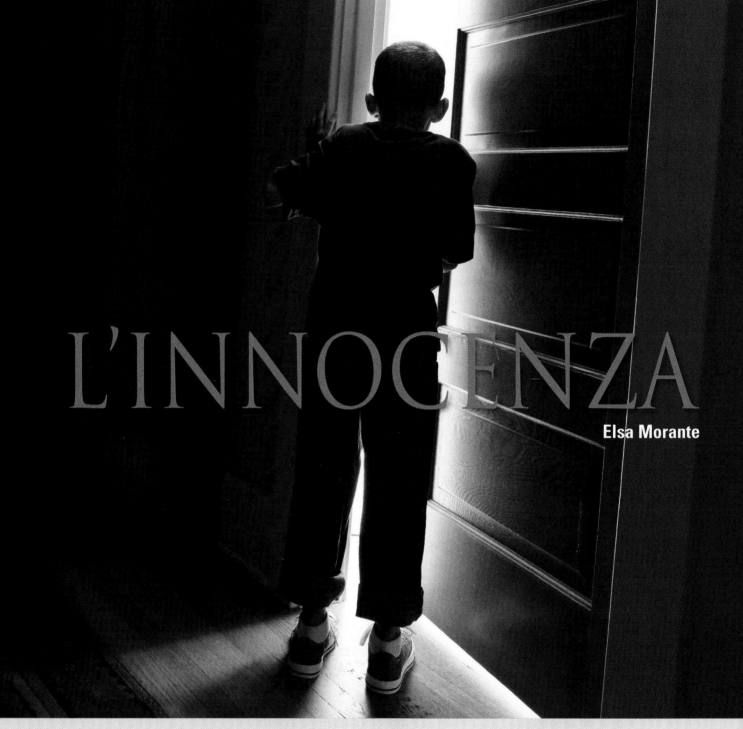

# L'INNOCENZA

**Elsa Morante**

Certo non è saggio° lasciare in casa, soli, una nonna decrepita° e un nipote che appena incomincia a cambiare i denti. La colpa° di ciò che può accadere° non ricadrà° su loro due, ma sugli altri.

Il piccolo Camillo era rimasto in casa solo con la nonna. Questa nonna era sorda, e gli anni innumerevoli° l'avevano succhiata° fino a ridurla° quasi un piccolo scheletro di legno. Non solo, ma per tenere insieme quei suoi quattro ossicini° di legna, ella era costretta° a fasciarsi stretta stretta sotto le sottane°, come un fantolino°. La sua testa minuscola e rotonda, quasi nuda° di capelli, dondolava°, e le palpebre grigie rimanevano sempre abbassate°. Non era, lei, una di quelle nonne che raccontano favole: se ne

*wise*
*decrepit*
*fault*
*happen*
*won't fall*
*countless/drained*
*reduce her*
*little bones*
*forced*
*skirts/baby*
*deprived*
*bobbed*
*lowered*

stava tutta rannicchiata° nel seggiolone° *curled up/high chair*
dall'alto schienale°, borbottando° tra *back of a chair/ mumbling*
sé parole che sdrucciolavano° tra le sue *slipped*
gengive tremolanti°. E il nipote, tranquillo, *trembling gums*
seduto sullo sgabello°, ricontava le pietre *stool*
del pavimento (giacché da poco aveva
25 imparato a contare).

Mentre così passavano il tempo, si
udì bussare forte all'uscio°. Camillo *door*
eccitato strillò°: *yelled*

—Nonna, bussano!—

30 —Ma no, no, non è l'ora della
minestrina° —borbottò la nonna che, *broth soup*
come si è detto, era sorda.

—Macché, nonna, ho detto che
bussano! —strillò più forte il bambino.

35 —La vuoi col brodo o col latte?
—chiese biascicando° la nonna. *slurring*

Allora Camillo scosse° il capo *shook*
con rassegnazione, e, saltato giù dallo
sgabello, corse° ad aprire. Fu stupefatto *ran*
40 al vedere una grande e bellissima signora
con una pelliccia violacea°, con riccioli° *purple-ish/curls*
scuri intorno al viso ovale e malato, le
dita lunghe e candide° intrecciate con *white*
languore°. —È permesso? —chiese la *listlessly*
45 signora, con una voce pigra, che pareva il
suono dell'organo. E Camillo, inesperto
com'era, disse:

—Accomodatevi°. *Come in*

La signora si sedette in anticamera°, e *hall*
50 il suo corpo, mezzo nudo sotto la pelliccia,
pareva di statua; senonché° la faccia non *except*
era di statua, era di donna triste e pazza, e
ogni tanto, per aumentare quell'apparenza,
ella si scompigliava° tutti i capelli. *ruffled up*
55 Così spettinata, sembrava un nero
temporale°. Camillo pensò che fosse *storm*
suo dovere distrarla°, e incominciò a *distract her*
raccontarle della nonna:

— Mia nonna, —disse, —ha gli orecchi
60 sbagliati e non capisce niente. Se dico
«due» capisce «uno» (avendo imparato
da poco a contare, egli faceva sfoggio° di *showed off*
esempi numerici).

—Le nonne diventano così —balbettò° *stuttered*
65 la signora con voce rauca°. E accavallò° *hoarse/crossed*
sfacciatamente° le gambe nude. *boldly*

—Mia nonna non ha sangue,
—aggiunse in fretta Camillo, —è come

una formica°. Mia nonna non ha denti per *ant*
mangiare. Anch'io da piccolo ero così, ma 70
adesso no. Guardi qui c'è un buchettino° *empty little space*
vuoto, ma presto spunterà° il dente nuovo. *will appear*

—Foglie, fiori e denti spuntano,
—sentenziò° la visitatrice con aria severa, *pronounced*
fissandolo con occhi rabbuiati°. 75 *darkened*

—Mia nonna non esce mai di casa,
—proseguì Camillo in tono saccente°, —non *know-it-all*
cammina, è come una sedia, come… come il
muro. Ma ogni tanto parla, e nessuno le dà
retta. Mia nonna ha novantacinque anni. 80

—Novantacinque primavere e basta,
—corresse la signora. E detto questo
si spettinò con furia ed ebbe una specie
di singhiozzo°. *sob*

—Primavera è una stagione, —esclamò 85
Camillo, fiero° della propria dottrina°. *proud/knowledge*
—Quand'io sarò grande, comprerò una
dentiera per la nonna, coi denti d'oro,
e pure un carretto col ciuco° per portarla *buggy with a donkey*
a spasso°. 90 *take her around*

—Ah, ah, ah! Innocente! Innocente!
—gridò la signora balzando in piedi con
una risata sfrontata° e terribile. *shameless laugh*

—Addio, mio bell'innocente. Me
ne vado. 95

—Non aspetti? —chiese Camillo
deluso.

—Ah, ah, ah, me ne vado, —ripeté la
signora, e Camillo si accorse che uscendo
ella raccoglieva un non so che da un 100
angolo e se lo nascondeva nel pugno°, *fist*
sotto la pelliccia; gli parve qualcosa come
una bambolina di legno.

—Che hai rubato? —le gridò
rincorrendola° sulla scala. Ma quella, 105 *running after her*
coi capelli al vento, sempre ridendo
orribilmente se ne andò, e pareva tuono
quando dilegua°. *fade away*

Camillo furibondo° ritornò dalla *furious*
nonna, e la trovò addormentata. Questo 110
sonno durò in eterno. Soltanto adesso,
fattosi grande°, Camillo ha capito ogni *all grown up*
cosa. L'oggetto misterioso rubato da quella
signora, e da lui creduto una bambolina
di legno, era invece l'anima della nonna. 115
Infatti quella bellissima signora, che lui
stesso aveva lasciato entrare per innocenza,
era la Morte. ■

# Analisi

1 **Comprensione** Scegli quale frase è vera in ogni coppia.

1. (a.) La nonna di Camillo è sorda. b. La nonna di Camillo è muta.
2. a. Camillo vuole mangiare la minestrina col latte.
   (b.) Camillo vuole dire che qualcuno bussa alla porta.
3. a. Alla porta c'è una signora bellissima che Camillo conosce.
   (b.) Alla porta c'è una signora che Camillo fa accomodare anche se non la conosce.
4. (a.) La signora si spettina e sembra una pazza (*crazy woman*).
   b. La signora ha la faccia di una statua.
5. (a.) Camillo dice che anche lui non aveva denti come la nonna.
   b. Camillo dice che i denti spuntano (*begin to grow*) come i fiori.
6. (a.) La signora è divertita dall'ingenuità di Camillo.
   b. La signora prende in giro Camillo.

2 **Interpretazione** Scegli una risposta e poi, con un(a) compagno/a, discuti perché ti sembra giusta.

1. Camillo è ____
   a. un bambino che può già stare da solo in casa. (b.) un bambino che non va ancora a scuola. c. un bambino che ha già perso tutti i denti da latte. d. un fantolino (*baby*).
2. La signora ____
   a. è una pazza scappata dal manicomio (*mental home*). b. è un'amica della nonna. c. vende delle bambole. (d.) è un po' strana e dà risposte criptiche.
3. Camillo è un bambino ____
   (a.) socievole che cerca di intrattenere come un grande.
   b. timido che ha paura degli sconosciuti. c. antipatico.
   d. che ha fame e non ha voglia di parlare.
4. La signora ____
   a. entra nelle case dove ci sono vecchi per rubare. b. è la mamma di Camillo e vuole portarlo via. c. fa collezione di bamboline e ne trova una rara in casa di Camillo. (d.) è la Morte che Camillo si immagina bellissima e pallida.
5. La nonna ____
   a. dorme tranquilla mentre Camillo parla con la signora. (b.) muore perché Camillo lascia entrare la signora. c. cucina la minestrina che Camillo voleva mangiare. d. muore perché la signora ruba la sua bambolina preferita.

3 This is a good exercise to make students learn new adjectives. You will have to give the definition of quite a few of the ones listed. A follow-up activity could be asking them whether they agree with the adjectives given and how else they would describe the characters listed. Ask them to come up with at least one new adjective and see what kind of general ideas emerge about the characters.

3 **Personaggi** Scegli gli aggettivi che descrivono meglio i tre personaggi. Usa il dizionario per cercare gli aggettivi che non conosci. Some answers will vary.

| | | | |
|---|---|---|---|
| a. attraente | f. ingenuo | m. saccente | r. sorpreso |
| b. loquace | g. fiducioso | n. fragile | s. criptico |
| c. sordo | h. stanco | o. vecchio | t. silenzioso |
| d. lento | i. misterioso | p. bizzarro | u. indifeso |
| e. provocante | l. curioso | q. ladro | v. ospitale |

- Camillo
  b, f, g, l, m, r, v
- la nonna
  c, d, h, n, o, t, u
- la signora
  a, e, i, p, q, s

4 **Discussione** In coppia, rispondete a queste domande.

1. Secondo te, per quale causa muore la nonna?
2. La nonna del racconto è proprio così o è come sembrava a Camillo bambino?
3. La signora, secondo te, è vera o immaginaria?
4. Immagina che Camillo non apra la porta: come cambia la storia?
5. Perché Camillo crede che la signora abbia rubato proprio una bambolina? Qual è il significato della bambolina?

5 **Opinioni** In coppia, rispondete a queste domande.

1. Com'eri tu da bambino/a? Eri fiducioso/a o diffidente?
2. C'erano delle regole che dovevi seguire anche quando non c'era con te un adulto? Quali? Menzionane due.
3. Ti sei mai trovato in situazioni in cui eri più responsabile dell'adulto che era con te?
4. Hai paura della vecchiaia e della morte? Perché?
5. Come t'immagini la morte?
6. Il racconto finisce con Camillo adulto che capisce un episodio del passato modificato dalla sua fantasia di bambino. Conosci altre storie, romanzi, film che hanno la stessa struttura (un adulto che guarda al passato)?

6 **Inventa una storia!** In gruppi di tre o quattro, inventate delle soluzioni alternative al finale descritto nel racconto.

- I genitori di Camillo arrivano mentre sta parlando con la signora. La vedono anche loro o è solo immaginata da Camillo? Se la vedono, cosa succede? Diventano anche loro vittime?
- Cambia il carattere dei tre personaggi: Camillo è molto timido, la morte è un vecchio, la nonna non è sorda. Come cambiano le dinamiche tra i tre?
- La nonna in realtà non è sorda! È un super-eroe che aspettava la morte per sconfiggerla (*defeat her*). Immagina una storia completamente inventata: super-eroe, alieno, figura religiosa; immagina una nonna combattiva. Come reagisce Camillo quando vede che la nonna è fortissima?

6 Students should have a lot of freedom with this exercise. The idea is to see how they can change the outcome and perhaps even the spirit of the story. While they work in small groups, walk around and provide extra vocabulary. The planning phase should not last longer than 15-20 minutes. Have students act out their remakes in class.

7 **Generazioni a confronto** Come si comportano generazioni diverse?

**A.** In gruppi di tre, parlate di come si comportano di solito i bambini e i vecchi che conoscete nelle seguenti situazioni.

| | |
|---|---|
| compleanni | nascita di un nuovo bambino |
| Giorno del Ringraziamento | Natale |
| matrimoni | traslochi (*moves*) |
| funerali | vacanze |

**B.** Come si comportano gli adolescenti e gli adulti? Trovi che abbiano delle reazioni totalmente diverse?

8 **Tema** Scrivi due paragrafi e racconta un episodio della tua infanzia con uno dei tuoi nonni o con una persona anziana che sia stata importante per te.

Practice more at **vhlcentral.com.**

# Pratica

Brainstorm with students the different kinds of informative, narrative, and persuasive essays they might encounter. Examples:
• How-to essays vs. descriptive essays about a topic
• Dramatic narratives vs. humurous anecdotes
• Newspaper ads that look like an article vs. editorials on a political issue.

Quickly review with students each of the key elements listed in the model essay structure.

## Tipi e struttura di un saggio

Nelle lezioni precedenti è stato esaminato il saggio di tipo argomentativo che difende una tesi. Altri tipi di saggio possono essere:

- **Informativo** Si dichiara un tema. Si deve essere obiettivi e non presentare opinioni personali. Si devono offrire informazioni e contesto necessari perché il lettore possa capire.
- **Persuasivo** Il fine è convincere il lettore della posizione dell'autore su un tema. Si devono presentare argomenti a favore e contrari, e dimostrare che la posizione dell'autore è corretta.
- **Narrativo** Si racconta una storia o un episodio. È necessario usare una sequenza logica che descriva l'accaduto dall'inizio alla fine.

Il tipo di saggio e la sua lunghezza dipendono dall'intenzione dell'autore e dal tipo di pubblico. Ecco un modello per un tipico saggio di cinque paragrafi:

- **Primo paragrafo:** Introduzione/Tesi (in un saggio lungo nell'introduzione si possono anticipare le proposizioni principali);
- **Secondo paragrafo:** Prima proposizione principale e argomenti;
- **Terzo paragrafo:** Seconda proposizione principale e argomenti;
- **Quarto paragrafo:** Terza proposizione principale e argomenti;
- **Quinto paragrafo:** Ricapitolazione/Conclusione.

1 **Preparazione** In coppia, scrivete tre o quattro frasi di tipo informativo, persuasivo e narrativo partendo da questa affermazione: «Imparare l'italiano è difficile ma importante».

- Prima di scrivere, scegli e dichiara il tipo di saggio a cui lavorerai: informativo, persuasivo o narrativo.
- Il saggio deve far riferimento ad almeno due dei quattro brani studiati in questa lezione e nelle precedenti lezioni e contenuti in **Cortometraggio**, **Immagina**, **Cultura** e **Letteratura**.
- Il saggio deve svolgersi in cinque paragrafi, come suggerito nel modello.
- Il saggio deve essere lungo almeno due pagine.

2 **Saggio** Scegli uno di questi argomenti e scrivi un saggio.

*I bambini ricorrono al mondo della fantasia quando giocano e anche quando sono di fronte a situazioni nuove che non capiscono. Gli adulti devono incoraggiare questa fantasia o cercare di mostrare loro la realtà?*

*Responsabilizzare i bambini li aiuta a diventare adulti migliori o bambini a metà?*

*Si finisce mai di essere genitori? Si finisce mai di essere bambini?*

# In famiglia

Vocabulary Tools

## I rapporti di parentela

**il/la (bis)nonno/a** *(great-) grandfather/grandmother*
**il/la cugino/a** *cousin*
**il/la figlio/a (unico/a)** *son/daughter; (only) child*
**il/la figlioccio/a** *godson/goddaughter*
**il/la gemello/a** *twin*
**il genero** *son-in-law*
**il genitore (single)** *(single) parent*
**la madrina** *godmother*
**il marito** *husband*
**la moglie** *wife*
**il/la nipote** *nephew/niece; grandson/granddaughter*
**la nuora** *daughter-in-law*
**il padrino** *godfather*
**il/la parente** *relative*
**la parentela** *relatives*
**lo/la sposo/a** *groom/bride*
**il/la suocero/a** *father-/mother-in-law*
**lo/la zio/a** *uncle/aunt*

**adottivo/a** *adopted*
**imparentato/a** *related*
**lontano/a** *distant*
**materno/a** *maternal*
**paterno/a** *paternal*

**aspettare un figlio** *to be expecting (a baby)*
**essere incinta** *to be pregnant*

## Le tappe della vita

**l'età adulta** *adulthood*
**la giovinezza** *youth*
**l'infanzia** *childhood*
**la maturità** *maturity*
**la morte** *death*
**la nascita** *birth*
**la vecchiaia** *old age*

## Le generazioni

**l'antenato** *ancestor*
**le radici** *roots*
**il salto generazionale** *generation gap*
**il soprannome** *nickname*

**assomigliare** *to resemble*
**ereditare** *to inherit*
**sopravvivere** *to survive*

## La vita in famiglia

**diventare indipendente** *to become independent*
**educare** *to raise*
**essere desolato/a** *to be sorry*
**litigare** *to fight*
**pentirsi** *to regret*
**punire (isc)** *to punish*
**rimproverare** *to scold*
**sormontare** *to overcome*
**trasferirsi** *to move*
**viziare** *to spoil*

## La personalità

**il carattere** *personality*

**affiatato/a** *close-knit*
**amabile** *lovable*
**autoritario/a** *bossy*
**codardo/a** *coward*
**egoista** *selfish*
**furbo/a** *sly*
**insopportabile** *unbearable*
**maleducato/a** *bad-mannered*
**possessivo/a** *possessive*
**remissivo/a** *submissive*
**ribelle** *rebellious*
**severo/a** *strict*
**socievole** *sociable*
**testardo/a** *stubborn*
**vanitoso/a** *vain*
**vivace** *lively*

## Cortometraggio

**la bambola** *doll*
**il banco** *(check in) counter*
**la cabina di controllo** *cockpit*
**i carabinieri** *military police*
**il/la fidanzato/a** *boyfriend/girlfriend*
**la lavatrice** *washing machine*
**il nastro trasportatore** *luggage carousel*
**l'ordigno** *bomb*
**il rinforzo** *reinforcement*
**lo zainetto** *small backpack*

**accomodarsi** *to make oneself comfortable*
**avvicinarsi** *to go near*
**fare il bucato** *to do the laundry*
**sorridere** *to smile*
**stare in fila** *to stand in line*

## Cultura

**le abitazioni** *housing*
**il fenomeno** *phenomenon*
**il mammone** *mama's boy*
**il nucleo familiare** *family unit*
**il ruolo** *role*
**il vitto e l'alloggio** *room and board* (lit. *food and lodging)*

**assumersi una responsabilità** *to assume responsibility*
**prendere l'iniziativa** *to take initiative*
**rimandare** *to postpone*

**abbiente** *affluent*
**autosufficiente** *self-sufficient*
**di prima necessità** *absolutely necessary*

## Letteratura

**l'anima** *soul*
**la dentiera** *denture*
**l'estraneo/a** *stranger*
**il fantasma** *ghost*
**la gengiva** *gum*
**l'ingenuità** *naïveté*
**il legno** *wood*
**il miracolo** *miracle*
**la palpebra** *eyelid*
**la pelliccia** *fur*
**il sangue** *blood*

**bussare** *to knock*
**dare retta** *to pay attention*
**invecchiare** *to age*
**rubare** *to steal*
**spettinare** *to ruffle hair*

**sordo/a** *deaf*
**strano/a** *strange*

LEZIONE 6

# La societá che si evolve

Viviamo in un mondo in cui culture ed etnie si incontrano e si mescolano, ma non sempre con tolleranza e in armonia. Troppo spesso l'«altro» e il «diverso» ci fanno paura. Quali passi si possono fare per promuovere l'integrazione e superare (*overcome*) le divergenze (*differences*)? Come possiamo creare un mondo in cui la mente e lo spirito si possono arricchire (*enrich*) nella convivenza (*sharing*) delle differenze?

200 **CORTOMETRAGGIO**

Nel corto *Lacreme Napulitane*, del regista **Francesco Satta**, un napoletano e un milanese si incontrano durante un viaggio da Napoli a Milano. Sapranno elevarsi al di sopra degli stereotipi?

206 **IMMAGINA**

Viaggiamo nel **Sud Italia**, tra storia, scenari di incomparabile bellezza e cibi caratteristici. Ci fermeremo ad ammirare la grandezza della Magna Grecia che si perpetua attraverso i suoi templi.

223 **CULTURA**

Esiste un'**identità nazionale** in Italia? Il fascino delle sue regioni nasce da un grande patrimonio culturale comune, ma anche da profonde differenze. Molti italiani si sentono infatti più legati alla propria città o regione d'origine che alla repubblica italiana.

227 **LETTERATURA**

Nella opera teatrale *Il problema dei vecchi*, il commediografo Dario Fo trova una soluzione ironica e grottesca al problema di cosa fare dei parenti vecchi.

203

228


198 **PER COMINCIARE**

208 **STRUTTURE**

**6.1 The conditional**

**6.2 Negation**

**6.3 The subjunctive: impersonal expressions; will and emotion**

**6.4 Suffixes**

235 **VOCABOLARIO**


**Destinazione:**

**L'ITALIA MERIDIONALE**

PREVIEW Invite students to observe the photo on page 196. Ask: **Pensi che questa sia una foto contemporanea, scattata in Italia in questi anni? Perchè sì e perchè no? Pensi che le persone ritratte in questa foto appartengano alla stessa comunità o classe sociale? Questa foto potrebbe rappresentare una sezione della società italiana di 40 anni fa? Perchè sì e perchè no?**

# Società e cambiamenti

Vocabulary Tools

## I cambiamenti

**adattarsi** *to adapt*
**adeguarsi** *to adjust*
**appartenere** *to belong to*
**arricchirsi** *to become rich*

**aumentare** *to increase*
**conformarsi** *to conform*
**diminuire** *to decrease*
**impoverirsi** *to become poor*
**ottenere** *to obtain*

**pianificare** *to plan*
**realizzare** *to achieve*
**stabilirsi** *to settle*
**tutelare** *to protect; to defend*

INSTRUCTIONAL RESOURCES
Audioscripts, SAM AK, Lab MP3s
**SAM/WebSAM:** WB, LM

SINONIMI E CONTRARI
fedele ↔ credente
il maltrattamento ↔ l'offesa
musulmano ↔ islamico
tutelare ↔ difendere
l'integrazione ≠ l'emarginazione

Point out that **credere a qualcuno** means *to believe what someone says* while **credere in qualcuno/Dio** means *to trust someone/ to believe in God.*
While **cattolico**, **musulmano**, and **protestante** work both as nouns and as adjectives, **ebreo** is a noun (*Jew*) that can be used as an adjective (*Jewish*) only when referring to a person (**un bambino ebreo**). The adjective **ebraico** is used in other instances (**la religione ebraica**).

## Le tendenze sociali

**la (s)comparsa** *(dis)appearance*
**la diversità** *diversity*

**la globalizzazione** *globalization*
**l'integrazione** *integration*
**la lingua madre** *native language*
**la (sovrap)popolazione** *(over)population*
**(il)lo (sotto)sviluppo** *(under)development*
**il tasso di natalità** *birthrate*
**il tenore di vita** *standard of living*

**(anti)conformista** *(non)conformist*
**multilingue** *multilingual*

## I problemi e le soluzioni

**il caos** *chaos*
**la comprensione** *understanding*

**il conflitto di classe** *class conflict*
**il diạlogo** *dialogue*
**l'incertezza** *uncertainty*
**il maltrattamento** *abuse*
**la polẹmica** *controversy*
**la povertà** *poverty*
**il razzismo** *racism*
**la volontà** *will(power)*

**lamentare/lamentarsi** *to regret*
**lottare** *to fight*
**manifestare** *to demonstrate*
**reclamare** *to complain, to protest; to claim*
**superare** *to overcome*
**tirare avanti** *to go forth*

## Le convinzioni religiose

**la cattedrale** *cathedral*

**la chiesa** *church*
**Dio** *God*
**la fede** *faith*
**il/la fedele** *believer*
**la libertà di culto** *freedom of worship*
**la moschea** *mosque*
**il papa** *pope*
**il prete** *priest*
**il rabbino** *rabbi*
**la sinagoga** *synagogue*
**il/la santo/a** *saint*

**crẹdere** *to believe*
**pregare** *to pray*

**agnọstico/a** *agnostic*
**ạteo/a** *atheistic*
**cattọlico/a** *Catholic*
**ebreo/a** *Jewish*
**musulmano/a** *Muslim*
**protestante** *Protestant*

### Nota CULTURALE

In Italia, specialmente nel Sud, **l'onomastico** (*name day*), il giorno associato al santo da cui la persona ha preso il nome, è un evento importante in cui gli italiani dicono **Auguri!** proprio come per il compleanno.

# Pratica e comunicazione

1 **Sinonimi e contrari** Collega ogni parola al suo sinonimo o al suo contrario.

| **Sinonimi** | | **Contrari** | |
|---|---|---|---|
| 1. conformista | anticonformista | 5. emarginazione | integrazione |
| 2. poliglotta | multilingue | 6. uguaglianza | diversità |
| 3. adattarsi | adeguarsi | 7. certezza | incertezza |
| 4. programmare | pianificare | 8. arricchirsi | impoverirsi |

2 **Una domenica in Vaticano** Completa la conversazione con le parole della lista.

| | | | |
|---|---|---|---|
| ateo | fede | libertà di culto | pregare |
| cattolici | fedeli | papa | sinagoga |

**NICOLA** Ecco! Questa è la basilica di San Pietro!

**JOHN** Ma quanta gente! Come mai?

**NICOLA** Perché è domenica. Ogni domenica a mezzogiorno il (1) ___papa___ si affaccia al balcone della basilica e recita l'Angelus insieme ai (2) ___fedeli___.

**JOHN** Tutta questa gente è venuta qui per (3) ___pregare___? A proposito, è vero che gli italiani sono poco aperti alle religioni diverse da quella cattolica?

**NICOLA** Ma no; a Roma c'è anche la Grande Moschea, il centro islamico più grande d'Europa! Abbiamo anche una bellissima (4) ___sinagoga___ ebraica. Nonostante i (5) ___cattolici___ siano la maggioranza, in Italia c'è (6) ___libertà di culto___ e quindi anche altre religioni possono professare la propria (7) ___fede___.

**JOHN** Mi sembra giusto! Io sono un intellettuale (8) ___ateo___ e penso che sia opportuno dare spazio a tutti.

**NICOLA** Sono d'accordo. Ma è importante conoscere i monumenti cattolici per capire il patrimonio storico, culturale e artistico dell'Italia.

3 **Definizioni** In gruppi di tre o quattro, definite le parole della lista. Poi, componete una storia utilizzandone almeno sei.

| | | | |
|---|---|---|---|
| impoverirsi | reclamare | la sovrappopolazione | il tenore di vita |
| incertezza | il sottosviluppo | superare | tirare avanti |

4 **Nel 3215** Siete nel 3215. Molti abitanti del pianeta B612 si trasferiscono su H724, dove cominciano una nuova vita. Immaginate di essere due inviati speciali de *La gazzetta dello spazio* e descrivete, in due brevi articoli, le situazioni che hanno portato all'emigrazione dal pianeta B612 e le nuove condizioni di vita su H724.

**Modello** **Articolo 1:** La vita su B612 è diventata insostenibile....

**Articolo 2:** La vita su H724 comincia lentamente ma si presenta ricca di nuove opportunità....

Practice more at **vhlcentral.com.**

Nota
**CULTURALE**

Secondo un recente studio condotto dal CESNUR (Centro Studi Nuove Religioni) in Italia si contano oggi circa 600 confessioni religiose. Pur rimanendo un paese a maggioranza cattolica, l'Italia si sta aprendo infatti a nuove fedi e nuove culture. In particolare e in ordine di importanza numerica, al fianco dei **cattolici** si contano oggi in Italia molti **cristiani ortodossi**, **protestanti**, **ebrei**, **testimoni di Geova**, **musulmani**, **Bahai**, **induisti**, **buddisti**, **sikh**, **radhasoami** e fedeli di altre religioni di origine orientale.

**(FONTE: cesnur.org)**

2 Explain that the **Angelus** is a devotion of the Catholic Church said in the morning, at noon, and in the evening. Every Sunday at noon the Pope gives a short talk from a balcony of Saint Peter's Church to the people gathered in San Peter's Square. After the talk, the Pope recites the **Angelus** with the crowd.

2 Mention that **come mai?** is just another way to say **perché?**

3 Monitor the groups while they work on their stories, then ask volunteers from each group to read their story to the class.

4 Ask students if they think the situation on Earth is more similar to that of planet B612 or planet H724. Encourage them to point out similarities and differences. Discuss possible solutions to the problems that have been identified on the two planets.

NATIONAL STANDARDS connections cultures communication

**INSTRUCTIONAL RESOURCES**
Film Collection,
Script & Translation
**SAM/WebSAM:** WB

To help students understand some of the references in the film, point out that **Linate** is the Milan airport, **l'impepata di cozze** is a traditional Neapolitan dish of mussels, and that **via Montenapoleone** is a famous street in Milan. You might want to review Italian regions and islands with a map. Mention the inhabitants of different cities/regions, such as **i calabresi**, **i siciliani**, **i romani**, **i torinesi**, and remind students that there are often enormous linguistic and cultural differences among Italians, sometimes even between neighboring towns.

# Preparazione

Audio: Vocabulary

**Vocabolario del cortometraggio**

**il capitone** *large eel*
**la corriera** *long-distance bus*
**l'ẹstero** *foreign countries*
**il ferroviẹre** *railway employee*
**il maltempo** *bad weather*
**il panettone** *Christmas bread*
**il tassista** *taxi driver*
**la vigilia** *eve*

**Vocabolario utile**

**il dialetto** *dialect*
**l'incomprensione** *lack of understanding*
**meridionale** *southern*
**il pregiudizio** *prejudice*
**il proverbio** *proverb*
**il realismo** *realism*
**settentrionale** *northern*
**lo stereọtipo** *stereotype*
**la tradizione** *tradition*
**l'umorismo** *humor*

**ESPRESSIONI**

**ammazzare il tempo** *to kill time*
**Che fretta c'è?** *Why rush?*
**Che peccato!** *What a shame!*
**farsi i fatti propri** *to mind one's business*
**mangiare in bianco** *to eat light*
**più o meno** *more or less*
**Sono stufo/a!** *I've had enough!*
**Vuoi/Vuole favorire?** *Would you like some (food or drink)?*

**1** **Definizioni** Abbina ogni parola con la sua definizione.

1. La vigilia di Natale è __e__
2. Il tassista __g__
3. L'incomprensione si crea __a__
4. Il capitone __c__
5. La corriera __b__
6. Il senso dell'umorismo __f__
7. Un pregiudizio __h__
8. Il Meridione __i__
9. Il Settentrione __d__

a. quando le persone non si capiscono bene.
b. è un tipo di autobus per viaggi più lunghi.
c. è un tipo di pesce che si mangia a Natale.
d. sono le regioni del Nord Italia.
e. la sera prima del giorno di Natale.
f. può aiutarci a ridere anche nelle situazioni difficili.
g. guida il taxi.
h. è un'opinione ostile e precostituita.
i. è la zona del Sud Italia.

**2** Tell students that **il panettone**, literally *big bread*, is a Christmas dessert with candied fruit and sometimes nuts and chocolate. **La colomba**, which means *dove*, is a traditional Easter cake covered with sugar and almonds.

**2** **Feste e tradizioni** Guardate queste immagini di dolci tradizionali in Italia: li riconoscete? Come si chiamano? Quali sono i dolci che mangiate durante le feste? E per il vostro compleanno?

3 **Intervista**

**A.** Domanda agli altri studenti se si sono mai trovati nelle seguenti situazioni, come hanno reagito e cosa hanno imparato dall'esperienza. Prendete appunti mentre ascoltate.

| Hai mai avuto questa esperienza? | Descrivi la situazione | Racconta la tua reazione | Cosa hai imparato? |
|---|---|---|---|
| viaggiare con una persona difficile | | | |
| parlare con qualcuno con cui non eri d'accordo | | | |
| trovarti in una città poco ospitale | | | |
| avere una conversazione molto interessante con una persona che non conoscevi | | | |
| imparare una lezione quando non te l'aspettavi | | | |
| sentirti vittima di uno stereotipo | | | |
| assaggiare un piatto che non ti è piaciuto per niente | | | |

**B.** Dopo aver fatto le interviste, raccontate gli episodi più interessanti al resto della classe.

4 **Opinioni** Rispondete alle domande individualmente e poi commentate le risposte insieme.

1. Ci sono differenze culturali tra le diverse regioni del tuo paese?
2. Quante lingue diverse si parlano nel tuo paese? E nella tua comunità?
3. Secondo te, alcuni stereotipi corrispondono almeno in parte alla realtà?
4. Pensi che il clima e la posizione geografica possano influenzare le persone?
5. Qual è la tua festa preferita? Come la celebri? Segui delle tradizioni speciali?

5 **I personaggi** In coppia, immaginate il carattere e la vita di questi due italiani.

- Come sarà la loro personalità?
- Dove abiteranno?
- Cosa faranno di professione? E nel tempo libero?
- Come sarà la loro famiglia?
- Cosa preferiranno mangiare e bere?
- Cosa guarderanno alla televisione?

Practice more at **vhlcentral.com.**

**TEACHING OPTION**
Ask questions to introduce the topic of Neapolitan songs: **Avete mai sentito la canzone «O sole mio»? Conoscete delle altre canzoni napoletane?** Then point out the differences between the dialect and standard Italian in the lyrics. Ask: **Quali parole napoletane sono molto simili all'italiano? Quali parole sono invece diverse?** Point out that students will do a **Progetto** about Neapolitan songs on **p. 207**.

4 Ask (and help students answer) such questions as: **Come sono i milanesi? E i veneziani? Come sono gli americani rispetto agli italiani? Quali sono le differenze tra i texani e i newyorkesi? Riflettendo sugli stereotipi riguardanti le città italiane, prova a fare delle correlazioni con le città americane. È possibile paragonare gli stereotipi dei milanesi con quelli riguardanti alcune città degli Stati Uniti? Quali e perché?**

4 Ask additional questions: **Conosci degli immigrati italiani? E degli italiani o italo-americani famosi? Da quali regioni provengono? Se potessi scegliere, in quale regione italiana abiteresti? Perché?** As you discuss the differences between northern and southern Italy, you could mention how traditions and perceptions vary, dividing the country in two halves. The contrasts and rivalries between the two, which predate the country itself (Italy was unified in 1861), continue to cause political instability.

4 Divide the class into two teams to debate question 3 or 4.

5 You might want to review the **futuro di probabilità** and how to use it when guessing or making hypotheses (See **pp. 178–179**).

S Video

**TEACHING OPTION** Ask students to pay attention to these elements as they watch the short: (1) holiday references; (2) special effects; (3) stereotypes.

LACREME
NAPULITANE
Menzione speciale
Clermont Ferrand
Film Festival
una produzione di FRANCESCO SATTA e CASA CIRCONDARIALE
sceneggiatura e regia FRANCESCO SATTA direttore di produzione
IGOR BELLINELLO. attori principali ANTONIO ALLOCA, DARIO OPPIDO,
ADAM SELO, LYSANDRA CORIDON, DAVID WHITE, MARCO MANFREDI
montaggio ANDREA MAGUOLO fotografia MICHELE D'ATTANASIO

# SCENE

**Trama** *Un milanese e un napoletano attraversano l'Italia sullo stesso treno ma con due prospettive completamente diverse.*

**RADIO** ...il maltempo divide in due l'Italia: mentre al Sud gli italiani si godono° una tiepida vigilia di Natale, al Nord le temperature sono in discesa° e la neve blocca i passi alpini e appenninici. Si prevedono perciò gravi disagi° per chi viaggia, con aeroporti chiusi e ritardi nella circolazione dei treni...

**MILANESE** Ferroviere, scusi, va a Milano?
**FERROVIERE** Chi, io? No.
**MILANESE** Non Lei, il treno.
**FERROVIERE** Più o meno.

**NAPOLETANO** Treni italiani sempre in ritardo!
**DONNA INGLESE** *What did he say?*
**UOMO INGLESE** *I don't know, but it's all so picturesque!*

**NAPOLETANO** Finalmente si parte! Pure voi, dotto', andate a Milano?
**MILANESE** Io... sarei già a casa da un pezzo, se non mi avessero chiuso Linate per la neve.
**NAPOLETANO** E che fretta c'è di arrivare a Milano? Dotto', non vi offendete, ma a me Milano non mi piace proprio. No. È brutta, è triste... insomma, non mi piace, anche se i milanesi dicono di no.

**NAPOLETANO** Scusate se mi permetto... Volete favorire?
**MILANESE** No, grazie: ho già il mio pranzo.
**NAPOLETANO** Senza complimenti...
**MILANESE** No, grazie.

**godersi** *to enjoy* **in discesa** *going down*
**disagi** *inconveniences*

**NAPOLETANO** Ma perché non vi tagliate 'sti capelli? Siete ridicolo!
**MILANESE** Adesso basta! Io intanto non sono ridicolo! E poi basta! E prima il capitone, e poi le canzoni, e poi cosa c'è stato ancora? Ma io sono stufo! Lei si deve fare i fatti suoi!

## Nota CULTURALE

### Lacreme napulitane

Il titolo del corto viene da una canzone di Mario Merola (in italiano «Lacrime° napoletane») che esprime la nostalgia di un napoletano emigrato negli Stati Uniti. Scrivendo alla madre in occasione del Natale, pensa alla famiglia lontana e canta, in dialetto napoletano: «*e 'nce ne costa lacreme st'America a nuje napulitane/pe' nuie ca ce chiagnimmo 'o cielo 'e Napule/.../mia cara madre che sso', che sso' e denare?/ pe' chi se chiagne 'a patria nun sso' niente*» (e quante lacrime ci costa questa America a noi napoletani/per noi che piangiamo il cielo di Napoli/.../ mia cara madre, cosa sono i soldi?/per quelli che piangono la patria non sono niente).

**lacrime** *tears*

## Sullo SCHERMO

Riordina la sequenza di questi eventi.

__7__ **a.** Il napoletano è da solo per la strada.
__2__ **b.** Il milanese sale sul treno.
__6__ **c.** Il milanese e il napoletano prendono il taxi a Milano.
__1__ **d.** Il milanese prende il taxi a Napoli.
__4__ **e.** Il milanese e il napoletano arrivano a Piacenza.
__5__ **f.** Il milanese e il napoletano salgono sulla corriera.
__3__ **g.** Il capitone spaventa i turisti.
__8__ **h.** Il ciclista ha un incidente.
__9__ **i.** Il napoletano e il milanese fanno amicizia.

communication
NATIONAL STANDARDS

1 If students are unsure of answers, encourage them to watch the relevant scene(s) again.

2 Point out that the use of **voi** for the second person singular is characteristic of the South and indicates respect.

2 After discussing students' responses, you might explore other common stereotypes by asking: **Come sono gli italiani? Esistono degli stereotipi sugli italiani nel vostro paese? E come sono i vostri connazionali dal punto di vista degli italiani? Secondo il corto, si possono rompere gli stereotipi o essi rimangono, comunque, sempre una rappresentazione della realtà? Spiega perché sì oppure no. Che tipo di società viene descritta nel corto? Perché gli stereotipi nel film sono così esagerati? Come è possibile rompere uno stereotipo?**

3 Point out that Milanese cuisine is in fact varied and excellent, in spite of negative stereotypes; the students may already be familiar with dishes such as **polenta, risotto, ossobuco, cotolette alla milanese, piccata di vitello,** etc. You might also want to list Neapolitan specialties: **pizza, espresso, spaghetti con le vongole, il babà, il ragù,** etc. Encourage students to add to the list.

# Analisi

**1 Comprensione** Scegli la risposta giusta.

1. Che giorno è?
   a. È una giornata lavorativa. (b.) È la vigilia di Natale. c. È il giorno di Natale.
2. Il milanese non prende l'aereo...
   a. perché non c'è un aeroporto a Napoli. (b.) a causa del maltempo.
   c. perché il treno è più veloce.
3. Quando il napoletano canta, gli altri passeggeri...
   a. applaudono tutti, incluso il milanese. (b.) applaudono, ma il milanese è irritato.
   c. sono irritati, ma il milanese applaude.
4. Mentre il treno attraversa l'Italia dai finestrini...
   a. si vedono delle città italiane. b. si vedono le stazioni delle città italiane.
   (c.) si vedono delle fotografie di città italiane.
5. Nella stazione di quale città i passeggeri scendono dal treno e prendono la corriera?
   (a.) A Piacenza. b. A Pisa. c. A Padova.
6. Il napoletano rimane per strada e non va a casa della figlia perché...
   a. si è dimenticato l'indirizzo a Napoli e non sa trovare la casa.
   (b.) non parla con la figlia da molto tempo e non conosce il suo indirizzo.
   c. la sua unica figlia è morta molti anni prima.

**2 Interpretazione** Scegli la frase corretta tra le due. Poi, con un(a) compagno/a confrontate e spiegate le vostre risposte.

1. (a.) Secondo il napoletano, i milanesi hanno il cuore di pietra.
   b. Secondo il milanese, i napoletani hanno sempre fretta.
2. (a.) Secondo il milanese, i napoletani sono incivili e lenti.
   b. Secondo il milanese, i napoletani sono freddi.
3. a. I protagonisti litigano sempre perché sono ostinati.
   (b.) I protagonisti litigano sempre perché sono incompatibili.
4. a. I protagonisti usano il **Lei** quando si parlano.
   (b.) Il napoletano usa il **Voi** e il milanese il **Lei**.
5. (a.) I protagonisti sono caricature culturali delle loro città.
   b. I protagonisti rappresentano bene le loro rispettive città.

**3 Stereotipi**

**A.** Fate una lista degli stereotipi sui napoletani e i milanesi suggeriti nel corto.

| | | |
|---|---|---|
| a. apprezzano i rapporti umani | e. hanno una cucina poco interessante | i. sono razionali |
| b. apprezzano il lavoro | f. hanno un'ottima cucina | l. sono appassionati |
| c. sono emotivi | g. parlano molto | m. sono freddi |
| d. hanno il cuore di pietra | h. parlano poco | n. sono sentimentali |

| | |
|---|---|
| **Napoletani:** a, c, f, g, l, n | **Milanesi:** b, d, e, h, i, m |

**B.** In coppia, scegliete due stereotipi dalla parte A. Spiegate in che modo avviene (*happens*) il contrario nel corto; poi condividete le vostre risposte con il resto della classe.

4 **Critica** **In coppia, rispondete alle domande.** Some answers will vary.

1. Che ruolo hanno i turisti inglesi nel film? Come sono rappresentati?
2. Come sono gli effetti speciali nel film?
3. Com'è la struttura del film? Come sono le scene all'inizio e alla fine?
4. Come interpretate la fine del film? Perché si vede il set con le telecamere, le luci e la macchina per la neve?
5. Come definiresti questo film a qualcun altro? Ironico? Malinconico? Realistico? Umoristico? Perché? Ti ricorda altri film?

5 **I rapporti umani** **Qual è la reazione del tassista quando vede l'incidente? Qual è la reazione del milanese? Cosa rivelano dei loro caratteri? Ci sono altri esempi di reazioni nel film? Come avresti reagito tu nelle stesse situazioni?**

**MILANESE** Cos'è successo?
**TASSISTA** Va' (*Look*) lì lo *stupid* con la bicicletta!
**MILANESE** Eh, ma si sarà fatto male!
**TASSISTA** Si sarà fatto male, però noi dobbiamo fare tutto il giro adesso!

6 **Opinioni** **In piccoli gruppi, esprimete le vostre opinioni rispondendo alle domande.**

1. Sei veloce a formarti un'opinione sulle persone che incontri per la prima volta?
2. Hai mai cambiato la tua prima impressione su una persona quando hai avuto l'opportunità di conoscerla meglio?
3. Pensi che il tuo ambiente ti dia la possibilità di conoscere una varietà di persone diverse?
4. Credi che internet e la televisione peggiorino o migliorino la nostra conoscenza del mondo e degli altri? Secondo te, quale effetto hanno sugli stereotipi?

7 **Incontro** **In coppia, scegliete una situazione e improvvisate una conversazione fra due persone con opinioni e gusti diversi. Usate le parole e le espressioni nella lista.**

**chiacchierare | (non) essere d'accordo | insistere | spiegare**

**A**

In aereo un(a) giovane è seduto/a vicino a una persona simpatica ma che vuole assolutamente parlare. Il/La giovane spiega che ha appena finito gli esami e vuole semplicemente dormire, perché è stanchissimo/a.

**B**

Un(a) turista sta prendendo un caffè in un bar di Roma e incontra una persona italiana piena di pregiudizi sulla nazionalità del(la) turista. Dopo aver ascoltato, il/la turista cerca gentilmente di convincere l'italiano/a che si tratta solo di stereotipi che non corrispondono alla realtà e spiega quali sono alcuni dei pregiudizi sugli italiani.

Practice more at **vhlcentral.com.**

4 These are some possible answers to questions 1 to 4:
**1. Anche i turisti sono degli stereotipi: pensano che gli italiani siano «pittoreschi» e sorridono anche quando non capiscono quello che si dice.**
**2. Sono volutamente falsi, stereotipati.**
**3. La struttura del film è simmetrica: tutti gli elementi sono presentati come opposti (l'inizio e la fine; il sud e il nord; il sole e la neve; il napoletano e il milanese, ecc.). La fine rispecchia l'inizio del film.**
**4. Forse la fine collega la finzione della cinematografia alla falsità degli stereotipi e dei pregiudizi.**

**TEACHING OPTION** Write some proverbs or sayings about Italian cities:
- **Vedi Napoli e poi muori.**
- **Tutte le strade portano a Roma.**
- **Milano la grande, Venezia la ricca, Genova la superba, Bologna la grassa, Firenze la bella, Padova la dotta, Ravenna l'antica, Roma la santa.**

Then, ask students:
**1. Qual è il significato di questi proverbi?**
**2. Secondo voi, come sono nati? Ci sono forse delle ragioni storiche?**
**3. Pensando a quello che sapete sulle città italiane, siete d'accordo con il significato dei proverbi?**
**4. Ci sono dei proverbi simili sulla vostra città o paese?**

If necessary, provide students with English explanations:
- You have to see Naples at least once in your life.
- All roads lead to Rome.
- Milan is great, Venice is rich, Genoa is haughty, Bologna is fat, Padova is learned, Ravenna is ancient, and Rome is blessed.

**INSTRUCTIONAL RESOURCES:** Teaching suggestions
**SAM/WebSAM:** WB

# IMMAGINA

# L'ITALIA MERIDIONALE

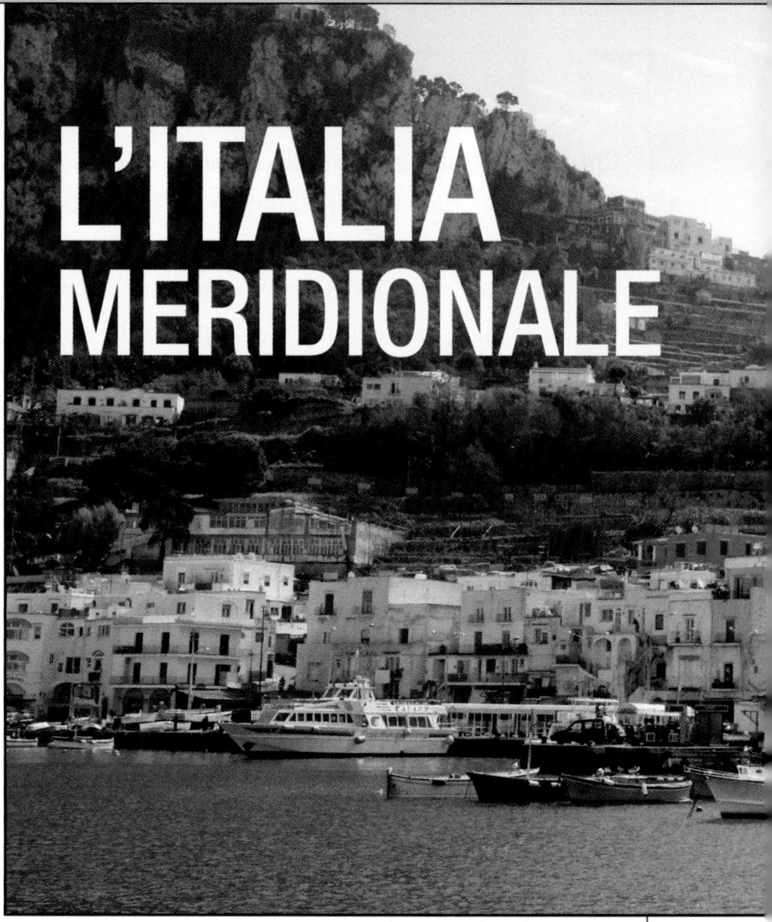

Reading

## Tra storia e natura

Prima dell'unificazione d'Italia, conclusa nel 1861, le regioni del Sud Italia, tra cui **Campania**, **Molise**, **Basilicata**, **Puglia** e **Calabria**, per secoli sono state storicamente accomunate°. I Greci le hanno colonizzate dall'VIII secolo a.C.; dal III secolo i Romani le hanno invase°; in seguito, dinastie provenienti dal Nord Europa, dalla Spagna e dalla Francia hanno esercitato la loro dominazione unendo le regioni nei **Regni di Napoli** e **di Sicilia**.

Oggi, ciò che continua ad accomunare queste regioni è la bellezza del territorio e delle coste insieme unita a un incomparabile patrimonio° artistico, storico e culturale.

I litorali° offrono scenari straordinari. La tortuosa° e suggestiva **Costiera Amalfitana**, in Campania, è una finestra sulle isole di **Capri** e **Ischia**. Le insenature° e le grotte° delle coste pugliesi, in particolare quelle del **Gargano**, sono altrettanto caratteristiche; da qui si può raggiungere la riserva marina delle **Isole Tremiti**. Non meno spettacolari sono le coste della Calabria o della Basilicata, dove le acque dell'**Adriatico** e quelle dello **Ionio** si incontrano, dando al mare colori unici.

L'entroterra° si presenta spesso con colline coperte di vigneti° e di oliveti° che producono oli e vini eccellenti e che diventano alte montagne in Molise, Basilicata e Calabria.

Viaggiare attraverso l'Italia meridionale significa anche visitare città di origini antiche e siti archeologici grandiosi.

In Molise ci sono numerose necropoli arcaiche, i resti romani di **Sepino** e quelli di un vasto villaggio nei pressi di **Isernia**, in cui è stato scoperto *l'Homo Aeserniensis*. In Basilicata, nel centro storico di **Matera**, ci sono i «**Sassi**», abitazioni antiche scavate nella roccia calcarea° e, sulla costa, i resti delle colonie greche di **Metaponto**, dove si può ammirare il superbo tempio dorico di **Hera**.

In Puglia ci sono tesori artistici come la fortezza medievale di **Castel del Monte** o gli edifici barocchi di **Lecce**, senza dimenticare i misteriosi **trulli**. In Calabria, esempi dell'intervento dei Greci e di altri popoli sono visibili nelle mura greche di **Reggio Calabria**, nelle statue dei **Bronzi di Riace** o nel **Castello Aragonese**.

Napoli

Andando a nord verso la Campania si incontrano i resti della città greca di **Paestum**, e quelli di **Pompei** ed **Ercolano**, città romane scomparse dopo l'eruzione del Vesuvio.

**Napoli**, capoluogo della Campania, è una gemma che brilla° non solo per la luce riflessa dalle acque del golfo, ma anche per il prestigioso patrimonio artistico. **Castel dell'Ovo**, il **Duomo di San Gennaro**, la **Certosa di San Martino** sono solo alcuni esempi della prestigiosa architettura napoletana. Ma Napoli è unica anche per i vicoli ombrosi° e gli angoli caratteristici dei quartieri **Spagnoli** del centro storico.

Viaggiare attraverso il Sud Italia, insomma, significa immergersi in profumi, sapori e colori che non hanno eguali al mondo e visitare città dalle origini antiche che ci raccontano la loro storia attraverso monumenti che evocano emozioni uniche.

### In più...

Tra l'VIII ed il III secolo a.C., mercanti, agricoltori°, allevatori° e artigiani° greci iniziano un processo di colonizzazione del Sud Italia. Le regioni interessate sono: Puglia, Basilicata, Calabria, Campania e Sicilia. La colonizzazione ha un carattere commerciale e il successo è tale che° i Greci iniziano a fondare città che impreziosiscono° con la loro arte. Queste regioni hanno preso il nome di **Magna Grecia**.

**accomunate** *associated* **invase** *invaded* **patrimonio** *heritage* **litorali** *coastline* **tortuosa** *winding* **insenature** *inlets* **grotte** *caves* **entroterra** *inland* **vigneti** *vineyards* **oliveti** *olive groves* **roccia calcarea** *limestone* **brilla** *shines* **vicoli ombrosi** *dark alleyways* **agricoltori** *farmers* **allevatori** *stockbreeders* **artigiani** *craftsmen* **è tale che** *it is such that* **impreziosiscono** *embellish*

**Pompei** Nel 79 d.C., il **Vesuvio** eruttò° seppellendo° la città romana di **Pompei** con lapilli e cenere° che coprirono° interamente gli edifici e immobilizzarono per sempre persone e animali. Dopo molto tempo, nel XVIII secolo sono stati riportati alla luce° i primi resti della città sepolta°. Passeggiando per le sue strade lastricate° è possibile ammirare templi, basiliche, anfiteatri, botteghe° e ville con bellissimi mosaici e affreschi che ci raccontano la vita quotidiana di una città in cui il tempo si è fermato. Pompei è uno dei siti archeologici più visitati del mondo.

**La pizza napoletana** Preparare un pane con farina, acqua e lievito° era un costume molto comune tra le antiche popolazioni delle coste del Mediterraneo, ma l'idea di condire° il tutto con la *pummarola*, il pomodoro, è un'idea napoletana. La vera pizza napoletana, la stessa dal XVIII secolo, ha un impasto° leggero che si cuoce brevemente in un forno molto caldo. Aggiungete **pomodoro**, **mozzarella fresca** e qualche foglia° di **basilico** profumato e otterrete il piatto più buono del mondo!

**eruttò** *erupted* **seppellendo** *burying* **lapilli e cenere** *lapillus and ashes* **coprirono** *covered* **riportati alla luce** *brought to light* **sepolta** *buried* **lastricate** *paved* **botteghe** *shops* **lievito** *yeast* **condire** *to season* **impasto** *dough* **foglia** *leaf*

**Vero o falso?** Indica se ogni frase è **vera** o **falsa**. **Correggi le frasi false.** Some answers will vary.

1. Le regioni del Sud hanno formato il Regno di Napoli e di Sicilia. Vero.
2. Il Gargano si trova in Campania. Falso. Si trova in Puglia.
3. Il Molise è una regione montuosa. Vero.
4. I «Sassi» si trovano in Molise. Falso. Si trovano in Basilicata.
5. Paestum era una città romana. Falso. Era una città greca.
6. Napoli è il capoluogo della Campania. Vero.
7. Pompei è stata sepolta dalla lava del Vesuvio. Falso. È stata sepolta dalle ceneri e dai lapilli.
8. La ricetta della pizza napoletana è la stessa dal XVIII secolo. Vero.

**Quanto hai imparato?** Rispondi alle domande. Some answers will vary.

1. Quali sono le caratteristiche naturali delle regioni del Sud Italia? coste suggestive, entroterra collinoso e montuso in alcune regioni
2. Che cosa si produce sulle colline delle regioni del Sud? olio e vino
3. Che cosa sono i «Sassi» di Matera? abitazioni scavate nella roccia
4. A che epoca risale la fortezza di Castel del Monte? al Medioevo
5. Dove si trovano le città romane di Pompei ed Ercolano? in Campania
6. In che parte di Napoli si trovano i quartieri Spagnoli? al centro della città
7. Quali sono le caratteristiche dell'impasto della pizza napoletana? L'impasto è leggero, deve cuocere per poco tempo in un forno molto caldo.
8. Che cosa è possibile vedere a Pompei? templi, basiliche, botteghe, ville, mosaici e altro

## Progetto

La musica napoletana affonda le sue radici nel folklore locale, nei ritmi mediterranei ed ha strumenti caratteristici.

- Cerca informazioni su alcune delle canzoni più famose del repertorio napoletano.
- Cerca informazioni sugli strumenti della musica napoletana.
- Cerca anche informazioni su artisti di oggi che continuano la tradizione musicale napoletana.
- Confronta i tuoi risultati con il resto della classe.

NATIONAL comparisons STANDARDS

**INSTRUCTIONAL RESOURCES**
Audioscripts, SAM AK, Lab MP3s, Grammar Presentation Slides
**SAM/WebSAM:** WB, LM

Remind students that *would* may be translated by either the imperfect or the conditional, depending on the context.
**Quando avevo cinque anni, giocavo con il mio cagnolino.**
*When I was five, I would (used to) play with my little dog.*
**Se avessi il tempo, giocherei con il mio cagnolino.**
*If I had the time, I would play with my little dog.*

**RIMANDO**

The conditional forms of **dovere**, **potere**, and **volere** are translated as *should*, *could*, and *would like*, respectively. They are often used to soften a request or when giving advice.

**Maria, dovresti mangiare di meno.**
*Maria, you should eat less.*

**Potresti darmi una mano?**
*Could you give me a hand?*

**Vorreste venire a parlare con il mio rabbino?**
*Would you like to come talk to my rabbi?*

To review **dovere**, **potere**, and **volere**, see **Strutture 4.4, p. 142**.

**ATTENZIONE!**

Use these irregular future stems for the conditional also.
**andare: andr–**
**avere: avr–**
**cadere: cadr–**
**dovere: dovr–**
**essere: sar–**
**fare: far–**
**potere: potr–**
**sapere: sapr–**
**venire: verr–**
**volere: vorr–**

6.1

# The conditional

The conditional mood expresses a statement that might be contrary to reality, a desire or a preference, or a polite request. In Italian, as in English, there are two conditional tenses, **il condizionale presente** (*the present conditional*) and **il condizionale passato** (*the past conditional*). They often correspond to *would* or *would have* in English.

*—E poi io a Napoli devo andarci perché sono obbligato ad andarci per lavoro. Altrimenti **starei** a casa mia, ma molto volentieri.*

## The present conditional

- The present conditional of regular verbs is formed using the same stem as the future. Drop the last **–e** of the infinitive and add the endings **–ei**, **–esti**, **–ebbe**, **–emmo**, **–este**, and **–ebbero**. Regular **–are** verbs also change **–a–** to **–e–** to form the future or conditional stem.

**The present conditional of regular verbs**

| lottare | crẹdere | finire |
|---|---|---|
| lotterei | crederei | finirei |
| lotteresti | crederesti | finiresti |
| lotterebbe | crederebbe | finirebbe |
| lotteremmo | crederemmo | finiremmo |
| lottereste | credereste | finireste |
| lotterẹbbero | crederẹbbero | finirẹbbero |

- Verbs ending in **–care** and **–gare** show the same spelling changes as the future stem; an **–h–** is inserted to keep the hard sound of the verb.

**pregare** → **pregherei, pregheresti, pregherebbe, pregheremmo, preghereste, pregherebbero**

**pianificare** → **pianificherei, pianificheresti, pianificherebbe, pianificheremmo, pianifichereste, pianificherebbero**

- Verbs ending in **–ciare** and **–giare** show the same spelling changes as the future stem: the **–i–** of the stem is dropped.

**cominciare** → **comincerei, cominceresti, comincerebbe, cominceremmo, comincereste, comincerebbero**

**mangiare** → **mangerei, mangeresti, mangerebbe, mangeremmo, mangereste, mangerebbero**

- Verbs that have irregular stems in the future are also irregular in the conditional.

**Vorremmo** combattere il razzismo.
*We would like to fight racism.*

**Vivresti** in un paese straniero?
*Would you ever live in a foreign country?*

- The present conditional is used to express possibility or probability under certain conditions. It is also used to express uncertainty.

Un iPad **sarebbe** il regalo perfetto per Matteo.
*An iPad would be the perfect gift for Matteo.*

Non so se lo **farebbero** di nuovo.
*I don't know if they would do that again.*

- The present conditional is also used to express wishes, desires, or polite requests.

Ci **piacerebbe** frequentare una scuola multilingue.
*We would like to attend a multilingual school.*

Mi **potrebbe** spiegare il vocabolario?
*Could you explain the vocabulary to me?*

## The past conditional

- The past conditional expresses an action that *would have occurred* in the past.

**Il condizionale**

Senza la nebbia, **vedremmo** il cartello.
*Without the fog, we would see the sign.*

**Il condizionale passato**

Senza la nebbia, **avremmo visto** il cartello.
*Without the fog, we would have seen the sign.*

- The past conditional is formed using the conditional form of the auxiliary **avere** or **essere** plus the past participle of the verb. Follow the same rules for agreement of the past participle that you use for the **passato prossimo** and other compound tenses.

**The past conditional**

| ottenere | venire | arricchirsi |
|---|---|---|
| **avrei ottenuto** | **sarei venuto/a** | **mi sarei arricchito/a** |
| **avresti ottenuto** | **saresti venuto/a** | **ti saresti arricchito/a** |
| **avrebbe ottenuto** | **sarebbe venuto/a** | **si sarebbe arricchito/a** |
| **avremmo ottenuto** | **saremmo venuti/e** | **ci saremmo arricchiti/e** |
| **avreste ottenuto** | **sareste venuti/e** | **vi sareste arricchiti/e** |
| **avrẹbbero ottenuto** | **sarẹbbero venuti/e** | **si sarẹbbero arricchiti/e** |

- The past conditional, corresponding to *would have* + [*verb*], is used in a manner similar to the present conditional. It expresses opinions and preferences in the past.

Giovanni non **sarebbe** mai **venuto** senza di te.
*Giovanni would never have come without you.*

Chi **avrebbe previsto** gli effetti della globalizzazione?
*Who would have predicted the effects of globalization?*

- The past conditional forms of **dovere**, **potere**, and **volere** are translated as *should have*, *could have*, and *would have liked*, respectively.

**Avrebbero potuto** pagare.
*They could have paid.*

**Sarei voluto** andare alla cattedrale con lei.
*I would have liked to go to the cathedral with her.*

**Avreste dovuto** chiederlo al prete.
*You should have asked the priest for it.*

**RIMANDO**

The conditional is also used in hypothetical statements. See **Strutture 9.3, pp. 342–343**.

Remind students that the placement of pronouns, negations, short adverbs, etc., in the past conditional is the same as in other compound tenses, including the **passato prossimo**. Example: **L'avrebbe comprato./Secondo me, tu avresti già finito**.

**TEACHING OPTION**
Ask students to imagine a new version of a well-known story, explaining what would *not* have happened. Example: **Riccioli d'Oro (*Goldilocks*) non avrebbe bevuto il latte dei tre Orsi, avrebbe bevuto una Coca-Cola!**

**RIMANDO**

The past conditional may also be used with indirect discourse. However, use the present conditional in English to translate it.

**Ha detto che l'avresti fatto tu.**
*He said that you would do it.*

You will learn about indirect discourse in **Strutture 10.3, pp. 380–381**.

**RIMANDO**

To review **dovere**, **potere**, and **volere**, see **Strutture 4.4, p. 142**.

# Pratica

1 Explain that the teaching strategies suggested in the dialogue are often practiced by Italian schools with foreign students. Ask students what they think about this teaching plan and what changes, if any, they would suggest.

**1** **I nuovi studenti** Il professor Antonio Rossi la professoressa Elena Bacci parlano di Fatima ed Amir, due nuovi studenti da poco arrivati in Italia. Completa la conversazione coniugando i verbi al condizionale presente.

**ANTONIO** Buongiorno, Elena. Hai già conosciuto i nostri nuovi studenti, Fatima e Amir? Io vorrei conoscerli, ma non parlano molto bene l'italiano.

**ELENA** Sì, è vero. Credo che (1) dovremmo (dovere) aiutarli a inserirsi (*fit in*). Credo che così (2) si adatterebbero (adattarsi) più facilmente.

**ANTONIO** Che strategie (3) adotteresti (adottare) tu?

**ELENA** Non so, probabilmente (4) pianificherei (pianificare) un percorso di conoscenza reciproca, cominciando con dei giochi di ruolo che (5) arricchirebbero (arricchire) anche gli studenti italiani e (6) faciliterebbero (facilitare) il confronto fra le due culture.

**ANTONIO** Mi sembra una buona idea.

**ELENA** Poi (7) organizzerei (organizzare) delle lezioni di lingua.

**ANTONIO** In questo modo, però, i ragazzi (8) perderebbero (perdere) familiarità con la loro lingua madre...

**ELENA** (9) Suggerirei (suggerire) una lezione in lingua madre almeno una volta a settimana.

2 Ask students to expand this activity at home by searching the Internet for pictures of sites and objects mentioned. Then ask them to indicate where they would have gone last year.

**2** **Vacanze... che stress!** Giorgio, Antonio e Manuela sono andati in vacanza insieme, ma erano spesso in disaccordo. Ecco cosa racconta Giorgio. Completa le frasi coniugando i verbi al condizionale passato.

1. Antonio ha visitato le rovine romane di Pompei ma io avrei visitato la Costiera Amalfitana.
2. Antonio ha mangiato una sfogliatella mentre io e Manuela avremmo mangiato un babà al rum.
3. Antonio ha visitato la Campania ed è andato sul Vesuvio in macchina. Io, invece sarei andato in seggiovia (*chair lift*).
4. Io sono andato in Sicilia e ho comprato le panelle al mercato di Ballarò, mentre Antonio avrebbe comprato il pesce alla Vucciria.
5. Io sono andato in Puglia e ho visto i trulli di Alberobello, mentre Antonio e Manuela avrebbero visto più volentieri il centro storico di Lecce.

### Nota CULTURALE

Napoli è famosa per vari prodotti alimentari tra i quali la **pizza**, il **babà** (soffice dolce imbevuto di rum), la **pastiera** (una torta pasquale fatta di germe di grano) e il **caffè**.

3 Discuss the images before assigning the activity. Example: **Cosa vediamo nell'immagine a sinistra? Cosa sta succedendo? Come ti sentiresti tu in queste situazioni?**

3 Ask students what they would do if they were the other characters in the illustrations: **Immagina di essere il banchiere/il cliente/il ladro. Cosa faresti?**

Practice more at **vhlcentral.com.**

**3** **I casi della vita** In piccoli gruppi, discutete cosa fareste in queste situazioni? Usate i verbi nella lista per formulare le vostre risposte.

| | | |
|---|---|---|
| andare dal meccanico | chiamare la polizia | prendere l'autobus |
| andare all'ufficio oggetti smarriti (*lost and found*) | chiedere aiuto | raccogliere |
| avere paura | fare finta di niente | scappare |

# Comunicazione

4

**Dimmi dove vai e ti dirò chi sei!**

**A.** Scegli un luogo da visitare tra queste due proposte e discuti la tua scelta con un(a) compagno/a, rispondendo alle domande.

**Montecassino:**
Per chi ama la montagna, la pace e la tranquillità.

**Attrattive:** l'Abbazia di Montecassino, un antico monastero benedettino ricco di manoscritti antichissimi esposti nel museo; il cimitero dei soldati polacchi caduti durante la Seconda Guerra Mondiale; un teatro e un anfiteatro romano.

**Nelle vicinanze:** il parco nazionale d'Abruzzo; la catena montuosa delle Mainarde, punto naturalistico e faunistico di grande importanza.

**Specialità culinarie:** salsicce e pasta fatta in casa.

**Tempo libero:** passeggiate tranquille lungo la via principale della cittadina o nel parco comunale, lungo il fiume Gari.

**A cosa stare attenti:** durante l'inverno ogni mattina la cittadina è immersa nella nebbia, che diminuisce la visibilità per chi guida.

**Costiera Amalfitana:**
Per chi ama il mare, il sole e l'architettura araba.

**Attrattive:** le chiese e i chiostri hanno affascinanti forme e decorazioni arabe; un'antica cartiera trasformata in un originale museo ricorda ai turisti l'antica tradizione della città come produttrice di carta secondo tecniche importate dai paesi arabi e poi perfezionate dagli amalfitani; prodotti artigianali in ceramica.

**Nelle vicinanze:** Napoli, Sorrento, Capri, Ischia.

**Specialità culinarie:** limoncello, pizza.

**Tempo libero:** romantiche passeggiate in riva al mare, ma anche molti pub e ristoranti.

**A cosa stare attenti:** il traffico è intenso e molto caotico; le strade sono strette e a strapiombo (*overhanging*) sul mare.

- Dove andresti? Perché?
- Chi sarebbe il/la tuo/a compagno/a di viaggio?
- Che luoghi in particolare visiteresti?
- Quanto tempo vorresti rimanere?
- Quanti soldi porteresti e cosa faresti con questi soldi?
- Cosa non dovresti fare e perché?

**B.** In gruppi di quattro, presentate ai compagni il vostro programma di viaggio e decidete qual è, tra tutti, il più interessante.

5

**Microfono aperto** Siete due giornalisti: pensate ad una domanda che vorreste fare ad ognuno dei personaggi qui elencati usando il condizionale presente. Sono personaggi importanti: ricordatevi di usare il formale!

| | | |
|---|---|---|
| **Roberto Benigni** | **Bill Gates** | **Sophia Loren** |
| **Andrea Bocelli** | **Barack e Michelle Obama** | **Sarah Palin** |
| **Il papa** | **Steven Spielberg** | **Angelina Jolie e Brad Pitt** |

6

**Avete rimpianti?** C'è qualcosa che avete fatto nella vostra vita ma che non avreste dovuto fare? O qualcosa che non avete fatto ma che avreste potuto o voluto fare? A gruppi di tre, usate il condizionale passato di **dovere, potere** e **volere** per parlare dei vostri rimpianti.

**Modello** Sarei potuto diventare un grande musicista, ma ho deciso di smettere di suonare il pianoforte.

NATIONAL communication STANDARDS

4 Explain that the title of the activity is inspired by an old Italian saying: **dimmi con chi vai e ti dirò chi sei**, meaning that it is possible to judge what a person is like by looking at his/her friends.

4 As an expansion, invite students who chose the same destination to work together to create an ad with ideas and proposals from every student in the group. Suggest possible titles to advertise the destination: **Vorresti trascorrere una vacanza tranquilla e rilassante? Ti piacerebbe approfondire la tua cultura e goderti la vita notturna allo stesso tempo?**

5 Ask pairs of students to exchange their written questions and invent replies for them by pretending to be the people in the list. Then ask the volunteers to act out their interviews while the class votes on the funniest/wittiest/most believable.

6 Remind students that the auxiliary verb for **dovere**, **potere**, and **volere** depends on the verb that follows (**sarei potuto andare** vs. **avrei potuto visitare**).

NATIONAL comparisons STANDARDS

**INSTRUCTIONAL RESOURCES**
Audioscripts, SAM AK, Lab MP3s, Grammar Presentation Slides
**SAM/WebSAM:** WB, LM

**RIMANDO**

To review negative commands, see **Strutture 4.3, pp. 138–139**.

Remind students that the negative expressions **ancora**, **mai**, **mica**, and **più** are placed between the auxiliary verbs **avere** and **essere** and the past participle in compound tenses. Example: **Non avevano mai discusso della sovrappopolazione della regione.**

**TEACHING OPTION**
Provide students with some affirmative phrases or questions and ask them to provide the negative forms or responses. Ex.: **Abbiamo già visto il film *New Moon*. → Non abbiamo ancora… Sei mai andato/a a Roma? → Non sono mai/ancora andato/a… Tutti hanno voglia di uscire. → Nessuno ha voglia … Tutto era facile quando ero piccolo/a. → Niente era facile…**

6.2

# Negation

- There are many ways to express negation (**la negazione**) in Italian. The simplest way is to place the word **non** before a verb (or an object pronoun and a verb).

Lorenzo **non** esce con noi stasera perché è impegnato.
*Lorenzo is not going out with us tonight because he is busy.*

- Many other expressions that begin with **non** can be used to make sentences negative. **Non** is placed in front of the verb and is followed by another word after the verb. Unlike in English, more than one negative expression can be used in the same sentence.

Allora, **non** faccio più **niente**!
*Fine, then I won't do anything else!*

Claudia **non** dice **mai niente** a **nessuno**.
*Claudia never says anything to anyone.*

- Note where the different negative expressions are placed in the sentences shown in the chart. **Non** precedes the auxiliary verb in compound tenses, and, depending on the negative expression, the other element follows either the auxiliary verb or the past participle.

**Negative expressions**

| | |
|---|---|
| **non… affatto**<br>*not at all* | **Non** mi piace **affatto** il ristorante Da Valerio.<br>*I don't like Da Valerio at all.* |
| **non… ancora**<br>*not yet* | Lucia, **non** hai **ancora** trovato un divano per il soggiorno?<br>*Lucia, haven't you found a sofa for the living room yet?* |
| **non… mai**<br>*never* | **Non** ho **mai** ascoltato la musica di Zucchero.<br>*I've never heard Zucchero's music.* |
| **non… mica**<br>*not in the least, not a bit, not at all* | Giusy **non** è **mica** stanca.<br>*Giusy isn't tired at all.* |
| **non… né… né**<br>*neither… nor* | I poveri **non** hanno **né** soldi **né** cibo.<br>*The poor have neither money nor food.* |
| **non… neanche**<br>**… nemmeno**<br>**… neppure**<br>*not even* | Marcella **non** ha comprato **neanche** un regalo di Natale.<br>*Marcella didn't even buy one Christmas present.*<br>**Non** ci ha detto **neppure** una parola.<br>*She has not even said a word to us.* |
| **non… nessuno**<br>*not… anyone, no one, nobody* | **Non** abbiamo visto **nessuno** davanti alla moschea.<br>*We didn't see anyone in front of the mosque.* |
| **non… nessun/o/a**<br>*not… a single, not… any* | **Non** aveva **nessuna** voglia di vederlo.<br>*She didn't want to see him at all.* |
| **non… niente/nulla**<br>*nothing, not… anything* | **Non** faccio **niente** di speciale stasera.<br>*I'm not doing anything special tonight.* |
| **non… più**<br>*no longer, not anymore, no more* | Barbara **non** esce **più** con il suo fidanzato italiano.<br>*Barbara isn't going out with her Italian boyfriend anymore.* |

—*Io **non** ho figli, e **nemmeno** i nipotini.*

- When a negative expression is the subject of the sentence, **non** must be omitted.

  **Nessuno** capisce bene il conflitto di classe.
  *No one really understands class conflict.*

  **Niente** cambierà le idee del papa.
  *Nothing will change the Pope's ideas.*

  **Né** Giancarlo **né** Domenico potrebbero accompagnarmi.
  *Neither Giancarlo nor Domenico could go with me.*

- **Nessuno** may be used as an adjective. When it is, the forms follow the pattern of the indefinite article **un**.

  **Nessuna** ragazza è venuta alla festa!
  *Not a single girl came to the party!*

  Davide non pratica **nessuno** sport.
  *Davide doesn't play any sports.*

- The pronouns **niente**, **nulla**, and **nessuno** are considered masculine and singular for agreement purposes.

  **Nessuno** si è **stabilito** in quella parte della città.
  *No one settled in that part of town.*

  **Nulla** sarebbe **piaciuto** ai nipoti di Tommaso.
  *Nothing would have pleased Tommaso's grandchildren.*

- Use **niente/nulla di** plus an adjective but **niente/nulla da** plus an infinitive.

  Non c'era **niente di** interessante al cinema.
  *There wasn't anything interesting at the movies.*

  Ho già guardato nel frigo—non c'è **nulla da** mangiare!
  *I already looked in the fridge—there's nothing to eat!*

*Non c'è **niente da** fare! È tutto finito!*

- **Alcuno/a** can be used instead of **nessuno/a** in negative sentences. In this case, always use the singular form.

  Mi ha licenziato senza **alcuna/nessuna** spiegazione.
  *They fired me without any explanation.*

  Non c'è **alcun/nessun** problema.
  *There's no problem.*

# Pratica

1 Ask students to imagine they are accusing someone of stealing the lesson 6 exam. Ask them to write a sentence using one of the following words: **tutti, tutto, sempre, ancora, già, moltissimo**. Then call on pairs of students and have them accuse each other and deny each other's accusations. Example: **—Sarah, tutti sanno che non parli bene l'italiano. Penso che sia stata tu!** **—Non è vero! Non mi ha visto nessuno!**

**1**

**Disaccordi politici** Immagina di essere un membro del Parlamento. Un esponente (*representative*) di un partito politico opposto al tuo si vanta (*boasts*) del proprio programma politico. Completa le frasi usando le espressioni suggerite tra parentesi.

**Modello** **—Questa nuova legge risolverà tutti i problemi del paese. (non… nessuno)**
—Non è vero, questa nuova legge non risolverà nessun problema del paese.

1. —Questa nuova legge porterà vantaggi per tutti. (non… nessuno)
   —Non è vero, questa nuova legge non porterà vantaggi per nessuno.
2. —In questo modo le persone più povere saranno sempre tutelate (*protected*). (non… mai)
   —Non è vero, in questo modo le persone povere non saranno mai tutelate.
3. —Tutti i cittadini apprezzano la legge che sto per proporre. (nessun)
   —Non è vero, nessun cittadino apprezza la legge che stai/sta per proporre.
4. —La maggioranza del Parlamento ha già dato la sua approvazione. (non… ancora)
   —Non è vero, la maggioranza del Parlamento non ha ancora dato la sua approvazione.
5. —I giovani mi amano moltissimo! (non… affatto)
   —Non è vero, i giovani non ti/La amano affatto.
6. —La popolazione mi eleggerà ancora! (non… più)
   —Non è vero, la popolazione non ti/La eleggerà più.

**2**

**Opinioni contrarie** Stai assistendo a una conferenza sulla situazione sociale in Italia oggi, ma non sei affatto d'accordo con quello che afferma il relatore (*speaker*). Some answers will vary.

**Modello** **Ho sempre lottato contro il maltrattamento dei bambini.**
No, Lei non ha mai lottato contro il maltrattamento dei bambini.

1. Ho sempre manifestato contro il razzismo. No, Lei non ha mai manifestato contro il razzismo.
2. Tutti pensano che la globalizzazione sia inevitabile. No, nessuno pensa che la globalizzazione sia inevitabile.
3. Il tasso di natalità in Italia quest'anno è già sceso dell'1% rispetto all'anno scorso. No, il tasso di natalità in Italia quest'anno non è ancora sceso dell'1% rispetto all'anno scorso.
4. La polizia ha registrato ancora casi di razzismo in città. No, la polizia non ha più registrato casi di razzismo in città.
5. Oggigiorno i giovani hanno tutto. No, oggigiorno i giovani non hanno niente.
6. L'Italia ha completamente superato le difficoltà legate all'integrazione delle comunità straniere. No, l'Italia non ha superato affatto le difficoltà legate all'integrazione delle comunità straniere.

3 Ask students to create one single dialogue using as many sentences from the activity as possible.

**3**

**Conversazioni** In coppia, immaginate quali dialoghi hanno provocato queste reazioni.

**Modello** —Ragazzi! Ho un'idea straordinaria per il weekend. Invece di andare al mare, potremmo visitare il museo di scienze naturali!
—Non interessa a nessuno!

Non lo farò mai!
Niente te lo impedirà!
No, non più.
Non dovrei né vederlo né parlargli!
Non interessa a nessuno!
Non ha ancora terminato gli studi all'università.


Practice more at **vhlcentral.com.**

# Comunicazione

**4** **Noi e gli altri** In coppia, ponetevi queste domande a turno. Rispondete utilizzando il più possibile le espressioni negative che avete imparato. Poi discutete delle vostre rispettive opinioni.

**Modello** —Sei mai stato in un tribunale?
—No, non sono mai stato in un tribunale.

### Gli ideali

Sei un anticonformista? Perché pensi di esserlo o non esserlo?
Conosci persone che lo sono?
Secondo te, perché è giusto/sbagliato conformarsi alla società intorno a noi?

### I problemi e le soluzioni

Hai mai avuto problemi di comprensione con qualcuno? In che occasione?
Hai mai reclamato un tuo diritto? Quale?
Hai mai lottato per una causa? Quale?

### La religione

Hai mai visitato una chiesa/moschea/sinagoga?
Ti mette a disagio (*make uncomfortable*) parlare di religione con altre persone? Perché?

**5** **Le opinioni dell'esperto** In coppia, immaginate di essere esperti sociologi e utilizzate le espressioni negative della colonna a destra per creare sei frasi sugli argomenti suggeriti nella colonna di sinistra.

**Modello** A causa della globalizzazione, alcuni oggetti non sono più prodotti in un unico paese.

| | | | |
|---|---|---|---|
| la globalizzazione | la sovrappopolazione | non... più | non... ancora |
| il sottosviluppo | la diversità | non... niente | non... affatto |
| il tenore di vita | il razzismo | non... mai | non... né... né |

**5** Have students read their sentences to the class without mentioning the noun from the column on the left. The others can guess what the missing word is.

**6** **Generazioni a confronto** In coppia, immaginate una conversazione tra un papà e un figlio adolescente su uno di questi argomenti. Usate delle espressioni negative. Le vostre tesi devono essere convincenti!

- Il papà pensa che sia giusto vestirsi bene per un colloquio di lavoro, ma il figlio, anticonformista, non è d'accordo.
- Il papà pensa che non si debbano mai abbandonare le proprie tradizioni, mentre il figlio crede nel dialogo e nel confronto tra culture diverse.
- Il papà difende i valori tradizionali della religione, ma il figlio non è d'accordo.

**6** Ask students to act out their dialogues for the class. Whose is most convincing?

**INSTRUCTIONAL RESOURCES**
Audioscripts, SAM AK, Lab MP3s, Grammar Presentation Slides
**SAM/WebSAM:** WB, LM

**ATTENZIONE!**

Since so many endings in the subjunctive are the same, you may need to use a subject pronoun to avoid confusion.

**È importante che arrivi alle nove.**
*It's important for me/you/him/her to arrive at nine.*

**È importante che lui arrivi alle nove.**
*It's important for him to arrive at nine.*

Point out that the first and second persons plural always end in **–iamo** and **–iate**.

**ATTENZIONE!**

For other verbs ending in **–iare**, only one **i** is used unless the **i** is stressed.
**sbagliare: sbagli, sbagli, sbagli, sbagliamo, sbagliate, sbạglino**
**sciare: scịi, scịi, scịi, sciamo, sciate, scịino**

6.3

# The subjunctive: impersonal expressions; will and emotion

- The subjunctive (**il congiuntivo**), is a grammatical mood that exists in both English and Italian to express attitudes or feelings such as opinion, happiness, fear, willingness, desire, obligation, necessity, or doubt.

## The present subjunctive

- The present subjunctive of regular verbs is formed by adding the subjunctive endings to the stem. For verbs conjugated like **finire**, insert **–isc–** as you would in the present indicative.

**The present subjunctive**

| | ascoltare | prẹndere | dormire | finire |
|---|---|---|---|---|
| che io | ascolti | prenda | dorma | finisca |
| che tu | ascolti | prenda | dorma | finisca |
| che lui/lei/Lei | ascolti | prenda | dorma | finisca |
| che noi | ascoltiamo | prendiamo | dormiamo | finiamo |
| che voi | ascoltiate | prendiate | dormiate | finiate |
| che loro | ascọltino | prẹndano | dọrmano | finịscano |

- Verbs like **cercare** and **pagare** maintain the hard sound of the infinitive by inserting **–h–** between the stem and endings of all forms of the present subjunctive.

**cercare: cerchi, cerchi, cerchi, cerchiamo, cerchiate, cẹrchino**
**pagare: paghi, paghi, paghi, paghiamo, paghiate, pạghino**

- Many verbs that are irregular in the indicative are also irregular in the subjunctive.

| | |
|---|---|
| **andare** | **vada, vada, vada, andiamo, andiate, vạdano** |
| **avere** | **abbia, abbia, abbia, abbiamo, abbiate, ạbbiano** |
| **bere** | **beva, beva, beva, beviamo, beviate, bẹvano** |
| **dare** | **dịa, dịa, dịa, diamo, diate, dịano** |
| **dire** | **dica, dica, dica, diciamo, diciate, dịcano** |
| **essere** | **sịa, sịa, sịa, siamo, siate, sịano** |
| **fare** | **faccia, faccia, faccia, facciamo, facciate, fạcciano** |
| **potere** | **possa, possa, possa, possiamo, possiate, pọssano** |
| **rimanere** | **rimanga, rimanga, rimanga, rimaniamo, rimaniate, rimạngano** |
| **sapere** | **sappia, sappia, sappia, sappiamo, sappiate, sạppiano** |
| **stare** | **stịa, stịa, stịa, stiamo, stiate, stịano** |
| **uscire** | **esca, esca, esca, usciamo, usciate, ẹscano** |
| **venire** | **venga, venga, venga, veniamo, veniate, vẹngano** |
| **volere** | **voglia, voglia, voglia, vogliamo, vogliate, vọgliano** |

## Subjunctive with impersonal expressions, will, and emotion

- The subjunctive is generally used in dependent clauses introduced by **che**, where the subjects of the main and dependent clauses are different. The verb or verb phrase in the main clause triggers the use of the subjunctive in the clause.

| MAIN CLAUSE | CONJUNCTION | DEPENDENT CLAUSE |
|---|---|---|
| **È possibile** | **che** | **Giorgio vada alla manifestazione.** |
| *It's possible* | *that* | *Giorgio is going to the demonstration.* |

- Use the subjunctive in clauses introduced by impersonal expressions that state an opinion.

**Impersonal expressions followed by the subjunctive**

| | |
|---|---|
| **è bene/male che...** *it is good/bad that...* | **è probabile che...** *it is likely that...* |
| **è difficile che...** *it is difficult/unlikely that...* | **è strano che...** *it is strange that...* |
| **è importante che...** *it is important that...* | **può darsi che...** *it is possible that...* |
| **è possibile che...** *it is (not) possible that...* | **si dice che...** *it is said/they say that...* |

**È strano che** Salvatore vada alla sinagoga: è cattolico!
*It's strange that Salvatore is going to the synagogue; he's Catholic!*

**Può darsi che** il telefonino sia spento.
*It's possible that his cell phone is off.*

- Use the subjunctive in subordinate clauses when the verb in the main clause expresses opinion, will or emotion.

| Expressions of will | Expressions of emotion and opinion |
|---|---|
| **desiderare...** *to desire...* | **avere paura...** *to be afraid...* |
| **esigere...** *to require...* | **credere...** *to believe...* |
| **insistere...** *to insist...* | **dispiacere...** *to be sorry...* |
| **permettere...** *to allow...* | **essere +** *[emotion]* |
| **preferire...** *to prefer...* | **felice/contento/a...** *to be happy...* |
| | **sorpreso/a...** *to be surprised...* |
| **suggerire...** *to suggest...* | **pensare...** *to think...* |
| **volere...** *to want...* | **piacere...** *to be pleased, to like...* |
| | **ritenere...** *to believe, to maintain...* |
| | **sperare...** *to hope...* |
| | **temere...** *to fear, to be afraid...* |

**Desiderano che** Chiara gli dica la verità.
*They want Chiara to tell him the truth.*

**Temo che** questo libro non sia più disponibile.
*I'm afraid this book is no longer available.*

**ATTENZIONE!**

Some additional impersonal expressions followed by **che** and the subjunctive include:

| | |
|---|---|
| **bisogna** | **(è un) peccato** |
| **è facile/difficile** | **è (im)possibile** |
| | **è raro/strano** |
| **è giusto** | **è (in)utile** |
| **è incredibile** | **occorre** |
| **è meglio** | **pare** |
| **è necessario** | **sembra** |
| **è ora** | **vale la pena** |

**ATTENZIONE!**

Not all clauses introduced by **che** require use of the subjunctive. Verbs and expressions indicating certainty or fact are followed by the indicative.

**Sanno che Rita viene domani.**
*They know that Rita is coming tomorrow.*

**È vero che Massimo fa lo scrittore.**
*It's true that Massimo is a writer.*

**ATTENZIONE!**

If the subject of the main clause and the dependent clause is the same, use an infinitive instead of the subjunctive in the dependent clause.

**Gianni vuole che tu finisca la lettera.**
*Gianni wants you to finish the letter.*

**Gianni vuole finire la lettera.**
*Gianni wants to finish the letter.*

**RIMANDO**

To learn about the use of infinitive constructions, see **Strutture 8.1, pp. 290–291**.

**RIMANDO**

To learn about other uses of the subjunctive, see **Strutture 7.3, pp. 258–259** and **Strutture 9.4, p. 346.**

To learn about tense sequencing, see **Strutture 9.1, pp. 332–334.**

# Pratica

1 **Le vacanze** Completa l'e-mail che Laura ha scritto a Manuele. Usa il congiuntivo presente.

Carissimo Manuele,
sono davvero felice che tu (1) ___sia___ (essere) qui da noi, nel Matese, e che ci (2) ___rimanga___ (rimanere) per un'intera settimana, così almeno potremo vederci!
È probabile che tu non (3) ___voglia___ (volere) uscire stasera e che invece (4) ___preferisca___ (preferire) rimanere in albergo a riposare. Ma spero che almeno un giorno tu (5) ___venga___ (venire) con me a percorrere «il sentiero delle quindici vette». La nostra zona non è molto vivace, ma è affascinante per i suoi scenari naturali.
Desidero davvero che tu (6) ___veda___ (vedere) i laghi e le conche (*basins*) naturali di queste montagne e che tu (7) ___beva___ (bere) l'acqua delle nostre sorgenti (*springs*).
Spero che tu (8) ___abbia___ (avere) voglia di camminare e che (9) ___faccia___ (fare) bel tempo, così potremo goderci la bellezza di queste zone. Ora ti lascio. È possibile che domani mattina io e Giorgio (10) ___passiamo___ (passare) in albergo per salutarti.
A presto,
Laura.

### Nota CULTURALE

Il **Matese** è un territorio montuoso ai confini tra Campania e Molise. I paesini che lo compongono sono dei borghi tipicamente medievali dove si conservano antiche tradizioni artigianali. Il **Parco Regionale del Matese** tutela la natura di questo territorio, ricchissima di vegetazione selvaggia.

1 Ask students to search the Internet for additional information about **il Matese** and to prepare an itinerary for Manuele, complete with photos and descriptions of places he might like to visit. As a follow-up, have pairs of students imagine a telephone conversation between Laura and Manuele, in which Manuele says what he would like to do during his visit while Laura comments and makes suggestions.

2 Give students far-fetched statements and have them contradict them using impersonal expressions and the subjunctive. Examples: **I marziani sono arrivati sulla Terra./Il telegiornale ha annunciato l'arrivo di un diluvio universale.**

2 **Difendiamo la natura** Gli effetti dello sviluppo sono devastanti per gli ecosistemi. Combinate elementi delle tre colonne per creare delle frasi complete. Dopo aggiungete tre frasi originali.

| | | |
|---|---|---|
| **È bello che** | **gli animali** | **aumenti ancora nella mia città** |
| **Sembra che** | **allo zoo** | **diminuisca sempre di più** |
| **Non voglio che** | **i giovani** | **maltrattino gli animali** |
| **Non credo che** | **l'inquinamento** | **manifestino per la difesa dell'ambiente** |
| **È impossibile che** | **il numero di foche (*seals*) nel mondo** | **si adeguino (*adapt*) al nuovo clima** |

3 **I coinquilini** Giorgio e Alberto hanno deciso di frequentare l'Università di Lingue Orientali a Napoli. Per potersi pagare gli studi, però, dovranno condividere l'appartamento. Cosa pensate che debbano fare Giorgio e Alberto per adeguarsi l'uno all'altro? Suggerite delle soluzioni usando le espressioni della lista.

| | |
|---|---|
| **bisogna che** | **è necessario che** |
| **è difficile che** | **(non) è possibile che** |
| **è meglio che** | **può darsi che** |

**Giorgio**

**Alberto**

Practice more at **vhlcentral.com.**

# Comunicazione

4 **Opinioni** In coppia, impostate una discussione su cosa sarebbe giusto fare per migliorare la società.

**Modello** —È bene che gli immigrati imparino a parlare la lingua del paese ospite.
—Sì, ma è importante che non perdano le proprie tradizioni culturali.

- bisogna che
- è bene che
- è giusto che
- è importante che
- penso che
- ritengo che

- abitudini
- lingua
- periferia
- religione
- scuola
- tenore di vita

5 **Annunci** In coppia, leggete gli annunci e immaginate di essere voi le persone che li hanno pubblicati; quindi continuate con la stesura (*draft*) dell'annuncio, usando quanto più possibile il congiuntivo presente. Poi presentate i vostri annunci completi alla classe.

**Modello** **Annuncio 1:** È importante che la ragazza abiti in casa con noi.
**Annuncio 2:** Occorre che il batterista abbia tempo libero il fine settimana.

6 **Per un mondo migliore** In gruppi di tre, provate a immaginare una conversazione fra due ragazzi che manifestano in piazza e il sindaco della città, che risponde in maniera pratica ai loro desideri.

**Modello:** **Ragazza:** Vogliamo che i quartieri siano più sicuri!
**Ragazzo:** È importante che la gente cammini per strada senza paura!
**Sindaco:** Sì, sono d'accordo. Ma per fare questo, bisogna che tutti rispettino le leggi.

NATIONAL communication STANDARDS

4 Have each pair add two more words/expressions to the list and create additional statements. Have the rest of the class respond with other priorities.

5 Ask students to act out a conversation between the writer of an announcement and the newspaper employee responsible for classified ads. The employee should ask for more detailed information that is not specified in the announcement.
Example: **—È meglio che la baby-sitter sia una persona giovane o matura? —Preferisco che sia giovane ed energica, ma che sappia anche essere severa.**

NATIONAL comparisons STANDARDS

**INSTRUCTIONAL RESOURCES**
Audioscripts, SAM AK, Lab MP3s, Grammar Presentation Slides
**SAM/WebSAM:** WB, LM

6.4

# Suffixes

*—L'importante è che lei non mi canti più quelle **canzonacce** napoletane, perche io veramente non le sopporto.*

- Suffixes (**i suffissi**) are added to many Italian nouns and adjectives to denote affection, size, poor quality, ugliness, or other traits. As in English, adding a suffix can reflect the speaker's feelings about a particular noun or the adjective used to describe it. For example, the two words, *dog*, **cane**, and *doggie*, **cagnolino**, demonstrate a difference that reflects the speaker's perception (a *doggie* is cuter or more dear to the speaker than a *dog*).

- Italian is very rich in its choice and variety of suffixes. English tends to rely on adjectives to convey shades of meaning. An Italian might say «**Che ragazzaccio!**» whereas an English speaker would probably say "*What a bad boy!*"

- Some suffixes are associated with diminutives (smallness, cuteness, affection).

| | | | |
|---|---|---|---|
| **–ino/a/i/e** | **un tavolo** | **un tavolino** | *a small table* |
| **–etto/a/i/e** | **un pezzo** | **un pezzetto** | *a little piece* |
| **–ello/a/i/e** | **una fontana** | **una fontanella** | *a little fountain* |
| **–olo/a/i/e** | **un figlio** | **un figliolo** | *a little boy* |
| **–uccio/a/i/e** | **una femmina** | **una femminuccia** | *a baby girl* |
| **–uzzo/a/i/e** | **una vịa** | **una viụzza** | *a little street* |

- Some suffixes indicate exaggeration or large size.

| | | | |
|---|---|---|---|
| **–one/a/i/e** | **un naso** | **un nasone** | *a big nose; big-nosed person* |
| | **una minestra** | **un minestrone** | *a big, hearty soup* |

- Some suffixes are pejorative, denoting ugliness, poor quality, or nastiness.

| | | | |
|---|---|---|---|
| **–accio/a/i/e** | **una parola** | **una parolaccia** | *a swear word* |
| **–astro/a/i/e** | **un poeta** | **un poetastro** | *a really bad poet* |
| **–uccio/a/i/e** | **una casa** | **una casuccia** | *a small, unassuming house* |

- Some suffixes may also be added to adjectives and adverbs.

**pigro → pigrone** **bello → bellino** **bene → benino**

**ATTENZIONE!**

Be very careful when using suffixes and try to use only those you have learned from native speakers or teachers. Adding them to words you are not sure of can lead to misunderstandings or even trouble if you are not absolutely certain of the meaning of the word that you have coined! For example, **cagnolino** means *doggie* but **canino** means *canine tooth*, and **un mulo**, a mule, is not related to **un mulino**, a mill.

**ATTENZIONE!**

Note that more than one suffix can be added to the same noun. For example, **una casa → una cas-ett-ina**.

**ATTENZIONE!**

Sometimes a noun changes gender when a suffix is added. For example, **una cucina**, *a kitchen*, becomes **un cucinino**, *a kitchenette*; **una finestra**, *a window*, becomes **un finestrino**, *a car window* and **una minestra**, *broth*, becomes **un minestrone**, a *hearty soup.*

# Pratica e comunicazione

**1** **Suffissi** Scegli la parola adeguata per completare ogni frase.

1. Paolo! Mamma mia come sei cresciuto! Sei diventato davvero un ragazzone (ragazzone/ragazzino).
2. Uffa! Piove anche oggi! È proprio un tempaccio (tempuccio/tempaccio).
3. Oh no! Un topolino (topone/topolino) si è nascosto sotto il frigorifero!
4. Eugenio, ho letto un articolo su di te sul giornale di ieri! Complimenti! Sei diventato un professorone (professorone/professoruccio)!
5. Mario, per cortesia, metti questi fiori sul tavolino (tavolaccio/tavolino) davanti alla televisione.
6. Ho comperato una simpatica borsetta (borsetta/borsaccia) per il mio vestito viola.
7. No, Sandra. Non ho voglia di parlare di Paolo. È una storiaccia (storiella/storiaccia).

**1** Tell the students that **Topolino** means Micky Mouse in Italian, **Paperino** is Donald Duck, and **Paperon de' Paperoni** is Scrooge McDuck.

**1** Point out that **tavolinetto** may be a synonym for **tavolino**, that **borsettina** is a synonym for **borsetta**, and that **macchinuccia/macchinina** are as acceptable as **macchinetta**.

**2** **Una parola per ogni occasione** Inventate una frase per descrivere ogni foto usando il vocabolario nel riquadro.

**Modello** —Michele è proprio un tenerone! Bacia Maria ogni volta che torna a casa!...

| | |
|---|---|
| amicona | incidentaccio |
| bestiaccia | ragazzaccio |
| cagnolino | pigrone |
| caratteraccio | simpaticone |
| dormiglione | tenerone |

**2** Ask volunteers to share captions with the rest of the class.

**3** **Storie** In coppia, inventate una storia buffa con almeno sei parole scelte tra quelle nella lista.

| | |
|---|---|
| angolino | nasone |
| cagnolino | ragazzino |
| finestrella | stradina |
| librone | vecchietto |
| macchinona | ventaccio |

**3** Have students share their stories and vote on the funniest one.

Practice more at **vhlcentral.com.**

NATIONAL communication STANDARDS

# Sintesi

1 **Parliamo** In coppia, leggete l'articolo e rispondete alle domande.

## ITALIA O ITALIE?

Le differenze tra l'Italia del nord e l'Italia del sud esistono da sempre per motivi storici e geografici.

A causa della sua posizione geografica, nel corso dei secoli l'Italia è stata conquistata (*conquered*) da varie popolazioni: l'Italia settentrionale dai popoli dell'attuale Nord Europa, l'Italia meridionale principalmente dai popoli arabi e spagnoli, arrivati nella penisola via mare.

Per questo motivo, l'Italia è stata frammentata in tanti piccoli regni (*kingdoms*) fino al 1861, quando l'esercito piemontese ha unificato la penisola sotto la guida di Giuseppe Garibaldi.

Dopo l'unificazione, il centro del potere, in Piemonte, era però geograficamente lontano e culturalmente distante dal Sud e dai suoi problemi: un'economia povera basata su pratiche agricole molto antiquate.

Ancora oggi, a chi visita la penisola italiana da nord a sud, sembra che l'Italia abbia due anime diverse: una più ordinata, disciplinata, privata e fredda (il Nord) e una più confusionaria, chiassosa (*loud*), ribelle, amichevole e solare (il Sud).

Ma «non è tutto oro quello che luccica (*glitters*)», e nel clima di abbandono successivo all'unificazione, nel Sud è nata la mafia, una sorta di anti-stato che interveniva là dove lo stato era assente. Purtroppo, oggi la mafia è presente ovunque nel paese, anche nella realtà industriale del Nord Italia.

Continuando una tradizione cominciata subito dopo la Seconda Guerra Mondiale, ancora oggi i giovani del Sud emigrano verso le città del Nord in cerca di lavoro. Il tasso di disoccupazione al Sud supera, infatti, il 17% della popolazione, il doppio rispetto al Nord, nonostante il tasso di istruzione sia più alto al Sud!

Resta, dunque, un'Italia a due velocità.

1. L'articolo parla di «due anime» dell'Italia. Sei d'accordo o ti sembra che non abbia senso fare queste generalizzazioni? Quali sono, secondo te, i fattori che determinano la cultura di un popolo?
2. Per introdurre l'argomento della mafia nell'articolo è usato un antico proverbio. Cosa pensi che significhi?
3. Pensi che le migrazioni interne (nord-sud, est-ovest) possano creare degli scontri culturali? Ti sembra possibile l'idea che spostarsi all'interno di uno stesso paese sia come trasferirsi in un paese straniero? Fai alcuni esempi.
4. Hai mai sperimentato uno shock culturale? Racconta.

**Strategie per la comunicazione**

**Suggerimenti per esprimere reazioni e opinioni personali**

| | |
|---|---|
| **Che + aggettivo** | • Che bello sarebbe vivere al Sud! |
| **Quanto/Come + frase** | • Quanto mi piacerebbe vivere al Nord! |
| | • Come ha ragione l'autore dell'articolo! |

2 **Scriviamo** Scrivi un tema di una pagina rispondendo a una delle seguenti domande e usando le strutture grammaticali che hai imparato in questa lezione.

- Ti piacerebbe di più vivere nel Sud o nel Nord Italia? Perché?
- Ti trasferiresti mai in un luogo con una cultura e uno stile di vita molto diversi dai tuoi? Perché sì o perché no?
- Hai mai avuto occasione di sperimentare la diversità regionale e culturale del tuo paese? Quando? Come?

# Preparazionea

Audio: Vocabulary

connections cultures — NATIONAL STANDARDS

**Vocabolario della lettura**

- **avvenire** *to happen*
- **la carta geografica** *map*
- **distinguere** *to distinguish*
- **il dominio** *domination*
- **le fondamenta** *foundations*
- **il Medioevo** *Middle Ages*
- **la provincia** *province*
- **il regno** *kingdom*
- **il Rinascimento** *Renaissance*
- **il Risorgimento** *Resurgence*
- **lo statista** *statesman*
- **tracciare** *to trace*

**Vocabolario utile**

- **l'autonomia** *autonomy*
- **la costituzione** *constitution*
- **il nazionalismo** *nationalism*
- **il parlamento** *parliament*

SINONIMI
la carta geografica = la cartina

1 **Vocabolario** Inserisci le parole nuove nelle frasi.

1. Per costruire una casa bisogna cominciare dalle ___fondamenta___.
2. La ___costituzione___ è il documento che contiene le leggi di un paese.
3. L'unificazione d'Italia ___avvenne/è avvenuta___ nel 1861.
4. Le principesse delle fiabe (*fairy-tales*) spesso abitano in un ___regno___ magico.
5. Un sinonimo di indipendenza è ___autonomia___.
6. Quando viaggio porto una ___carta geografica___ del paese che visito.
7. Per governare bene una nazione c'è bisogno di ___statisti___ esperti.
8. L'Italia si ___distingue___ per la sua forma a stivale (*boot*).

2 **La cartina geografica** Ricordate la geografia italiana? In coppia, segnate i nomi delle regioni sulla cartina.

- Abruzzo
- Basilicata
- Calabria
- Campania
- Emilia-Romagna
- Friuli-Venezia Giulia
- Lazio
- Lombardia
- Liguria
- Marche
- Molise
- Piemonte
- Puglia
- Sardegna
- Sicilia
- Toscana
- Trentino-Alto Adige
- Umbria
- Valle d'Aosta
- Veneto

3 **Tradizioni regionali** In piccoli gruppi, parlate degli aspetti tipici della città o della regione in cui abitate.

- Ci sono feste, piatti speciali, dialetti, monumenti o altre tradizioni della vostra zona che sono diverse rispetto a quelle nazionali? Quali?
- Quali sono le origini di queste tradizioni? Provengono da eventi storici?
- Cosa pensa il resto del paese delle vostre tradizioni?

TEACHING OPTION
Bring a large map to class and have a discussion of regional traditions, cuisines, and dialects. Break the class into groups and assign a region to each. Ask the groups to prepare a brief presentation on one interesting aspect, city, dish, etc. for the next class.

### Nota CULTURALE

«Fatta l'Italia bisogna fare gli italiani». Questa celebre frase attribuita a **Massimo D'Azeglio** (ma da alcuni attribuita a **Ferdinando Martini**) rifletteva le difficoltà degli inizi del **Regno d'Italia**. Era un paese con 22 milioni di abitanti, molti dei quali analfabeti°, un'economia debole° basata sull'agricoltura e una forte divisione tra il Nord ed il Sud. Oltre a risolvere i problemi pratici, il nuovo governo doveva anche incoraggiare° lo sviluppo di un'identità nazionale ancora inesistente.

**analfabeti** *illiterate* **debole** *weak* **incoraggiare** *to encourage*

# L'unità d'Italia
## *identità regionale e nazionale*

**L'Italia prima dell'unificazione**

Line 30: Give students additional details about the integration process. Mention the dates that other regions in Italy unified (**Toscana**, 1858; **Lombardia**, 1859; **Marche**, 1860, etc.). Mention that students might find some ambiguity if they research these dates, as unification was a long process with many complex benchmarks, and different historians recognize different events as the formal moments of integration.

**S** **Reading**

L'identità nazionale italiana non si è sviluppata su fondamenta politiche, economiche o religiose ma bensì° sul concetto di una cultura, cioè di una lingua e letteratura comuni a partire da Dante Alighieri in poi. Già sapete che l'Italia ha venti regioni. Ma sapevate che molte delle regioni italiane corrispondono agli antichi regni e ai territori delle dominazioni straniere che, dopo le invasioni barbariche e la dissoluzione dell'Impero Romano, hanno diviso politicamente e geograficamente il paese? E sapevate che l'Italia è un paese più giovane degli Stati Uniti?

Confrontando le carte geografiche della penisola dal Medioevo a oggi si possono tracciare le ragioni storiche per le differenze culturali e linguistiche che distinguono ogni regione e, in molti casi, ogni provincia italiana. L'unificazione ufficiale della nazione è relativamente recente: risale° al 1861 durante l'epoca storica chiamata Risorgimento.

Le prime regioni unificate nel 1861 furono la Sicilia e gran parte dell'Italia meridionale (il Regno delle due Sicilie, dei Borbone), con la Sardegna e il Piemonte (il Regno di Sardegna, dei Savoia) sotto il nome di Regno d'Italia, governato dalla casa reale Savoia. Nel 1870 furono incluse Roma e gran parte del Lazio (quello che rimaneva dello Stato Pontificio governato dal papa). La sede della capitale italiana fu spostata° da Torino a Firenze nel 1865 e infine a Roma nel 1871. Il Friuli e parte del Veneto (dell'Impero Austriaco) furono annessi° nel 1866. Il resto del Veneto, il Trentino-Alto Adige e la Venezia Giulia, a loro volta sotto il dominio austriaco, diventarono italiani soltanto dopo la Prima Guerra Mondiale. Il passaggio da monarchia a repubblica costituzionale avvenne nel 1946, dopo il famoso referendum del 2 giugno, giorno in cui, ancora oggi, ogni anno si celebra la Festa della Repubblica.

Durante il lungo processo dell'unificazione italiana ci furono molte dominazioni e guerre su tutto il territorio. Già nel Rinascimento scrittori come Niccolò Machiavelli e Francesco Guicciardini invocavano la presa di coscienza di un'identità nazionale mentre l'Italia era al centro delle guerre tra la Francia e la Spagna. In seguito°, gli ideali del movimento liberale repubblicano italiano ed europeo di statisti come Giuseppe Mazzini, Camillo Benso, conte di Cavour, e del generale Giuseppe Garibaldi resero° possibile l'unificazione politica.

Il processo di unificazione è stato lento e difficile: oltre ai molti dialetti e idiomi regionali parlati dagli italiani, alcune regioni sono ufficialmente bilingui, come il Trentino-Alto Adige (italiano e tedesco), la Valle d'Aosta (italiano e francese) e il Friuli (italiano e sloveno). Le guerre mondiali e la ripresa economica del dopoguerra hanno contribuito a rafforzare il patriottismo di molti italiani. Dalla metà del XX secolo in poi, una delle forze unificanti della lingua e della cultura italiana è stata la televisione. Il senso d'identità regionale è ancora molto forte: gli italiani sono legati sentimentalmente alle loro antiche radici, fatte di storia, lingue e tradizioni. ■

*bensì* rather · *risale* dates back · *spostata* moved · *annessi* annexed · *In seguito* Later · *resero* made

> **Confrontando le carte geografiche dal Medioevo ad oggi si possono tracciare le ragioni storiche per le differenze culturali e linguistiche.**

## Giuseppe Garibaldi

Giuseppe Garibaldi (1807–1882) è una delle figure più carismatiche ed amate del Risorgimento italiano. È considerato un eroe nazionale e padre dell'unità d'Italia, che conquistò con l'esercito dei Mille formato da giovani idealisti volontari. Garibaldi, con il suo esercito di italiani, oltre all'unificazione d'Italia ha partecipato anche alle guerre d'indipendenza del Brasile e dell'Uruguay.

# Analisi

1 Ask pairs to create 3 more true/false statements. Then give them to a different group to check.

1

## Comprensione

**A. Indica se l'affermazione è vera o falsa.**

| Vero | Falso | |
|---|---|---|
| ☐ | ☑ | 1. Le regioni italiane sono molto simili. |
| ☑ | ☐ | 2. Il processo di unificazione dell'Italia è stato lungo e difficile. |
| ☐ | ☑ | 3. Il Piemonte e la Sardegna facevano parte della Francia. |
| ☑ | ☐ | 4. All'inizio, l'Italia unita si chiamava Regno d'Italia. |
| ☑ | ☐ | 5. Il Lazio era governato dal papa. |
| ☐ | ☑ | 6. Garibaldi ha partecipato alla guerra d'indipendenza argentina. |
| ☐ | ☑ | 7. Roma è sempre stata la capitale d'Italia. |
| ☑ | ☐ | 8. Il 2 giugno si celebra l'anniversario della Repubblica Italiana. |

**B. In coppia, correggete le affermazioni false.**

2

**Opinioni** In coppia, confrontate le vostre opinioni rispondendo alle domande.

1. Secondo voi, quali sono stati i vantaggi dell'unificazione d'Italia? E gli svantaggi?
2. Quale pensate che sia stato il ruolo dei dialetti e dell'italiano nel creare un senso d'identità regionale e nazionale?
3. Pensate che i dialetti italiani possano sparire nel futuro? Perché?
4. Conoscete altri paesi in cui coesistono lingue diverse? Quali?
5. In quali altri paesi è stata necessaria una guerra o una rivoluzione per ottenere l'indipendenza o l'unità?
6. Quali sono gli elementi più importanti per gli abitanti di un paese per sentirsi uniti? Cosa significa per un paese essere unito?

3 It may be useful to provide students with a list of values such as **libertà**, **indipendenza**, **fratellanza**, etc. Once they complete the activity, ask the groups to share their answers with the rest of the class.

3

**Ideali** In piccoli gruppi, analizzate il motto italiano.

***«Unità, uguaglianza e umanità»***

- A quale altro motto nazionale assomiglia (*is similar to*) quello italiano?
- A cosa corrispondono i tre ideali del motto? Potete tracciarne (*trace*) le ragioni storiche?
- Quali altri valori o ideali avrebbe potuto includere il motto?
- Questo motto italiano può essere utilizzato anche per il tuo paese? Perché?
- Secondo voi, cosa vuol dire essere patriottici?

4

**Dibattito** Dividete la classe in squadre per dibattere le seguenti questioni.

- È importante conservare le diverse identità regionali.
- Le diverse identità regionali costituiscono un problema.
- È più importante creare un'identità nazionale che conservare le differenze regionali.
- L'identità nazionale deve includere le differenze regionali.

Practice more at **vhlcentral.com.**

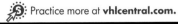

# Preparazione

Audio: Vocabulary

connections cultures

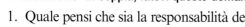

## A proposito dell'autore

**Dario Fo** (Sangiano, Varese 1926) è attore, commediografo, capocomico, scenografo e pittore. Nel 1997, ha vinto il Premio Nobel per la letteratura, sorprendendo il mondo intellettuale italiano e internazionale. Da sempre autore controverso e coraggioso, Fo è famoso in tutto il mondo per il suo teatro politico, attento ai problemi sociali. Sposato per quasi sessant'anni con l'attrice teatrale Franca Rame, Fo e la moglie, deceduta nel 2013, sono stati una delle coppie più interessanti del mondo dello spettacolo; hanno sempre lottato per i diritti del popolo, anche pagando di persona con arresti, minacce, querele e aggressioni personali.

Point out that **ospizio** is somewhat of a false cognate. It refers to a nursing home and does not have the connotation of terminal illness that the English word *hospice* does.

Mention that the "politically correct" term for **vecchio** is **anziano**. There is not a great deal of consensus on this term, though, and some people find it more insulting.

### Vocabolario della lettura

**aggrapparsi** *to hold on to*
**andarsene** *to leave (to go away from it)*
**buttare di sotto** *to throw down*
**il delitto** *crime*
**disfarsi** *to get rid of*
**farcela** *to make it (to work it out)*
**fregarsene (di)** *not to care (about)*
**incosciente** *irresponsible*
**l'incoscienza** *recklessness*
**laggiù/lassù** *down/up there*
**mollare** *to let go*
**l'ospizio** *nursing home*
**penare** *to suffer*
**scommettere** *to bet*
**spingere** *to push*

### Vocabolario utile

**il buon senso** *common sense*
**dissentire (da, su)** *to disagree*
**l'empatia** *empathy*
**fare una manifestazione** *to demonstrate*
**mobilitare** *to mobilize*
**l'opinione pubblica** *public opinion*
**risolvere** *to solve*

**1** **Definizioni** Collega ogni parola alla sua definizione.

| | |
|---|---|
| _b_ 1. fregarsene | a. soffrire |
| _e_ 2. l'opinione pubblica | b. credere che una cosa non sia abbastanza importante |
| _c_ 3. scommettere | c. mettere dei soldi in gioco |
| _f_ 4. aggrapparsi | d. atto grave che offende i diritti dei cittadini |
| _h_ 5. disfarsi | e. quello che pensano molte persone |
| _g_ 6. laggiù | f. tenere forte |
| _a_ 7. penare | g. in basso |
| _d_ 8. il delitto | h. buttare via |

**2** **Discussione** In coppia, fatevi queste domande.

1. Quale pensi che sia la responsabilità della società nei confronti dei suoi elementi più deboli (vecchi, bambini, disabili, ecc.)? Questi sono problemi individuali o collettivi?
2. Chi si deve occupare delle persone anziane? E dei bambini?
3. Secondo te, i vecchi sono tristi? Si può imparare qualcosa da loro?
4. I vecchi dovrebbero stare con la famiglia o da soli, secondo te? Cosa pensi di quei villaggi abitati solo da vecchietti?
5. Ci sono dei problemi per cui è giusto protestare e fare manifestazioni di massa? Fai alcuni esempi. Hai mai manifestato contro qualcosa?

Practice more at **vhlcentral.com.**

### Nota CULTURALE

Una volta in Italia solo i vecchi senza famiglia o gravemente malati finivano in **ospizio** o in **case di riposo**°. Ora che la struttura familiare è sempre più nucleare, con coppie in cui entrambi° lavorano, è sempre più difficile occuparsi dei propri vecchi. Dario Fo già ne parlava ironicamente nel 1980, denunciando° lo squallore e il degrado° degli ospizi, in cui i vecchi si lasciavano morire di tristezza. Il teatro di Fo ha sempre denunciato le carenze° della società e della politica, e spesso ha contribuito a generare dibattiti° che hanno portato a cambiamenti nelle leggi.

**case di riposo** *retirement homes* **entrambi** *both* **denunciando** *denouncing* **degrado** *degradation* **carenze** *shortcomings* **dibattiti** *debates*

# IL PROBLEMA

*Scena: fondo° prospettico di una grande strada cittadina. Un gruppo di persone sta guardando per aria° verso i piani superiori della casa di fronte. S'avvicina un giovanotto in bicicletta, si ferma.*

fondo°: backdrop; per aria°: upward

> **Ma la polizia che fa? Non interviene?**

**GIOVANOTTO** Che sta succedendo?

**DONNA CON LA BORSA DELLA SPESA** Non vede? Buttano giù un vecchio.

**GIOVANOTTO** Un vecchio?! Da dove?

**DONNA** Da lassù, guardi bene: due, tre, quattro, dal quinto piano. Eccolo! Vede, lo spingono!

**GIOVANOTTO** Ma perché lo vogliono buttare di sotto? Che ha fatto?

**UOMO CON UN PACCO SOTTO IL BRACCIO** Niente, ha fatto! Che discorsi. Stai a vedere che adesso, per buttare giù un vecchio, bisogna aspettare che abbia fatto qualcosa di illegale. Staremmo freschi°!

Staremmo freschi°: We'd be finished

**DONNA CON LA BORSA DELLA SPESA** Sì, d'accordo. Ma devo dire che non è certo uno spettacolo edificante! Ormai sta diventando uno sconcio°! Con tutti questi vecchi buttati giù sulla strada... almeno avvertissero quelli che passano sotto!

sconcio°: scandal

**GIOVANOTTO** Ma dico, lo stanno buttando giù davvero quello?! Ma è ignobile! Incivile! Ma chi sono quegli energumeni° che lo spingono?

energumeni°: big burly men

**UOMO CON UN CAPPELLO A LOBBIA° IN TESTA** Chi lo sa? Forse inquilini del palazzo o gente del quartiere. Certo, ha ragione lei, è incivile. Dovrebbe pensarci l'amministrazione, mica costringere i cittadini a fare da sé. Ma quelli del comune se ne fregano, figurati°! … Buoni solo a farci pagare le tasse!

lobbia°: homburg hat; figurati°: just think

**GIOVANOTTO** Ma la polizia che fa? Non interviene?

**DONNA** Sì, ce n'è uno... un agente, là sotto, sul marciapiede, che tiene lontano i curiosi e i passanti, perché non gli caschi° in testa il vecchio.

caschi°: fall

**UOMO COL PACCHETTO** Non ce la fanno. Guardate come s'è aggrappato alla balaustra°, quel vecchietto, accidenti°, com'è arzillo°!

balaustra°: railing; accidenti°/arzillo°: damn/lively

**ALTRO UOMO** È incredibile come sono attaccati° alla vita!

attaccati°: attached

Illustrazioni di Dario Fo

GIUDIZIO : gioco di equilibrio.

# DEI VECCHI

Audio: Dramatic Reading

**UOMO CON LOBBIA** È naturale. Più sono anziani-decrepiti e più desiderano stare al mondo, amano la vita, hanno il doppio istinto di conservazione!

*Passa un venditore ambulante*

**AMBULANTE** Cannocchiali°, binocoli anche tridimensionali, a colori. Godetevi° più da vicino la caduta del vecchio. Approfittate°, li diamo anche in affitto. Sconti speciali, ricchi premi.

*spyglasses*
*Enjoy/Take advantage*

**ALTRO UOMO** Ne dia uno a me, prego. Quant'è?

**DONNA** Ma guarda come è caparbio°, quel vecchietto! Non molla proprio.

*obstinate*

**GIOVANOTTO** Ma scusate, davvero non capisco! È un delitto, un fatto criminale e voi state tutti qui a guardare, non fate niente?

**UOMO CON LOBBIA** E che dovremmo fare se sono d'accordo i suoi?

**GIOVANOTTO** I suoi chi?

**UOMO CON LOBBIA** I suoi parenti, dal momento che hanno firmato la carta di delibera°.

*release*

**GIOVANOTTO** Delibera a che?

**DONNA** Come a che? Ma dove vive giovanotto? La delibera per il vecchio da buttare. Lei non è di queste parti, vero?

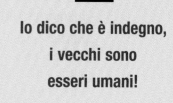

**Io dico che è indegno, i vecchi sono esseri umani!**

**UOMO COL PACCHETTO** Ma che fa quella donna?

**ALTRO UOMO** Quale?

**UOMO COL PACCHETTO** Ma come, ha il binocolo e non la vede? Là, guardi bene. S'è affacciata° una donna dalla finestra accanto°, ha afferrato° il vecchio per le braccia, lo vuole tirare su!

*leaned out/adjacent*

*grabbed*

**DONNA** Sarà qualche parente stretto, succede... all'ultimo momento si sarà lasciata prendere dalla pietà.

**UOMO CON LOBBIA** Ma che pietà, questa è incoscienza!

**DONNA** Eh, forse lei non può capire, anch'io quando mi hanno buttato di sotto il mio vecchio ho avuto un momento, come dire... insomma, è sempre uno del tuo sangue, dopotutto! Poi ho ragionato. Ecco! L'hanno portata via, finalmente, povera donna! Guardate il vecchio, s'è aggrappato al cornicione°... non ce la fa più!

*ledge*

**UOMO CON IL PACCHETTO** Io scommetto che invece quello ce la fa ancora, quello si salva!

**UOMO CON LOBBIA** Scommette? Quanto scommette?

**UOMO CON IL PACCHETTO** Cinquemila.

**UOMO CON LOBBIA** D'accordo. Ci sto! Ci metto cinquemila che fra due minuti è di sotto.

**UOMO CON IL PACCHETTO** Scommessa andata.

**DONNA** Ma non vi vergognate, voi due? Scommettere su certe tragedie?

**ALTRO UOMO** Però, almeno dovrebbero evitare che i ragazzini se ne stiano ad assistere a certi spettacoli, andiamo! Date un'occhiata laggiù, ce ne saranno una decina° e anche piccoli.

*about ten*

**DONNA** Ma che razza° di genitori hanno? Ma come fanno a non capire che certi fatti, ai minori poi, lasciano uno shock magari per tutta la vita!

*kind*

**GIOVANOTTO** (*grida verso l'alto*) Bravo, bravo nonno! Guardate, ce l'ha fatta! È riuscito a scivolare° lungo la grondaia° e s'è calato° sul terrazzo di sotto... Forza nonno!

*to slide/gutter/dropped*

**DONNA** Ah, bravo, e ci fa il tifo pure! Che razza di incosciente!

**GIOVANOTTO** Perché scusi?

**UOMO CON LA LOBBIA** Ma per favore, se ne vada di qui!

**ALTRO UOMO** Ma che crede, di essere allo stadio!? Crede che noi si sia qui a divertirci? Si soffre più di lei, sa?

**GIOVANOTTO** Soffrite? Non direi, state qui a guardare e basta!

**DONNA** Noi non guardiamo, assistiamo°, che è ben altra cosa!

*we attend*

**GIOVANOTTO** Sì, ma insomma lasciate fare!

**DONNA** Invece lei applaude, da incosciente, lo incita! Ma non capisce che se i vecchi cominciano a ribellarsi, rifiutano° di farsi buttare dalla finestra, è la fine, il disordine, l'anarchia!

*they refuse*

**UOMO CON LA LOBBIA** (*al giovanotto*) Sbaglio o lei è uno di quei fanatici del comitato antinucleare per la difesa della natura e per la difesa dei vecchi da defenestrare°?

*to be thrown out of the window*

**Abbiamo deciso che i nostri anziani ci sono di peso? Che non possiamo più né curarli né aiutarli?**

Explain to students that the illustration below is actually a rendition of the play's action drawn by the author himself.

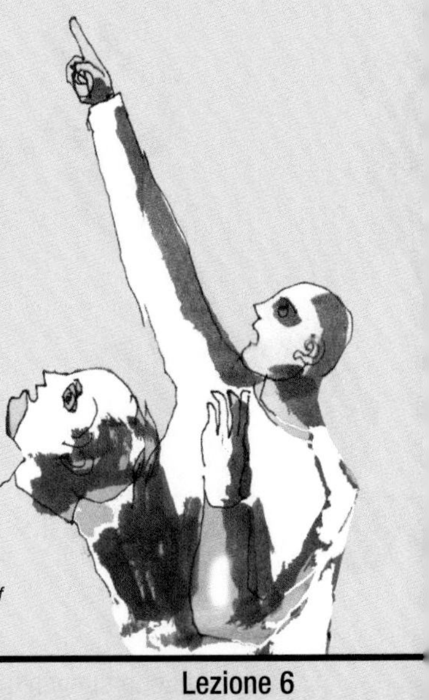

**GIOVANOTTO** Io non sono di nessun comitato. Io dico che è indegno°, i vecchi sono esseri umani!

*outrageous*

**DONNA** Ecco! Ecco che si è scoperto°, il solito sbandieratore° patetico dei diritti umani, di quelli che vogliono distribuire l'eroina gratis ai giovani e nello stesso tempo vorrebbero veder ripristinati° quegli ignobili ricoveri° per vecchi, dove si sbattono° a crepare° di malinconia i nostri poveri anziani ridotti a larve, mangiati dalla solitudine, e qualche volta anche dalle formiche...

*come out/flag waver*
*reinstated*
*nursing home/are thrown/to die*

**UOMO CON IL PACCHETTO** Sa cos'è lei, caro giovanotto? Lei, in verità, è un conservatore ipocrita, un reazionario!

**ALTRO UOMO** Stai a vedere che dopo tutte le battaglie disperate che abbiamo portato avanti°, per anni e anni, per arrivare a chiuderle, quelle galere° infami, adesso dovremmo sopportare° ancora certi discorsi ipocriti-populisti!?

*we have carried on*
*prisons/endure*

**GIOVANOTTO** Ipocriti-populisti? Ma che discorsi, e su che cosa?

**DONNA** Sui vecchi, caro giovanotto. Sui nostri vecchi! Bisogna avere coraggio delle proprie scelte, non fare i demagogici. Abbiamo deciso che i nostri anziani ci sono di peso°? Che non possiamo più né curarli né aiutarli? Se non sono generali, con le pensioni non sopravvivono. Che non ci resta più tempo per occuparci di loro? E allora, invece di disfarcene da veri criminali, abbandonandoli in quelle puzzolenti° galere, che sono gli ospizi, meglio, molto più onesto e civile, prenderci la responsabilità di buttarli!

*are a burden for us*
*stinking*

**UOMO COL BINOCOLO** Attenti. Ecco, l'hanno riacciuffato°. Lo buttano!

*have caught*

**CORO** L'hanno buttato!

**DONNA** Povero vecchio ha finito di penare.

**VIGILE** Avanti, circolare. Su andate a casa, sgomberare°!

*leave*

**UOMO CON LA LOBBIA** Scusi signore, le mie cinquemila! Ho vinto la scommessa!

**UOMO CON IL PACCHETTO** Ma mi faccia il piacere, lei non ha vinto un bel niente°! È andata pari e patta°!

*nothing at all/We're even*

**UOMO COL BINOCOLO** Attenzione! Ne stanno buttando un altro.

**DONNA** Dove?

**UOMO COL BINOCOLO** Là, da quella parte, quarto piano! La seconda finestra.

**VIGILE** Eh no, adesso esagerano, mica posso continuare a tenere bloccato il traffico per ore e ore!

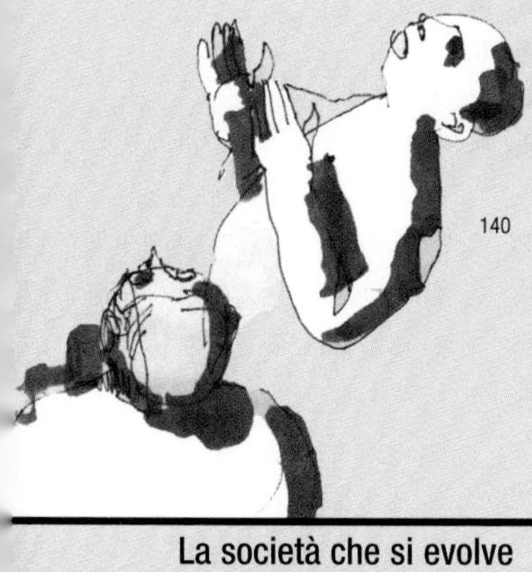

**DONNA** Certo, dovrebbero mettere degli orari, alla mattina presto e al massimo per due o tre giorni fissi alla settimana... se no, è il caos! Ma scusi signor vigile, non c'era quella proposta dell'Assessore° alla viabilità°, di radunare° tutti i vecchi da buttare, e portarli allo stadio la domenica, e fare una cosa di massa prima della partita?

*council member*
*road and traffic conditions/gather*

**VIGILE** Sì, ma quelli del totocalcio° si sono opposti! Volevano gestirlo in proprio°! ■

*soccer pools*
*to administer it themselves*

# Analisi

**1** Make sure that the central ideas of the play are clear. The first point is not that old people should be killed, but that leaving them to die alone in substandard nursing homes is not an acceptable solution. This farce is not meant to provide a solution, but to provoke and make people be responsible. The second point is that crowd mentality is capable of endorsing even the most unethical behavior; rather than going with the flow, individuals must always be prepared to evaluate moral issues on their own and be ready to dissent.

**1** Ask students: **Perché il pubblico rimprovera il giovanotto? Cosa pensa la donna delle case di riposo?**

**1** **Comprensione** Scegli la frase vera tra le due.

1. (a.) Il giovanotto si ferma a chiedere perché la folla guarda per aria.
   b. Il giovanotto in bicicletta crede che ci sia una festa in città.
2. (a.) Stanno buttando un vecchio di sotto.
   b. Stanno guardando un vecchio alla finestra.
3. a. La polizia non interviene.
   (b.) La polizia regola il traffico sotto la finestra.
4. a. Un venditore ambulante vende gelati.
   (b.) Un venditore ambulante vende binocoli.
5. (a.) Il giovanotto è perplesso perché è un fatto criminale.
   b. Il giovanotto è perplesso perché il vecchio ha fatto qualcosa di illegale.
6. (a.) Due uomini scommettono su come finirà la vicenda (*event*).
   b. Due uomini scommettono cinquemila volte.

**2** **Interpretazione** Scegli la risposta giusta.

1. Il giovanotto è ____
   (a.) sconvolto (*upset*) da quello che vede. b. indifferente e imparziale.
   c. incuriosito e divertito da quello che vede.
   d. d'accordo e incita a defenestrare.
2. La gente ____
   a. è indifferente e distratta. b. sa che l'amministrazione paga i cittadini.
   (c.) non capisce perché il giovanotto non conosce le leggi.
   d. ha paura che la balaustra cada.
3. Secondo l'uomo con la lobbia, incitare il vecchio a salvarsi è ____
   (a.) da incoscienti. b. umano. c. un fatto criminale. d. una cosa da stadio.
4. La donna è convinta che ____
   a. le scelte sono solo coraggiose. b. senza coraggio non si sceglie.
   c. bisogna fare delle scelte ed avere coraggio.
   (d.) bisogna avere il coraggio delle proprie scelte.
5. La scena ha un finale ____
   a. moderato (b.) ironico c. ragionevole d. felice

**3** Give students additional adjectives: **seccato, compassionevole, perplesso, scioccato**.

This is a good exercise to make students learn new adjectives. You will have to give the definition of some of the words listed. A follow-up activity could be asking students whether they agree with the adjectives given and how else they would describe the characters listed.

**3** **Personaggi** Scegli gli aggettivi nella lista che meglio descrivono le seguenti persone. Usa il dizionario per cercare gli aggettivi che non conosci. Some answers will vary.

| | | | |
|---|---|---|---|
| a. sorpreso | e. curioso | i. attento | o. chiacchierone |
| b. approfittatore | f. indignato | l. imbroglione | p. incredulo |
| c. legalitario | g. logico | m. arrabbiato | q. opportunista |
| d. professionale | h. spazientito | n. onesto | r. rigido |

- il giovanotto a, f, p
- la donna a, c, g, h, m, n, o, r
- il vigile d, h
- l'ambulante b, q
- l'uomo col pacchetto a, e, h, i, l, o, r

4 **Tu cosa ne pensi?** In coppia, rispondete alle seguenti domande.

1. Secondo te, è giusto pensare che i vecchi debbano avere un posto marginale nella società? Cosa si dovrebbe fare per prendersi cura delle persone anziane?
2. Come sarebbe un mondo senza vecchi? Descrivilo.
3. Ci sono paesi (l'Italia e il Giappone per esempio) in cui il tasso di natalità è bassissimo. Con una popolazione tanto vecchia, quali strutture dovrebbero esserci in una società per rendere la vita migliore per tutti?
4. Nella tua regione, che strutture ci sono per la terza età (*for seniors*)? Cosa manca secondo te?
5. È efficace discutere di problemi seri mostrando una soluzione ironica e grottesca? Qual è l'effetto di questo espediente (*device*) narrativo?

As a curiosity, you can tell students that in Italy there is a **partito dei pensionati** (a political party made up of retirees that defends the interests of senior citizens).

5 **Reality show!** In piccoli gruppi, immaginate di essere il conduttore e i partecipanti di un *reality show* che discute un problema sociale. Immaginate una soluzione ragionevole e una totalmente grottesca. Potete usare qualunque formato di *reality* che volete.

5 Students can also be divided into "tribes" as on *Survivor*, where they will vote off the least desirable solution to the problem. Students can debate any problem they perceive as important, including issues on campus or in their daily lives.

6 **Discussione**

**A.** In gruppi di tre, scegliete un argomento di discussione sociale che mobilita (*mobilizes*) l'opinione pubblica. Cercate di pensare ai diversi punti di vista su questi argomenti e stendete una lista al riguardo. Quale pensate sia il punto di vista predominante nel vostro paese?

| | | | |
|---|---|---|---|
| l'assistenza medica per tutti | l'immigrazione | la libertà di culto | la povertà |
| | la pubblica istruzione | la pena di morte | ? |

**B.** Paragonate il vostro parere all'opinione predominante su questi argomenti. Ci sono dei ragionamenti riguardo ai quali «dissentite»? Perché? Fate qualcosa per andare controcorrente?

7 **Andare controcorrente** Dario Fo ha sempre lottato attivamente contro le ingiustizie, pagando in prima persona. Secondo te, quanto può contare la voce di un singolo individuo per mobilitare l'opinione pubblica, cambiare leggi, regole, istituzioni? In gruppi di quattro, pensate a personaggi famosi della storia che hanno cambiato il corso delle cose nell'arte, nella scienza, nella religione, nella cultura, nella politica, nell'ambiente, ecc. e fate una lista. Poi confrontatela con quella degli altri gruppi.

- Chi sono?
- Come hanno lottato?
- Hanno avuto successo?
- Hanno subito (*suffered*) delle conseguenze?
- Con chi vi identificate di più?

8 **Tema** Pensa a come tu risolveresti il problema dell'invecchiamento. Nella tua utopia, cosa succederebbe una volta passati i sessantacinque anni? Scrivi almeno due paragrafi.

Practice more at **vhlcentral.com.**

# Pratica

After the students have read the **confutazione** section, divide the class into two groups. Invite one group to come up with ideas for a thesis and the other group to try to find ways to refute those ideas.

Invite students to review the strategies for the different kinds of arguments studied in lesson 3.

## La confutazione

Nella **Lezione 1 (p. 38)**, si presentano strategie per scrivere argomenti in difesa di una tesi. Una strategia è la confutazione, che consiste nel difendere il nostro punto di vista in forma indiretta esaminando il punto di vista opposto. Invece di usare argomenti che difendono la sua tesi, l'autore dimostra le debolezze (*weaknesses*) della tesi opposta. In un buon saggio, la confutazione deve essere usata solo in combinazione con altri tipi di argomenti. Non deve mai essere l'unico argomento utilizzato. Una buona confutazione:

- non deve essere un attacco contro il punto di vista opposto.
- deve essere basata su una prova o, nel caso di un'opinione personale, deve essere basata su un ragionamento logico che l'autore può esprimere con un linguaggio obiettivo.

**Modello**

- **Tesi:** Anche in un mondo in cui l'inglese è la lingua franca, soprattutto in rete, imparare una lingua straniera come l'italiano offre grandi vantaggi.
- **Tesi contraria:** Imparare una lingua straniera «minore» come l'italiano non è importante e non è competitivo in un mondo in cui l'inglese è spesso la lingua franca in rete.
- **Proposizione principale:** Ci sono coloro che argomentano che imparare una lingua come l'italiano sia inutile e non serva. Senza dubbio queste sono affermazioni eccessive e affrettate.
- **Esempio di confutazione:** Secondo i dati più recenti, l'italiano è la quarta lingua straniera più studiata nel mondo. Inoltre, ci sono molti studi che sostengono l'utilità di internet nell'apprendimento delle lingue straniere, compreso l'italiano.

1 **Preparazione** In coppia scegliete e rileggete alcuni brani delle lezioni precedenti. Qual è la tesi opposta? Quali argomenti si possono usare per respingere (*reject*) la tesi opposta?

2 **Saggio** Scegli uno di questi argomenti e scrivi un saggio.

- Il saggio deve far riferimento ad almeno due dei quattro brani studiati in questa lezione e nelle precedenti lezioni contenuti in **Cortometraggio**, **Immagina**, **Cultura** e **Letteratura**.
- Il tuo saggio deve includere almeno due esempi di confutazione.
- Il saggio deve essere lungo almeno due pagine.

*Le divisioni politiche del passato possono aiutarci a costruire un mondo unito nel presente?*

*Lo stile di vita moderno aiuta a colmare le divisioni (fill in the gaps) culturali radicate (rooted) nella storia e nella geografia di una nazione?*

*Si può «andare controcorrente»? Quali sono i vantaggi o gli svantaggi?*

# Società e cambiamenti

Vocabulary Tools

## I cambiamenti

**adattarsi** *to adapt*
**adeguarsi** *to adjust*
**appartenere** *to belong to*
**arricchirsi** *to become rich*
**aumentare** *to increase*
**conformarsi** *to conform*
**diminuire** *to decrease*
**impoverirsi** *to become poor*
**ottenere** *to obtain*
**pianificare** *to plan*
**realizzare** *to achieve*
**stabilirsi** *to settle*
**tutelare** *to protect; to defend*

## Le tendenze sociali

**la (s)comparsa** *(dis)appearance*
**la diversità** *diversity*
**la globalizzazione** *globalization*
**l'integrazione** *integration*
**la lingua madre** *native language*
**la (sovrap)popolazione** *(over)population*
**(il)lo (sotto)sviluppo** *(under)development*
**il tasso di natalità** *birthrate*
**il tenore di vita** *standard of living*

---

**(anti)conformista** *(non)conformist*
**multilingue** *multilingual*

## I problemi e le soluzioni

**il caos** *chaos*
**la comprensione** *understanding*
**il conflitto di classe** *class conflict*
**il dialogo** *dialogue*
**l'incertezza** *uncertainty*
**il maltrattamento** *abuse*
**la polemica** *controversy*
**la povertà** *poverty*
**il razzismo** *racism*
**la volontà** *will(power)*

---

**lamentare/lamentarsi** *to regret*
**lottare** *to fight*
**manifestare** *to demonstrate*
**reclamare** *to complain, to protest; to claim*
**superare** *to overcome*
**tirare avanti** *to go forth*

## Le convinzioni religiose

**la cattedrale** *cathedral*
**la chiesa** *church*
**Dio** *God*
**la fede** *faith*
**il/la fedele** *believer*
**la libertà di culto** *freedom of worship*
**la moschea** *mosque*
**il papa** *pope*
**il prete** *priest*
**il rabbino** *rabbi*
**la sinagoga** *synagogue*
**il/la santo/a** *saint*

---

**credere** *to believe*
**pregare** *to pray*

---

**agnostico/a** *agnostic*
**ateo/a** *atheistic*
**cattolico/a** *Catholic*
**ebreo/a** *Jewish*
**musulmano/a** *Muslim*
**protestante** *Protestant*

## Cortometraggio

**il capitone** *large eel*
**la corriera** *long-distance bus*
**il dialetto** *dialect*
**l'estero** *foreign countries*
**il ferroviere** *railway employee*
**l'incomprensione** *lack of understanding*
**il maltempo** *bad weather*
**il panettone** *Christmas bread*
**il pregiudizio** *prejudice*
**il proverbio** *proverb*
**il realismo** *realism*
**lo stereotipo** *stereotype*
**il tassista** *taxi driver*
**la tradizione** *tradition*
**l'umorismo** *humor*
**la vigilia** *eve*

---

**meridionale** *southern*
**settentrionale** *northern*

## Cultura

**l'autonomia** *autonomy*
**la carta geografica** *map*
**la costituzione** *constitution*
**il dominio** *domination*
**le fondamenta** *foundations*
**il Medioevo** *Middle Ages*
**il nazionalismo** *nationalism*
**il parlamento** *parliament*
**la provincia** *province*
**il regno** *kingdom*
**il Rinascimento** *Renaissance*
**il Risorgimento** *Resurgence*
**lo statista** *statesman*

---

**avvenire** *to happen*
**distinguere** *to distinguish*
**tracciare** *to trace*

## Letteratura

**il buon senso** *common sense*
**il delitto** *crime*
**l'empatia** *empathy*
**l'incoscienza** *recklessness*
**l'opinione pubblica** *public opinion*
**l'ospizio** *nursing home*

---

**aggrapparsi** *to hold on to*
**andarsene** *to leave (to go away from it)*
**buttare di sotto** *to throw down*
**disfarsi** *to get rid of*
**dissentire (da, su)** *to disagree*
**farcela** *to make it (to work it out)*
**fare una manifestazione** *to demonstrate*
**fregarsene (di)** *not to care (about)*
**mobilitare** *to mobilize*
**mollare** *to let go*
**penare** *to suffer*
**risolvere** *to solve*
**scommettere** *to bet*
**spingere** *to push*

---

**incosciente** *irresponsible*

---

**laggiù/lassù** *down/up there*

LEZIONE 7

# Le scienze e la tecnologia

La ricerca scientifica e il progresso tecnologico per molti aspetti migliorano la qualità di vita e facilitano i rapporti tra le persone. Ma è sempre così? La tecnologia avvicina (*brings closer*) le persone e semplifica la vita o ci isola e ci separa dagli altri? Che rapporto avete con le scienze e la tecnologia? Potreste vivere senza gli oggetti tecnologici che fanno ormai parte della vostra quotidianità?

## 240 CORTOMETRAGGIO

Nel film *L'età del fuoco* di **Mauro Calvone**, il protagonista diventa prigioniero della tecnologia e non riesce a farne a meno (*do without*). I primi problemi iniziano quando in cucina non si accende il gas.

## 246 IMMAGINA

Un viaggio nel **Triveneto** vi porterà a conoscere un'Italia unica e diversa. Non mancheranno arte, architettura, storia e buon cibo, ma in più vi immergerete in un'atmosfera europea, dove occidente e oriente si incontrano.

## 265 CULTURA

Il riscaldamento globale ha alzato il livello delle acque dei mari: cosa ha fatto la città-laguna di **Venezia** per proteggersi dagli allagamenti (*flooding*)? E quali sono i suoi progetti per il futuro?

## 269 LETTERATURA

In «La luce ed il calore futuro», un capitolo del romanzo *Le meraviglie del Duemila* di **Emilio Salgari**, due visitatori dal passato scoprono un mondo pieno di invenzioni incredibili.

243

266


238 PER COMINCIARE

248 STRUTTURE

7.1 Comparatives and superlatives

7.2 Relative pronouns

7.3 The subjunctive with expressions of doubt and conjunctions; the past subjunctive

7.4 Conoscere and sapere

277 VOCABOLARIO


**Destinazione:**

**IL TRIVENETO**

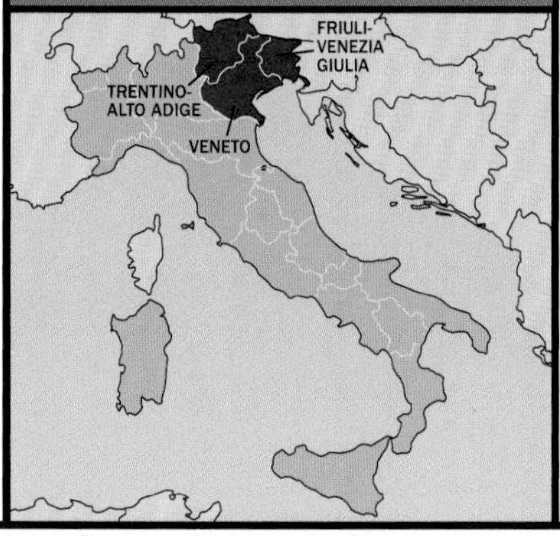


**PREVIEW** Ask students to look at the photo on the previous page. Ask: **La tecnologia può provocare dei cambiamenti sociali? Quali sono gli effetti positivi e negativi della tecnologia?**

# I progressi e la ricerca

Vocabulary Tools

## Gli scienziati

**l'astronauta** *astronaut*
**l'astrọnomo/a** *astronomer*

**il/la biọlogo/a** *biologist*
**il/la (bio)chịmico/a** *(bio)chemist*
**il/la fịsico/a (nucleare)** *(nuclear) physicist*
**il/la geọlogo/a** *geologist*
**il/la matemạtico/a** *mathematician*
**il/la ricercatore/ ricercatrice** *researcher*
**lo/la zoọlogo/a** *zoologist*

## La ricerca scientịfica

**il brevetto** *patent*
**il DNA** *DNA*

**l'esperimento** *experiment*
**il gene** *gene*
**la ricerca** *research*

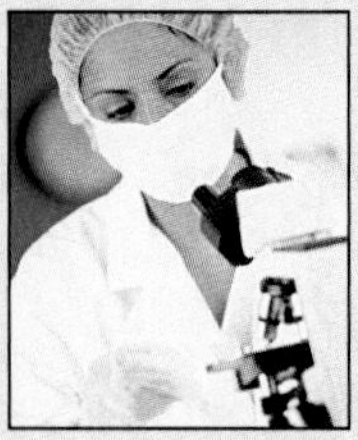

**la scoperta** *discovery*
**lo scopo** *aim; goal*
**lo sviluppo** *development*
**il vaccino** *vaccine*

**dimostrare** *to prove*
**guarire (-isc-)** *to cure; to heal*

**notẹvole** *remarkable*

## La tecnologịa

**la banca dati** *database*
**il cọdice** *code*
**il dispositivo** *device*
**l'elettrọnica** *electronics*
**l'informạtica** *computer science*
**l'ingegnerịa** *engineering*
**l'intelligenza artificiale** *artificial intelligence (A.I.)*
**la nanotecnologịa** *nanotechnology*
**la rete (senza fili)** *(wireless) network*
**la robọtica** *robotics*

**il segnale (analọgico/digitale)** *(analog/digital) signal*
**le telecomunicazioni** *telecommunications*
**la trasmissione** *broadcast*

## Il mondo digitale

**la chiavetta USB** *flash drive*
**la chiọcciola** *@ symbol*
**il computer (da tạvolo/portạtile)** *(desktop/laptop) computer*
**l'indirizzo e-mail** *e-mail address*
**il lettore CD/DVD/MP3** *CD/DVD/MP3 player*
**il libro elettrọnico** *e-book*
**l'SMS (*m.*)** *text message*

**aggiornare** *to update*
**allegare** *to attach*
**cancellare** *to erase*
**copiare** *to copy*
**incollare** *to paste*
**masterizzare** *to burn*
**navigare su Internet/sulla rete** *to browse/to surf the Internet/Web*
**salvare** *to save*
**scaricare** *to download*

## Problemi e sfide

**la cẹllula staminale** *stem cell*
**il cọdice deontolọgico** *code of conduct*
**il furto d'identità** *identity theft*
**l'inquinamento** *pollution*

**la sfida** *challenge*

**clonare** *to clone*
**riciclare** *to recycle*

**controverso/a** *controversial*
**ẹtico/a** *ethical*
**giusto/a** *right*
**(im)morale** *(un)ethical*
**sbagliato/a** *wrong*

**SINONIMI**
**lo scopo ↔ il fine**

The word **ricerca** in its singular form may mean both *search* and *academic research*, while in its plural form it only means *searches*. Example: **Ho vinto una borsa di studio per fare ricerca all'estero./La polizia ha iniziato le ricerche in tutta la città.**

**Chiocciola** in Italian means *snail*.

Point out that many English words about computing enter into Italian, like **mouse**, **smartphone**, **desktop**, **file**, **software**, and **e-mail**, while other words are taken from English and adapted to Italian grammar, like **chattare** and **cliccare**.

Point out that **guarire** means *to cure/heal* when it is used transitively. Used intransitively, it means *to recover*. Example: **Sono guarito dal raffreddore.**

**INSTRUCTIONAL RESOURCES**
Audioscripts, SAM AK, Lab MP3s
**SAM/WebSAM:** WB, LM

# Pratica e comunicazione

**1** **Associazioni** Trova la parola della colonna di destra che è associata ai termini della colonna di sinistra.

| | | |
|---|---|---|
| __b__ | 1. il codice, la banca dati, Internet | a. l'ingegneria |
| __e__ | 2. il DNA, il vaccino, la malattia | b. l'informatica |
| __c__ | 3. l'intelligenza artificiale, il codice, il dispositivo | c. la robotica |
| __a__ | 4. i progetti, la matematica, la fisica | d. lo sviluppo |
| __f__ | 5. la rete, il segnale, la trasmissione | e. la medicina |
| __d__ | 6. il progresso, la scoperta, la ricerca | f. le telecomunicazioni |

**2** **Che bisogna fare per...?** Completa le frasi con la parola appropriata.

1. Per ricevere dei messaggi elettronici bisogna avere un __indirizzo e-mail/computer__.
2. Per navigare sulla rete quando sei in spiaggia devi avere un __computer portatile/uno smartphone__.
3. Per aggiornare l'antivirus puoi __scaricare__ l'ultima versione da Internet.
4. Per non perdere i documenti devi __salvare__ tutto su una chiavetta USB.
5. Per non riempire troppo la casella di posta elettronica bisogna __cancellare__ i messaggi inutili.
6. Per inviare un documento via Internet bisogna __allegare__ il file al messaggio.
7. Per vedere un film su DVD bisogna avere un __lettore DVD__.
8. Se non vuoi telefonarmi, puoi inviarmi un __SMS__ sul cellulare.

**2** Have pairs of students write sentences for other related vocabulary words, such as **chiocciola** and **navigare**.

**3** **Chi è?** Leggi le frasi e individua gli scienziati descritti. Aggiungi l'articolo corrispondente.

1. Mario esamina la struttura, la composizione e il cambiamento delle rocce (*rocks*). Fa __il geologo__.
2. Carlo studia la storia, l'evoluzione e i comportamenti degli animali. Fa __lo zoologo__.
3. Marcella studia la composizione della materia e fa esperimenti in laboratorio. Fa __la chimica__.
4. Antonio è specializzato nello studio della struttura e delle funzioni degli organismi viventi e della loro interazione con l'ambiente. Fa __il biologo__.

**3** Ask pairs of students to come up with two more sentences to read to their classmates, who can guess the scientists described.

**4** **Questioni di attualità** Sembra che la scienza e il progresso oggi non abbiano e non debbano avere limiti. Qual è la tua opinione sui seguenti temi?

**A.** Contrassegna con una X le affermazioni con cui sei d'accordo e preparati a spiegare le tue opinioni con una o due frasi.

- ☐ 1. La clonazione umana è uno strumento importante per combattere molte malattie genetiche.
- ☐ 2. È immorale provare ad avere un figlio ad ogni costo! Ci sono tanti bambini senza genitori: perché non adottarli?
- ☐ 3. I vantaggi apportati dalla tecnologia informatica sono maggiori degli svantaggi.
- ☐ 4. La tecnologia oggi ha semplificato molto il lavoro dell'uomo.

**B.** Confronta le tue risposte con quelle di un(a) compagno/a e preparate insieme un riassunto spiegando le vostre differenze o similarità.

**4** Start a discussion with the class about each topic. Invite students that share the same point of view to explain their reasons, then ask students with opposite opinions to respond. List the students' points of view in two columns titled **perché sì** and **perché no** on the blackboard.

Practice more at **vhlcentral.com.**

# Preparazione

Audio: Vocabulary

National Standards: connections, cultures, communication

**INSTRUCTIONAL RESOURCES**
Film Collection,
Script & Translation
**SAM/WebSAM:** WB

**SINONIMO**
collegamento Internet = connessione Internet

| Vocabolario del cortometraggio | Vocabolario utile |
|---|---|
| **il collegamento** *connection* | **l'acquario** *aquarium* |
| **digitare** *to type; to dial* | **il laboratorio** *lab* |
| **il navigatore satellitare** *GPS* | **la lingua dei segni** *sign language* |
| **il piano di cottura** *stovetop* | **il nastro adesivo** *adhesive tape* |
| **la ricetta** *recipe* | **il polpo** *octopus* |
| | **lo strumento** *musical/technical instrument* |

**ESPRESSIONI**

**faccio in un lampo** *I'll be done in a flash*
**non ci posso credere** *I can't believe it*

1 **Pratica** Associa le parole delle due colonne.

| | | |
|---|---|---|
| h | 1. l'acquario | a. i tentacoli |
| g | 2. la ricetta | b. il pianoforte |
| e | 3. il navigatore satellitare | c. gli esperimenti |
| f | 4. il piano di cottura | d. Internet |
| c | 5. il laboratorio | e. l'automobile |
| d | 6. il collegamento | f. il gas |
| b | 7. lo strumento | g. il piatto |
| a | 8. il polpo | h. i pesci |

2 Help students come up with items for the list by reminding them that most gadgets and applications (except for a few such as **il televisore, il telefonino,** and **il navigatore**) retain their English names in Italian: **il computer, Skype, Facebook, Twitter, Wii,** and so on.

2 **La tecnologia di uso quotidiano** In piccoli gruppi, fate una lista dei prodotti elettronici che usate più spesso. Poi rispondete alle domande.

1. Qual è la funzione di ogni prodotto (gioco, strumento, mezzo di comunicazione/ricerca, lettura, informazione, ecc.)?
2. Quali tra questi prodotti semplificano la vita? Quali, invece, la complicano?
3. Quale tra questi prodotti elettronici usate più spesso?
4. Quali prodotti elettronici erano disponibili quando i vostri genitori avevano 18 anni?
5. Quali prodotti elettronici erano disponibili quando i vostri nonni avevano 18 anni?

3 **Cosa succederebbe?** Se non poteste più usare i prodotti che avete messo nella lista, cosa fareste? Insieme completate le frasi e scrivetene delle altre.

**Modello** **Non ho più il telefonino:** Vado a casa dei miei amici per parlare con loro.

- Non ho più il computer: ______________________
- L'iPad si rompe: ______________________
- Perdi il collegamento Internet: ______________________
- ? ______________________

4 **I personaggi** Descrivete le caratteristiche fisiche e la personalità di questi tre personaggi.

______________________________________________________________

______________________________________________________________

______________________________________________________________

______________________________________________________________

______________________________________________________________

______________________________________________________________

4 Encourage students to imagine the relationships among the three characters and to brainstorm story possibilities.

5 **Espansione** In piccoli gruppi, immaginate quale sarà l'innovazione più rivoluzionaria nei prossimi dieci anni.

1. Che tipo di innovazione sarà? (Nel campo della medicina, della tecnologia, dei trasporti, delle comunicazioni, ecc.)
2. È un'innovazione che dovremo comprare? Quanto costerà?
3. Chi sarà responsabile per questa innovazione? Una sola persona o un gruppo?
4. Quale sarà l'impatto di questa innovazione sulla vita di tutti i giorni?
5. Quale sarà l'impatto sulla vostra vita personale? Come cambierà?
6. Ci saranno degli aspetti negativi? Quali?

5 Have students present their innovations to the rest of the class.

6 **La tecnologia nel futuro** In piccoli gruppi, raccontate come saranno fra cinquanta anni le attività domestiche della lista con l'aiuto della tecnologia.

| Attività | Cambiamenti tecnologici |
|---|---|
| cucinare | |
| fare la doccia | |
| fare giardinaggio | |
| fare il bucato | |
| fare le pulizie | |
| guardare la TV | |
| lavare i piatti | |
| organizzare l'armadio | |

Practice more at **vhlcentral.com.**

S Video

Vincitore
Future
Film Festival
2005
l'età del fuoco
un film di Mauro Calvone
Soggetto Mauro Calvone Sceneggiatura Giorgio Barullo
Fotografia Alessandro Pavoni Scenografia Giorgio Barullo
Costumi Elena Valente Musica originale Giovanni Lodigiani
Interpreti Renato Carpentieri, Massimo Poggio, Daniela Fazzolari
Produttore Mauro Calvone Produzione Hoplà, Mark & Thing

# SCENE



**Trama** *Un uomo del futuro vorrebbe preparare una cena romantica, ma per un problema tecnico non può accendere il gas. Riuscirà a cucinare prima dell'arrivo della donna?*

**VOCE DEL COMPUTER** Accendi il gas… accendi il gas… accendi il gas…

**UOMO** Va bene, faccia quello che vuole, purché° sia in fretta!
**TECNICO** Un lampo!

**TECNICO** È un sistema intelligente questo. Però io sono più furbo di lui.

**DONNA** Esco ora, eh? Sarò subito da te. A dopo.

**TECNICO** Se vuoi, il problema lo posso risolvere, posso disattivare tutto…

**TECNICO** Non ti sono stato di grande aiuto, eh?
**UOMO** Il gas funziona!

**purché** *provided*

## Nota CULTURALE

### La casa antisismica del futuro

In Italia, come in Giappone e in California, possono avvenire terremoti° disastrosi. Grazie al Sofie (Sistema Costruttivo Fiemme), un progetto di ricerca dell'Istituto Valsa di Trento, la casa antisismica del futuro sarà italiana. La casa ha sette piani ed è costruita con materiali sostenibili° che riducono l'impatto ambientale e migliorano le caratteristiche strutturali. Il prototipo della casa antisismica è stato definito dagli esperti sismologi giapponesi come «destinato a cambiare il modo di costruire le case antisismiche in tutto il mondo».

**terremoti** *earthquakes* **sostenibili** *sustainable*

### Sullo SCHERMO

Indica l'ordine in cui queste scene appaiono nel film.

__6__ **a.** La cena non è pronta quando la donna suona il campanello (*bell*).
__2__ **b.** Il protagonista prova ad accendere il gas.
__4__ **c.** Il tecnico arriva.
__3__ **d.** La donna telefona.
__5__ **e.** Il tecnico risolve i problemi in cucina.
__1__ **f.** Il protagonista vuole cucinare una bistecca.

NATIONAL communication STANDARDS

# Analisi

1 Ask students to rewrite the false statements in order to make them true.

1 **Vero o Falso?** Indica se le affermazioni sono **vere** o **false**.

| Vero | Falso | |
|---|---|---|
| ☑ | ☐ | 1. Il protagonista ha invitato la donna a cena. |
| ☑ | ☐ | 2. La cucina è molto ordinata. |
| ☐ | ☑ | 3. Il gas funziona nel piano di cottura. |
| ☑ | ☐ | 4. Il protagonista chiama il tecnico. |
| ☐ | ☑ | 5. Il tecnico aggiusta il telefono. |
| ☐ | ☑ | 6. Il protagonista non trova la ricetta. |
| ☑ | ☐ | 7. Quando la donna arriva la porta non si apre. |
| ☑ | ☐ | 8. Costa di più aggiustare il gas che comprare una cucina nuova. |

2 **Comprensione** Scegli la frase più adatta. Dopo, in coppia, scrivete altre due frasi e scambiatele con un'altra coppia.

1. Il protagonista è ______________________.
   a. impaziente b. preciso (c.) tutt'e due
2. Il protagonista vuole ______________________.
   a. una cucina perfetta b. diventare uno chef (c.) fare innamorare la donna
3. Nel corto, la tecnologia ______________________.
   a. fa diventare la vita più facile b. fa diventare la vità più complicata
   (c.) tutt'e due
4. Il tecnico pensa di essere ______________________.
   a. molto bravo a cucinare (b.) più furbo del computer
   c. più veloce del protagonista
5. Il protagonista ______________________.
   a. non è contento della soluzione trovata dal tecnico
   (b.) accetta la soluzione trovata dal tecnico perché ha fretta
   c. preferirebbe avere una cucina rustica
6. Il tecnico ______________________.
   (a.) ha nostalgia delle cucine del passato b. ha nostalgia della giovinezza
   c. ha nostalgia di sua moglie

3 **Riflessione** In coppia, rispondete alle domande.

1. Cosa vuole fare il protagonista? Perché? Riesce a farlo?
2. Com'è il tecnico? Com'è la sua casa? Com'è diverso dal protagonista?
3. Cosa succede alla fine del film?
4. Con quale personaggio del film ti identifichi di più? Perché?
5. Qual è il messaggio del film sulla tecnologia? Sei d'accordo?

4 **Maledetta tecnologia!** Vi è mai successo di trovarvi in una situazione come quella del protagonista, in cui la tecnologia è diventata un ostacolo? In piccoli gruppi, parlate di come avete risolto il problema.

5

### Case diverse

**A. La casa del futuro** Descrivete la casa del protagonista e tutti i gadget che contiene.

- la cucina
- l'entrata
- la stanza principale
- la camera da letto

**B. La casa del passato** Immaginate una casa completamente senza tecnologia e descrivetela.

- la cucina
- l'entrata
- la stanza principale
- la camera da letto

**C. La tua casa** Rispondete a turno alle domande.

- Quale delle due case preferisci? Perché?
- Com'è la tua casa? Paragonala a quella del film.
- Ti piacerebbe avere una casa con molta tecnologia? Perché?
- Com'è la tua casa ideale? Descrivila.

5 Encourage students to present their dream house to the rest of the class.

6

**Opinioni** Siete d'accordo o no con queste affermazioni? In coppia, spiegate le vostre ragioni.

| Affermazione | Sono d'accordo perché... | Non sono d'accordo perché... |
|---|---|---|
| La vita di una volta era più rilassante: la tecnologia di oggi causa solo problemi. | | |
| Non potrei mai vivere senza la tecnologia. | | |
| I ragazzi perdono tempo con i gadget: giocano soltanto e ascoltano la musica a volume troppo alto. | | |
| Internet ha aumentato le possibilità di comunicazione fra le persone. | | |
| La televisione permette di imparare molte cose utili. | | |
| I computer hanno aumentato la produttività. | | |

6 Encourage a debate among students with contrasting opinions.

7

**Interpretiamo** In coppia, improvvisate una conversazione basata su una di queste situazioni e recitatela davanti alla classe.

**A**

La donna arriva a casa del protagonista e la porta non si apre. Cosa succede dopo?

**B**

Il tuo computer improvvisamente comincia a parlarti e a darti dei consigli sulla tua vita personale. Come reagisci?

8

**Scriviamo** Scegli uno di questi argomenti e scrivi una breve composizione.

- Qual è il tuo più grande desiderio? Immagina che un inventore trovi una soluzione (tecnologica, scientifica, ecc.) per renderlo possibile. Scrivi un paragrafo su quello che potrebbe succedere.
- Se tu fossi uno scienziato, quale scoperta ti piacerebbe fare? Preferiresti una scoperta nel campo della medicina o in quello della tecnologia? Perché?

Practice more at **vhlcentral.com.**

INSTRUCTIONAL RESOURCES: Teaching suggestions
SAM/WebSAM: WB

# IMMAGINA IL TRIVENETO

Reading

## Dove l'Italia incontra l'Europa

La parte nord orientale dell'Italia è conosciuta come **Triveneto** e comprende° le regioni **Veneto**, **Trentino-Alto Adige** e **Friuli-Venezia Giulia**. Questo è un territorio in cui la cultura italiana si incontra e si mescola° con quella germanica e con quella slava: ciò rende° il Triveneto particolarmente affascinante.

Il confine nord orientale è incorniciato° dalle Alpi, che nella parte centrale della regione diventano **Dolomiti**, e appaiono come alte torri° con rocce dai riflessi arancioni e rosa. Molte stazioni sciistiche° prestigiose, tra cui **Cortina d'Ampezzo** in Veneto e i centri della **Val di Fiemme** e della **Val di Fassa** in Trentino-Alto Adige, accolgono gli appassionati di sport invernali. La **Pianura Padana** si estende a sud e qui è attraversata da grandi fiumi come l'**Adige**, il **Tagliamento** ed il delta del **Po**. Lungo la costa orientale si trovano località balneari° ben note°, come **Lignano Sabbiadoro** e **Iesolo**.

Il **Veneto** possiede un incomparabile patrimonio artistico. **Venezia**, costruita sulla laguna, è famosa in tutto il mondo per le sue **calli**°, **i canali** e gli splendidi monumenti. Il cuore della città è **piazza San Marco**, con la basilica di San Marco, grande esempio di architettura bizantina, e l'alto campanile. A **Verona** l'**Arena**, oggi sede di importanti eventi musicali, è un anfiteatro di epoca romana in ottimo stato di conservazione; di grande interesse sono anche il **ponte scaligero** e i tanti palazzi e monumenti costruiti quando la famiglia della **Scala** era al potere. Una meta° classica è la **casa di Giulietta** che fa da sfondo° alla sfortunata storia d'amore shakespeariana. **Vicenza** è nota per i capolavori dell'architetto **Andrea Palladio**, mentre **Padova** preserva alcuni degli affreschi più belli di **Giotto** nella cappella degli **Scrovegni**, oltre all'imponenete basilica di **Sant'Antonio**.

Il **Trentino-Alto Adige** è una terra di incontro tra la cultura italiana e quella tedesca, entrambe presenti nell'architettura delle case, nelle lingue e persino° nella tradizione gastronomica. A **Bolzano** e in tutto l'Alto Adige, a nord, si parlano italiano e tedesco; le abitazioni hanno un inconfondibile stile austriaco e lo **strudel di mele** e la **torta Sacher** sono una costante sui menù! **Trento** e la sua provincia, nel sud della regione, hanno uno stile più italiano.

L'atmosfera multiculturale si respira anche in **Friuli-Venezia Giulia**, in particolare nelle zone di confine con la Slovenia, dove la presenza italiana e quella slava convivono da secoli e dove è presente una popolazione di lingua slovena. **Trieste**, capoluogo regionale, con il suo porto è stata ed è una finestra tra Oriente ed Occidente. Il famoso **Caffè San Marco**, nel secolo scorso, era frequentato da intellettuali internazionali del calibro° di **James Joyce**, **Italo Svevo** e **Umberto Saba**.

Il Triveneto è una meta consigliata per chi ama le bellezze classiche dell'Italia arricchite da una buona dose di internazionalità.

### In più...

Il fascino di Venezia è inalterato° in ogni stagione dell'anno: deriva dal riflesso di motivi architettonici, di monumenti e di luci nei canali e nelle acque della laguna. Se visitate Venezia in inverno, fatelo durante il famoso **Carnevale**, periodo in cui la città si trasforma in un teatro all'aperto e le calli sono frequentate da personaggi in maschere e costumi straordinari.

**comprende** *includes* **si mescola** *mixes* **rende** *makes* **incorniciato** *framed* **torri** *towers* **stazioni sciistiche** *ski resorts* **località balneari** *seaside resorts* **ben note** *well-known* **calli** *narrow streets in Venice* **meta** *destination* **sfondo** *background* **persino** *even* **calibro** *caliber* **inalterato** *unchanged*

**L'italiano in Slovenia e Croazia** A causa della vicinanza geografica e delle comuni vicende° storiche, in **Slovenia** e nella **regione istriana** della **Croazia** ci sono minoranze etniche° italiane, circa il 7% dell'intera popolazione. Queste minoranze parlano la lingua italiana che diventa seconda lingua ufficiale dopo lo sloveno o il croato. La Regione istriana di lingua italiana occupa la parte più occidentale della penisola omonima° mentre l'italiano in **Slovenia** è parlato nei comuni di **Capodistria, Istria e Pirano**.

Pola, Croazia

**Marco Polo** **Marco Polo** nasce a Venezia nel 1257. A diciassette anni con il padre e lo zio, commercianti di pietre preziose, intraprende° un viaggio in Estremo Oriente. Marco trascorre° circa 25 anni in Oriente e, spinto° dalla sua curiosità e da presunti incarichi° del **Kubilai Khan**, fa numerosi viaggi. Il racconto delle sue avventure è raccolto nel libro ***Il Milione***, dove Marco Polo sostiene di aver portato in Europa, oltre ad oggetti favolosi, gli spaghetti e il gelato.

**vicende** *events* **minoranze etniche** *ethnic minorities* **omonima** *homonymous* **intraprende** *begins* **trascorre** *spends* **spinto** *motivated* **incarichi** *assignments*

**Vero o falso?** Indica se ogni frase è **vera** o **falsa**. Correggi le frasi false. Some answers will vary.

1. Il Triveneto è un'area nel Nord-Est della penisola italiana. Vero.
2. Le Dolomiti si trovano in tutte le regioni del Triveneto. Falso. Si trovano nella parte nord orientale.
3. Andrea Palladio era un architetto veneto. Vero.
4. In Trentino-Alto Adige non si parla italiano. Falso. Si parla italiano e anche tedesco.
5. Il Friuli-Venezia Giulia confina con la Slovenia. Vero.
6. Trieste era una città frequentata da personaggi della società intellettuale. Vero.
7. Gli italiani che abitano in Slovenia e Croazia sono la maggior parte della popolazione. Falso. Sono delle minoranze, il 7% della popolazione.
8. Marco Polo è rimasto in Oriente per più di venti anni. Vero.

**Quanto hai imparato?** Rispondi alle domande. Some answers will vary.

1. Quali sono alcune caratteristiche culturali del Triveneto? la presenza di diverse lingue e tradizioni, l'incontro di culture diverse
2. In quale parte del Triveneto è possibile praticare sport invernali? sulle Dolomiti, nel Trentino-Alto Adige e nel Veneto
3. Quali sono le differenze tra l'Alto Adige ed il Trentino? L'Alto Adige ha una cultura prevalentemente tedesca. Il Trentino ha una cultura prevalentemente italiana.
4. Perché il Friuli-Venezia Giulia è considerato una regione multiculturale? Confina con la Slovenia, Trieste è dove l'Oriente e l'Occidente si incontrano.
5. Perché in alcune città della Slovenia e della Croazia si parla italiano? vicinanza geografica, vicende storiche comuni, presenza di minoranze etniche italiane
6. Di che cosa parla il libro *Il Milione*? Racconta le avventure di Marco Polo in Oriente.

## Progetto

Un viaggio tra i castelli del Triveneto ti farà vivere la vita degli imperatori, dei re e delle regine.

- Ricerca almeno tre castelli nel Triveneto, uno per ogni regione.
- Per ogni castello dai informazioni sulla famiglia che lo abitava.
- Cerca anche informazioni sullo stato attuale del castello (a chi appartiene, come viene usato, ecc.).
- Presenta il tuo lavoro alla classe.

comparisons
NATIONAL STANDARDS

**INSTRUCTIONAL RESOURCES**
Audioscripts, SAM AK, Lab MP3s, Grammar Presentation Slides
**SAM/WebSAM:** WB, LM

# 7.1 Comparatives and superlatives

- The comparative form is used to compare qualities in people, things, concepts, or actions. Comparisons express three kinds of relationships: inferiority, equality, and superiority. These relationships are conveyed by structures containing the words **meno**, **così** or **tanto**, and **più**.

Il mio computer è **meno** veloce **del** tuo.
*My computer is slower (*lit. *less fast) than yours.*

Il mio computer è **più** veloce **del** tuo.
*My computer is faster than yours.*

Il mio computer è (**così**) veloce **come** il tuo./Il mio computer è (**tanto**) veloce **quanto** il tuo.
*My computer is as fast as yours.*

## Comparisons of equality

Also give students examples with adverbs.
**I francesi si vestono (così) bene come gli italiani.**
**I francesi si vestono (tanto) bene quanto gli italiani.**

- To express equality (**uguaglianza**) when comparing adjectives or adverbs, use (**così**) + [*adjective or adverb*] + **come**. You may also use (**tanto**) + [*adjective or adverb*] + **quanto**. **Così** and **tanto** are often omitted.

Le vacanze sono (**così**) piacevoli **come** necessarie.
Le vacanze sono (**tanto**) piacevoli **quanto** necessarie.
*Vacations are as fun as they are necessary.*

**ATTENZIONE!**

When (**tanto**) **quanto** is used after verbs, it is invariable.

Parli **tanto quanto** mia sorella!
*You talk as much as my sister!*

- When comparing nouns, use **tanto** + [*noun*] + **quanto**... to express *as much/many as*. When **tanto** and **quanto** precede a noun, they should agree in gender and number with the noun.

Ho letto **tanti** libri **quante** riviste.
*I read as many books as magazines.*

Ci sono **tante** bambine **quanti** bambini.
*There are as many girls as boys.*

## Comparisons of inequality

**ATTENZIONE!**

**Meno... di** and **più... di** can also be used to compare quantities.

Marta ha **più** libri **di** Franco.
*Marta has more books than Franco.*

- To express comparisons of inequality—indicating inferiority (**minoranza**) or superiority (**maggioranza**)—use **meno**... **di** and **più**... **di** or **meno**... **che** and **più**... **che**. The choice of structure depends on the type of comparison that is made.

- Use **meno**... **di** and **più**... **di** to compare two nouns or pronouns (people or things) in terms of a single quality (adjective or adverb) or action (verb).

| | | | |
|---|---|---|---|
| Two nouns (**scienziato** and **Franco**) | + | one adjective (**etico**) | Quello scienziato è **più** meticoloso **di** Franco. *That scientist is more meticulous than Franco.* |
| Two nouns (**Claudio** and **Maria**) | + | one verb (**scrive articoli**) | Claudio scrive **meno** articoli **di** Maria. *Claudio writes fewer articles than Maria does.* |

To help students decide between **di** and **che**, give them pairs of sentences and ask them to join them in a single sentence using a comparative. Example: **Mario parla molto./Luigi parla moltissimo.** → **Luigi parla più di Mario. Tu studi tre lingue./Io studio due lingue.** → **Tu studi più lingue di me. Il film è molto sperimentale./Il film è un po' interessante** → **Il film è più sperimentale che interessante.**

- Use **meno**... **che** and **più**... **che** to compare two qualities or attributes of a single noun. Use it also to compare two adverbs or two objects with respect to a single verb.

| | | | |
|---|---|---|---|
| One noun (**idee**) | + | two adjectives (**originali** and **convenzionali**) | Le idee di Claudio sono **più** originali **che** convenzionali. *Claudio's ideas are more original than they are conventional.* |
| One verb (**Bevo**) | + | two objects (**caffè** and **tè**) | Bevo **più** caffè **che** tè. *I drink more coffee than tea.* |
| One verb (**Piove**) | + | two adverbs (**adesso** and **stamattina**) | Piove **meno** adesso **che** stamattina. *It's raining less now than (it was) this morning.* |

- Use **meno** ... **che** and **più** ... **che** before prepositions and infinitives.

Viaggiamo **meno** in treno **che** in aereo.
*We travel less by train than by plane.*

È **più** importante bere **che** mangiare?
*Is it more important to drink than to eat?*

## Relative superlative

- The relative superlative indicates that a person or thing is *the most* or *the least* of a particular group. To form the relative superlative of adjectives, use this structure: [*definite article*] + **più/meno** + [*adjective*] + **di** (or sometimes **in** or **tra**). To form the relative superlative of adverbs, omit the definite article, unless **possibile** is used after the adverb.

Quale materia è **la meno** difficile **tra** quelle scientifiche?
*Of all the science subjects, which is the least difficult?*

Quale automobile è **la più** veloce **di** tutte?
*Which car is the fastest of all?*

Piero lavora **più duro** di tutti.
*Piero works harder than anyone.*

Ti chiamo **il più presto** possibile!
*I'll call you as soon as possible!*

- The superlative may precede or follow the noun. The article is not repeated when it follows the noun.

Quello zoologo è **il più famoso del** mondo. (superlative precedes noun)
Quello è **lo** zoologo **più** famoso **del** mondo. (superlative follows noun)

- When the relative superlative is followed by a conjugated verb, the verb is usually in the subjunctive mood.

*Guerra e pace* è il libro più lungo che io **abbia letto**.
War and Peace *is the longest book I have read.*

## Absolute superlative

- The absolute superlative conveys the highest possible degree of an adjective or adverb.

— *È* ***comodissimo.***

- The absolute superlative of an adjective is most commonly expressed by dropping the final vowel of the masculine plural form and adding **–issimo/a/i/e**.

La risposta è **semplicissima**.
*The answer is very simple.*

L'inquinamento è un problema **gravissimo**.
*Pollution is an extremely serious problem.*

- The absolute superlative of adverbs that end in a vowel follows a similar pattern: add **–issimo** after dropping the final vowel. However, if an adverb ends in **–mente**, form the feminine superlative adjective first and add **–mente**.

Il tecnico è arrivato **tardissimo**.
*The technician arrived very late.*

Il computer funziona **rapidissimamente**.
*The computer is very fast.*

To practice structures requiring **di** or **che**, first ask students to compare two famous actors based on various qualities. All of these sentences should require **di**. Next, ask them to talk about only *one* actor and describe his or her qualities. These sentences should elicit use of **che**. Example: **Roberto Benigni ha più talento di Seth Rogen./Roberto Benigni è più famoso in Italia che negli Stati Uniti. Roberto Benigni è più comico che drammatico.**

**ATTENZIONE!**

In a relative phrase introduced by *more/less... than what*, use **più/meno... di quello che, di ciò che/di quanto** followed by the subjunctive.

**I computer sono più facili da usare di quello che pensiate.**
*Computers are easier to use than you think.*

**L'esperimento ha dimostrato meno di quanto sperassimo.**
*The experiment proved less than we had hoped.*

**ATTENZIONE!**

To express *one of the most/least... in/of*, use the indefinite article + **di** + **più/meno... di**.

**L'Italia è uno dei più affascinanti paesi del mondo.**
*Italy is one of the most fascinating countries in the world.*

**Fra** plus the definite article is sometimes used instead of **uno/a di**.

**Il computer è fra le invenzioni più importanti del Novecento.**
*The computer is one of the most important inventions of the twentieth century.*

**RIMANDO**

The subjunctive in superlative statements is presented in **Strutture 9.4, p. 346.**

NATIONAL STANDARDS connections cultures

**ATTENZIONE!**

The absolute superlative can also be expressed by simply repeating the adjective or adverb.

**Il bambino era timido timido.**
*The child was very shy.*

**La maestra parlava piano piano.**
*The teacher spoke very slowly.*

**ATTENZIONE!**

Strengthening one adjective with a second adjective is another way to express the superlative. Many of these set phrases are common in colloquial contexts.

**Il fisico è tornato dal lavoro stanco morto.**
*The physicist returned from work dead tired (=extremely tired).*

**L'inventore del cellulare sarà ricco sfondato!**
*The inventor of the cell phone must be loaded (=extremely wealthy)!*

**ATTENZIONE!**

Sometimes the final **–e** on the irregular forms **migliore, peggiore, maggiore**, and **minore** is dropped. While common, this truncation is not obligatory. The final **–e** cannot be dropped before nouns that begin with **z** or **s** + *consonant.*

**Qual è il miglior modo per scaricare i video?**
*What is the best way to download videos?*

**Chi è il maggiore scienziato in campo chimico?**
*Who's the most famous scientist in the field of chemistry?*

Point out that **più**... **più**... and **meno**... **meno**... are used to express *the more... the more...* and *the less... the less.*

If students have trouble deciding whether to use **migliore/peggiore** or **meglio/peggio**, have them go back to the non-compared form to identify if they need the comparative/superlative of **buono/cattivo** (adjectives) or **bene/male** (adverbs).

- An alternative way to form the absolute superlative of adjectives is to place **molto** or another adverb, such as **assai**, **bene**, **estremamente**, and **incredibilmente**, before the adjective.

È un lavoro **estremamente difficile**.
*It's an extremely difficult job.*

Avere un portatile è **assai conveniente**.
*Having a laptop is very convenient.*

- The absolute superlative of an adjective or adverb can also be formed with a prefix. The most common of these prefixes are **arci–**, **iper–**, **stra–**, **super–**, and **ultra–**.

Alcuni politici sono **ultraconservatori**.
*Some politicians are extremely conservative.*

Quel portatile è **ipermoderno**.
*That laptop is very modern.*

## Irregular comparatives and superlatives

- Some adjectives have both regular and irregular comparative and superlative forms.

| | comparative | relative superlative | absolute superlative |
|---|---|---|---|
| **buono** | più buono/**migliore** | il più buono/**il migliore** | buonissimo/**ottimo** |
| **cattivo** | più cattivo/**peggiore** | il più cattivo/**il peggiore** | cattivissimo/**pessimo** |
| **grande** | più grande/**maggiore** | il più grande/**il maggiore** | grandissimo/**massimo** |
| **piccolo** | più piccolo/**minore** | il più piccolo/**il minore** | piccolissimo/**minimo** |
| **alto** | più alto/**superiore** | il più alto/**il superiore** | altissimo/**supremo** |
| **basso** | più basso/**inferiore** | il più basso/**l'inferiore** | bassissimo/**infimo** |

- In general, the irregular form is used when comparing figurative or abstract qualities, while the regular form is used to compare physical qualities. When speaking of siblings' ages, for example, or describing figuratively the importance of a historical figure, use **maggiore** and **minore**.

Francesco ha due sorelle **minori**.
*Francesco has two younger sisters.*

Questo libro è **più piccolo** di quello.
*This book is smaller than that one.*

Conosci le opere dei poeti **minori** del Medioevo?
*Are you familiar with the works of the minor poets of the Middle Ages?*

- Some adverbs have irregular comparative and superlative forms. In the relative superlative, omit the article unless **possibile** is used.

| | comparative | relative superlative | absolute superlative |
|---|---|---|---|
| **bene** | meglio | (il) meglio | benissimo |
| **male** | peggio | (il) peggio | malissimo |
| **molto** | più, di più | (il) più | moltissimo |
| **poco** | meno, di meno | (il) meno | pochissimo |

Franco canta **meglio** di tutti.
*Franco sings better than everyone.*

Lavoro **il più** possibile.
*I work as much as possible.*

Mi piace l'informatica, ma mi piace **di più** il giornalismo.
*I like computer science, but I like journalism more.*

# Pratica

**1**

**Paragoni** **Completa le frasi inserendo come, quanto, di, di + articolo o che.**

1. Una macchina elettrica inquina (*pollutes*) meno __di__ una macchina ibrida.
2. Il vaccino contro la tubercolosi è più importante __della__ scoperta di una cura per altre malattie meno diffuse.
3. Il mio portatile è più pratico __che__ bello.
4. Oggi i ricercatori guadagnano meno __di__ un impiegato di banca.
5. La fisica nucleare è tanto difficile __quanto__ la chimica.
6. È più facile distruggere un atomo __che__ un pregiudizio.

**2**

**Il mondo di oggi** **Completa le frasi logicamente usando i comparativi.** Some answers will vary.

1. La rete senza fili è __più__ pratica __del__ collegamento via cavo (*wire*). (+)
2. Mandare un SMS è __più__ facile __che__ scrivere un'email.
3. La clonazione umana è un argomento __così/tanto__ attuale __come/quanto__ controverso. (=)
4. Una lettera cartacea (*paper*) è sicuramente __meno__ veloce __di__ un'e-mail. (–)
5. È __meno__ costoso allegare un documento __che__ inviare un fax. (–)
6. Il computer non è ancora __così/tanto__ diffuso __come/quanto__ la televisione. (=)
7. Il furto d'identità è un crimine __meno__ diffuso __del__ furto di oggetti. (–)
8. Il problema dell'inquinamento è __più__ sentito in città __che__ in campagna. (+)

**3**

**Opinioni diverse** **Cambiate le seguenti frasi trasformando i comparativi di uguaglianza in comparativi di maggioranza o minoranza.** Some answers will vary.

**Modello** **Il treno oggi è comodo tanto quanto l'automobile.**
Il treno oggi è più comodo dell'automobile.

1. Il dottor Bisi usa la posta elettronica tanto quanto me. Il dottor Bisi usa la posta elettronica più/meno di me.
2. Negli Stati Uniti i centri di ricerca sono buoni tanto quanto in Italia. Negli Stati Uniti i centri di ricerca sono migliori/peggiori che in Italia.
3. Ci sono tante automobili a Roma quante ce ne sono a New York. Ci sono più/meno automobili a Roma che a New York.
4. Le energie rinnovabili sono tanto costose quanto importanti per l'ambiente. Le energie rinnovabili sono più/meno costose che importanti per l'ambiente.
5. Il professore di astronomia è più anziano di quello di biologia, ma parla inglese bene come lui. Il professore di astronomia è più anziano di quello di biologia, ma parla inglese meglio/peggio di lui.

**4**

**Classifiche** **In coppia, usate il superlativo relativo per formare delle frasi con le parole della lista. Dopo trasformate le frasi usando il comparativo di maggioranza o di minoranza.**

**Modello** La radio è il mezzo di comunicazione più antico fra quelli oggi esistenti. La radio è più antica della televisione./La televisione è meno antica della radio.

| | | | |
|---|---|---|---|
| la radio | il mezzo di comunicazione | celebre | di tutte |
| l'inquinamento | problema | urgente | fra quelli oggi esistenti |
| la fisica nucleare | l'argomento | antico | dei nostri tempi |
| la clonazione | astronomo | controverso | del mondo industrializzato |
| Galileo Galilei | scienza | difficile | nella storia dell'umanità |

**4** Suggested answers:
La radio è il mezzo di comunicazione più antico fra quelli oggi esistenti. L'inquinamento è il problema più urgente del mondo industrializzato. La fisica nucleare è la scienza più difficile di tutte. La clonazione è l'argomento più controverso dei nostri tempi. Galileo Galilei è l'astronomo più celebre nella storia dell'umanità.

6 Have students ask each other questions that elicit comparatives and additional superlatives. Example: **Il pranzo al ristorante è stato migliore del film o peggiore?**

5 **L'evoluzione delle cose** In coppia, guardate le due immagini e fate dei paragoni usando aggettivi, avverbi e verbi al comparativo o al superlativo.

6 **Incontri** Immaginate di essere andati a un appuntamento al buio (*blind date*). In coppia, usate il superlativo relativo e il superlativo assoluto per parlare del vostro incontro. Aiutatevi con le parole della lista.

**Modello** È stato l'incontro più emozionante della mia vita!
Abbiamo passato una giornata divertentissima!

| | | |
|---|---|---|
| **casa** | **conversazione** | **macchina** |
| **cellulare** | **film** | **passeggiata** |
| **conto** | **gelato** | **ristorante** |

7 **Sondaggi** In coppia, osservate i dati riportati nella tabella su alcune delle città più importanti dell'Italia centrale e meridionale. Fatevi domande sui dati aiutandovi con le espressioni della lista.

**Modello** In quali città ci sono più uomini che donne? Qual è la città meno popolata?

**Quale città è la più/meno...?**
**In quali città ci sono più/meno... che...?**
**Quale città ha il maggior/minor numero di...?**
**Qual è la città con il più alto/basso numero di...?**

| Città | Popolazione | Uomini | Donne |
|---|---|---|---|
| Roma | 2.638.842 | 1.241.870 | 1.396.972 |
| Napoli | 959.052 | 454.660 | 504.392 |
| Palermo | 654.987 | 311.874 | 343.113 |
| Bari | 313.213 | 149.338 | 163.875 |
| Reggio Calabria | 180.686 | 86.426 | 94.260 |

Practice more at **vhlcentral.com**

# Comunicazione

**8** **Più o meno** In coppia, paragonate a turno gli elementi della lista.

**Modello** —Lo schermo del mio computer è di 17 pollici (*inches*).
—Il mio è di 15 pollici. Il tuo è più grande del mio.
—Sì, il mio schermo è il più grande dei due.

- il vostro cellulare
- il vostro lettore MP3
- la vostra casella di posta elettronica
- il vostro sito web preferito
- la vostra connessione Internet
- il vostro programma televisivo preferito
- la vostra macchina fotografica
- la vostra rete sociale preferita
- la vostra materia preferita
- ?

**9** **La vita di tutti i giorni** In gruppi di tre, discutete alcuni aspetti della vita quotidiana che sono stati migliorati dai progressi tecnologici. Come era la vostra vita prima dell'arrivo di queste tecnologie? Come è la vostra vita oggi? Usate i comparativi e i superlativi.

9 As an expansion, have students interview older generations in their family to see how certain technological advances affected their lives. Then have a class discussion based on what students found out.

**10** **La scoperta più importante**

**A.** In coppia, selezionate quelle che secondo voi sono le tre scoperte più importanti per l'umanità e discutete il perché.

**1492:** Cristoforo Colombo, navigatore italiano, cercando di dimostrare che la Terra era rotonda e pensando di arrivare in India, ha scoperto l'America.

**1500:** Leonardo da Vinci, pittore, scultore, architetto, ingegnere, anatomista, letterato, musicista e inventore italiano, scrive il *Trattato delli Uccelli*, in cui studia l'anatomia degli uccelli e la resistenza dell'aria. Poi studia la caduta dei corpi e progetta il primo esempio di paracadute.

**1600:** Galileo Galilei, fisico, filosofo, astronomo e matematico italiano, scopre che le macchie lunari sono le ombre delle montagne della luna proiettate dalla luce del sole. Questa scoperta confuta la teoria di Aristotele secondo cui tutti i corpi celesti, esclusa la Terra, sono lisci, perfetti e incorruttibili.

**inizio 1800:** Alessandro Volta, fisico italiano, inventa la «pila» (*battery*), il primo generatore di energia elettrica. Grazie alla pila, è stato possibile trasmettere i segnali attraverso il telegrafo elettrico.

**1830 circa:** Louis Daguerre, artista e chimico francese, inventa il «dagherrotipo», il primo esempio di fotografia della storia.

**1895:** Guglielmo Marconi, fisico italiano, inventa un sistema di telegrafia senza fili via onde radio. Questa invenzione ha portato allo sviluppo dei moderni metodi di telecomunicazione come la televisione, la radio, il telefono cellulare, i telecomandi e, in generale, tutti i sistemi che utilizzano le comunicazioni senza fili.

**1928**: Alexander Fleming, biologo britannico, scopre la penicillina, una sostanza in grado di combattere numerose malattie infettive come la polmonite, la tubercolosi, la meningite e il tifo.

**2008:** Alcuni astronomi canadesi e francesi scoprono la «materia oscura» dell'Universo: tutti i pianeti, le stelle e gli oltre 120 miliardi di galassie costituiscono solo il 4% della materia esistente. Il resto, il 96%, non si sa cosa sia, è «oscuro». Il 70% di questa «oscurità» è «energia oscura», il 26% è materia oscura.

**B.** In gruppi di quattro, discutete le scelte che avete fatto e fate domande sulle scelte dell'altra coppia. Usate dei comparativi e dei superlativi. Alla fine della conversazione, il gruppo deve elencare tre scoperte giudicate le più importanti.

NATIONAL STANDARDS comparisons

**INSTRUCTIONAL RESOURCES**
Audioscripts, SAM AK, Lab MP3s, Grammar Presentation Slides
**SAM/WebSAM:** WB, LM

**ATTENZIONE!**

In English, relative pronouns are often omitted. In Italian, relative pronouns must always be stated explicitly.

**Il portatile che ho comprato pesa pochissimo.**
*The laptop (that) I bought weighs very little.*

**ATTENZIONE!**

**Il che** corresponds to *which* and refers to an entire idea or sentence.

**Si è rotto il mio portatile, il che mi crea tanti problemi!**
*My laptop broke, which is causing me lots of problems!*
*(il che = Il mio portatile si è rotto.)*

Because *who* (subject pronoun) and *whom* (object pronoun) are often confused in English, discuss with students the different translations of **che** depending on whether it refers to a subject or an object. Example: **L'amico che invito alla festa si chiama Tom** (*The friend* whom *I am inviting to the party is named Tom.*) vs. **C'è un ricercatore qui che sappia leggere il francese?** (*Is there a researcher here* who *can read French?*)

**ATTENZIONE!**

Here are some set phrases that use **cui** after a preposition.

**la ragione/il motivo per cui**
*the reason why*

**la maniera/il modo in cui**
*the way in which.*

**Non capisco il motivo per cui mi hanno licenziato!**
*I don't understand the reason why they fired me!*

7.2

# Relative pronouns

- Relative pronouns unite two ideas containing a common element into a single complex sentence, eliminating repetition of the common element. A complex sentence contains a main clause and a dependent (or relative) clause, introduced by a relative pronoun. The noun represented by the relative pronoun is called the *antecedent*. The most common Italian relative pronouns are **che** and **cui**.

- In the example below, the common element, or antecedent, is **il lettore DVD**. In the complex sentence, the relative pronoun **che** refers to this antecedent.

| | | | | |
|---|---|---|---|---|
| Hanno comprato un lettore DVD. *They bought a DVD player.* | + | Il lettore DVD funziona bene. *The DVD player works well.* | 〉 | Il lettore DVD **che** hanno comprato funziona bene. *The DVD player that they bought works well.* |

## *Che* vs. *cui*

- **Che** corresponds to *who*, *whom*, *that*, and *which*. **Cui** corresponds to *whom*, *that*, *which*, and—when preceded by a definite article—*whose*.

- Use **che** as the direct object or the subject of a relative clause.

La rete **che** installeranno sarà velocissima.
*The network that they're installing will be very fast.*

È un ricercatore **che** si occupa di genetica.
*He is a reseacher who studies genetics.*

- Use **cui** to replace the object of a preposition. Preceded by the preposition **a**, **cui** functions as an indirect object.

Il sistema operativo **di cui** ci ha parlato è distribuito con licenza libera.
*The operating system he told us about is free to use.*

Il tecnico **a cui** ho scritto non mi ha risposto.
*The technician I wrote to didn't reply to me.*

- With a definite article, **cui** indicates possession (the equivalent of *whose*). The article used agrees with the noun to which it refers.

Lo scienziato, **le cui** teorie hanno raggiunto una grande fama, terrà una conferenza domani.
*The scientist, whose theories garnered much attention, will give a lecture tomorrow.*

Non ci fidiamo dei vaccini **la cui** efficacia non è ancora dimostrata.
*We don't trust vaccines whose effectiveness has not yet been proven.*

- You can also use **in cui** or **che** to indicate *when*.

Agosto è un mese **in cui** gli italiani lavorano pochissimo.
*August is a month when Italians work very little.*

Il giorno **che** ti ho visto, stavo proprio male.
*The day (when/that) I saw you, I was really sick.*

## Il/la quale, i/le quali

- In place of **che** and **cui**, it is also possible to use a form of **quale** preceded by the definite article. **Quale** agrees in number and gender with the antecedent. Use **il/la quale** and **i/le quali** when **che** or **cui** could result in ambiguity.

  Discutiamolo con l'amica di Marco, **che** si specializza in informatica.
  *Let's discuss it with the friend of Marco's, who is majoring in computer science. (ambiguous:* ***che*** *could refer to* ***l'amica*** *or to* ***Marco****)*

  Discutiamolo con l'amica di Marco, **la quale** si specializza in informatica.
  *Let's discuss it with Marco's friend, who is majoring in computer science. (clear:* ***la quale*** *must refer to* ***l'amica****)*

**ATTENZIONE!**

When using **quale** preceded by a preposition, remember to combine articles with the preposition.

**Il film del quale abbiamo parlato è lunghissimo.**
*The film (that) we talked about is very long.*

**I tecnici ai quali telefonerete sapranno aiutarvi.**
*The technicians (that) you'll call will know how to help you.*

Point out that article + **quale** cannot be used in restrictive relative clauses, except after a preposition.

## Chi

- The pronoun **chi** can be used as a relative pronoun corresponding to *he/she who, people who, one who, those who*, or *whoever*. It is never preceded by an antecedent. **Chi** is always singular in form, although it can refer to a single unspecified person or to a group of people. **Chi** must always be used with a third person (masculine) singular verb.

  **Chi** naviga su Internet spesso spreca tempo prezioso.
  *People who surf the web often waste precious time.*

  **Chi** è andato via, si è perso il meglio.
  *Those who left, missed the best (part).*

**ATTENZIONE!**

Remember that **chi** can also be used as an interrogative word.

**Chi ha telefonato?**
*Who called?*

- **Chi** is heard frequently in proverbs.

  **Chi** dorme non piglia pesci.
  *The early bird gets the worm.*
  (Lit. *He who sleeps catches no fish.*)

  **Chi** la vuole cotta, **chi** la vuole cruda.
  *Different strokes for different folks.*
  (Lit. *Some want it cooked, some want it raw.*)

  **Chi** cerca trova.
  *Seek and you shall find.*

  Ride bene **chi** ride ultimo.
  *He who laughs last laughs longest.*

## Other relative pronouns

- There exist a number of other relative pronouns. Those referring only to things are followed by singular verbs and modifiers, while those indicating people (or people and things) require plural forms. They are summarized in the chart below:

| pronoun | meaning | refers to things | refers to people |
|---|---|---|---|
| **quello che, quel che, ciò che, quanto** | that which, that, what | ✓ | |
| **tutto quello che, tutto quel che, tutto ciò che, tutto quanto** | everything that, all that | ✓ | |
| **tutti quelli che, tutti quanti, quanti** | everyone, all who, all that | ✓ | ✓ |

—*Faccia* ***quello che*** *vuole, purché sia in fretta!*

  La guida spiega **tutto ciò che** dovete sapere su Roma.
  *The guidebook explains everything that you need to know about Rome.*

  **Tutti quelli che** erano alla fiera della tecnologia hanno scoperto tante novità.
  *Everyone who was at the technology fair learned many new things.*

# Pratica

1 Have students make up two fill-in-the-blank sentences, modelled on those in the activity, for their partner to complete.

2 As an expansion, ask students to research towns with **arbereshe** communities. Have them find pictures of traditional celebrations, newspapers in the **arbereshe** language, **arbereshe** radio stations, music, etc.

Nota
**CULTURALE**

L'**Arberia** comprende circa 54 isole linguistiche, situate soprattuto nel Sud Italia, solitamente in zone montuose. Le regioni in cui le comunità arbereshe sono più numerose sono l'Abruzzo, la Basilicata, la Campania, il Molise, la Puglia, la Calabria e la Sicilia. La Pasqua, nei centri arbereshe ancora legati al rito greco-bizantino, è una festa molto partecipata, in cui si mescolano sacro e profano.

2 Remind students to identify the antecedent in each sentence, if it exists, and to pay attention to its gender/number when necessary.

3 Give these additional items: **6. La cultura del riciclo deve essere promossa. Questa cultura è ancora poco diffusa al Sud. (La cultura del riciclo, che è ancora poco diffusa al Sud, deve essere promossa.) 7. Giulio ha scritto uno slogan. Lo slogan dice «libera Chiesa in libero Stato!» (Giulio ha scritto uno slogan che dice «libera Chiesa in libero Stato!»)**

**1** **Un mondo digitale** **Scegli il pronome relativo giusto per completare la frase.**

1. Purtroppo non ho ricevuto l'SMS __che__ (cui/che) mi hai mandato.
2. Ho allegato all'e-mail il documento di __cui__ (che/cui) parli.
3. Stefano ha un cellulare con __il quale__ (il quale/che) può navigare su Internet.
4. Il computer __che__ (cui/che) funziona meglio è quello con la tastiera (*keyboard*) nera.
5. Piero, __il quale__ (cui/il quale) è sempre informatissimo, ha scaricato un programma per modificare le foto.
6. La stampante __che__ (che/cui) ho comprato ha bisogno di una nuova cartuccia (*cartridge*).

**2** **Realtà (quasi) sconosciute** **Completa il testo dell'e-mail usando le parole della lista.**

| | | | |
|---|---|---|---|
| che | le quali | per cui | che |
| con la quale | che | i quali | in cui |

Da: Aldo <aldobianchi@libero.it>
A: Marco <marcosipini@libero.it>
Oggetto: Vieni a trovarmi?

Caro Marco,
hai mai sentito parlare di una regione culturale (1) __che__ si chiama "Arberia"? È un'area geografica del Sud Italia (2) __in cui__ nel 1400 emigrarono numerose comunità di albanesi (3) __le quali__ diedero origine a diversi paesi. La lingua (4) __con cui/con la quale__ gli abitanti dell'arberia comunicano è «l'arbereshe», (5) __che__ è un miscuglio (*mix*) di antichi dialetti albanesi con contaminazioni di italiano. I membri di queste comunità, (6) __i quali__ sono cittadini italiani a tutti gli effetti, conservano anche le proprie tradizioni, le proprie festività e soprattutto la propria cucina. La ragione (7) __per cui__ ti dico queste cose è che nel mio paese domenica si celebrerà la Pasqua (*Easter*) arbereshe e la sera ci sarà un concerto di un gruppo musicale (8) __che__ canta in arbereshe. Vieni a trovarmi! Sarà interessantissimo!

**3** **Ogni progresso è un successo?** **Collega le due frasi usando i pronomi relativi.**

**Modello** **Alcuni rifiuti (*waste*) sono tossici. In questi rifiuti c'è il mercurio.**
Alcuni rifiuti che contengono il mercurio sono tossici.

1. L'inquinamento è un grave problema. Tutti dobbiamo sentirci responsabili di questo problema. L'inquinamento, di cui tutti dobbiamo sentirci responsabili, è un grave problema.
2. Alcune cellule sono chiamate «staminali». Queste cellule sono capaci di trasformarsi in qualsiasi altro tipo di cellula. Le cellule che sono capaci di trasformarsi in qualsiasi altro tipo di cellula si chiamano «staminali».
3. La persona ha commesso un furto d'identità. È entrata nel sito Internet con il tuo nome. La persona che è entrata nel sito Internet con il tuo nome ha commesso un furto d'identità.
4. I medici hanno un codice deontologico. Essi devono attenersi a questo codice. I medici hanno un codice deontologico a cui devono attenersi.
5. La manipolazione genetica pone un problema etico. Tu parli della manipolazione genetica con entusiasmo. La manipolazione genetica, di cui tu parli con entusiasmo, pone un problema etico.

Practice more at **vhlcentral.com.**

# Comunicazione

National Communication Standards

4 **Cultura generale**

**A.** In coppia, scrivete una o due frasi per ogni città della lista usando i pronomi relativi in tutte le loro varietà.

**Modello** **Firenze**

Firenze è una città che ha accolto molti artisti. Chi va a Firenze per la prima volta, deve visitare la Galleria degli Uffizi.

| | | | |
|---|---|---|---|
| 1. New York | 3. Tokyo | 5. Las Vegas | 7. Parigi |
| 2. Napoli | 4. Roma | 6. Pompei | 8. ? |

**B.** Leggete le vostre frasi alla classe. Vince la coppia che ha usato la maggiore varietà di pronomi e li ha usati correttamente.

5 **I vostri compagni** In piccoli gruppi, scrivete nella tabella i nomi di alcuni dei vostri compagni di classe. Per ciascuno/a scrivete poi una frase per descriverlo/a usando i pronomi relativi. Infine, confrontate le vostre frasi con il resto della classe.

| | |
|---|---|
| Valeria | Valeria è la compagna con cui studio prima degli esami. |
| | |
| | |
| | |
| | |
| | |

6 **Curiosità** In coppia, fatevi delle domande aiutandovi con le parole della lista. Rispondete usando i pronomi relativi.

**Modello** —A chi scrivi il maggior numero di e-mail?
—Il mio ragazzo è la persona a cui scrivo il maggior numero di e-mail.

| | |
|---|---|
| **A chi** | **chattare** |
| **Per chi** | **dare/ricevere messaggi personali** |
| **Con chi** | **ricevere/mandare il maggior numero di SMS** |
| **Chi** | **trovare/cercare informazioni sul web** |
| **Da chi** | **imparare a usare il computer** |
| **Di chi** | **conoscere la tua password** |

7 **Ricordi** In piccoli gruppi, commentate i vostri primi ricordi d'infanzia aiutandovi con le parole della lista. Cercate di usare i pronomi relativi sia nelle domande che nelle risposte.

**Modello** —Chi è la persona che ricordi meglio?
—Mio nonno, con cui giocavo ai pirati!

- il/la mio/a migliore amico/a
- la mia casa
- la mia prima vacanza
- il mio primo giocattolo

4 As an option for part B, ask students to work in groups of four. Each pair of students can read their sentences, not mentioning the names of the cities. The other pair of students can guess which cities are being described.

4 Ask pairs of students to describe the town where their school/university is located, using relative pronouns. Then ask volunteers to read their descriptions to the class, which can vote on the most realistic, funny, etc.

5 Have students write one of their sentences on the board, leaving a blank in place of the relative pronoun. Then have the class complete the sentences.

6 Invite students to ask original questions starting with the interrogative pronouns listed in the left column.

NATIONAL comparisons STANDARDS

**INSTRUCTIONAL RESOURCES**
Audioscripts, SAM AK, Lab MP3s, Grammar Presentation Slides
**SAM/WebSAM:** WB, LM

**RIMANDO**

To review the subjunctive with impersonal expressions and verbs of will and emotion, see **Strutture 6.3, pp. 216–217**.

The subjunctive with indefinite expressions and with superlative statements is covered in **Strutture 9.4, p. 346**.

**ATTENZIONE!**

Remember to use the indicative after expressions of certainty. The verb **sapere** is always followed by the indicative, as is **essere certo (chiaro/evidente/ovvio/vero/sicuro)**. In contrast, **non sapere** and **non essere sicuro** are followed by the subjunctive.

**Sappiamo che Giorgio ricicla molto.** (indicative)
*We know that Giorgio recycles a lot.*

**È chiaro che la gente non ricicla abbastanza.** (indicative)
*It's clear that people don't recycle enough.*

**Non sono sicura che tu dica la verità.** (subjunctive)
*I am not sure that you are telling the truth.*

**ATTENZIONE!**

Note that **perché** has two meanings. When expressing *because*, it is followed by the indicative. When it means *so that*, with an expression of purpose, it is followed by the subjunctive.

**Studio informatica perché mi piace.** (indicative)
*I am studying computer science because I like it.*

**Ti parla lentamente perché tu possa capire.** (subjunctive)
*He speaks slowly so that you can understand.*

## 7.3 The subjunctive with expressions of doubt and conjunctions; the past subjunctive

*—Va bene, faccia quello che vuole, **purché sia** in fretta!*

- Use the subjunctive in subordinate clauses that are introduced by a verb expressing doubt or uncertainty.

**Dubito** che **arrivino** in tempo.
*I doubt that they will arrive on time.*

**Pare che** lui **sia** un fisico.
*It seems that he is a physicist.*

- These verbs and expressions of doubt or uncertainty are typically followed by the subjunctive.

| | | | |
|---|---|---|---|
| **dubitare che** | *to doubt that* | **può darsi che** | *it's possible that* |
| **è (im)possibile che** | *it's (im)possible that* | **non è sicuro che** | *it's not certain that* |
| **è (im)probabile che** | *it's (un)likely that* | **non sapere che** | *to not know that* |
| **immaginare che** | *to imagine that* | **supporre che** | *to suppose that* |
| **pare che** | *it seems that* | | |

- With verbs expressing doubt or uncertainty, use the subjunctive only when there is a change in subject. When the subject of both clauses is the same, use an infinitive preceded by the preposition **di**.

**different subjects**

Dubito **che** il tecnico mi **richiami** presto.
*I doubt the technician calls me back soon.*

**same subject**

Dubito **di finire** il lavoro presto.
*I doubt that I will finish work soon.*

- Use the subjunctive after these conjunctions, which indicate a limitation or condition placed upon the verb in the independent clause. Note that many can be used interchangeably.

| | |
|---|---|
| *provided that* | **a condizione che, a patto che** |
| *although* | **benché, nonostante, sebbene, malgrado** |
| *unless* | **a meno che, salvo che** |
| *so that* | **affinché, perché, purché** |
| *in the case that* | **nel caso che** |
| *before* | **prima che** |
| *without* | **senza che** |

- When the subject of the two clauses is the same, **prima che**, **affinché/perché**, and **senza che** are replaced with **prima di**, **per**, and **senza**, and they are followed by the infinitive.

| different subjects | same subject |
|---|---|
| Stampo il documento **affinché** tu e Paolo possiate discuterlo.<br>*I'll print the document so that you and Paolo can discuss it.* | Stampo il documento **per** poterlo leggere meglio.<br>*I'll print the document so that I can read it better.* |
| Fate l'esercizio **prima che** la lezione finisca!<br>*Do the exercise before class ends!* | Fate l'esercizio **prima di** andare via!<br>*Do the exercise before leaving!* |
| Puliamo **senza che** la mamma ce lo chieda.<br>*Let's clean up without mom asking us (to do it).* | Puliamo **senza** stancarci troppo.<br>*Let's clean up without tiring ourselves too much.* |

## The past subjunctive

- When the verb in the main clause is in the present (or sometimes future) tense, and the action of the subordinate clause took place before the action of the main clause, use the past subjunctive.

  È probabile che il capo **abbia inviato** quel messaggio.
  *It's likely that the boss sent that message.*

  Sembra che il senatore **si sia opposto** alla legge sugli animali in pericolo d'estinzione.
  *It seems that the senator opposed the law on endangered animals.*

- The past subjunctive is formed like the **passato prossimo** of the indicative, except that the auxiliary verb is in the present subjunctive. Verbs that take **avere** in the **passato prossimo** of the indicative are conjugated with **avere** in the past subjunctive.

| | **salvare** | **ricẹvere** | **finire** |
|---|---|---|---|
| che io | abbia salvato | abbia ricevuto | abbia finito |
| che tu | abbia salvato | abbia ricevuto | abbia finito |
| che lui/lei | abbia salvato | abbia ricevuto | abbia finito |
| che noi | abbiamo salvato | abbiamo ricevuto | abbiamo finito |
| che voi | abbiate salvato | abbiate ricevuto | abbiate finito |
| che loro | ạbbiano salvato | ạbbiano ricevuto | ạbbiano finito |

- Verbs that take **essere** in the **passato prossimo** of the indicative are conjugated with **essere** in the past subjunctive. Remember that past participles must agree with the subject of these verbs.

| | **andare** | **mẹttersi** | **partire** |
|---|---|---|---|
| che io | sịa andato/a | mi sịa messo/a | sịa partito/a |
| che tu | sịa andato/a | ti sịa messo/a | sịa partito/a |
| che lui/lei | sịa andato/a | si sịa messo/a | sịa partito/a |
| che noi | siamo andati/e | ci siamo messi/e | siamo partiti/e |
| che voi | siate andati/e | vi siate messi/e | siate partiti/e |
| che loro | sịano andati/e | si sịano messi/e | sịano partiti/e |

Students may need to be reminded only to use the subjunctive—past or present—when the mood is required by a particular verb or expression in the independent clause. It may be useful to ask students to complete a variety of sentences introduced by **Sembra che** and **Sappiamo che** followed by a past tense. Example: **Sembra che la classe abbia capito gli esempi./Sappiamo che Marco ha capito**.

Students are likely to get ahead of themselves and try to use the past subjunctive after independent verbs in the past. Stress for now that the past subjunctive can only be used when introduced by a main clause in the present, future, or imperative.

Point out to students that the conjugations for first, second, and third person singular are the same.

# Pratica

**1** Have students use expressions of doubt and uncertainty to write two more sentences, one with the present subjunctive and one with the past subjunctive.

**1** **Due approcci differenti** Piero ha problemi con il suo computer e Attilio lo aiuta a cercare di capire cosa succede. Piero, però, preferisce le soluzioni veloci. Completa il dialogo con il congiuntivo presente o passato del verbo tra parentesi.

**PIERO** Non capisco cosa (1) succeda (succedere) al mio computer: pare che non (2) voglia (volere) spegnersi...

**ATTILIO** Hai provato a resettarlo?

**PIERO** Sì, ma sembra che il problema non (3) sia andato (andare) via.

**ATTILIO** È possibile che (4) abbia preso (prendere) un virus. Hai un buon antivirus?

**PIERO** Ho un antivirus, ma non so se (5) sia (essere) abbastanza efficace. L'ho scaricato dal web gratuitamente.

**ATTILIO** Prova a chiamare un tecnico. Può darsi che ti (6) consigli (consigliare) di formattare il disco e reinstallare il sistema operativo. In questo caso suppongo che tu (7) debba (dovere) fare una copia di back-up di tutti i documenti.

**PIERO** No, Attilio. Sono sicuro che non è nulla di così grave. Guarda, facciamo così!

**ATTILIO** Ma che fai? Hai staccato la spina (*unplugged*) senza spegnere il computer? Beh, ora dubito davvero che tu (8) possa (potere) riaccenderlo!

**2** Have students write Piero's reply to Attilio. In his answer, Piero should also describe what followed after he unplugged his computer, how he feels about travelling, and what means of transportation he prefers.

**2** **Una vita da pendolare** I «pendolari» sono le persone che ogni giorno prendono un mezzo di trasporto per andare al lavoro. Attilio è uno di loro. Leggi la sua e-mail e completa il testo usando il verbo tra parentesi al congiuntivo (presente o passato) o all'indicativo (presente o passato prossimo).

Da: Attilio <attilio.gandolfo@email.it>
A: Piero <piero.piso@email.it>
Oggetto: Una vita da pendolare

Ciao Piero!
Come va con il tuo computer? Immagino che tu non lo (1) abbia rovinato (rovinare) definitivamente... Oggi ho cominciato con il mio nuovo lavoro. Bolzano è un po' lontana, ma con il Frecciargento si viaggia benissimo. In ogni posto c'è una presa (*socket*) a cui posso collegare il portatile! È chiaro che il biglietto (2) costa (costare) di più, ma non sono sicuro che sui treni più economici (3) ci siano (esserci) queste comodità. Inoltre, è sicuro che il Frecciargento (4) arriva (arrivare) sempre puntuale! Suppongo che anche alcuni autobus (5) facciano (fare) servizio tra Trento e Bolzano, ma io preferisco il treno: è più largo e più comodo. So che (6) hai (avere) molte cose da fare in questo periodo, ma spero che tu (7) venga (venire) a trovarmi uno di questi giorni. Cerca di evitare i giorni festivi perché dubito che tu (8) riesca (riuscire) a trovare posto.
Fatti sentire. A presto, Attilio.

## Nota CULTURALE

Il **treno** in Italia è un mezzo di trasporto molto popolare. Ci sono vari tipi di treni che offrono servizi diversi a costi, ovviamente, diversi. I treni regionali mettono in comunicazione le città di una stessa regione e sono i più economici. Gli Intercity coprono invece lunghe distanze. Nei treni Intercity c'è una carrozza ristorante e la possibilità di comprare snack e bibite e si può viaggiare sia in prima che in seconda classe, ma di solito non c'è una grande differenza fra le due. Le Frecce (Frecciarossa, Frecciargento e Frecciabianca) sono i treni più costosi ma anche i più veloci. Con un treno Frecciarossa possiamo viaggiare da Roma a Milano in circa tre ore.

Practice more at **vhlcentral.com.**

# Comunicazione

3 **Io sono così!** A turno, completate le frasi usando il congiuntivo o l'infinito, secondo le vostre necessità. Se volete, potete cambiare le frasi per adattare il significato alla vostra reale personalità.

1. Io controllo la mia e-mail due volte al giorno. Vado in vacanza solo a patto che...
2. Ho comprato una macchina fotografica digitale per/affinché...
3. Amo le cose programmate in anticipo. Non parto mai prima di/prima che...
4. Mi piace essere bene informata. Non esprimo mai giudizi sulla bioetica senza/senza che...
5. Di solito evito di prendere medicine a meno che non...
6. Sono contraria ai rifiuti tossici benché...

4 **Consigli** Alfredo detesta le scienze, ma vuole diventare un astronauta. In coppia, utlizzate gli elementi della lista per dirgli quello che pensate della sua scelta.

**Modello** —È possibile che tu diventi un astronauta, ma devi migliorare i tuoi voti in matematica.
—Puoi diventare un astronauta, a condizione che tu faccia i compiti ogni giorno.

| | |
|---|---|
| a condizione che | è vero che |
| affinché | è sicuro che |
| credere | pensare |
| (non) è possibile che | perché |
| benché | tutti sanno che |

5 **Ipotesi sul futuro** A gruppi di tre, immaginate come sarà il mondo nel 2050 e nel 2100. Utilizzate il più possibile le espressioni che reggono (*take*) il congiuntivo e presentate le vostre idee alla classe.

**Modello** È poco probabile che le nazioni smettano di fare guerre.

- la società
- le relazioni internazionali
- la tecnologia
- la conquista dello spazio

6 **Notizia straordinaria!**

**A.** Il telegiornale ha annunciato la scoperta di forme di vita su un nuovo pianeta della galassia. In piccoli gruppi, provate a immaginare come sono e come vivono gli abitanti di questo pianeta. Parlate dei punti elencati nella lista.

- aspetto fisico
- società
- sviluppo tecnologico
- comunicazione
- attività
- cibo

**B.** Ecco che i primi uomini sbarcano sul nuovo pianeta per studiare la nuova specie vivente. Descrivete in sei frasi le interazioni fra gli umani e gli alieni, basandovi sulla realtà che avete descritto sopra e usando le seguenti parole: **a condizione che, affinché, perché, a meno che non, malgrado, benché, nonostante.**

**Modello** Gli alieni non si spaventano, malgrado non abbiano mai visto esseri umani prima di adesso.

NATIONAL communication STANDARDS

3 Have pairs of students write two sentences about a famous person or someone the whole class will know. Each pair will share their sentences with the rest of the class, who can guess the person's identity.

4 As a variant, have students think of a time when they or someone they know wanted to do something unrealistic. Have pairs discuss advice they received or gave others using as many expressions of doubt as appropriate.

5 Have students add at least two more topics to the list and share them with the class.

6 Have students use two more expressions on their own.

**INSTRUCTIONAL RESOURCES**
Audioscripts, SAM AK, Lab MP3s, Grammar Presentation Slides
**SAM/WebSAM:** WB, LM

7.4

# *Conoscere* and *sapere*

—*Ecco qua, lo* ***sapevo****.*

- **Conoscere** and **sapere** both mean *to know*, but they are used in different contexts. **Conoscere** is a regular verb, while **sapere** has irregular forms.

| conọscere | | sapere | |
|---|---|---|---|
| conosco | conosciamo | so | sappiamo |
| conosci | conoscete | sai | sapete |
| conosce | conọscono | sa | sanno |

- **Conoscere** means *to know* or *to be familiar with* a person, place, or thing.

**Conosco** un ottimo ristorante in centro.
*I know an excellent restaurant downtown.*

**Conoscete** il dottor Ruspoli?
*Do you know Dr. Ruspoli?*

- **Conoscere** in the **passato prossimo** means *met* (for the first time).

Ieri **abbiamo conosciuto** il professore di biologia.
*We met the biology professor yesterday.*

**Ho conosciuto** mio marito nel 1964.
*I met my husband in 1964.*

- **Sapere** means *to know* (a fact), or *to know how* (to do something). To indicate an ability, use the infinitive after a conjugated form of **sapere**.

**Sapete** quando è stato inventato il computer?
*Do you know when the computer was invented?*

Mio padre **sa** parlare tedesco.
*My father knows how to speak German.*

- **Sapere** in the **passato prossimo** means *found out.*

Che bella notizia! **Abbiamo saputo** che Laura e Marco si sposano!
*What great news! We found out that Laura and Marco are getting married!*

- In the **imperfetto**, **conoscere** and **sapere** have the same meanings as they do in the present tense, but these meanings are conveyed in a past, descriptive framework.

Prima di viaggiare in Italia, John non **conosceva** la polenta.
*Before he went to Italy, John wasn't familiar with polenta.*

Tua nonna **sapeva** parlare italiano?
*Did your grandmother know how to speak Italian?*

**ATTENZIONE!**

Note that in the present tense, the conjugation of **sapere** closely resembles that of **avere**.

**SAPERE/AVERE**
**so/ho**
**sai/hai**
**sa/ha**
**sappiamo/abbiamo**
**sapete/avete**
**sanno/hanno**

**ATTENZIONE!**

Note that **sapere** is commonly used in the phrase **Non lo so**, where the generic pronoun **lo** refers to an idea or concept.

**Dov'è il tuo quaderno?**
*Where is your notebook?*

**Non lo so.**
*I don't know.*

**ATTENZIONE!**

Remember that **sapere che**, which conveys certainty, should be followed by a subordinate clause in the indicative. In contrast, **non sapere se**, which conveys uncertainty, should be followed by the subjunctive.

**Sanno che il codice è giusto.**
*They know it's the right code.*

**Non sanno se il codice sia giusto.**
*They do not know if it's the right code.*

# Pratica e comunicazione

**1** **Interessi in comune** Catia e Massimo si sono conosciuti via Internet. Hanno scoperto di fare ricerca entrambi a Bolzano, così hanno deciso di incontrarsi. Completa il dialogo inserendo **conoscere** o **sapere** nella forma appropriata.

**CATIA** Ciao, Massimo! Finalmente ti (1) ___conosco___ di persona!

**MASSIMO** Ciao! Che piacere!

**CATIA** Da quanto tempo sei qui a Bolzano?

**MASSIMO** Da poco, una settimana. Non ho avuto il tempo di (2) ___conoscere___ nessuno...

**CATIA** Io qui ho tanti amici, ma fanno ricerca in campi diversi dal mio. Spesso non (3) ___so___ di cosa parlare con loro.

**MASSIMO** Non (4) ___sapevo___ che tu cercassi un amico con cui parlare di lavoro!

**CATIA** Beh... (5) ___Conoscevo___ una persona con cui uscivo spesso, un linguista anche lui, ma alla fine mi ha confessato che era stanco di parlare di grammatica e sintassi con me e non (6) ___sapeva___ come dirmelo. Pensi che sia un problema?

**MASSIMO** Non so... non (7) ___ho conosciuto___ mai nessuno che amasse tanto parlare di lavoro... Possiamo provare ad andare da qualche parte e poi vediamo...

**CATIA** Ma certo! Che ne dici di andare in centro domani pomeriggio? (8) ___Ho saputo___ che hai aperto un nuovo istituto di rieducazione linguistica!

**2** **Collegamenti** Con un(a) compagno/a, costruisci le frasi unendo le parole delle colonne.

| | | |
|---|---|---|
| io | conoscere | parlare italiano |
| tu | non conoscere | una persona celebre |
| il mio professore di italiano | sapere | navigare su Internet |
| mio nonno | non sapere | accendere il computer |
| il/la mio/a compagno/a di stanza | | un tecnico bravo ed economico |
| i miei genitori | | chi ha inventato il telefono |
| io e il/la mio/a compagno/a | | una persona creativa |
| ? | | ? |

**3** **Ricordi e novità** I verbi **sapere** e **conoscere** all'imperfetto indicano ricordi, mentre al passato prossimo indicano azioni complete, eventi nuovi che sono entrati improvvisamente nella nostra vita. In coppia, fai domande al(la) tuo/a compagno/a.

**I ricordi**

- quali sono tre cose che sapeva fare quando aveva otto anni
- quali sono tre cose che non sapeva fare due anni fa e che sa fare adesso
- quali persone conosceva bene quando aveva cinque anni
- quali storie conosceva prima di cominciare a leggere

**Le novità**

- quali sono tre cose che ha saputo recentemente su alcuni suoi amici
- a che età ha saputo che Babbo Natale non esiste
- quante persone ha conosciuto questo semestre
- dove ha conosciuto il/la suo/a migliore amico/a

Nota
**CULTURALE**

**Bolzano** è una città molto particolare, in cui si parlano e sono riconosciute tre lingue: italiano, tedesco e ladino. Anche le televisioni e le emittenti radiofoniche mandano in onda° programmi in queste tre lingue. Per le sue particolarità culturali la regione Trentino-Alto Adige è una regione «a statuto speciale», cioè con leggi speciali che tutelano le minoranze.

**mandano in onda** *broadcast*

**1** Have students continue the conversation between Catia and Massimo. Ask them to use **sapere** and **conoscere** both in the **presente** and in the **passato prossimo**.

**2** Have students make statements of their own using the four verb possibilities.

Practice more at **vhlcentral.com.**

# Sintesi

**1**

**Parliamo** **In coppia, rispondete alle domande riflettendo sui vari punti.**

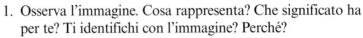

1. Osserva l'immagine. Cosa rappresenta? Che significato ha per te? Ti identifichi con l'immagine? Perché?
2. Vai in vacanza per quindici giorni in un posto in cui non è possibile usare Internet: ti senti più nervoso/a o più tranquillo/a del solito? Perché?
3. Quando non sai come arrivare in un posto, che fai?
4. Devi depositare un assegno (*check*) di diecimila dollari. Preferisci usare il bancomat (*ATM*) o andare in banca? Perché?
5. È possibile che l'uomo moderno dipenda troppo dalla tecnologia. In che modo? Fai degli esempi.
6. Pensi che la tecnologia influenzi la capacità degli uomini di interagire tra di loro? In che modo?
7. Credi che gli uomini oggi comunichino meglio o peggio di cinquanta anni fa?
8. Grazie alla tecnologia (SMS, chat, e-mail) noi oggi scriviamo più spesso dei nostri genitori. Pensi che la tecnologia abbia migliorato le capacità linguistiche dei giovani di oggi?

**Strategie per la comunicazione**

- Per esprimere *either... or...* usa **o... o...**

  Quando esco durante il week-end porto con me **o** il cellulare **o** il portatile, ma non tutti e due.

- Per esprime *both... and...* usa **sia... che...** (più comune) o **sia... sia...** (meno comune e quindi più elegante).

  Io parlo con i miei amici **sia** in chat **che** al telefono.
  Io credo di avere bisogno **sia** del computer **sia** del cellulare.

  Per esprimere *neither... nor...* usa **né... né...**

  Quando sono in vacanza non voglio **né** computer **né** televisione.

**2**

**Scriviamo** **Scegli uno di questi titoli e scrivi una composizione di una pagina.**

1. Credi che la tecnologia porti sempre a un progresso, o ci sono cose che la tecnologia non può sostituire? Usa questi oggetti come esempi.
   - macchina fotografica tradizionale/macchina digitale
   - carta/e-mail
   - un piccolo regalo consegnato di persona/una cartolina di auguri elettronica
2. Immagina di avere gli oggetti elencati nella lista, ma di dovere rinunciare a tre di loro. Quali scegli? Che cambiamento ci sarà nella tua vita senza questi oggetti? Qual è l'oggetto più importante della lista per te?

| | | | |
|---|---|---|---|
| **bancomat** | **computer da tavolo** | **lavastoviglie** | **macchina fotografica** |
| **bicicletta** | **computer portatile** | **macchina** | **televisore** |

# Preparazione

Audio: Vocabulary

connections cultures NATIONAL STANDARDS

Point out that **vaporetti**, as the name suggests, used to be steam boats.

**TEACHING OPTION** Ask students to write sentences using the new vocabulary.

**1** Show images of Venice, including bridges, **calli**, **vaporetti**, and **acqua alta** to the class to further illustrate the new vocabulary.

**2** As a follow up question, ask: **Conosci delle città costruite sull'acqua? Quali?** Besides Venice, other cities partly/completely built on water and with an extensive system of canals are: Amsterdam (Netherlands), St. Petersburg (Russia), Miami and Ft. Lauderdale (FL), and the Gold Coast in Queensland (Australia).

**3** Use a map to help students identify the main water inlets of **Lido, Malamocco** and **Chioggia**, and the different islands (**Murano**, **Burano**, etc.) as well as areas on land (e.g. **Mestre**) that form the city of Venice.

### Vocabolario della lettura

**l'allagamento** *flooding*
**l'alluvione** *flood*
**le calli** *Venetian streets*
**i campi** *Venetian squares*
**la marea** *tide*
**la passerella** *footbridge*
**i pollici** *inches (lit. thumbs)*
**prevedere** *to predict*
**il riscaldamento globale** *global warming*
**sommerso/a** *submerged*

### Vocabolario utile

**i canali** *canals*
**l'impatto ambientale** *environmental impact*
**il traghetto** *ferry*
**il vaporetto** *motor boat (used for public transportation in Venice)*

**1** **Il mare** Completa il paragrafo con le parole nuove.

I navigatori esperti conoscono abbastanza astronomia per (1) __prevedere__ i movimenti marini. Per esempio, seguendo le fasi della luna possono determinare quando ci saranno le alte e le basse (2) __maree__. Anche i veneziani seguono attentamente il mare: la loro città è spesso vittima di (3) __allagamenti__ e corre il rischio di venire un giorno completamente (4) __sommersa__ dall'acqua. Venezia è costruita su una laguna. Per muoversi, i suoi abitanti devono usare ponti e mezzi di trasporto come i (5) __vaporetti/traghetti__. Se la marea è alta, bisogna installare delle (6) __passerelle__ per poter camminare sopra al livello dell'acqua.

**2** **Città particolari** In coppia, rispondete a turno alle domande.

1. Qual è la città (antica o moderna) più diversa dalle altre, secondo te? Perché?
2. Descrivi questa città: quali sono le sue caratteristiche speciali?
3. Come vivono gli abitanti della città? Come hanno risolto i problemi particolari del loro ambiente?
4. C'è un modo innovativo per eliminare i problemi tipici della città come l'inquinamento o il traffico? Quale?
5. Conosci delle città famose la cui storia sia legata al mare o a qualche fiume? Quali sono i vantaggi o gli svantaggi di una simile posizione geografica?

**3** **Venezia** In coppia, guardate la cartina a pagina 267 e rispondete alle domande.

1. Cosa sapete su Venezia? Perché è famosa?
2. Quali sono i punti d'entrata dell'acqua marina nella laguna?
3. Come si potrebbe fermare l'entrata dell'acqua per prevenire un allagamento?
4. Pensate che sia importante salvare Venezia prima che venga sommersa? Perché?

### Nota CULTURALE

Considerata una delle più belle città del mondo, **Venezia** fa parte del «patrimonio dell'umanità» protetto dall'UNESCO. Le sue ricchezze artistiche e architettoniche rendono Venezia la città italiana con il più alto numero di turisti (secondo l'ISTAT). Anticamente, gli abitanti della terraferma si rifugiarono sulla laguna per sfuggire alle varie invasioni barbariche, soprattutto quelle dei Longobardi e degli Unni. Da piccola comunità, Venezia divenne in pochi secoli uno dei principali porti per il commercio con l'Oriente, e una repubblica che controllava gran parte del Mediterraneo orientale.

# Venezia

## sommersa o salvata?

Reading

Venezia, la romantica città-laguna con i suoi canali, ponti e gondole, è da sempre minacciata° di essere sommersa dall'Adriatico. La sua posizione geografica così unica, sospesa° tra terra e mare, la rende infatti vulnerabile agli allagamenti o all'«acqua alta». I veneziani chiamano così l'alta marea, che insieme al vento più forte in autunno e in primavera, provoca gravi allagamenti e alluvioni nella zona urbana. Anche indossando le galosce, camminare e attraversare le calli e i campi veneziani diventa difficile e in molti casi pericoloso. Durante gli allagamenti il passaggio è interdetto° anche alle barche: con l'acqua alta sopra ai 93 cm (36 pollici) non possono più passare sotto i ponti!

Gli scienziati prevedono che, a causa del riscaldamento globale, il livello del mare si alzerà notevolmente, aggravando perciò° i problemi di Venezia. La Serenissima (uno dei soprannomi della città) ha già fatto molto per proteggere il proprio patrimonio° artistico e storico dagli allagamenti e ha dei nuovi progetti per il futuro.

Quando il livello dell'acqua comincia a salire, la città usa uno speciale sistema di comunicazione per avvertire gli abitanti molto velocemente, permettendogli di prepararsi prima possibile. Nei periodi di allagamento più lunghi, viene installata una rete di passerelle, alte fino a 120 cm (47 pollici) che permettono di camminare nelle calli principali della città.

Venezia è stata storicamente una città di mercanti, navigatori e viaggiatori. Attualmente, per la minaccia dell'acqua, è diventata anche una città di innovatori. Per risolvere il fenomeno dell'acqua alta, dal 2003 si sta realizzando il rivoluzionario progetto MO.S.E. (modulo sperimentale elettromeccanico), basato su un principio di Archimede. Delle barriere mobili bloccheranno l'accesso dell'acqua marina nella laguna alle tre bocche di porto del Lido, di Malamocco e di Chioggia. La necessità di questo progetto nacque nel 1966, dopo un'alluvione che sommerse la città di Venezia sotto 193 cm (74 pollici) d'acqua.

Il MO.S.E. è una soluzione molto innovativa, nata da ricerche, prove e analisi basate su modelli matematici e fisici. Proprio perché costituisce un nuovissimo sistema, gli ingegneri e gli architetti coinvolti nel progetto hanno considerato molte opzioni diverse in altre parti della laguna con barriere di vari tipi. Ma, dopo un'analisi comparativa, hanno deciso di implementare questa soluzione, l'unica che rende possibile l'isolamento temporaneo della laguna dal mare. Un prototipo costruito nel canale di Treporti, vicino alla bocca di porto Lido, ha permesso di osservare e perfezionare il funzionamento del sistema e dei materiali in condizioni reali.

I successi tecnologici nella protezione della città hanno però portato alla luce importanti questioni sull'equilibrio ambientale° della laguna e del mare Adriatico. Il progetto MO.S.E. è stato criticato dagli ambientalisti che si preoccupano dell'impatto delle barriere artificiali sull'ecosistema marino. Nonostante le proteste la costruzione continua e il sistema sarà completato nel 2016. Riuscirà il MO.S.E. salvare Venezia dalle alluvioni? ■

*threatened*
*suspended*
*forbidden*
*therefore*
*heritage*
*environmental*

# Analisi

1 Ask students to correct the false statements.

**1** **Comprensione** Indica se le affermazioni sono **vere** o **false**. Dopo, in coppia, correggete le affermazioni false.

| Vero | Falso | |
|---|---|---|
| ☑ | ☐ | 1. Venezia è costruita sulla laguna. |
| ☑ | ☐ | 2. Le cause principali dell'acqua alta sono il mare e il vento. |
| ☑ | ☐ | 3. Se il livello dell'acqua si alza troppo a Venezia le barche non possono passare sotto i ponti. |
| ☑ | ☐ | 4. La Serenissima è uno dei soprannomi di Venezia. |
| ☑ | ☐ | 5. Il riscaldamento globale potrebbe aggravare i problemi di Venezia. |
| ☐ | ☑ | 6. Piazza San Marco non si allaga mai. |
| ☐ | ☑ | 7. Il progetto MO.S.E. è stato abbandonato. |
| ☐ | ☑ | 8. Gli ambientalisti appoggiano il progetto MO.S.E. |
| ☐ | ☑ | 9. Gli allagamenti minacciano l'ecosistema marino. |

2 Divide the class in two teams: **gli ingegneri** and **gli ambientalisti**. Give the teams a few minutes to come up with a list of points, then ask students to debate the two sides of the Venice issue.

**2** **Il fronte "NO MOSE"** Leggete il paragrafo e rispondete alle domande.

Nel corso degli anni i movimenti ambientalisti e alcune forze politiche hanno contestato° il progetto MO.S.E tanto per **l'impatto sull'equilibrio idrogeologico e il delicato ecosistema lagunare**, quanto per gli altissimi costi di costruzione e della futura manutenzione° del sistema. Nel corso della costruzione il fronte "NO MOSE" ha anche evidenziato alcuni difetti strutturali dell'opera e la possibile inefficacia del sistema a fronteggiare il previsto aumento del livello del mare. Si è richiesto di esaminare **proposte alternative con soluzioni meno costose e a minore impatto ambientale**. Diversi ricorsi° sono stati presentati a livello nazionale italiano e anche all'Unione Europea.

**hanno contestato** *protested against* **manutenzione** *maintenance* **ricorsi** *legal appeals*

1. Quali sono le preoccupazioni degli ambientalisti? Perchè sono contrari al progetto MO.S.E.?
2. Che cosa hanno evidenziato i critici del MO.S.E.?
3. A chi hanno presentato ricorso?

3 Discuss the similar problems of the bridge between **Messina** and **Reggio Calabria**—another long-term project riddled with environmental, political, and cultural debates. You might also want to discuss the Hoover Dam, the Suez Canal, the Golden Gate Bridge, and other engineering feats.

**3** **Opinioni** In coppia, fatevi a turno queste domande.

1. È più importante l'ambiente o l'arte?
2. Si può trovare un compromesso per salvare sia Venezia che l'habitat marino?
3. Pensi che la tecnologia possa risolvere i problemi ambientali o solo causarne dei nuovi?
4. È giusto salvare le città antiche o ci sono dei progetti più importanti da risolvere con la tecnologia?
5. Quali sono i problemi globali che si potrebbero risolvere con la tecnologia?

Practice more at **vhlcentral.com.**

# Preparazione

Audio: Vocabulary

connections cultures — NATIONAL STANDARDS

## A proposito dell'autore

**Emilio Salgari** (Verona, 1862–1911) è l'autore italiano di libri d'avventura per ragazzi per eccellenza. Spesso ignorato dalla critica «seria», Salgari ha avuto un enorme impatto sulla cultura popolare del ventesimo secolo. I suoi numerosissimi romanzi hanno influenzato registi cinematografici come Sergio Leone e Federico Fellini; la serie televisiva tratta dal suo romanzo *Sandokan, la tigre della Malesia* è stata vista da oltre 80 milioni di telespettatori a settimana in tutta Europa. Salgari non ha mai viaggiato fuori d'Italia, ma i suoi romanzi hanno spaziato con la fantasia dal Far West americano, all'India, alle Bermude, all'Asia.

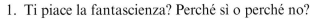

**Vocabolario della lettura**

**il bue (i buoi)** *ox (oxen)*
**coltivare** *to grow*
**esaurirsi** *to run out*
**la mandria** *herd*
**il pascolo** *pasture*
**il pompiere** *firefighter*
**predire** *to predict*
**scomparire** *to disappear*
**stupire** *to surprise*
**la truppa** *troop*

**Vocabolario utile**

**abituarsi** *to get used to*
**l'arma** *weapon*
**l'energia pulita** *clean energy*
**il/la marziano/a** *Martian*
**fantascientifico/a** *futuristic*
**il ritrovato** *discovery*

### 1 **Definizioni** Trovate la definizione adatta a ogni parola.

| | | |
|---|---|---|
| c | 1. il marziano | a. una scoperta scientifica o tecnica |
| f | 2. la mandria | b. oggetto utilizzato per difendersi o per combattere |
| a | 3. il ritrovato | c. un abitante di Marte |
| b | 4. l'arma | d. fare una profezia |
| d | 5. predire | e. non essere più disponibile (*available*) |
| e | 6. esaurirsi | f. un gruppo di animali a quattro zampe |

### 2 **Preparazione** In coppia, fatevi a turno le seguenti domande.

1. Ti piace la fantascienza? Perché sì o perché no?
2. Da bambino immaginavi mai di viaggiare nel futuro? Come te lo immaginavi?
3. Cosa volevi che esistesse nel futuro?
4. Conosci altri romanzi che parlano dei problemi e dei vantaggi del progresso, anche a livello politico?

### 3 **Discussione** Progresso o perdita di piaceri? In coppia, rispondete alle domande.

1. Secondo voi, il progresso è sempre una cosa positiva?
2. Quali sono dei ritrovati della tecnica che hanno migliorato la vita dell'uomo e quali la hanno peggiorata? Date almeno due esempi per ognuno.
3. La qualità della vita dipende dalla produttività o da quanto il proprio lavoro permette di godersi la vita?
4. Si vive per lavorare o si lavora per vivere?

Practice more at **vhlcentral.com.**

**Nota CULTURALE**

*Le meraviglie del Duemila* è un romanzo scritto nel 1907 e appartiene al filone° fantascientifico e di avventura popolare in Europa. È la storia di due uomini che viaggiano nel futuro grazie a una pianta esotica che consente loro° di addormentarsi per cento anni (dal 1903 al 2003). Al risveglio° trovano una società diversissima, con macchine volanti°, città e treni sotterranei e sottomarini°, dominata dalla velocità e dalla frenesia°. Incapaci° di abituarsi a ritmi di vita così poco umani, i due finiscono in manicomio°. Il capitolo che segue, «La luce ed il calore futuro», è tratto dalla prima parte del libro.

**filone** *vein* **consente loro** *lets them* **risveglio** *awakening* **volanti** *flying* **sotterranei...** *underground and undersea* **frenesia** *frenzy* **incapaci** *unable* **manicomio** *madhouse*

2 For item 4, some examples are Orwell's *1984* and Huxley's *Brave New World.* Science fiction in general deals with utopias and dystopias as a way to comment on the current political situation. Like most science fiction writers, Salgari has a critical (and prophetic) vision of the future: he points out in his novel the dangers of pollution, speed, fast-paced life, and chemically synthesized food.

# LE MERAVIGLIE DEL DUEMILA (FRAMMENTO)

Emilio Salgari

Il dottor Holker aveva detto la verità°. Il brodo° era squisitissimo, ma nessuna pietanza° era di carne di bue, di maiale° e di montone°. Solo dei pesci: tutti gli altri piatti si componevano° di vegetali, fra cui molti che erano assolutamente sconosciuti° a Toby ed a Brandok.

In compenso il vino era così eccellente che né l'uno né l'altro mai ne avevano gustato° di simile.

«Signor Holker,» disse Brandok, che mangiava con un appetito invidiabile°, come se si fosse svegliato solo da dieci o dodici ore «siete vegetariano voi?»

«Perché mi fate questa domanda?» chiese il lontano pronipote° del dottore.

«Ai nostri tempi si parlava molto di vegetarianismo, specialmente in Germania ed in Inghilterra. Si vede che quella cucina ha fatto dei progressi.»

«Perché non trovate delle bistecche°?»

«Sì, e mi stupisce come i moderni americani abbiano rinunciato alle succose° bistecche ed ai sanguinanti° roast beef.»

«Sono piatti diventati un po' rari, oggi, mio caro, e pel° semplice motivo che i buoi ed i montoni sono quasi scomparsi.»

«Ah!»

«Ve ne stupite?»

«Molto.»

«Mio caro signore, la popolazione del globo in questi cento anni è enormemente cresciuta, e non esistono più praterie° per nutrire° le grandi mandrie che esistevano ai vostri tempi. Tutti i terreni disponibili sono ora coltivati intensivamente per chiedere al suolo° tutto quello che può dare. Se così non si fosse fatto, a quest'ora la popolazione del globo sarebbe alle prese° colla° fame. I grandi pascoli

*truth* · *broth* · *dish/pork* · *ram* · *were made of* · *unknown* · *had tasted* · *enviable* · *great-grandson*

*steaks* · *succulent* · *raw* (lit. *bloody*) · *for the* (lit. per il) · *prairies* · *feed* · *soil* · *would have to deal/ with the* (lit. con la)

Audio: Dramatic Reading

dell'Argentina e i nostri del Far-West non esistono più, ed i buoi ed i montoni a poco a poco sono quasi scomparsi, non rendendo° le praterie in proporzione all'estensione. D'altronde° non abbiamo più bisogno di carne al giorno d'oggi. I nostri chimici, in una semplice pillola° dal peso di qualche grammo, fanno concentrare tutti gli elementi che prima si potevano ricavare° da una buona libbra° di ottimo bue.»

«E l'agricoltura come va senza buoi?»

«Anticaglie°» disse Holker. «I nostri campagnoli° non fanno uso che° di macchine mosse° dall'elettricità.»

«Sicché° non vi sono più neanche cavalli?»

«A che cosa potrebbero servire? Ce ne sono ancora alcuni, conservati più per curiosità che per altro.»

«E gli eserciti non ne fanno più uso?» chiese il dottor Toby. «Ai nostri tempi tutte le nazioni ne avevano dei reggimenti.»

«E che cosa ne facevano?» chiese Holker, con aria ironica.

«Se ne servivano nelle guerre.»

«Eserciti! Cavalleria°! Chi se ne ricorda ora?»

«Non vi sono più eserciti?» chiesero ad una voce Toby e Brandok.

«Da sessant'anni sono scomparsi, dopo che la guerra ha ucciso la guerra, l'ultima battaglia combattuta per mare e per terra fra le nazioni americane ed europee è stata terribile, spaventevole°, ed è costata milioni di vite umane, senza vantaggio° né per le une né per le altre potenze°. Il massacro è stato tale° da decidere le diverse nazioni del mondo ad abolire per sempre le guerre. E poi non sarebbero più possibili. Oggi noi possediamo° degli esplosivi capaci di far saltare° una città di qualche milione di abitanti; delle macchine che sollevano° delle montagne; possiamo sprigionare°, colla semplice pressione° del dito, una scintilla° elettrica trasmissibile a centinaia di miglia° di distanza e far scoppiare° qualsiasi deposito di polvere°. Una

not yielding
on the other hand
pill
could be found/pound
Old stuff
peasants/only use
moved
Therefore
Cavalry
frightening
advantage
powers/such
we have
that can blow up
lift
release
pressure
spark
miles/blow up
(gun) powder

guerra, al giorno d'oggi°, segnerebbe° la fine dell'umanità. La scienza ha vinto ormai° su tutto e su tutti.»

«Eppure° quest'oggi, appena svegliato, mi fu comunicata dal vostro giornale una notizia che smentirebbe° quello che avete detto ora, mio caro nipote» disse Toby.

«Ah sì! La distruzione di Cadice° da parte degli anarchici. Bazzecole°! Ormai questi bricconi irrequieti° saranno stati completamente distrutti dai pompieri di Malaga e di Alicante.»

«Dai pompieri?»

«Non abbiamo altre truppe al giorno d'oggi, e vi assicuro che sanno mantenere l'ordine in tutte le città e sedare° qualunque tumulto. Mettono in batteria° alcune pompe e rovesciano° sui sediziosi° torrenti d'acqua elettrizzata° al massimo grado°. Ogni goccia° fulmina°, e l'affare è sbrigato° presto.»

«Un mezzo un po' brutale, signor Holker, e anche inumano.»

«Se non si facesse così, le nazioni si vedrebbero costrette° ad avere delle truppe per mantenere l'ordine. E del resto° siamo in troppi in questo mondo, e se non troviamo il mezzo d'invadere qualche pianeta, non so come se la caveranno° i nostri pronipoti fra altri cent'anni, a meno che non tornino, come i nostri antenati, all'antropofagia°. La produzione della terra e dei mari non basterebbe a nutrire tutti, e questo è il grave° problema che turba° e preoccupa gli scienziati. Ah! se si potesse dar la scalata° a Marte che ha invece una popolazione così scarsa e tante terre ancora incolte°!»

«Come lo sapete voi?» chiese Toby, facendo un gesto di stupore.

«Dagli stessi martiani°» rispose Holker.

«Dagli abitanti di quel pianeta!» esclamò Brandok.

«Ah, dimenticavo che ai vostri tempi non si era trovato ancora un mezzo per mettersi in relazione° con quei bravi martiani.»

«Scherzate°?»

«Ve lo dico sul serio, mio caro signor Brandok.»

today/would mark
nowadays
And yet
would run counter
Cadiz (Spanish city)
Trifles
restless scoundrels
quell
they line up
they pour/rioters
electrified
at the utmost level/drop/electrifies/
the deal is done
would be forced
on the other hand
will manage
cannibalism
serious
upsets
climb
uncultivated
Martians
to communicate
Are you kidding?

«Voi comunicate con loro?»

«Ho anzi un carissimo amico lassù che mi dà spesso sue notizie.»

«Come avete fatto a mettervi in relazione coi martiani?»

«Ve lo dirò più tardi, quando avrete visitato la stazione elettrica di Brooklyn. Eh! Sono già° quarant'anni che siamo in relazione coi martiani.»

«È incredibile!» esclamò il dottor Toby. «Quali meravigliose scoperte avete fatto voi in questi cent'anni!»

«Molte che vi faranno assai° stupire, zio. Appena vi sarete completamente rimessi°, vi proporrò° di fare una corsa attraverso il mondo. In sette giorni saremo nuovamente a casa.»

«Il giro del mondo in una settimana!...»

«È naturale che ciò vi stupisca. Ai vostri tempi s'impiegavano° quarantacinque o cinquanta giorni, se non m'inganno°.»

«E ci sembrava d'aver raggiunto° la massima velocità.»

«Delle tartarughe°» disse Holker, ridendo. «Poi faremo anche una corsa al polo nord a visitare quella colonia.»

«Si va anche al polo, ora?»

«Bah!... è una semplice passeggiata.»

«Avete trovato il mezzo di distruggere° i ghiacci° che lo circondano°?...»

«Niente affatto°, anzi io credo che le calotte di ghiaccio° che avvolgono° i due confini della terra siano diventate più enormi di quello che erano cent'anni fa; eppure noi abbiamo° trovato egualmente° il mezzo di andare a visitarli e anche a popolarli°. Vi abbiamo relegati là...»

Un sibilo° acuto che sfuggì° da un foro° aperto sopra una mensola° che si trovava in un angolo della stanza, gl'interruppe la frase.

«Ah, ecco la mia corrispondenza che arriva» disse Holker, alzandosi.

«Un'altra meraviglia!» esclamarono Toby e Brandok alzandosi.

«Una cosa semplicissima» rispose Holker. «Guardate, amici miei.»

Premette° un bottone al disotto° d'un quadro che rappresentava una battaglia navale. La figura scomparve, innalzandosi entro due scanalature°, e lasciando un vano° d'un mezzo metro quadrato°. Dentro v'era° un cilindro di metallo coperto di numeri segnati° in nero, lungo sessanta o settanta centimetri, con una circonferenza di trenta o quaranta.

«Il mio numero d'abbonamento° postale è il 1987» disse Holker. «Eccolo qui, e in un piccolo scompartimento° sono state collocate° le mie lettere.»

Mise un dito sul numero, s'aprì uno sportellino° e trasse° la sua corrispondenza, poi fece ridiscendere° il quadro e premette un altro bottone.

«Ecco il cilindro ripartito°» disse. «Va a distribuire la corrispondenza agli inquilini° della casa.»

«Come è giunto° qui quel cilindro?» chiese Brandok.

«Per mezzo d'un tubo comunicante° coll'ufficio postale più vicino, e rimorchiato° da una piccola macchina elettrica.»

«E come si ferma?»

«Dietro il quadro vi è uno strumento destinato ad interrompere la corrente elettrica. Appena il cilindro vi passa sopra, si ferma e non riparte se io prima non riattivo la corrente premendo quel bottone.»

«Vi è un cilindro per ogni casa?»

«Sì, signor Brandok; devo avvertirvi che le abitazioni moderne hanno venti o venticinque piani e che contengono dalle cinquecento alle mille famiglie.»

«La popolazione d'uno dei nostri antichi sobborghi°» disse il dottore. «Non ci sono dunque° più case piccole?»

«Il terreno è troppo prezioso oggidì°, e quel lusso° è stato bandito°. Non si può sottrarre° spazio all'agricoltura. Ma comincia a far buio°; sarebbe tempo d'illuminare° il mio salotto. Ai vostri tempi che cosa si accendeva alla sera?»

**«Quali meravigliose scoperte avete fatto voi in questi cent'anni!»**

already
a lot
rested/propose
it took
I am not mistaken
to have reached
turtles
to destroy
ice/surround
not at all
icecaps/surround
yet/in any case
to populate them
whistle/escaped
hole/shelf

He pushed/underneath
grooves
compartment
square/c'era
marked
subscription
compartment
have been placed
flap/extracted
lowered
sent again
tenants
has arrived
communicating
towed
suburbs
therefore
nowadays
luxury/has been banned
take away
to get dark
light up

«Gas, petrolio, luce elettrica» disse Brandok.

«Povera gente» disse Holker. «E come doveva costar cara allora l'illuminazione!»

«Certo, signor Holker» disse Brandok. «Ora invece?»

«Abbiamo quasi gratis° la luce ed il calore.»

Dal soffitto pendeva° un'asta di ferro° che finiva in una palla°, composta d'un metallo azzurro.

Il signor Holker l'aprì facendola scorrere sopra l'asta e tosto° una luce brillante, simile a quella che mandavano un tempo le lampade elettriche, si sprigionò°, inondando° il salotto.

Ciò che la produceva era una pallottolina° appena° visibile che si trovava infissa° sotto la sfera, e la luce che tramandava°, espandeva° un dolce calore assai superiore a quello del gas.

«Che cos'è?» chiesero ad una voce Brandok e Toby.

«Un semplice pezzetto° di radium» rispose Holker.

«Il radium!» esclamarono [...]

«Si conosceva ai vostri tempi?»

«L'avevano già scoperto» rispose Toby. «Ma non si usava ancora a causa dell'enorme suo costo. Un grammo non si poteva avere a meno di tre o quattromila lire. E poi non s'era potuto trovare ancora il modo di applicarlo, come avete fatto ora voi. Tutti però gli predicevano un grande avvenire.»

«Quello che non hanno potuto fare i chimici del 1900 l'hanno fatto quelli del Duemila» disse Holker. «Quel pezzetto lì non vale che un dollaro e brucia° sempre, senza mai consumarsi. È il fuoco eterno.»

«Meraviglioso metallo!...»

«Sì, meraviglioso, perché oltre a darci la luce, ci dà anche il calore. Ha detronizzato° il carbon fossile°, la luce elettrica, il gas, il petrolio, le stufe° ed i camini°.»

«Sicché anche le vie sono illuminate con lampade a radium?» chiese Toby.

«E anche gli stabilimenti°, le officine° e così via.»

free — hung/iron pole — ball — soon — emanated/flooding — little ball/barely — stuck — transmitted/gave off — small piece — burns — has dethroned — coal — stoves/chimneys — plants/factories

«E nelle miniere° di carbone non si lavora più?»

«A che cosa servirebbe il carbone? Poi cominciavano già ad esaurirsi.»

«La forza necessaria per far agire° le macchine degli stabilimenti, chi ve la dà ora?»

«L'elettricità trasportata ormai a distanze enormi. Le nostre cascate° del Niagara, per esempio, fanno lavorare delle macchine che si trovano a mille miglia° di distanza. Se noi volessimo, potremmo dare di quelle forze° anche all'Europa, mandandole attraverso l'Atlantico. Ma anche laggiù hanno costruito° delle cascate sui loro fiumi e non hanno più bisogno di noi.»

«Amico James,» disse Toby «ti penti° d'aver dormito cent'anni per poter vedere le meraviglie del Duemila?»

«Oh no!» esclamò vivamente il giovane.

«Credevi di veder il mondo così progredito°?»

«Non mi aspettavo tanto.»

«E il tuo spleen?»

«Non lo provo più, tuttavia... non senti nulla tu?»

«Sì, un'agitazione° strana, un'irritazione inesplicabile del sistema nervoso» disse Toby. «Mi sembra che i muscoli ballino sotto la mia pelle.»

«Anche a me» disse Brandok.

«Sapete da che cosa deriva?» chiese Holker.

«Non saprei indovinarlo°» rispose Toby.

«Dall'immensa tensione elettrica che regna° ormai in tutte le città del mondo ed a cui voi non siete ancora abituati. Cent'anni fa l'elettricità non aveva ancora raggiunto° un grande sviluppo, mentre ora l'atmosfera ed il suolo ne sono saturi. [...] E per oggi basta. Andate a riposare e domani mattina faremo una corsa attraverso Nuova York sul mio Condor.»

«È un'automobile?» chiese Brandok.

«Sì, ma di nuovo genere°» rispose Holker, con un sorriso. «Cominceremo così il nostro viaggio attraverso il mondo.» ■

mines — work — falls — miles — those resources — have built — are you sorry — advanced — anxiety — guess it — reigns — had not reached yet — kind

NATIONAL communication STANDARDS

Point out that many Italian scientists have won prestigious awards and have contributed significantly to scientific and technical developments. The most famous Italian Nobel winners for physics are **Guglielmo Marconi** (telegraph), **Enrico Fermi** (nuclear reactions), **Emilio Segrè** (anti-proton), **Carlo Rubbia** (weak interaction particles), and recently **Riccardo Giacconi** (astrophysics, cosmic X-rays). **Giulio Natta** won for chemistry (polymers), and five medical researchers (including a woman, **Rita Levi Montalcini**) won as well. Italy has also received Nobel Prizes in other fields. In 1907, **Ernesto Moneta** won in the Peace category. In addition, six poets, novelists, and playwrights, and one economist (**Franco Modigliani**) have won Nobel Prizes in their respective fields.

# Analisi

1 **Invenzioni** Scegli quale invenzione è presente nella lettura.

| | SÌ | NO | | SÌ | NO |
|---|---|---|---|---|---|
| 1. pillole di vitamine e proteine | ☑ | ☐ | 7. truppe antropofaghe (*cannibalistic*) | ☐ | ☑ |
| 2. macchine elettriche per coltivare i campi | ☑ | ☐ | 8. mezzi di comunicazione con Marte | ☑ | ☐ |
| 3. buoi meccanici | ☐ | ☑ | 9. oro (*gold*) per illuminare | ☐ | ☑ |
| 4. eserciti virtuali | ☐ | ☑ | 10. sistema postale ultra-rapido | ☑ | ☐ |
| 5. pillole per essere intelligenti | ☐ | ☑ | 11. edifici molto alti | ☑ | ☐ |
| 6. acqua fulminante | ☑ | ☐ | 12. cascate radioattive | ☐ | ☑ |

2 **Comprensione** Scegli una risposta e poi, in coppia, dite perché le altre sono sbagliate.

1. Toby e Brandok sono due ____.
   a. personaggi dell'anno 2003 (b.) personaggi dell'anno 1903
   c. carnivori che non apprezzano la verdura d. marziani
2. Le praterie non esistono perché ____.
   a. tutti i terreni sono coltivati con soia b. non ci sono più mandrie di buoi
   c. i buoi hanno mangiato i montoni (d.) ci sono troppe persone sulla Terra
3. Le guerre non ci sono più perché ____.
   a. i cavalli sono morti b. gli eserciti hanno sterminato le persone
   (c.) una guerra ora ucciderebbe tutti d. gli esplosivi sono nascosti nelle montagne
4. I pompieri usano l'acqua per ____.
   a. spegnere gli incendi (b.) dare la scossa (*electrify*) alle persone
   c. diluire il vino d. lavarsi
5. Il giro del mondo si può fare ____.
   (a.) in una settimana b. in quarantacinque giorni
   c. solo con gli amici d. solo passando da un polo
6. La posta arriva ____.
   a. portata dal postino b. con un cavallo molto veloce
   (c.) elettronicamente attraverso dei tubi d. in un cilindro di plastica

3 **Profezie** Indica quali elementi della storia di Salgari si sono avverati (*came true*) e poi con un(a) compagno/a discuti in che modo l'autore è profetico. Cosa oggi è esattamente come lo descrive l'autore (A), cosa esiste in maniera un po' diversa (B) e cosa non esiste o non è successo (C)? È meglio o peggio quello che immagina Salgari? Dai esempi concreti.

Some answers will vary.

| | A | B | C | | A | B | C |
|---|---|---|---|---|---|---|---|
| 1. estinzione di specie animali | ☑ | ☐ | ☐ | 10. viaggi nello spazio | ☑ | ☐ | ☐ |
| 2. vegetarianismo | ☐ | ☑ | ☐ | 11. comunicazione con i marziani | ☐ | ☐ | ☑ |
| 3. edifici sempre più alti | ☑ | ☐ | ☐ | 12. macchine volanti | ☑ | ☐ | ☐ |
| 4. mono-coltivazioni agricole | ☐ | ☑ | ☐ | 13. energie alternative | ☑ | ☐ | ☐ |
| 5. assenza (*absence*) di eserciti | ☐ | ☐ | ☑ | 14. energia pulita | ☐ | ☐ | ☑ |
| 6. assenza di guerre | ☐ | ☐ | ☑ | 15. mezzi di trasporto iper-veloci | ☐ | ☑ | ☐ |
| 7. forze dell'ordine molto repressive | ☑ | ☐ | ☐ | 16. aumento dei ghiacci polari | ☐ | ☐ | ☑ |
| 8. una guerra per l'estinzione dell'uomo | ☐ | ☑ | ☐ | 17. posta veloce | ☐ | ☑ | ☐ |
| 9. armi troppo potenti | ☑ | ☐ | ☐ | 18. inquinamento atmosferico | ☑ | ☐ | ☐ |

4 **Viaggi nel tempo** In coppia, fatevi le seguenti domande.

1. Se potessi viaggiare nel tempo, dove vorresti andare e perché?
2. Con chi vorresti viaggiare nel tempo? Preferiresti avere un(a) compagno/a di viaggio o andare da solo/a? Perché?
3. Se viaggiassi nel futuro, quali avanzamenti della scienza, della medicina, e della tecnica vorresti trovare? Elencane almeno due.
4. Se viaggiassi nel futuro, cosa vorresti non trovare più?
5. Se una guerra apocalittica distruggesse quasi tutto, cosa vorresti salvare?

5 **Risveglio tra un secolo** In piccoli gruppi, immaginate di dormire per cento anni: come sarà il ventiduesimo secolo? Fate una lista di almeno sei invenzioni, scoperte, o disastri che ci saranno in un futuro non troppo lontano ma che comunque non appartiene alla vostra vita attuale.

| Il ventiduesimo secolo: invenzioni, scoperte e disastri |
|---|
| |
| |
| |
| |
| |
| |

5 Ask students to also explain how they traveled into the future. At the end, you could poll groups and see if they had similar ideas. It could be potions, herbs, cryogenics, etc.

6 **Reazioni** In piccoli gruppi, rispondete alle seguenti domande e pensate a cosa vuol dire viaggiare nel tempo.

1. Quali sono le implicazioni etiche ed emotive di un viaggio come quello descritto nel romanzo?
2. Il modo di comportarsi è sempre lo stesso attraverso i secoli?
3. Pensate a un viaggio che comincia nell'antica Roma (o nel medioevo) e che arriva al ventiduesimo secolo in tre o quattro tappe (*stages*). Come cambia il mondo?
4. Chi viaggia può mantenere un comportamento neutrale? Pensate, per esempio, a come sarebbe sconvolto (*upset*) un uomo del medioevo dall'assenza di meditazione e di vita religiosa o dalla presenza di donne sul posto di lavoro.

7 **Tema** Sei uno dei due personaggi del libro (Toby o Brandok): scrivi due paragrafi e descrivi com'è il *Condor*.

- Che tipo di veicolo è? Di che colore?
- A che velocità va? Quanti posti ha? Sono posti tradizionali?
- Come si muove nel traffico?

Practice more at **vhlcentral.com.**

# Pratica

Encourage students to review the presentation and the examples of **confutazione** on page 234 before beginning the **Laboratorio di scrittura**.

Remind students that in Italian some conjuctions used in partial refutations require the use of the subjunctive. Refer students to **Strutture 7.3, pp. 258–259**.

## Confutazioni parziali

Nella **Lezione 6** (p. 234) abbiamo fatto riferimento alla confutazione come strategia argomentativa. È possibile però, che il disaccordo con il punto di vista opposto sia solo parziale.

Una strategia molto comune nei saggi argomentativi consiste nel non accettare l'idea opposta facendo allo stesso tempo alcune concessioni, vale a dire riconoscere la validità di alcuni aspetti del punto di vista contrario.

Esistono alcuni elementi verbali che indicano l'utilizzo di questa strategia. Tra questi ricordiamo le congiunzioni: **sebbene**, **nonostante**, **senza dubbio**, **malgrado**, **e così via**.

**Modello**

- Sebbene sia d'accordo con il punto di vista degli ambientalisti sui rischi ambientali del progetto MO.S.E., credo che la loro critica sia eccessiva. In primo luogo...
- Lo scrittore esprime un punto di vista affascinante sul mondo del futuro, ma poco obiettivo perché...

As a warm-up activity, have students complete the following statements with partial refutations.

- **È ovvio che le scoperte scientifiche sono importanti; nonostante ciò...**
- **Sebbene sia molto importante essere circondati da strumenti tecnologici, ...**

1 **Preparazione** A coppie, rileggete le affermazioni dell'**Attività 4, p. 239.** Scrivete delle confutazioni parziali usando alcune delle congiunzioni suggerite.

2 **Saggio** Scegli uno di questi argomenti e scrivi un saggio.

- Il saggio deve far riferimento ad almeno due dei quattro brani studiati in questa lezione o nelle precedenti lezioni e contenuti in **Cortometraggio**, **Immagina**, **Cultura** e **Letteratura**.
- Il tuo saggio deve contenere almeno due confutazioni parziali di idee contrarie.
- Il saggio deve essere lungo almeno due pagine.

Esiste, secondo te, una soglia (*threshold*) etica che la scienza e la tecnologia non devono oltrepassare?

Al giorno d'oggi, la tecnologia serve all'uomo o l'uomo è servo della tecnologia?

Con tutte le scoperte scientifiche e con l'uomo esploratore dell'universo, c'è ancora spazio per la fantasia?

Nonostante il cortometraggio dimostri cosa può succedere quando la tecnologia viene a mancare, non possiamo dimenticare gli aspetti positivi del progresso tecnologico...

# I progressi e la ricerca

Vocabulary Tools

## Gli scienziati

**l'astronauta** *astronaut*
**l'astronomo/a** *astronomer*
**il/la biologo/a** *biologist*
**il/la (bio)chimico/a** *(bio)chemist*
**il/la fisico/a (nucleare)** *(nuclear) physicist*
**il/la geologo/a** *geologist*
**il/la matematico/a** *mathematician*
**il/la ricercatore/ ricercatrice** *researcher*
**lo/la zoologo/a** *zoologist*

## La ricerca scientifica

**il brevetto** *patent*
**il DNA** *DNA*
**l'esperimento** *experiment*
**il gene** *gene*
**la ricerca** *research*
**la scoperta** *discovery*
**lo scopo** *aim; goal*
**lo sviluppo** *development*
**il vaccino** *vaccine*

**dimostrare** *to prove*
**guarire (-isc-)** *to cure; to heal*

**notevole** *remarkable*

## La tecnologia

**la banca dati** *database*
**il codice** *code*
**il dispositivo** *device*
**l'elettronica** *electronics*
**l'informatica** *computer science*
**l'ingegneria** *engineering*
**l'intelligenza artificiale** *artificial intelligence (A.I.)*
**la nanotecnologia** *nanotechnology*
**la rete (senza fili)** *(wireless) network*
**la robotica** *robotics*
**il segnale (analogico/digitale)** *(analog/digital) signal*
**le telecomunicazioni** *telecommunications*
**la trasmissione** *broadcast*

## Il mondo digitale

**la chiavetta USB** *flash drive*
**la chiocciola** *@ symbol*
**il computer (da tavolo/portatile)** *(desktop/laptop) computer*
**l'indirizzo e-mail** *e-mail address*
**il lettore CD/DVD/MP3** *CD/DVD/MP3 player*
**il libro elettronico** *e-book*
**l'SMS (*m.*)** *text message*

**aggiornare** *to update*
**allegare** *to attach*
**cancellare** *to erase*
**copiare** *to copy*
**incollare** *to paste*
**masterizzare** *to burn*
**navigare su Internet/sulla rete** *to browse/to surf the Internet/Web*
**salvare** *to save*
**scaricare** *to download*

## Problemi e sfide

**la cellula staminale** *stem cell*
**il codice deontologico** *code of conduct*
**il furto d'identità** *identity theft*
**l'inquinamento** *pollution*
**la sfida** *challenge*

**clonare** *to clone*
**riciclare** *to recycle*

**controverso/a** *controversial*
**etico/a** *ethical*
**giusto/a** *right*
**(im)morale** *(un)ethical*
**sbagliato/a** *wrong*

## Cortometraggio

**l'acquario** *aquarium*
**il collegamento** *connection*
**il laboratorio** *Lab*
**la lingua dei segni** *sign language*
**il nastro adesivo** *adhesive tape*
**il navigatore satellitare** *GPS*
**il piano di cottura** *stovetop*
**il polpo** *octopus*
**la ricetta** *recipe*
**lo strumento** *musical/technical instruments*

**digitare** *to type; to dial*

## Cultura

**l'allagamento** *flooding*
**l'alluvione** *flood*
**le calli** *Venetian streets*
**i campi** *Venetian squares*
**i canali** *canals*
**l'impatto ambientale** *environmental impact*
**la marea** *tide*
**la passerella** *footbridge*
**i pollici** *inches* (lit. *thumbs)*
**il riscaldamento globale** *global warming*
**il traghetto** *ferry*
**il vaporetto** *motor boat (used for public transportation in Venice)*

**prevedere** *to predict*

**sommerso/a** *submerged*

## Letteratura

**l'arma** *weapon*
**il bue (i buoi)** *ox (oxen)*
**l'energia pulita** *clean energy*
**la mandria** *herd*
**il/la marziano/a** *Martian*
**il pascolo** *pasture, grazing land*
**il pompiere** *fireman*
**il ritrovato** *discovery*
**la truppa** *troop*

**abituarsi** *to get used to*
**coltivare** *to grow*
**esaurirsi** *to run out*
**predire** *to predict*
**scomparire** *to disappear*
**stupire** *to surprise*

**fantascientifico/a** *futuristic*

LEZIONE

# 8

# Le ricchezze culturali e storiche

Viviamo in una società che guarda costantemente verso il futuro e il progresso in tutti i campi del sapere. Ma ci fermiamo mai a riflettere su come tutto questo sia possibile? Guardiamo mai indietro alla storia, alle donne e agli uomini che con fatica (*hard work*) e spesso controcorrente hanno fatto compiere (*complete*) passi da gigante all'umanità? Facciamo abbastanza per preservare la loro memoria e l'eredità che ci hanno lasciato? Che ruolo ha la storia nella nostra vita quotidiana? I grandi del passato ci ispirano o ci intimidiscono? Ora la storia siamo noi: che passato lasceremo alle generazioni future?

282 **CORTOMETRAGGIO**

La promessa di due ragazzi sopravvive agli orrori della guerra nel corto *Il segreto del santo* del regista **Hervé Ducroux**. Ma verrà rivelato il segreto che hanno affidato (*entrusted*) a un santo?

288 **IMMAGINA**

L'Emilia-Romagna soddisferà (*will satisfy*) ogni tipo di viaggiatore con le sue bellezze naturali, l'arte, la storia e la cultura. E per gli amanti della buona cucina italiana, l'Emilia-Romagna è una tappa (*stop*) assolutamente da non perdere!

307 **CULTURA**

**Michelangelo**, un artista versatile e controverso del Rinascimento italiano, ci ha lasciato capolavori nella pittura, scultura e architettura, grazie a tre papi e a Lorenzo de' Medici, che sono stati i suoi più famosi mecenati (*patrons*).

311 **LETTERATURA**

**Dino Buzzati** mette alla prova il conformismo dei suoi lettori nel racconto *La parola proibita.*

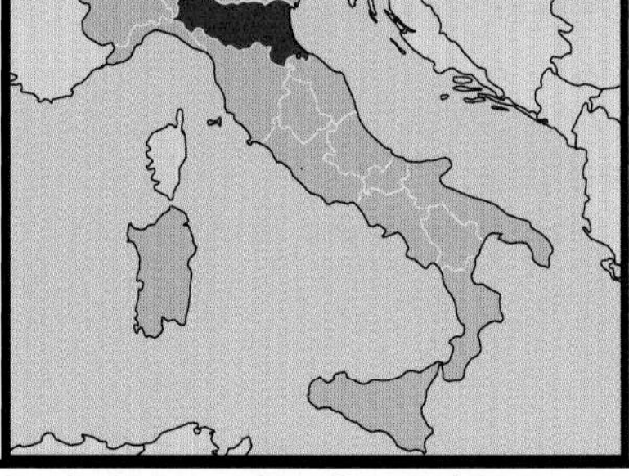


**PREVIEW** Have groups of students discuss the following question from the text: **Facciamo abbastanza per preservare la loro memoria e l'eredità che ci hanno lasciato?** Have them think of important cultural and historical figures from the second half of the 20th century and suggest what they would do to preserve their memory for posterity.

280 **PER COMINCIARE**

290 **STRUTTURE**

- **8.1 Uses of the infinitive**
- **8.2 Disjunctive pronouns; prepositions**
- **8.3 Verbs followed by prepositions**
- **8.4 Gerunds and participles**

319 **VOCABOLARIO**

# Le arti e la storia

Vocabulary Tools

## La storia

**la battaglia** *battle*
**la civiltà** *civilization*
**il decennio** *decade*
**l'età** *age; era*
**l'imperatore/imperatrice** *emperor/empress*
**il re/la regina** *king/queen*
**il regime** *regime*

**il regno** *kingdom*
**la schiavitù** *slavery*
**il sẹcolo** *century*

**abitare** *to inhabit*
**abolire** *to abolish*
**arrẹndersi** *to surrender*
**colonizzare** *to colonize*
**conquistare** *to conquer*
**dirịgere** *to lead*
**espẹllere** *to expel*
**invạdere** *to invade*
**liberare** *to liberate*
**opprịmere** *to oppress*
**rovesciare** *to overthrow*
**sconfịggere** *to defeat*
**stabilirsi** *to settle*

**democrạtico/a** *democratic*
**fascista** *fascist*
**monạrchico/a** *monarchic*
**(prei)stọrico/a** *(pre)historic*

**a.C. (avanti Cristo)** *BC*
**d.C. (dopo Cristo)** *AD*

## La letteratura

**la biografịa** *biography*
**il diritto d'autore** *copyright*
**il gẹnere** *genre*
**il giallo** *thriller*
**il narratore** *narrator*
**la novella** *short novel*
**il personaggio** *character*
**la poesịa** *poetry*
**la prosa** *prose*
**la rima** *rhyme*
**il romanzo** *novel*
**la strofa** *stanza*
**la trama** *plot*
**il verso** *line (of poetry)*

**censurare** *to censor*

**svọlgersi** *to take place*

**clạssico/a** *classic*
**oggettivo/a** *objective*
**premiato/a** *award-winning*
**realịstico/a** *realistic*
**satịrico/a** *satirical*
**soggettivo/a** *subjective*
**trạgico/a** *tragic*
**umorịstico/a** *humorous*

**SINONIMI E CONTRARI**
**svolgersi ←→ avere luogo**
**opprimere ←→ perseguitare**

Point out that the noun **obiettivo** means *aim* or *target*, while **oggettivo** is an impartial judgement.

Point out that **pittura** is the activity or the material, while **dipinto** is the work of art.

**INSTRUCTIONAL RESOURCES**
Audioscripts, SAM AK, Lab MP3s
**SAM/WebSAM:** WB, LM

## L'arte

**l'acquerello** *watercolor*
**l'autoritratto** *self-portrait*
**le belle arti** *fine arts*
**il dipinto** *painting*
**la natura morta** *still life*

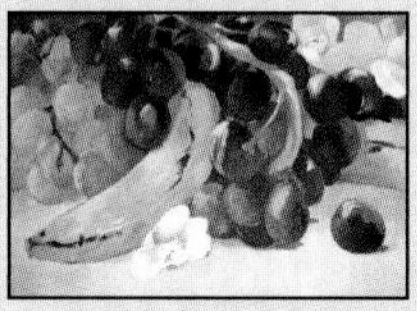

**l'ọpera** *work (of art); opera*
**l'orchestra sinfọnica/da cạmera** *symphony/chamber orchestra*
**il pennello** *paintbrush*
**la pittura** *paint; painting*
**la pittura a olio/pastello** *oil/pastel painting*
**il quadro** *painting; picture*
**la scultura** *sculpture*

**dipịngere** *to paint*
**scolpire** *to sculpt*

**d'avanguardia** *avant-garde*
**estẹtico/a** *aesthetic*

## Gli artisti

**l'artigiano/a** *artisan*
**il/la drammaturgo/a** *playwright*

**il pittore/la pittrice** *painter*
**il/la saggista** *essayist*
**lo scultore/la scultrice** *sculptor*

# Pratica e comunicazione

1 **Il regno di Romolo** Completa il brano con le parole giuste.

Secondo la leggenda, la (1) civiltà (età / civiltà) romana risale (*dates back*) all'VIII (2) secolo (secolo / decennio) a.C. con la fondazione di Roma avvenuta il 21 aprile 753 (3) a.C. (a.C. / d.C.). Romolo e Remo (4) si stabilirono (si stabilirono / invasero) vicino al fiume Tevere e fondarono una città. Romolo uccise Remo, chiamò la città Roma e ne divenne il primo (5) re (monarchico / re). Poiché nella città(6) abitavano (abitavano / colonizzavano) solo uomini, i romani combatterono una (7) battaglia (schiavitù / battaglia) con i vicini Sabini per rapire (*abduct*) le loro donne. Il (8) regno (secolo / regno) di Romolo durò 37 anni, quasi 4 (9) decenni (decenni / secoli), durante i quali (10) conquistò (conquistò / abitò) i territori vicini.

2 **Il fascismo** Completa la conversazione tra nonno e nipote con le parole della lista.

| | | | |
|---|---|---|---|
| abolirono | dirigeva | liberarono | regime |
| democratica | invasero | opprimeva | si arrese |

**NIPOTE** Nonno, cosa ricordi del (1) regime fascista?

**NONNO** Ricordo tante cose, in particolare che Benito Mussolini (2) dirigeva il governo da dittatore.

**NIPOTE** Che cosa succedeva a chi era contrario?

**NONNO** Beh, il governo fascista (3) opprimeva ogni tipo di opposizione.

**NIPOTE** L'Italia combatté durante la Seconda Guerra Mondiale, ma quando (4) si arrese?

**NONNO** Il 3 settembre 1943, dopo che ebbe firmato l'armistizio.

**NIPOTE** E poi che successe?

**NONNO** I tedeschi (5) invasero la penisola.

**NIPOTE** Fino a quando durò l'occupazione tedesca?

**NONNO** Il 25 aprile 1945 gli Alleati e le formazioni partigiane (6) liberarono l'Italia.

**NIPOTE** Cosa successe dopo la liberazione?

**NONNO** Con un referendum popolare gli italiani (7) abolirono la monarchia e il 2 giugno 1946 nacque la repubblica (8) democratica italiana.

3 **L'arte** Pensate alla vostra opera d'arte preferita e a turno descrivetela con almeno quattro frasi. Tenete in considerazione l'autore, lo stile e la tecnica usata.

**Modello** La mia opera d'arte preferita è la *Pietà* di Michelangelo. È una scultura di marmo...

4 **Libri** In piccoli gruppi, parlate dell'ultimo libro che avete letto. Considerate queste domande.

1. Qual è il titolo?
2. Chi è l'autore?
3. Che genere di libro è?
4. Dove e quando si svolge la storia?
5. Qual è la trama?
6. Chi è il narratore?
7. Chi sono i personaggi principali?
8. Consiglieresti questo libro? Perché?

3 For an expansion activity, ask students to research and present an Italian work of art of their choice to the class.

Practice more at **vhlcentral.com.**

NATIONAL STANDARDS connections cultures communication

**INSTRUCTIONAL RESOURCES**
Film Collection, Script & Translation
**SAM/WebSAM:** WB

# Preparazione

Audio: Vocabulary

| Vocabolario del cortometraggio | | Vocabolario utile |
| --- | --- | --- |
| **la cantina** *wine cellar* | **la puzza** *stench* | **il baule** *trunk (car/luggage)* |
| **la granata** *grenade* | **la tana** *burrow* | **le colline** *hills* |
| **il patto** *pact* | **il vestito da sposa** *wedding dress* | **il relitto** *relic* |
| **il podere** *farmhouse* | | **il rifugio** *shelter* |
| **il protettore** *protector* | | **la scala** *ladder; stairs* |
| | | **scivolare** *to slide* |

**ESPRESSIONI**

**buono a nulla** *good-for-nothing*
**dacci una mano** *give us a hand*
**sono fritti!** *they are finished!*
**tocca a...** *it's... turn*

1 **Lessico** Inserisci le parole più adatte.

1. Mio nonno faceva il vino e aveva una __cantina__ con molte varietà di bianco.
2. Ogni anno vado in vacanza in campagna, in un bellissimo __podere__ in Toscana.
3. San Gennaro è il santo __protettore__ della città di Napoli.
4. Prima del matrimonio, mia sorella deve comprare un __vestito da sposa__ bianco con un lungo velo.
5. Per i viaggi molto lunghi, i passeggeri usavano un __baule__.
6. Hai promesso: devi rispettare il __patto__ che abbiamo fatto.
7. Per arrivare all'ultimo piano bisogna salire la __scala__.
8. Quando piove, gli animali restano nella loro __tana__ e non escono.

2 Ask each pair to come up with a list of works of art from each time period, and have them switch with another group to match each pair.

2 **Le epoche dell'arte** Associate l'opera d'arte con il periodo in cui è stata creata.

| | | |
| --- | --- | --- |
| __d__ | 1. I paesaggi di Van Gogh (1888) | a. Il Rinascimento |
| __b__ | 2. *Le Quattro stagioni* di Vivaldi (1723) | b. L'epoca barocca |
| __a__ | 3. *La Pietà* di Michelangelo (1499) | c. L'antico Egitto |
| __f__ | 4. L'arco di Costantino (315 d.C.) | d. l'Impressionismo |
| __c__ | 5. Le piramidi (2560 a.C.) | e. Il tardo Medioevo |
| __e__ | 6. *La Divina commedia* di Dante (1304–1321) | f. L'antica Roma |

3 **L'arte e la storia** In coppia, completate la tabella.

| Quali creazioni artistiche sono state ispirate da eventi storici? | | |
|---|---|---|
| **tema** | **evento storico** | **creazione artistica** |
| guerre | Seconda Guerra Mondiale | Il film *Saving Private Ryan* |
| scoperte geografiche/scientifiche | | |
| viaggi/immigrazione | | |
| disastri naturali | | |
| personaggi influenti | | |
| rivoluzioni | | |
| artisti famosi | | |

3 Ask students to share their answers for the rest of the class and to make lists of works of art for each category on the board.

4 **Riflessione** Rispondete alle domande.

1. Quali eventi storici hanno ispirato molte opere d'arte?
2. Pensate che l'arte possa essere un commento alla storia? In che modo?
3. Quali sono stati gli eventi storici più importanti nel tuo paese? E in Italia?
4. Che cosa determina l'importanza di un evento storico?
5. Che cosa determina se un'opera (un quadro, un libro, un film) è arte oppure no?
6. C'è un'opera d'arte che ha influenzato la tua vita? Qual è? In che modo ha cambiato il tuo modo di pensare?

4 Encourage students to come up with specific examples in their answers.

5 **I personaggi e la storia** Guardate le foto e rispondete alle domande.

- Com'è l'aspetto fisico di ognuno dei personaggi?
- Com'è la loro personalità?
- Qual è il rapporto tra le tre coppie?
- Come saranno collegati (*connected*) questi personaggi nella storia del film?
- Come cambierà il loro rapporto nel corso degli anni?

Practice more at **vhlcentral.com.**

Video

VENTICANO
Miglior film/
Premio della giuria/
Migliore fotografia
IL SEGRETO
DEL SANTO
Un film di HERVÉ DUCROUX
Scritto da MASSIMO GUARDUCCI e HERVÉ DUCROUX
Prodotto da L'ACCADEMIA DE' VALIGONDI
Attori Pino Colizzi/Camilla Dragoni/Pietro Cacciatori/
Nardis Mugelli/Giulio Pampiglione/Milena Vukotic
Montaggio Simona Paggi Costumi Sara D'agostin
Fotografia Alessandro Pucci Scenografia Carlo Serafini
Soggetto Laura Gori Savellini/Hervé Ducroux
Musiche Giacomo Zumpano

**Trama** *Durante la Seconda Guerra Mondiale, sperando di sopravvivere ai bombardamenti, gli abitanti di un paese in Toscana si nascondono in una cantina, insieme al loro santo protettore.*

1

(Esplosione)
**VOCE** Alle cantine! Alle cantine!

2

**RAGAZZO** Vi serve niente, signora Adele?
**ADELE** No, grazie, ci vediamo giù. Muoviti, Erminia!

3

**PERPETUA** Poverino! Chissà che paura si è preso!
**PRETE** Macché paura! Io mi son fatto male! Questo è un buono a nulla!

4

**ELENA** Capisco. Non si può più andare a giocare nei campi!

5

**LAPO** Di chi saranno?
**ERMINIA** Nostri! Teniamoli noi. Sono gli anelli nostri. Ma non bisogna dirlo a nessuno, capito? Dobbiamo saperlo solo io e te.
**LAPO** Giuriamo!

6

**PRETE** Oggi è la festa del nostro santo patrono. Ed è proprio in questo giorno che il Signore ha voluto unire in matrimonio una nostra giovane concittadina° con un giovane ragazzo che viene dall'altra parte del mondo.

**concittadina** *fellow citizen*

## Nota CULTURALE

### Cinecittà

Il corto ***Il segreto del santo*** è stato prodotto a Cinecittà. Nati a Roma negli anni '30, gli studi di Cinecittà si espansero durante il boom del cinema degli anni '50 con le produzioni di kolossal storici di Hollywood, come *Ben-Hur* e *Quo vadis*. I grandi registi del neorealismo italiano come Luchino Visconti e Roberto Rossellini e, più tardi, Federico Fellini, contribuirono a far diventare Cinecittà il grande centro cinematografico italiano di oggi. Un tempo soprannominata la «Hollywood sul Tevere», nel 2007 Cinecittà ha compiuto 70 anni: gli studi sono tuttora° molto attivi, sia per girare film che show e serie televisive.

**tuttora** *still now*

## Sullo SCHERMO

Indica se l'evento ha luogo nel passato o nel presente.

1. il matrimonio presente
2. i bombardamenti passato
3. le colline sono verdi presente
4. Lapo ed Erminia corrono nella neve passato
5. gli abitanti del paese vanno in cantina passato
6. il santo scivola sulla strada passato

NATIONAL communication STANDARDS

# Analisi

**1**

**Sequenza** **Riordina gli eventi secondo la cronologia della storia.**

4 a. Il paese è bombardato.
3 b. Lapo ed Erminia si incontrano per strada.
5 c. La mamma e Lapo si nascondono in cantina.
8 d. Lapo ed Erminia si baciano.
1 e. Inizia la Seconda Guerra Mondiale.
7 f. Giulia ed Erwin si sposano.
2 g. La mamma e Lapo sono in cucina.
6 h. Lapo va a vivere in Nuova Zelanda.

**2**

**Analisi** **Scegli la risposta giusta. Dopo, in coppia, giustificate le vostre risposte usando esempi presi dal film.**

1. Gli adulti sperano che i tedeschi non trovino ___________.
   (a.) i giovani  b. i vecchi  c. i preti
2. I vecchi aspettano l'arrivo ___________.
   a. degli italiani  (b.) degli americani  c. dei tedeschi
3. Erminia non può sposare Lapo perché ___________.
   (a.) lui si trasferisce in Nuova Zelanda  b. lei muore
   c. lui si innamora di un'altra
4. Anche se gli manca il papà, Lapo ___________.
   (a.) è contento che la mamma si risposi  b. è triste che la mamma si risposi
   c. non vuole che la mamma si risposi
5. Erwin ha ___________ il sogno segreto del nonno.
   a. rivelato  b. scoperto  (c.) inconsciamente realizzato

**3** Encourage students to discuss the relationship between war and peace in the film in relation to the characters' lives.

**3**

**Personaggi** **In coppia, decidete se i desideri dei personaggi si realizzano nel film.**
Some answers will vary.

| Intenzioni e desideri | Realizzati | Non realizzati |
|---|---|---|
| 1. La mamma desidera che Lapo abbia un futuro dopo la guerra. | ☑ | ☐ |
| 2. Erminia e Lapo si promettono di non separarsi mai. | ☐ | ☑ |
| 3. Le persone nascoste in cantina vogliono sopravvivere ai bombardamenti. | ☑ | ☐ |
| 4. Lapo spera che il nipote torni in Italia. | ☑ | ☐ |
| 5. La fine della guerra riporta la serenità nella vita dei personaggi. | ☐ | ☑ |
| 6. Erminia vuole che la promessa rimanga segreta. | ☑ | ☐ |
| 7. Il prete desidera mettere in salvo il santo. | ☑ | ☐ |
| 8. Erminia e Lapo si sposano. | ☐ | ☑ |

**4**

**Interpretazioni** **In coppia, rispondete alle domande.**

1. Perché è importante per Erminia che gli anelli restino segreti?
2. Perché Lapo rivela il segreto al nipote?
3. Qual è il ruolo del santo nel film?
4. Erminia e Lapo si incontrano davvero alla fine del film?

5

## Temi

**A.** Indicate quali elementi visivi (*visual*) sono più importanti nella storia e spiegate perché.

| Elementi | Importanti/ Non importanti | Perché? |
|---|---|---|
| la neve | | |
| il rumore dei bombardamenti | | |
| la mummia del santo | | |
| la fotografia del papà di Lapo | | |
| la cartina dell'Africa | | |
| la macchina giocattolo di Lapo | | |
| la cantina | | |
| il baule | | |
| la campagna | | |
| la chiesa | | |

**B.** In coppia, rispondete alle domande.

1. Quali sono i temi del cortometraggio?
2. Hai visto o conosci altri film che mostrano gli effetti della guerra sulla popolazione civile? Quali?
3. Pensi che la storia del corto sia interessante e originale? Perché?
4. Quali sono gli elementi comici nel cortometraggio? Commentali.
5. Cosa pensi delle scelte del regista, per esempio la fotografia (*cinematography*) e la colonna sonora (*soundtrack*)?

6

**Situazioni** In piccoli gruppi, improvvisate dei dialoghi basati su una di queste situazioni e poi recitateli davanti alla classe.

**A**

Immaginate la vita di Erminia e Lapo dopo la guerra se la mamma di Lapo non avesse incontrato il capitano. Come sarebbe cambiata la fine del film? Cosa sarebbe successo al segreto?

**B**

Immaginate la conversazione tra un artista contemporaneo e uno del passato. Quali consigli si darebbero? Quali sarebbero le differenze principali nei loro approcci? E le similitudini?

7

**Scriviamo** Racconta un episodio della tua vita in uno o due paragrafi.

- Ti sei mai trovato/a in una situazione in cui hai dovuto rivelare un segreto o una confidenza di un'altra persona? Perché? Ci sono delle ragioni più importanti della confidenza? Quali sono?
- Cinecittà organizza una gara (*contest*) per film corti storici. Scrivi un riassunto del tuo film: quale periodo scegli? Perché? Chi sono i tuoi personaggi? Quale tipo di sequenza vuoi usare nella trama?

Practice more at vhlcentral.com.

INSTRUCTIONAL RESOURCES: Teaching suggestions
SAM/WebSAM: WB

# IMMAGINA EMILIA

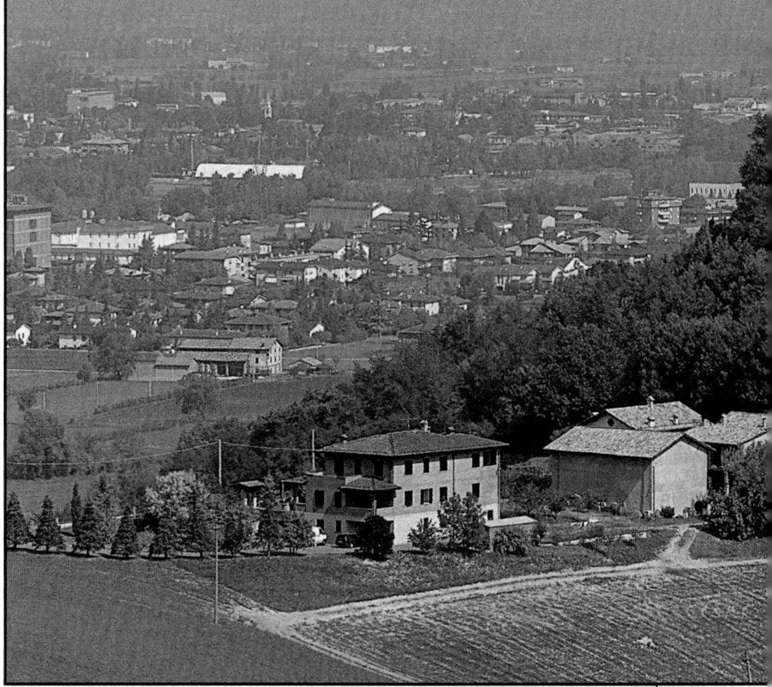

Reading

## Una regione da... mangiare!

L'Emilia-Romagna, situata nell'Italia settentrionale, è una delle regioni più grandi e più ricche della penisola. Grazie ai numerosi prodotti agricoli e all'allevamento del bestiame°, l'industria alimentare è fiorente°. Conoscere meglio alcuni prodotti eno-gastronomici° tipici può diventare «un'appetitosa variante» per un itinerario attraverso la regione.

Il **Parmigiano Reggiano**, un formaggio prodotto sin dal Medioevo, è tipico dell'Emilia-Romagna ed è apprezzato in tutto il mondo. Si produce a **Parma**, **Reggio Emilia**, **Modena** e **Bologna**. Ottenuto dal latte di mucca°, il Parmigiano Reggiano è un formaggio ricco di valori nutritivi e non contiene né conservanti° né additivi. È un prodotto a **Denominazione di origine protetta (D.O.P.)** e solo il formaggio prodotto secondo specifiche regole può usare il marchio ufficiale di Parmigiano Reggiano. Oltre al Parmigiano, l'Emilia-Romagna dà i natali° anche al **Grana Padano**. Il Grana ha una consistenza più «granulosa» del Parmigiano e può essere messo sul mercato dopo 15 mesi di stagionatura° contro i 18–24 mesi o, a volte, anche tre anni del Parmigiano.

La cucina dell'Emilia-Romagna è anche nota per la **pasta ripiena**° che varia nella forma e nel ripieno, come **tortellini**, **tortelloni**, **agnolotti**, **cappelletti** e **ravioli**, che vengono generalmente serviti con un sugo° o in brodo°.

Anche i salumi° sono tipici della regione. Primo tra tutti il **Prosciutto di Parma** che, insieme al Parmigiano Reggiano, è forse il prodotto emiliano-romagnolo più conosciuto al mondo. Si produce in un'area limitata e ha come caratteristiche l'assenza di conservanti e la minima componente di grasso° nella carne. La stagionatura del prosciutto varia, a seconda del peso, dai 10 ai 12 mesi.

La città di **Bologna** è storicamente legata alla **mortadella** che in molte parti d'Italia e all'estero si chiama infatti «la Bologna» o «*baloney*». La mortadella di Bologna si ottiene con carni di suino tritate°, pezzetti di grasso, sale e pepe, insaccati° e poi cotti in stufe° ad aria secca.

La provincia di **Piacenza** è nota anche per la **pancetta**° e la **coppa**°, prodotte con carni suine°. Limitato nella produzione è il **culatello di Zibello**, che si ottiene dalla carne della coscia° di suino salata, insaccata e stagionata per 10 mesi.

Formaggi e salumi possono essere accompagnati da vini locali eccellenti come il **Lambrusco** e il **Sangiovese** e anche dal famoso **aceto balsamico di Modena**, prodotto con vino o mosto° e invecchiato in botti° di legno. Insomma, l'Emilia-Romagna può soddisfare ogni tipo di palato!

### In più...

L'azienda **Ferrari**, con sede a **Maranello** in Emilia-Romagna, produce e vende automobili sportive di alta classe e gestisce° anche la **Scuderia Ferrari**, che compete nelle gare di **Formula Uno**. Queste magnifiche autovetture° si distinguono per lo stile che è affidato a designer famosi come **Giugiaro**, **Pininfarina**, **Scaglietti**, **Bertone** e **Vignola**. Il colore rosso delle macchine da corsa è stato scelto negli anni Venti per rappresentare l'Italia nelle gare.

**allevamento...** *animal farming* **fiorente** *flourishing* **eno-gastronomici** *food- and wine-related* **mucca** *cow* **conservanti** *preservatives* **natali** *birth* **stagionatura** *ripening; aging* **pasta ripiena** *filled pasta* **sugo** *sauce* **brodo** *broth* **salumi** *cold cuts* **grasso** *fat* **carni...tritate** *minced pork meat* **insaccati** *wrapped* **cotti in stufe** *cooked on stoves* **pancetta** *unsmoked bacon* **coppa** *pork loaf* **carni suine** *pork* **coscia** *thigh, leg* **mosto** *must* **botti** *barrels* **gestisce** *manages* **autovetture** *automobiles*

# ROMAGNA

**La Serenissima Repubblica di San Marino** Tra l'Emilia-Romagna e le Marche si trova la piccola **Repubblica di San Marino**, che conserva la sua identità dal Medioevo. San Marino è divisa in nove castelli, con cui si indicano i comuni, e la capitale è **Città di San Marino**. La lingua ufficiale è l'italiano e abbastanza diffuso è anche un dialetto romagnolo. L'economia della Repubblica di San Marino si basa principalmente sul turismo e su attività finanziarie. San Marino ha relazioni diplomatiche con molti paesi ed ha 15 ambasciate° all'estero.

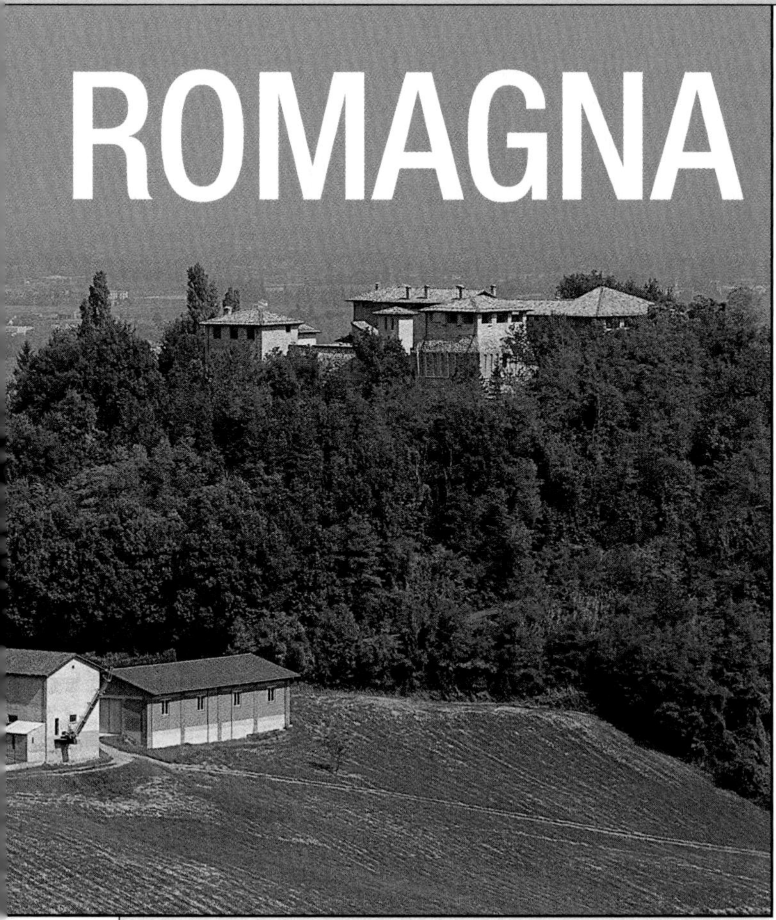

**I mosaici ieri e oggi** L'Emilia-Romagna, e in particolare la città di **Ravenna**, custodiscono° un patrimonio musivo° unico al mondo. Per gli appassionati del mosaico, Ravenna con i capolavori del **Mausoleo di Galla Placidia**, del **Battistero degli Ariani** e della chiesa di **San Vitale**, è una tappa da non perdere.

La tradizione dell'arte del mosaico affonda le radici° nell'arte bizantina ma si è consolidata nella regione e ancora oggi è un importante aspetto dell'economia. Infatti, ci sono molti artigiani° e industrie che producono preziose creazioni in mosaico per usi contemporanei.

**ambasciate** *embassies* **custodiscono** *preserve* **musivo** *works in mosaic*
**affonda le radici** *has roots in* **artigiani** *craftsmen*

---

**Vero o falso?** Indica se ogni frase è **vera** o **falsa**. Correggi le frasi false. Some answers will vary.

1. In Emilia-Romagna l'agricoltura è molto sviluppata. Vero.

2. La produzione del Parmigiano Reggiano è cominciata nel secolo scorso. Falso. È cominciata nel Medioevo.

3. Il Parmigiano Reggiano deve stagionare per molti mesi. Vero.

4. In provincia di Piacenza si producono soltanto formaggi. Falso. Si producono anche la pancetta e la coppa.

5. Il Lambrusco e il Sangiovese sono aceti balsamici. Falso. Sono vini.

6. La pasta ripiena si serve generalmente con un sugo o in brodo. Vero.

7. Nella Repubblica di San Marino si parla italiano. Vero.

8. La lavorazione del mosaico è usata solo nelle opere antiche. Falso. Oggi si realizzano opere contemporanee con il mosaico.

**Quanto hai imparato?** Rispondi alle domande. Some answers will vary.

1. Quali sono alcune differenze tra il Parmigiano Reggiano e il Grana Padano? La produzione del Parmigiano è iniziata prima; il Grana ha una consistenza più granulosa; la stagionatura del Parmigiano è più lunga di quella del Grana.

2. Quali sono le caratteristiche nutrizionali del Prosciutto di Parma? Non ha conservanti e ha pochi grassi.

3. Quali sono alcuni degli ingredienti della mortadella di Bologna? carne di suino tritata, grasso, sale e pepe

4. Che tipo di autovetture produce l'azienda Ferrari? Produce automobili sportive di alta classe e autovetture da corsa.

5. Su che cosa si basa l'economia di San Marino? Si basa sul turismo e sulle attività finanziarie.

6. Quando è nata la Repubblica di San Marino? nel Medioevo

7. Qual è l'origine dell'arte del mosaico dell'Emilia-Romagna? l'arte bizantina

8. Chi produce oggetti lavorati con il mosaico? artigiani e industrie

## Progetto

I tortellini sono uno dei piatti tipici della cucina emiliano-romagnola.

- Fai una ricerca sull'origine e la storia dei tortellini.

- Cerca qualche fatto curioso che riguarda questo piatto.

- Cerca una ricetta per cucinare i tortellini.

- Confronta i tuoi risultati con il resto della classe.

INSTRUCTIONAL RESOURCES
Audioscripts, SAM AK, Lab MP3s, Grammar Presentation Slides
**SAM/WebSAM:** WB, LM

To help students practice both forms of the infinitive, ask them to provide either the past or present infinitive of a verb form that you call out. For example, you say **avere fatto** and students reply **fare**. Conversely, if you say **dire**, students reply **avere detto**. Be sure to provide verbs that take **essere** as well as **avere** for the past infinitive.

**ATTENZIONE!**

The auxiliary verbs **essere** and **avere** often drop the final **–e** when used in past infinitive construction.

**RIMANDO**

To review object pronouns, see **Strutture 4.2, pp. 132–134**.

8.1

# Uses of the infinitive

## The present and past infinitive

The infinitive has two forms in Italian: the present and the past. You are already very familiar with the present infinitive, the equivalent of *to* + [*verb*] in English. The past infinitive is formed with the infinitive of **avere** or **essere** + the past participle of the main verb. When the past infinitive is formed with **essere**, the past participle must agree with the subject.

| present infinitive | past infinitive |
|---|---|
| **abitare** (*to live*) | **avere abitato** (*to have lived*) |
| **crẹdere** (*to believe*) | **avere creduto** (*to have believed*) |
| **dormire** (*to sleep*) | **avere dormito** (*to have slept*) |
| **cadere** (*to fall*) | **ẹssere caduto/a/i/e** (*to have fallen*) |
| **lavarsi** (*to wash up*) | **ẹssersi lavato/a/i/e** (*to have washed up*) |

Dopo **aver mangiato**, Gianni si alzò e si lavò le mani.
*After eating, Gianni got up and washed his hands.*

Penso di **aver guardato** tutti i quadri.
*I think that I have seen all the paintings.*

Dopo **essere arrivati** al convegno, i saggisti si sono messi a chiacchierare.
*Once they arrived at the convention, the essayists started to chat.*

Speriamo di **esserci** ben spiegati.
*We hope that we made ourselves clear.*

- Object and reflexive pronouns are attached to the infinitive after the final **–e** has been dropped. The past participle of a past infinitive must agree in number and gender with the pronoun. The past participle of the past infinitive of a reflexive verb agrees in number and gender with the subject.

  **Finirlo** in anticipo sarebbe ideale.
  *Finishing it early would be ideal.*

  Dopo **averli comprati**, Luca ha messo i quadri nella macchina.
  *After he bought them, Luca put the pictures in the car.*

  Sono contenta di **essermi divertita** alla festa.
  *I'm glad I had a good time at the party.*

## Uses of the infinitive

- In Italian, an infinitive may be used as a noun, even as the subject of a sentence or clause. When used as nouns, infinitives are masculine and are often preceded by a definite article. The English equivalent is expressed with a gerund (a verb form ending in *–ing*).

  **Il dire** è una cosa, **il fare** è un'altra.
  *Saying is one thing, doing is another. (Easier said than done.)*

  Non pensavo che **parlare** lingue straniere fosse **necessario**.
  *I did not think that speaking foreign languages was necessary.*

- The infinitive is often used to give commands or instructions, especially in signs, directions, notices, and recipes.

Per cortesia, **lasciare** la porta aperta.
*Please leave the door open.*

**Selezionare** il numero e **premere** il bottone «Next».
*Select your number and push the "Next" button.*

**Girare** a destra, poi **continuare** dritto.
*Turn right, then stay straight.*

**Salare**, **pepare**, **coprire** e **far** cuocere a fiamma bassa.
*Salt, pepper, cover, and let cook at a low temperature.*

- The infinitive directly follows modal verbs such as **potere**, **volere**, and **dovere** when the subject of both verbs is the same. It also follows verbs like **desiderare**, **piacere**, **preferire**, and **sapere** when there is no change of subject.

*—Ma perché **dovrebbe venire** giù il torrino?*

**Voglio dare** le tele a Leonardo.
*I want to give the canvases to Leonardo.*

Mi **piace andare** all'opera.
*I like going to the opera.*

**Dobbiamo studiare**; non possiamo **uscire**.
*We have to study; we can't go out.*

**Preferirebbe studiare** arte in Italia.
*He would prefer to study art in Italy.*

- Sometimes a conjugated verb is followed by the prepositions **a** or **di** + [*infinitive*]. You must memorize which verbs require prepositions or look them up in a reference book or table.

**Spero di tornare** in Italia quest'estate.
*I hope to go back to Italy this summer.*

**Cominciano a capire** le rime.
*They are starting to understand the rhymes.*

- Infinitives are used after impersonal expressions when the sentence has no explicit subject.

Bisogna **rispettare** i diritti d'autore.
*It is necessary to respect copyrights.*

È bene **arrivare** in anticipo.
*It's good to arrive early.*

Non è possibile **dimenticare** i momenti vissuti con te.
*It's impossible to forget the time spent with you.*

Basta **firmare** qui.
*It is sufficient to sign here.*

- The past infinitive is generally used after the word **dopo** or another verb. It expresses an action completed before the action of the main verb.

Dopo **avere sconfitto** Vercingetorige nella battaglia di Alesia, Cesare lo portò a Roma.
*After having defeated Vercingetorix at the battle of Alesia, Caesar took him to Rome.*

Sono contento di **essere nato** nelle Marche.
*I'm glad I was born in Marche.*

**RIMANDO**

To review the use of the infinitive for negative **tu** commands, see **Strutture 4.3, pp. 138–139.**

**RIMANDO**

To review **dovere**, **potere**, and **volere**, see **Strutture 4.4., pp. 142**

**ATTENZIONE!**

Other common prepositions that introduce infinitives are **invece di**, **per**, **prima di**, and **senza**. **Per** expresses purpose.

**Invece di andare al museo, facciamo una passeggiata.**
*Instead of going to the museum, let's take a walk.*

**Ti ho scritto per invitarti alla mostra.**
*I wrote to you (in order to) to invite you to the exhibition.*

**RIMANDO**

As you have learned, the subjunctive is used after impersonal expressions when the subjects of the main clause and the dependent clause differ. See **Strutture 6.3, pp. 216–217** **Strutture 7.3, pp. 258–259**

**RIMANDO**

You will learn about the use of infinitives after **fare**, **lasciare**, and verbs of perception in **Strutture 10.4, pp. 384–385**

# Pratica

1 Have students check each other's work.

**1** **Situazioni** Riscrivi le frasi sostituendo le parole sottolineate con l'infinito presente e fai tutte le modifiche necessarie.

**Modello** La vita in Italia era difficile durante la Seconda Guerra Mondiale.
Vivere in Italia era difficile durante la Seconda Guerra Mondiale.

1. L'abolizione di quella legge è stata necessaria. Abolire quella legge è stato necessario.
2. La colonizzazione di quel paese è stata uno sbaglio. Colonizzare quel paese è stato uno sbaglio.
3. La conquista dello spazio è possibile. Conquistare lo spazio è possibile.
4. L'invasione di altre nazioni è condannata dalle Nazioni Unite. Invadere altre nazioni è condannato dalle Nazioni Unite.
5. La liberazione degli ostaggi è stata un successo. Liberare gli ostaggi è stato un successo.
6. L'oppressione delle minoranze è ingiusta. Opprimere le minoranze è ingiusto.

**2** **I promessi sposi** Completa il breve riassunto del romanzo *I promessi sposi* con i verbi all'infinito presente e passato.

Renzo e Lucia sono due giovani semplici che desiderano (1) sposarsi (sposarsi) e vanno da don Abbondio, il prete del paese. Ma don Abbondio si rifiuta di (2) celebrare (celebrare) il matrimonio dopo (3) essere stato (essere) minacciato dai bravi (*henchmen*) di don Rodrigo, il signorotto del paese che si è innamorato di Lucia. Padre Cristoforo, dopo (4) aver parlato (parlare) con Lucia, va da don Rodrigo per (5) convincerlo (convincere / lui) a (6) lasciarla (lasciare / lei) in pace. Dopo (7) aver tentato (tentare) un matrimonio a sorpresa, Lucia si rifugia in un convento a Monza e Renzo va a Milano per (8) cercare (cercare) giustizia. L'Innominato, un uomo potente a cui don Rodrigo ha chiesto aiuto, dopo (9) aver rapito (rapire) (*kidnap*) Lucia, decide di (10) liberarla (liberare / lei). Renzo si trova coinvolto nelle rivolte popolari causate della carestia (*famine*) e fugge a Bergamo. Torna a Milano a (11) cercare (cercare) Lucia e dopo (12) averla ritrovata (ritrovare / lei) tornano al loro paese. Dopo (13) aver affrontato (affrontare) la peste (*the plague*), finalmente Renzo e Lucia si possono (14) sposare (sposare).

Nota
**CULTURALE**

**Alessandro Manzoni** è uno dei maggiori autori della letteratura italiana e in particolare del romanticismo. Nato a Milano nel 1785, Alessandro è un adolescente ribelle ed è anche un grande studioso dei classici. Finiti gli studi, raggiunge la madre a Parigi dove conosce un gruppo di intellettuali illuministi che influenzeranno la sua formazione. Dal 1821 al 1827 lavora a *I promessi sposi*, il primo romanzo storico della letteratura italiana, dove per la prima volta i protagonisti sono persone umili. Non contento dello stile usato, Manzoni va a Firenze per migliorare il suo italiano e per riscrivere il romanzo che uscirà nella sua versione definitiva in dispense, tra il 1840 e il 1842. Muore a Milano nel 1873.

**3** **Cosa è successo dopo?** Completate le frasi con i verbi all'infinito passato per dire cosa avete fatto ieri tu e altre persone. Dopo, aggiungete altre due frasi.

**Modello** Dopo essermi svegliato, mi sono alzato e ho fatto la doccia.

1. Dopo ______________________________, il mio compagno di appartamento è uscito con gli amici.
2. Dopo ___________________________, i miei genitori sono andati a riposare.
3. Dopo _______________________, io e i miei amici abbiamo guardato un film.
4. Dopo ________________________________, la mia amica Silvana è andata al supermercato.
5. Dopo ________________________________________, ho letto un libro.
6. Dopo _________________________________, sono andato/a all'università.
7. ______________________________________________________.
8. ______________________________________________________.

Practice more at **vhlcentral.com.**

# Comunicazione

**4** **Consigli** In coppia, preparate almeno due consigli per foto usando le espressioni suggerite. Condivideteli poi con la classe.

| | | |
|---|---|---|
| bisogna | è importante | è possibile |
| basta | non è necessario | non è possibile |
| è bene | è meglio | |

**Modello** **Non supererò mai l'esame di storia! Non riesco a memorizzare tutto!**
Non è possibile memorizzare tutto. È meglio cercare di capire i concetti e fare dei collegamenti!

Mi alleno sette giorni alla settimana, ma non diventerò mai una maratoneta!

Non andrò a dormire fino a quando non avrò finito di scrivere la tesina.

Non sarò mai bravo come Totti. Dovrei lasciar perdere il calcio!

Mi arrendo. Proprio non gli piaccio! (*I give up. He just doesn't like me!*)

**5** **I segnali** In coppia, preparate dei segnali (*signs*) da mettere nei posti suggeriti. Usate l'infinito presente.

**Modello** **in cucina**
Lavarsi le mani prima di iniziare a cucinare. Pulire gli utensili che si usano. Mettere sempre tutto a posto.

- nel parcheggio del campus
- nella biblioteca
- nel parco
- nello spogliatoio (*locker room*) della palestra
- nella mensa universitaria
- nel collegio universitario

**6** **Quando...?** In coppia, chiedetevi a turno quando farete le seguenti cose. Utilizzate la struttura **prima di** + [*infinito*] o **dopo** + [*infinito*] per rispondere.

**Modello** —Quando studierai oggi?
—Studierò prima di preparare la cena./Studierò dopo aver preparato la cena.

1. preparare la cena
2. fare la spesa
3. guardare la TV
4. andare in palestra
5. uscire con gli amici
6. usare il computer

**6** Have students ask each other questions about the future. Example: **Farai un Master? Sì, farò un Master dopo aver finito l'università**.

**INSTRUCTIONAL RESOURCES**
Audioscripts, SAM AK, Lab MP3s, Grammar Presentation Slides
**SAM/WebSAM:** WB, LM

**ATTENZIONE!**

Disjunctive pronouns are used in comparisons after words such as **come**, **quanto**, or **di**.

**Maria cerca un bel ragazzo come te.**
*Maria is looking for a handsome boyfriend like you.*

**Lei preferisce quel ragazzo americano perché è più ricco di me.**
*She prefers that American boy because he is richer than I am.*

**ATTENZIONE!**

**Da solo/a/i/e** is often used instead of **da** + [*disjunctive pronoun*] to show that something is done without help.

**Noi abbiamo studiato la poesia classica da soli.**
*We studied classic poetry (all) by ourselves/on our own.*

To reinforce different pronoun forms, ask students questions with the preposition **con** followed by a name or a personal pronoun. Have students respond with **con** and a disjunctive pronoun. Example:
**—Vai al mercato con Patrizia?**
**—Sì, con lei.**

**RIMANDO**

To review preposition and article contractions, see **Strutture 1.2, p. 18.**

# 8.2 Disjunctive pronouns; prepositions

## Disjunctive pronouns

*—Non è buono a proteggersi nemmeno per **sé**!*

- Disjunctive pronouns, **i pronomi tonici**, are also known as *stressed pronouns* because they are used to emphasize or clarify the object of a verb. They are also frequently used as objects of prepositions. Unlike other Italian pronouns, they are placed in the same position in a sentence as their English equivalents, after a verb or a preposition.

| | | | | | | |
|---|---|---|---|---|---|---|
| **singular** | **me** *me* | **te** *you* | **lui** *him* | **lei** *her* | **Lei** *you* (formal) | **sé** *himself/herself/oneself/ yourself* (formal) |
| **plural** | **noi** *us* | **voi** *you* | **loro** *them* | **Loro** *you* (formal) | **sé** *themselves/yourselves* (formal) | |

Ceniamo con **loro** stasera.
*We are having dinner with them tonight.*

Guardo **lui**, non **lei**.
*I am looking at him, not her.*

- **Sé** only has a reflexive meaning; **me**, **te**, **noi**, and **voi** can also have a reflexive meaning.

Sergio preferisce fare tutto da **sé**.
*Sergio wants to do everything (by) himself.*

Ti piace parlare di **te**, non è vero?
*You like talking about yourself, don't you?*

- For extra emphasis, the adjective **stesso** is used with disjunctive pronouns. It must agree in number and gender with the stressed pronoun.

Quando osservo quella pittrice al lavoro, vedo **me** stessa.
*When I watch that painter at work, I see myself.*

Non fatelo per **me**, fatelo per **voi** stessi.
*Don't do it for me, do it for yourselves.*

- Disjunctive pronouns are also used with certain brief exclamations.

Beata **lei**!
*Lucky her!*

Maledetto **te**!
*Curse you!*

Povero **me**!
*Poor me!*

## Prepositions

Prepositions have different meanings and functions in Italian and English. It is important not to translate them literally. The most common Italian prepositions are **a**, **con**, **da**, **di**, **in**, **per**, and **su**. As you know, some of these can be combined with the definite article.

Dobbiamo andare **dal** dottore alle tre.
*We have to go to the doctor's office at three.*

All'inizio, tutti hanno riso **del** pittore.
*At first, everyone laughed at the painter.*

- Italian prepositions have varied functions and indicate diverse relationships. It is useful to sort prepositions into categories based on their function.

| | | | |
|---|---|---|---|
| Geographical names | **a** | Vado a Roma. | *I am going to Rome.* |
| | **da** | Viene da Spello. | *She is coming from Spello.* |
| | **di** | Sono di Lucca. | *They are from Lucca.* |
| | **in** | Abita in Italia. | *He lives in Italy.* |
| Time | **a** | A che ora parti? | *What time are you leaving?* |
| | **da** | Studio dalle otto alle nove. | *I study from eight to nine.* |
| | **di** | Di notte non si lavora. | *You don't work at night.* |
| | **in** | In autunno fa freddo. | *It's cold in autumn.* |
| | **per** | Abbiamo parlato per due ore. | *We talked for two hours.* |
| Dates | **a** | A maggio vado in campagna. | *In May, I go to the countryside.* |
| | **di** | D'inverno, sciamo. | *In the winter we go skiing.* |
| | **in** | Nel 2006 gli Azzurri hanno vinto. | *In 2006, the Azzurri won.* |
| Manner or means | **a** | Ci vado a piedi. | *I'm going there on foot.* |
| | **con** | Lavora con gioia. | *He works with joy.* |
| | **di** | La ringrazia di cuore. | *He thanks her with all his heart.* |
| | **in** | Arrivano in treno. | *They are arriving by train.* |
| | **per** | Lo spedisco per posta. | *I send it by mail.* |
| Description/Material | **a** | È un vestito a righe. | *It's a striped dress.* |
| | **da** | Dov'è il ferro da stiro? | *Where is the iron?* |
| | **di** | Porta una sciarpa di seta. | *She is wearing a silk scarf.* |
| | **in** | Avevo una statua in legno. | *I had a wooden sculpture.* |
| Purpose | **a** | È destinato a trionfare. | *He is destined to succeed.* |
| | **da** | Ti aspetto nella sala da pranzo. | *I'll wait for you in the dining room.* |
| | **in** | Si è svolta una manifestazione in memoria dei soldati. | *There was a demonstration in memory of the soldiers.* |
| | **per** | Combatte per l'uguaglianza. | *He fights for equality.* |
| Place/Location | **a** | Si trova all'angolo. | *It's on the corner.* |
| | **da** | Vado dal dottore. | *I'm going to the doctor's.* |
| | **in** | In aula ci sono venti studenti. | *There are twenty students in the classroom.* |
| | **per** | Cammino per il parco. | *I walk in/around the park.* |
| | **su** | Sul tavolo c'è un coltello. | *There is a knife on the table.* |
| Possession/ Authorship | **di** | Il libro è di Marco.<br>La *Pietà* di Michelangelo | *The book belongs to Marco.*<br>*La* Pietà *by Michelangelo* |
| Cause | **per** | Non vado per la neve. | *I'm not going because of the snow.* |
| Instrument | **con** | Lo taglio con le forbici. | *I cut it with the scissors.* |
| Company | **con** | Vieni con me! | *Come with me!* |

Remind students that there are many more prepositions than the ones listed here, and that they will need to learn their usage on a case-by-case basis. You may wish to share some of the compound or prepositional phrases such as **a sinistra, a destra, davanti a, in cima a, in fondo a, lontano da, vicino a,** etc., with them.

**ATTENZIONE!**

Other common prepositions are:

**contro** *against*
**dietro** *behind*
**dopo** *after*
**durante** *during*
**fra/tra** *between/among, in (time)*
**lungo** *along*
**mediante** *by means of*
**oltre** *beyond*
**presso** *near, with*
**salvo** *except (for)*
**senza** *without*
**sotto** *under*
**tranne** *except*

**Parto fra/tra due giorni.**
*I am leaving in two days.*

**ATTENZIONE!**

Common expressions with **in** include:

**in montagna**
**in campagna**
**in centro**
**in classe**
**in biblioteca**

**ATTENZIONE!**

Many prepositions are followed by **di** when used with a disjunctive pronoun. They include **contro**, **dietro**, **dopo**, **fra**, **presso**, **senza**, **sopra**, **sotto**, and **su**.

**Mia sorella conta su di me.**
*My sister counts on me.*

**Le mie cugine vivono con i loro amici; vivranno presso di loro fino ad agosto.**
*My cousins are living with their friends; they will live with them until August.*

**Mio fratello ha un appartamento in via Firenze; una ragazza greca abita sotto di lui.**
*My brother has an apartment on Via Firenze; a Greek girl lives downstairs from him.*

**Il drammaturgo non è ancora qui; parliamo fra di noi nel frattempo.**
*They playwright isn't here yet; let's talk among ourselves in the meantime.*

# Pratica

**1** **Sostituire** Sostituisci le parole sottolineate con i pronomi tonici giusti.

1. Sono andato alla festa con Annamaria. lei
2. Chi viene con te e tuo fratello? voi
3. Queste foto sono di Luigi. lui
4. Questa cartolina è per me e mia sorella. noi
5. La nonna è con i bambini. loro
6. Sofia è egocentrica (*self-centered*), ama sempre parlare di Sofia. sé

**2** **Opzioni** Scegli la preposizione giusta.

1. Dante era (di/da) Firenze ma fu sepolto (*buried*) (in/a) Ravenna.
2. Le città (di/a) Pompei ed Ercolano furono distrutte (dell'/dall')eruzione del Vesuvio.
3. Gli Etruschi vivevano (a/in) città indipendenti, circondate (da/di) grosse mura.
4. La *Gioconda* è uno (dei/di) quadri più famosi (nel/al) mondo.
5. Dario Fo è stato il vincitore (del/dal) Premio Nobel (nella/per la) Letteratura (in/nel) 1997.
6. La Fontana dei Fiumi di Bernini è (con/di) marmo.

3 Have students write a brief postcard to a person of their choice, modelled on the one in this activity. Have them include at least six geographical prepositions.

**3** **Bologna** Completa la cartolina con le preposizioni giuste.

Ciao Mauro,

finalmente sono (1) __in__ Italia. Sono arrivata (2) __a__ Bologna (3) __in__ Emilia-Romagna ieri sera. Sono venuta (4) __in__ treno, ed il viaggio è stato molto interessante perché ho potuto vedere tutta la campagna emiliana. Il mio albergo è (5) __in__ centro, non troppo lontano (6) __dalla__ stazione e vicino c'è una fermata (7) __dell'__ autobus. Bologna non è una città molto grande e quindi si può girare (8) __a__ piedi. Stasera vado (9) __da__ Guido (10) __per__ cena; non vedo l'ora di rivederlo. Poi (11) __tra/fra__ due giorni partirò (12) __per__ Parma e (13) __tra/fra__ una settimana sarò (14) __a__ casa. A presto,

Giulia

Mauro Stipa

Via Nazionale, 31

16100 Genova

4 Tell students to come up more options.

**4** **Destinazioni** In coppia, e usando i suggerimenti dati, create delle frasi per dire dove e quando volete andare in vacanza in Italia. Condividete le vostre frasi con la classe.

**Modello** Voglio andare a Siena a marzo.

| Preposizioni | Luoghi | Preposizioni | Quando |
|---|---|---|---|
| a | montagna | a | 2 settimane |
| al | Siena | a/in | luglio |
| ad | campagna | da...a | giugno...settembre |
| in | lago | di | autunno |
| nelle | Marche | fra | marzo |
| | Lombardia | in | estate |
| | mare | | mattina |
| | Ascoli Piceno | | mezzogiorno |

Practice more at **vhlcentral.com.**

# Comunicazione

NATIONAL communication STANDARDS

5 **La festa** Nel disegno ci sono varie situazioni d'inconto tra persone. Descrivi quello che vedi, usando il maggior numero di preposizioni possibile.

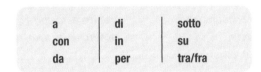

5 Have students share their description with the rest of the class. Who has incorporated the most prepositions into the description? Whose description is most imaginative?

6 **La vostra famiglia** In coppia, parlate della vostra famiglia usando le preposizioni della lista e i pronomi tonici.

**Modello** Mia madre è sempre occupata, allora spesso faccio io la spesa per lei di mattina.

| | | |
|---|---|---|
| a | di | sotto |
| con | in | su |
| da | per | tra/fra |

7 **Sogni** Girando per la classe, domandate a sei compagni/e in quale città sognano di vivere e perché. Raccogliete le informazioni su un foglio di carta e poi condividetele con la classe. Non dimenticate di usare le preposizioni giuste.

7 Review geographical names and/or refer students to the map in front of the book.

| Nome | Città | Nazione | Motivo |
|---|---|---|---|
| Silvia | a Boston | negli Stati Uniti | per studiare |
| | | | |

**Modello** —In quale città sogni di vivere e perché?
—Sogno di vivere a Boston, negli Stati Uniti, per studiare.

8 **Il giro del mondo** In coppia, create un giro del mondo fantastico. Dite dove andate, in quale città, in quale paese, quando partite, a che ora, in che giorno e in quale stagione. Utilizzate le preposizioni giuste. Presentate il vostro itinerario alla classe e rispondete alle domande che vi fanno.

**Modello** Partiamo da Siena, in Italia, in Europa, alle 8 di mattina del 2 giugno, in primavera e arriviamo a Pisa. Dopo Pisa...

NATIONAL comparisons STANDARDS

**INSTRUCTIONAL RESOURCES**
Audioscripts, SAM AK, Lab MP3s, Grammar Presentation Slides
**SAM/WebSAM:** WB, LM

**RIMANDO**

To review preposition and article contractions, see **Strutture 1.2, p. 18**.

To review prepositions, see **Strutture 8.2, pp. 294–295**.

**ATTENZIONE!**

You are already familiar with a number of verbs and impersonal expressions that are followed directly by an infinitive in Italian.

**Il protagonista desidera colonizzare la luna.**
*The protagonist wants to colonize the Moon.*

**Sarà possibile farlo nel 2020 d.C.**
*It will be possible to do it in 2020 AD.*

Point out the overlap between this table and the previous one.

To have students practice verbs followed by prepositions, do a stand-up drill. Each student will give a verb and its appropriate preposition, then the next student will give a sentence using that verb. If both are correct, they may sit down; if not, they remain standing and wait for another turn.

## 8.3 Verbs followed by prepositions

- Many verbs and expressions require the use of a preposition to introduce an infinitive, a noun, or pronoun. You must learn which verbs require prepositions through practice and/or by checking them in a dictionary.

**Avevo voglia di parlargli** prima di partire.
*I wanted to talk to him before I left.*

**Andiamo a vedere** Massimo stasera.
*Let's go visit Massimo tonight.*

- The following verbs and expressions require the preposition **a** before an infinitive.

| | |
|---|---|
| **abituarsi a** *to get used to* | **invitare a** *to invite* |
| **andare a** *to go* | **mandare a** *to send* |
| **cominciare a** *to begin to* | **mettersi a** *to start to* |
| **continuare a** *to continue to* | **obbligare a** *to oblige, to compel* |
| **decidersi a** *to make up one's mind to* | **pensare a** *to think about* |
| **essere attento/a a** *to be careful* | **persuadere a** *to persuade to* |
| **essere pronto/a a** *to be ready to* | **preparare a** *to prepare to* |
| **essere ultimo/a a** *to be last* | **provare a** *to try to* |
| **fare meglio a** *to be better off* | **rinunciare a** *to give up* |
| **giocare a** *to play* | **riuscire a** *to manage to* |
| **imparare a** *to learn to* | **servire a** *to be good for* |
| **incoraggiare a** *to encourage to* | **venire a** *to come* |
| **insegnare a** *to teach* | **volerci a** *to take, require* |

**Siete pronti a** vedere la mostra d'arte moderna?
*Are you ready to see the modern art exhibit?*

- The following verbs and expressions take the preposition **a** before a noun or pronoun.

| | |
|---|---|
| **assistere a** *to attend* | **interessarsi a** *to be interested in* |
| **assomigliare a** *to resemble* | **partecipare a** *to participate in* |
| **credere a** *to believe in* | **pensare a** *to think about* |
| **dare noia a** *to bother* | **rinunciare a** *to give up* |
| **fare attenzione a** *to pay attention to* | **servire a** *to be good for* |
| **fare vedere a** *to show* | **stringere la mano a** *to shake hands with* |
| **giocare a** *to play* | **tenere a** *to care about* |

I miei fratelli **giocano a** calcio ogni giorno.
*My brothers play soccer every day.*

- Note that the preposition may be separated from the verb by an adverb; the preposition immediately precedes the infinitive, noun, or pronoun.

**Pensiamo** spesso **al** nostro futuro.
*We often think about our future.*

**Ci vuole** un'ora **a** trovare un parcheggio a Roma.
*It takes an hour to find a parking lot in Rome.*

- The following verbs and expressions require the preposition **di** before an infinitive.

| | |
|---|---|
| **accorgersi di** *to notice* | **chiedere di** *to ask* |
| **aspettare di** *to wait* | **consigliare di** *to advise* |
| **avere bisogno di** *to need* | **decidere di** *to decide to* |
| **avere fretta di** *to be in a hurry* | **dimenticarsi di** *to forget to* |
| **avere paura di** *to be afraid of* | **finire di** *to finish* |
| **avere ragione di** *to have reason* | **occuparsi di** *to take care of* |
| **avere torto di** *to be wrong* | **pensare di** *to plan to* |
| **avere vergogna di** *to be ashamed of* | **preoccuparsi di** *to worry about* |
| **avere voglia di** *to feel like* | **promettere di** *to promise to* |
| **cercare di** *to try* | **ricordarsi di** *to remember* |
| **cessare di** *to stop* | **trattarsi di** *to be about* |

- The following verbs and expressions require the preposition **di** before a noun or pronoun.

| | |
|---|---|
| **accorgersi di** *to notice* | **parlare di** *to talk about* |
| **avere bisogno di** *to need* | **preoccuparsi di** *to worry about* |
| **coprire di** *to cover with* | **rendersi conto di** *to realize* |
| **dimenticarsi di** *to forget* | **ricordarsi di** *to remember* |
| **discutere di** *to discuss* | **ridere di** *to laugh at* |
| **fidarsi di** *to trust* | **riempire di** *to fill with* |
| **innamorarsi di** *to fall in love with* | **ringraziare di** *to thank for* |
| **interessarsi di** *to be interested in* | **soffrire di** *to suffer from* |
| **lamentarsi di** *to complain about* | **trattare di** *to deal with* |
| **occuparsi di** *to take care of* | **vivere di** *to live on* |

- The following verbs require the preposition **da** before a noun or pronoun.

| | |
|---|---|
| **allontanarsi da** *to distance oneself* | **partire da** *to leave from* |
| **dipendere da** *to depend on* | **uscire da** *to leave* |
| **divorziare da** *to divorce (someone)* | **venire da** *to come from* |

- Certain verbs in Italian change meaning according to the preposition that follows. Some common ones are **decidere di/decidersi a, finire di/finire per,** and **pensare a/pensare di**.

Betta **pensa** sempre **ai** personaggi delle sue novelle prima di scrivere.
*Betta always thinks about the characters in her short novels before writing.*

Lei **pensa di** andare in Toscana.
*She's planning to go to Tuscany.*

Cosa **pensi del** suo romanzo?
*What do you think of her novel?*

**Finiremo di** studiare alle 15.00.
*We will finish studying at 3:00.*

Tutti **finiranno per** capirla.
*Everyone will understand it in the end.*

**Si è deciso a** cercare un altro lavoro.
*He made up his mind to find another job.*

**Ha deciso di** diventare ingegnere.
*She has decided to become an engineer.*

Give students the following examples: **Patrizia e Marco pensano di costruire una casa in Sardegna./ Ti consiglio di smettere di fumare.** Then have students provide additional examples. Point out the overlap between this table and the next one.

**ATTENZIONE!**

There are verbs in Italian that take a preposition, but do not take a preposition in English.

**Mi sono dimenticata di comprare il latte!**
*I forgot to buy the milk!*

**Cerco di comprare un libro sull'arte preistorica.**
*I'm trying to buy a book on prehistoric art.*

Point out that there are also Italian verbs that do not take a preposition where the English equivalent does, for example: **ascoltare, aspettare, cercare, chiedere, guardare, pagare,** and **sognare**.
**Che cosa ascolti: un CD di Andrea Bocelli o un CD dei Black Eyed Peas?**

**ATTENZIONE!**

**Uscire** takes **di** instead of **da** as a preposition in the expression **uscire di casa** (*to leave home*).

**ATTENZIONE!**

Several verbs are followed by the preposition **su**.

**contare su** *to count on*
**giurare su** *to swear on*
**riflettere su** *to reflect on, to ponder*
**scommettere su** *to bet on*

Give students additional examples to illustrate how the meaning changes. **Finirò di scrivere il saggio verso mezzanotte./Finirò per scrivere il saggio verso mezzanotte.**

# Pratica

1 **L'università** Completa il seguente paragrafo con le preposizioni semplici o le preposizioni articolate. Dove non sono necessarie, metti una X.

Nel XII secolo cominciò (1) ___ad___ aumentare il numero di persone che volevano (2) ___X___ dedicarsi agli studi superiori. Fino a quel momento la chiesa si era occupata (3) ___dell'___ istruzione ma ora le città avevano bisogno (4) ___di___ più scuole. Cominciarono (5) ___a___ formarsi gruppi di studenti e di maestri. Gli studenti invitavano i maestri (6) ___a___ insegnare e i maestri incoraggiavano (7) ___a___ studiare. La prima università fu quella di Bologna nel 1088, dove gli studenti si interessavano soprattutto (8) ___alla___ giurisprudenza (*law*). Sull'esempio di Bologna nacquero altre università come quella di Parigi o di Oxford.

2 Sample answers: 1. Marta s'interessa alla pittura a olio. 2. Noi pensiamo alla mostra di domani. 3. Tu rifletti sull'importanza dell'arte. 4. Io desidero visitare molti musei. 5. Voi vi occupate di restaurare vecchi dipinti. 6. Il successo dell'esposizione dipende da noi. 7. Eleonora e Sofia preferiscono scolpire piuttosto che dipingere. 8. Il professore d'arte invita a creare opere artistiche.

2 **Preferenze** Inventa delle frasi utilizzando gli elementi di ogni colonna. Non dimenticare di aggiungere le preposizioni se necessarie.

**Modello** **Marco / decidere / andare alla mostra**
Marco ha deciso di andare alla mostra.

| | | |
|---|---|---|
| tu | interessarsi | l'importanza dell'arte |
| noi | pensare | visitare molti musei |
| Marta | riflettere | pittura a olio |
| io | desiderare | noi |
| il professore d'arte | occuparsi | mostra di domani |
| voi | invitare | creare opere artistiche |
| il successo dell'esposizione | preferire | scolpire piuttosto che dipingere |
| Eleonora e Sofia | dipendere | restaurare vecchi dipinti |

3 Have students come up with additional statements of their own.

3 **Completare** Completa le frasi con la preposizione giusta e un nome o pronome. Condividile poi con la classe.

**Modello** **Io assomiglio...**
Io assomiglio alla nonna.

1. Io e i miei amici ci lamentiamo ________________.
2. Gli studenti di questa università vivono ________________.
3. La mia migliore amica si preoccupa ________________.
4. Io rido ________________.
5. Secondo me, la maleducazione dà noia ________________.
6. Mio cugino Matteo vuole stringere la mano ________________.
7. Noi abbiamo assistito ________________.
8. I miei amici giocano ________________.
9. Ho deciso ________________.
10. I miei amici non si fidano ________________.

Practice more at vhlcentral.com.

# Comunicazione

5 **Al parco** Diverse persone al parco sono impegnate in varie attività.

**A.** In coppia, guardate il disegno e fatevi delle domande su cosa vedete. Usate i verbi suggeriti seguiti dalle preposizioni giuste.

| | | | | |
|---|---|---|---|---|
| **aspettare** | **avere voglia** | **consigliare** | **giocare** | **provare** |
| **assomigliare** | **chiedere** | **fare vedere** | **pensare** | **ridere** |

**B.** Aggiungete dei dettagli alla descrizione che avete fatto. Immaginate che cosa è successo prima e dopo quello che vedete nel disegno. Usate i verbi seguiti dalle preposizioni.

6 **Intervista** In coppia, usate i verbi della lista per creare delle domande da farvi a turno. Poi condividete le risposte con la classe.

**Modello** **incoraggiare**
Cosa ti incoraggiano a fare i tuoi genitori?

| | |
|---|---|
| **aspettare** | **fidarsi** |
| **avere bisogno** | **obbligare** |
| **contare** | **partecipare** |
| **credere** | **preparare** |

7 **La storia** In coppia, scegliete un titolo e inventate una storia usando almeno dieci verbi dalla lista seguiti dalle preposizioni giuste, se necessarie.

| | | | |
|---|---|---|---|
| **andare** | **avere voglia** | **fare attenzione** | **preoccuparsi** |
| **assomigliare** | **consigliare** | **mandare** | **servire** |
| **avere bisogno** | **decidere** | **mettersi** | **tenere** |
| **avere fretta** | **decidersi** | **pensare** | **uscire** |
| **avere paura** | **desiderare** | **persuadere** | **volere** |

- Un'estate da non dimenticare
- E così sono diventato artista
- La mia notte al museo
- Il mio viaggio nel passato

NATIONAL communication STANDARDS

5 Have students compare their answers with the rest of the class.

6 Have students come up with additional questions to ask.

NATIONAL comparisons STANDARDS

**INSTRUCTIONAL RESOURCES**
Audioscripts, SAM AK, Lab MP3s, Grammar Presentation Slides
**SAM/WebSAM:** WB, LM

**ATTENZIONE!**

In some instances, an infinitive must be used in Italian where a gerund is used in English. In Italian, the gerund can never be used as the subject or direct object of a sentence.

**Imparare l'italiano non è semplice.**
*Learning Italian isn't easy.*

**Mi piace nuotare.**
*I like swimming.*

**Erano occupati a scrivere gialli.**
*They were busy writing thrillers.*

**Hai passato ore a leggere un romanzo.**
*You spent hours reading a novel.*

Share the saying **Sbagliando s'impara** and its usual translation (*practice makes perfect*), then ask students for a more literal translation (*one learns by making mistakes*). Point out the use of "by" in the more literal translation.

**ATTENZIONE!**

Object pronouns precede the conjugated verb **stare** + [*infinitive*].

**Gli sto spiegando il quadro di Botticelli.**
*I'm explaining Botticelli's painting to him.*

8.4

# Gerunds and participles

## Gerunds

- The Italian gerund is the equivalent of the English verb form ending in *–ing*. It is used to describe an action that is or was in progress.

  **Piangendo**, ha letto la sua poesia per le amiche.
  *Crying, she read her poem for her friends.*

  **Guardando** le sculture, abbiamo scoperto un Modigliani.
  *Looking at the sculptures, we discovered one by Modigliani.*

- To form the present gerund, add **–ando** to the stem of **–are** verbs and **–endo** to the stem of **–ere** and **–ire** verbs.

| | |
|---|---|
| **conquistare** | **conquistando** |
| **dirigere** | **dirigendo** |
| **abolire** | **abolendo** |

- Some verbs form the gerund based on an archaic infinitive:

| | | |
|---|---|---|
| **bere** | **(bevere)** | **bevendo** |
| **dire** | **(dicere)** | **dicendo** |
| **fare** | **(facere)** | **facendo** |
| **tradurre** | **(traducere)** | **traducendo** |
| **porre** | **(ponere)** | **ponendo** |

- The gerund may be used to introduce a dependent clause if the subject of the gerund and the dependent clause is the same. The gerund can provide information about how something is done, what will happen if someone does something, or the outcome that results from the action of the gerund.

  **Gesticolando**, Marco spiegò la sua teoria.
  *Gesturing, Marco explained his theory.*

  **Ascoltando** la canzone, Patrizia e Paolo si divertono molto.
  *While listening to the song, Patrizia and Paolo are having a lot of fun.*

  **Studiando** il regno di Carlomagno, imparerai la storia francese.
  *By studying Charlemagne's reign, you will learn French history.*

- If the gerund is used to express a condition leading to the action of the main clause, the subject of the two clauses can be different.

  Tempo **permettendo**, andremo a vedere il castello per la lezione di educazione civica.
  *Weather permitting, we will go see the castle for our civic education class.*

- Use the present, imperfect, or future tense of the verb **stare** + [*gerund*] to indicate an action in progress. The progressive forms are not used as frequently in Italian as they are in English.

  –Piero, cosa **stai facendo**?
  *–Piero, what are you doing?*

  –**Sto scrivendo** un'e-mail, mamma.
  *–I am writing an e-mail, Mom.*

  Il re **stava parlando** con i suoi cavalieri quando la regina è entrata.
  *The king was (in the process of) talking to his knights when the queen came in.*

To provide practice of the various forms of the gerund, *act out an action, and have students guess what you are doing.* Some examples: writing on the board (**sta scrivendo**), drinking a beverage (**sta bevendo**), singing (**sta cantando**), dancing (**sta ballando**), eating something (**sta mangiando**), translating a word or phrase (**sta traducendo**), reading aloud (**sta leggendo**), leaving (**sta partendo**), etc. Be sure to include varied regular verbs, irregular verbs, and gerunds that come from archaic roots.

- The past gerund is used to express an action that happened before the action of the main clause. To form the past gerund, use the gerund of **avere** or **essere** + the past participle. The past participle of a verb conjugated with **essere** must agree in number and gender with its subject.

**fare** > **avendo fatto** **arrivare** > **essendo arrivato/a/i/e**

**Avendo visto** l'acquerello, hanno deciso di comprarlo.
*Having seen the watercolor, they decided to buy it.*

**Essendo arrivata** in ritardo alla mostra, non ha visto l'autoritratto di Van Gogh.
*Having arrived late at the exposition, she didn't see Van Gogh's self-portrait.*

- Reflexive and object pronouns are attached to the gerund. Used with the past gerund, the pronouns attach to **avendo** or **essendo**. The past participle agrees in number and gender with direct object pronouns.

**Mettendola** nella scatola di cartone, l'artigiano proteggerà la sua opera.
*By putting it in a cardboard box, the artisan will protect his work of art.*

**Essendomi seduta** in aula, ho visto che gli altri studenti non erano ancora arrivati.
*Having sat down in the classroom, I saw that the other students hadn't arrived yet.*

**ATTENZIONE!**

Remember that a reflexive pronoun used with a gerund must correspond to the subject of the sentence.

**Telefonandoci con Skype, non ci perderemo di vista.**
*By calling each other with Skype, we won't lose touch.*

**RIMANDO**

To review the formation of the past participle, see **Strutture 3.1, pp. 90–91.**

## Participles

- There are two forms of the Italian participle: present and past. To form the present participle, add **–ante** to the stem of **–are** verbs and **–ente** to the stem of **–ere** and **–ire** verbs.

**abitare** > **abitante** *(inhabitant)*
**opprimere** > **opprimente** *(oppressive)*
**seguire** > **seguente** *(following)*

- The present participle is often used as an adjective or noun. When used as an adjective, the participle agrees in number and gender with the noun it modifies. The present participle can replace a relative clause in some instances.

I **seguenti** studenti devono andare in aula alle 8.00.
*The following students must go to the classroom at 8 o'clock.*

Lo scultore ha fatto una statua **rappresentante** (che rappresenta) la primavera.
*The sculptor made a statue representing (that represents) spring.*

Let students know that some present participles of **–ire** verbs are irregular. Example: **dormire→dormiente, salire→saliente, soffrire→sofferente.**

- Past participles may also be used as adjectives or nouns. When used as adjectives, past participles agree in number and gender with the nouns they modify.

Quei pittori non sono ben **conosciuti**.
*Those painters aren't well known.*

La natura morta non è ancora **finita**.
*The still life isn't finished yet.*

Il nuovo **arrivato** mi ha domandato di accompagnarlo all'appartamento.
*The newcomer asked me to accompany him to the apartment.*

- The past participle can replace a clause beginning with **dopo che** or **quando** + [past action].

**Quando aveva finito** la strofa, il poeta ha sorriso.
*When he had finished the stanza, the poet smiled.*

**Finita** la strofa, il poeta ha sorriso.
*Having finished the stanza, the poet smiled.*

**Dopo che era tornata** a casa, si è seduta.
*After returning home, she sat down.*

**Tornata** a casa, si è seduta.
*Having returned home, she sat down.*

**ATTENZIONE!**

Object and reflexive pronouns are attached to the past participle. The past participle agrees with a direct object.

**Finita la strofa, il poeta ha chiuso il quaderno.**
*Having finished the stanza, the poet closed the notebook.*

**Finitala, il poeta ha chiuso il quaderno.**
*Having finished it, the poet closed the notebook.*

# Pratica

1 After students have completed this activity, have them substitute object pronouns in the gerund phrases.

Give students additional items:
**6. Quando hanno sconfitto il nemico, hanno ristabilito la democrazia. (Sconfiggendo il nemico, hanno ristabilito la democrazia)**
**7. Se segui i consigli del professore, riuscirai a fare un bell'autoritratto. (Seguendo i consigli del professore, riuscirai a fare un bell'autoritratto)**
**8. Quando hanno vinto la battaglia, hanno conquistato la regione. (Vincendo la battaglia hanno conquistato la regione.)**

2 Answers:
**1. Avendo liberato il paese, hanno introdotto le loro leggi.**
**2. Avendo realizzato un quadro bellissimo, era stato premiato dalla giuria.**
**3. Essendosi stabiliti al confine, hanno assimilato le tradizioni dei vicini.**
**4. Essendo partiti presto, non hanno incontrato la scultrice.**
**5. Avendo abolito la schiavitù, era diventato il re più popolare.**

2 After students have completed this activity, have them substitute object pronouns in the gerund phrases.

Practice more at **vhlcentral.com.**

1 **Conseguenze** Riscrivi le frasi usando il gerundio.

**Modello** **Quando ha letto la biografia di Mussolini, ha imparato molto sul dittatore e sul periodo fascista.**

Leggendo la biografia di Mussolini, ha imparato molto sul dittatore e sul periodo fascista.

1. Quando ho guardato il David, ho capito la grandezza di Michelangelo. Guardando il David, ho capito la grandezza di Michelangelo.
2. Mentre restauravamo una chiesa, abbiamo scoperto un affresco di Giotto. Restaurando una chiesa, abbiamo scoperto un affresco di Giotto.
3. Mentre curiosava (*looked around*) in un negozio di libri, Piero ha scoperto un giallo molto interessante. Curiosando in un negozio di libri, Piero ha scoperto un giallo molto interessante.
4. Poiché ha scritto molti romanzi è diventato famoso. Scrivendo molti romanzi è diventato famoso.
5. Quando ho analizzato le poesie di Giacomo Leopardi, sono rimasta affascinata dal suo stile. Analizzando le poesie di Giacomo Leopardi, sono rimasta affascinata dal suo stile.

2 **Risultati** Forma delle frasi usando il gerundio passato.

**Modello** **arrivare in ritardo alla mostra / non ho visto le sculture.**

Essendo arrivato/a in ritardo alla mostra, non ho visto le sculture.

- liberare il paese / hanno introdotto le loro leggi.
- realizzare un quadro bellissimo / era stato premiato dalla giuria.
- stabilirsi al confine / hanno assimilato le tradizioni dei vicini.
- andare via presto / non hanno incontrato la scultrice.
- abolire la schiavitù / era diventato il re più popolare.

3 **Arte** Completa il brano con il participio presente dei verbi della lista.

| | | | |
|---|---|---|---|
| assistere | insegnare | passare | studiare |
| imbarazzare | interessare | splendere | |

Per Laura era un giorno molto (1) interessante: avrebbe realizzato il suo primo acquerello. C'erano molti (2) studenti d'arte a lezione, ma l'(3) assistente le aveva assicurato che seguendo i consigli dell'(4) insegnante, avrebbe fatto un quadro bellissimo. Si sistemarono per strada con i loro fogli, alcuni (5) passanti si fermarono a guardare ed era una situazione (6) imbarazzante per Laura, che si vergognava perché lei non era una studentessa d'arte esperta. Era una giornata (7) splendente e Laura si lasciò guidare dalle sue emozioni e alla fine realizzò un'opera stupenda.

4 **Cosa hai fatto?** Rispondi alle domande utilizzando il participio passato. Some answers will vary.

**Modello** **Cosa hai fatto dopo che... hai guardato il film?**

Guardato il film, sono andato/a a letto.

**Cosa hai fatto dopo che...**

- sei arrivato/a a casa? Arrivato/a a casa, ho controllato la posta elettronica.
- hai parcheggiato la macchina? Parcheggiata la macchina, sono andato/a in centro.
- sono partiti i tuoi amici? Partiti i miei amici, sono andato/a a dormire.
- hai finito di studiare? Finito di studiare, ho guardato un film.
- hai mangiato gli spaghetti? Mangiati gli spaghetti, ho ordinato una bistecca.
- sei tornato/a dalle vacanze? Tornato/a dalle vacanze, sono andato/a a lavorare.

# Comunicazione

5 **Cosa fanno?** In coppia, dite cosa sta accadendo nei disegni usando il gerundio presente.

**Modello** Guardando la partita, Andrea si è annoiato.

6 **Intervista** In coppia, fatevi almeno sei domande su cosa stavate facendo ieri in determinati momenti della giornata. Rispondete usando **stare** + [*gerundio*].

**Modello** —Cosa stavi facendo ieri alle quattro del pomeriggio?
—Stavo studiando.

7 **E dopo?** In coppia, completate le frasi usando il gerundio passato e il participio passato.

**Modello** **Massimo stava dipingendo un quadro...**
Avendo dipinto abbastanza, è uscito con gli amici.
Finito il quadro, è uscito con gli amici.

1. Giovanna stava leggendo un libro…
2. Paolo e Francesca stavano preparando la cena…
3. Carlo stava scrivendo un romanzo…
4. Giovanni aveva appena chiuso la porta di casa…
5. Maria aveva preso il treno…
6. I compagni avevano finito di studiare…
7. Noi sentivamo degli strani rumori sul tetto della casa…

8 **Rimini** In coppia, fatevi a turno delle domande usando gli indizi che seguono. Rispondete usando il gerundio o il participio passato.

**Modello** **come trovare un albergo non troppo costoso**
—Come posso trovare un albergo non troppo costoso?
—Andando all'ufficio del turismo, puoi trovare molte informazioni sugli alberghi.

- dove trovare un ristorante tipico della zona
- come noleggiare una macchina per visitare le colline dell'Emilia-Romagna
- come trovare una spiaggia dove affittare un ombrellone (*beach umbrella*) e due sdraio (*deckchairs*)
- dove comprare prodotti tipici della zona
- come trovare un locale dove passare una serata divertente
- dove trovare un posto per fare un po' di sport

NATIONAL communication STANDARDS

5 Sample answers:
**Guardando la TV, si è rilassato.**
**Leggendo il giornale, hanno trovato l'appartamento.**
**Cenando, hanno parlato della loro giornata.**
**Partecipando alla festa, ha conosciuto nuove persone.**

Have students share their comments in small groups.

# Sintesi

1 **Parliamo** In piccoli gruppi, guardate la foto e rispondete alle domande.

1. Cosa vedete nella foto?
2. Dopo aver guardato la foto, a cosa pensate?
3. Riuscite a spiegare lo scopo e le intenzioni dell'autore?
4. Vi piace? Perché sì o perché no?
5. Vi piacerebbe vedere questo monumento dal vivo? Perché?
6. Assomiglia a qualcosa nella vostra città? Che cosa?

**Strategie per la comunicazione**

Quando descrivi opere d'arte, ricordati di spiegare:

- il tipo di opera: una scultura, un dipinto, una fotografia, un edificio
- la tecnica usata: pittura a olio, pittura a pastello, acquerello, affresco
- lo stile: classico, moderno, d'avanguardia

2 **Scriviamo** **Scegli uno dei seguenti argomenti e scrivi un tema di circa una pagina usando le strutture grammaticali che hai imparato in questa lezione.**

- Scegli una scultura, o un edificio o un sito storico che rappresenta la tua zona e/o la tua cultura. Se possibile inserisci una foto. Descrivi e valuta l'opera e poi spiega perché l'hai scelta. Dì qual è il suo significato storico o artistico. Spiega cosa significa per te o per la tua comunità.
- La città dove vivi ha ricevuto dei fondi per acquistare un'opera d'arte da esporre pubblicamente. Prepara una proposta per il consiglio comunale. Indica che tipo di opera dovrebbe essere commissionata: una scultura, un dipinto, un monumento o un edificio. Pensa chi dovrebbe essere l'autore. Descrivi l'opera in generale e indica dove andrà messa. Rifletti su quale sarà il suo scopo e pensa a come migliorerà la città. Cerca di prevedere come reagirà la comunità o come utilizzerà quest'opera.

# Preparazione

Audio: Vocabulary

connections cultures NATIONAL STANDARDS

**Vocabolario della lettura**

**l'affresco** *fresco*
**l'apprendista** *apprentice*
**la bottega** *shop*
**la commissione** *commission*
**il marmo** *marble*
**il martello** *hammer*
**il/la mecenate** *patron*
**il pigmento** *pigment*
**lo schizzo** *sketch*

**Vocabolario utile**

**la composizione** *composition*
**il neoplatonismo** *Neoplatonism*
**la mostra** *exhibit*
**il paesaggio** *landscape*
**l'Umanesimo** *Humanism*

1 **Lessico** Completa le frasi.

1. Il ___pigmento___ è una sostanza colorata.
2. I giovani che imparano un'arte o un mestiere (*trade*) si chiamano ___apprendisti___.
3. Al museo c'era una ___mostra___ speciale sugli impressionisti.
4. Un ___affresco___ è un tipo di dipinto.
5. Un disegno molto veloce si chiama ___schizzo___.
6. Una ___commissione___ è un progetto che devi completare.

2 **Le arti** Rispondete a turno alle domande.

1. Ti piace visitare i musei? Di che tipo?
2. C'è un'opera d'arte in uno spazio pubblico che ti piace? Che tipo di opera è? Chi è l'artista? Perché ti piace?
3. Se tu potessi commissionare un'opera d'arte, quale sarebbe (un quadro, una scultura, ecc.)? Quale artista sceglieresti? Lo stile sarebbe classico o moderno? Una volta finita, dove metteresti l'opera d'arte?
4. È importante conoscere la biografia di un artista, scrittore o musicista per capire la sua opera?
5. Prima di scegliere un film o un libro leggi le recensioni (*reviews*)?
6. Quali musicisti ascolti? Hai dei gusti simili ai tuoi amici?

3 **La pittura** Guardate l'immagine e rispondete alle domande.

1. Com'è la composizione? Descrivetela.
2. Chi sono i personaggi?
3. Qual è il colore dominante?
4. Cosa pensi del disegno?
5. Perché è considerato un capolavoro (*masterpiece*), secondo te?
6. Che reazioni provoca quest'opera in te?

2 Encourage students to share their personal preferences with the rest of the class.

3 Ask students to define what constitutes a work of art by discussing controversial exhibits in recent times. What was considered controversial ten years ago may be in the mainstream today. Encourage students to come up with examples and to think about how future generations might view what we consider edgy today.

**Nota CULTURALE**

Rivale di **Michelangelo** nella geniale innovazione sia delle arti che delle scienze, anche **Leonardo** (1452–1519) era toscano. Autore della **Gioconda** (chiamata anche la **Monna Lisa**) e del **Cenacolo** (l'affresco dell'ultima cena di Gesù con gli apostoli), Leonardo è anche famoso per innumerevoli invenzioni meccaniche, tra cui una macchina volante che potrebbe essere considerata il primo aeroplano. Per Leonardo, oltre a dipingere la realtà fisica, l'artista deve presentare i «moti mentali» (i pensieri e le emozioni) dei suoi soggetti.

# LA MANO
## CHE UBBIDISCE ALL'INTELLETTO

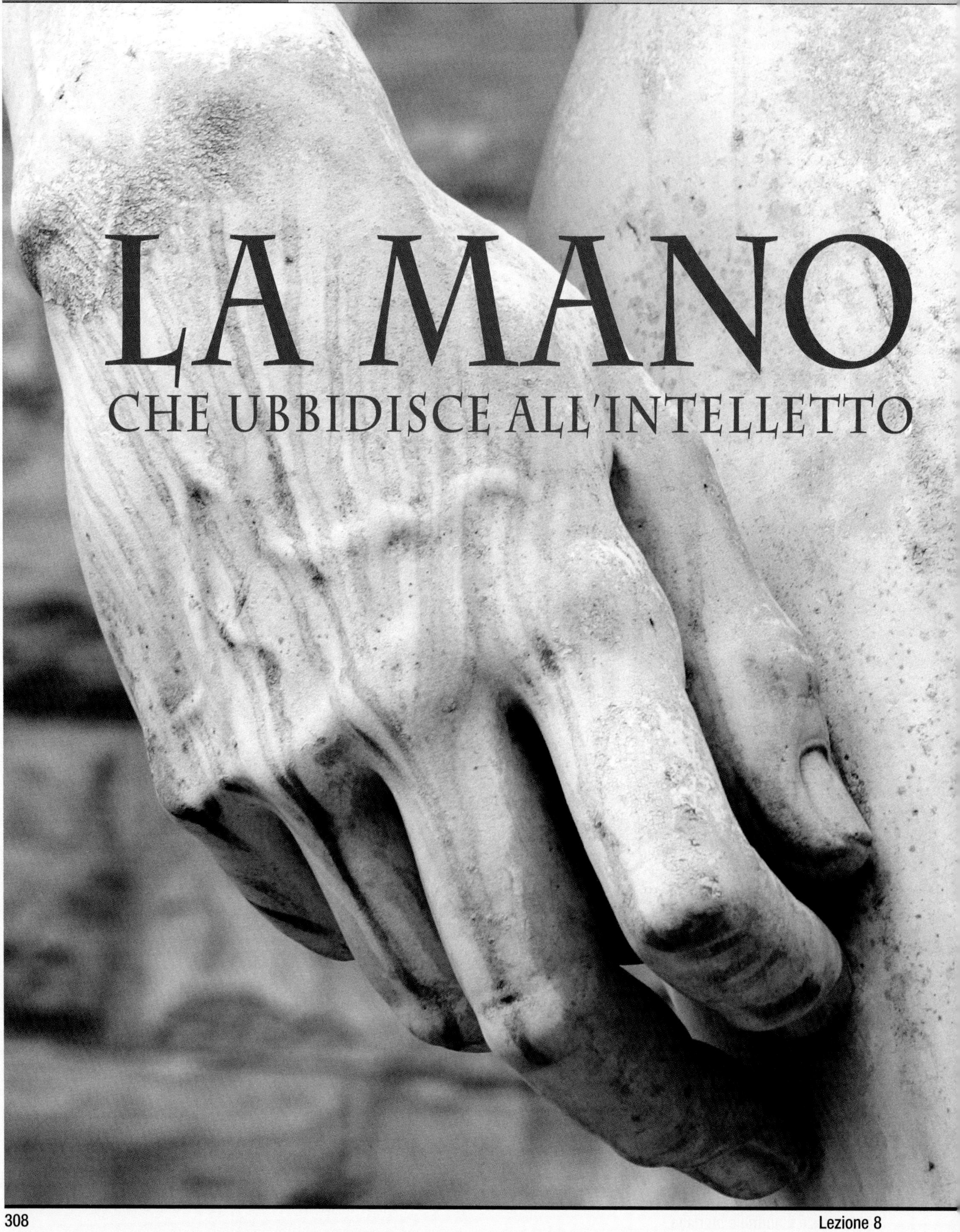

Reading

Introduce the concept of the **presente storico** by using the cultural reading to illustrate its use.

Il nome di Michelangelo Buonarroti è sinonimo di genio creativo. L'artista rinascimentale nasce il 6 marzo del 1475 a Caprese, una città toscana in provincia d'Arezzo, e la famiglia sceglie di chiamarlo con il nome di un arcangelo: in seguito, la sua arte gli porterà il soprannome° di «Divino». Il padre, poverissimo, lo manda a lavorare già a quattordici anni come apprendista nella bottega del pittore Ghirlandaio a Firenze. Il giovane dimostra° subito delle forti attitudini artistiche: Lorenzo de' Medici, riconoscendo il suo grande talento, gli commissiona diverse opere quando è ancora giovanissimo. Michelangelo va ad abitare nel palazzo mediceo, dove incontra molti tra i personaggi più eminenti della cultura del tempo, come il poeta Angelo Poliziano e i filosofi Marsilio Ficino e Pico della Mirandola, uomini che influenzarono la sua pittura con le loro teorie.

nickname / shows

**La leggenda narra che l'artista stesso, impressionato dal realismo del Mosè che aveva appena completato, gli abbia scagliato un martello contro il ginocchio chiedendogli: «Perché non parli?»**

Seguendo mecenati e commissioni, Michelangelo si trasferisce prima a Venezia, poi a Bologna dove studia letteratura e in seguito a Roma, dove scolpisce la *Pietà* da un unico blocco di marmo di Carrara, che diventa il suo materiale preferito. Lo usa infatti anche per il *David* (lavoro che dura ben tre anni) e per tutte le sue più celebri sculture. Le figure di Michelangelo sono così morbide° da apparire vive: la leggenda narra che l'artista stesso, impressionato dal realismo del Mosè° che aveva appena completato, gli abbia scagliato° un martello contro il ginocchio° chiedendogli: «Perché non parli?»

smooth / Moses / hurled/knee

Papa Giulio II gli commissiona molte opere, tra le quali l'affresco sul soffitto della Cappella Sistina, da molti considerato il suo capolavoro°. Anche il papa successivo, Clemente VII, gli chiede di continuare il suo lavoro nella cappella, dove Michelangelo dipinge il *Giudizio universale* che, pur ispirando molta ammirazione, scandalizza tante persone dell'epoca per via della nudità delle figure. L'artista ha un rapporto tormentato con la religione cattolica che traspare nelle sue rappresentazioni bibliche.

masterpiece

Come architetto, Michelangelo intraprende progetti monumentali, quali la biblioteca Laurentina, e disegna la cupola più famosa del mondo, quella della basilica di San Pietro al Vaticano.

Oltre ad eccellere nella pittura, scultura e architettura, Michelangelo è anche poeta. Durante l'arco della sua vita scrive centinaia di importanti sonetti, influenzati da Dante e Petrarca. Il poeta americano Ralph Waldo Emerson li traduce in inglese nell'Ottocento. Quando Michelangelo muore, nel 1564, con il suo testamento° (citato dal famoso biografo Giorgio Vasari) lascia «l'anima sua nelle mani di Dio, il suo corpo alla terra, e la roba° ai parenti più prossimi». Al mondo lascia un'eredità artistica impossibile da descrivere o quantificare. Anche recentemente sono stati ritrovati schizzi di sua mano; le opere esistenti, quelle mai finite, insieme all'influenza che ha avuto su artisti successivi rendono Michelangelo uno dei personaggi più emblematici del mondo occidentale. ■

will / belongings

## Ingredienti per la pittura

Le ricette per i colori erano spesso segrete. Nelle botteghe gli apprendisti preparavano le pitture usando pigmenti che si compravano in farmacia. Alcuni materiali, come il lapislazuli, una pietra semi-preziosa, erano costosi come l'oro e l'argento. I mecenati volevano il proprio prestigio personale riflesso non solo dalla fama dell'artista ma anche dalla ricchezza dei materiali usati nelle opere che commissionavano.

# Analisi

1 **Comprensione** Indica se le affermazioni sono **vere** o **false**. Dopo, in coppia, correggete le affermazioni false.

| Vero | Falso | |
|---|---|---|
| ☑ | ☐ | 1. Il *Giudizio universale* è un affresco. |
| ☑ | ☐ | 2. Michelangelo è stato l'apprendista del Ghirlandaio. |
| ☐ | ☑ | 3. Michelangelo ha studiato pittura a Bologna. |
| ☑ | ☐ | 4. Le sculture di Michelangelo sono di marmo di Carrara. |
| ☐ | ☑ | 5. La cupola della basilica di San Pietro è stata progettata da Leonardo. |
| ☐ | ☑ | 6. Le poesie di Michelangelo hanno ispirato Dante. |
| ☑ | ☐ | 7. I sonetti di Michelangelo sono stati tradotti in inglese. |
| ☐ | ☑ | 8. Michelangelo lascia le sue proprietà alla Chiesa. |

2 Ask students to refer to specific artists/styles/works in their comments and to debate each statement.

2 **Opinioni** In piccoli gruppi, parlate delle vostre reazioni alle seguenti affermazioni.

- Tutti gli studenti devono seguire un corso di storia dell'arte.
- La depressione, il tormento e anche le malattie mentali possono essere fonte di creatività.
- L'arte moderna è molto difficile da capire perché è astratta.
- Capire l'espressione artistica di un paese è importante come studiare la sua storia.
- La vera arte deve essere controversa.
- Per avere successo gli artisti hanno bisogno di mecenati.

3 Ask students to exchange questions with other groups and to then reply as the artist.

3 **Intervista** Scegliete uno degli argomenti.

- Dovete intervistare un artista, musicista, scrittore o architetto del passato. Scrivete insieme delle domande da fargli.
- Quale artista contemporaneo ha oggi il talento e l'influenza che Michelangelo ha avuto durante il suo tempo? In che modo sono simili?

4 **Scrittura** Descrivi un'opera artistica, musicale o letteraria che adori o che detesti e spiega perché. Includi:

- lo stile
- la composizione
- il tema
- i colori

Practice more at **vhlcentral.com.**

# Preparazione

Audio: Vocabulary

connections cultures NATIONAL STANDARDS

## A proposito dell'autore

Scrittore, giornalista e pittore, **Dino Buzzati** (San Pellegrino di Belluno, 1906–1972) manifestò la sua passione per la scrittura da giovane. Prima di laurearsi entrò a far parte della redazione del *Corriere della Sera* e pubblicò il suo primo romanzo poco dopo. Il suo romanzo più famoso, *Il deserto dei Tartari*, fu pubblicato nel 1939 alla vigilia dell'entrata in guerra dell'Italia. Buzzati dipinge in tutte le sue opere, in maniera più o meno astratta, l'assurdità della condizione umana e l'attesa di spiegazioni e di certezze che, immancabilmente, vengono deluse.

**Vocabolario della lettura**

**l'accenno** *hint*
**allusivo/a** *suggestive*
**il carcere** *jail*
**coercitivo/a** *coercive*
**la coscienza** *conscience*
**il decreto** *decree*
**il divieto** *ban*
**interpellare** *to ask; to consult*
**proibito/a** *forbidden*
**il sussurro** *rumor; whisper*
**velato/a** *veiled*

**Vocabolario utile**

**adeguarsi** *to conform*
**la censura** *censorship*
**il conformismo** *conformism*
**contravvenire a** *to infringe*
**la norma** *law; norm*
**il popolo** *people*
**il potere** *power*

### Nota CULTURALE

*Il deserto dei Tartari* è un romanzo molto interessante basato sull'attesa°, sul peso° delle decisioni e sul significato° della vita. Nel 1980 il premio Nobel J.M. Coetzee in *Aspettando i barbari* ha ripreso parte della trama e alcuni dei temi centrali del romanzo di Buzzati. Entrambi° gli scrittori si preoccupano del valore° della vita umana in periodi storici in cui governi totalitari la minacciano°. Buzzati scrisse il suo romanzo in pieno periodo fascista e Coetzee scrisse la sua allegoria in pieno Apartheid. Entrambi parlano dei rischi° del conformismo, del non porsi domande°, del delegare ad altri la gestione° del governo in una società che limita le libertà civili di tutta o parte della popolazione.

**attesa** *wait* **peso** *weight* **significato** *meaning* **Entrambi** *Both* **valore** *value* **minacciano** *threaten* **rischi** *risks* **porsi domande** *ask oneself questions* **gestione** *administration*

**1 Definizioni** Trovate la definizione adatta ad ogni parola.

| | | |
|---|---|---|
| b | 1. il carcere | a. seguire l'opinione della maggioranza |
| c | 2. il decreto | b. un posto in cui la libertà è tolta (*taken away*) per legge |
| f | 3. il divieto | c. una regola imposta dal governo |
| d | 4. il popolo | d. l'insieme degli individui che abitano un territorio |
| e | 5. la censura | e. la limitazione per legge di esprimersi liberamente |
| a | 6. il conformismo | f. la proibizione al cittadino di fare qualcosa |

**2 Preparazione** Fate a un(a) compagno/a le seguenti domande.

1. Cosa vuol dire «repubblica»? Quali sono le caratteristiche principali di una repubblica? Che altre forme di governo conosci? Nominane almeno altre due.
2. Quali sono i tre diritti garantiti dalla costituzione a cui non rinunceresti?
3. La libertà deve essere assoluta o condizionata al rispetto di quella degli altri?
4. Ci sono parole o concetti nella tua cultura che sono tabù? Per esempio?

**3 Il contratto sociale** Nel racconto che segue, l'ideologia espressa dalla maggioranza è seguita senza chiedersi perché. In ogni società ci sono dei diritti e dei doveri. In una società democratica il contributo dei cittadini è dato attraverso il voto. In piccoli gruppi, provate a fare una lista di problemi sociali che potrebbero essere risolti da leggi diverse da quelle correnti. Poi scegliete un problema e pensate a come lo risolvereste voi.

3 This can be turned into a class activity by sharing all the lists and voting on one topic to debate (half of the students arguing for, and half against).

Practice more at **vhlcentral.com.**

# LA PAROLA proibita

DINO BUZZATI

Review the future of probability before reading this story, and point out that it is very widely used in Italian. Line 16: Explain that the expression **vita, morte e miracoli** (used in the story without **morte**) usually means everything about a person's life. The idea is to know what is common knowledge and what is extraordinary.

**S** **Audio: Dramatic Reading**

Da velati accenni°, scherzi° allusivi, prudenti circonlocuzioni°, vaghi sussurri, mi sono fatto finalmente l'idea che in questa città, dove mi sono trasferito da tre mesi, ci sia il divieto di usare una parola. Quale? Non so. Potrebbe essere una parola strana, inconsueta°, ma potrebbe trattarsi anche di un vocabolo comune, nel qual caso, per uno che fa il mio mestiere, potrebbe nascere qualche inconveniente°.

Più che allarmato, incuriosito°, vado dunque° a interpellare Geronimo, mio amico, saggio° fra quanti io conosco, che vivendo in questa città da una ventina° d'anni, ne conosce vita e miracoli.

«È vero» egli° mi risponde subito. «È vero. C'è da noi una parola proibita, da cui tutti girano alla larga°.»

«E che parola è?»

«Vedi?» mi dice. «Io so che sei una persona onesta, di te posso fidarmi. Inoltre ti sono sinceramente amico. Con tutto questo, credimi, meglio che non te la dica. Ascolta: io vivo in questa città da oltre vent'anni, essa° mi ha accolto°, mi ha dato lavoro, mi permette una vita decorosa°, non dimentichiamolo. E io? Da parte mia ne ho accettate le leggi lealmente°, belle o brutte che siano. Chi mi impediva° di andarmene? Tuttavia sono rimasto. Non voglio darmi le arie° da filosofo, non voglio certo scimmiottare° Socrate quando gli proposero la fuga° di prigione, ma veramente mi ripugna° contravvenire alla norma della città che mi considera suo figlio… sia pure° in una minuzia simile°. Dio sa, poi, se è davvero una minuzia…»

«Ma qui parliamo in tutta          . Qui non ci sente nessuno. Geronimo, suvvia°, potresti dirmela, questa parola benedetta°. Chi ti potrebbe denunciare? Io?»

«Constato°» osservò Geronimo con un ironico sorriso «constato che tu vedi le cose con la mentalità dei nostri nonni. La punizione°? Sì, una volta si credeva che senza punizione la legge non potesse avere efficacia coercitiva. Ed era vero, forse. Ma questa è una concezione rozza°, primordiale. Anche se non è accompagnato da sanzione, il precetto può assurgere° a tutto il suo massimo valore°; siamo evoluti°, noi.»

«Che cosa ti trattiene°, allora? La coscienza? Il presentimento° del rimorso?»

«Oh, la coscienza! Povero ferravecchio°. Sì, la coscienza, per tanti secoli ha reso agli uomini inestimabili° servigi°; anche lei tuttavia ha dovuto adeguarsi ai tempi, adesso è trasformata in qualcosa che le assomiglia° solo vagamente, qualcosa di più semplice, più standard, più tranquillo direi, di gran lunga° meno impegnativo° e tragico.»

«Se non ti spieghi meglio…»

«Una definizione scientifica ci manca. Volgarmente lo si chiama conformismo. È la pace di colui° che si sente in armonia° con la massa che lo attornia°. Oppure è l'inquietudine°, il disagio°, lo smarrimento° di chi si allontana dalla norma.»

«E questo basta?»

«Altro°, se basta! È una forza tremenda, più potente dell'atomica. Naturalmente non è dovunque uguale. Esiste una geografia del conformismo. Nei paesi arretrati° è ancora in fasce°, in embrione, o si esplica° disordinatamente, a suo capriccio, senza direttive°. La moda ne è un tipico esempio. Nei paesi più moderni, invece, questa forza si è ormai° estesa° a tutti i campi° della vita, si è completamente rassodata°, è sospesa si può dire nell'atmosfera stessa: ed è nelle mani del potere.»

«E qui da noi?»

«Non c'è male, non c'è male. La proibizione della parola, per esempio, è stata una sagace° iniziativa dell'autorità appunto° per saggiare° la maturità conformistica del popolo. Così è. Una specie di test. E il risultato è stato molto, ma molto superiore alle previsioni°. Quella parola è tabù, oramai. Per quanto tu possa andarne in cerca° col lumino°, garantito° che, qui da noi, non la incontri assolutamente più, neanche nei sottoscala°. La gente si è adeguata in men che non si

*hints/jokes*; *cautious circumlocutions*; *unusual*; *problem*; *intrigued*; *therefore*; *wise*; *about twenty*; *he*; *keep their distance*; *it (the city)/has welcomed me*; *respectable*; *loyally*; *prevented*; *put on airs*; *mimick*; *escape*; *it repulses me*; *even/such a trifle*; *come on!*; *blessed*; *I see*; *punishment*

*crude*; *rise*; *value/evolved*; *keeps*; *foreboding*; *wreck*; *invaluable/services*; *resembles*; *far/demanding*; *he/accord*; *surrounds*; *restlessness/discomfort/disorientation*; *Indeed*; *backwards, not developed/at a birthing stage*; *it manifests itself*; *instructions*; *by now (also: "oramai")*; *extended/areas*; *consolidated*; *astute*; *precisely/test*; *expectations*; *go look for it/with a lantern*; *rest assured*; *dark corners (lit. "cupboard below a staircase")*

Line 31: Point out to students the meaning of **andarsene** (*to leave, to remove oneself from a place*) as opposed to the often misused **partire** (which means *to leave a place for a trip*).

Line 95: The expression **cercare col lumino** is a less used version of **cercare col lanternino**, an ordinary speech reference to the Greek philosopher Diogenes, who went in search of an honest man with a lantern. It is fitting in this story, since honesty and conformism are two interesting concepts to juxtapose. Ask: **Un conformista è onesto con se stesso quando si conforma «onestamente» alla legge o al pensiero della maggioranza?**

dica°. Senza bisogno che si minacciassero° denunce°, multe°, o carcere.»

«Se fosse vero quanto dici, allora sarebbe facilissimo far diventare tutti onesti.»

«Si capisce. Però ci vorranno molti, molti anni, decenni, forse secoli. Perbacco°, proibire una parola è facile, rinunciare° a una parola non costa gran fatica°. Ma gli imbrogli°, le maldicenze°, i vizi, la slealtà°, le lettere anonime, sono cose grosse… la gente ci si è affezionata°, prova a dirle un po' che ci rinunzi°. Questi sì sono sacrifici. Inoltre la spontanea ondata° conformistica, da principio, abbandonata° a se stessa, si è diretta verso il male, i porci comodi°, i compromessi, la viltà°. Bisogna farle invertire rotta°, e non è facile. Certo, col tempo ci si riuscirà°, puoi star certo che ci si riuscirà.»

«E tu trovi bello questo? Non ne deriva un appiattimento°, una uniformità spaventosa?»

«Bello? Non si può dire bello. In compenso è utile, estremamente utile. La collettività° ne gode°. In fondo —ci hai mai pensato?— i caratteri, i 'tipi', le personalità spiccate°, fino a ieri così amate e affascinanti°, non erano in fondo° che il primo germe° dell'illegalità, dell'anarchia. Non rappresentavano una debolezza nella compagine° sociale? E, in senso opposto, non hai mai notato che nei popoli più forti c'è una straordinaria, quasi affliggente°, uniformità di tipi umani?»

«Insomma, questa parola, hai deciso di non dirmela?»

«Figliolo° mio, non devi prendertela°. Renditi conto°: non è per diffidenza. Se te la dicessi, mi sentirei a disagio°.»

«Anche tu? Anche tu, uomo superiore, livellato° alla quota° della massa?»

«Così è, mio caro» e scosse° melanconicamente il capo. «Bisognerebbe essere titani per resistere alla pressione dell'ambiente.»

«E la          ? Il supremo bene? Una volta l'amavi. Pur di non perderla, qualsiasi cosa avresti dato. E adesso?»

«Qualsiasi cosa, qualsiasi cosa… gli

- in a jiffy/to threaten
- lawsuits/fines
- By Jove! (lit. "by Bacchus")
- give up
- is no big effort
- shenanigans/ backbitings/ foul play
- are attached to them
- to give them up
- wave
- left
- one's own interest/ cowardness
- change course
- it will happen
- flattening
- collectivity/ benefits from it
- remarkable
- captivating/ after all
- seed (lit. "bud")
- structure
- disheartening
- Boy/get mad
- Realize, See
- uncomfortable
- brought down/ level
- shook

eroi di Plutarco… Ci vuol altro… Anche il più nobile sentimento si atrofizza° e si dissolve a poco a poco, se nessuno intorno° ne fa più caso. È triste dirlo, ma a desiderare il Paradiso non si può essere soli.»

«Dunque: non me la vuoi dire? È una parola sporca? O ha un significato delittuoso°?»

«Tutt'altro. È una parola pulita, onesta e tranquillissima. E proprio° qui si è dimostrata la finezza° del legislatore. Per le parole turpi° o indecenti, c'era già un tacito divieto, anche se blando°, … la prudenza, la buona educazione. L'esperimento non avrebbe avuto gran valore.»

«Dimmi almeno: è un sostantivo? un aggettivo? un verbo? un avverbio?»

«Ma perché insisti? Se rimani qui tra noi, un bel giorno la identificherai anche tu, la parola proibita, all'improvviso°, quasi senza accorgertene°. Così è, figliolo mio. La assorbirai dall'aria.»

«Bene, vecchio Geronimo, sei proprio° un testone°. Pazienza°. Vuol dire che per cavarmi° la curiosità dovrò andare in biblioteca, a consultare i Testi Unici. Ci sarà al proposito° una legge, no? E sarà stampata° questa legge! E dirà bene° cos'è proibito!»

«Ahi, ahi, sei rimasto in arretrato°, ragioni ancora con i vecchi schemi°. Non solo: ingenuo°, sei. Una legge che, per proibire l'uso di una parola, la nominasse, contravverrebbe automaticamente a se stessa, sarebbe una mostruosità giuridica°. È inutile° che tu vada in biblioteca.»

«Via°, Geronimo, ti prendi gioco° di me! Ci sarà ben stato qualcuno che ha avvertito°: da oggi la parola X è proibita. E l'avrà pur° nominata, no? Altrimenti la gente come avrebbe fatto a sapere?»

«Questo, effettivamente, è l'aspetto forse un poco problematico del caso. Ci sono tre teorie: c'è chi dice che la proibizione è stata diffusa° a voce da agenti della municipalità travestiti°. C'è chi garantisce° di aver trovato a casa sua, in busta° chiusa, il decreto del divieto con l'ordine di bruciarlo° appena letto. Ci sono

- atrophies
- around
- criminal
- precisely
- refinement
- dirty
- weak
- all of a sudden
- realizing it
- truly/stubborn, a mule/ Too bad
- to satisfy (lit. "to take away")
- about this
- printed
- indeed
- behind
- models
- naïve
- juridical
- useless
- Come/you are mocking
- has warned
- indeed
- has been spread
- disguised
- guarantees
- envelope
- to burn it

Line 258: Buzzati talks about a typographer who needs to set words by hand in order to print a page; point out that this story was written before computers made lead moveable characters obsolete.

poi gli integralisti —pessimisti li chiameresti tu— che sostengono addirittura non esserci stato bisogno di un ordine espresso°, a tal punto i cittadini sono pecore°; è bastato che l'autorità volesse, e tutti lo hanno subito saputo, per una specie° di telepatia.»

«Ma non saranno mica diventati tutti vermi°. Per quanto° pochi, esisteranno ancora qui in città dei tipi° indipendenti che pensano con la propria testa, degli oppositori°, eterodossi, ribelli, fuorilegge°, chiamali pure come vuoi. Capiterà, no, che qualcuno di costoro°, a titolo di sfida°, pronunci o scriva la parola incriminata°? Cosa succede allora?»

«Niente, assolutamente niente. Proprio° qui sta lo straordinario successo dell'esperimento. Il divieto è così entrato nella profondità° degli animi da condizionare la percezione sensoriale.»

«Come sarebbe a dire?»

«Che, per un veto° dell'inconscio, sempre pronto a intervenire, in caso di pericolo, se uno pronuncia la nefanda° parola, la gente non la sente più nemmeno, e se la trova scritta non la vede…»

«E al posto della parola cosa vede?»

«Niente, il muro nudo° se è scritta sul muro, uno spazio bianco sulla carta se è scritta su di un foglio.»

Io tento° l'ultimo assalto°: «Geronimo, ti prego: tanto per curiosità, oggi, qui, parlando con te, l'ho mai adoperata° questa parola misteriosa? Almeno° questo me lo potrai dire, non ci rimetti° proprio° niente.»

Il vecchio Geronimo sorride e strizza un occhio°.

«L'ho adoperata, allora?»

Lui strizza ancora l'occhio. Ma una sovrana° mestizia° improvvisamente° illumina il suo volto.

«Quante volte? Non fare il prezioso°, su, dimmi, quante volte?»

«Quante volte non so, guarda, parola mia d'onore. Anche se l'hai pronunciata, io udirla° non potevo. Però mi è parso°, ecco, che a un certo punto, ma ti giuro° non mi ricordo dove, ci sia stata una pausa, un brevissimo spazio vuoto°, come se tu avessi pronunciato una parola e il suono non me ne fosse giunto°. Può anche darsi° però che si trattasse° di una involontaria sospensione, come succede sempre nei discorsi.»

«Una volta sola?»

«Oh, basta. Non insistere.»

«Sai cosa faccio allora? Questo colloquio°, appena ritorno a casa, io lo trascrivo, parola per parola. E poi lo do alle stampe.»

«A che scopo°?»

«Se è vero quello che hai detto, il tipografo°, che possiamo presumere sia un buon cittadino, non vedrà la parola incriminata. Dunque le possibilità sono due: o egli lascia uno spazio vuoto nella riga di piombo° e questo mi spiegherà tutto; o invece tira diritto° senza spazi vuoti e in questo caso non avrò che da confrontare lo stampato con l'originale di cui naturalmente tengo copia; e così saprò qual è la parola.»

Rise Geronimo, bonario°.

«Non caverai un ragno dal buco°, amico mio. A qualsiasi tipografo tu ti rivolga°, il conformismo è tale che il tipografo automaticamente saprà come comportarsi per eludere° la tua piccola manovra°. Egli cioè, una volta tanto°, vedrà la parola scritta da te —ammesso° che tu la scriva— e non la salterà° nella composizione. Sta pur tranquillo, sono ben addestrati° i tipografi, da noi, e informatissimi.»

«Ma scusa, che scopo c'è in tutto questo? Non sarebbe un vantaggio per la città se io apprendessi° qual è la parola proibita, senza che nessuno la nomini° o la scriva?»

«Per adesso probabilmente no. Dai discorsi che mi hai fatto è chiaro che non sei ancora maturo. C'è bisogno di una iniziazione. Insomma, non ti sei ancora conformato. Non sei ancora degno° —secondo l'ortodossia vigente°— di rispettare la legge.»

«E il pubblico, leggendo questo dialogo, non si accorgerà° di niente?»

«Semplicemente vedrà uno spazio vuoto. E, semplicemente, penserà: che disattenti°, hanno saltato una parola.» ■

precise
sheep
sort
cowards (lit. "worms")/Even
people
opponents/outlaws
these people/as a challenge
offending
Exactly
depth
denial
nefarious
naked
try/attack
have I ever used
At least
you won't lose/at all
winks
utmost (lit. "sovereign")/meekness/suddenly
don't play hard to get
hear it/it seemed
I swear
empty

did not reach me/It may be
it was
conversation
purpose
typographer
lead line
he will just move on
kindly
You won't find out anything
you turn to
avoid/scheme
sometimes
supposing
he won't skip
trained
if I learned
naming it
worthy
current
will not notice
careless

# Analisi

1 **Comprensione** Decidi quale delle due possibilità è vera.

1. (a.) Geronimo non vuole contravvenire alle leggi della città.
   b. Geronimo vuole contravvenire alle leggi come Socrate.
2. a. Geronimo ha paura di una denuncia.
   (b.) I mezzi punitivi di una volta non esistono più.
3. a. Le leggi vengono rispettate secondo coscienza.
   (b.) Le leggi vengono rispettate perché lo fanno tutti.
4. (a.) La parola proibita è onesta e pulita.
   b. La parola proibita è turpe (*vile*) e indecente.
5. a. L'indipendenza di pensiero è affascinante.
   (b.) L'indipendenza di pensiero genera anarchia.
6. a. Se la parola viene pronunciata la gente viene messa in carcere.
   (b.) Se la parola viene pronunciata la gente non la sente.
7. (a.) Il protagonista ha usato la parola proibita.
   b. Il protagonista non ha adoperato la parola proibita.
8. a. Solo stampandola risulterebbe chiaro qual è la parola proibita.
   (b.) Neanche stampandola risulterebbe chiaro qual è la parola proibita.

2 Part C can easily be turned into a fun class activity. In pairs or small groups, students can write short dialogues omitting a word for the others to guess. The first one to guess goes next and has a bonus (for instance, one or two points in the next in-class test. Incentives such as candy often work well.

2 **Comprensione**

**A.** Scegli a chi si riferiscono le frasi riportate nella prima colonna

| Chi? | il narratore | Geronimo |
|---|---|---|
| 1. Vive in città da vent'anni. | ☐ | ☑ |
| 2. È un amico sincero. | ☐ | ☑ |
| 3. Non vuole contravvenire alle leggi della città. | ☐ | ☑ |
| 4. Crede nelle punizioni. | ☑ | ☐ |
| 5. Il conformismo appartiene ai paesi più evoluti. | ☐ | ☑ |
| 6. La proibizione della parola testa l'obbedienza del popolo. | ☐ | ☑ |
| 7. Resistere da soli è molto difficile. | ☐ | ☑ |
| 8. Vuole consultare i libri delle leggi. | ☑ | ☐ |
| 9. Secondo lui, non è possibile che nessuno si ribelli. | ☑ | ☐ |

**B.** Qual è la parola proibita? In che modo non rivelare la parola rende il racconto più efficace?

**C.** Con un(a) compagno/a, inventate un dialogo in cui nascondete una parola e vedete chi dei vostri compagni di classe la indovina per primo.

3 Plutarch of Cheronea (ca. 45–125) was a Greek philosopher, whose *Parallel Lives* are valuable and insightful studies of human behavior. In them, he pairs a biography of a famous Roman with a somehow comparable Greek one. His intent was to record the character and achievements of great men as a lesson for generations to come.

3 **Com'è Geronimo?** In coppia, analizzate il personaggio di Geronimo usando le seguenti domande come traccia (*guide*).

1. Perché non aiuta il narratore ad individuare la parola misteriosa?
2. Nella cultura cattolica la coscienza è il più forte controllore delle azioni umane. Perché Geronimo la trova obsoleta?
3. Geronimo è cinico o sinceramente convinto che la proibizione sia giusta?
4. Per giustificare il suo conformismo Geronimo cita esempi di onestà intellettuale, forza e valori impossibili (Socrate, i titani, gli eroi di Plutarco): perché lo fa?
5. Geronimo è ancora capace di riconoscere il valore dell'indipendenza? Riconosce la parola proibita quando è pronunciata o non se ne accorge più?

4 **Tabù e proibizioni** Fai a un(a) compagno/a le seguenti domande.

1. Ci sono dei tabù, delle parole proibite nella tua famiglia? Perché?
2. Cosa è tabù nella società in cui viviamo? Puoi pensare a parole che non si dicono più? Perché, secondo te? Qual è un tabù del passato che ora non esiste più? (per esempio, l'uso del bikini sulle spiagge: impensabile all'inizio del ventesimo secolo)
3. Ti viene in mente un esempio di proibizione imposta dal governo in maniera indiretta attraverso i media? Qual è, secondo te, il risultato delle proibizioni?
4. I tabù possono anche essere diversi da cultura a cultura? Puoi nominare due o tre tabù che appartengono a culture diverse dalla tua?

4 Depending on the level and maturity of your class, you could lead a discussion on how politics manipulates language. Think about the implications of using "Newspeak," the language described by George Orwell in *1984*: flattened, oversimplified speech leads to oversimplified, a-critical thought. Ask: **Cosa penserebbe Orwell del linguaggio degli SMS?**

5 **Il potere delle parole** Inventate una pubblicità.

- In piccoli gruppi, create una campagna pubblicitaria o uno slogan per un prodotto che metta in luce le caratteristiche straordinarie e originali del prodotto stesso.
- Pensate a campagne pubblicitarie o a slogan che sono diventati sinonimi di un prodotto o di una marca, come per esempio "Just do it" per la Nike, spesso accompagnato da immagini di atleti famosi, ma anche di persone comuni.
- Potete scegliere:
  -un prodotto che già esiste (anche una campagna che già esiste e la traducete in italiano)
  -un prodotto nuovo
  -un prodotto banalissimo che voi vendete per straordinario (uno spazzolino da denti per esempio)
  -un prodotto che non esiste e che inventate voi.
- Confrontate la vostra pubblicità con quella di altri gruppi e decidete qual è la più persuasiva.

5 This activity can be turned into a competition: the most successful campaign can be voted and chosen to be staged by the whole class as a skit.

6 **Famosi per nulla**

**A.** In piccoli gruppi, inventate una scenetta di un talk show dove l'ospite fa domande inutili a personaggi normali trovandoli super-interessanti ed eccitanti.

**Modello** **Incredibile! Lei è barbiere e una volta ha prestato una penna a Brad Pitt in aeroporto e ha notato un po' di barba! Incredibile! Che cosa emozionante! Ci racconti l'esperienza: quanto era lunga la barba? Ha notato dei peli bianchi tra quelli biondi? Non è possibile… ci dica: quanti erano? Ce n'erano anche alcuni rossi?**

**B.** In piccoli gruppi, rispondete alle domande.

- Ci sono veramente persone famose per non aver fatto nulla?
- La televisione è conformista? Perché?

6 You might choose to save this activity for lesson 9, after students have had a chance to discuss the role of media in more detail.

7 **La parola a te!** Scegli uno dei seguenti temi e scrivi una breve composizione.

1. E noi? È chiaro che alla fine del racconto Geronimo dice che i lettori non vedranno la parola proibita perché sono anche loro ormai conformati alla norma imposta. Tu ti senti conformista o originale? Fai degli esempi concreti presi dalla tua vita, o da quella di amici e parenti, o di personaggi famosi.
2. Sapresti spiegare i pro e i contro dell'essere conformisti o dell'essere originali?
3. Parla di un artista che ha cambiato il mondo, sfidando censura e conformismo.

Practice more at vhlcentral.com.

# Pratica

Draw an inverted pyramid on the board. Divide it into three horizontal parts. In the top and largest part, write **Contenuto**. In the middle, write **Organizzazione**. In the final section write **Linguaggio**. Emphasize that the revision process starts with first analyzing content to make sure it is complete, then looking at how that content is organized. Once content and organization are corrected, they should correct the language and style.

### Revisione e correzione

Per scrivere un buon saggio, è necessario imparare a revisionare e correggere il proprio lavoro. Alla fine della prima stesura, usa le domande di seguito come guida per revisionare il tuo saggio e apportare tutti i cambiamenti necessari:

- **Contenuto** Hai risposto al tema assegnato? Mancano esempi o argomenti? Ci sono parti che si ripetono o che non sono pertinenti?
- **Organizzazione** L'organizzazione è chiara? Hai incluso una buona introduzione e una buona conclusione? Esiste una connessione logica tra i paragrafi?
- **Ortografia e grammatica** I verbi sono coniugati correttamente? C'è concordanza tra aggettivi e sostantivi? Ci sono errori di ortografia? Leggi ogni frase due volte e controlla minuziosamente. Assicurati che il tuo linguaggio sia preciso e specifico.

Pensa al tuo saggio come se lo avesse scritto un'altra persona. Ti convince? Ci sono dei problemi? Quali? Osservando le tue idee obbiettivamente, riesci ad anticipare le reazioni dei tuoi lettori?

Have students create a grid organized into three categories: **Contenuto**, **Organizzazione**, and **Linguaggio**. Have them go back to their corrected compositions and put each of your comments into one of the sections of the grid.

1 **Preparazione** In coppia, rivedete i commenti del vostro insegnante sui saggi che avete scritto finora. A quali delle precedenti tre categorie dovete prestare più attenzione?

2 **Saggio** Scegli uno di questi argomenti e scrivi un saggio.

- Il tuo saggio deve far riferimento ad almeno due dei quattro brani studiati in questa lezione e nelle precedenti lezioni e contenuti in **Cortometraggio**, **Immagina**, **Cultura** e **Letteratura**.
- Il saggio deve essere lungo almeno due pagine.
- Quando finisci, revisiona e correggi il tuo saggio seguendo le indicazioni elencate per il contenuto, l'organizzazione, l'ortografia e la grammatica e i suggerimenti che troverai nei **Punti per la revisione dei saggi** a pagina 403.

*Ci sono molti esempi di artisti famosi che hanno avuto una vita fuori dal comune. Bisogna essere «diversi» e non convenzionali per essere dei bravi artisti? Che cosa fa di una persona un artista?*

*L'arte è solo qualcosa da ammirare nei musei, oppure può avere un effetto nella vita di tutti i giorni? Come?*

*Potrebbero esserci un Leonardo da Vinci o un Michelangelo ai nostri giorni? In quali campi esprimerebbero la loro genialità? Come verrebbero giudicati dalla società?*

*Che ruolo ha la storia nella nostra vita quotidiana? È importante guardare indietro alla storia o dobbiamo concentrarci sul presente?*

# Le arti e la storia

Vocabulary Tools

## La storia

**la battaglia** *battle*
**la civiltà** *civilization*
**il decennio** *decade*
**l'età** *age; era*
**l'imperatore/imperatrice** *emperor/empress*
**il re/la regina** *king/queen*
**il regime** *regime*
**il regno** *kingdom*
**la schiavitù** *slavery*
**il secolo** *century*

**abitare** *to inhabit*
**abolire** *to abolish*
**arrendersi** *to surrender*
**colonizzare** *to colonize*
**conquistare** *to conquer*
**dirigere** *to lead*
**espellere** *to expel*
**invadere** *to invade*
**liberare** *to liberate*
**opprimere** *to oppress*
**rovesciare** *to overthrow*
**sconfiggere** *to defeat*
**stabilirsi** *to settle*

**democratico/a** *democratic*
**fascista** *fascist*
**monarchico/a** *monarchic*
**(prei)storico/a** *(pre)historic*

**a.C. (avanti Cristo)** *BC*
**d.C. (dopo Cristo)** *AD*

## La letteratura

**la biografia** *biography*
**il diritto d'autore** *copyright*
**il genere** *genre*
**il giallo** *thriller*
**il narratore** *narrator*
**la novella** *short novel*
**il personaggio** *character*
**la poesia** *poetry*
**la prosa** *prose*
**la rima** *rhyme*
**il romanzo** *novel*
**la strofa** *stanza*
**la trama** *plot*
**il verso** *line (of poetry)*

**censurare** *to censor*
**svolgersi** *to take place*

**classico/a** *classic*
**oggettivo/a** *objective*
**premiato/a** *award-winning*
**realistico/a** *realistic*
**satirico/a** *satirical*
**soggettivo/a** *subjective*
**tragico/a** *tragic*
**umoristico/a** *humorous*

## L'arte

**l'acquerello** *watercolor*
**l'autoritratto** *self-portrait*
**le belle arti** *fine arts*
**il dipinto** *painting*
**la natura morta** *still life*
**l'opera** *work (of art); opera*
**l'orchestra sinfonica/da camera** *symphony/chamber orchestra*
**il pennello** *paintbrush*
**la pittura** *paint; painting*
**la pittura a olio/pastello** *oil/pastel painting*
**il quadro** *painting; picture*
**la scultura** *sculpture*

**dipingere** *to paint*
**scolpire** *to sculpt*

**d'avanguardia** *avant-garde*
**estetico/a** *aesthetic*

## Gli artisti

**l'artigiano/a** *artisan*
**il/la drammaturgo/a** *playwright*
**il pittore/la pittrice** *painter*
**il/la saggista** *essayist*
**lo scultore/la scultrice** *sculptor*

## Cortometraggio

**il baule** *trunk*
**la cantina** *wine cellar*
**le colline** *hills*
**la granata** *grenade*
**il patto** *pact*
**il podere** *farmhouse*
**il protettore** *protector*
**la puzza** *stench*
**il relitto** *relic*
**il rifugio** *shelter*
**la scala** *ladder; stairs*
**la tana** *burrow*
**il vestito da sposa** *wedding dress*

**scivolare** *to slide*

## Cultura

**l'affresco** *fresco*
**l'apprendista** *apprentice*
**la bottega** *shop*
**la commissione** *commission*
**la composizione** *composition*
**il marmo** *marble*
**il martello** *hammer*
**il/la mecenate** *patron*
**la mostra** *exhibit*
**il neoplatonismo** *Neoplatonism*
**il paesaggio** *landscape*
**il pigmento** *pigment*
**lo schizzo** *sketch*
**l'Umanesimo** *Humanism*

## Letteratura

**l'accenno** *hint*
**il carcere** *jail*
**la censura** *censorship*
**il conformismo** *conformism*
**la coscienza** *conscience*
**il decreto** *decree*
**il divieto** *ban*
**la norma** *law; norm*
**il popolo** *people*
**il potere** *power*
**il sussurro** *rumor; whisper*

**adeguarsi** *to conform*
**contravvenire a** *to infringe*
**interpellare** *to ask; to consult*

**allusivo/a** *suggestive*
**coercitivo/a** *coercive*
**proibito/a** *forbidden*
**velato/a** *veiled*

LEZIONE **9**

# L'influenza dei media

Radio, giornali, televisione, Internet, social media, contribuiscono alla diffusione dell'informazione e, in molti casi, influenzano la conoscenza globale. Oggi abbiamo accesso completo all'informazione in casa e fuori, a ogni ora del giorno e della notte. Che uso ne facciamo? Siamo in grado di (*in a position to*) controllare l'enorme quantità di informazioni che ci arriva o ne siamo vittime passive? I mezzi di comunicazione ci mostrano una realtà vera o in qualche modo distorta?

324 **CORTOMETRAGGIO**
Nel film *Il numero di Sharon* del regista **Roberto Gagnor**, Andrea non si arrende alle leggi della probabilità e cerca di contattare la ragazza di cui si è innamorato. Sarà destino che i due si ritrovino?

330 **IMMAGINA**
In questa lezione andremo in **Liguria**, una terra di colori brillanti, con l'azzurro del mare e il verde delle colline (*hills*). Passeggeremo lungo la «Via dell'Amore» e tra le bellezze architettoniche dei palazzi del centro storico di Genova.

349 **CULTURA**
Dal neorealismo agli anni '90, il più famoso e premiato regista italiano, **Federico Fellini**, ha dominato il cinema mondiale. Le scene dei suoi film sono diventate icone di un'epoca.

353 **LETTERATURA**
Nel racconto *Lui e io* **Natalia Ginzburg** descrive in prima persona una coppia dai gusti e dal carattere contrastanti. È vero che gli opposti si attraggono?

326

350

**Destinazione: LIGURIA**

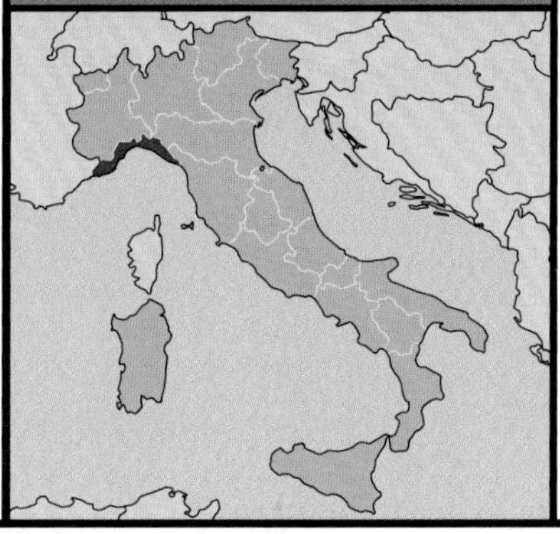

**PREVIEW** Have students reflect on the photo on p. 320 and engage them in a discussion about the influence of media. Ask: **Guardate la TV? Ascoltate la radio? O preferite navigare su internet? Come è cambiata la vita delle persone con la disponibilità** (*availability*) **di tanti mezzi di comunicazione?**

322 **PER COMINCIARE**

332 **STRUTTURE**

**9.1 The imperfect subjunctive and the past perfect subjunctive; tense sequencing**

**9.2 Indefinite adjectives and pronouns**

**9.3 Hypothetical statements**

**9.4 Other uses of the subjunctive**

361 **VOCABOLARIO**

# Media e cultura

Vocabulary Tools

## Cinema, radio e televisione

**l'adattamento** *adaptation*
**i cartoni animati** *cartoons*
**la colonna sonora** *soundtrack*
**il documentario** *documentary*
**il doppiaggio** *dubbing*
**gli effetti speciali** *special effects*
**l'intervista** *interview*

**la puntata** *episode*
**lo schermo** *screen*
**il sottotitolo** *subtitle*
**la (stazione) radio** *radio (station)*

**la televisione satellitare** *satellite TV*
**la televisione via cavo** *cable TV*

---

**filmare** *to film*
**registrare** *to record*
**trasmettere** *to broadcast*
**uscire** *to be released*

**SINONIMI E CONTRARI**
**filmare ←→ riprendere, girare**
**l'inviato/a speciale ←→ il/la corrispondente**
**editore/editrice ←→ casa editrice**

Point out that **editore/editrice** means *publisher*, and not *editor* (**redattore/redattrice**). Point out that **filmare** and **riprendere** are used in expressions like: **filmare/riprendere una scena, un'attrice, un episodio, ecc.** When the word **film** appears in the sentence, **girare** is preferred: **Il film è stato girato a Cinecittà.**

## I media

**l'attualità** *current events*
**la censura** *censorship*
**il giornale radio** *radio news*
**la notizia** *news story*
**il notiziario** *news program*
**la pubblicità** *commercial; advertisement*
**il sondaggio** *opinion poll*
**il telegiornale** *TV news*

---

**essere aggiornato/a** *to be up-to-date*
**informarsi** *to get/stay informed*

---

**in differita** *pre-recorded*
**in diretta** *live*
**influente** *influential*
**(im)parziale** *(im)partial; (un)biased*

## La gente dei media

**l'ascoltatore/ascoltatrice** *(radio) listener*
**l'attore/attrice** *actor/actress*
**il/la cronista** *reporter*
**l'editore/editrice** *publisher*
**il/la giornalista** *journalist*
**l'inviato/a speciale** *correspondent*
**il/la redattore/redattrice** *editor*
**il/la telespettatore/telespettatrice** *television viewer*

**Schermo** may be used metaphorically as well. **Il grande schermo** means *movie theatre*, while **il piccolo schermo** is *television*. The English expression *starring* is usually given in Italian by a simple preposition: **con.** Example: **Ho visto un bellissimo film con Monica Bellucci.**

## La stampa

**il comunicato stampa** *press release*
**la cronaca (locale/sportiva)** *(local/sports) news*
**il fumetto** *comic strip*
**il giornale** *newspaper*
**la libertà di stampa** *freedom of the press*
**il mensile** *monthly magazine*
**l'oroscopo** *horoscope*
**la rivista** *magazine*
**la rubrica (di cultura e società)** *(lifestyle) section*
**il settimanale** *weekly magazine*
**la vignetta** *cartoon*

---

**fare un abbonamento** *to subscribe*

## La cultura popolare

**il carnevale** *carnival; Mardi Gras*

**Ferragosto** *August 15 (holiday); August vacation*
**i festeggiamenti** *festivities*
**il folclore** *folklore*
**la Pasquetta** *Easter Monday*
**il patrimonio culturale** *cultural heritage*
**il/la santo/a patrono/a** *patron saint*
**l'usanza** *custom*

---

**festeggiare** *to celebrate*

**INSTRUCTIONAL RESOURCES**
Audioscripts, SAM AK, Lab MP3s
**SAM/WebSAM:** WB, LM

**Uscire** usually refers to the release of a film, newspaper, or magazine. **La settimana prossima uscirà l'ultimo film del noto regista…**
Point out that **un'intervista** is usually carried out by a journalist, while a job interview is **un colloquio di lavoro**.

# Pratica e comunicazione

**1** **Relazioni** Completa le relazioni scegliendo la parola opportuna dal vocabolario.

1. la radio : l'ascoltatore :: la televisione : il telespettatore
2. il libro : la traduzione :: il film : il doppiaggio/il sottotitolo
3. la televisione : il canale :: la radio : la stazione radio
4. l'imparzialità : la libertà di stampa :: la parzialità : la censura
5. il film : il produttore :: la rivista : l'editore
6. adulti : il telegiornale :: bambini : i cartoni animati

**2** **Discussioni... festive!** Carlo ha deciso di trascorrere il pomeriggio del 15 agosto a casa. Stefania, invece, ha altre idee. Completa il dialogo con le parole della lista.

| | | |
|---|---|---|
| ferragosto | festeggiare | patrimonio culturale |
| festeggiamenti | folclore | usanza |

**CARLO** Accidenti! Non c'è niente di interessante in televisione! Su nessun canale!

**STEFANIA** Ma certo! A (1) ferragosto gli italiani non stanno a casa! Non vedi che la città è deserta e i negozi sono chiusi? Sono tutti fuori!

**CARLO** Mi rifiuto di viaggiare a Ferragosto: tutto costa di più, c'è traffico in autostrada e fa un gran caldo... Preferisco andare ai (2) festeggiamenti in paese questa sera.

**STEFANIA** E la processione? Dovremmo andarci, è un'antica (3) usanza del nostro paese...

**CARLO** Grazie, ma preferisco (4) festeggiare stasera in piazza con un bel piatto di carne alla brace (*grilled*). Anche questo è parte del (5) patrimonio culturale del nostro paese. Risale (*It dates back*) ai Romani...

**STEFANIA** Sei il solito materialista!

**CARLO** E tu sei poco esperta di (6) folclore: certe tradizioni sono antichissime! Informati!

**3** **Secondo te** Rispondi al questionario. Poi, in coppia, confrontate le vostre risposte e supportatele con degli esempi.

| | Sì | No |
|---|---|---|
| 1. Oggi informarsi è più facile che nel passato. | ☐ | ☐ |
| 2. Grazie ai mass media, oggi la gente conosce meglio il mondo. | ☐ | ☐ |
| 3. La libertà di stampa è un'utopia. | ☐ | ☐ |
| 4. Ci sono più notizie imparziali su Internet che sui giornali. | ☐ | ☐ |
| 5. Nei mass media le immagini influenzano più delle parole. | ☐ | ☐ |
| 6. Per informarsi bisogna guardare la televisione piuttosto che leggere i giornali. | ☐ | ☐ |

**4** **I miei gusti** In coppia, conversate sui seguenti argomenti.

- se ascoltate la radio e, se sì, quali programmi o quali stazioni preferite
- se leggete regolarmente o se siete abbonati a giornali, riviste o fumetti
- quale rubrica preferite in un giornale o se preferite invece leggere l'oroscopo o le vignette
- se avete un cronista, un presentatore o un attore preferito e perché vi piace

**1** Ask pairs of students to create two additional analogies using the new vocabulary. Then have them share them with the rest of the class.

**2** Have pairs of students write and perform a mini-dialogue related to a national holiday they celebrate.

## Nota CULTURALE

Quasi tutte le maggiori festività italiane hanno avuto origine in epoca pagana e sono poi state assimilate dal cristianesimo. **Pasqua** è la risurrezione di Cristo, ma è anche una remota celebrazione per esaltare la rinascita della natura. Il giorno di **Pasquetta**, inserito nel calendario per prolungare la festa di Pasqua, è dedicato a un tradizionale picnic all'aperto, un giorno di festa insieme a parenti o amici. Anche **Ferragosto**, che oggi celebra l'assunzione in cielo di Maria, segnava in origine la fine dei lavori agricoli con balli, canti e cibo per tutti. A causa del caldo, anche questo giorno è tradizionalmente dedicato ad una gita al mare o in montagna in cerca di refrigerio°.

**in cerca di refrigerio** *relief from the heat*

**3** Ask students to share with the class the episodes and real events that they used to support their opinions.

**4** Encourage students to add questions of their own.

Practice more at **vhlcentral.com.**

NATIONAL STANDARDS connections cultures communication

**INSTRUCTIONAL RESOURCES**
Film Collection, Script & Translation
**SAM/WebSAM:** WB

# Preparazione

Audio: Vocabulary

| Vocabolario del cortometraggio | Vocabolario utile |
|---|---|
| **bruciare** *to burn* | **il calcetto** *foosball* |
| **capitare** *to happen* | **il campo** *cellular reception, field* |
| **chattare** *to chat online* | **l'elettricista** *electrician* |
| **contare** *to be important* | **fare/comporre un numero** *to dial a number* |
| **il colpo di fulmine** *lightning strike* | **il prefisso** *area code* |
| **la lavanderia** *dry cleaner* | **la probabilità** *probability* |
| **la tacca** *cellular reception bar* | **squillare** *to ring* |
| | **il telefonino** *cell phone* |
| | **il temporale** *storm* |

**ESPRESSIONI**

**a caso** *by chance, randomly*
**Appunto!** *exactly!*
**in un attimo** *in an instant*
**sbagliare numero** *to get the wrong number*

1 **Pratica** Associa le parole con la definizione nelle due colonne.

| | | |
|---|---|---|
| __h__ | 1. il calcetto... | a. è un momento molto breve |
| __e__ | 2. il telefonino... | b. brucia |
| __g__ | 3. la lavanderia... | c. installa e aggiusta i sistemi elettrici |
| __a__ | 4. l'attimo... | d. succede durante un temporale |
| __f__ | 5. il numero di telefono... | e. squilla |
| __b__ | 6. il fuoco... | f. ha un prefisso |
| __d__ | 7. il colpo di fulmine... | g. è dove si lavano i vestiti |
| __c__ | 8. l'elettricista... | h. è il calcio in miniatura |

2 Before starting the activity, make sure students understand that the title of the film refers to the American actress Sharon Stone.

2 Encourage students to report each other's preferences to the rest of the class.

2 **Le celebrità** Rispondi alle domande e commenta le risposte con un/a compagno/a.

1. Chi è la tua celebrità preferita? (della TV, del cinema, dello sport, della musica, ecc.)
2. C'è un altro personaggio che ammiri che non è una star famosa? Chi è?
3. Ti interessa la vita personale dei personaggi famosi?
4. Come ti tieni informato? Leggi i giornali scandalistici?
5. Perché, secondo te, alla gente piace seguire la vita privata delle persone famose?
6. Hai mai incontrato una persona famosa? Chi? In quale circostanza?
7. Hai mai chiesto un autografo? A chi?

3 **Sondaggio** Intervistate i vostri compagni e trovate qualcuno che abbia fatto le seguenti cose. Alla fine del sondaggio presentate i risultati alla classe.

| Attività | Nome del(la) compagno/a |
|---|---|
| Ha visto un film con Sharon Stone. Quale? | |
| Appartiene a un fan club. Di chi? | |
| Legge i giornali scandalistici. Quali? In quali circostanze li legge? | |
| Ha cercato di trovare il numero di telefono o l'email di una persona famosa. Chi? | |
| Segue delle celebrità su Twitter. Chi? | |
| È stato/a in fila per molte ore per comprare dei biglietti o incontrare una celebrità. In quale circostanza? | |

3 Have students walk around the classroom asking each other the survey questions. Poll students to determine which celebrities/TV shows/sports events are the most popular in the class.

4 **Il caso e la fama** In gruppi di tre studenti discutete le seguenti affermazioni e spiegate le vostre opinioni con degli esempi specifici.

| Affermazione | D'accordo Sì/No | Perché |
|---|---|---|
| Il caso ha una parte importante nella vita delle persone comuni e di quelle famose. | | |
| I colpi di fulmine non durano mai. | | |
| Incontrarsi e innamorarsi è un destino. | | |
| Con la fama si perde la privacy. | | |

5 **I personaggi e la storia**

**A.** In coppia, descrivete le caratteristiche fisiche e le personalità di questi personaggi del corto.

**B.** Pensate al possibile rapporto tra i personaggi ritratti sopra e immaginate la storia.

Practice more at **vhlcentral.com.**

Video

Premio **Solinas** in collaborazione con Gratta e Vinci, 2010
Finalista di **Talenti in Corso**, 2011
*Il numero di*
SHARON
**Regia, Soggetto e Sceneggiatura** ROBERTO GAGNOR, **Cast** GLEN BLACKHALL, MASSIMO DE LORENZO e ELENA RADONICICH **Fotografia** STEFANO PALOMBI **Montaggio** DESIDERIA RAYNER

**Trama** *Andrea, chattando, si innamora di Lisa. C'è un blackout e Andrea resta con un numero di cellulare incompleto: per ritrovare Lisa decide di provare le mille combinazioni possibili.*

**ANDREA** La rete dei cellulari in Italia copre circa il 98% del paese. Io vivo qui: nel 2% dove non c'è una tacca neanche a pagarla.

**ANDREA** Sapete cos'è una chat casuale? Io una sera ci ho trovato Lisa...

**LISA** No, ... Un pochino. È che mi ha lasciato il mio ragazzo.

**ANDREA** Fatto sta che ci mettiamo a parlare. Lei è bellisima anche con gli occhi rossi e io vorrei darle un bacio e dirle che passerà tutto.

**ANDREA** Sarà che qui non vedo molta gente. Sarà che mi innamoro in un attimo. Sarà che mi stava dando il suo numero di telefono.
**LISA** 3-4-9 64-39-...
**ANDREA** No!

**ETTORE** Mille?
**ANDREA** Sì. Mancano tre cifre del numero. Dieci per dieci per dieci, mille combinazioni possibili.

## Nota CULTURALE

### I cellulari in Italia e nel mondo

Secondo le statistiche dell'Istituto Nielsen del 2013, il 97% degli italiani sopra ai 16 anni usa il cellulare, rispetto all'81% degli indiani, l'89% dei cinesi, il 94% degli americani, il 98% dei russi e il 99% dei coreani del sud. Per quanto riguarda gli smart phone, il 62% degli italiani ne ha uno, mentre tra gli americani, è solo il 53% a usarlo; la diffusione più evidente è in Cina (66%) e nella Corea del sud (67%).

**TEACHING OPTION** Encourage students to discuss possible reasons for the differences and similarities in cell phone use in specific countries: Economic growth? Educational levels? National production of cell phones and other electronic devices?

## Sullo SCHERMO

Indica se le affermazioni sono **vere** o **false**.

V **1.** Nel paese di Andrea non c'è campo cellulare.
V **2.** Andrea usa il computer per comunicare.
F **3.** Lisa e Andrea si incontrano per strada.
F **4.** Lisa sta piangendo perché ha perso il lavoro.
V **5.** Il temporale interrompe l'elettricità.
V **6.** Andrea ha solo parte del numero di cellulare di Lisa.

National communication Standards

# Analisi

**1** **Comprensione** Completa le frasi.

| | | |
|---|---|---|
| e | 1. La zona di Andrea non ha... | a. è stata lasciata dal fidanzato. |
| g | 2. Per incontrare delle ragazze... | b. causa un blackout. |
| a | 3. Lisa... | c. di completare il numero è una su mille. |
| h | 4. Mentre Andrea e Lisa chattano... | d. chiamare Lisa. |
| b | 5. Il temporale... | e. campo cellulare. |
| d | 6. Andrea cerca di... | f. Lisa entra nel bar. |
| c | 7. La probabilità... | g. Andrea chatta sul computer. |
| f | 8. Mentre Andrea sta componendo il suo numero... | h. c'è un temporale. |

**2** **Analisi** Scegli la risposta giusta.

1. Nel bar di Ettore si gioca a ________.
   a. carte (b.) calcetto c. tombola
2. All'inizio del film Andrea si sente ________.
   (a.) solo b. innamorato c. allegro
3. Per Andrea e Lisa l'incontro in chat è ________.
   a. una probabilità b. un errore (c.) un colpo di fulmine
4. Andrea va al bar per ________.
   (a.) usare il telefono fisso b. bere il caffè c. parlare con gli amici
5. Gli ospiti del bar che ascoltano le telefonate di Andrea sono ________.
   a. annoiati (b.) curiosi c. scioccati
6. Andrea trova il numero di Lisa ________.
   (a.) sistematicamente b. casualmente c. disperatamente
7. Ettore riesce a trovare il numero di ________.
   a. Andrea b. Lisa (c.) Sharon Stone
8. Di professione Lisa è ________.
   a. un'attrice (b.) un'elettricista c. un'insegnante

3 Ask students to share their preferences with the rest of the class.

**3** **Opinioni** In coppia rispondete a turno alle domande.

1. Cosa pensi delle chat? Le usi spesso?
2. Come preferisci comunicare? A voce o scrivendo un'email o un SMS?
3. Puoi immaginare la tua vita senza il telefonino? Perché? Come lo usi?
4. A quale persona famosa ti piacerebbe telefonare? Cosa le/gli diresti?
5. Qual è il modo migliore di incontrare persone nuove?
6. Cosa avresti fatto al posto di Andrea dopo il blackout?

**4** **Al telefono** Rispondi alle domande e confronta le tue risposte con quelle di un/a compagno/a.

1. Usi il video con Skype o FaceTime? Con chi e perché?
2. Ricevi spesso chiamate di persone che hanno sbagliato numero? Come reagisci?
3. Hai mai mandato un SMS a una persona sbagliata? A chi?
4. Ci sono dei momenti in cui non rispondi al telefono? Perché?
5. C'è qualcuno, un amico o un parente, che ti chiama troppo spesso? Cosa fai?
6. Dimentichi mai il cellulare a casa? Come ti senti quando non ce l'hai con te?

**4** Set up a video call with an Italian native speaker. Have the students prepare questions to ask in advance.

**5** **Discussione** In gruppi di tre rispondete alle domande.

1. Pensate che Andrea e Lisa saranno felici insieme?
2. Come sarà la loro vita futura?
3. Quale personaggio nel film è il più fortunato? Perché?
4. Hai mai avuto un colpo di fulmine? Descrivilo.

**6** **Scenette** In piccoli gruppi improvvisate dei dialoghi basati su una di queste situazioni e poi recitateli davanti alla classe.

**Situazione 1**

Mentre lavora nel suo bar Ettore ha trovato il numero di Sharon Stone. Che cosa le dirà quando lei risponderà al telefono? Immaginate la conversazione e la reazione dei clienti del bar che stanno ascoltando.

**Situazione 2**

Una delle persone chiamate da Andrea sta cucinando e si sente solo/a. Anche se Andrea continua a scusarsi e cerca di riattaccare il telefono, l'altro/a insiste a chiacchierare e a raccontargli la sua vita. Riuscirà Andrea a concludere la conversazione?

**7** **Scriviamo** Scegli uno di questi argomenti e discutilo in una breve composizione.

1. Come sono cambiati i mezzi di comunicazione da quando sei nato/a? Come li usi tu? Pensi che le persone adesso comunichino meglio o peggio di prima?
2. Scrivi un'email (o una lettera) a un personaggio contemporaneo (o del passato) con cui hai sempre desiderato scambiare delle idee.
3. Come comunicheremo tra 20 anni secondo te? Immagina e descrivi le tecnologie future per la comunicazione.

Practice more at **vhlcentral.com.**

NATIONAL STANDARDS communities cultures connections

INSTRUCTIONAL RESOURCES: Teaching suggestions
SAM/WebSAM: WB

# IMMAGINA

Ⓢ Reading

## I patrimoni dell'umanità

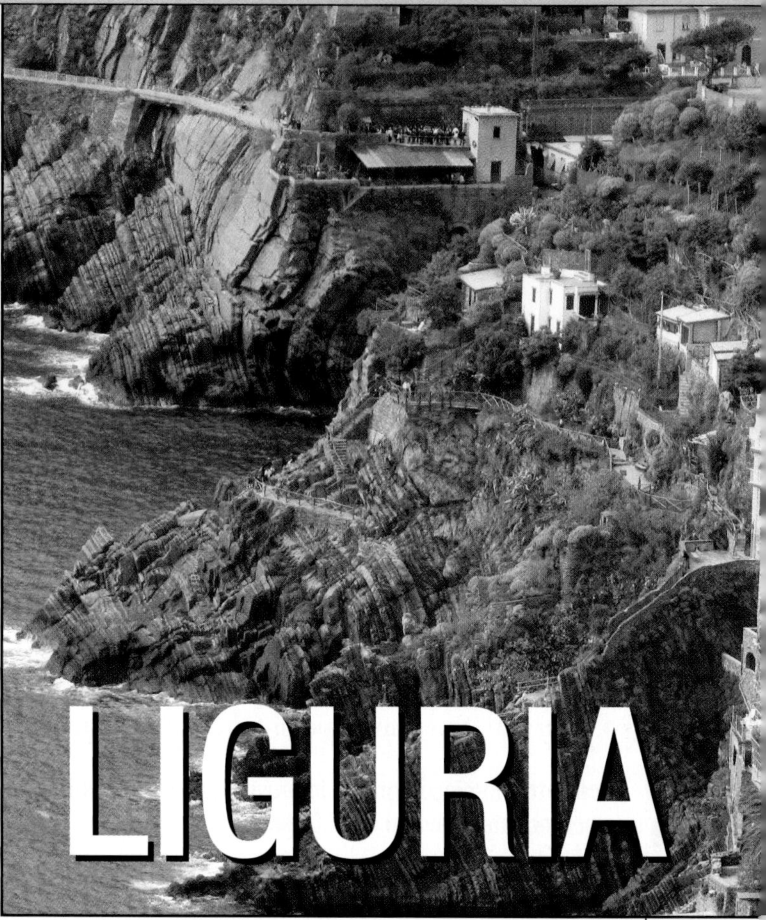


Riomaggiore (La Spezia)

La **Liguria** è una regione del Nord-Ovest d'Italia, situata tra le Alpi, gli Appennini e il mar Ligure. Il litorale° è conosciuto come **Riviera di Ponente** e **Riviera di Levante** con **Genova**, il capoluogo, quasi nel mezzo. Nel 1997 e nel 2006 l'UNESCO ha riconosciuto alla Liguria due siti come patrimonio dell'umanità°. Il primo comprende° **Porto Venere**, le **Cinque Terre** e le **isole del** golfo di **La Spezia**. Il secondo riguarda il centro storico di Genova, in particolare la **Strada Nuova** e i **palazzi dei Rolli**.

Porto Venere è un borgo° ben conservato° con angoli molto pittoreschi e un considerevole patrimonio architettonico.

I cinque borghi che costituiscono le Cinque Terre sono noti in tutto il mondo per la loro bellezza suggestiva e romantica. **Riomaggiore**, **Manarola**, **Vernazza**, **Corniglia** e **Monterosso al Mare** si ergono° su colline a strapiombo° sul mare. Un sentiero° collega i cinque borghi e il tratto° tra Riomaggiore e Manarola è conosciuto come la «Via dell'Amore» con magnifici panorami del mare e delle colline. Ogni borgo è caratteristico per le case colorate, i «carrugi» —le tipiche stradine della Liguria— e per le colline su cui i contadini hanno costruito terrazzamenti° che coltivano con vigneti e oliveti. Purtroppo nel 2011 e nel 2012 le Cinque Terre sono state colpite da violenti alluvioni° e gravi frane°.

Andando nel centro storico di Genova, in **via Garibaldi**, conosciuta durante il Rinascimento come **Strada Nuova**, possiamo ammirare il secondo sito UNESCO. Lungo questa strada le famiglie nobili della città costruirono palazzi iscritti° ai ***Rolli degli alloggiamenti pubblici di Genova*** per accogliere° personaggi importanti o visite di Stato. La costruzione e la disposizione di questi palazzi rappresenta il primo esempio di architettura urbana in Europa, emulato in seguito in molte parti del mondo. Passeggiando per le strade e visitando i palazzi, il turista ha l'opportunità di scoprire una Genova antica. Durante il '500 ed il '600, Genova conobbe un periodo di grande splendore che le è valso° l'appellativo la «Superba°». Tra gli edifici della Strada Nuova, **Palazzo Tobia Pallavicini** conserva la magnifica **Galleria d'oro** in stile rococò; **Palazzo Nicolosio Lomellini** ha il bellissimo ninfeo° all'ingresso; ricordiamo anche il **Palazzo Rosso** e il **Palazzo Bianco**, dal colore delle loro facciate°, in cui sono conservate collezioni d'arte europea; **Palazzo Tursi**, infine, è oggi la sede della municipalità di Genova.

Palazzo Tursi

La Liguria, insomma, promette di soddisfare sia gli appassionati della natura che gli amanti della storia e dell'architettura.

### In più...

**Vernazza** è l'unico borgo delle Cinque Terre dotato di un piccolo porto naturale su cui si trovano i resti° del Castello dei Doria con la torre di avvistamento. Al centro del borgo, pieno di vicoli stretti, portici e archi, sorge° la chiesa di Santa Margherita d'Antiochia, in stile gotico-ligure, con un campanile a pianta ottagonale°. Le colline che circondano Vernazza sono coltivate a vigneti e producono il passito° Schiacchetrà.

**litorale** *coastline* **patrimonio dell'umanità** *human heritage* **comprende** *includes* **borgo** *village* **ben conservato** *well-preserved* **si ergono** *stand up* **colline a strapiombo** *hills overhanging* **sentiero** *path* **tratto** *section* **terrazzamenti** *terraces* **alluvioni** *floods* **frane** *landslides* **iscritti** *registered* **accogliere** *welcome* **le è valso** *earned it* **la Superba** *the Proud* **ninfeo** *ornamental; fountain* **facciate** *façades* **resti** *remains* **sorge** *it is located* **pianta ottagonale** *octagonal plan* **passito** *wine made from raisins*

**Il Festival della canzone italiana** Il **Festival di Sanremo** si svolge° ogni anno, dal 1951, nell'omonima cittadina ligure, tra la fine di febbraio e i primi giorni di marzo. La manifestazione è una gara° tra cantanti che interpretano, in prima assoluta°, una canzone di autori italiani. Di solito gareggiano° due gruppi di cantanti, quelli già famosi e i giovani, cioè cantanti poco conosciuti o nuovi al pubblico. Le canzoni sono votate da giurie° di esperti o giurie popolari.

**Renzo Piano** è nato a Genova-Pegli nel 1937. Ha studiato in Italia e all'estero e da oltre trent'anni è uno degli architetti più famosi nel mondo. Il suo stile si distingue° per i materiali altamente tecnologici e un design pulito e lineare. Tra i progetti più famosi ricordiamo la ristrutturazione° del centro storico e del porto di Genova, l'auditorium della musica di Roma, l'aeroporto internazionale di Osaka ed il palazzo del New York Times. Renzo Piano è anche fondatore del **Renzo Piano Building Workshop**, con sedi a Genova e a Parigi che offre tirocini° per giovani architetti.

**si svolge** *takes place* **gara** *competition* **prima assoluta** *for the very first time* **gareggiano** *compete* **giurie** *juries* **si distingue** *stands out* **ristrutturazione** *reconstruction* **tirocini** *internships*

**Vero o falso?** Indica se ogni frase è **vera** o **falsa.** Correggi le frasi false. Some answers will vary.

1. Genova si trova a metà tra la Riviera di Levante e la Riviera di Ponente. Vero.
2. I «carrugi» sono abitazioni colorate. Falso.
3. La «Via dell'Amore» è un'autostrada della Liguria. Falso. È un sentiero in collina che collega Riomaggiore e Manarola nelle Cinque Terre.
4. I terrazzamenti sono balconi delle case dei borghi liguri. Falso. Sono «terrazze» per coltivare in collina.
5. I palazzi dei Rolli furono costruiti da famiglie aristocratiche. Vero.
6. Il Castello di Vernazza si vede dal porto. Vero.
7. Al Festival di Sanremo gli artisti devono cantare canzoni nuove. Vero.
8. Renzo Piano si occupa solo di ristrutturare vecchi edifici. Falso. Si occupa anche di costruzioni nuove.

**Quanto hai imparato?** Rispondi alle domande. Some answers will vary.

1. Quali sono alcune caratteristiche dei siti UNESCO della Liguria? bellezza del paesaggio, beni architettonici e artistici
2. Quali sono le coltivazioni tipiche dei terrazzamenti liguri? I vigneti e gli oliveti.
3. Quali sono alcuni elementi comuni ai borghi delle Cinque Terre? case colorate, strade strette, magnifici panorami, una bellezza romantica e suggestiva
4. Perché sono importanti i palazzi dei Rolli da un punto di vista architettonico? Sono il primo esempio di architettura urbana.
5. Che cos'è il Festival di Sanremo? È una gara musicale tra cantanti.
6. Per che cosa si distingue lo stile dell'architetto Renzo Piano? i materiali tecnologici e il design pulito e lineare

## Progetto

La Liguria ha dato i natali a famosi personaggi della cultura italiana, tra cui lo scrittore **Edmondo De Amicis**, il critico letterario **Carlo Bo** e **Eugenio Montale**, uno dei maggiori poeti del Novecento italiano. A Genova nacque anche il grande violinista **Niccolò Paganini**.

- Cerca informazioni su uno dei personaggi menzionati o un ligure famoso a tua scelta.
- Scrivi una breve presentazione biografica e una presentazione su uno dei loro lavori. Includi delle riflessioni personali.
- Confronta il tuo lavoro con il resto della classe.

**INSTRUCTIONAL RESOURCES**
Audioscripts, SAM AK, Lab MP3s, Grammar Presentation Slides
**SAM/WebSAM:** WB, LM

**RIMANDO**

To review the formation and uses of the present subjunctive, see **Strutture 6.3, pp. 216–217** and **Strutture 7.3, pp. 258–259**.

Additional uses of the subjunctive are presented in **Strutture 9.4, p. 346.**

**ATTENZIONE!**

Like the imperfect indicative, the imperfect subjunctive can convey several different meanings. These depend on the time relationship between the independent and dependent clauses and the writer's or speaker's intentions.

**Nostra madre pensava che bevessimo troppo caffè.**
*Our mother thought we were drinking/used to drink/drank too much coffee.*

**ATTENZIONE!**

As in the imperfect indicative, in the imperfect subjunctive, the verbs **bere**, **dire**, and **fare** retain their Latin stems **beve–**, **dice–**, and **face–**, to which the imperfect subjunctive endings are added.

**Non credevamo che bevessero molto tè.**
*We didn't think they drank a lot of tea.*

**Era probabile che il cronista dicesse la verità.**
*It was likely that the reporter was telling the truth.*

**Era necessario che ogni lettore facesse un abbonamento alla rivista.**
*Each reader had to subscribe to the magazine.*

# 9.1 The imperfect subjunctive and the past perfect subjunctive; tense sequencing

*Sembrava impossibile che Andrea **potesse** trovare la giusta combinazione di numeri.*

## The imperfect subjunctive

- Use the imperfect subjunctive (**congiuntivo imperfetto**) when the verb in the independent clause is in a past tense or the conditional and requires the subjunctive, and the action in the dependent clause occurs at the same time or after the action in the independent clause.

Speravo che **trasmettessero** la conferenza stampa in diretta.
*I was hoping they would broadcast the press conference live.*

Vorremmo che il giornale **pubblicasse** quell'intervista.
*We'd like the newspaper to publish that interview.*

Marco e Sabrina pensarono che la vignetta **fosse** offensiva.
*Marco and Sabrina thought the cartoon was offensive.*

Sarebbe bello se l'intervista **durasse** più di cinque minuti.
*It would be nice if the interview lasted more than five minutes.*

- To form the imperfect subjunctive, use the same stems as for the imperfect indicative and add the endings shown, which are identical for all three conjugations. Remember that in the imperfect **–are**, **–ere**, and **–ire** verbs all maintain their characteristic vowel.

| filmare > filma– | scrivere > scrive– | uscire > usci– |
|---|---|---|
| filma**ssi** | scrive**ssi** | usci**ssi** |
| filma**ssi** | scrive**ssi** | usci**ssi** |
| filma**sse** | scrive**sse** | usci**sse** |
| filmạ**ssimo** | scrivẹ**ssimo** | uscị**ssimo** |
| filma**ste** | scrive**ste** | usci**ste** |
| filmạ**ssero** | scrivẹ**ssero** | uscị**ssero** |

Non credevo che **filmaste** la prima puntata oggi.
*I didn't think you were filming the first episode today.*

Ci piacerebbe che quel canale **mettesse** in onda meno cartoni animati.
*We wish that channel would show fewer cartoons.*

Speravamo che il nuovo film **uscisse** entro febbraio.
*We were hoping that the new movie would come out by February.*

Vorrei che la televisione pubblica **offrisse** più programmi educativi.
*I wish public television offered more educational programs.*

- The verbs **dare**, **essere**, and **stare** have entirely irregular forms, as shown below.

| | |
|---|---|
| **dare** | **dessi, dessi, desse, dẹssimo, deste, dẹssero** |
| **ẹssere** | **fossi, fossi, fosse, fọssimo, foste, fọssero** |
| **stare** | **stessi, stessi, stesse, stẹssimo, steste, stẹssero** |

Speravo che mi **dessero** più soldi.
*I hoped they would give me more money.*

Non sembrava che quell'uomo **fosse** un attore.
*It didn't seem like that man was an actor.*

Sarebbe meglio che non **steste** a casa tutto il giorno a guardare la TV.
*It would be better if you didn't stay at home all day watching TV.*

- Verbs ending in **–rre** use the same stems for both the imperfect indicative and the imperfect subjunctive. They take the imperfect subjunctive endings used for **–ere** verbs.

| infinitive | **porre** | **condurre** | **tradurre** | **trarre** |
|---|---|---|---|---|
| stem | **pon–** | **conduc–** | **traduc–** | **tra–** |
| imperfect subjunctive | **ponessi,** ecc.... | **conducessi,** ecc.... | **traducessi,** ecc.... | **traessi,** ecc.... |

## The past perfect subjunctive

- Use the past perfect subjunctive (**congiuntivo trapassato**) when the verb in the independent clause is in a past tense or the conditional and requires the subjunctive, and the action in the dependent clause occurs prior to the action in the independent clause.

Sembrava che il cronista **avesse condotto** un'inchiesta in profondità.
*It seemed like the reporter had carried out an extensive investigation.*

Speravo che il mensile **fosse** già **arrivato** in edicola.
*I was hoping that the magazine had already made it to the newsstands.*

- To form the past perfect subjunctive, use the imperfect subjunctive form of **essere** or **avere** plus the past participle of the verb. Remember that the past participle of verbs conjugated with **essere** agrees with the subject in number and gender.

| **festeggiare** | | **partire** | | **informarsi** | |
|---|---|---|---|---|---|
| avessi | | fossi | | mi fossi | |
| avessi | | fossi | partito/a | ti fossi | informato/a |
| avesse | festeggiato | fosse | | si fosse | |
| avẹssimo | | fọssimo | | ci fọssimo | |
| aveste | | foste | partiti/e | vi foste | informati/e |
| avẹssero | | fọssero | | si fọssero | |

Mia sorella sperava che il paese non **avesse** ancora **festeggiato** il santo patrono.
*My sister hoped that the town hadn't celebrated the patron saint yet.*

Avremmo voluto che la conferenza stampa **fosse stata** più lunga.
*We would have liked the press conference to go on longer.*

**ATTENZIONE!**

The adverbs **già**, **più**, **ancora** and **mai** are often used with the past perfect indicative and the past perfect subjunctive. Remember that these adverbs are usually placed between the auxillary verb (**essere** or **avere**) and the past participle.

**Non avevo ancora letto la rivista.**
*I hadn't read the magazine yet.*

**Pensavi che io avessi già letto la rivista.**
*You thought that I had already read the magazine.*

NATIONAL comparisons STANDARDS

## Tense sequencing

- Italian follows specific rules regarding the tense of a subjunctive verb in a dependent clause. These rules take into account the tense of the verb in the independent clause and the time relationship between the two clauses. There are two general sequences: one for sentences whose independent clause is in the present, future, or imperative, and another for sentences in the past or conditional.

| Independent clause | Dependent clause | The action of the verb in the dependent clause occurs... |
|---|---|---|
| Present, future, imperative | present subjunctive | at the same time or later than the action of the independent clause |
| | past subjunctive | prior to the action of the independent clause |
| Past, conditional | imperfect subjunctive | at the same time or later than the action of the independent clause |
| | past perfect subjunctive | prior to the action of the independent clause |

Dubito che la rivista **esca** in anticipo.
*I doubt the magazine comes out early.*

Credete che l'attore **sia nato** in Danimarca?
*Do you think the actor was born in Denmark?*

Pensava che i biglietti **fossero** esauriti.
*She thought that the tickets were sold out.*

Ero deluso che il film **fosse cominciato**.
*I was disappointed that the movie had started.*

- The examples below demonstrate that a dependent verb can express an action that is (a) after, (b) contemporaneous with, or (c) prior to the action expressed by the main verb.

**Sequence for independent verbs in present, future, or imperative**

| after (posteriorità) | contemporaneous (contemporaneità) | prior (anteriorità) |
|---|---|---|
| Penso che **arrivino** domani.<br>*I think they are arriving (will arrive) tomorrow.* | Penso che **arrivino** oggi.<br>*I think they're arriving today.* | Penso che **siano arrivati** ieri.<br>*I think they arrived yesterday.* |
| Penseranno che tu **capisca**.<br>*They will think that you (will) understand.* | Penseranno che tu **capisca**.<br>*They will think that you understand.* | Penseranno che tu **abbia capito**.<br>*They will think that you understood.* |
| Non credere che **arrivi** in orario!<br>*Don't think that he's going to arrive on time!* | Non credere che **arrivi** in orario!<br>*Don't think that he arrives on time!* | Non credere che **sia arrivato** in orario!<br>*Don't think that he arrived on time!* |

**Sequence for independent verbs in past tenses or conditional**

| after (posteriorità) | contemporaneous (contemporaneità) | prior (anteriorità) |
|---|---|---|
| Pensavo che **arrivassero** il giorno dopo.<br>*I thought they were arriving the next day.* | Pensavo che **arrivassero** quel giorno stesso.<br>*I thought they were arriving that same day.* | Pensavo che **fossero arrivati** il giorno prima.<br>*I thought that they had arrived the day before.* |
| Vorrebbe che **veniste**.<br>*He would like you all to come. (sometime in the future)* | Vorrebbe che **veniste**.<br>*He would like you all to come. (at that same time)* | Vorrebbe che **foste venuti**.<br>*He would have liked for you to have come.* |

**ATTENZIONE!**

The imperfect or past perfect subjunctive is required after the expression **come se** (*as if*).

**Carlo canta come se nessuno lo sentisse.**
*Carlo sings as if no one were listening to him.*

**Ci guardava come se ci fossimo già conosciuti.**
*He was looking at us as if we had already met.*

**ATTENZIONE!**

Note that the imperfect subjunctive can be used after independent clauses in the present, future, or imperative to express a habitual action or to describe a condition in the past.

**Non credo che leggessero il giornale ogni giorno.**
*I don't think they read the paper every day.*

**Dubito che piovesse quando sono arrivati.**
*I doubt that it was raining when they arrived.*

# Pratica

**1** **Animali e cartoni animati!** **Secondo alcuni psicologi, gli animali che prima facevano paura ora suscitano (*provoke*) nei bambini sensazioni completamente diverse grazie ad alcuni cartoni animati. Completa le frasi scegliendo fra il congiuntivo presente e il congiuntivo imperfetto.**

1. Alcuni bambini oggi credono che il leone ____ sia ____ (sia / fosse) un animale simpatico e socievole.
2. I miei genitori da piccoli pensavano che i maiali non ____ avessero ____ (abbiano / avessero) un'intelligenza.
3. Mi dispiace che alcune persone ____ mangino ____ (mangino / mangiassero) i conigli.
4. Mi sembra che il cavallo ____ occupi ____ (occupi / occupasse) ruoli importanti in molti film e cartoni animati attuali.
5. Da bambino non volevo che gli animali ____ morissero ____ (muoiano / morissero) nei film.
6. Molti bambini sperano che il proprio cane ____ abbia ____ (abbia / avesse) le qualità di un eroe della TV.

**2** **Lingua e comunicazione** **Leggi il paragrafo e completalo usando il congiuntivo imperfetto o il congiuntivo trapassato.**

Ieri sera sono tornata a casa; era vuota e ho pensato che Franco (1) ____ fosse andato ____ (andare) al cinema con il suo amico Stefano, appassionato di Neorealismo, e che (2) ____ si fosse dimenticato ____ (dimenticarsi) di dirmelo. Così ho letto un articolo sulla storia della televisione. Quando è nata la Rai, nel 1954, nessuno si aspettava che la TV (3) ____ riuscisse ____ (riuscire) a entrare anche nelle case in cui si parlava dialetto e che (4) ____ potesse ____ (potere) contribuire alla diffusione di una lingua nazionale. Anche Dante Alighieri sperava che gli italiani (5) ____ parlassero ____ (parlare) una lingua unitaria, ma chi poteva immaginare che il suo sogno si sarebbe concretizzato grazie a uno strumento così poco poetico? Quando Franco è tornato, gli ho chiesto che mi (6) ____ raccontasse ____ (raccontare) del film. Mi ha detto che non era sicuro che gli (7) ____ fosse piaciuto ____ (piacere) perché gli attori parlavano in dialetto ed era difficile capirli. Il regista, Luchino Visconti, riteneva che il cinema (8) ____ avesse escluso ____ (escludere) il popolo dalla storia, per questo voleva che i suoi attori (9) ____ fossero ____ (essere) spontanei. Un vero artista va sempre controcorrente, no?

**3** **Il Festival di Sanremo** **Leggete il paragrafo e riscrivetelo al passato coniugando i verbi sottolineati al modo e al tempo adeguato, come nel modello.**

**Modello** **Non ricordo quale canzone abbia vinto nel 2009.**
Non ricordavo quale canzone avesse vinto nel 2009.

**Il Festival di Sanremo**

Alcuni (1) dicono che il Festival di Sanremo (2) sia il Festival della canzone italiana più seguito. Altri (3) pensano che al Festival si (4) ascolti solo musica banale e commerciale. Io (5) credo che solo alcune canzoni del Festival si (6) distinguano per originalità di testi e musica. Non (7) so quale cantante (8) abbia vinto per più volte, ma (9) credo che (10) sia stato Domenico Modugno. Non mi (11) meraviglia che gli italiani (12) abbiano votato per Modugno, e mi (13) fa piacere che lo (14) considerino ancora un grande artista. (15) Sembra che le sue canzoni non (16) invecchino mai!

1. dicevano, 2. fosse, 3. pensavano, 4. ascoltasse, 5. credevo, 6. distinguessero, 7. sapevo, 8. avesse vinto, 9. credevo, 10. fosse stato, 11. meravigliava, 12. avessero votato, 13. faceva, 14. considerassero, 15. Sembrava, 16. invecchiassero

**1** Before the students start this activity, have them discuss animal characters from cartoons they know and review names for animals in Italian, including: **leone** (*lion*), **coniglio** (*rabbit*), and **cavallo** (*horse*).

### Nota CULTURALE

Luchino Visconti è uno dei più importanti registi cinematografici e teatrali italiani del XX secolo. Oltre ad essere un esponente del cinema neorelista (vedi nota a pagina 349) Visconti ha diretto anche numerosi film a carattere storico ed è famoso per le meticolose ricostruzioni sceniche. La sua produzione cinematografica ha ricevuto molti riconoscimenti tra cui un Leone d'oro, il premio principale alla Mostra del Cinema di Venezia, un festival cinematografico internazionale che dal 1932 si tiene ogni estate al Lido di Venezia.

**3** Refer students to the paragraph about the festival on p. 331.

**3** As an expansion, ask students to search the Web for Italian songs presented at the latest edition of the Festival. Ask them to listen to some of them and get ready for a discussion next class.

4

**Chi l'avrebbe immaginato!** Completa l'e-mail che Paolo scrive ad Alfredo raccontandogli tutte le cose interessanti che ha scoperto oggi alla lezione di storia del cinema. Attenzione, devi scegliere tu il tempo del congiuntivo appropriato: presente, passato, imperfetto o trapassato.

> Ciao Alfredo,
> mi dispiace che tu non (1) sia venuto (venire) oggi alla prima lezione del corso di cinema. Non avrei mai pensato che (2) fosse (essere) così interessante! Io ho sempre creduto che il doppiaggio (3) fosse nato (nascere) dalla pigrizia (*laziness*) di qualche italiano che non voleva leggere i sottotitoli, ma non sapevo che proprio le case di produzione americane (4) avessero incentivato (incentivare) il doppiaggio per distribuire i film in Europa! Pare che questa necessità (5) si sia presentata (presentarsi) già nel 1929, quando lo stesso film ha cominciato a essere girato più volte in diverse lingue! Sembra che alcuni attori (6) si limitassero (limitarsi) a muovere la bocca, mentre altri attori madrelingua parlavano al loro posto. I registi, però, volevano che almeno gli attori principali (7) recitassero (recitare) in tutte le lingue e che (8) leggessero (leggere) la trascrizione fonetica delle parole su dei cartelli posizionati dietro le videocamere! Ti immagini? È un peccato che molte di queste versioni in italiano (9) siano andate perdute (andare perdute): sarebbe divertente guardarle oggi! Spero che tu (10) venga (venire) mercoledì prossimo, perché ne vale davvero la pena!
> Un saluto, Paolo.

5 As an expansion, have pairs of students add detail to the three sentences they find most interesting. Example: **Non pensavo che solo i personaggi italo-americani conservassero un accento regionale. Questo significa che Tony De Vito in italiano è sempre un siciliano!**

5

**Il doppiaggio** Leggete le frasi e commentatele usando il congiuntivo imperfetto.

Some answers will vary.

**Modello** **L'arte del doppiaggio richiede che i doppiatori parlino un italiano senza accenti regionali.**

**Non immaginavo che** i doppiatori parlassero senza accento.

1. È ormai accettato che solo i personaggi italo-americani conservino nel doppiaggio un accento regionale, solitamente siciliano.
   Non pensavo che solo i personaggi italo-americani conservassero un accento regionale.
2. Tutti concordano con il fatto che un buon doppiaggio debba rispettare il senso della frase originale e il movimento delle labbra dell'attore.
   Non avevo mai considerato il fatto che un buon doppiaggio dovesse rispettare il senso della frase e il movimento delle labbra dell'attore.
3. La sincronizzazione dei tempi richiede che la frase doppiata sia sempre un po' diversa da quella originale.
   Non credevo che la frase doppiata fosse sempre un po' diversa da quella originale.
4. Chi ama il doppiaggio pensa che i sottotitoli affatichino (*tire*) lo spettatore distraendolo dall'immagine.
   Non ho mai ritenuto che i sottotitoli affaticassero lo spettatore.
5. Pare che alcuni paesi dell'Est Europa preferiscano il «lettore», un attore che legge le battute degli attori, mentre le voci originali si possono sentire in sottofondo, a un volume più basso.
   Non avrei mai pensato che i paesi dell'Est Europa preferissero il lettore.
6. Si ritiene che l'Italia e la Germania abbiano la più lunga e migliore tradizione di doppiaggio.
   Non avrei mai detto che l'Italia e la Germania avessero la più lunga e migliore tradizione di doppiaggio.

### Nota CULTURALE

L'Italia è una delle nazioni che più utilizza il **doppiaggio**. I principali centri di doppiaggio si trovano a Roma, dove si doppia fin dal 1933, e, a partire dagli anni Settanta, a Milano. A volte un doppiatore segue un attore per tutta la sua carriera. Così, per gli italiani, Al Pacino, Sylvester Stallone, Dustin Hoffman, Robert De Niro e Peter Falk hanno tutti la voce di Ferruccio Amendola, che li ha doppiati in ogni loro film fino alla sua scomparsa. È probabile che anche questi attori si sentano intimamente legati alla figura di Ferruccio, e forse è per questo che hanno tutti partecipato ai suoi funerali, nel 2001.

Practice more at **vhlcentral.com**

# Comunicazione

**6** **I genitori sono tutti uguali!** Scrivi sei frasi spiegando cosa i tuoi genitori speravano che tu facessi o non facessi una volta iscritto/a all'università. Poi confronta le tue frasi con quelle del(la) tuo/a compagno/a e trova le similarità.

**Modello** I miei genitori speravano/volevano/desideravano che io avessi molti amici.

**7** **Riflettere** In coppia e a turno, completate le frasi con il tempo giusto del congiuntivo. Poi riflettete: avete avuto esperienze simili? Avete speranze diverse?

1. Da piccolo/a la sera, a letto, avevo paura che...
2. Quando giocavo con gli altri bambini non volevo che...
3. Ho sempre sperato che i miei amici...
4. Non avrei mai immaginato che in così pochi anni...
5. Mi piacerebbe che i ragazzi della mia età...
6. Non vorrei mai che i bambini di oggi...

**8** **Vacanze italiane** Ecco le foto delle vostre vacanze in Italia con alcuni amici. In coppia, descrivi ogni immagine con almeno due frasi, aiutandoti con le espressioni suggerite.

**Modello** È stato necessario che Riccardo bevesse anche il caffè di Emily per rimanere sveglio.

| | |
|---|---|
| È stato necessario che... | Io avevo paura che... |
| Gli amici volevano che... | Noi speravamo che... |
| Bisognava che... | Sembrava che... |

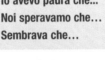

**9** **Situazioni di vita** Leggete le seguenti situazioni e provate a commentarle suggerendo una soluzione. Aiutatevi con le espressioni della lista.

| | | |
|---|---|---|
| Sarebbe stato/Sarebbe meglio che... | È bene/male che... | Pensiamo che... |
| È possibile/impossibile che... | È consigliabile che... | Pare che... |

1. Una sera Monica esce e, in un pub, trova Sandro, il ragazzo della sua amica Roberta. Non ci sarebbe niente di male, ma Monica ha appena parlato al telefono con Roberta, la quale le ha detto che Sandro è a casa con l'influenza!
2. È febbraio, fa freddo, ma Luigi è contento: oggi stesso parte per Santo Domingo! È all'aeroporto, in fila per il check in, quando improvvisamente si rende conto di aver scambiato la sua valigia con quella del fratello, partito per la Norvegia.

NATIONAL communication STANDARDS

**6** Ask volunteers to read the similarities they have found and write them on the board. Then see if the same wishes have been reported by other students.

**7** Ask students to add two sentences of their own.

**7** Ask students to share their answers and see how many students had the same hopes or fears.

**9** Give students additional situations:
**3. Anna e Paolo hanno appena cominciato a uscire insieme. Arriva ferragosto e Anna decide di non seguire la famiglia al mare per passare la giornata con il suo nuovo ragazzo. Paolo, invece, non si fa problemi e accetta con entusiasmo l'invito ad andare in montagna con alcuni amici, senza dire niente ad Anna.**
**4. Due anni fa Marco ha rifiutato un'offerta di lavoro da parte di una grande impresa italiana perché il responsabile dell'ufficio dove lavorava gli aveva offerto buone possibilità di carriera. Oggi però la situazione è cambiata: l'azienda dove Marco lavora è in crisi, lui rischia il licenziamento e sua moglie aspetta un bambino.**
**5. Giorgio è una persona molto previdente. Questa mattina deve fare un colloquio di lavoro, quindi si alza presto, si prepara ed esce con notevole anticipo da casa. Arrivato alla macchina, si accorge di avere pochissima benzina e che tutti i mezzi pubblici sono in sciopero fino alle tre del pomeriggio!**

INSTRUCTIONAL RESOURCES
Audioscripts, SAM AK, Lab MP3s, Grammar Presentation Slides
**SAM/WebSAM:** WB, LM

9.2

# Indefinite adjectives and pronouns

- Indefinite adjectives and pronouns are used to speak about unspecified people or things and to indicate general quantities. The English equivalents include *someone, something, no one, nothing, everyone, everything, whoever, whatever, none, some, a few, each, any, every,* and *all.* Some Italian indefinites function only as adjectives or only as pronouns, while others can function as both adjectives and pronouns.

**Indefinite Adjectives**

**Qualche** attore inizia la carriera in teatro.
*Some actors begin their careers in the theater.*

**Pochi** giornalisti lavoravano all'estero.
*Few journalists were working abroad.*

**Indefinite Pronouns**

**Alcuni** iniziano la carriera in teatro.
*Some begin their careers in the theater.*

**Pochi** lavoravano all'estero.
*Few were working abroad.*

## Indefinite Adjectives

- An indefinite adjective modifies a noun. Some indefinite adjectives are singular and invariable, even though a plural meaning may be implied. Other adjectives change according to the noun they modify.

| singular invariable | | singular variable | | plural | |
|---|---|---|---|---|---|
| ogni | *every, all* | tutto/a | *every, all* | alcuni/e | *some, a few* |
| qualche | *some, a few* | nessuno/a | *no, not any* | tutti/e | *every, all* |
| qualunque, qualsịasi | *any, whatever, whichever* | ciascuno/a | *each* | | |

**Qualunque** giornale leggeranno, gli studenti saranno aggiornati sulle notizie del mondo.
*Whatever newspaper they read, the students will be updated on world news.*

**Alcune** riviste pubblicano anche vignette.
*Some magazines also print cartoons.*

Non esiste **nessuna** radio libera qui.
*There is no independent radio station here.*

- Note that some indefinite words are synonymous. Remember, however, that the words **qualche** and **ogni** require singular forms, even if they indicate a plural meaning.

**qualche** + [*singular noun*] = **alcune** + [*plural noun*]
Compriamo **qualche** rivista. = Compriamo **alcune** riviste.
*Let's buy a few magazines.*

**ogni** + [*singular noun*] = **tutti** + [*plural noun*]
**Ogni** giornalista scrive bene. = **Tutti** i giornalisti scrivono bene.
*All journalists write well.*

- The form **alcuno/a** is used with the negative **non** to indicate *no* + [*noun*] + *whatsoever.*

**Non** pone **alcun** rischio alla salute.
*It poses no health risks whatsoever.*

**ATTENZIONE!**

Note that the words **nessuno**, **alcuno**, and **ciascuno** employ the same forms as the indefinite article (**un**, **un'**, **uno**, **una**).

**Non vi è nessun dubbio.**
*There is no doubt.*

**Si licenzia senza alcuna ragione?**
*She is resigning for no reason?*

**ATTENZIONE!**

The expressions **tutto questo** and **tutto quello** refer broadly to a concept or fact and correspond to *all this/all that/everything.*

**Hai capito tutto quello che ti ho detto?**
*Did you understand everything I told you?*

**ATTENZIONE!**

Remember that **qualche** is always singular and invariable, even though the English translation is plural.

**Guardo la TV solo qualche volta. Preferisco leggere.**
*I only watch TV once in a while. I prefer to read.*

**Abbiamo qualche domanda.**
*We have a few questions.*

**ATTENZIONE!**

Note that the adjective **tutto/a/i/e** requires the definite article (**il/lo/l'/la/i/gli/le**).

Non conosco **tutte le** usanze degli italiani.
*I am not familiar with all the customs of Italians.*

Non guardare la TV **tutto il** giorno!
*Don't watch TV all day!*

## Indefinite pronouns

*—Qualcuno pensa che sia un destino trovare l'anima gemella.*

- An indefinite pronoun replaces a noun and stands alone. Their forms are summarized below. Note that **tutto** and **niente** refer to things, while **tutti/e** and **nessuno** refer to people.

| **singular invariable** | | **singular variable** | | **plural** | |
|---|---|---|---|---|---|
| chiunque | *anyone, whoever* | qualcuno/a | *someone* | alcuni/e | *some, a few* |
| niente, nulla | *nothing* | ognuno/a | *everyone* | tutti/e | *everyone* |
| qualcosa | *something* | nessuno/a | *no one, not anyone* | | |
| tutto | *everything* | ciascuno/a | *each* | | |

**Niente** è impossibile.
*Nothing is impossible.*

**Nessuno** riesce a capire.
*No one is able to understand.*

**Chiunque** può venire al concerto. L'ingresso è libero.
*Anyone can come to the concert. Admission is free.*

I giornalisti lavorano tanto, **alcuni** anche la domenica.
*Journalists work a lot; some even (work) on Sundays.*

- **Qualcosa**, **nulla**, and **niente** are considered masculine singular. When used with an adjective, they are followed by **di**. When used with an infinitive, they are followed by **da**.

È successo **qualcosa**?
*Did something happen?*

Non è **cambiato niente**.
*Nothing has changed.*

Avete mangiato **qualcosa di buono**?
*Did you eat something good?*

Non hai trovato **niente da guardare** alla TV?
*You didn't find anything to watch on TV?*

## Indefinite adjectives and pronouns

- As you may have noticed from the above tables, several indefinite words can function as either an adjective or a pronoun. When a noun is stated, use the adjectival form and make it agree with the noun. To replace a noun, use the pronoun alone.

| indefinite word | adjective | pronoun |
|---|---|---|
| tutto/a/i/e | Vediamo **tutti i film**.<br>*We see all the films.* | **Tutti** sono interessanti.<br>*They're all interesting.* |
| alcuni/e | Guardo **alcune telenovele**.<br>*I watch some soap operas.* | Me ne piacciono **alcune**.<br>*I like some (of them).* |
| nessuno/a | Non ami **nessuno sport**?<br>*You don't like any sports?* | Non te ne piace **nessuno**?<br>*You don't like any (of them)?* |
| ciascuno/a | **Ciascun giornalista** scrive un articolo.<br>*Each journalist writes an article.* | **Ciascuno** scrive un articolo.<br>*Each one writes an article.* |

It may be helpful to play a game of *generalization* and *specification*. Provide students with a generic statement such as **Tutti gli studenti sono sportivi** and ask them to restrict the statement to **Alcuni studenti sono sportivi**. The same game can be played to isolate singular and plural forms. Provide a sentence utilizing an indefinite plural form. Ask students to provide a grammatically singular equivalent. For example, **Alcune riviste pubblicano interviste** can be changed to **Qualche rivista pubblica interviste**.

**RIMANDO**

To review negation, see **Strutture 6.2, pp. 212–213**.

**ATTENZIONE!**

Some indefinites may function as adverbs, and are invariable when they do so. These adverbs are **molto, parecchio, poco, tanto, troppo**.

**ATTENZIONE!**

Other words that act like the ones in the chart on the left are **altro**, **certo**, **diverso**, **molto**, **parecchio**, **poco**, **tanto**, **troppo**, and **vario**.

Abbiamo comprato **parecchi** DVD di Charlie Chaplin. (indefinite adjective)
*We bought a lot of Charlie Chaplin DVDs.*

**Parecchi** dimostrano il suo indiscutibile talento. (indefinite pronoun)
*Many (of them) reveal his indisputable talent.*

# Pratica

**1** Tell the students that on Halloween night, in 1938, Orson Welles starred in a radio adaptation of *The War of the Worlds*, by H.G. Wells on a CBS network. The broadcast caused panic but launched Welles' career.

**1** Have pairs of students write and perform a dialogue featuring an unusual news report. Tell them to use as many indefinite adjectives and pronouns as possible.

**1** **Strane notizie alla radio** Sonia e Paolo stanno ascoltando la radio ma, improvvisamente, il programma viene interrotto... Completa il dialogo con le parole della lista.

| | | | | | |
|---|---|---|---|---|---|
| alcune | nessun | niente | qualche | qualcuno | tutti |
| alcune | nessuna | niente | qualcosa | tutte | tutto |

**PRESENTATORE** Buona sera a (1) ___tutti___. Interrompiamo il nostro programma per dirvi che alle 19.40 il prof. Boschi dell'Università di Genova ha osservato (2) ___alcune___ esplosioni di gas incandescente che dal pianeta Marte si dirigono verso la Terra! Continuiamo ora con il nostro programma...

**SONIA** Hai sentito, Paolo? Speriamo che non sia (3) ___niente___ di serio! Forse dovremmo ascoltare (4) ___qualche___ giornale radio.

**PAOLO** Non intendo ascoltare (5) ___nessun___ giornale radio a quest'ora. Ho solo bisogno di rilassarmi. Vuoi (6) ___qualcosa___ da bere?

**SONIA** No, grazie, non voglio (7) ___niente___. Vorrei solo che (8) ___qualcuno___ mi dicesse cosa sta succedendo...

**PRESENTATORE** Scusateci ancora per l'interruzione, ma questa è un'emergenza. (9) ___Alcune___ persone ci hanno raccontato di un'astronave cilindrica che è appena atterrata nella campagna fuori Genova. (10) ___Tutte___ le abitazioni nei dintorni sono state evacuate. Vi preghiamo di rimanere nelle vostre case e di non uscire per (11) ___nessuna___ ragione!

**SONIA** Paolo! Che facciamo? Ci uccideranno!

**PAOLO** Sonia! Ma non hai ancora capito? È l'adattamento di *La Guerra dei Mondi*, il romanzo di H.G. Wells! Ma credi proprio a (12) ___tutto___!

**2** **Noi e i media** Sostituisci gli aggettivi indefiniti sottolineati con un pronome indefinito e fai le modifiche necessarie. Some answers will vary.

**Modello** **<u>Alcune persone</u> sono contrarie ad avere la televisione in casa.**
Alcuni sono contrari ad avere la televisione in casa.

1. <u>Molte persone</u> credono alle cose che sentono in televisione. Molti...
2. Non <u>tutte le cose</u> che sono scritte sui giornali sono vere. Non tutto quello che...
3. <u>Qualunque persona</u> vorrebbe andare in televisione per diventare famosa. Chiunque vorrebbe...
4. Quando guardo la televisione non voglio vedere <u>nessun programma</u> scandalistico. ...niente di scandalistico.
5. <u>Ogni telespettatore</u> vorrebbe incontrare il proprio attore preferito. Ognuno vorrebbe...

**3** **Le vacanze** Per le vacanze, un tuo amico vorrebbe andare a Savona, ma tu non sei d'accordo. Contraddici ogni sua affermazione usando un aggettivo o un pronome indefinito.

**Modello** **Ci sarebbe tanto da fare a Savona.**
Non, non ci sarebbe niente da fare a Savona.

1. Il 14 di agosto vanno tutti a Savona per vedere la «posa a mare dei lumini». No, il 14 di agosto nessuno va a Savona per vedere la posa a mare dei lumini.
2. Tutti gli esperti conoscono la grotta (*cave*) di Borgio Verezzi. No, nessun esperto conosce la grotta di Borgio Verezzi.
3. C'è molto da vedere all'interno della Fortezza del Priamar. No, non c'è niente da vedere all'interno della Fortezza del Priamar.
4. Ci sono vari spettacoli interessanti durante l'estate nella Riviera delle Palme. No, non c'è niente di interessante durante l'estate nella Riviera delle Palme.
5. Alcuni sentieri partono da Savona e si arrampicano sulle montagne della costa. No, nessun sentiero parte da Savona e si arrampica sulle montagne della costa.

## Nota CULTURALE

La città di **Savona** è situata nella **Riviera delle Palme**, che va dalla cittadina di Varazze fino ad Andora. A Savona, la notte prima di ferragosto, c'è la «posa a mare dei lumini»: al tramonto il mare è illuminato da migliaia di lumini galleggianti°. I fondali di Savona, ricchi di relitti° di navi antiche, sono oggi un interessante parco archeologico per gli amanti degli sport subacquei. **La Fortezza del Priamar** è la prigione che ha ospitato Giuseppe Mazzini, famoso patriota italiano che ha contribuito all'unificazione d'Italia nel diciannovesimo secolo.

**lumini galleggianti** *floating lights*
**relitti** *wrecks*

Practice more at **vhlcentral.com.**

# Comunicazione

4 **Si parte!** Che tipo di persona sei? Ti piace andare all'avventura o programmare tutto in anticipo? Preferisci rischiare a occhi chiusi o informarti bene prima di prendere una decisione? Rispondi alle domande, poi, con un(a) compagno/a, confrontate e discutete le vostre risposte.

1. **Prima di visitare un paese straniero...**
   - **a.** vado in biblioteca e studio tutta la storia del posto fin dalle origini.
   - **b.** raccolgo qualche informazione sommaria su Internet circa i vari aspetti del luogo: sociale, economico, storico e naturale.
   - **c.** non studio niente prima e lascio che tutto sia una sorpresa.
2. **Quando viene il momento di preparare le valigie...**
   - **a.** porto con me tutto quello di cui potrei avere bisogno, incluso il mangiare.
   - **b.** non metto in valigia niente che non sia indispensabile e mi adatto.
   - **c.** mi informo prima su dove poter comprare tutte le comodità a cui sono abituato/a.
3. **Quando arrivo in una città...**
   - **a.** ho già un itinerario dettagliato di tutti i posti che voglio vedere.
   - **b.** vado all'ufficio turistico e chiedo informazioni sul posto e qualche consiglio su cosa vedere.
   - **c.** comincio a camminare in qualsiasi direzione e mi faccio guidare dal caso.
4. **Mentre visito i vari luoghi...**
   - **a.** mi piace parlare con chiunque e per questo studio un po' la lingua prima di partire.
   - **b.** di solito non parlo con nessuno oltre ai miei compagni di viaggio.
   - **c.** vorrei parlare con qualcuno del posto, ma di solito non conosco la lingua.
5. **Quando sono in un ristorante...**
   - **a.** scelgo solo alcuni piatti specifici: quelli che conosco.
   - **b.** provo a ordinare qualunque piatto abbia un nome incomprensibile.
   - **c.** chiedo al cameriere di consigliarmi alcuni piatti tipici.

4 Ask students to provide one more question with three possible answers for their partner before they compare their answers with each other.

5 **Racconti di viaggio**

**A.** In coppia, preparate sei domande su alcune esperienze di viaggio usando le parole della lista come nel modello.

**Modello** Hai mai fatto qualcosa che non ti aspettavi di fare?

| | | |
|---|---|---|
| niente | qualcosa | tutti |
| qualche | qualcuno | tutto |

**B.** In gruppi di quattro, fatevi le domande e rispondete raccontando le vostre esperienze.

5 At the end of the conversation, have volunteers relate to the class some interesting answers they got from their partners.

6 **Cosa succede?** Riccardo e Emily sono in gita. Fanno e vedono cose molto divertenti. A un certo punto, succede qualcosa. Qualcosa di buffo, di strano, di tragico o di romantico? Decidetelo voi! Guardate le immagini e scrivete una storia usando almeno otto aggettivi o pronomi indefiniti.

6 Ask volunteers to read their story to the class, then students can decide which story has the most unexpected ending.

**INSTRUCTIONAL RESOURCES**
Audioscripts, SAM AK, Lab MP3s, Grammar Presentation Slides
**SAM/WebSAM:** WB, LM

**RIMANDO**

To review the verb tenses used in hypothetical statements, see

**The imperative, p. 138;**
**The future, p. 178;**
**The conditional, p. 208;**
**The imperfect subjunctive and the past perfect subjunctive, p. 332.**

**ATTENZIONE!**

Note that when the future is used in the **se** clause, the main clause is also often in the future. It is also permissible, however, to use the present tense in the main clause.

**Se registrerai il programma, lo guarderemo più tardi. (fut. + fut.)**
**Se registrerai il programma, lo guardiamo più tardi. (fut. + pres.)**
*If you record the program, we will watch it later.*

**ATTENZIONE!**

It is possible to reverse the order of the clauses in a hypothetical statement.

**I tuoi amici verrebbero alla festa se li invitassimo?**
*Would your friends come to the party if we invited them?*

## 9.3 Hypothetical statements

- Hypothetical statements enable us to state what might occur if something else happens. Hypothetical statements contain two parts: a subordinate clause introduced by **se** (*if*) that expresses a condition or possibility, and an independent clause that expresses the result.

  Se **vieni** a Roma la prossima settimana, **chiamami**!
  *If you come to Rome next week, call me!*

  Se **avessimo** tempo, **guarderemmo** tutte le puntate.
  *If we had the time, we would watch all the episodes.*

- Italian grammar allows for three types of **se** clauses, depending on an event's probability: (a) when the condition is likely or real, (b) when the condition is unlikely but possible, and (c) when the condition is impossible. The verb tense and mood convey these levels of probability.

**Hypothetical Statements**

| likely or real condition<br>*Se* + **indicative** | unlikely but possible condition<br>*Se* + **imperfect subjunctive** | impossible condition<br>*Se* + **past perfect subjunctive** |
|---|---|---|
| Se **leggi** il giornale, **ti tieni** aggiornato sulla politica.<br>*If you read the paper, you stay up to date on politics.* | Se **vivessi** in Italia, **capirei** meglio la politica del paese.<br>*If I lived in Italy, I would understand the country's politics better.* | Se **fossi nato** in Italia, **potrei** votare alle elezioni.<br>*If I had been born in Italy, I could vote in the elections.* |

- To state hypothetically what is possible or real, use the indicative in the **se** clause and the indicative or the imperative in the independent clause. Often the same mood and tense are used in both clauses, but other combinations are possible.

| **Tense combination**<br>***Se* clause, main clause** | **Examples** |
|---|---|
| **presente** + **presente** | Se **parli** lentamente, **capisco** meglio.<br>*If you speak slowly, I understand better.* |
| **passato prossimo** + **presente** | Se **hai** già **letto** il libro, me lo **puoi** prestare?<br>*If you have finished reading the book, can you loan it to me?* |
| **passato prossimo** + **imperativo** | Se **avete guardato** il DVD, **riportatelo** in biblioteca.<br>*If you have watched the DVD, bring it back to the library.* |
| **passato prossimo** + **futuro** | Se non **ha** ancora **finito** l'articolo, lo **finirà** presto.<br>*If she hasn't finished the article yet, she will finish it soon.* |
| **passato prossimo** + **imperfetto** | Se **hanno mangiato** tutto, **avevano** molta fame.<br>*If they ate everything, they were very hungry.* |
| **futuro** + **futuro** | Se **avrai** voglia, **potrai** venire a trovarmi.<br>*If you want to, you'll be able to visit me.* |
| **imperfetto** + **imperfetto** | Se **andavo** al cinema, **guardavo** solo film comici.<br>*If I went to the movies, I only watched comedies.* |

- Only in the case of *likely* or *real* hypothetical statements, you may note that a synonymous meaning could be derived by substituting **quando** for **se**.

  **Se** avrò i soldi comprerò una macchina sportiva.
  *If I have the money, I will buy a sports car.*

  **Quando** avrò i soldi comprerò una macchina sportiva.
  *When I have the money, I will buy a sports car.*

- To state hypothetically what may be unlikely but possible, use the imperfect subjunctive in the **se** clause, and the present or past conditional in the result clause.

  Se **credessero** all'oroscopo, lo **leggerebbero** ogni giorno.
  *If they believed in the horoscope, they would read it every day.*

  Se mi **informassi**, **avrei capito** meglio la conferenza stampa.
  *If I kept myself informed, I would have understood the press conference better.*

**ATTENZIONE!**

Remember to use the conditional mood only in the main clause, never in the **se** clause.

**Se avesse più soldi, Claudio comprerebbe una casa al mare.**
*If he had more money, Claudio would buy a house by the sea.*

*Se Andrea **avesse** il numero di Lisa le **potrebbe** telefonare.*

Provide students with a **se** clause and ask them to complete the statement logically. Move from likely to possible to impossible situations.
**Se capite gli esempi...**
**Se finiremo tutti gli esercizi...**
**Se avessimo più tempo...**
**Se ci fosse lezione anche la domenica...**

- To state a hypothesis about the past, a condition that could not change or is contrary to fact, use the **past perfect subjunctive** in the **se** clause, and the present or past conditional in the result clause. The conditional present expresses the potential current outcome if something in the past had occurred.

  Se **avesse letto** il libro, **capirebbe** meglio il film.
  *If he had read the book, he would understand the film better.* (**now** – conditional present)

  Se **avesse letto** il libro, gli **sarebbe piaciuto**.
  *If he had read the book, he would have liked it.* (**then** – past conditional)

**ATTENZIONE!**

Occasionally, in spoken Italian, you may notice that the word **se** is omitted.

**Certo, avessi tempo, rileggerei quel libro!**
*Sure, if I had the time, I would reread that book!*

Se **avessi studiato** di più, adesso non **avrei** problemi a scuola!

# Pratica

1 Have volunteers read their answers to the class and explain their choices.

1 Ask students to add two more lines to the dialogues using two **se** clause construction with the indicative.

**Nota CULTURALE**

La **mimosa** è il fiore simbolo della festa della donna, che in Italia si celebra l'8 marzo. La Liguria con il suo clima temperato favorisce la fioritura della mimosa. Per non far passare inosservata la fioritura di un fiore così simbolico, la prima domenica di febbraio si festeggia a Pieve Ligure l'inizio della primavera con la Festa della Mimosa.

2 Ask the students to provide two more questions for their partners.

**1** **La festa della mimosa** Luisa invita Miriam alla Festa della Mimosa, a Pieve Ligure. Completa il dialogo inserendo la forma corretta del verbo nel tempo indicativo.

**LUISA** Ciao Miriam! Vieni anche tu oggi alla Festa della Mimosa?

**MIRIAM** Dipende, se (1) trovo/troverò (trovare) chi mi accompagna, vengo volentieri.

**LUISA** Se prendi la macchina, (2) ricordati (ricordarsi) che il centro è chiuso al traffico per tutta la giornata.

**MIRIAM** Potrei venire in treno, ma la stazione è lontana.

**LUISA** Se vieni in treno, (3) puoi/potrai (potere) prendere la navetta (*shuttle bus*) alla stazione e arrivare in centro.

**MIRIAM** A che ora comincia la festa?

**LUISA** Il prete benedirà le mimose a mezzogiorno, se tutto (4) procede/procederà (procedere) secondo il programma.

**MIRIAM** Sinceramente, mi interessa di più l'aspetto folcloristico...

**LUISA** Allora vieni il pomeriggio! Se (5) prendi/prenderai (prendere) il treno subito dopo pranzo, farai in tempo a vedere la sfilata (*parade*) dei carri e dei quadri fioriti.

**MIRIAM** Bene! Invito anche Luca! Se (6) avrà finito (finire) gli esami, forse vorrà rilassarsi un po'...

**LUISA** Va bene. Se arrivi prima, (7) chiamami (chiamarmi). Possiamo mangiare insieme agli stand gastronomici. Ciao!

**2** **Pro o contro?**

**A.** Sei pro o contro il modo in cui i mezzi di comunicazione di massa vengono usati? Completate il questionario usando il condizionale semplice nella prima opzione e quello composto nella seconda.

1. **Se Internet non esistesse...**
   a. le persone si sentirebbero (sentirsi) più sole.
   b. i rapporti interpersonali sarebbero rimasti (rimanere) come una volta: umani e non virtuali!
2. **Se la televisione trasmettesse più programmi educativi...**
   a. il livello della cultura si alzerebbe (alzarsi).
   b. la maggior parte dei telespettatori si sarebbe lamentata (lamentarsi) già da tempo.
3. **Se la televisione non esistesse...**
   a. le persone leggerebbero (leggere) di più.
   b. la popolazione sarebbe stata esclusa (essere esclusa) dall'informazione.
4. **Se tu avessi un'antenna parabolica...**
   a. la useresti (usare) per guardare canali stranieri e familiarizzarti con nuove lingue.
   b. avresti trovato (trovare) già il tuo canale preferito per guardare solo quello!
5. **Se i giornali e le riviste fossero tutte on-line...**
   a. risparmierebbero (risparmiare —*to save*) molta carta.
   b. tutti noi avremmo perso (perdere) ormai il gusto di leggere il giornale al bar, sul treno o con gli amici.
6. **Se non esistesse il doppiaggio...**
   a. sarebbe (essere) più facile imparare altre lingue.
   b. i buoni film non sarebbero circolati (circolare) così diffusamente.

**B.** In coppia, rispondete al questionario discutendo sulle risposte.

Practice more at **vhlcentral.com.**

# Comunicazione

**3** **Consigli sulla TV** In coppia, parlate delle vostre reazioni in determinate circostanze. Completate le frasi suggerite, scegliendo con attenzione i modi e i tempi da usare.

**Modello** **...metto il volume al massimo.**
Se qualcuno mi disturba mentre guardo la TV, metto il volume al massimo.

1. Se io dovessi decidere dove mettere il televisore in casa...
2. Se qualcuno cambiasse canale mentre sto guardando un programma che mi interessa...
3. Se guardo la TV insieme a un'altra persona...
4. ...proverei a vivere senza.
5. ...uso i tappi per le orecchie (*earplugs*).
6. ...avrei comprato un televisore con le cuffie (*headphones*).

**4** **Cosa fareste voi?** Guardate le immagini e dite cosa fareste in queste circostanze. Siate creativi!

**Modello** Se io diventassi un'attrice famosa, chiederei a tutta la famiglia di guardare i miei film!

**1.**

**2.**

**3.**

**4.**

**5.**

**5** **Se fossi** Prova a immaginare come sarebbe la tua vita se tu fossi uno dei seguenti personaggi.

**Modello** **Scarlett Johansson**
Se fossi Scarlett Johansson, girerei un film in Italia...

- Robert De Niro
- Justin Timberlake
- Roberto Benigni
- Lindsay Lohan
- Mike Myers
- Leonardo Di Caprio

**6** **Rimpianti (*Regrets*)** Scrivi quattro frasi su alcune cose che avresti fatto diversamente la scorsa estate. Quindi spiega le tue frasi ai tuoi compagni, in gruppi di tre o quattro.

**Modello** Se avessi saputo quanto era difficile trovare lavoro, avrei cominciato prima a cercarne uno.

NATIONAL communication STANDARDS

**3** Ask students to add three sentences about how different people behave when they are watching TV or reading a book or newspaper.

**4** As a warm-up, have students look at the five illustrations and note vocabulary which they will use in their answers. Write useful words on the blackboard, such as: **vicini di casa**, **ascensore**, **coccodrillo**, **isola**, **squalo**.

**4** Sample answers:
**1. Se i miei vicini fossero rumorosi, andrei a chiedergli di essere più silenziosi.**
**2. Se io non potessi uscire dall'ascensore, andrei in panico.**
**3. Se il mio coinquilino venisse a casa con un coccodrillo, gli chiederei di portarlo allo zoo.**
**4. Se rimanessi solo su un'isola deserta, mi annoierei molto.**
**5. Se uno squalo mi seguisse, nuoterei più velocemente.**

**5** Write **Se io fossi** on the board and ask students to use the prompt to write sentences about other famous people, both contemporary and from the past.

NATIONAL STANDARDS comparisons

**INSTRUCTIONAL RESOURCES**
Audioscripts, SAM AK, Lab MP3s, Grammar Presentation Slides
**SAM/WebSAM:** WB, LM

**RIMANDO**

Previous presentations related to the subjunctive include the following.

The subjunctive: impersonal expressions; will and emotion, **Strutture 6.3, pp. 216–217**.

The subjunctive with expressions of doubt and conjunctions; the past subjunctive, **Strutture 7.3, pp. 258–259**.

## 9.4 Other uses of the subjunctive

- You have already learned to use the subjunctive mood in dependent clauses following expressions of opinion, doubt, will, and emotion. You will recall that the indicative mood, in contrast, conveys facts and other objective information.

- Italian also requires the use of the subjunctive in several other instances, in which the subjunctive is not triggered by a particular verb in an independent clause (such as **pensare che**, **dubitare che**, **sperare che**). Rather, it is required because of restrictive or limiting words (indefinites, negatives, and superlatives) that trigger its use in a relative clause.

- Use the subjunctive in relative clauses introduced by the indefinite words **qualunque** and **qualsiasi** (*whichever/whatever*), **chiunque** (*whoever*), **comunque** (*however*), and **dovunque** (*wherever*).

**Qualunque** cosa **succeda**, non dimenticarti di me!
*Whatever happens, don't forget me!*

Non rispondo al telefono, **chiunque chiami**.
*I'm not answering the phone, no matter who calls.*

**Comunque vadano** le cose, non disperare!
*However things go, don't despair!*

**Dovunque traslochiate**, vi verrò a trovare.
*No matter where you move, I will visit you.*

- Use the subjunctive in relative clauses that speak of something or someone that is unknown or does not yet exist. For example, the subjunctive is used after the indefinite article (**un**, **uno**, **un'**, **una**) + [*noun*] and after the indefinite pronouns **qualcuno** and **qualcosa**.

Dobbiamo trovare **un articolo** che **appoggi** le nostre idee.
*We need to find an article that supports our ideas.*

Conosci **qualcuno** che **possa** darci una mano?
*Do you know anyone who can give us a hand?*

- Use the subjunctive when speaking of someone or something unknown or nonexistent, for example, after the negative expressions (**non**)... **nulla/niente/nessuno**.

Di quel museo, non c'è **nulla** che mi **piaccia**.
*There is nothing about that museum that I like.*

Non conosciamo **nessuno** che **possa** aiutarci.
*We don't know anyone who can help us.*

**RIMANDO**

To review comparatives and superlatives, see **Strutture 7.1, pp. 248–249**.

- Use the subjunctive after the relative superlative (**il più... che**, **il meno... che**, **il migliore... che**, **il peggiore... che**).

*Novecento* è **il** film **più lungo** che io **abbia** mai **visto**!
1900 *is the longest film I have ever seen!*

- The subjunctive is often used after the restrictive adjectives **unico**, **solo**, **primo**, and **ultimo** in combination with the definite article.

*La Strada* è **l'unico** film di Fellini che **abbiate visto.**
La Strada *is the only film by Fellini that you have seen.*

I cartoni animati sono **i primi** programmi che io **abbia visto**.
*Cartoons are the first shows I watched.*

**ATTENZIONE!**

Note that the word order in sentences containing a relative superlative can vary. Remember also that the forms of some adjectives (such as **bello** and **buono**) change depending on their position in the sentence.

**Il Pantheon è l'edificio più bello che esista.**
**Il Pantheon è il più bell'edificio che esista.**
*The Pantheon is the most beautiful building there is.*

# Pratica e comunicazione

1 **Al Genova Comics** Jennifer, studentessa americana in Italia, incontra per la prima volta Paolo al Genova Comics: forse può consigliarle quale fumetto comprare per suo fratello... Completa la conversazione inserendo i verbi al congiuntivo o all'indicativo.

**JENNIFER** Ciao! Puoi aiutarmi, per favore? Cerco un fumetto per mio fratello... qualcosa di tipicamente italiano, ma fuori dagli stereotipi. Puoi consigliarmi qualcosa?

**PAOLO** Diabolik, senza dubbio! Ovunque tu (1) ___vada___ (andare), il suo stand è sempre pieno di gente: significa che è il più amato!

**JENNIFER** Diabolik... non lo conosco, ma chiunque lui (2) ___sia___ (essere), ha un nome davvero inquietante!

**PAOLO** Diabolik è «il re del terrore»! Non c'è nessuno in Italia che non lo (3) ___conosca___ (conoscere).

**JENNIFER** Cosa fa nella vita questo... Diabolik?

**PAOLO** Il ladro. Chiunque (4) ___abbia___ (avere) denaro o (5) ___nasconda___ (nascondere) gioielli è una sua possibile vittima.

**JENNIFER** Una specie di Robin Hood moderno!

**PAOLO** Non proprio... Diabolik non dà niente ai poveri. Tiene per sé tutto quello che (6) ___ruba___ (rubare).

**JENNIFER** E tu sei d'accordo con tutto quello che lui (7) ___fa___ (fare)?

**PAOLO** Certo che no! Ma Diabolik è un personaggio assolutamente innovativo per i suoi tempi! La sua amante, Eva Kant, è una donna forte, astuta (*smart*) e sempre fedele. Chiunque (8) ___dica___ (dire) di essere un fan di Diabolik, in realtà è un fan di Eva Kant.

2 **Confronti** Confronta i tuoi gusti con quelli di un(a) compagno/a usando il congiuntivo presente o passato come nell'esempio.

**Modello** **Il miglior film**
«Gli Intoccabili» è il miglior film che io abbia mai visto.

1. la rivista più interessante
2. il fumetto più divertente
3. il cartone animato più comico
4. il programma meno commerciale
5. il personaggio più misterioso
6. il giornalista più polemico
7. il peggior telefilm
8. l'opinionista più critico

3 **Quest'anno a Ferragosto** Guardate le immagini e scegliete come passare Ferragosto quest'anno. Quindi scrivete almeno due frasi al superlativo per ogni immagine, spiegando perché l'avete o non l'avete scelta. Aiutatevi con le parole della lista.

**Modello** Non farò più trekking perché è la cosa meno entusiasmante che io abbia mai fatto.

1 Ask pairs of students to write a similar dialogue about the main character of a cartoon strip they like and then read it to the class. While reading, the name of the character could be omitted so that the rest of the class guesses who he/she is.

### Nota CULTURALE

**Genova Comics** è il festival internazionale che ogni anno propone fumetti e musica di ogni epoca, formato e genere. Al festival, un posto speciale è occupato dalle edizioni di *Diabolik, il «re del terrore»*, inventato nel 1962 dalle sorelle Giussani in formato tascabile° per i pendolari° che ogni giorno prendevano il treno per andare al lavoro. Figura decisamente controversa, Diabolik non era certo un esempio morale, mentre la sua amante, Eva Kant, era l'opposto dello stereotipo della donna remissiva propagandato da stampa e televisione fin ad allora. Inizialmente attaccato dalla critica, Diabolik vanta oggi un fan club molto numeroso per la bellezza dei disegni, il fascino dei personaggi e la storia d'amore assolutamente sincera ed onesta fra il protagonista ed Eva.

**formato tascabile** *pocket format*
**pendolari** *commuters*

2 Have students share their answers with the class and make lists on the blackboard showing the most interesting magazines, the most amusing comic strips, etc.

Practice more at **vhlcentral.com.**

# Sintesi

1 **Parliamo** In piccoli gruppi, esaminate il sondaggio e discutete degli argomenti proposti dalle domande.

**Comunicato stampa del Censis sull'accesso alle fonti di informazione da parte degli italiani nel 2013.**

- Telegiornali: 86.5%
- Motori di ricerca/aggregatori di notizie: 46,4%
- Canali televisivi «all news»: 35,3%
- YouTube: 25,9%
- Quotidiani online: 20%
- Twitter: 6,3%

**fonte: www.censis.it/**

1. Qual è il mezzo di informazione più usato dagli italiani? Pensi che sia una fonte valida oppure no? Perché?
2. Quale pensi sia il futuro della stampa?
3. Tra i mezzi di informazione elencati, qual è il migliore che tu possa consigliare a un(a) amico/a?
4. Secondo te, qual è il mezzo d'informazione più diffuso tra i giovani?

**Strategie per la comunicazione**

**Espressioni utili...**

**...per esprimere le proprie opinioni:**

Secondo me/i sondaggi... (+ indicativo)

Personalmente penso/credo/ritengo che... (+ congiuntivo)

Sono assolutamente contrario/a a...

Sono d'accordo con...

**...per esprimere punti di vista diversi:**

Da un lato..., dall'altro...

Sono d'accordo con..., tuttavia...

Anche se... (+ indicativo)

Nonostante... (+ congiuntivo)

**...per indicare i risultati di un sondaggio:**

La maggior parte di... (+ verbo al singolare)

La maggioranza/minoranza di...

2 It may be useful to do a brainstorming activity first to review the vocabulary studied in **Lezione 6**. Point out how the media might also influence the attitude toward emerging situations, such as an increase in immigration.

2 **Scriviamo** Scegli un argomento tra i due proposti e scrivi una breve composizione.

- Descrivi il tuo rapporto con la televisione. La usi? Come? Quando? Quanto? Trovi che sia giusto parlare di un «uso buono» e un «uso cattivo» della televisione, o pensi che questo sia un atteggiamento moralistico che limita la libertà dell'individuo?

- Descrivi come, in un paese ideale, i cittadini risponderebbero alle domande del sondaggio. Avrebbero un atteggiamento (*attitude*) diverso nei confronti dei mezzi di informazione? Perché? Come si potrebbe creare una società con un maggiore spirito critico? Se tu avessi la possibilità di pianificare la programmazione televisiva del tuo paese, come la strutturereresti?

- Descrivi come accedono alle fonti di informazione i tuoi coetanei. Pensi che la tua sia una generazione ben informata? Perché sì o no? Quali sono i vantaggi e gli svantaggi secondo te delle fonti di informazione in tempo reale?

# Preparazione

Audio: Vocabulary

National Standards: connections, cultures

| Vocabolario della lettura | Vocabolario utile |
|---|---|
| **il capolavoro** *masterpiece* | **il critico (cinematografico)** *(film) critic* |
| **il/la cineasta** *filmmaker* | **giallo** *mystery* |
| **il copione** *script* | **premiato/a** *award-winning* |
| **il culmine** *height* (fig.) | **la rassegna** *festival* |
| **girare** *to film* | **la recensione** *review* |
| **onirico/a** *dream-like* | **rosa** *romance* |
| **il/la regista** *director* | **sperimentale** *experimental* |
| **la sceneggiatura** *screenplay* | |
| **il volto** *face* | |

Review other relevant film vocabulary from the beginning of the lesson as needed for class discussion.

Ask students if they know how a **commedia all'italiana** differs from other comedies. Use examples and video clips from films such as Pietro Germi's **Divorzio all'italiana** (for which the term was coined) and others to illustrate this particular genre and its ties to **neorealismo**. In the same vein, encourage a discussion on the differences and similarities between Hollywood westerns and Italian spaghetti westerns. You might also wish to explain how colors came to describe genres in Italian literature and cinema.

**1 Significati** Collega le parole con le loro definizioni.

| | | |
|---|---|---|
| c | 1. capolavoro | a. copia del testo di un'opera drammatica |
| e | 2. cineasta | b. filmare |
| a | 3. copione | c. opera più importante |
| b | 4. girare | d. testo teatrale o cinematografico |
| f | 5. volto | e. professionista del cinema |
| d | 6. sceneggiatura | f. faccia |

**2 Generi**

**A.** In coppia, inserite dei titoli di film in ogni categoria.

- Film d'azione/Thriller
- Commedia
- Film neorealista
- Film giallo (storie poliziesche, di detective, misteriose)
- Film rosa (storie d'amore)
- Film dell'orrore
- Western
- Commedia all'italiana
- Spaghetti western

**B.** Confrontate le vostre risposte con quelle di un'altra coppia.

**3 Gusti** In coppia, rispondete alle domande.

1. Vai spesso al cinema?
2. Quale genere di film preferisci? Quale non andresti mai a vedere? Perché?
3. Quali attori hanno vinto il premio Oscar quest'anno? Secondo te, se lo meritavano o no?
4. Quando vai al cinema vedi spesso film stranieri? Preferisci i film doppiati o quelli con i sottotitoli? Perché?
5. Cosa ti viene in mente quando pensi al cinema italiano? Quali film, attori, registi, produttori italiani conosci?
6. Hai mai visto un film di Federico Fellini? Quale? Cosa ne pensi?

### Nota CULTURALE

Il movimento **neorealista** è nato durante la seconda guerra mondiale con la resistenza antifascista ed è continuato durante gli anni '50. È un periodo durante il quale gli intellettuali italiani cercavano un nuovo modo di descrivere il mondo con un forte senso di impegno sociale e politico. Nel cinema, i creatori del neorealismo sono registi che usavano attori non professionisti e narravano storie di vita quotidiana: i più celebri sono **Roberto Rossellini, Luchino Visconti, Michelangelo Antonioni** e **Vittorio de Sica**.

# Federico Fellini

## IL 'MAESTRO' DEI SOGNI

S Reading

In quarant'anni di carriera—dal 1950 al 1990—il regista Federico Fellini (1920–1993) ha girato ventiquattro film e cambiato il volto del cinema mondiale. Con il loro «realismo magico», i suoi film costituiscono per molti aspetti uno sviluppo del neorealismo italiano ma anche l'espressione di un immaginario profondamente unico, allo stesso tempo autobiografico e universale.

Il più conosciuto tra i registi italiani, vincitore di cinque Oscar e innumerevoli altri premi internazionali, da giovane aveva aspirazioni molto diverse: voleva fare il fumettista° e il giornalista e non immaginava che un giorno sarebbe diventato un celebre cineasta. Già dai tempi in cui era ancora studente al liceo, il giovane Federico aveva cominciato a pubblicare vignette satiriche su giornali e riviste.

*cartoonist*

Ad appena 19 anni, si è trasferito a Roma promettendo ai genitori di studiare giurisprudenza° all'università, ma iniziando invece a collaborare con giornali e con la principale rivista umoristica del tempo, il *Marc'Aurelio*, disegnando e scrivendo una serie di rubriche intitolate «Le storielle di Federico». A Roma ha cominciato anche a frequentare il mondo del teatro di varietà (chiamato anche l'avanspettacolo) e del cinema, ambiente in cui ha conosciuto personaggi e attori famosi che lo hanno incoraggiato a scrivere copioni e sceneggiature.

*law*

Nel 1945 il grande regista Roberto Rossellini lo ha invitato a scrivere con lui la sceneggiatura di *Roma città aperta* e, l'anno successivo, quella di *Paisà*. È l'inizio di una collaborazione storica e dell'entrata del giovane Fellini nel grande cinema. Il primo film di cui ha curato completamente la regia è *Lo sceicco bianco* del 1952, che però non è stato accolto bene né dal pubblico né dalla critica. Il successo e i premi però sono cominciati ad arrivare molto presto: già l'anno successivo il film *I vitelloni* ha vinto il Leone d'argento alla prestigiosa Mostra del cinema di Venezia. Nel 1942, mentre scriveva anche per la radio, Federico ha incontrato l'attrice Giulietta Masina, sua futura moglie e indimenticabile interprete dei film *La strada* (1956), *Giulietta degli spiriti* (1965) ed altri capolavori cinematografici felliniani.

La seconda fase del cinema del Fellini maturo ha continuato a ricevere applausi e premi, ma ha causato anche scandalo nella società italiana del tempo con film come *La dolce vita* (1960): una delle scene più controverse in cui l'attrice Anita Ekberg entra nella fontana di Trevi è oggi leggendaria. Ma il culmine del cinema felliniano è certamente il rivoluzionario *8 ½* (1963), la storia onirica e interiore di un regista, interpretato da Marcello Mastroianni (uno dei protagonisti preferiti di Fellini), sul set di un film che non finisce mai. Come il cinema di Fellini stesso, è un mondo in cui l'immaginazione permette la coesistenza di realtà in apparenza opposte, come tristezza e umorismo, personaggi insieme poetici e grotteschi, nostalgia e ironia. ■

## Il cinema contemporaneo in Italia

Dopo un periodo di crisi alla fine del Novecento, il cinema italiano del Duemila ha cominciato a riprendersi. I grandi registi contemporanei come Nanni Moretti, Matteo Garrone, Gianni Amelio e Marco Tullio Giordana e Paolo Sorrentino sono molto diversi tra di loro stilisticamente; i loro film trattano gli aspetti più complessi dell'Italia di oggi. Da vedere sono: *Lamerica* (Amelio 1994), *Caro Diario* (Moretti 1993), *Quando sei nato non puoi più nasconderti* (Giordana 2005), *Gomorra* (Garrone 2008) e *La grande bellezza* (Sorrentino 2013).

## Fellini dopo *8 ½*

Dopo il successo internazionale di *8 ½*, i film più ricordati di Fellini sono: *Roma* (1972), *Amarcord* (1973), *E la nave va* (1983) e *Ginger e Fred* (1986).

NATIONAL communication STANDARDS

# Analisi

1 **Analisi** Indica se queste affermazioni sono **vere** o **false**. Poi, in coppia, correggete le affermazioni false.

| Vero | Falso | |
|---|---|---|
| ☐ | ☑ | 1. Fellini ha inventato il neorealismo. |
| ☑ | ☐ | 2. I genitori di Fellini volevano che studiasse giurisprudenza. |
| ☑ | ☐ | 3. Prima di diventare regista Fellini voleva fare il giornalista. |
| ☑ | ☐ | 4. Fellini non ha mai lavorato per la radio. |
| ☑ | ☐ | 5. Roberto Rossellini è stato uno dei mentori di Fellini. |
| ☑ | ☐ | 6. Molti film di Fellini hanno degli elementi onirici. |

2 **Dibattito** In piccoli gruppi, rispondete alle domande.

1. Com'è il cinema di Hollywood paragonato a quello italiano?
2. Quali cineasti americani sono contemporanei di Fellini? Che tipo di cinema hanno creato? Il loro stile è cambiato con il passare degli anni o è rimasto simile?
3. Quali registi contemporanei parlano di problemi sociali?
4. Quali film recenti hanno causato dei dibattiti o degli scandali?
5. Vi piacciono i film fatti solo per divertire o cercate di vedere quelli che hanno un messaggio più complesso? Pensate che ci sia spazio per tutti e due i generi?

3 Ask students to consider collaborations from different genres, countries, etc. Some suggestions: Aerosmith and Run DMC; Merce Cunningham and John Cage; Eros Ramazzotti and Tina Turner; Andy Warhol and Jean-Michel Basquiat; Salvador Dalí and Luis Buñuel.

3 **Collaborazioni** Sappiamo che Fellini ha scritto delle sceneggiature per Rossellini e poi, una volta divenuto regista, ha spesso usato gli stessi attori, come Giulietta Masina e Marcello Mastroianni. Quali altre celebri collaborazioni tra artisti vi vengono in mente?

4 **Citazioni** Leggete e commentate queste celebri frasi di Fellini.

«Sono un artigiano che non ha niente da dire, ma sa come dirlo.»

«Sono un grande bugiardo.»

«Il cinema non ha bisogno della grande idea.»

«Faccio un film alla stessa maniera in cui vivo un sogno.»

- Pensate che Fellini non avesse davvero niente da dire?
- Che cosa intende, secondo voi, per «bugiardo»?
- Quali sono gli elementi di un film eccezionale? Che cos'è una «grande idea»?
- In che modo un film può essere come un sogno?
- Quali sono le qualità di un bravo regista? Perché?
- Che cosa costituisce una trama avvincente (*enthralling*)?
- Quale mezzo sceglieresti per raccontare la tua autobiografia? Un film o un romanzo?

5 **Scrittura** Scegli uno dei seguenti argomenti e scrivi una breve composizione.

- Proponi un'idea per un film a un produttore italiano. Qual è la storia principale? Dov'è ambientato? Perché avrà successo?
- Guarda un film di Fellini e scrivi una breve recensione. Descrivi i personaggi, racconta la trama e riassumi gli elementi che ti hanno sorpreso.

Practice more at vhlcentral.com.

# Preparazione

Audio: Vocabulary

connections cultures NATIONAL STANDARDS

## A proposito dell'autrice

La scrittrice **Natalia Ginzburg** (Palermo 1916–Roma 1991), nata Levi, è una delle figure più importanti della letteratura italiana del Novecento. Cresciuta a Torino, iniziò a scrivere da giovane. Per le leggi razziali contro gli ebrei (*Jews*), e per essere antifascisti, Natalia e il marito Leone Ginzburg passarono tre anni al confino (*exile*) in un piccolo paese dell'Abruzzo. Leone morì torturato in prigione a Roma nel 1944. Dopo la guerra Natalia continuò a dedicarsi alla letteratura e lavorò come redattrice (*editor in chief*) delle casa editrice Einaudi. Nel 1962 uscì la raccolta di saggi *Le piccole virtù* e nel 1963 vinse il premio Strega con *Lessico famigliare*, che ottenne un forte consenso di critica e di pubblico. Natalia si impegnò anche in attività politiche e sociali.

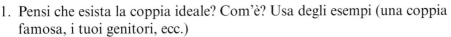

**Vocabolario della lettura**

**i baffi** *moustache*
**la carta topogrąfica** *city map*
**il golf** *sweater*
**infilarsi** *to slip on (clothing)*
**la multa** *traffic ticket*
**sdegnarsi** *to become indignant*
**lo sforzo** *effort*
**vagare** *to roam, to wander*

**Vocabolario utile**

**l'affinità di coppia** *compatibility*
**il cọniuge** *spouse*
**i gusti** *tastes, preferences*
**il rapporto** *relationship*

### Nota CULTURALE

Prima del regime fascista che Mussolini instaurò nel 1922, gli ebrei vivevano integrati con il resto della popolazione italiana. La comunità ebraica italiana (specialmente a Roma) era la più antica d'Europa. Nel 1938, dopo essersi alleato con la Germania di Hitler, il regime fascista introdusse le "leggi razziali", principalmente antisemite, che continuarono durante l'occupazione tedesca fino al 1944. Molti italiani erano contrari alla discriminazione verso i propri connazionali e cercarono di aiutarli: come ha scritto la studiosa ebrea tedesca Hannah Arendt: "L'Italia era uno dei pochi paesi d'Europa dove ogni misura antisemita era decisamente impopolare".

**1** **Definizioni** Trovate la definizione adatta per ogni parola.

| | | |
|---|---|---|
| e | 1. La carta topografica | a. avere idee e gusti simili |
| d | 2. Il coniuge | b. i peli sopra il labbro e intorno alla bocca |
| b | 3. I baffi | c. un maglione |
| f | 4. Uno sforzo | d. il marito o la moglie |
| a | 5. Affinità | e. un disegno con le vie di una città |
| c | 6. Un golf | f. un impiego di energia fisica o mentale |

**2** **Preparazione** Fatevi le seguenti domande a vicenda.

1. Pensi che esista la coppia ideale? Com'è? Usa degli esempi (una coppia famosa, i tuoi genitori, ecc.)
2. È importante avere una certa affinità di carattere e di gusti per andare d'accordo? Perché?
3. Quali attività non ti interessano ma ogni tanto devi fare con sforzo per far contenta un'altra persona (il/la tuo/a ragazzo/a, i tuoi amici o parenti)?
4. Hai mai litigato con qualcuno per differenze di gusti? Perché?

**2** Encourage students to share their responses with rest of the class.

**3** **Il matrimonio** Rispondete insieme alle seguenti domande.

1. Quali sono gli elementi fondamentali per una vita di coppia felice? Fate una lista.
2. Come si possono risolvere le differenze tra coniugi?
3. Con quale tipo di persona non potresti mai andare d'accordo? Perché no?
4. Secondo voi, è vero il detto che "gli opposti si attraggono"?

Practice more at **vhlcentral.com.**

NATALIA GINZBURG

# Lui e io

Tutt'e due amiamo il cinematografo; e siamo disposti a vedere, in qualsiasi momento della giornata, qualsiasi specie di film.

Audio: Dramatic Reading

Lui ha sempre caldo; io sempre freddo. D'estate, quando è veramente caldo, non fa che lamentarsi del gran caldo che ha. Si sdegna se vede che m'infilo, la sera, un golf.

Lui sa parlare bene alcune lingue; io non ne parlo bene nessuna. Lui riesce a parlare, in qualche suo modo, anche le lingue che non sa.

Lui ha un grande senso dell'orientamento; io nessuno. Nelle città straniere, dopo un giorno, lui si muove leggero come una farfalla°. Io mi sperdo nella mia propria città; devo chiedere indicazioni per ritornare alla mia propria casa. Lui odia chiedere indicazioni; quando andiamo per città sconosciute, in automobile, non vuole che chiediamo indicazioni e mi ordina di guardare la pianta topografica. Io non so guardare le piante topografiche, m'imbroglio° su quei cerchiolini° rossi, e si arrabbia.

*butterfly*
*I get confused*
*little circles*

Lui ama il teatro, la pittura, e la musica: soprattutto la musica. Io non capisco niente di musica, m'importa molto poco della pittura, e m'annoio a teatro. Amo e capisco una cosa sola al mondo, ed è la poesia.

Lui ama i musei, e io ci vado con sforzo, con uno spiacevole senso di dovere e fatica.

Lui ama le biblioteche, e io le odio.

Lui ama i viaggi, le città straniere e sconosciute, i ristoranti. Io resterei sempre a casa, non mi muoverei mai.

Lo seguo, tuttavia, in molti viaggi. Lo seguo nei musei, nelle chiese, all'opera. Lo seguo anche ai concerti, e mi addormento.

Siccome conosce dei direttori d'orchestra, dei cantanti, gli piace andare, dopo lo spettacolo, a congratularsi con loro. Lo seguo per i lunghi corridoi che portano ai camerini° dei cantanti, lo ascolto parlare con persone vestite da cardinali e da re.

*dressing rooms*

Non è timido; e io sono timida. Qualche volta, però, l'ho visto timido.

Coi poliziotti, quando s'avvicinano alla nostra macchina armati di taccuino° e matita.

*notepad*

Con quelli diventa timido, sentendosi in torto.

E anche non sentendosi in torto. Credo che nutra rispetto per l'autorità costituita.

Io, l'autorità costituita, la temo, e lui no. Lui ne ha rispetto. È diverso.

Io, se vedo un poliziotto avvicinarsi per darci la multa, penso subito che vorrà portarmi in prigione. Lui, alla prigione, non pensa; ma diventa, per rispetto, timido e gentile.

Per questo, per il suo rispetto verso l'autorità costituita, ci siamo, al tempo del processo Montesi, litigati fino al delirio.

Lui ama il teatro,
la pittura, e la musica.
Io non capisco niente di
musica, m'importa molto
poco della pittura,
e m'annoio a teatro.

A lui piacciono le tagliatelle, l'abbacchio°, le ciliege°, il vino rosso. A me piace il minestrone, il pancotto°, la frittata, gli erbaggi°.

*lamb roast*
*cherries*
*soup with bread*
*vegetables*

Suole° dirmi che non capisco niente, nelle cose da mangiare; e che sono come certi robusti fratacchioni°, che divorano zuppe di erbe nell'ombra dei loro conventi; e lui, lui è un raffinato, dal palato sensibile. Al ristorante, s'informa a lungo sui vini; se ne fa portare due o tre bottiglie, le osserva e riflette, carezzandosi la barba pian piano.

*He is in the habit of*
*fat friars*

In Inghilterra, vi sono certi ristoranti dove il cameriere usa questo piccolo cerimoniale: versare al cliente qualche dito di vino nel bicchiere, perché senta se è di suo gusto. Lui odiava questo piccolo cerimoniale; e ogni volta impediva al cameriere di compierlo, togliendogli di mano la bottiglia. Io lo rimproveravo, facendogli osservare che a ognuno dev'essere consentito° di assolvere alle proprie incombenze°.

*permitted* · *tasks*

Così, al cinematografo, non vuoi mai che la maschera° lo accompagni al posto. Gli dà subito la mancia, ma fugge in posti sempre diversi da quelli che la maschera, col lume, gli viene indicando.

*usher*

Al cinematografo, vuole stare vicinissimo allo schermo. Se andiamo con amici, e questi cercano, come la maggior parte della gente, un posto lontano dallo schermo, lui si rifugia, solo, in una delle prime file. Io ci vedo bene, indifferentemente, da vicino e da lontano; ma essendo con amici, resto insieme a loro, per gentilezza; e tuttavia soffro, perché può essere che lui, nel suo posto a due palmi dallo schermo°, siccome non mi son seduta al suo fianco, sia offeso con me.

*screen*

**Tutt'e due amiamo il cinematografo.**

Tutt'e due amiamo il cinematografo; e siamo disposti a vedere, in qualsiasi momento della giornata, qualsiasi specie di film. Ma lui conosce la storia del cinematografo in ogni minimo particolare; ricorda registi e attori, anche i più antichi, da gran tempo dimenticati e scomparsi; ed è pronto a fare chilometri per andare a cercare, nelle più lontane periferie, vecchissimi film del tempo del muto°, dove comparirà magari per pochi secondi un attore caro alle sue più remote memorie d'infanzia. Ricordo, a Londra, il pomeriggio d'una domenica; davano in un lontano sobborgo sui limiti della campagna un film sulla Rivoluzione francese, un film del '30, che lui aveva visto da bambino, e dove appariva per qualche attimo un'attrice famosa a quel tempo. Siamo andati in macchina alla ricerca di quella lontanissima strada; pioveva, c'era nebbia, abbiamo vagato ore e ore per sobborghi tutti uguali, tra schiere° grigie di piccole case, grondaie°, lampioni e cancelli°; avevo sulle ginocchia la pianta topografica, non riuscivo a leggerla e lui s'arrabbiava; infine, abbiamo trovato il cinematografo, ci siamo seduti in una sala del tutto deserta. Ma dopo un quarto d'ora, lui già voleva andar via, subito dopo la breve comparsa dell'attrice che gli stava a cuore; io invece volevo, dopo tanta strada, vedere come finiva il film. Non ricordo se sia prevalsa° la sua o la mia volontà; forse, la sua, e ce ne siamo andati dopo un quarto d'ora; anche perché era tardi, e benché fossimo usciti nel primo pomeriggio, ormai era venuta l'ora di cena. Ma pregandolo io di raccontarmi come si concludeva la storia, non ottenevo nessuna risposta che m'appagasse°; perché, lui diceva, la storia non aveva nessuna importanza, e la sola cosa che contava erano quei pochi istanti, il profilo, il gesto, i riccioli° di quell'attrice.

*silent movies* · *rows* · *gutters/gates* · *had prevailed* · *satisfied me* · *curls*

Io non mi ricordo mai i nomi degli attori; e siccome sono poco fisionomista, riconosco a volte con difficoltà anche i più famosi. Questo lo irrita moltissimo; gli chiedo chi sia quello o quell'altro, suscitando il suo sdegno; « non mi dirai — dice - non mi dirai che non hai riconosciuto William Holden! » Effettivamente, non ho riconosciuto William Holden.

E tuttavia, amo anch'io il cinematografo; ma pur andandoci da tanti anni, non ho saputo farmene una cultura. Lui se ne è fatto, invece, una cultura: si è fatto una cultura di tutto quello che ha attratto la sua curiosità; e io non ho saputo farmi una cultura di nulla, nemmeno delle cose che ho più amato nella mia vita: esse sono rimaste in me come immagini sparse, alimentando sì la mia vita di memorie e di commozione ma senza colmare° il vuoto, il deserto della mia cultura.

*fill*

[...]

Era, da ragazzo, bello, magro, esile°, non aveva allora la barba, ma lunghi e morbidi baffi; e rassomigliava all'attore

*slight*

Robert Donat. Era così quasi vent'anni fa, quando l'ho conosciuto; e portava, ricordo, certi camiciotti scozzesi, di flanella, eleganti. Mi ha accompagnato, ricordo, una sera, alla pensione dove allora abitavo; abbiamo camminato insieme per via Nazionale. Io mi sentivo già molto vecchia, carica di esperienza e d'errori; e lui mi sembrava un ragazzo, lontano da me mille secoli. Cosa ci siamo detti quella sera, per via Nazionale, non lo so ricordare; niente d'importante, suppongo; era lontana da me mille secoli l'idea che dovessimo diventare, un giorno, marito e moglie. Poi ci siamo persi di vista; e quando ci siamo di nuovo incontrati, non rassomigliava più a Robert Donat, ma piuttosto a Balzac. Quando ci siamo di nuovo incontrati, aveva sempre quei camiciotti scozzesi, ma ora sembravano, addosso a lui, indumenti° per una spedizione polare; aveva ora la barba, e in testa lo sbertucciato° cappelluccio di lana; e tutto in lui faceva pensare a una prossima partenza per il Polo Nord. Perché, pur avendo sempre tanto caldo, sovente usa vestirsi come se fosse circondato di neve, di ghiaccio e di orsi bianchi; o anche invece si veste come un piantatore di caffè nel Brasile; ma sempre si veste diverso da tutta l'altra gente.

*garments*

*crumpled*

Se gli ricordo quell'antica nostra passeggiata per via Nazionale, dice di ricordare, ma io so che mente° e non ricorda nulla; e io a volte mi chiedo se eravamo noi, quelle due persone, quasi vent'anni fa per via Nazionale; due persone che hanno conversato così gentilmente, urbanamente, nel solo che tramontava; che hanno parlato forse un po' di tutto, e di nulla; due amabili conversatori, due giovani intellettuali a passeggio; così giovani, così educati, così distratti, così disposti a dare l'uno dell'altra un giudizio distrattamente benevolo; così disposti a congedarsi° l'uno dall'altra per sempre, quel tramonto, a quell'angolo di strada. ■

*is lying*

*say goodbye*

**Era lontana da me mille secoli l'idea che dovessimo diventare, un giorno, marito e moglie.**

communication

## Analisi

### Nota CULTURALE

**Il processo Montesi**

Nel 1953 tutti i giornali parlavano della misteriosa morte di una giovane ragazza, Wilma Montesi, trovata su una spiaggia vicino a Roma. Il caso, le lunghe indagini° e il processo che seguì, crearono un grande fenomeno mediatico, che durò quattro anni, coinvolgendo° persone famose e figure politiche. Il mistero non è ancora stato risolto.

**indagini** *investigations*
**coinvolgendo** *involving*

1 Ask students to correct the false statements.

**1 Vero o falso?** Indica se le affermazioni sono **vere** o **false**.

| Vero | Falso | |
|---|---|---|
| ☑ | ☐ | 1. Lui ama le biblioteche, e lei le odia. |
| ☑ | ☐ | 2. Lei ama la poesia, ma non la musica. |
| ☐ | ☑ | 3. Lui si veste con abiti pesanti perché ha sempre freddo. |
| ☑ | ☐ | 4. Sia lui che lei si divertono ad andare al cinema. |
| ☐ | ☑ | 5. Quando era giovane lui era molto robusto e grasso. |
| ☐ | ☑ | 6. I due protagonisti sono sposati da vent'anni. |
| ☑ | ☐ | 7. Lui e lei hanno litigato a proposito del processo Montesi. |
| ☑ | ☐ | 8. A lui piace assaggiare il vino quando va nei risoranti. |

**2 Comprensione** Completa le frasi scegliendo la risposta giusta.

1. Quando lui e lei sono andati a Londra hanno cercato
   a. William Holden
   (b.) un cinema in un sobborgo
   c. un vino francese
2. Dopo i concerti lei lo accompagna
   (a.) nei camerini dei cantanti
   b. in biblioteca
   c. nella cantina del direttore d'orchestra
3. Al ristorante lui ordina
   a. minestrone e frittata
   b. zuppa e erbaggi
   (c.) abbacchio e vino rosso
4. Quando guida lui non vuole
   a. consultare la carta topografica
   (b.) chiedere indicazioni
   c. parlare con lei
5. Adesso lui si veste come
   (a.) un piantatore di caffè del Brasile
   b. un esploratore al Polo Nord
   c. un poliziotto
6. Quando vanno al cinema
   a. lei dorme
   b. lui si offende
   (c.) sono contenti tutti e due

3 Encourage students to share their responses with the rest of the class.

**3 Interpretazione** In coppia, rispondete alle seguenti domande.

1. Come pensate che sia il rapporto tra lui e lei? Perché?
2. Lui e lei vi ricordano un'altra coppia che conoscete? In che modo?
3. Qual è il tono usato dalla narratrice? Arrabbiato? Ironico? Dolce?
4. Cosa pensate che direbbe "lui" descrivendo "lei"?

**4** **Lui e lei** In coppia, abbinate gli aggettivi con il personaggio che descrivono.

| | LUI | LEI |
|---|---|---|
| timido/a | | |
| impaurito/a dall'autorità | | |
| distratto/a | | |
| intellettuale | | |
| socievole | | |
| informato/a sul mondo del cinema | | |
| paziente | | |

**4** Have students suggest additional adjectives that describe each of the two characters.

**5** **Discussione** In piccoli gruppi, rispondete alle seguenti domande.

1. Quali sono le differenze principali tra lui e lei?
2. Pensate che lui e lei abbiano delle cose in comune? Quali?
3. Credete che la narratrice dica sempre la verità o che usi anche una dose di ironia nelle sue descrizioni? Perché?
4. Che cosa hanno fatto lui e lei quando sono andati a Londra?
5. Quale è stato il litigio più serio tra i due protagonisti? Potete immaginare perché?
6. Secondo voi, perché lei segue lui a teatro, alle feste e ai concerti anche se non le piacciono per niente?

**5** The story *Lui e io* was originally published in 1962. Have students explore how relationships have changed since this story was written

**6** **Dialogo** In coppia, ricostruite il dialogo tra lui e lei che la narratrice non ricorda:

"Mi ha accompagnato, ricordo, una sera, alla pensione dove allora abitavo; abbiamo camminato insieme per via Nazionale. Io mi sentivo già molto vecchia, carica di esperienza e d'errori; e lui mi sembrava un ragazzo, lontano da me mille secoli. Cosa ci siamo detti quella sera, per via Nazionale, non lo so ricordare; niente d'importante, suppongo; era lontana da me mille secoli l'idea che dovessimo diventare, un giorno, marito e moglie".

LEI: ______________________________

LUI: ______________________________

**6** Ask pairs to perform their dialogues for the class.

**7** **Tema** Scegli uno dei seguenti argomenti e scrivi una breve composizione.

a. Scrivi un'e-mail al/la tuo/a compagno/a vero/a o ideale, illustrando i tuoi gusti, le tue attività preferite e quelle che pensi possano essere delle differenze tra di voi.

b. Come pensi che sarai tra vent'anni? Dove abiterai? Che lavoro farai? Sarai sposato/a? Immagina se e come cambierai con il passare del tempo.

Practice more at **vhlcentral.com.**

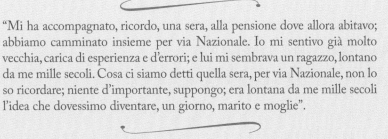

# Pratica

**Preparazione** Tell the students that breaches in logic can occur within sentences (as shown in the example of **2 Preparazione**) as well as between paragraphs. They should look carefully at transitions between their paragraphs to make sure that they flow logically from one to the next.

## Generalizzazioni e mancanza di continuità

Due problemi comuni nella stesura (*drafting*) di un saggio sono le generalizzazioni e la mancanza (*lack*) di continuità. Una generalizzazione non tiene in considerazione tutte le possibili eccezioni che il lettore potrebbe notare. La mancanza di continuità esiste quando mancano dei passaggi logici in quello che stiamo scrivendo. Per evitare questi problemi, leggi ogni paragrafo e ogni frase con queste domande in mente:

- **Quello che sto dicendo è vero in ogni caso?** Se noti delle eccezioni, devi prenderle in considerazione per non incorrere in un'altra generalizzazione.

- **Quello che ho scritto può essere considerato come un passaggio che segue logicamente il precedente?** Se la transizione non è chiara, si devono organizzare le idee in una sequenza logica per evitare la mancanza di continuità.

**1**

**Preparazione** Scrivi una frase che presenti una generalizzazione o un esempio di mancanza di continuità. Mostrala ad un(a) compagno/a e chiedigli/le di correggerla.

### Modello

**Generalizzazione: Guardare la televisione è una perdita di tempo.**

**Correzione:** Sebbene alcuni programmi siano informativi, la maggior parte presenta contenuti futili. Inoltre, passare troppo tempo davanti alla TV isola le persone ed è uno spreco (*waste*) di tempo che potrebbe essere utilizzato in maniera più produttiva.

**Mancanza di continuità: Alla fine abbiamo deciso di non comprare un computer da tavolo.**

**Correzione:** Volevamo comprare un computer da tavolo, ma i computer portatili non costano molto e, in realtà, non abbiamo abbastanza spazio per un computer da tavolo e tutti i suoi accessori.

- Il saggio deve far riferimento ad almeno due dei quattro brani studiati in questa lezione e nelle precedenti lezioni e contenuti in **Cortometraggio**, **Immagina**, **Cultura** e **Letteratura**.

- Revisiona il tuo saggio. Cerca esempi di generalizzazione o mancanza di continuità e fai le necessarie correzioni.

- Il saggio deve essere lungo almeno due pagine.

**2 Saggio** Preview some of the topics. Ask students how they get their information: TV, Internet, newspapers, etc., and how often. Ask them if they ever read or watch foreign mass media. How does foreign media compare to domestic media?

**2**

**Saggio** Scegli uno di questi argomenti e scrivi un saggio.

> I mezzi di comunicazione possono raccontarci la realtà in modo vero (notizie, documentari e reality show), oppure immaginario (letteratura, film e fiction). Secondo voi, realtà e immaginario possono mescolarsi e confondersi? L'immaginario può influenzare la realtà?

> Molti programmi alla TV, in particolare i reality show, sembrano voler stimolare il pettegolezzo e l'intromissione nella vita degli altri. Perché piacciono alle persone?

> La grande quantità di informazione aiuta a sviluppare un pensiero critico o inibisce la mente?

# Media e cultura

Vocabulary Tools

## Cinema, radio e televisione

**l'adattamento** *adaptation*
**i cartoni animati** *cartoons*
**la colonna sonora** *soundtrack*
**il documentario** *documentary*
**il doppiaggio** *dubbing*
**gli effetti speciali** *special effects*
**l'intervista** *interview*
**la puntata** *episode*
**lo schermo** *screen*
**il sottotitolo** *subtitle*
**la (stazione) radio** *radio (station)*
**la televisione satellitare** *satellite TV*
**la televisione via cavo** *cable TV*

**filmare** *to film*
**registrare** *to record*
**trasmettere** *to broadcast*
**uscire** *to be released*

## I media

**l'attualità** *current events*
**la censura** *censorship*
**il giornale radio** *radio news*
**la notizia** *news story*
**il notiziario** *news program*
**la pubblicità** *commercial; advertisement*
**il sondaggio** *opinion poll*
**il telegiornale** *TV news*

**essere aggiornato/a** *to be, up-to-date*
**informarsi** *to get/stay informed*

**in differita** *pre-recorded*
**in diretta** *live*
**influente** *influential*
**(im)parziale** *(im)partial; (un)biased*

## La gente dei media

**l'ascoltatore/ascoltatrice** *(radio) listener*
**l'attore/attrice** *actor/actress*
**il/la cronista** *reporter*
**l'editore/editrice** *publisher*
**il/la giornalista** *journalist*
**l'inviato/a speciale** *correspondent*
**il/la redattore/redattrice** *editor*
**il/la telespettatore/telespettatrice** *television viewer*

## La stampa

**il comunicato stampa** *press release*
**la cronaca (locale/sportiva)** *(local/sports) news*
**il fumetto** *comic strip*
**il giornale** *newspaper*
**la libertà di stampa** *freedom of the press*
**il mensile** *monthly magazine*
**l'oroscopo** *horoscope*
**la rivista** *magazine*
**la rubrica (di cultura e società)** *(lifestyle) section*
**il settimanale** *weekly magazine*
**la vignetta** *cartoon*

**fare un abbonamento** *to subscribe*

## La cultura popolare

**il carnevale** *carnival; Mardi Gras*
**Ferragosto** *August 15 (holiday); August vacation*
**i festeggiamenti** *festivities*
**il folclore** *folklore*
**la Pasquetta** *Easter Monday*
**il patrimonio culturale** *cultural heritage*
**il/la santo/a patrono/a** *patron saint*
**l'usanza** *custom*

**festeggiare** *to celebrate*

## Cortometraggio

**il calcetto** *foosball*
**il campo** *cellular reception, field*
**il colpo di fulmine** *lightning strike*
**l'elettricista** *electrician*
**la lavanderia** *dry cleaner*
**il prefisso** *area code*
**la probabilità** *probability*
**la tacca** *cellular reception bar*
**il telefonino** *cell phone*
**il temporale** *storm*

**bruciare** *to burn*
**capitare** *to happen*
**chattare** *to chat online*
**contare** *to be important*
**fare/comporre un numero** *to dial a number*
**squillare** *to ring*

## Cultura

**il capolavoro** *masterpiece*
**il/la cineasta** *filmmaker*
**il copione** *script*
**il critico (cinematografico)** *(film) critic*
**il culmine** *height (fig.)*
**la rassegna** *festival*
**la recensione** *review*
**il/la regista** *director*
**la sceneggiatura** *screenplay*
**il volto** *face*

**girare** *to film*

**giallo** *mystery*
**onirico/a** *dream-like*
**premiato/a** *award-winning*
**rosa** *romance*
**sperimentale** *experimental*

## Letteratura

**l'affinità di coppia** *compatibility*
**i baffi** *moustache*
**la carta topografica** *city map*
**il coniuge** *spouse*
**il golf** *sweater*
**i gusti** *tastes, preferences*
**la multa** *traffic ticket*
**il rapporto** *relationship*
**lo sforzo** *effort*

**infilarsi** *to slip on (clothing)*
**sdegnarsi** *to become indignant*
**vagare** *to roam, to wander*

LEZIONE 10

# Prospettive lavorative

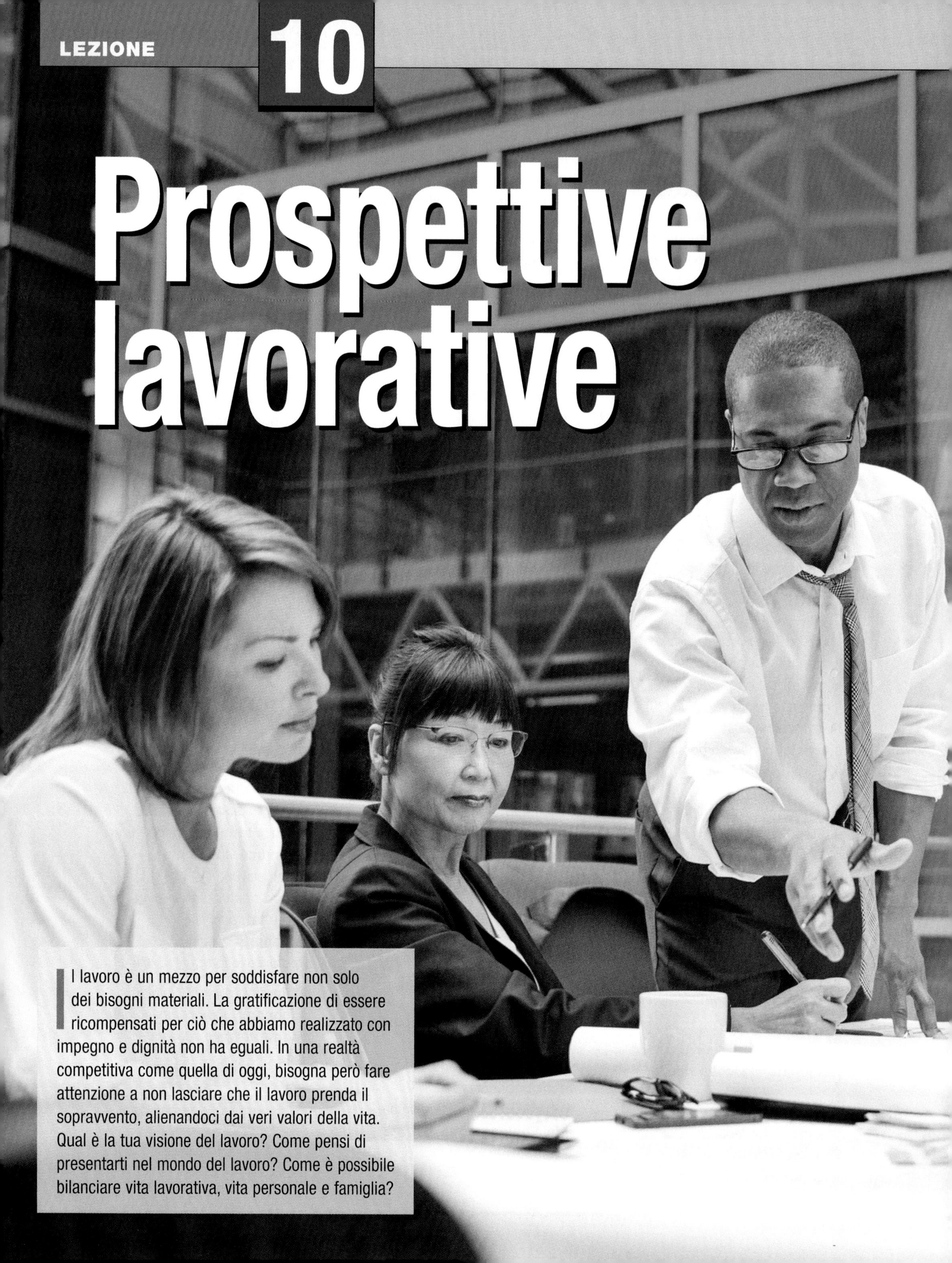

Il lavoro è un mezzo per soddisfare non solo dei bisogni materiali. La gratificazione di essere ricompensati per ciò che abbiamo realizzato con impegno e dignità non ha eguali. In una realtà competitiva come quella di oggi, bisogna però fare attenzione a non lasciare che il lavoro prenda il sopravvento, alienandoci dai veri valori della vita. Qual è la tua visione del lavoro? Come pensi di presentarti nel mondo del lavoro? Come è possibile bilanciare vita lavorativa, vita personale e famiglia?

366 **CORTOMETRAGGIO**
Cos'è più importante: la carriera o la pace familiare? Nel film *Rischio d'impresa* del regista **Francesco Brandi**, Marina deve prendere una decisione molto difficile.

372 **IMMAGINA**
Per gli amanti degli sport invernali, le regioni del **Nord-Ovest** d'Italia offrono possibilità infinite. In questa lezione salirete sulle cime (*peaks*) più alte d'Italia per poi scendere su piste coperte di soffice (*soft*) neve!

389 **CULTURA**
Già conoscete i nomi e le creazioni degli stilisti italiani. Ma sapete quando e come è nata **la moda italiana** e come è diventata uno dei settori più importanti dell'industria nazionale?

393 **LETTERATURA**
Nel racconto *L'avventura di due sposi* di **Italo Calvino**, marito e moglie fanno turni di lavoro diversi e il loro amore è fatto di incontri brevi ma intensi.

369

390


364 **PER COMINCIARE**

374 **STRUTTURE**

10.1 **Passive voice**

10.2 **Si passivante and si impersonale**

10.3 **Indirect discourse**

10.4 **Fare, lasciare, and verbs of perception followed by the infinitive**

401 **VOCABOLARIO**


**Destinazione:**
**LE ALPI**

**PREVIEW** Point to the photo in the lesson opener and ask students: **Come vi preparereste per un colloquio? Quale sarà la vostra strategia per cercare il primo lavoro dopo l'università?**

# Il lavoro e le finanze

Vocabulary Tools

## La ricerca di lavoro

**l'agenzịa di collocamento** *job agency*
**la carriera** *career*
**il colloquio di lavoro** *job interview*
**il currịculum (vitae)** *résumé*
**l'esperienza (professionale)** *(professional) experience*
**la formazione** *education; training*
**l'intervistatore/intervistatrice** *interviewer*
**il mestiere** *occupation; trade*
**il posto/la posizione** *job*
**le qualịfiche** *qualifications*

**lo/la stagista** *intern*

---

**fare domanda (per un lavoro)** *to apply (for a job)*
**impiegare** *to employ*

## La gente al lavoro

**il capo** *boss*
**il/la consulente** *consultant*
**il/la contạbile** *accountant*
**il direttore/la direttrice** *manager*
**il/la dirigente** *executive*

**l'impiegato/a** *employee*
**il/la proprietario/a** *owner*

**il/la segretario/a** *secretary*

## Al lavoro

**il/la collega** *colleague*

**la ditta/l'azienda** *company*
**le ferie** *holidays*
**il lavoro a orario normale/ridotto** *full-/part-time job*
**l'orario di lavoro** *work hours*
**la promozione** *promotion*
**lo sciọpero** *strike*
**il sindacato** *labor union*
**lo stipendio (mịnimo)** *(minimum) wage*
**l'ufficio** *office*

---

**andare in pensione** *to retire*
**guadagnare** *to earn*
**dare le dimissioni** *to quit*
**dirịgere** *to manage*
**fare lo straordinario** *to work overtime*

**licenziare** *to fire*

SINONIMI
dare le dimissioni ↔ dimettersi
il dirigente ↔ il responsabile
fare un prelievo ↔ prelevare ↔ ritirare denaro
fare un deposito ↔ depositare ↔ versare denaro
il bancomat ↔ lo sportello automatico
il lavoro a orario normale ↔ il lavoro a tempo pieno
il lavoro a orario ridotto ↔ il lavoro a tempo parziale/il lavoro part-time

Tell students that there are two ways to indicate what a person's job is. They can use **fare il/la** + *profession* or **essere** + *profession*. Example: **Faccio l'ingegnere/ Sono ingegnere.**

**INSTRUCTIONAL RESOURCES**
Audioscripts, SAM AK, Lab MP3s
**SAM/WebSAM:** WB, LM

## Le finanze

**la bancarotta** *bankruptcy*
**il bạncomat** *ATM*

**la borsa** *stock exchange*
**la carta di crẹdito** *credit card*
**la cifra** *figure, number*
**il conto (corrente)** *(checking) account*
**la crisi econọmica** *economic crisis*
**il dẹbito** *debt*
**il mercato immobiliare** *real estate market*

**il prẹstito** *loan*
**la recessione** *recession*
**la ricevuta/lo scontrino** *receipt*
**il risparmio** *savings*
**lo sportello** *window; counter*
**la tassa** *tax*
**il tasso (d'interesse)** *(interest) rate*

---

**approfittare** *to take advantage of*
**aprire/chiụdere un conto** *to open/ close an account*
**avere dei dẹbiti** *to be in debt*
**cambiare un assegno** *to cash a check*
**depositare/versare** *to deposit*
**fare un mụtuo** *to take out a mortgage*
**fare un prelievo/depọsito** *to make a withdrawal/deposit*
**investire** *to invest*
**risparmiare** *to save*

---

**a breve/lungo tẹrmine** *short-/long-term*
**finanziario/a** *financial*
**prọspero/a** *successful*

# Pratica e comunicazione

**1** **In banca** Alcune persone vanno in banca per vari motivi e l'impiegato dice loro dove andare e con chi parlare. Completa con le parole della lista.

| | | | |
|---|---|---|---|
| assegno | colloquio | direttore | prelievo |
| bancomat | depositare | fare un mutuo | prestito |

1. —Salve, ho risposto all'annuncio di lavoro, sono qui per il colloquio.
   —Prego, vada nell'ufficio del direttore.
2. —Scusi, devo ritirare dei soldi, ma non voglio fare la fila allo sportello.
   —Allora le consiglio di utilizzare il bancomat.
3. —Buongiorno, la mia fidanzata e io vogliamo comprare una casa, ma non abbiamo abbastanza soldi, quindi siamo venuti a fare un mutuo.
   —Per chiedere un prestito andate nell'ufficio in fondo al corridoio.
4. —Mi scusi, devo cambiare questo assegno, depositare la somma sul mio conto corrente e poi voglio fare un prelievo.
   —Non si preoccupi, può fare tutto allo sportello A.

**2** **I mestieri** Indovina che lavoro fanno queste persone. Ricorda di aggiungere l'articolo corrispondente.

1. Sono un professionista che dà informazioni e consigli alle persone su argomenti di mia competenza. il/la consulente
2. Tengo la contabilità dell'azienda in cui lavoro. il/la contabile
3. Sono il capo della ditta, decido io le strategie da seguire. il dirigente
4. Possiedo (*I own*) una ditta. il/la proprietario/a
5. Lavoro in ufficio, prendo gli appuntamenti per il capo, scrivo lettere ed e-mail e rispondo al telefono. il/la segretario/a

**3** **Colloquio** In coppia, parlate del lavoro dei vostri sogni rispondendo alle seguenti domande.

1. Qual è il lavoro dei tuoi sogni? Perché?
2. Dove vorresti lavorare e perché?
3. Che lavoro volevi fare quando eri più giovane? È lo stesso di oggi o hai cambiato idea?
4. Qual è il tuo orario di lavoro ideale?
5. Secondo te, qual è lo stipendio adeguato al lavoro che vuoi fare?
6. Quanti giorni di ferie deve avere chi svolge il lavoro che hai scelto?

**4** **Soluzioni** Marco e Stefania cercano lavoro per motivi diversi. In coppia, discutete dei seguenti problemi e poi date dei consigli per risolverli.

**Marco:** Dopo tanti anni di lavoro nella stessa ditta, a causa della crisi economica, sono stato licenziato. Mia moglie non lavora perché deve badare (*take care of*) ai nostri due figli; io devo pagare il mutuo e alla mia età è difficile trovare lavoro. Anche se ho molta esperienza, tutte le aziende preferiscono assumere un giovane.

**Stefania:** Finalmente mi sono laureata! È ora di mandare il mio curriculum all'agenzia di collocamento per cercare un lavoro. Io voglio trovare un lavoro adatto alle mie capacità, alla mia formazione e che mi faccia guadagnare tanto.

**1** Have pairs of students act out the mini-dialogues after they have completed them.

## Nota CULTURALE

Le banche italiane, le più antiche al mondo, si svilupparono tra il XV e il XVI secolo a Milano, Firenze, Venezia e Genova. Con la nascita della **lettera di cambio°** i ricchi mercanti non dovevano portare denaro contante con sé, con il rischio di essere derubati°. Le famiglie dei banchieri si arricchirono° così tanto da prestare soldi anche alle famiglie reali° europee, le quali, incapaci di ripagare i loro debiti, concedevano ai ricchi signori titoli nobiliari o terre. Fra le famiglie di banchieri più prestigiose c'erano i Medici di Firenze.

**lettera di cambio** *bill of exchange* **derubati** *robbed* **si arricchirono** *became rich* **reali** *royal*

**2** Have students come up with additional job descriptions to present to their classmates. They should then guess which profession is being described.

**3** Have students add questions of their own to the list.

**3** Have students summarize what they have learned about their partners and compare their results with other groups. Ask: **Ci sono studenti che hanno le stesse aspirazioni/ambizioni?**

**4** Before you begin the activity, brainstorm with the class types of advice students might give.

Practice more at **vhlcentral.com.**

NATIONAL STANDARDS connections cultures communication

**INSTRUCTIONAL RESOURCES**
Film Collection,
Script & Translation
**SAM/WebSAM:** WB

Point out that both **assumere** and **promuovere** have irregular past participles: **assunto** and **promosso**.

**SINONIMO**
il fioraio/il fiorista

# Preparazione

Audio: Vocabulary

**Vocabolario del cortometraggio**

**affidare** *to entrust*
**assụmere** *to hire*
**la direzione** *management*
**disoccupato/a** *unemployed*
**l'impegno** *commitment*
**rinunciare** *to give up*
**il/la socio/a** *(business) partner*

**Vocabolario utile**

**l'annuncio (di lavoro)** *(job) ad*
**la casalinga** *housewife*
**il fiorạio** *florist*
**gli occhiali da sole** *sunglasses*
**la piscina** *swimming pool*
**promuovere** *to promote*
**lo sguardo** *gaze*
**la società** *firm; society*

**ESPRESSIONI**

**ce la mettiamo tutta** *we'll do our best*
**peccato!** *what a shame!*
**pentirsi amaramente** *to bitterly regret*
**senz'altro** *surely*

1 **Il mondo del lavoro** Inserisci le parole più adatte.

1. Ieri, mentre leggevo gli __annunci__ di lavoro su Internet, ne ho visto uno molto interessante.
2. L'azienda sta crescendo e abbiamo deciso di __assumere__ molti nuovi impiegati.
3. Purtroppo sono __disoccupato/a__ e non lavoro da due mesi.
4. Oggi è il compleanno di una collega: sono andata dal __fioraio__ per comprarle un mazzo (*bunch*) di rose.
5. Per festeggiare l'inizio dell'estate siamo andati tutti a nuotare in __piscina__ dopo il lavoro.
6. Mia madre non ha mai lavorato fuori casa. Ha sempre fatto la __casalinga__.

2 Encourage students to browse other job postings at www.corriere.it. You might also ask them to respond to an ad by writing an application letter and preparing a résumé in Italian.

2 **Annunci** Leggete gli annunci e rispondete alle domande.

**Direttore di un negozio di cosmetici:** il/la candidato/a ideale deve avere esperienza nel settore e capacità organizzative del punto vendita. Indispensabile: passione per l'estetica e la cosmesi. In Toscana.

**Responsabile commerciale:** Società internazionale cerca esperta per lancio di campagne marketing. Si richiede: laurea in economia e commercio, disponibilità a viaggiare in Italia e all'estero.

**Agente immobiliare:** Agenzia esclusiva cerca agente esperto/a per vendita di castelli e ville. Richiediamo: conoscenza dell'inglese e del tedesco; alta professionalità; interesse per l'architettura.

- Quale annuncio ti sembra più interessante? Perché?
- Come risponderesti? Che altra documentazione manderesti?

3 **Professioni**

**A.** In coppia, completate la tabella. Quali sono le professioni tradizionalmente più diffuse (*widespread*) tra le donne? E tra gli uomini?

| Professione | Più donne | Più uomini |
|---|---|---|
| 1. | | |
| 2. | | |
| 3. | | |
| 4. | | |
| 5. | | |
| 6. | | |
| 7. | | |
| 8. | | |

**B.** Rispondete alle domande.

1. Secondo voi, per quali ragioni alcune professioni sono più «maschili» e altre più «femminili»?
2. Quali professioni state considerando per il vostro futuro? Perché?
3. Le vostre scelte sono tradizionali (come nella tabella) o no?
4. Pensate che la vostra vita professionale cambierà quando avrete dei figli? Perché sì o perché no?

4 **Al lavoro** In piccoli gruppi, rispondete alle domande.

1. Come hai trovato il tuo primo lavoro?
2. Hai mai cercato lavoro leggendo gli annunci?
3. Sei mai stato/a promosso/a?
4. Conosci qualcuno che è stato licenziato? Secondo te, le ragioni erano giuste o ingiuste?
5. Hai mai dato le dimissioni? Perché hai lasciato quel lavoro?
6. Qual è la decisione più difficile che tu abbia dovuto prendere riguardo al lavoro?

4 If some students have never had a job, ask these additional questions: **Vorresti lavorare d'estate? Vorresti lavorare mentre studi o preferiresti cominciare a lavorare dopo aver finito di studiare? I tuoi genitori hanno dovuto lavorare mentre studiavano?**

5 **Cosa succederà?** In coppia, guardate queste immagini e inventate delle possibili situazioni.

- Com'è il rapporto tra i personaggi?
- Qual è la storia?

Practice more at **vhlcentral.com.**

Video

RISCHIO
D'IMPRESA
Una produzione di NUVOLA FILM e CCIAA di Firenze
Scritto e Diretto da FRANCESCO BRANDI Fotografia MARCO ONORATO
Musica PAOLO VIVALDI Direttore di Produzione MATTEO RAFFAELLI
Montaggio MARCO SPOLETINI Scenografia GLORIA BRESCINI
Attori FIORENZA TESSARI/LORENZO GIOIELLI/OTTAVIA PICCOLO

**Trama** *Cosa succede quando in una coppia una persona viene promossa e l'altra licenziata? Quali sono i problemi che il lavoro può causare in famiglia?*

**DIRETTORE** Ho il piacevole compito di informarLa che, dopo attente valutazioni (e non poche discussioni) abbiamo deciso di affidare a Lei la direzione del settore marketing.

**MARINA** Che è successo?
**PAOLO** Mi hanno licenziato.
**MARINA** Ma se non ti hanno assunto neanche un anno fa?

**MARINA** Paolo, dobbiamo parlare di una cosa che è successa oggi.
**PAOLO** No, scusa, sono stanco. Possiamo parlarne in un altro momento?

**PAOLO** E tu che sei così brava non lo capisci? Sei un'egoista, ecco che cosa sei!

**DIRETTORE** Capisco. Va bene: Lei sa senz'altro cos'è meglio per la sua vita. Peccato!

**MARINA** Paolo!!!

## Nota CULTURALE

### La festa delle mamme che lavorano

Da diversi anni in Italia, durante il mese di maggio, si celebra la festa di tutte le lavoratrici che hanno dei figli. Promossa dal Ministero per le Pari Opportunità, la festa si celebra portando i bambini in ufficio, in ospedale, in tribunale e ovunque si trovi il posto di lavoro delle loro mamme. Il ministero si occupa anche di questioni che riguardano gli asili nido° e tutela° tutti i cittadini da discriminazioni e molestie sessuali.

**asili nido** *daycare centers* **tutela** *protects*

**TEACHING OPTION** Encourage students to explore the Ministry website at pariopportunita.gov.it. Have them discuss the pros and cons of its initiatives.

## Sullo SCHERMO

Indica se queste affermazioni sono **vere** o **false**.

V **1.** Marina telefona alla mamma.
V **2.** Marina ha due bambini.
F **3.** Marina è una casalinga.
V **4.** La mamma di Marina non è contenta che la figlia lavori.
F **5.** Paolo viene promosso.
F **6.** Paolo cucina per festeggiare la promozione.

NATIONAL communication STANDARDS

# Analisi

1 **Comprensione** Completa le frasi.

1. Marina ha __b__
2. Mentre guida, Marina __f__
3. Il direttore __d__
4. Paolo torna a casa e dice che __a__
5. I bambini di Marina __e__
6. Il direttore e suo marito __c__

a. è stato licenziato.
b. una bella notizia.
c. spiano Marina dalla macchina.
d. vuole promuovere Marina.
e. dormono dalla nonna.
f. parla al telefono con la mamma.

2 Ask students to share their statements with the rest of the class.

2 **A scelta** Trova l'affermazione corretta. Dopo aggiungine altre due e scambiale con un(a) compagno/a.

1. (a.) Il direttore si identifica con Marina.
   b. Il direttore è gelosa di Marina.
2. a. Paolo è stato licenziato per colpa sua.
   (b.) Paolo è stato licenziato perché era un nuovo assunto.
3. a. Paolo si arrabbia con Marina.
   (b.) Marina ha paura che Paolo si arrabbi con lei.
4. (a.) La baby-sitter è stanca perché i bambini piangono.
   b. La baby-sitter è un'irresponsabile.
5. (a.) Il direttore ha un lavoro e una famiglia.
   b. Il direttore ha un nuovo marito.
6. a. Alla fine Marina rinuncia alla promozione.
   (b.) Alla fine Marina accetta la promozione.
7. a. ______________________
   b. ______________________
8. a. ______________________
   b. ______________________

3 Encourage students to read their conversations out loud, with emotion.

3 **Dialogo** Immaginate la conversazione tra Marina e Paolo mentre passeggiano nel parco.

**MARINA** ______________________
______________________

**PAOLO** ______________________
______________________

**MARINA** ______________________

**PAOLO** ______________________

**MARINA** ______________________

**PAOLO** ______________________

**MARINA** ______________________

**PAOLO** ______________________

**MARINA** Sei sicuro?

**PAOLO** No, ma ce la metteremo tutta. E poi vedremo.

**TEACHING OPTION** To introduce the topics for discussion, ask students: **Com'è cambiato il ruolo delle donne nel XX secolo? E quello degli uomini? Quante famiglie conosci in cui il papà resta a casa con i bambini e la mamma lavora fuori casa? E quante in cui i genitori fanno a turno per occuparsi dei figli? Qual è il ruolo delle/dei baby-sitter e degli asili nido?**

4 **Punti di vista**

**A. In piccoli gruppi, discutete cosa vogliono dire i commenti dei personaggi.**

| | | | |
|---|---|---|---|
| **Mamma di Marina**: «O la mamma o la carriera. » | **Paolo:** «Voglio dormire per 12 ore e svegliarmi su un altro pianeta. » | **Marina**: «I miei problemi familiari sono molto gravi. » | **Il direttore**: «Il nostro peggior nemico siamo noi stessi. » |

**B. In piccoli gruppi, rispondete alle domande.**

- Siete d'accordo con alcune opinioni dei personaggi? Quali?
- Quali sono i commenti con i quali non siete d'accordo? Perché?

4 Poll the class about their opinions.

5 **Situazioni alternative** In coppia, pensate a cosa succederebbe se...

- Paolo avesse ricevuto la promozione e Marina fosse stata licenziata
- sia Paolo che Marina avessero ricevuto una promozione
- fossero stati licenziati tutti e due
- il direttore incontrasse la madre di Marina
- la baby-sitter lasciasse il lavoro

5 Remind students that **sia... che...** means *both... and...*

6 **Analisi** In coppia, rispondete alle domande.

1. Immaginate la vita di Paolo disoccupato. Come è cambiata la sua routine? Che cosa gli manca? Che cosa gli piace fare adesso che ha più tempo?
2. Quali aspetti della vita moderna mostra questo film? Pensate che abbia un messaggio particolare? Quale? (È stato prodotto dalla Camera di Commercio di Firenze.)
3. Come facevano i vostri nonni e i vostri genitori per bilanciare la vita personale e quella familiare? Pensate che la vostra vita sarà molto diversa dalla loro? In che modo?
4. Qual è il lavoro ideale per conciliare serenamente carriera e vita familiare? È giusto desiderare tutte e due?

7 **Scenette** In piccoli gruppi, improvvisate una conversazione basata su una di queste situazioni e poi recitatela davanti alla classe.

**A**

Come sarà la vita di Paolo e Marina tra due anni? Marina e sua madre ne parlano.

**B**

Ad un colloquio di lavoro due dirigenti parlano con una ragazza che si è appena laureata. All'inizio c'è molta tensione, ma poi i dirigenti le fanno una bellissima offerta.

7 **Scriviamo** Immagina di essere licenziato/a dopo molti anni di lavoro. Non hai più un lavoro, ma i tuoi datori di lavoro (*employers*) ti hanno dato una liquidazione (*severance pay*) molto alta. Che cosa faresti in questa situazione? Investiresti i soldi o li spenderesti? Come? Fonderesti una nuova azienda o compagnia? Di che tipo? Racconta cosa faresti in uno o due paragrafi.

Practice more at **vhlcentral.com.**

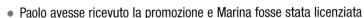

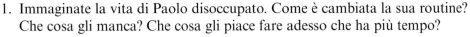

INSTRUCTIONAL RESOURCES: Teaching suggestions
SAM/WebSAM: WB

# IMMAGINA LE ALPI

Reading

## Sport ad alta quota

Tra le regioni del Nord-Ovest dell'Italia, la **Valle d'Aosta** e il **Piemonte** condividono° il paesaggio alpino, una storia comune e molte tradizioni. A queste due regioni possiamo aggiungere i territori della **Svizzera italiana** che comprende° **il Canton Ticino**, la valle **Mesolcina** del Cantone dei Grigioni e le valli **Bregaglia** e di **Poschiavo**. Queste regioni anche se appartengono alla Svizzera sono considerate «italiane» perché ancora oggi la popolazione parla la lingua italiana, oltre ad altre lingue nazionali.

Geograficamente sono tutte regioni montuose ed è qui che le Alpi toccano il cielo con le cime° più alte: il **Gran Paradiso**, il **Monte Bianco**, il **Cervino** e le vette° del **Monte Rosa** superano i 4000 metri di altezza. Ed è sui versanti° di questi massicci sempre coperti di neve che il turismo invernale si è sviluppato, soprattutto a partire dagli anni '50 del XX secolo, diventando uno dei punti di forza° dell'economia di queste regioni.

Le possibilità di divertirsi, sperimentare e godere della neve sono molteplici e si evolvono rapidamente: ai materiali più tecnologici e sicuri si uniscono tecniche nuove o riscoperte che permettono un contatto sempre più diretto tra l'uomo e la natura imbiancata° in località come **Sestriere**, **Bardonecchia**, **Cervinia** e **Courmayeur**.

Per gli amanti dello **sci alpino** e dello **sci di fondo**° classici, queste regioni offrono chilometri di piste° sempre ben innevate° e impianti moderni. Chi pratica l'alpinismo può scalare le maggiori vette alpine con itinerari impegnativi° su roccia e ghiacciai°.

Nuove attività, anche di sport estremo, si sono aggiunte allo sci e allo **snowboard**. Il **telemark**, per esempio, offre maggiore libertà di movimento sugli sci mentre il **freeride** e il **backcountry** uniscono scalate° ad alta quota a discese fuoripista°. Per gli appassionati di mountain bike, sulle Alpi è possibile praticare lo **snow-bike** che utilizza la bici con gomme chiodate° su percorsi° cross country. Stanno «prendendo il volo»° anche discipline come il **kiteski**, lo **snowkiting** e l'**eliski** che permettono di volare sui massicci innevati prima di intraprendere° temerarie° discese.

Per chi invece non ama gli effetti dell'adrenalina è possibile camminare in montagna con le «**ciaspole**» o **racchette da neve**, fare lo **sleddog**, o **pattinare sul ghiaccio** insieme alla famiglia. Insomma, Valle d'Aosta, Piemonte e Svizzera italiana possono soddisfare le passioni degli amanti degli sport invernali di tutte le età.

Monte Bianco

### In più...

Il **Monte Bianco**, con i suoi 4.810,90 metri d'altezza, è la montagna più alta delle Alpi, d'Italia e d'Europa. Si trova tra la Valle d'Aosta, in Italia, e la regione della Savoia, in Francia. I fianchi° della montagna sono coperti da numerosi ghiacciai°, i più grandi dei quali sono sul versante francese. Le prime persone a conquistarne la vetta furono **Jacques Balmat** e **Michel Gabriel Paccard** l'8 agosto 1786.

**condividono** *share* **comprende** *includes* **cime** *summits* **vette** *peaks* **versanti** *mountainsides* **punti di forza** *points of strength* **imbiancata** *whitened* **sci di fondo** *cross-country ski* **piste** *slopes* **innevate** *snow-covered* **impegnativi** *challenging* **ghiacciai** *glaciers* **scalate** *climbing* **fuoripista** *backcountry skiing* **gomme chiodate** *snow tires* **percorsi** *trails* **prendendo il volo** *taking off* **intraprendere** *to start* **temerarie** *daredevil* **fianchi** *sides* **ghiacciai** *glaciers*

**Lugano** **Lugano** è la città più grande e turisticamente più sviluppata del **Canton Ticino** ed il terzo polo finanziario° della Svizzera dopo Ginevra e Zurigo. Si trova sulla riva° nord del **Lago di Lugano** ed è circondata da montagne. È una città eclettica che unisce la vita aristocratica del **Casinò** e quella raffinata degli amanti dell'arte ad una realtà cittadina all'insegna della° natura e della vita all'aria aperta. Numerosi sono i parchi cittadini rigogliosi° di piante e fiori esotici e gli itinerari per escursioni sul lago e nei dintorni° della città.

**Ferrero** La **Ferrero S.p.A.** è una multinazionale italiana nel settore dei dolciumi°, con sede a Pino Torinese, in provincia di Torino, fondata nel 1946 da **Pietro Ferrero**. L'azienda nasce con l'idea di realizzare prodotti dolciari° usando materie fresche e locali, come le nocciole° piemontesi. Dalla lavorazione° delle nocciole con altri ingredienti, Pietro crea una crema spalmabile° che ha immediatamente grande successo. Negli anni la crema cambierà fino a diventare nel 1964 la famosa **Nutella**. Alla Nutella si aggiungeranno dolci di gran successo come i cioccolatini **Ferrero Rocher** e **Mon Cheri** e gli ovetti° **Kinder Sorpresa** e molti altri ancora!

**polo finanziario** *financial center* **riva** *shore* **all'insegna della** *characterized by* **rigogliosi** *blooming* **dintorni** *outskirts* **dolciumi** *sweets* **prodotti dolciari** *confectionery products* **nocciole** *hazelnuts* **lavorazione** *processing* **spalmabile** *spreadable* **ovetti** *chocolate eggs*

**Vero o falso?** Indica se ogni frase è **vera** o **falsa**. **Correggi le frasi false.** Some answers will vary.

1. La regione del Canton Ticino fa parte del territorio italiano. Falso. Fa parte del territorio svizzero.
2. Il Monte Bianco è la montagna più alta d'Italia e d'Europa. Vero.
3. Il backcountry ed il freeride si praticano su piste regolari. Falso. Si praticano fuoripista.
4. Sulle Alpi è possibile praticare mountain bike solo in estate. Falso. Si può praticare snow-bike in inverno.
5. Con le «ciaspole» è possibile sciare. Falso. È possibile fare escursioni a piedi.
6. Lugano è una città della Svizzera italiana. Vero.
7. Lugano è una città importante per l'attività finanziaria. Vero.
8. La Nutella è fatta con ingredienti locali del Piemonte. Vero.

**Quanto hai imparato?** **Rispondi alle domande.** Some answers will vary.

1. Qual è la caratteristica principale delle regioni della Svizzera italiana? Si parla la lingua italiana.
2. Com'è il paesaggio naturale del Piemonte e della Valle d'Aosta? Ci sono soprattutto montagne.
3. Di che cosa hanno bisogno gli sportivi che vogliono praticare lo snow-bike? Hanno bisogno di una bicicletta con le gomme chiodate.
4. Quali sport possono praticare le persone più tranquille o i bambini? passeggiate sulla neve con le racchette da neve, pattinaggio
5. Quali attività all'aperto si possono praticare a Lugano? passeggiate nei parchi, escursioni in montagna, gite sul lago
6. Quali sono alcune caratteristiche della Nutella? È una crema spalmabile; è fatta con le nocciole.

## Progetto

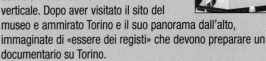

**Registi per un giorno**

A Torino c'è il Museo Nazionale del Cinema, uno dei musei più ricchi di collezioni e unico nella sua architettura verticale. Dopo aver visitato il sito del museo e ammirato Torino e il suo panorama dall'alto, immaginate di «essere dei registi» che devono preparare un documentario su Torino.

- Decidete il tema del documentario: storico, artistico o turistico.
- Scegliete un titolo per il documentario.
- Ricercate le informazioni necessarie per il vostro documentario.
- Preparate una presentazione da mostrare alla classe.

NATIONAL comparisons STANDARDS

**INSTRUCTIONAL RESOURCES**
Audioscripts, SAM AK, Lab MP3s, Grammar Presentation Slides
**SAM/WebSAM:** WB, LM

**RIMANDO**

The **si passivante** is presented in **Strutture 10.2, pp. 374–375**.

**ATTENZIONE!**

When forming the passive voice with a compound tense, remember to make both the past participle of **essere** and the past participle of the other verb agree with the subject.

**La ragazza è stata invitata dal Principe Azzurro.**
*The girl was invited by Prince Charming.*

**ATTENZIONE!**

The simple tenses of the verbs **venire** and **andare** are sometimes used instead of **essere** in passive sentences. When **andare** is used this way, it often expresses obligation.

**L'inglese è/viene studiato da molti studenti italiani.**
*English is studied by many Italian students.*

**Le regole devono essere/vanno spiegate prima di cominciare il gioco.**
*The rules must be explained before starting the game.*

**ATTENZIONE!**

Some common expressions using **andare** in the passive voice are:

**va considerato** *it must be considered*
**va detto** *it must be said*
**va ripetuto** *it must be repeated*

Point out that the passive form of simple tenses consists of two words, while the passive voice of compound tenses consists of three words.

10.1

# Passive voice

- A verb is in the active voice when the subject carries out the action of the verb. Transitive verbs can also be used in the passive voice. In the passive voice, the subject of the verb is acted upon. The agent (the person or thing carrying out the action) may not be mentioned. Passive voice de-emphasizes the agent and spotlights what would usually be the direct object in the active voice. The passive voice occurs more often in writing than in speech.

| Active voice | Passive voice |
|---|---|
| SUBJECT + VERB + DIRECT OBJECT | SUBJECT + VERB + AGENT |
| Il topo **mangia** il formaggio.<br>*The mouse eats the cheese.* | Il formaggio **è mangiato** dal topo.<br>*The cheese is eaten by the mouse.* |

- Form the passive voice using the appropriate tense of **essere** + [*past participle*]; the past participle of the verb must agree in number and gender with the subject of the verb. The agent, when mentioned, is introduced by the preposition **da**.

Le regole **saranno scritte** dal proprietario.
*The rules will be written by the owner.*

L'assegno **è stato cambiato** (da uno studente).
*The check was cashed (by a student).*

- Verbs can be conjugated in the passive voice in any tense or mood. The tense or mood is reflected in the form of the verb **essere**.

| Tense | Examples |
|---|---|
| presente | Il latte **è bevuto** dai bambini.<br>*The milk is drunk by the children.* |
| passato prossimo | La villa **è stata distrutta** dal terremoto.<br>*The villa was destroyed by the earthquake.* |
| imperfetto | Cinquanta euro **erano dati** alla chiesa ogni domenica.<br>*Fifty euros were given to the church every Sunday.* |
| futuro semplice | Tutte le città **saranno inquinate** dalle macchine.<br>*All cities will be polluted by cars.* |
| futuro anteriore | Quando finirà lo sciopero, molti operai **saranno stati** già **licenziati**.<br>*After the strike is over, many workers will have already been laid off.* |
| condizionale | Lo stesso stipendio minimo **sarebbe guadagnato** da tutti.<br>*The same minimum wage would be earned by everyone.* |
| condizionale passato | Senza i problemi alla borsa, la recessione **sarebbe stata evitata**.<br>*Without the problems in the stock market, the recession would have been avoided.* |
| congiuntivo presente | È necessario che il prestito **sia fatto** oggi.<br>*It is necessary for the loan to be made today.* |
| congiuntivo passato | Siamo sorpresi che la risposta **sia stata ricevuta** così presto.<br>*We are surprised that the answer was received so soon.* |
| congiuntivo imperfetto | Sarebbe meraviglioso se tu **fossi scelto**.<br>*It would be great if you were chosen.* |
| congiuntivo trapassato | Sarebbe stato meglio se la telefonata **fosse stata fatta** dalla segretaria.<br>*It would have been better if the call had been made by the secretary.* |

# Pratica e comunicazione

1 **In cerca di lavoro** A un anno dalla laurea, Sara non riesce a trovare lavoro e manda un'e-mail al suo amico Giovanni. Completa il brano con i verbi giusti alla forma passiva.

| | | | |
|---|---|---|---|
| aiutare | assumere | fare | lodare (*praise*) |
| assistere | esaminare | fissare | tenere |

Ciao Giovanni,

oggi sono molto triste perché dopo il colloquio della settimana scorsa, non (1) sono stata assunta. (2) Sono stata lodata dal direttore per il mio ottimo curriculm, ma la domanda (3) era stata fatta da molti candidati e c'era molta concorrenza (*competition*). Mi hanno detto però che (4) sarò tenuta in considerazione per il prossimo posto libero. Così sono andata in un'agenzia di collocamento. Le persone (5) sono aiutate da un consulente e (6) sono assistite nella ricerca del lavoro ideale. Il mio curriculum (7) sarà esaminato da un esperto la prossima settimana e spero che un colloquio (8) sia fissato presto.

Ciao,

Sara

**TEACHING OPTION**
For additional practice, ask students to give as many forms of the passive as they can without looking at the chart, based on a noun that you provide. For example, you say: **la mela**. Students will say: **la mela è mangiata, la mela è stata mangiata, la mela era mangiata,** etc. You can divide the class into teams if you want to make this a competition.

2 **Al lavoro** Riscrivi le frasi dalla forma attiva a quella passiva.

1. Il proprietario assumerebbe nuovi operai. Nuovi operai sarebbero assunti dal proprietario.
2. Credo che il dirigente abbia licenziato la segretaria. Credo che la segretaria sia stata licenziata dal dirigente.
3. È necessario che Giovanni chieda un mutuo. È necessario che un mutuo sia chiesto da Giovanni.
4. I lavoratori guadagnavano un buono stipendio. Un buono stipendio era guadagnato dai lavoratori.
5. Gli impiegati faranno lo straordinario. Lo straordinario sarà fatto dagli impiegati.
6. Il collega non aveva ottenuto le ferie. Le ferie non erano state ottenute dal collega.

**TEACHING OPTION**
Have groups of students print out an Italian newspaper article and underline all examples of the passive voice. Ask a member of each group to read the sentences to the class.

3 **Il giornale universitario** In piccoli gruppi, scegliete uno dei seguenti titoli e scrivete un articolo per il giornale universitario dove spiegate quando e dove è accaduto l'evento, chi ha partecipato e come è andata a finire. Utilizzate la forma passiva e le parole suggerite.

**Siamo soli nello spazio?**

scoprire, extraterrestri, navicella spaziale, mandare, astronauta, comunicare

**Premiato il miglior film dell'anno**

premiare, trattare, dedicare, interpretare, svolgersi, ispirare

**Vivere senza tecnologia**

Internet, cellulare, stress, ritmo, uscire, cambiare

Practice more at **vhlcentral.com.**

NATIONAL STANDARDS comparisons

**INSTRUCTIONAL RESOURCES**
Audioscripts, SAM AK, Lab MP3s, Grammar Presentation Slides
**SAM/WebSAM:** WB, LM

10.2

# *Si passivante* and *si impersonale*

—*Non **si può fare** tutto.*

## *Si passivante*

- The **si passivante** (passive **si**) is equivalent to the passive voice. It is used primarily when the agent is not expressed and it is used more frequently than the passive voice.

| Active voice | Passive voice | *Si passivante* |
|---|---|---|
| Ricevono i regali. *They receive the gifts.* | I regali sono ricevuti. *The gifts are received.* | **Si ricevono** i regali. *The gifts are received.* |

- The **si passivante** is formed with the pronoun **si** and the third person singular or plural of a verb that takes a direct object (a transitive verb). The choice between singular and plural is determined by the subject of the sentence, which generally follows the verb.

**Si beve** l'acqua.
*People drink water.*

**Si mangiano** i piselli.
*People eat peas.*

- The **si passivante** is always conjugated with **essere** in compound tenses. The past participle agrees in number and gender with the subject of the verb.

La scorsa estate **si sono mangiati** molti gelati.
*Last summer, a lot of ice-cream was eaten.*

Mi stupisco che **si siano chiusi** i negozi così presto.
*I'm surprised the stores closed so early.*

- When there are direct or indirect object pronouns used with the **si passivante**, they precede the pronoun **si**. Use the third person singular form of the verb with direct object pronouns. In sentences with **ne**, however, change the order and the spelling of the pronouns to **se ne**.

**Si comprano** francobolli all'ufficio postale. **Li si compra** anche alla tabaccheria.
*You can buy stamps at the post office. You can also buy them at the drug store.*

**Si comprano** molte cose, e **se ne buttano via** tantissime.
*Much is bought and so much is thrown away.*

- In compound tenses, the past participle agrees with the direct object pronoun.

**Si è chiamato** il dottore?
*Has the doctor been called?*

Sì, **lo si è chiamato** un'ora fa.
*Yes, he was called an hour ago.*

**Si è servita** già la cena?
*Has dinner already been served?*

Sì, **la si è servita** alle 8.00.
*Yes, it was served at 8:00.*

**RIMANDO**

To review the passive voice, see **Strutture 10.1, pp. 372–373.**

Remind students that the object of an active sentence becomes the subject of a passive sentence.
**L'uomo d'affari affitta la macchina.** (Active)
**La macchina è affittata dall'uomo d'affari.** (Passive)

To contrast the passive voice and the **si passivante**, provide (or have students come up with) the passive voice equivalents of the examples.

**ATTENZIONE!**

The **si passivante** is often used on signs to indicate something for sale, for rent, etc.

**Si vendono appartamenti e monolocali vicino al mare.**
*Apartments and studios near the beach are for sale.*

**Affittasi camere doppie e singole in un appartamento per 5 persone.**
*Single and double rooms for rent in a five-person apartment.*

## *Si impersonale*

- An impersonal form is used when the subject of a sentence is non-specific or unimportant for the speaker. In English, words like *people, they, one, we,* and *you* can convey this meaning. In Italian, the impersonal form is most commonly expressed by using the **si impersonale**.

  Dopo il lavoro, **si va** al bar.
  *After work, people go to the bar.*

  **Si mangia bene** in quel ristorante.
  *You eat well at that restaurant.*

- The **si impersonale** is formed by using the pronoun **si** followed by the third person singular of any intransitive verb or of any transitive verb when the subject is not expressed.

  Quando **si sta** male, **si va** dal dottore.
  *When you are sick, you go to the doctor's.*

  **S'impara** bene se **si studia** molto.
  *You learn a lot if you study a lot.*

  It is commonly used to request or to give information, instructions, and permission.

  Non **si parla** con la bocca piena!
  *Don't talk with your mouth full!*

  Come **si fa** a creare un sito?
  *How do you make a website?*

- When the **si impersonale** is used with a verb that expresses a state of being, such as **essere** or **diventare**, adjectives and nouns following the verb are always in the masculine plural form, even though the verb is singular.

  Dalle mie parti, **si è molto generosi**.
  *Where I'm from, people are really generous.*

  Quando **si diventa vecchi**, tutto è più chiaro.
  *When you get old, everything is clearer.*

  Quando **si è studenti**, si dorme poco.
  *When you're a student, you don't sleep a lot.*

  Si lavora moltissimo quando **si diventa professori**.
  *You work a lot when you become a professor.*

- When the **si impersonale** is used in compound tenses, a singular form of **essere** is always required as an auxiliary. For verbs normally conjugated with **avere**, use the masculine singular form of the past participle. For verbs conjugated with **essere**, use a plural past participle.

  **Si è viaggiato** molto.
  (La gente ha viaggiato molto.)
  *People have traveled a lot.*

  Quando **si è arrivati**, nessuno era lì.
  (Quando la gente è arrivata, nessuno era lì.)
  *When we arrived, no one was there.*

- Indirect object pronouns precede **si**. When **ne** is used, **si** becomes **se** and the order is always **se ne**.

  **Si discute** di sport in ufficio?
  *Do people talk about sports in the office?*

  No, non **se ne parla** affatto!
  *No, they don't talk about them at all!*

  **Si può telefonare** ai clienti dopo le sei?
  *Can one call clients after six?*

  No, non **gli si può telefonare** così tardi!
  *No, one cannot call them so late!*

- When using a reflexive or reciprocal verb with the **si impersonale**, avoid repeating **si** by replacing it with **ci**.

  Come **ci si saluta** tra amici?
  *How does one say hello among friends?*

  **Ci si saluta** con due baci.
  *One says hello with two kisses.*

**ATTENZIONE!**

The pronoun **si** precedes the conjugated forms of verbs such as **dovere**, **potere**, and **volere**.

**Si deve andare** a scuola alle 7.30.
*One has to go to school at 7:30.*

**ATTENZIONE!**

As an alternative to using the **si impersonale**, you may use **uno** or **la gente**.

**La gente passa troppo tempo a guardare Facebook.**
**= Si passa troppo tempo a guardare Facebook.**
*People spend too much time on Facebook.*

**ATTENZIONE!**

In spoken Italian, the **si impersonale** is sometimes used to mean **noi**.

**Dove si va domani?**
*Where are we going out tomorrow?*

**Cosa si mangia oggi?**
*What are we eating today?*

To make sure students use **essere** in compound tenses, give them some examples of the **passato prossimo** with **noi**, **la gente** or **tutti** as the subject. Example:
—**Tutti hanno mangiato bene**.
—**Si è mangiato bene**.

Give students additional examples of **si impersonale** with reflexive verbs. Example:
**Se non ci si alza presto, non si mangia a casa mia. Ci si è lavati, ci si è vestiti e dopo si è usciti.**

# Pratica

1 **Cosa si fa...?** Simona e Diana stanno organizzando una piccola gita a Torino. Cambia i verbi tra parentesi usando la forma del **si** impersonale.

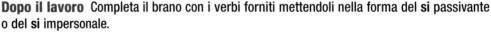

**SIMONA** Ciao Diana, allora cosa si fa questo fine settimana?

**DIANA** (1) Si va (andiamo) a Torino!

**SIMONA** Sì, che bella idea! Hai già deciso cosa (2) si fa (facciamo)?

**DIANA** (3) Ci si sveglia (ci svegliamo) presto, (4) si parte (partiamo) alle sette così (5) si arriva (arriviamo) presto.

**SIMONA** Bene, poi si visita il Museo Egizio e la Mole Antonelliana.

**DIANA** Va bene, poi per pranzo (6) si mangia (mangiamo) al ristorante consigliato da Cristian.

**SIMONA** E nel pomeriggio?

**DIANA** Nel pomeriggio (7) ci si riposa (ci riposiamo) in un caffè e poi (8) si torna (torniamo) a casa.

**SIMONA** Non vedo l'ora di partire!

2 **In ufficio** Trasforma le frasi passive utilizzando il **si** passivante.

**Modello** **Le lettere sono spedite.**
Si spediscono le lettere.

1. Il candidato è stato assunto. Si è assunto il candidato.
2. Le e-mail saranno lette. Si leggeranno le e-mail.
3. Le ferie sono prese ad agosto. Si prendono le ferie ad agosto.
4. La promozione è stata ottenuta. Si è ottenuta la promozione.
5. Le imprese sono finanziate. Si finanziano le imprese.
6. I soldi saranno investiti. Si investiranno i soldi.

3 Have students restate the paragraph, applying it to their own lives.

3 **Dopo il lavoro** Completa il brano con i verbi forniti mettendoli nella forma del **si** passivante o del **si** impersonale.

| | | | |
|---|---|---|---|
| **andare** | **giocare** | **invitare** | **raccontare** |
| **bere** | **guardare** | **mangiare** | **rilassarsi** |
| **fare** | **incontrarsi** | **organizzare** | |

Ad Alessandria, dopo una lunga giornata di lavoro, (1) ci si rilassa un po' prima di tornare a casa. (2) Si va in palestra o (3) si gioca a tennis o a calcio. Altre volte (4) ci si incontra con gli amici, (5) si beve un aperitivo, (6) si mangiano gli stuzzichini e (7) si fanno due chiacchiere. (8) Si raccontano le ultime novità. Spesso (9) si organizzano gite per il fine settimana. Nel fine settimana (10) si va a cena fuori e (11) si guarda un film o (12) si invitano gli amici a casa.

4 Have students add more questions of their own.

4 **Il tempo libero** In coppia, a turno, fatevi le seguenti domande. Rispondete utilizzando il **si** passivante o il **si** impersonale.

- Come si passa la giornata nella tua città?
- Dove si incontrano gli amici?
- Cosa si fa per passare una serata tranquilla?
- Dove si mangiano i migliori gelati?
- Cosa si fa nel tempo libero?
- Cosa si fa la sera?
- Dove si ascolta buona musica?
- Dove si beve il miglior caffè?

Practice more at **vhlcentral.com.**

# Comunicazione

5 **Conversazione** In coppia, inventate cinque domande da fare a un(a) amico/a. Utilizzate il **si** impersonale con **essere** o **diventare** più gli aggettivi.

**Modello** —Come va il tuo nuovo lavoro? Lavori tanto? Si diventa nervosi quando si lavora molto!
—Sì, sono stanco e quando si è stanchi si diventa nervosi!

5 Have students use the six questions as the basis for creating a short conversation that they can act out for classmates.

6 **Inventa**

**A.** In coppia, descrivete la scena e cosa fanno le persone nella foto, con almeno sei frasi. Utilizzate il **si** passivante e il **si** impersonale.

**B.** Confrontate le vostre frasi con il resto della classe.

7 **Il ponte** In coppia, inventate e poi mettete in scena una conversazione dove decidete cosa fare durante il prossimo ponte (*long weekend*) utilizzando il si impersonale. Potete usare le espressioni della lista.

| | |
|---|---|
| andare a sciare | scrivere e-mail importanti |
| incontrare i genitori | studiare per l'esame |
| lavorare ad un progetto | uscire con gli amici |

**Modello** —Ciao Paola, che si fa questo fine settimana?
—Ciao Sara, si va...

7 Have groups of students share their directives; have students ask relevant questions while their classmate reads his/her conversation.

8 **Festa a sorpresa** In coppia, scrivete cosa si deve fare per organizzare una perfetta festa a sorpresa.

**Modello** Per prima cosa, si deve stabilire la data, poi si deve fare la lista degli invitati...

comparisons NATIONAL STANDARDS

INSTRUCTIONAL RESOURCES
Audioscripts, SAM AK, Lab MP3s, Grammar Presentation Slides
**SAM/WebSAM:** WB, LM

**ATTENZIONE!**

In addition to any changes in the verb tenses, depending on the context, you might have to make other changes in subject and object pronouns, reflexive pronouns, and possessive adjectives and pronouns.

**Ha detto: «Non sono stato io!»**
**Ha detto che non era stato lui.**

**Disse: «È mio.»**
**Disse che era suo.**

**Ha detto: «Mi sono dimenticata.»**
**Ha detto che si era dimenticata.**

**Mi hai detto: «Voglio andare con te.»**
**Mi hai detto che volevi andare/venire con me.**

**Disse: «Ti avevo visto.»**
**Disse che l'aveva visto.**

**ATTENZIONE!**

When the verb introducing the indirect discourse is in the past, you might also need to make the following changes.

**adesso** → **in quel momento**
**oggi** → **(in) quel giorno**
**ora** → **allora**
**domani** → **il giorno dopo/seguente**
**fra poco** → **poco dopo**
**prossimo** → **seguente**
**ieri** → **il giorno prima**
**l'altro ieri** → **due giorni prima**
**poco fa** → **poco prima**
**scorso** → **prima/precedente**
**qui** → **lì**
**qua** → **là**
**questo** → **quello**

**Antonella ha detto: «Mia sorella partirà domani.»**
*Antonella said, "My sister will leave tomorrow."*

**Antonella ha detto che sua sorella sarebbe partita il giorno dopo.**
*Antonella said that her sister would leave the next day.*

## 10.3 Indirect discourse

- Direct discourse reports exactly what someone says or has said. In writing, quotation marks enclose the person's words. Indirect discourse relates a person's words without repeating them verbatim; they are not set off in writing by quotation marks.

| Direct discourse | Indirect discourse |
|---|---|
| Massimiliano dice: «Vado al bancomat.»<br>*Massimiliano says, "I am going to the ATM."* | Massimiliano dice che va al bancomat.<br>*Massimiliano says that he is going to the ATM.* |

- Indirect discourse is often introduced by verbs such as **chiedere** (*to ask*), **dire** (*to say/tell*), **domandare** (*to ask*), **ripetere** (*to repeat*), **rispondere** (*to respond*), or **sostenere** (*to maintain*).

Mi **chiedono** quando andrò in pensione.
*They are asking me when I will retire.*

Gli **rispondo** che non ne ho idea!
*I keep telling them that I have no idea!*

- The change from direct to indirect discourse often requires a number of changes in a sentence. These changes may include a change of verb tense and/or mood, changes of possessive pronouns and adjectives, changes in personal pronouns, and changes in demonstrative adjectives and expressions of time and place.

- When the verb introducing indirect discourse is in the present or future tense, no change in the verb tense is needed.

| Discorso diretto | Discorso indiretto |
|---|---|
| Barbara **domanda:** «Quando **arriverà** il nuovo motorino?»<br>*Barbara asks, "When does my new scooter get here?* | Barbara **domanda** quando **arriverà** il nuovo motorino.<br>*Barbara asks when her new scooter will get here.* |
| Federico **risponderà:** «Non mi **alzerò** fino a mezzogiorno!»<br>*Federico will answer, "I won't get up until noon!"* | Federico **risponderà** che non si **alzerà** fino a mezzogiorno.<br>*Federico will answer that he won't get up until noon.* |

- When introduced by a verb in the past tense, verbs in the **imperfetto** or **trapassato** do not change when changing from direct to indirect discourse. This rule applies both to verbs in the indicative and in the subjunctive.

| Discorso diretto (imperfetto) | Discorso indiretto (imperfetto) |
|---|---|
| Ugo ha detto: «Silvia **voleva** dare le dimissioni.»<br>*Ugo said, "Silvia wanted to quit."* | Ugo ha detto che Silvia **voleva** dare le dimissioni.<br>*Ugo said that Silvia wanted to quit.* |
| Disse: «**Pensavo** che il contabile **avesse** la ricevuta.»<br>*He said, "I thought the accountant had the receipt."* | Disse che **pensava** che il contabile **avesse** la ricevuta.<br>*He said that he thought that the accountant had the receipt.* |

| Discorso diretto (trapassato) | Discorso indiretto (trapassato) |
|---|---|
| Abbiamo detto: «L'**aveva preparata**.»<br>*We said, "She had prepared it."* | Abbiamo detto che l'**aveva preparata**.<br>*We said that she had prepared it.* |
| Rispose: «Volevo sapere dove **fosse andata**.»<br>*He replied, "I wanted to know where she had gone."* | Rispose che voleva sapere dove **fosse andata**.<br>*He replied that he wanted to know where she had gone.* |

- When the verb introducing indirect discourse is in a past tense, verb tenses other than the **imperfetto** or **trapassato** must also shift to the past tense. This is true whether the verb is in the indicative or subjunctive.

| Discorso diretto (presente) | Discorso indiretto (imperfetto) |
|---|---|
| Giorgina ha risposto: «Non **voglio** pagare la tassa.»<br>*Giorgina answered, "I don't want to pay the tax."* | Giorgina ha risposto che non **voleva** pagare la tassa.<br>*Giorgina answered that she didn't want to pay the tax.* |

| Discorso diretto (futuro/condizionale) | Discorso indiretto (condizionale passato) |
|---|---|
| Pandora ha urlato: «Non **aprirò** mai questa scatola!»<br>*Pandora yelled, "I will never open this box!"* | Pandora ha urlato che non **avrebbe** mai **aperto** quella scatola.<br>*Pandora yelled that she would never open that box.* |

| Discorso diretto (passato prossimo/remoto) | Discorso indiretto (trapassato) |
|---|---|
| Pierluigi ha ammesso: «**Ho perso** la mia chiave.»<br>*Pierluigi admitted, "I lost my key."* | Pierluigi ha ammesso che **aveva perso** la sua chiave.<br>*Pierluigi admitted that he had lost his key.* |
| Maria Elena ha risposto: «Credo che questi bambini l'**abbiano trovata**.»<br>*Maria Elena replied, "I think these children found it."* | Maria Elena ha risposto che credeva che quei bambini l'**avessero trovata**.<br>*Maria Elena replied that she thought those children had found it.* |

- There are two ways to indicate the change from an imperative in direct discourse to its equivalent in indirect discourse. You may use **di** + [infinitive] or the imperfect subjunctive.

| Discorso diretto (imperativo) | Discorso indiretto (infinito/congiuntivo imperfetto) |
|---|---|
| Stefano gli **ha detto:** «**Fallo** subito!»<br>*Stefano said to him, "Do it right away!"* | Stefano gli **ha detto di farlo** subito.<br>Stefano gli **ha detto che lo facesse** subito.<br>*Stefano told him to do it right away.* |

- Hypothetical situations expressing reality, possibility, and impossibility undergo changes as shown in the shift from direct to indirect discourse. In indirect discourse, all three of the hypothetical situations are expressed with the same basic tenses: the past perfect subjunctive (**congiuntivo trapassato**) after **se**, and the past conditional (**condizionale passato**) in the result clause.

| Discorso diretto | Discorso indiretto |
|---|---|
| Gianni disse: «Se **avremo** soldi, **compreremo** una bella casa.»<br>*Gianni said, "If we have the money, we will buy a nice house."* | Gianni disse che se **avessero avuto** soldi, **avrebbero comprato** una bella casa.<br>*Gianni said that if they had the money, they would buy a nice house.* |
| Marina rispose: «Se **avessi** soldi, **comprerei** una macchina!»<br>*Marina replied, "If I had the money, I would buy a car!"* | Marina rispose che se **avesse avuto** soldi, **avrebbe comprato** una macchina.<br>*Marina replied that if she had the money, she would buy a car.* |
| Paolo aggiunse: «Se **avessi avuto** soldi, **avrei comprato** una Ferrari.»<br>*Paolo added, "If I had had the money, I would have bought a Ferrari."* | Paolo aggiunse che se **avesse avuto** soldi, **avrebbe comprato** una Ferrari.<br>*Paolo added that if he had had the money, he would have bought a Ferrari.* |

**ATTENZIONE!**

When the speaker is talking to or about him/herself, it is common to use **di** + [*infinitive*]. To indicate a past action, use **di** + [*past infinitive*].

**Ugo dice: «Io non guadagno abbastanza.»**
*Ugo says, "I don't earn enough."*

**Ugo dice di non guadagnare abbastanza.**
*Ugo says he doesn't earn enough.*

**Pia ha detto: «Non ho ricevuto la lettera.»**
*Pia said, "I didn't receive the letter."*

**Pia ha detto di non aver ricevuto la lettera.**
*Pia said that she hadn't received the letter.*

**RIMANDO**

To review hypothetical statements, see **Strutture 9.3, pp. 340–341**.

# Pratica

1 Have students create original conversations and transform them into indirect discourse.

**1 Al lavoro** Riscrivi le conversazioni ascoltate al lavoro utilizzando il discorso indiretto.
Some answers will vary.

**Modello** **Teresa: «Voglio un aumento di stipendio.»**
**Il direttore: «Va bene, avrai l'aumento!»**

Teresa dice che vuole un aumento di stipendio.
Il direttore risponde che va bene, avrà l'aumento.

1. Mario: «Voglio cambiare il mio orario di lavoro.» Mario dice che vuole cambiare il suo orario di lavoro.
La segretaria: «Devi riempire il modulo.» La segretaria risponde che deve riempire il modulo.
2. Carlo: «La prossima settimana andrò in ferie.» Carlo dice che la settimana prossima andrà in ferie.
Il collega: «Io ci sono andato il mese scorso.» Il collega risponde che lui ci è andato il mese precedente.
3. Lucia: «Ho mandato il fax.» Lucia dice che ha mandato il fax.
Il capo: «Puoi fare la pausa.» Il capo risponde che può fare la pausa.
4. Matteo: «Dovrei uscire un momento.» Matteo dice che dovrebbe uscire un momento.
La direttrice: «Va bene.» La direttrice risponde che va bene.

2 Have students add additional opinions in indirect discourse.

**2 L'articolo** Alcuni esperti esprimono la loro opinione sulla crisi economica. Tu sei un giornalista e scrivi un articolo su quello che hanno detto usando il discorso indiretto.

- Un economista: «Nel mese di luglio la crisi economica raggiungerà livelli altissimi. Gli effetti degli interventi dello stato non si fanno sentire.» Un economista ha detto che nel mese di luglio la crisi avrebbe raggiunto/avrà raggiunto livelli altissimi e che gli effetti degli interventi dello stato non si facevano sentire.
- Un politico: «La ripresa economica dovrebbe avvenire presto. Il periodo peggiore è già passato.» Un politico ha detto che la ripresa economica sarebbe dovuta avvenire presto e che il periodo peggiore era già passato.
- Un sindacalista: «Il tasso di disoccupazione è salito negli ultimi mesi. Tutto è iniziato a causa della crisi finanziaria.» Un sindacalista ha detto che il tasso di disoccupazione era salito negli ultimi mesi e che tutto era iniziato a causa della crisi finanziaria.

3 Give additional hypothetical statements that employees might have said during a meeting and have volunteers report what was said using a reporting verb in the **passato prossimo**.

**3 Riunione** Durante una riunione di lavoro alcuni impiegati fanno delle dichiarazioni (*statements*). Riscrivile in un promemoria usando il discorso indiretto.

1. I dipendenti avevano detto: «Vogliamo un orario di lavoro flessibile.» I dipendenti avevano detto che volevano un orario di lavoro flessibile.
2. La segretaria aveva detto: «Abbiamo bisogno di più impiegati.» La segretaria aveva detto che avevano bisogno di più impiegati.
3. Il direttore ha spiegato: «Pensavo che fossero stati assunti.» Il direttore ha spiegato che pensava che fossero stati assunti.
4. Un'impiegata ha proposto: «Se usassimo materiali più economici i costi di produzione diminuirebbero.» Un'impiegata ha proposto che se avessero usato materiali più economici i costi di produzione sarebbero diminuiti.
5. La dirigente aveva dichiarato: «La produzione è salita nell'ultimo mese.» La dirigente aveva dichiarato che la produzione era salita nell'ultimo mese.

4 Answers: **Il direttore ha detto a Martina di contattare i vecchi clienti, di controllare la posta elettronica ogni mattina e di mandare i nuovi cataloghi ai rappresentanti./Il direttore ha detto a Martina che contattasse i vecchi clienti, che controllasse la posta elettronica ogni mattina e che mandasse i nuovi cataloghi ai rappresentanti./Il direttore ha detto ai dipendenti di fare un'ora di straordinario, di ispezionare il materiale arrivato e di completare i progetti iniziati./Il direttore ha detto ai dipendenti che facessero un'ora di straordinario, che ispezionassero il materiale arrivato e che completassero i progetti iniziati.**

**4 Disposizioni** In coppia leggete la lista degli ordini lasciata dal direttore per i suoi dipendenti. Riscrivetela utilizzando le due forme di discorso indiretto.

**Modello** **Per il contabile: Paga gli stipendi.**

Il direttore ha detto al contabile di pagare gli stipendi./Il direttore ha detto al contabile che pagasse gli stipendi.

- **Per Martina:**

Contatta i vecchi clienti.

Controlla la posta elettronica ogni mattina.

Manda i nuovi cataloghi ai rappresentanti.

- **Per i dipendenti:**

Fate un'ora di straordinario al giorno.

Ispezionate il materiale arrivato.

Completate i progetti iniziati.

Practice more at **vhlcentral.com.**

# Comunicazione

5 **Telefonata** In coppia, raccontatevi a turno una conversazione telefonica che avete avuto di recente. Fatevi delle domande per saperne di più.

**Modello** —Ieri sera ho parlato con mia madre e mi ha detto che lei e mio padre sarebbero venuti a trovarmi questo fine settimana.

—Ti ha detto quanto tempo rimarranno?

—Non proprio, ma ha detto che sarebbero rimasti fino a domenica pomeriggio.

6 **Fumetti** In gruppo, immaginate cosa stanno dicendo i personaggi nei fumetti e inseritelo nella nuvoletta. Poi riscrivetelo usando il discorso indiretto.

7 **Recensione** In gruppo, a turno raccontate brevemente la trama dell'ultimo film o telefilm che avete visto. Gli altri studenti ascoltano e riassumono in quattro o cinque frasi usando il discorso indiretto.

8 **Tra avvocati** Due avvocati si incontrano per curare gli interessi dei loro clienti e per negoziare le richieste della controparte. In coppia, scegliete una delle due situazioni e inventate una conversazione tra gli avvocati, utilizzando il discorso indiretto, per riportare cosa i clienti gli hanno detto.

**Modello** —Il mio cliente ha detto che voleva tenere il cane.

—Mi dispiace, ma il mio cliente ha detto che il suo cliente poteva tenere il gatto ma non il cane.

- Due avvocati che rappresentano moglie e marito che vogliono divorziare.
- Due avvocati, uno rappresenta un'azienda e l'altro un dipendente che è stato licenziato.

NATIONAL communication STANDARDS

**SUGGESTION** Revisit some of the literature from earlier lessons and assign stories or chunks of stories for students to rewrite in indirect discourse. Selections with a lot of dialogue (such as the Dario Fo play in **Lezione 6**) are particularly apt for this activity.

10.4

# *Fare, lasciare*, and verbs of perception followed by the infinitive

—*Li **farei dormire** a casa tua.*

## *Fare* followed by the infinitive

- **Fare** + [*infinitive*] indicates that the subject is causing something to be done or causing someone else to do something.

L'insegnante **fa parlare** Paolo.
*The teacher makes Paolo talk.*

Marco **fa lavare** la macchina a suo fratello.
*Marco has his brother wash his car.*

- When there is one object after **fare** + [*infinitive*], it is always a direct object. When there are two objects, the person or thing acted upon is the direct object and the person participating in the action is an indirect object.

| | DIRECT OBJECT | |
|---|---|---|
| Il padrone farà licenziare | **l'impiegato.** | |

*The boss will have the employee fired.*

| | DIRECT OBJECT | INDIRECT OBJECT |
|---|---|---|
| Il padre fa aprire | **un conto** | **a sua figlia.** |

*The father is having his daughter open an account.*

- Object pronouns do not attach to the infinitive. They normally precede the conjugated form of **fare**. Note that the past participle of **fare** agrees with preceding direct object pronouns.

**Ho fatto presentare** le sue qualifiche a Gina.
*I had Gina present her qualifications.*
→ **Le ho fatte presentare** a Gina.
*I had Gina present them.*

**Hai fatto suonare** la tromba a Salvatore?
*Did you have Salvatore play the trumpet?*
→ **Gliel'hai fatta suonare**?
*Did you have him play it?*

- **Farsi** + [*infinitive*] expresses the idea of having something done to or for oneself by another person. Use **da** + a person to indicate who is performing the action.

La nonna **si fa lavare** i capelli **dalla** nipote.
*The grandmother has her hair washed by her granddaughter.*

**Mi farò cuocere** una bella pastasciutta **da** Patrizia.
*I will have Patrizia cook a nice pasta dish for me.*

- If the infinitive after **fare** is a reflexive verb, the reflexive pronoun is dropped.

Non **fare alzare** papà.
*Don't make Daddy get up.*

**Ho fatto pentire** Maria.
*I made Maria feel bad.*

**INSTRUCTIONAL RESOURCES**
Audioscripts, SAM AK, Lab MP3s, Grammar Presentation Slides
**SAM/WebSAM:** WB, LM

**ATTENZIONE!**

To avoid ambiguity, use **da** instead of **a** to show who is performing the action.

**Fate scrivere una poesia a Beatrice.**
*Have a poem written for/by Beatrice.*

**Fate scrivere una poesia da Beatrice.**
*Have Beatrice write a poem.*

**ATTENZIONE!**

You may also use a disjunctive pronoun instead of an indirect object pronoun for clarification or emphasis.

**Glielo faccio vedere.**
*I'm showing it to him/her.*

**Lo faccio vedere a lui, non a lei.**
*I'll show it to him, not to her.*

**ATTENZIONE!**

Pronouns follow and attach to **fare** in three situations: the **tu**, **noi**, and **voi** forms of the imperative, when **fare** is an infinitive, and in the gerund.

**Fallo venire subito!**
*Have him come right away!*

**Voglio farli capire.**
*I want to make them understand.*

**Facendoli** ragionare, il professore li aiuta a ricordare.
*By making them reason, the teacher helps them remember.*

Give students an active sentence such as "**Preparo un panino**" and the name of another student, and ask them to tell who is now doing the action.
**—Preparo un panino / Barbara**
**—Faccio preparare un panino a/da Barbara.**

## *Lasciare* followed by the infinitive

- **Lasciare** + [*infinitive*] means *to allow*, *to let* or *to permit* someone to do something.

    **Lascio piangere** il mio fratellino.
    *I let my little brother cry.*

- As with the **fare** construction, when there is one object after **lasciare** + [*infinitive*], it is always a direct object. If there are two objects, the person or thing acted upon is the direct object and the person doing the action is an indirect object.

    Abbiamo lasciato cantare **i nostri ospiti.**
    *We let our guests sing.*

    **Li** abbiamo lasciati cantare.
    *We let them sing.*

    **La** lasciate mangiare.
    *You are letting her eat.*

    **Le** lasciate mangiare **le patatine fritte.**
    *You are letting her eat French fries.*

- **Lasciarsi** expresses the idea of allowing something to be done by or for oneself. The person or thing who performs the action is introduced by **da**.

    Il mio collega **si lascia convincere** a comprare il caffè a tutti gli amici.
    *My coworker lets himself get talked into buying coffee for his friends.*

    **Mi sono lasciata** trasportare dalla musica.
    *I let myself drift away with the music.*

    Per il colloquio, **mi lascerò vestire da** mia moglie!
    *For the interview, I'll let my wife choose my clothes!*

- **Lasciare** may also be followed by **che**. When the two clauses have a different subject, a verb in the appropriate form of the subjunctive is used in the dependent clause.

    La professoressa **ha lasciato che** gli studenti **mangiassero** nell'aula.
    *The professor let the students eat in the classroom.*

## Verbs of perception followed by the infinitive

- Verbs of perception such as **sentire** (*to hear*) and **vedere** (*to see*) may be followed by an infinitive. Additional verbs of perception are: **guardare** (*to watch*), **ascoltare** (*to listen to*), **udire** (*to hear*), and **osservare** (*to observe*).

    **Ho sentito gridare** il contabile.
    *I heard the accountant screaming.*

    **L'ho sentito gridare.**
    *I heard him screaming.*

    **Ascoltiamo cantare** il nostro amico.
    *We are listening to our friend sing.*

    **L'ascoltiamo cantare.**
    *We are listening to him sing.*

- The direct object follows the infinitive and the direct object pronoun precedes the conjugated verb of perception when there is only one object.

    Vedo arrivare **l'aereo.**
    *I see the plane coming.*

    **Lo** vedo arrivare.
    *I see it coming.*

- If the infinitive has its own object, place it after the infinitive and place the other noun after the verb of perception.

    **Abbiamo visto** il leone **mangiare** la gazzella.
    *We saw the lion eat the gazelle.*

**ATTENZIONE!**

Two expressions, **lasciare perdere** and **lasciare stare**, are idiomatic. The first means *to let something go* or *to forget about something*, the second means *to let something be.*

**Non troveremo mai quella lettera—lasciamo perdere!**
*We will never find that letter—let's forget about it.*

**Hai già riletto la tua risposta tre volte—lascia stare!**
*You've already read your answer three times—leave it!*

Explain to students that **lasciarsi andare** has the idea of letting oneself go (as in not taking care of oneself). Example: **Quando suo marito è morto, si è lasciata andare.**

**ATTENZIONE!**

Pronouns follow and attach to **lasciare** in three situations: the **tu**, **noi**, and **voi** forms of the imperative, when **lasciare** is an infinitive, and in the gerund.

**Lascialo giocare in pace.**
*Let him play in peace.*

**Puoi lasciargli fare un dolce.**
*You can let them make dessert.*

**Lasciandole stare alzate fino a tardi, ci troveremo nei guai.**
*We'll be sorry if we let them stay up.*

Point out that verbs of perception may also be followed by a relative clause introduced by **che** or **mentre**. Example: **Sento il cane che abbaia. Abbiamo osservato la ragazza mentre partiva.**

# Pratica

**1** **Istruzioni** Utilizza gli elementi forniti per fare delle frasi con **fare** + infinito.

**Modello** **La ditta firma il contratto. / il consulente**
Il consulente fa firmare il contratto alla ditta.

1. Gli operai lavorano. / il direttore Il direttore fa lavorare gli operai.
2. La segretaria ha mandato le e-mail. / il capo Il capo ha fatto mandare le e-mail dalla segretaria.
3. La stagista farà il colloquio di lavoro. / il consulente Il consulente farà fare il colloquio di lavoro alla stagista.
4. Il contabile ha depositato gli assegni. / il collega Il collega ha fatto depositare gli assegni al contabile.
5. L'assistente contatta i clienti. / il dirigente Il dirigente fa contattare i clienti all'assistente.

**2** **Primo giorno di lavoro** Utilizza gli elementi forniti per fare delle frasi con **fare** + infinito o **farsi** + infinito, poi riscrivi le frasi utilizzando i pronomi diretti e indiretti.

**Modello** **La segretaria fa il caffè. (Il capo)**
Il capo fa fare il caffè alla segretaria./Il capo glielo fa fare.

1. L'assistente porta il contratto al direttore. (Il direttore) Il direttore si fa portare il contratto dall'assistente. Il direttore se lo fa portare.
2. La nuova impiegata firma il contratto. (Il direttore) Il direttore fa firmare il contratto alla nuova impiegata. Il direttore glielo fa firmare.
3. I dipendenti conoscono la nuova impiegata. (Il direttore) Il direttore fa conoscere la nuova impiegata ai dipendenti. Il direttore gliela fa conoscere.
4. La nuova impiegata vede il nuovo progetto. (I dipendenti) I dipendenti fanno vedere il nuovo progetto alla nuova impiegata. I dipendenti glielo fanno vedere.
5. L'assistente spiega i progetti alla nuova impiegata. (La nuova impiegata) La nuova impiegata si fa spiegare i progetti dall'assistente. La nuova impiegata se li fa spiegare.

**3** **Genitori e figli** In coppia, usate gli elementi forniti per parlare di cosa vi lasciavano o non vi lasciavano fare i vostri genitori quando eravate adolescenti.

**Modello** **uscire la sera**
I miei genitori non mi lasciavano uscire la sera durante la settimana, ma mi lasciavano uscire solo il venerdì o il sabato sera.

- andare in vacanza da solo/a
- andare in discoteca con gli amici
- tornare a casa tardi senza avvertire
- guidare la loro macchina
- avere un indirizzo e-mail privato
- usare Internet senza limiti
- ?

**4** Have students use the questions to role-play the detective/witness interview. Encourage students to add questions of their own. Have them write a report based on their interviews.

**4** **Una rapina** C'è stata una rapina (*robbery*) in una banca e tu come testimone devi rispondere alle domande dell'investigatore. Some answers will vary.

**Modello** **Hanno fatto uscire i clienti?**
No, non li hanno fatti uscire.

1. Avete visto arrivare i ladri? No, non li abbiamo visti arrivare.
2. Avete sentito sparare un colpo di pistola? Sì, lo abbiamo sentito sparare.
3. I ladri hanno fatto aprire la cassaforte (*safe*) al cassiere? Non so se gliel'hanno fatta aprire.
4. Hanno fatto entrare tutti i clienti nell'ufficio del direttore? Sì, li hanno fatti entrare tutti.
5. Hanno fatto scattare (*go off*) l'allarme? No, non l'hanno fatto scattare.
6. Hanno fatto parlare gli ostaggi con i loro parenti? Sì, li hanno fatti parlare con i loro parenti.
7. Si sono fatti consegnare tutti i soldi dall'impiegato? No, non se li sono fatti consegnare tutti.
8. Avete visto cadere a terra la segretaria? Sì, l'abbiamo vista cadere.

Practice more at **vhlcentral.com.**

# Comunicazione

5 **Questionario** In coppia, rispondete alle seguenti domande.

1. Cosa ti fa ridere?
2. Che cosa ti fa perdere la pazienza?
3. Fai controllare la tua auto periodicamente?
4. Ti fai tagliare i capelli dal parrucchiere (*barber/hairdresser*)?
5. Lasci usare il tuo computer ai tuoi amici?
6. Lasci leggere il tuo diario personale ai tuoi amici?
7. Ti lasci convincere facilmente dagli altri?
8. Fai usare il tuo iPad ai tuoi amici?

5 Have students add questions of their own.

5 Have students summarize ways in which they are similar and share their conclusions in groups.

6 **Il lavoro ideale** In coppia, descrivete il vostro lavoro ideale, utilizzando **fare**, **lasciare** e i verbi di percezione più infinito.

**Modello** Il mio lavoro ideale è quello che mi lascia iniziare alle 10 di mattina e non mi fa lavorare il venerdì.

7 **Uno sguardo al futuro** Fate una lista di sei cose che tu e la tua famiglia vi farete fare da altri tra vent'anni, quando sarete molto ricchi. Condividete la lista con i vostri compagni che vi faranno domande a riguardo.

**Modello** Mi farò portare la colazione a letto tutte le mattine.
Mio fratello si farà accompagnare dall'autista.

7 Have students in the group determine whose list is most imaginative, most practical, most outrageous, etc.

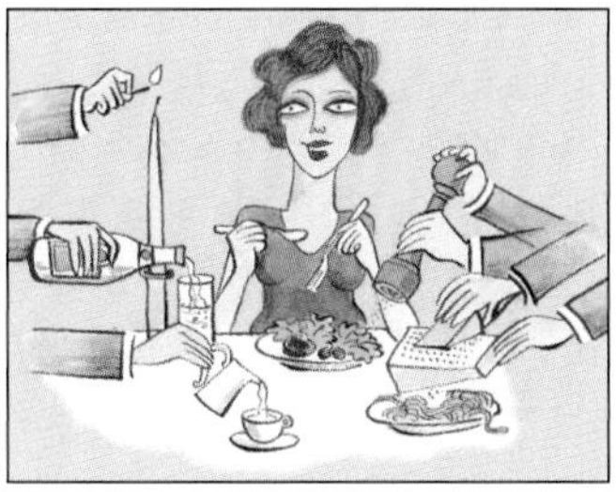

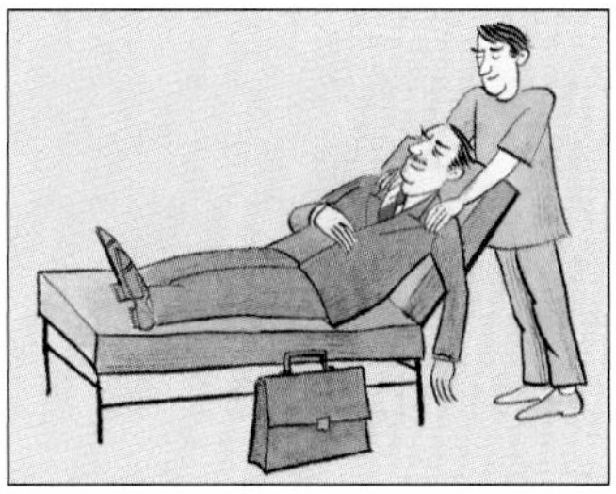

8 **Qualcosa di strano** Racconta qualcosa di strano che ti è successo di recente, puoi usare la tua immaginazione, utilizzando i verbi di percezione e **lasciare** + **infinito**.

**Modello** Ieri pomeriggio ho sentito gridare la mia vicina di casa, ho visto correre un uomo con un cappello nel cortile e poi ho udito ridere il marito della vicina...

# Sintesi

**1** **Parliamo** In gruppo, leggete i quattro estratti e rispondete alle domande.

**I giovani e il mondo del lavoro.**

**Francesco**, 24 anni, Padova

È sempre più difficile per noi giovani trovare lavoro. Per me è importante scegliere un buon corso di laurea e soprattutto fare esperienza all'estero. Lavorare in un altro paese è un'occasione per crescere professionalmente e avere poi la possibilità di trovare un lavoro interessante e ben pagato.

**Paola**, 25 anni, Napoli

Mi sono laureata l'anno scorso e ancora non ho trovato lavoro, e nella mia stessa situazione si trovano la metà dei laureati. Purtroppo dobbiamo accettare lavori precari, spesso mal pagati e non adeguati agli studi fatti. Voglio essere indipendente ma non ci riesco e non capisco perché dovrei trasferirmi in un'altra città o in un altro paese.

**Giacomo**, 20 anni, Genova

Secondo me i giovani laureati possono trovare lavoro; devono solo darsi da fare e cercare di fare esperienza anche durante gli anni dell'università invece di aspettare dopo la laurea. Ogni estate, io accetto qualsiasi lavoro che riesco a trovare per fare esperienza e cercherò il mio lavoro ideale dopo che mi sarò laureato.

**Sara**, 26 anni, Perugia

Purtroppo siamo in un circolo vizioso: le aziende vogliono giovani con esperienza, e così nessuno è disposto ad assumerli senza esperienza. Ma dove dovremmo maturare noi giovani questa esperienza? Secondo me l'università e il mondo del lavoro dovrebbero lavorare insieme per dare questa occasione a noi giovani.

1. Qual è l'opinione degli intervistati riguardo alle difficoltà che hanno i giovani italiani a trovare lavoro?
2. Quali soluzioni suggeriscono per risolvere questo problema?
3. Secondo te, quali fattori influenzano la loro opinione?
4. Con quale degli intervistati ti identifichi di più? Perché?
5. Secondo te, questi sono problemi solo italiani o ci sono anche nel tuo paese?

**2** **Scriviamo** Scegli uno dei seguenti argomenti e scrivi un tema di circa una pagina.

1. Fai un resoconto (*summary*) delle opinioni dei quattro intervistati.
2. Quale delle quattro opinioni è più vicina alla tua? Spiega perché.

**Strategie per la comunicazione**

Quando ti prepari a riportare quello che altre persone hanno detto, sia a voce che per iscritto, ricordati di non limitarti ad usare solo il verbo **dire**, ma utilizza altri sinonimi come: **raccontare**, **spiegare**, **chiarire**, **ricordare**, **far notare**, **affermare** ed **esprimere**.

# Preparazione

Audio: Vocabulary

NATIONAL STANDARDS connections cultures

**Vocabolario della lettura**

**l'abbigliamento** *clothing*
**il capo (di abbigliamento)** *article (of clothing)*
**la griffe** *designer label*
**il look** *dressing style*
**la marca** *brand*
**la richiesta** *demand*
**il settore** *sector*
**la sfilata** *(fashion) parade*
**lo stile** *style*
**lo stilista** *fashion designer*

**Vocabolario utile**

**l'ạbito** *(men's) suit*
**la cravatta** *tie*
**i gioiẹlli** *jewelry*
**la (mini)gonna** *(mini)skirt*
**gli orecchini** *earrings*
**i pantaloni (lunghi/corti)** *(long/short) pants*
**i sạndali** *sandals*
**il tailleur (*invar.*)** *(women's) suit*
**il tatuaggio** *tattoo*
**il trucco** *makeup*

**1** **Parole nuove** Associa i sinonimi nelle due colonne.

| | | |
|---|---|---|
| f | 1. l'abbigliamento | a. la griffe |
| e | 2. i sandali | b. i creatori di moda |
| a | 3. la marca | c. la caratteristica, l'orientamento |
| h | 4. il look | d. il campo |
| g | 5. la richiesta | e. le scarpe aperte |
| d | 6. il settore | f. i vestiti |
| c | 7. lo stile | g. la domanda |
| b | 8. gli stilisti | h. lo stile nel vestirsi |

**2** **Stile e look** In coppia, rispondete alle domande.

1. Quali stilisti italiani conosci? Quali sono i prodotti che preferisci?
2. Ti piace seguire le mode nel vestirti?
3. Come descriveresti il tuo look? È simile a quello degli altri studenti?
4. Come descriveresti il look della tua celebrità preferita?

**3** **Sondaggio** Cosa indosseresti in queste occasioni? Intervista altri studenti.

| Situazione | Abbigliamento | Accessori | Scarpe |
|---|---|---|---|
| in ufficio | | | |
| a un matrimonio | | | |
| a un colloquio di lavoro | | | |
| a una festa | | | |
| all'università | | | |
| sulla spiaggia | | | |
| sulla neve | | | |

**2** Encourage students to share their descriptions and fashion preferences with the rest of the class. Ask: **Qual è il look del presidente degli Stati Uniti? Come si veste un banchiere? E una giornalista? Un giardiniere?** Take this opportunity to review the vocabulary for professions and clothing.

**TEACHING OPTION**
In preparation for the reading, ask students to research an Italian fashion designer and report their findings to the rest of the class.

### Nota CULTURALE

Il più famoso museo italiano dedicato alla storia della moda è la **Galleria del costume**, che si trova a Palazzo Pitti a Firenze.
È una grande collezione che include più di 6.000 manufatti°, fra abiti antichi e moderni, accessori, costumi teatrali e cinematografici a partire dal '700. Molti degli esemplari, creati da stilisti italiani e stranieri, sono rari o addirittura° unici. Il museo spesso organizza anche mostre temporanee speciali.

**manufatti** *handicrafts* **addirittura** *even*

# LA MODA ITALIANA

Versace, collezione autunno-inverno, Milano Moda, 2009

Reading

## Eleganza al lavoro

In ufficio gli italiani si vestono sobriamente con abito e cravatta e le italiane in tailleur serio con colori classici. E le scarpe? Preferibilmente chiuse, anche d'estate, con tacchi bassi per le donne. Un look molto rigoroso, variato solo da accessori personalizzati ma non troppo vistosi°.

**vistosi** *loud*

Da molti anni, la scritta *Made in Italy* su un capo di abbigliamento è un sinonimo di qualità e prestigio, e l'industria della moda è diventata uno dei settori più importanti dell'economia italiana. Naturalmente il *Made in Italy* si riferisce anche agli altri prodotti esportati come quelli per l'ingegneria e i macchinari industriali, le automobili, l'arredamento°, i cibi e i vini che sono ormai diffusi in tutto il mondo. La moda però ha un ruolo privilegiato non solo nell'economia ma anche nell'immaginazione e nella società italiana: «moda», infatti, vuol dire anche «costume», che ha il doppio significato di abbigliamento e di abitudini morali e culturali.

*home furnishings*

Oltre all'incremento nell'esportazione dei prodotti artigianali e industriali e quindi alla crescita economica del paese, il successo degli stilisti di moda ha anche cambiato l'immagine che gli stranieri hanno degli italiani. Il successo dell'industria della moda italiana nasce dalla piccola e media imprenditoria°: la tradizione tessile°, unita alla qualità dei materiali locali e alla creatività dei talenti individuali, ha ispirato un prodotto completamente *Made in Italy*.

*small/medium business*
*textile*

La moda italiana nasce a Roma durante il boom economico degli anni '50. La Seconda Guerra Mondiale è finita e il mercato italiano è in espansione. Con la loro boutique vicino a via Veneto, le sorelle Fontana sono le prime stiliste a conquistare una fama internazionale. Giovanni Battista Giorgini organizza la prima sfilata di alta moda italiana a Firenze. È l'inizio della crescita commerciale del settore: Giorgini riesce infatti a catturare l'interesse dei grandi magazzini statunitensi. Le sfilate fiorentine continuano ancora oggi, ospitate nel famoso Palazzo Pitti. Anche la grande produzione cinematografica di Cinecittà, la Hollywood romana, aumenta la richiesta di capi firmati per i registi, gli attori e le attrici del momento, visibili in tutto il mondo sia sul grande schermo che in televisione. I modelli indossati negli anni '60 da Ava Gardner, Jackie Kennedy Onassis, Audrey Hepburn, Grace di Monaco e Marilyn Monroe sono diventati dei classici.

Negli anni '60 e '70 si affermano Giorgio Armani e Valentino. Molti stilisti modificano i loro disegni per seguire anche i gusti dei più giovani. Per attrarre il maggior numero di clienti nasce così la moda pronta firmata dalle griffe più prestigiose ma che si può comprare nei negozi più diffusi a prezzi accessibili e non soltanto nelle carissime boutique degli stilisti di via Condotti, di fronte a piazza di Spagna.

Milano è diventata la capitale dello stile e della moda italiana dagli anni '80 in poi°. Nella zona del centro chiamata il «quadrilatero della moda», delimitato da via Montenapoleone, via Manzoni, via della Spiga e corso Venezia, si concentrano i negozi dei più famosi creatori di moda. Alla fine di settembre e all'inizio di ottobre, durante la «settimana della moda» si può assistere° alle sfilate milanesi. Davanti alle telecamere e agli occhi di tutto il mondo sfilano le modelle più conosciute, vestite da Prada, Gucci, Dolce e Gabbana, Versace e moltissimi altri stilisti ormai leggendari per le loro favolose collezioni. È il trionfo della moda *Made in Italy*. ■

*from the 80s on*
*attend*

# Analisi

1 Ask pairs to create three more true/false statements and then give them to a different group to check.

1

## Comprensione

**A.** Indica se le affermazioni sono **vere** o **false**.

| Vero | Falso | |
|---|---|---|
| ☐ | ☑ | 1. Il *Made in Italy* si riferisce solo alle creazioni di alta moda. |
| ☑ | ☐ | 2. Il successo della moda italiana è anche dovuto alla forza della piccola e media imprenditoria. |
| ☐ | ☑ | 3. Armani e Valentino sono i primi stilisti a diventare famosi anche all'estero. |
| ☐ | ☑ | 4. Milano era la capitale della moda durante la produzione cinematografica di Cinecittà. |
| ☑ | ☐ | 5. La prima sfilata di moda italiana è stata organizzata a Firenze. |
| ☑ | ☐ | 6. Le attrici Ava Gardner, Audrey Hepburn, Grace di Monaco e Marilyn Monroe hanno tutte indossato vestiti di stilisti italiani. |
| ☐ | ☑ | 7. Gli italiani si vestono in maniera stravagante per andare in ufficio. |
| ☑ | ☐ | 8. Le sfilate più importanti di Milano avvengono ogni anno tra settembre e ottobre. |

**B.** Correggete le affermazioni false.

2

**Un look italiano?** Guardate queste foto e descrivete il look e la personalità di ogni persona.

3 Ask students to form two teams and debate the issue after jotting down the main points of their respective arguments.

**TEACHING OPTION**
Ask students to organize a fashion show, taking turns being the designers, the models, and the announcers describing the outfits.

**TEACHING OPTION**
Ask students to create a fashion magazine. Divide the class in small groups and ask each one to write one section of the magazine (news, editorials, fashion show reports, gossip about what celebrities are wearing) using pictures from the web, actual fashion magazines, drawings, etc.

3

**Dibattito** In piccoli gruppi, scegliete un'opinione e difendetela.

| | |
|---|---|
| Il mondo della moda è superficiale e corrotto. | Il mondo della moda è positivo per l'economia e l'immagine dell'Italia. |

4

**Scrittura** Scegli uno di questi argomenti e scrivi un testo di una pagina.

- Qual è l'impatto dell'industria della moda sull'economia?
- Cosa pensi delle aziende che sfruttano la manodopera (*take advantage of workers*)? Pensi che sia importante non comprare prodotti a prezzi molto più bassi della norma? Perché?
- Secondo te, quale settore economico è in maggiore crescita? Perché? Quali saranno i prodotti più diffusi nel futuro?

Practice more at **vhlcentral.com.**

# Preparazione

Audio: Vocabulary

connections cultures

## A proposito dell'autore

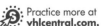

**Italo Calvino** (1923–1985) è uno scrittore molto amato da grandi e bambini. Infatti, molte delle sue favole allegoriche possono essere lette e apprezzate da un pubblico adulto o infantile. Nato a Cuba da genitori italiani, Calvino cresce in Liguria durante gli anni del fascismo e trova nell'allegoria un modo sicuro per esprimere le sue idee. È uno dei narratori italiani più importanti degli anni '50 e '60. Calvino ha scritto saggi, articoli, romanzi e racconti, e ha raccolto fiabe antiche della tradizione popolare italiana. Calvino è anche uno scrittore sperimentale molto attento ai meccanismi narrativi.

**Vocabolario della lettura**

**coricarsi** *to lie down*
**la dolcezza** *sweetness*
**la fabbrica/l'officina** *factory*
**il guanciale** *pillow*
**rincasare** *to go back home*
**il rumore** *noise*
**la smorfia** *smirk*
**spogliarsi** *to undress*
**stirarsi** *to stretch*
**la vestaglia** *robe*

**Vocabolario utile**

**la confidenza** *intimacy*
**il fraintendimento** *misunderstanding*
**l'odore** *smell*
**la sveglia** *alarm clock*
**il turno di lavoro** *work shift*

**Nottambulo** is someone who prefers to work at night, a night owl; **mattiniero** is an early bird. You could poll students and see how many of them prefer waking up early and why.

**1** **Definizioni** Trovate la definizione adatta ad ogni parola.

f 1. la sveglia — a. togliersi i vestiti
b 2. la vestaglia — b. indumento che si usa in casa
a 3. spogliarsi — c. l'intimità che si ha con una persona
d 4. il guanciale — d. dove mettiamo la testa sul letto
e 5. coricarsi — e. mettersi in posizione orizzontale
c 6. la confidenza — f. strumento infernale che suona la mattina

**2** **Preparazione** Fate a un(a) compagno/a le seguenti domande.

1. Com'è il tuo orario a scuola? Hai anche un lavoro?
2. Conosci coppie che fanno turni di lavoro diversi? Quando riescono a vedersi?
3. Quando studi e lavori, dove trovi il tempo per divertirti?
4. Che tipo di orario di lavoro vorresti avere a vent'anni? E a trenta? A quaranta?
5. È importante avere lo stesso orario del tuo partner e lo stesso lavoro?

**3** **Mattinieri o nottambuli?** In coppia, rispondete alle seguenti domande.

1. A che ora preferisci svegliarti? Sei nottambulo/a o mattiniero/a?
2. Hai mai abitato con delle persone che hanno ritmi diversi dai tuoi?
3. Sei nervoso se ti svegli fuori dai tuoi orari e bioritmi naturali? È importante per te mantenere una routine?
4. Se tu e tua moglie o tuo marito aveste turni di lavoro diversi, cosa fareste per vedervi?
5. Quanto è importante avere gli stessi interessi e gli stessi orari del partner?

### Nota CULTURALE

La raccolta° di racconti **Gli amori difficili** da cui è tratto° il racconto «L'avventura di due sposi» è composta da venti racconti di amori sospesi°, di coppie che non si incontrano la maggior parte delle volte, ma che si amano distrattamente, intensamente, disperatamente, dolcemente. «L'avventura di due sposi» racconta di una vita urbana, spersonalizzata°, con ritmi di lavoro costanti e difficili, in cui l'amore si trova nei piccoli spazi di pochi momenti.

**raccolta** *collection* **è tratto** *is taken* **sospesi** *suspended* **spersonalizzata** *depersonalized*

*Gli amori difficili* was written in 1971. The stories contained in it eloquently and accurately depict urban life in the years after the economic boom of the '60s.

Practice more at **vhlcentral.com.**

# L'avventura di due sposi

ITALO CALVINO

**Audio: Dramatic Reading**

L'operaio Arturo Massolari faceva il turno della notte, quello che finisce alle sei. Per rincasare aveva un lungo tragitto°, che compiva° in bicicletta nella bella stagione, in tram nei mesi piovosi e invernali. Arrivava a casa tra le sei e tre quarti e le sette, cioè alle volte un po' prima alle volte un po' dopo che suonasse la sveglia della moglie, Elide.

Spesso i due rumori: il suono della sveglia e il passo di lui che entrava si sovrapponevano° nella mente di Elide, raggiungendola° in fondo al sonno, il sonno compatto della mattina presto che lei cercava di spremere° ancora per qualche secondo col viso affondato° nel guanciale. Poi si tirava su dal letto di strappo° e già infilava° le braccia alla cieca° nella vestaglia, coi capelli sugli occhi. Gli appariva così, in cucina, dove Arturo stava tirando fuori° i recipienti° vuoti dalla borsa che si portava con sé sul lavoro: il portavivande°, il termos, e li posava sull'acquaio°. Aveva già acceso il fornello e aveva messo su° il caffè. Appena lui la guardava, a Elide veniva da° passarsi una mano sui capelli, da spalancare° a forza gli occhi, come se ogni volta si vergognasse° un po' di questa prima immagine che il marito aveva di lei entrando in casa, sempre così in disordine, con la faccia mezz'addormentata°. Quando due hanno dormito insieme è un'altra cosa, ci si ritrova al mattino a riaffiorare° entrambi° dallo stesso sonno, si è pari°.

Alle volte° invece era lui che entrava in camera a destarla°, con la tazzina del caffè, un minuto prima che la sveglia suonasse; allora tutto era piú naturale, la smorfia per uscire dal sonno prendeva una specie° di dolcezza pigra°, le braccia che s'alzavano per stirarsi, nude, finivano per cingere° il collo di lui. S'abbracciavano. Arturo aveva indosso il giaccone impermeabile°; a sentirselo° vicino lei capiva il tempo che faceva: se pioveva o faceva nebbia o c'era neve, a secondo di° com'era umido e freddo. Ma gli diceva lo stesso: — Che tempo fa? — e lui attaccava° il suo solito brontolamento° mezzo ironico, passando in rassegna° gli inconvenienti° che gli erano occorsi°, cominciando dalla fine: il percorso° in bici, il tempo trovato uscendo di fabbrica, diverso da quello di quando c'era entrato la sera prima, e le grane° sul lavoro, le voci che correvano nel reparto°, e così via.

A quell'ora, la casa era sempre poco scaldata°, ma Elide s'era tutta spogliata, un po' rabbrividendo°, e si lavava, nello stanzino da bagno. Dietro veniva lui, più con calma, si spogliava e si lavava anche

**...si davano un bacio, apriva la porta e già la si sentiva correre giù per le scale.**

lui, lentamente, si toglieva di dosso° la polvere° e l'unto° dell'officina. Così stando tutti e due intorno allo stesso lavabo°, mezzo nudi, un po' intirizziti°, ogni tanto dandosi delle spinte°, togliendosi di mano il sapone, il dentifricio, e continuando a dire le cose che avevano da dirsi, veniva il momento della confidenza, e alle volte, magari° aiutandosi a vicenda° a strofinarsi° la schiena°, s'insinuava° una carezza, e si trovavano abbracciati.

Ma tutt'a un tratto° Elide: — Dio! Che ora è già! — e correva a infilarsi° il reggicalze°, la gonna, tutto in fretta, in piedi, e con la spazzola° già andava su e giù per i capelli, e sporgeva il viso allo specchio del comò°, con le mollette° strette tra le labbra. Arturo le veniva dietro°, aveva acceso una sigaretta, e la guardava stando in piedi, fumando, e ogni volta pareva un po' impacciato°, di dover stare lì senza poter fare nulla. Elide era pronta, infilava il cappotto nel corridoio, si davano un bacio, apriva la porta e già la si sentiva correre giù per le scale.

*way/he used to cover*
*overlapped*
*reaching her*
*squeeze*
*buried*
*abruptly*
*slipped/blindly*
*was taking out/containers*
*lunch box*
*kitchen sink*
*put on (the stove)*
*felt like*
*open wide*
*she were ashamed*
*half asleep*
*emerging/both*
*both are equal*
*Sometimes*
*to wake her up*
*sort*
*slow*
*hug*
*rain jacket/feeling it*
*according to*
*began*
*grumbling*
*going over/nuisances*
*he had encountered*
*journey*
*troubles*
*division*
*heated*
*shivering*
*would take off*
*dust/grease*
*sink*
*numb with cold*
*pushes*
*perhaps/reciprocally*
*wash, scrub/back/ would slip in*
*all of a sudden*
*put on*
*garter belt*
*brush*
*dresser/hair pins*
*would follow her*
*clumsy*

Arturo restava solo. Seguiva il rumore dei tacchi di Elide giù per i gradini°, e quando non la sentiva più continuava a seguirla col pensiero, quel trotterellare° veloce per il cortile°, il portone°, il marciapiede, fino alla fermata del tram. Il tram lo sentiva bene, invece: stridere°, fermarsi, e lo sbattere° della pedana° a ogni persona che saliva. «Ecco, l'ha preso», pensava, e vedeva sua moglie aggrappata° in mezzo alla folla d'operai e operaie sull'«undici»°, che la portava in fabbrica come tutti i giorni. Spegneva la cicca°, chiudeva gli sportelli° alla finestra, faceva buio, entrava in letto.

**...strisciava un piede verso il posto di suo marito, per cercare il calore di lui...**

Il letto era come l'aveva lasciato Elide alzandosi, ma dalla parte sua, di Arturo, era quasi intatto°, come fosse stato rifatto allora. Lui si coricava dalla propria parte, per bene°, ma dopo allungava° una gamba in là, dov'era rimasto il calore di sua moglie, poi ci allungava anche l'altra gamba, e così a poco a poco si spostava° tutto dalla parte di Elide, in quella nicchia° di tepore° che conservava ancora la forma del corpo di lei, e affondava il viso nel suo guanciale, nel suo profumo, e s'addormentava.

Quando Elide tornava, alla sera, Arturo già da un po' girava° per le stanze: aveva acceso la stufa°, messo qualcosa a cuocere. Certi lavori li faceva lui, in quelle ore prima di cena, come rifare il letto, spazzare° un po', anche mettere a bagno° la roba da lavare. Elide poi trovava tutto malfatto°, ma lui a dir la verità non ci metteva nessun impegno° in più: quello che lui faceva era solo una specie di rituale per aspettare lei, quasi un venirle incontro° pur restando tra le pareti° di casa, mentre fuori s'accendevano le luci e lei passava per le botteghe° in mezzo a quell'animazione fuori tempo dei quartieri dove ci sono tante donne che fanno la spesa alla sera.

Alla fine sentiva il passo per la scala, tutto diverso da quello della mattina, adesso appesantito°, perché Elide saliva stanca dalla giornata di lavoro e carica° della spesa.

Arturo usciva sul pianerottolo°, le prendeva di mano la sporta°, entravano parlando. Lei si buttava° su una sedia in cucina, senza togliersi il cappotto, intanto che lui levava° la roba° dalla sporta. Poi: —Su, diamoci un addrizzo° lei diceva,— e s'alzava, si toglieva il cappotto, si metteva in veste da casa°. Cominciavano a preparare da mangiare: cena per tutt'e due, poi la merenda che si portava lui in fabbrica per l'intervallo° dell'una di notte, la colazione che doveva portarsi in fabbrica lei l'indomani°, e quella da lasciare pronta per quando lui l'indomani si sarebbe svegliato.

Lei un po' sfaccendava° un po' si sedeva sulla seggiola di paglia° e diceva a lui cosa doveva fare. Lui invece era l'ora in cui era riposato°, si dava attorno°, anzi voleva far tutto lui, ma sempre un po' distratto, con la testa già ad altro. In quei momenti lì, alle volte arrivavano sul punto di urtarsi°, di dirsi qualche parola brutta, perché lei lo avrebbe voluto più attento a quello che faceva, che ci mettesse più impegno, oppure che fosse più attaccato° a lei, le stesse più vicino, le desse più consolazione°. Invece lui, dopo il primo entusiasmo perché lei era tornata, stava già con la testa fuori di casa, fissato° nel pensiero di far presto perché doveva andare.

Apparecchiata° tavola, messa tutta la roba pronta a portata di mano per non doversi più alzare, allora c'era il momento dello struggimento° che li pigliava° tutti e due d'avere così poco tempo per stare insieme, e quasi non riuscivano° a portarsi il cucchiaio alla bocca, dalla voglia che avevano di star lì a tenersi per mano°.

*steps* · *steps* · *courtyard/street door* · *screeching/slamming* · *wooden step* · *hanging* · *tram number eleven* · *cigarette butt/shutters* · *undisturbed* · *dutifully/would stretch* · *would move* · *niche/warmth* · *was walking around* · *stove* · *sweep/soak* · *badly done* · *did not put any effort into it* · *meeting her/walls* · *shops* · *weighed down* · *loaded* · *landing* · *grocery bag* · *would throw herself* · *would take out/stuff* · *let's get a move on* · *apron* · *break* · *the day after* · *got busy* · *straw chair* · *was rested/would run around* · *hurt one another* · *attached* · *comfort* · *(trans)fixed* · *Set* · *anguish/would seize them* · *didn't manage* · *hold hands*

Ma non era ancora passato tutto il caffè e già lui era dietro° la bicicletta a vedere se ogni cosa era in ordine. S'abbracciavano. Arturo sembrava che solo allora capisse com'era morbida° e tiepida° la sua sposa. Ma si caricava° sulla spalla la canna° della bici e scendeva attento le scale.

Elide lavava i piatti, riguardava la casa da cima a fondo°, le cose che aveva fatto il marito, scuotendo° il capo°.

Ora lui correva le strade buie, tra i radi° fanali°, forse era già dopo il gasometro°. Elide andava a letto, spegneva° la luce. Dalla propria parte, coricata°, strisciava° un piede verso il posto di suo marito, per cercare il calore di lui, ma ogni volta s'accorgeva° che dove dormiva lei era più caldo, segno che anche Arturo aveva dormito lì, e ne provava° una grande tenerezza°. ■

*was after*
*soft/warm*
*would hoist/crossbar*
*from top to bottom*
*shaking/head*
*scarce*
*head lights/gas station*
*turned off*
*lying down/would slither*
*realized*
*felt/tenderness*

communication NATIONAL STANDARDS

# Analisi

1 **Comprensione** Metti in ordine i seguenti pezzi del racconto.

__4__ a. La mattina tutti e due si lavano in bagno.
__7__ b. I due cenano insieme.
__1__ c. L'operaio Arturo Massolari fa il turno di notte.
__8__ d. Quando Arturo va al lavoro in bicicletta, Elide lo segue con il pensiero.
__3__ e. Elide domanda che tempo fa.
__5__ f. Arturo ascolta i rumori in strada e immagina la moglie che va al lavoro.
__2__ g. Quando Arturo arriva a casa Elide dorme e Arturo le prepara il caffè.
__6__ h. Quando Elide torna, Arturo ha fatto qualche faccenda (*chore*) e si scambiano delle parole.

2 **Interpretazione** Scegli le risposte che ti sembrano giuste e poi confrontale con quelle di un(a) compagno/a.

1. Elide sente arrivare il marito perché ____.
   a. suona la sveglia (b.) nel sonno sente i suoi passi in cucina
   c. non ha potuto dormire.
2. Elide si vergogna un po' perché ____.
   a. non ha preparato lei il caffè b. è ancora in vestaglia
   (c.) sembra che abbia sempre sonno mentre lui è sveglio
3. Dal giaccone di Arturo, Elide capisce ____.
   a. se Arturo ha fatto una doccia b. se deve fare il bucato
   (c.) che tempo fa senza chiederlo
4. In bagno i due ____.
   (a.) condividono sapone, dentifricio, parole e carezze
   b. aspettano il proprio turno senza parlare c. si rubano il sapone e litigano
5. Arturo cerca il lato di Elide nel letto perché ____.
   (a.) è un modo per sentirsi vicino a lei b. è più comodo del suo lato
   c. lui non ha il comodino
6. Seduti a cena Arturo ed Elide ____.
   a. chiacchierano e si divertono b. sono allegri perché hanno un po' di tempo insieme (c.) sono tristi perché sanno che hanno poco tempo

3 **I protagonisti** In coppia, rispondete alle seguenti domande.

1. Perché Elide è imbarazzata la mattina?
2. Come sono i momenti di intimità tra Arturo ed Elide?
3. Quali gesti di affetto si scambiano? Fate almeno quattro esempi.
4. Perché sono nervosi prima di cena?
5. Che aggettivi usereste per descrivere Arturo ed Elide?
6. Quanti anni pensate che abbiano Arturo ed Elide?
7. Secondo voi, si vogliono bene? Da cosa lo deducete?

4 **La routine di Arturo ed Elide** Discuti con un(a) compagno/a i seguenti punti.

1. In che modo la routine dei due sposi è simile? Pensate a cosa fa Elide quando Arturo non c'è e viceversa.
2. Come sarebbe la loro routine se avessero dei bambini?
3. Perché viene usato l'imperfetto per raccontare questa storia?
4. Quanto interferisce la vita esterna con la loro vita di coppia?
5. La vita esterna dei due sposi non viene rappresentata in forma diretta attraverso la narrazione ma si racconta indirettamente. Come? Potete ricostruire il mondo esterno attraverso la routine di Arturo ed Elide?
6. C'è qualcosa di positivo nella routine della coppia? Cosa?

The imperfect underscores how the events told are routine: they are always the same, day in, day out. Ask how the story would be different if it were told in the **passato remoto** (or **prossimo**).

5 **Relazioni personali e lavoro** In piccoli gruppi, rispondete alle domande.

1. Immaginate che Arturo ed Elide siano già in pensione. Come sarebbe la loro vita? Pensate che gli mancherebbe il lavoro? Perché?
2. Che tipo di sacrifici fareste per le vostre famiglie? Fareste un lavoro che non vi piace o che vi porta lontano dalla famiglia?
3. Pensate ai vostri nonni e ai vostri genitori. Quanto interferiva il lavoro nella vita familiare? Quanto interferiva nel lavoro la vita familiare?
4. Fareste dei sacrifici personali per un lavoro molto importante? Perché?

6 **La vita insieme** In piccoli gruppi, scrivete e recitate una scenetta in cui due coppie di vicini di casa o di colleghi di lavoro si trovano a cena e parlano dei loro orari di lavoro (che devono essere completamente diversi). In caso siate in numero dispari, un marito o una moglie può essere sempre da solo/a perché l'altro è sempre in viaggio per lavoro. Considerate le seguenti idee.

- turni di notte contro turni di giorno
- cosa spinge a scegliere un determinato lavoro: perché scegliere un lavoro con un orario difficile, quali sono i vantaggi
- lavoro in fabbrica, ufficio, scuola contro lavoro da casa
- pranzi a casa contro panino veloce al lavoro

6 Students may imagine any kind of scenario. This exercise can also be done as a take-home composition to be graded separately from an in-class "performance." Having students memorize short dialogues helps.

7 **Tema** Scegli una di queste situazioni e scrivi un tema di almeno tre paragrafi.

- Ti hanno offerto un lavoro fantastico ma è dall'altra parte del paese. La tua relazione ne soffrirà sicuramente, ma per fortuna esistono gli aerei. Scrivi un e-mail al(la) tuo/a migliore amico/a per chiedere consigli. Esponi tutti i problemi del caso: distanza, situazione economica, vacanze, ecc.
- Ti hanno offerto un lavoro notturno. La paga è buona, ma riuscirai a mantenere intatta la tua relazione? Scrivi la lettera che daresti al(la) tuo/a partner per spiegare perché dovresti accettare il lavoro e quali saranno i sacrifici da fare.

Practice more at **vhlcentral.com.**

# Pratica

Encourage students to go back and review the information about essays presented in the **Laboratorio di scrittura** sections of previous lessons before beginning their final essay. Point students to the **Laboratorio di scrittura** appendix on **pp. 401–402**.

**Punti chiave per un buon saggio**

Non esiste una formula infallibile per scrivere un buon saggio: ciò che imparerai con la pratica e leggendo buoni esempi ti aiuterà. Fai comunque attenzione ai seguenti elementi:

**Concisione** Evita la ridondanza sia del linguaggio che delle idee. Non ripetere quello che hai già detto. Evita le parole che non sono necessarie e semplifica il più possibile ogni frase.

**Tono** Usa un tono adeguato a seconda del pubblico e delle tue intenzioni. Non usare un tono eccessivamente informale né troppo elevato.

**Linguaggio** Usa parole definite e concrete. Concentrati sulle parole principali di ogni frase e chiediti quali associazioni di idee saranno suggerite al lettore dalle tue parole.

**Fluidità** Le tue argomentazioni devono scorrere chiaramente dall'inizio alla fine. Se ci sono frasi o paragrafi che potrebbero confondere (*to confuse*) il lettore, cambiali. Va bene presentare una varietà di idee e sorprendere il lettore ma bisogna fare attenzione a non confonderlo.

1 **Preparazione** **Leggete il seguente paragrafo e confrontatelo con la biografia a pagina 391. Come sono diversi? Perché questa versione non è un esempio da seguire?**

**Calvino** (1923–1985) era uno scrittore molto amato. È amato da grandi e bambini. Molte delle sue favole allegoriche possono essere lette e apprezzate da grandi e da bambini. Tutti lo apprezzano. Calvino è nato a Cuba. Cresce in Liguria durante gli anni del fascismo e trova un modo sicuro per raccontare le sue idee. È amico di Cesare Pavese ed Elio Vittorini. È un narratore importante degli anni '50 e '60. Ha scritto romanzi, saggi, racconti e articoli. Ha raccolto fiabe antiche della tradizione fiabistica popolare italiana. È anche uno scrittore sperimentale. È molto attento ai meccanismi narrativi.

Encourage students to reflect their own experiences, or the experiences of their parents/grandparents. They could also imagine what kind of work they will have in the future and in what type of society they will be living in.

2 **Saggio** **Scegli uno di questi argomenti e scrivi un saggio.**

- Il saggio deve far riferimento ad almeno due dei quattro brani studiati in questa lezione o nelle precedenti lezioni e contenuti in **Cortometraggio**, **Immagina**, **Cultura** e **Letteratura**.
- Il saggio deve essere lungo almeno tre pagine.
- Una volta concluso il saggio, rivedilo e controlla che sia conciso, fluido e che il tono e il linguaggio siano adeguati.

Nella società in cui viviamo, l'apparenza e il successo sembrano contare più di chi siamo. Secondo te, quali fattori determinano l'essenza di una persona? Qual è il giusto equilibrio tra apparenza, posizione sociale e il vero «io»?

Il lavoro serve per sostenere la famiglia, ma spesso porta via tempo agli affetti. Esiste una via di mezzo?

Dai brani studiati in questa lezione, quali riflessioni sono possibili sul rapporto uomo/donna e lavoro?

# Il lavoro e le finanze

Vocabulary Tools

## La ricerca di lavoro

**l'agenzia di collocamento** *job agency*
**la carriera** *career*
**il colloquio di lavoro** *job interview*
**il curriculum (vitae)** *résumé*
**l'esperienza (professionale)** *(professional) experience*
**la formazione** *education; training*
**l'intervistatore/intervistatrice** *interviewer*
**il mestiere** *occupation; trade*
**il posto/la posizione** *job*
**le qualifiche** *qualifications*
**lo/la stagista** *intern*

---

**fare domanda (per un lavoro)** *to apply (for a job)*
**impiegare** *to employ*

## La gente al lavoro

**il capo** *boss*
**il/la consulente** *consultant*
**il/la contabile** *accountant*
**il direttore/la direttrice** *manager*
**il/la dirigente** *executive*
**l'impiegato/a** *employee*
**il/la proprietario/a** *owner*
**il/la segretario/a** *secretary*

## Al lavoro

**il/la collega** *colleague*
**la ditta/l'azienda** *company*
**le ferie** *holidays*
**il lavoro a orario normale/ridotto** *full-/part-time job*
**l'orario di lavoro** *work hours*
**la promozione** *promotion*
**lo sciopero** *strike*
**il sindacato** *labor union*
**lo stipendio (minimo)** *(minimum) wage*
**l'ufficio** *office*

---

**andare in pensione** *to retire*
**dare le dimissioni** *to quit*
**dirigere** *to manage*
**fare lo straordinario** *to work overtime*
**guadagnare** *to earn*
**licenziare** *to fire*

## Le finanze

**la bancarotta** *bankruptcy*
**il bancomat** *ATM*
**la borsa** *stock exchange*
**la carta di credito** *credit card*
**la cifra** *figure, number*
**il conto (corrente)** *(checking) account*
**la crisi economica** *economic crisis*
**il debito** *debt*
**il mercato immobiliare** *real estate market*
**il prestito** *loan*
**la recessione** *recession*
**la ricevuta; lo scontrino** *receipt*
**il risparmio** *savings*
**lo sportello** *window; counter*
**la tassa** *tax*
**il tasso (d'interesse)** *(interest) rate*

---

**approfittare** *to take advantage of*
**aprire/chiudere un conto** *to open/close an account*
**avere dei debiti** *to be in debt*
**cambiare un assegno** *to cash a check*
**depositare/versare** *to deposit*
**fare un mutuo** *to take out a mortgage*
**fare un prelievo/deposito** *to make a withdrawal/deposit*
**investire** *to invest*
**risparmiare** *to save*

---

**a breve/lungo termine** *short-/long-term*
**finanziario/a** *financial*
**prospero/a** *successful*

## Cortometraggio

**l'annuncio (di lavoro)** *(job) ad*
**la casalinga** *housewife*
**la direzione** *management*
**il fioraio** *florist*
**l'impegno** *commitment*
**gli occhiali da sole** *sunglasses*
**la piscina** *swimming pool*
**lo sguardo** *gaze*
**la società** *firm; society*
**il/la socio/a** *(business) partner*

---

**affidare** *to entrust*
**assumere** *to hire*
**rinunciare** *to give up*

---

**disoccupato/a** *unemployed*

## Cultura

**l'abbigliamento** *clothing*
**l'abito** *(men's) suit*
**il capo (di abbigliamento)** *article (of clothing)*
**la cravatta** *tie*
**i gioielli** *jewelry*
**la (mini)gonna** *(mini)skirt*
**la griffe** *designer label*
**il look** *dressing style*
**la marca** *brand*
**gli orecchini** *earrings*
**i pantaloni (lunghi/corti)** *(long/short) pants*
**la richiesta** *demand*
**i sandali** *sandals*
**il settore** *sector*
**la sfilata** *(fashion) parade*
**lo stile** *style*
**lo stilista** *fashion designer*
**il tailleur (*invar.*)** *(women's) suit*
**il tatuaggio** *tattoo*
**il trucco** *makeup*

## Letteratura

**la confidenza** *intimacy*
**la dolcezza** *sweetness*
**la fabbrica/l'officina** *factory*
**il fraintendimento** *misunderstanding*
**il guanciale** *pillow*
**l'odore** *smell*
**il rumore** *noise*
**la smorfia** *smirk*
**la sveglia** *alarm clock*
**il turno di lavoro** *work shift*
**la vestaglia** *robe*

---

**coricarsi** *to lie down*
**rincasare** *to go back home*
**spogliarsi** *to undress*
**stirarsi** *to stretch*

## Laboratorio di scrittura: Punti per la revisione dei saggi

**pages 403–404**

## Verb conjugation tables

**pages 405–418**

## Vocabulary

**pages 419–439** Italiano-Inglese
**pages 440–460** English-Italian

## Index

**pages 461–463**

## Credits

**pages 464–465**

## About the authors

**page 466**

# Punti per la revisione dei saggi

Per correggere il tuo lavoro, devi essere obiettivo e devi avere un buon occhio critico.

Prova a leggere il tuo saggio come se lo avesse scritto un'altra persona: ti convince? Ci sono elementi che ti lasciano perplesso o ti disturbano? Questa lista ti aiuterà a rivedere tutti gli aspetti del tuo saggio, dalle caratteristiche generali ai dettagli.

## Primo passo: una visione generale

**Tema**

Il saggio risponde alla domanda o al tema assegnato?

**Tesi**

Hai comunicato chiaramente la tua tesi?

La tesi non è la stessa cosa del tema: è un argomento specifico che determina la struttura del saggio.

L'idea della tesi deve apparire nel primo paragrafo, deve essere presente in tutto il saggio e deve riassumersi, ma non semplicemente ripetersi, nella conclusione.

**Logica e struttura**

Leggi il saggio dall'inizio alla fine e concentrati sull'organizzazione delle idee.

Ogni idea si relaziona con la successiva? Elimina qualsiasi mancanza di continuità.

Ci sono parti irrilevanti o che devono essere spostate?

Hai sostenuto la tua tesi con un numero di argomenti sufficienti o mancano degli esempi?

**Pubblico**

Il saggio deve essere adeguato (*appropriate*) al tipo di lettore.

Se il lettore non è informato sul tema, assicurati di presentare un contenuto sufficientemente ricco perché possa seguire il tuo ragionamento. Spiega i termini che potrebbero confonderlo.

Adatta il tono e il vocabolario al tipo di pubblico. Pensa sempre al tuo lettore come a qualcuno intelligente e scettico che non accetterà le tue idee se non lo convincono. Il tono non deve essere eccessivamente colloquiale, affettato o frivolo.

**Intenzione**

Se vuoi informare o spiegare un tema, devi essere preciso e meticoloso. Un saggio argomentativo si deve distinguere per l'obbiettività: evita le opinioni personali e soggettive. Puoi cercare di persuadere il lettore con opinioni personali e giudizi di valore solo se sono sostenuti da argomenti logici.

## Secondo passo: il paragrafo

Concentrati su ogni paragrafo con queste domande in mente:

**Paragrafo**

C'è una frase principale in ogni paragrafo? L'idea centrale non solo deve dare coerenza e unità al paragrafo, ma deve anche indirizzarlo verso la tesi principale del saggio.

Com'è la transizione da un paragrafo all'altro? Se è chiara, conferirà fluidità al saggio; se è brusca, può creare confusione e irritare il lettore.

Come inizia e come finisce il saggio? L'introduzione deve essere interessante e deve indicare chiaramente la tesi del saggio. La conclusione non deve limitarsi a ripetere quello che è stato detto: come qualsiasi altro paragrafo, deve presentare un'idea originale.

Leggi il paragrafo, se è possibile a voce alta, e presta attenzione al ritmo del linguaggio. Se tutte le frasi sono uguali, la lettura diventa monotona e noiosa. Cerca di variare la lunghezza delle frasi e il ritmo.

## Terzo passo: la frase

Come ultimo passo, leggi minuziosamente tutte le frasi.

**Frasi**

Cerca le parole appropriate per ogni tipo di situazione. Considera i possibili sinonimi. Usa sempre un linguaggio diretto, preciso e completo.

Evita la ridondanza. Elimina ogni frase o parola che potrebbe creare distrazione o che potrebbe ripetere quello che hai già detto.

Controlla la grammatica. Assicurati che ci sia concordanza tra il soggetto e il verbo, tra i sostantivi e gli aggettivi e tra i pronomi e i loro antecedenti. Assicurati di usare le preposizioni giuste.

Controlla l'ortografia. Fai particolarmente attenzione agli accenti.

## Valutazione e progresso

**Revisione**

Se è possibile, scambia il tuo saggio con un(a) compagno/a e ascolta i suggerimenti per migliorare il tuo lavoro. Considera quello che cambieresti, ma anche quello che ti piace.

**Correzioni**

Quando l'insegnante ti riconsegna (*gives back*) il saggio, leggi i commenti e le correzioni. Prepara una pagina dal titolo: **Note per migliorare i lavori di scrittura** e fai una lista dei tuoi errori più comuni. Conservala insieme al saggio in una cartella dei lavori e consultala regolarmente. In questo modo potrai valutare i tuoi progressi ed evitare di cadere sempre negli stessi errori.

# Verb conjugation tables

Below you will find the infinitive of the verbs introduced as active vocabulary in **IMMAGINA**, as well as other model verbs. Each verb is followed by a model verb conjugated on the same pattern. The number in parentheses indicates where in the verb tables, pages **407–418**, you can find the conjugated forms of the model verb. The phrase "**p.p.** with **essere**" after a verb means that it is conjugated with **essere** in the **passato prossimo** and all other compound tenses (see page **408**). The reference "**1-3-3 verb**" in this table indicates that the verb is regular in all forms except the past participle, and the following forms of the **passato remoto**: first person singular, third person singular, and third person plural. The irregular forms for these types of verbs are listed on pages **417–418**. For reflexive verbs, the list usually points to a non-reflexive model and includes a reminder that compound tenses are formed with **essere**. A full conjugation of the simple forms of a reflexive verb is presented in Verb table 5 on page **407**.

**abbracciarsi** like adorare (1) *except* **p.p.** with **essere**
**abitare** like adorare (1)
**abituarsi** like adorare (1) *except* **p.p.** with **essere**
**abolire** like capire (4)
**abusare** like adorare (1)
**accọgliere** like tọgliere (49)
**accomodarsi** like adorare (1) *except* **p.p.** with **essere**
**accọrgersi** like crẹdere (2) *except* **1-3-3** verb and **p.p.** with **essere**
**adagiarsi** like mangiare (27) *except* **p.p.** with **essere**
**adattarsi** like adorare (1) *except* **p.p.** with **essere**
**addormentarsi** like adorare (1) *except* **p.p.** with **essere**
**adeguarsi** like adorare (1) *except* **p.p.** with **essere**
**adorare** (1)
**affidare** like adorare (1)
**aggiornare** like adorare (1)
**aggrapparsi** like adorare (1) *except* **p.p.** with **essere**
**aiutarsi** like adorare (1) *except* **p.p.** with **essere**
**allegare** like litigare (26)
**allenarsi** like adorare (1) *except* **p.p.** with **essere**
**allontanarsi** like adorare (1) *except* **p.p.** with **essere**
**alzare** like adorare (1)
**alzarsi** (5)
**amare** like adorare (1)
**amarsi** like adorare (1) *except* **p.p.** with **essere**
**andare** (8)
**annoiarsi** like cambiare (13) *except* **p.p.** with **essere**
**apparire** (9)
**appartenere** like tenere (48)
**applaudire** like dormire (3)
**approfittare** like adorare (1)
**approfondire** like capire (4)
**approvare** like adorare (1)
**aprire** (10)
**arrabbiarsi** like cambiare (13) *except* **p.p.** with **essere**
**arrẹndersi** like prẹndere (35) *except* **p.p.** with **essere**
**arricchirsi** like capire (4)
**arrivare** like adorare (1) *except* **p.p.** with **essere**
**asciugarsi** like litigare (26) *except* **p.p.** with essere
**ascoltare** like adorare (1)
**aspettare** like adorare (1)
**assịstere** like crẹdere (2) *except* past participle is **assistito**
**assomigliare** like cambiare (13)
**assụmere** like crẹdere (2) *except* **1-3-3** verb
**assụmersi** like crẹdere (2) *except* **p.p.** with **essere**
**attraversare** like adorare (1)
**aumentare** like adorare (1)
**avere** (6)
**avvenire** like venire (55)
**avvicinarsi** like adorare (1) *except* **p.p.** with **essere**
**baciarsi** like adorare (1) *except* **p.p.** with **essere**
**bastare** like adorare (1)
**bạttere** like crẹdere (2)
**bere** (11)
**bruciare** like cominciare (16)
**bussare** like adorare (1)
**buttare** like adorare (1)
**cadere** (12)
**cambiare** (13)
**campeggiare** like mangiare (27)
**cancellare** like adorare (1)
**cantare** like adorare (1)
**capire** (4)
**capitare** like adorare (1)
**censurare** like adorare (1)
**cercare** (14)
**cessare** like adorare (1)
**chattare** like adorare (1)
**chiacchierare** like adorare (1)
**chiamare** like adorare (1)
**chiamarsi** like adorare (1) *except* **p.p.** with **essere**
**chiẹdere** (15)
**clonare** like adorare (1)
**cọgliere** like tọgliere (49)
**colonizzare** like adorare (1)
**coltivare** like adorare (1)
**combạttere** like crẹdere (2)
**cominciare** (16)
**comporre** like porre (33)
**condivịdere** like crẹdere (2) *except* **1-3-3** verb
**condurre** like produrre (36)
**conformarsi** like adorare (1) *except* **p.p.** with **essere**
**conọscere** like crẹdere (2) *except* **1-3-3** verb and **p.p.** with **essere**
**conọscersi** like adorare (1) *except* **p.p.** with **essere**
**conquistare** like adorare (1)
**consigliare** like cambiare (13)
**contare** like adorare (1)
**continuare** like adorare (1)
**contravvenire** like venire (55) *except* **p.p.** with **avere**
**copiare** like cambiare (13)
**coprire di** like aprire (10)
**coricarsi** like adorare (1) *except* **p.p.** with **essere**
**corrẹggere** like crẹdere (2) *except* **1-3-3** verb
**cọrrere** like crẹdere (2) *except* **1-3-3** verb
**costrịngere** like crẹdere (2)
**crẹdere** (2)
**crẹscere** like crẹdere (2) *except* **1-3-3** verb
**cuọcere** (17)
**dare** (18)
**decịdere** like crẹdere (2) *except* **1-3-3** verb
**dedicarsi** like adorare (1) *except* **p.p.** with **essere**
**depositare** like adorare (1)
**desiderare** like adorare (1)
**difẹndere** like prẹndere (35)
**digitare** like adorare (1)
**dimenticarsi** like dimenticare (19) *except* **p.p.** with **essere**
**diminuire** like capire (4)
**dimostrare** like adorare (1)
**dipẹndere** like prẹndere (35)
**dipịngere** like dormire (3) *except* **1-3-3** verb
**dire** (20)
**dirịgere** like crẹdere (2) *except* **1-3-3** verb
**discụtere** like crẹdere (2) *except* **1-3-3** verb
**disfarsi** like fare (23) *except* **p.p.** with **essere**
**dispiacere** like tạcere (47)
**dissentire** like dormire (3)
**disturbare** like adorare (1)
**divenire** like venire (55)
**diventare** like adorare (1)
**divertirsi** like dormire (3) *except* **p.p.** with **essere**
**divorziare** like cambiare (13)
**dolere** (21)
**dormire** (3)
**dovere** (22)
**dubitare** like crẹdere (2)
**educare** like cercare (14)
**elẹggere** like crẹdere (2) *except* **1-3-3** verb
**entrare** like adorare (1)
**ereditare** like adorare (1)
**esaurirsi** like capire (4) *except* **p.p.** with **essere**
**esigere** like crẹdere (2) *except* **1-3-3** verb
**espẹllere** like crẹdere (2) *except* **1-3-3** verb
**ẹssere** (7)
**fare** (23)
**farsi** like fare (23) *except* **p.p.** with **essere**
**ferirsi** like capire (4) *except* **p.p.** with **essere**
**fermare** like adorare (1)
**fermarsi** like adorare (1) *except* **p.p.** with **essere**
**festeggiare** like mangiare (27)
**fidanzarsi** like adorare (1) *except* **p.p.** with **essere**
**fidarsi** like adorare (1) *except* **p.p.** with **essere**
**filmare** like adorare (1)
**fịngere** like crẹdere (2) *except* **1-3-3** verb
**finire** like capire (4)
**fregare** like litigare (26)
**fuggire** like dormire (3)
**giocare** (24)
**girare** like adorare (1)
**giudicare** like dimenticare (19)
**giurare** like adorare (1)
**governare** like adorare (1)

**guadagnare** like sognare (44)
**guarire** like capire (4)
**guidare** like adorare (1)
**immaginare** like adorare (1)
**imparare** like adorare (1)
**impazzire** like capire (4)
**impedire** like capire (4)
**impiegare** like litigare (26)
**imporre** like porre (33)
**importare** like adorare (1)
**impoverirsi** like capire (4) *except* **p.p.** with **essere**
**imprigionare** like adorare (1)
**improvvisare** like adorare (1)
**incollare** like adorare (1)
**incontrarsi** like adorare (1) *except* **p.p.** with **essere**
**incoraggiare** like mangiare (27)
**indossare** like adorare (1)
**influenzare** like adorare (1)
**informarsi** like adorare (1) *except* **p.p.** with **essere**
**innamorarsi** like adorare (1) *except* **p.p.** with **essere**
**insegnare** like sognare (44)
**insịstere** like crẹdere (2) *except* past participle is **insistito**
**interessare** like adorare (1)
**interpellare** like adorare (1)
**intervistare** like adorare (1)
**invạdere** like crẹdere (2) *except* **1-3-3** verb
**invecchiare** like cambiare (13)
**investire** like dormire (3)
**inviare** (25)
**invitare** like adorare (1)
**lamentare** like adorare (1)
**lamentarsi** like adorare (1) *except* **p.p.** with **essere**
**lasciare** like cominciare (16)
**lavarsi** like adorare (1) *except* **p.p.** with **essere**
**lẹggere** like crẹdere (2) *except* **1-3-3** verb
**legiferare** like adorare (1)
**liberare** like adorare (1)
**licenziare** like adorare (1)
**litigare** (26)
**lottare** like adorare (1)
**maledire** like dire (20)
**mancare** like cercare (14)
**mandare** like adorare (1)
**mangiare** (27)
**manifestare** like adorare (1)
**masterizzare** like adorare (1)
**mentire** like dormire (3)
**meritare** like adorare (1)
**mẹttere** (28)
**mẹttersi** like mẹttere (28) *except* **p.p.** with **essere**
**mobilitare** like adorare (1)
**mollare** like adorare (1)
**morire** (29)
**muọvere** (30)
**muọversi** like muọvere (30) *except* **p.p.** with **essere**
**nạscere** like crẹdere (2) *except* **1-3-3** verb
**nascọndere** like crẹdere (2) *except* **1-3-3** verb
**navigare** like litigare (26)
**nuọcere** (31)
**obbligare** like litigare (26)
**occọrrere** like crẹdere (2) *except* **1-3-3** verb
**occuparsi** like adorare (1) *except* **p.p.** with **essere**
**odiare** like adorare (1)
**offrire** like dormire (3) *except* **1-3-3** verb
**opprịmere** like dormire (3) *except* **1-3-3** verb
**ottenere** like tenere (48)
**parare** like adorare (1)
**parcheggiare** like mangiare (27)
**pareggiare** like mangiare (27)
**parere** (32)
**parlare** like adorare (1)
**parlarsi** like adorare (1) *except* **p.p.** with **essere**
**partecipare** like adorare (1)
**partire** like dormire (3)
**passare** like adorare (1)
**passeggiare** like mangiare (27)
**penare** like adorare (1)
**pensare** like adorare (1)
**pentirsi** like dormire (3) *except* **p.p.** with **essere**
**pẹrdere** like crẹdere (2) *except* **1-3-3** verb
**pẹrdersi** like crẹdere (2) *except* **1-3-3** verb and **p.p.** with **essere**
**permẹttere** like mẹttere (28)
**persuadere** like crẹdere (2) *except* **1-3-3** verb
**pescare** like cercare (14)
**piacere** like tạcere (47)
**piạngere** like crẹdere (2) *except* **1-3-3** verb
**pianificare** like adorare (1)
**porre** (33)
**possedere** like sedere (43)
**potere** (34)
**predire** like dire (20)
**preferire** like capire (4)
**pregare** like litigare (26)
**prẹndere** (35)
**preoccuparsi** like adorare (1) *except* **p.p.** with **essere**
**preparare** like adorare (1)
**prevedere** like vedere (54)
**produrre** (36)
**promẹttere** like mẹttere (28)
**promuọvere** like muọvere (30)
**provare** like adorare (1)
**provarsi** like adorare (1) *except* **p.p.** with **essere**
**punire** like capire (4)
**raccọgliere** like tọgliere (49)
**realizzare** like adorare (1)
**reclamare** like adorare (1)
**registrare** like adorare (1)
**rẹndersi** like prẹndere (35) *except* **p.p.** with **essere**
**restare** like adorare (1)
**riciclare** like adorare (1)
**ricordarsi** like adorare (1) *except* **p.p.** with **essere**
**rịdere** like crẹdere (2) *except* **1-3-3** verb
**riempire** (37)
**riflẹttere** like crẹdere (2) *except* **1-3-3** verb
**rimandare** like adorare (1)
**rimanere** (38)
**rimproverare** like adorare (1)
**rincasare** like adorare (1)
**ringraziare** like cambiare (13)
**rinunciare** like cominciare (16)
**riposarsi** like adorare (1) *except* **p.p.** with **essere**
**risọlvere** (39)
**risparmiare** like cambiare (13)
**rispettare** like adorare (1)
**rispọndere** (40)
**risultare** like adorare (1)
**ritenere** like tenere (48)
**ritornare** like adorare (1)
**riuscire** like uscire (52)
**rọmpere** like crẹdere (2) *except* **1-3-3** verb
**rovesciare** like cominciare (16)
**rubare** like adorare (1)
**salire** (41)
**saltare** like adorare (1)
**salvare** like adorare (1)
**sapere** (42)
**sbadigliare** like cambiare (13)
**sbagliare** like cambiare (13)
**sbrigarsi** like litigare (26) *except* **p.p.** with **essere**
**scalare** like adorare (1)
**scaricare** like dimenticare (19)
**scẹgliere** like tọgliere (49)
**scẹndere** like prẹndere (35)
**scherzare** like adorare (1)
**sciare** like cominciare (16)
**scivolare** like adorare (1)
**scolpire** like capire (4)
**scommẹttere** like mẹttere (28)
**scomparire** like apparire (9)
**sconfiggere** like crẹdere (2) *except* **1-3-3** verb
**scrịvere** like crẹdere (2) *except* **1-3-3** verb
**scrịversi** like crẹdere (2) *except* **1-3-3** verb and **p.p.** with **essere**
**sedere** (43)
**segnare** like sognare (44)
**sembrare** like adorare (1)
**sentirsi** like dormire (3)
**servire** like dormire (3)
**sfarsi** like fare (23)
**smẹttere** like mẹttere (28)
**sminuire** like capire (4)
**soffrire** like aprire (10)
**sognare** (44)
**sopravvịvere** like vịvere (57)
**sormontare** like adorare (1)
**sorrịdere** like crẹdere (2) *except* **1-3-3** verb
**sparire** like capire (4)
**spẹgnere** (45)
**sperare** like adorare (1)
**spettinare** like adorare (1)
**spiare** like adorare (1)
**spiegare** like litigare (26)
**spịngere** like crẹdere (2) *except* **1-3-3** verb
**spogliarsi** like adorare (1) *except* **p.p.** with **essere**
**sposarsi** like adorare (1) *except* **p.p.** with **essere**
**squillare** like adorare (1)
**stabilirsi** like capire (4) *except* **p.p.** with **essere**
**stare** (46)
**stirarsi** like adorare (1) *except* **p.p.** with **essere**
**strịngere** like crẹdere (2) *except* **1-3-3** verb
**studiare** like adorare (1)
**stufarsi** like adorare (1) *except* **p.p.** with essere
**stupire** like capire (4)
**suggerire** like capire (4)
**suonare** like adorare (1)
**superare** like adorare (1)
**svegliare** like cambiare (13)
**svegliarsi** like cambiare (13) *except* **p.p.** with **essere**
**svọlgersi** like crẹdere (2) *except* **1-3-3** verb and **p.p.** with **essere**
**tạcere** (47)
**telefonarsi** like adorare (1) *except* **p.p.** with **essere**
**temere** like crẹdere (2)
**tenere** (48)
**tifare** like adorare (1)
**tirare** like adorare (1)
**tọgliere** (49)
**tornare** like adorare (1)
**tracciare** like cominciare (16)
**tradurre** like produrre (36)
**trarre** (50)
**trasferirsi** like capire (4) *except* **p.p.** with **essere**
**trasmẹttere** like mẹttere (28)
**trattarsi** like adorare (1)
**trovarsi** like adorare (1) *except* **p.p.** with **essere**
**truccarsi** like cercare (14) *except* **p.p.** with **essere**
**tutelare** like adorare (1)
**udire** (51)
**uscire** (52)
**valere** (53)
**vantarsi** like adorare (1) *except* **p.p.** with **essere**
**vedere** (54)
**vedersi** like vedere (54) *except* **p.p.** with **essere**
**venire** (55)
**vergognarsi** like sognare (44) *except* **p.p.** with **essere**
**versare** like adorare (1)
**vestirsi** like dormire (3) *except* **p.p.** with **essere**
**vịncere** (56)
**vịvere** (57)
**viziare** like cambiare (13)
**volere** (58)
**votare** like adorare (1)

# Regular verbs: simple tenses

| | Infinito<br>**Participio passato**<br>**Gerundio presente**<br>**Infinito passato** | INDICATIVO Presente | INDICATIVO Imperfetto | INDICATIVO Passato remoto | INDICATIVO Futuro | CONDIZIONALE Presente | CONGIUNTIVO Presente | CONGIUNTIVO Imperfetto | IMPERATIVO |
|---|---|---|---|---|---|---|---|---|---|
| 1 | **adorare** | adoro | adoravo | adorai | adorerò | adorerei | adori | adorassi | |
| | *(to adore)* | adori | adoravi | adorasti | adorerai | adoreresti | adori | adorassi | adora (non adorare) |
| | adorato | adora | adorava | adorò | adorerà | adorerebbe | adori | adorasse | adori |
| | adorando | adoriamo | adoravamo | adorammo | adoreremo | adoreremmo | adoriamo | adorạssimo | adoriamo |
| | avere adorato | adorate | adoravate | adoraste | adorerete | adorereste | adoriate | adoraste | adorate |
| | | adọrano | adorạvano | adorạrono | adoreranno | adorerẹbbero | adọrino | adorạssero | adọrino |
| 2 | **crẹdere** | credo | credevo | credei, credetti | crederò | crederei | creda | credessi | |
| | *(to believe)* | credi | credevi | credesti | crederai | crederesti | creda | credessi | credi (non crẹdere) |
| | creduto | crede | credeva | credé, credette | crederà | crederebbe | creda | credesse | creda |
| | credendo | crediamo | credevamo | credemmo | crederemo | crederemmo | crediamo | credẹssimo | crediamo |
| | avere creduto | credete | credevate | credeste | crederete | credereste | crediate | credeste | credete |
| | | crẹdono | credẹvano | credẹrono, credẹttero | crederanno | crederẹbbero | crẹdano | credẹssero | crẹdano |
| 3 | **dormire** | dormo | dormivo | dormịi | dormirò | dormirei | dorma | dormissi | |
| | *(to sleep)* | dormi | dormivi | dormisti | dormirai | dormiresti | dorma | dormissi | dormi (non dormire) |
| | dormito | dorme | dormiva | dormì | dormirà | dormirebbe | dorma | dormisse | dorma |
| | dormendo | dormiamo | dormivamo | dormimmo | dormiremo | dormiremmo | dormiamo | dormịssimo | dormiamo |
| | avere dormito | dormite | dormivate | dormiste | dormirete | dormireste | dormiate | dormiste | dormite |
| | | dọrmono | dormịvano | dormịrono | dormiranno | dormirẹbbero | dọrmano | dormịssero | dọrmano |
| 4 | **capire** | capisco | capivo | capịi | capirò | capirei | capisca | capissi | |
| | *(to understand)* | capisci | capivi | capisti | capirai | capiresti | capisca | capissi | capisci (non capire) |
| | capito | capisce | capiva | capì | capirà | capirebbe | capisca | capisse | capisca |
| | capendo | capiamo | capivamo | capimmo | capiremo | capiremmo | capiamo | capịssimo | capiamo |
| | avere capito | capite | capivate | capiste | capirete | capireste | capiate | capiste | capite |
| | | capịscono | capịvano | capịrono | capiranno | capirẹbbero | capịscano | capịssero | capịscano |

# Reflexive verbs

| | Infinito<br>**Participio passato**<br>**Gerundio presente**<br>**Infinito passato** | INDICATIVO Presente | INDICATIVO Imperfetto | INDICATIVO Passato remoto | INDICATIVO Futuro | CONDIZIONALE Presente | CONGIUNTIVO Presente | CONGIUNTIVO Imperfetto | IMPERATIVO |
|---|---|---|---|---|---|---|---|---|---|
| 5 | **alzarsi** | mi alzo | mi alzavo | mi alzai | mi alzerò | mi alzerei | mi alzi | mi alzassi | |
| | *(to get up)* | ti alzi | ti alzavi | ti alzasti | ti alzerai | ti alzeresti | ti alzi | ti alzassi | ạlzati (non alzarti/ non ti alzare) |
| | alzato/a | si alza | si alzava | si alzò | si alzerà | si alzerebbe | si alzi | si alzasse | si alzi |
| | alzạndosi | ci alziamo | ci alzavamo | ci alzammo | ci alzeremo | ci alzeremmo | ci alziamo | ci alzạssimo | alziạmoci |
| | ẹssersi alzato/a | vi alzate | vi alzavate | vi alzaste | vi alzerete | vi alzereste | vi alziate | vi alzaste | alzạtevi |
| | | si ạlzano | si alzạvano | si alzạrono | si alzeranno | si alzerẹbbero | si ạlzino | si alzạssero | si ạlzino |

# Auxiliary verbs

| Infinito<br>Participio passato<br>Gerundio presente<br>Infinito passato | INDICATIVO Presente | INDICATIVO Imperfetto | INDICATIVO Passato remoto | INDICATIVO Futuro | CONDIZIONALE Presente | CONGIUNTIVO Presente | CONGIUNTIVO Imperfetto | IMPERATIVO |
|---|---|---|---|---|---|---|---|---|
| 6 avere | **ho** | avevo | **ebbi** | **avrò** | **avrei** | **abbia** | avessi | |
| *(to have)* | **hai** | avevi | **avesti** | **avrai** | **avresti** | **abbia** | avessi | **abbi** (non avere) |
| avuto | **ha** | aveva | **ebbe** | **avrà** | **avrebbe** | **abbia** | avesse | **abbia** |
| avendo | **abbiamo** | avevamo | avemmo | **avremo** | **avremmo** | **abbiamo** | avẹssimo | **abbiamo** |
| avere avuto | avete | avevate | aveste | **avrete** | **avreste** | **abbiate** | aveste | **abbiate** |
| | **hanno** | avẹvano | **ẹbbero** | **avranno** | **avrẹbbero** | **ạbbiano** | avẹssero | **ạbbiano** |
| 7 ẹssere | **sono** | **ero** | **fui** | **sarò** | **sarei** | **sịa** | **fossi** | |
| *(to be)* | **sei** | **eri** | **fosti** | **sarai** | **saresti** | **sịa** | **fossi** | **sịi** (non ẹssere) |
| stato/a | **è** | **era** | **fu** | **sarà** | **sarebbe** | **sịa** | **fosse** | **sịa** |
| essendo | **siamo** | **eravamo** | **fummo** | **saremo** | **saremmo** | **siamo** | **fọssimo** | **siamo** |
| ẹssere stato/a | **siete** | **eravate** | **foste** | **sarete** | **sareste** | **siate** | **foste** | **siate** |
| | **sono** | **ẹrano** | **fụrono** | **saranno** | **sarẹbbero** | **sịano** | **fọssero** | **sịano** |

# Compound tenses

| Ausiliare | INDICATIVO Passato prossimo | | INDICATIVO Trapassato prossimo | | INDICATIVO Trapassato remoto | | INDICATIVO Futuro anteriore | | CONDIZIONALE Passato | | CONGIUNTIVO Passato | | CONGIUNTIVO Trapassato | |
|---|---|---|---|---|---|---|---|---|---|---|---|---|---|---|
| avere | ho | | avevo | | ebbi | | avrò | | avrei | | abbia | | avessi | |
| | hai | adorato | avevi | adorato | avesti | adorato | avrai | adorato | avresti | adorato | abbia | adorato | avessi | adorato |
| | ha | perduto | aveva | perduto | ebbe | perduto | avrà | perduto | avrebbe | perduto | abbia | perduto | avesse | perduto |
| | abbiamo | dormito | avevamo | dormito | avemmo | dormito | avremo | dormito | avremmo | dormito | abbiamo | dormito | avẹssimo | dormito |
| | avete | capito | avevate | capito | aveste | capito | avrete | capito | avreste | capito | abbiate | capito | aveste | capito |
| | hanno | | avẹvano | | ẹbbero | | avranno | | avrẹbbero | | ạbbiano | | avẹssero | |
| ẹssere | sono andato/a | | ero andato/a | | fui andato/a | | sarò andato/a | | sarei andato/a | | sịa andato/a | | fossi andato/a | |
| | sei andato/a | | eri andato/a | | fosti andato/a | | sarai andato/a | | saresti andato/a | | sịa andato/a | | fossi andato/a | |
| | è andato/a | | era andato/a | | fu andato/a | | sarà andato/a | | sarebbe andato/a | | sịa andato/a | | fosse andato/a | |
| | siamo andati/e | | eravamo andati/e | | fummo andati/e | | saremo andati/e | | saremmo andati/e | | siamo andati/e | | fọssimo andati/e | |
| | siete andati/e | | eravate andati/e | | foste andati/e | | sarete andati/e | | sareste andati/e | | siate andati/e | | foste andati/e | |
| | sono andati/e | | ẹrano andati/e | | fụrono andati/e | | saranno andati/e | | sarẹbbero andati/e | | sịano andati/e | | fọssero andati/e | |

# Irregular verbs

| | Infinito / Participio passato / Gerundio presente / Infinito passato | INDICATIVO Presente | INDICATIVO Imperfetto | INDICATIVO Passato remoto | INDICATIVO Futuro | CONDIZIONALE Presente | CONGIUNTIVO Presente | CONGIUNTIVO Imperfetto | IMPERATIVO |
|---|---|---|---|---|---|---|---|---|---|
| 8 | andare | **vado** | andavo | andai | **andrò** | **andrei** | **vada** | andassi | |
| | *(to go)* | **vai** | andavi | andasti | **andrai** | **andresti** | **vada** | andassi | **vai, va'** (non andare) |
| | andato/a | **va** | andava | andò | **andrà** | **andrebbe** | **vada** | andasse | **vada** |
| | andando | andiamo | andavamo | andammo | **andremo** | **andremmo** | andiamo | andạssimo | andiamo |
| | ẹssere andato/a | andate | andavate | andaste | **andrete** | **andreste** | andiate | andaste | andate |
| | | **vanno** | andạvano | andạrono | **andranno** | **andrebbero** | **vạdano** | andạssero | **vạdano** |
| 9 | apparire | **appạio** | apparivo | apparịi, **apparvi** | apparirò | apparirei | **appạia** | apparissi | |
| | *(to appear)* | appari | apparivi | apparisti | apparirai | appariresti | **appạia** | apparissi | appari (non apparire) |
| | **apparso/a** | appare | appariva | apparì, **apparve** | apparirà | apparirebbe | **appạia** | apparisse | **appạia** |
| | apparendo | appariamo | apparivamo | apparimmo | appariremo | appariremmo | appariamo | apparịssimo | appariamo |
| | ẹssere apparso/a | apparite | apparivate | appariste | apparirete | apparireste | appariate | appariste | apparite |
| | | **appạiono** | apparịvano | apparịrono, **appạrvero** | appariranno | apparirẹbbero | **appạiano** | apparịssero | **appạiano** |
| 10 | aprire | apro | aprivo | aprịi, **apersi** | aprirò | aprirei | apra | aprissi | |
| | *(to open)* | apri | aprivi | apristi | aprirai | apriresti | apra | aprissi | apri (non aprire) |
| | **aperto** | apre | apriva | aprì, **aperse** | aprirà | aprirebbe | apra | aprisse | apra |
| | aprendo | apriamo | aprivamo | aprimmo | apriremo | apriremmo | apriamo | aprịssimo | apriamo |
| | avere **aperto** | aprite | aprivate | apriste | aprirete | aprireste | apriate | apriste | aprite |
| | | ạprono | aprịvano | aprịrono, **apẹrsero** | apriranno | aprirẹbbero | ạprano | aprịssero | ạprano |
| 11 | bere | **bevo** | **bevevo** | **bevvi** | **berrò** | **berrei** | **beva** | **bevessi** | |
| | *(to drink)* | **bevi** | **bevevi** | **bevesti** | **berrai** | **berresti** | **beva** | **bevessi** | **bevi** (non bere) |
| | **bevuto** | **beve** | **beveva** | **bevve** | **berrà** | **berrebbe** | **beva** | **bevesse** | **beva** |
| | **bevendo** | **beviamo** | **bevevamo** | **bevemmo** | **berremo** | **berremmo** | **beviamo** | **bevẹssimo** | **beviamo** |
| | avere **bevuto** | **bevete** | **bevevate** | **beveste** | **berrete** | **berreste** | **beviate** | **beveste** | **bevete** |
| | | **bẹvono** | **bevẹvano** | **bẹvvero** | **berranno** | **berrẹbbero** | **bẹvano** | **bevẹssero** | **bẹvano** |
| 12 | cadere | cado | cadevo | **caddi** | **cadrò** | **cadrei** | cada | cadessi | |
| | *(to fall)* | cadi | cadevi | cadesti | **cadrai** | **cadresti** | cada | cadessi | cadi (non cadere) |
| | caduto/a | cade | cadeva | **cadde** | **cadrà** | **cadrebbe** | cada | cadesse | cada |
| | cadendo | cadiamo | cadevamo | cademmo | **cadremo** | **cadremmo** | cadiamo | cadẹssimo | cadiamo |
| | ẹssere caduto | cadete | cadevate | cadeste | **cadrete** | **cadreste** | cadiate | cadeste | cadete |
| | | cạdono | cadẹvano | **cạddero** | **cadranno** | **cadrẹbbero** | cạdano | cadẹssero | cạdano |
| 13 | cambiare | cambio | cambiavo | cambiại | cambierò | cambierei | **cambi** | cambiassi | |
| | *(to change)* | **cambi** | cambiavi | cambiasti | cambierai | cambieresti | **cambi** | cambiassi | cambia (non cambiare) |
| | cambiato | cambia | cambiava | cambiò | cambierà | cambierebbe | **cambi** | cambiasse | **cambi** |
| | cambiando | **cambiamo** | cambiavamo | cambiammo | cambieremo | cambieremmo | **cambiamo** | cambiạssimo | **cambiamo** |
| | avere cambiato | cambiate | cambiavate | cambiaste | cambierete | cambiereste | **cambiate** | cambiaste | cambiate |
| | | cạmbiano | cambiạvano | cambiạrono | cambieranno | cambierẹbbero | **cạmbino** | cambiạssero | **cạmbino** |

| | Infinito | INDICATIVO | | | | CONDIZIONALE | CONGIUNTIVO | | IMPERATIVO |
|---|---|---|---|---|---|---|---|---|---|
| | **Participio passato Gerundio presente Infinito passato** | **Presente** | **Imperfetto** | **Passato remoto** | **Futuro** | **Presente** | **Presente** | **Imperfetto** | |
| 14 | **cercare** | cerco | cercavo | cercai | **cercherò** | **cercherei** | **cerchi** | cercassi | |
| | *(to look for)* | **cerchi** | cercavi | cercasti | **cercherai** | **cercheresti** | **cerchi** | cercassi | cerca (non cercare) |
| | cercato | cerca | cercava | cercò | **cercherà** | **cercherebbe** | **cerchi** | cercasse | **cerchi** |
| | cercando | **cerchiamo** | cercavamo | cercammo | **cercheremo** | **cercheremmo** | **cerchiamo** | cercạssimo | **cerchiamo** |
| | avere cercato | cercate | cercavate | cercaste | **cercherete** | **cerchereste** | **cerchiate** | cercaste | cercate |
| | | cẹrcano | cercạvano | cercạrono | **cercheranno** | **cercherẹbbero** | **cẹrchino** | cercạssero | **cẹrchino** |
| 15 | **chiẹdere** | chiedo | chiedevo | **chiesi** | chiederò | chiederei | chieda | chiedessi | |
| | *(to ask for)* | chiedi | chiedevi | chiedesti | chiederai | chiederesti | chieda | chiedessi | chiedi (non chiẹdere) |
| | **chiesto** | chiede | chiedeva | **chiese** | chiederà | chiederebbe | chieda | chiedesse | chieda |
| | chiedendo | chiediamo | chiedevamo | chiedemmo | chiederemo | chiederemmo | chiediamo | chiedẹssimo | chiediamo |
| | avere **chiesto** | chiedete | chiedevate | chiedeste | chiederete | chiedereste | chiediate | chiedeste | chiedete |
| | | chiẹdono | chiedẹvano | **chiẹsero** | chiederanno | chiederẹbbero | chiẹdano | chiedẹssero | chiẹdano |
| 16 | **cominciare** | comincio | cominciavo | cominciại | **comincerò** | **comincerei** | **cominci** | cominciassi | |
| | *(to begin)* | **cominci** | cominciavi | cominciasti | **comincerai** | **cominceresti** | **cominci** | cominciassi | comincia (non cominciare) |
| | cominciato | comincia | cominciava | cominciò | **comincerà** | **comincerebbe** | **cominci** | cominciasse | **cominci** |
| | cominciando | **cominciamo** | cominciavamo | cominciammo | **cominceremo** | **cominceremmo** | **cominciamo** | cominciạssimo | **cominciamo** |
| | avere cominciato | cominciate | cominciavate | cominciaste | **comincerete** | **comincereste** | **cominciate** | cominciaste | cominciate |
| | | comịnciano | cominciạvano | cominciạrono | **cominceranno** | **comincerẹbbero** | **comịncino** | cominciạssero | **comịncino** |
| 17 | **cuọcere** | **cuocio** | cuocevo | **cossi** | cuocerò | cuocerei | **cuọcia** | cuocessi | |
| | *(to cook)* | cuoci | cuocevi | cuocesti | cuocerai | cuoceresti | **cuọcia** | cuocessi | cuoci (non cuọcere) |
| | **cotto** | cuoce | cuoceva | **cosse** | cuocerà | cuocerebbe | **cuọcia** | cuocesse | cuocia |
| | cuocendo | cuociamo | cuocevamo | cuocemmo | cuoceremo | cuoceremmo | cuociamo | cuocẹssimo | **cuociamo** |
| | avere **cotto** | cuocete | cuocevate | cuoceste | cuocerete | cuocereste | cuociate | cuoceste | cuocete |
| | | **cuọciono** | cuocẹvano | **cọssero** | cuoceranno | cuocerẹbbero | **cuọciano** | cuocẹssero | **cuọciano** |
| 18 | **dare** | **do** | davo | **diedi, detti** | **darò** | **darei** | **dịa** | **dessi** | |
| | *(to give)* | **dai** | davi | **desti** | **darai** | **daresti** | **dịa** | **dessi** | **dai, da', dà** (non dare) |
| | dato | **dà** | dava | **diede, dette** | **darà** | **darebbe** | **dịa** | **desse** | **dịa** |
| | dando | diamo | davamo | **demmo** | **daremo** | **daremmo** | diamo | **dẹssimo** | diamo |
| | avere dato | date | davate | **deste** | **darete** | **dareste** | diate | **deste** | date |
| | | **danno** | dạvano | **diẹdero, dẹttero** | **daranno** | **darẹbbero** | **dịano** | **dẹssero** | **dịano** |
| 19 | **dimenticare** | dimẹntico | dimenticavo | dimenticai | **dimenticherò** | **dimenticherei** | **dimẹntichi** | dimenticassi | |
| | *(to forget)* | **dimẹntichi** | dimenticavi | dimenticasti | **dimenticherai** | **dimenticheresti** | **dimẹntichi** | dimenticassi | dimẹntica (non dimenticare) |
| | dimenticato | dimẹntica | dimenticava | dimenticò | **dimenticherà** | **dimenticherebbe** | **dimẹntichi** | dimenticasse | **dimẹntichi** |
| | dimenticando | **dimentichiamo** | dimenticavamo | dimenticammo | **dimenticheremo** | **dimenticheremmo** | **dimentichiamo** | dimenticạssimo | **dimentichiamo** |
| | avere dimenticato | dimenticate | dimenticavate | dimenticaste | **dimenticherete** | **dimentichereste** | **dimentichiate** | dimenticaste | dimenticate |
| | | dimẹnticano | dimenticạvano | dimenticạrono | **dimenticheranno** | **dimenticherẹbbero** | **dimẹntichino** | dimenticạssero | **dimẹntichino** |
| 20 | **dire** | **dico** | **dicevo** | **dissi** | dirò | direi | **dica** | **dicessi** | |
| | *(to say)* | **dici** | **dicevi** | **dicesti** | dirai | diresti | **dica** | **dicessi** | **di', dì** (non dire) |
| | **detto** | **dice** | **diceva** | **disse** | dirà | direbbe | **dica** | **dicesse** | **dica** |
| | **dicendo** | **diciamo** | **dicevamo** | **dicemmo** | diremo | diremmo | **diciamo** | **dicẹssimo** | **diciamo** |
| | avere **detto** | dite | **dicevate** | **diceste** | direte | direste | **diciate** | **diceste** | dite |
| | | **dịcono** | **dicẹvano** | **dịssero** | diranno | dirẹbbero | **dịcano** | **dicẹssero** | **dịcano** |

| Infinito<br>Participio passato<br>Gerundio presente<br>Infinito passato | INDICATIVO Presente | INDICATIVO Imperfetto | INDICATIVO Passato remoto | INDICATIVO Futuro | CONDIZIONALE Presente | CONGIUNTIVO Presente | CONGIUNTIVO Imperfetto | IMPERATIVO |
|---|---|---|---|---|---|---|---|---|
| 21 dolere | **dolgo** | dolevo | **dolsi** | **dorrò** | **dorrei** | **dolga, dogla** | dolessi | |
| *(to hurt)* | **duoli** | dolevi | dolesti | **dorrai** | **dorresti** | **dolga, dogla** | dolessi | **duoli** (non dolere) |
| doluto/a | **duole** | doleva | **dolse** | **dorrà** | **dorrebbe** | **dolga, dogla** | dolesse | **dolga** |
| dolendo | **doliamo, dogliamo** | dolevamo | dolemmo | **dorremo** | **dorremmo** | doliamo, **dogliamo** | dolẹssimo | doliamo |
| ẹssere doluto/a | dolete | dolevate | doleste | **dorrete** | **dorreste** | doliate, **dogliate** | doleste | dolete |
| | **dọlgono** | dolẹvano | **dọlsero** | **dorranno** | **dorrẹbbero** | **dọlgano** | dolẹssero | **dọlgano** |
| 22 dovere | **devo, debbo** | dovevo | dovei, dovetti | **dovrò** | **dovrei** | **deva, debba** | dovessi | *This verb is not used in the imperative.* |
| *(to have to; to owe)* | **devi** | dovevi | dovesti | **dovrai** | **dovresti** | **deva, debba** | dovessi | |
| dovuto | **deve** | doveva | dové, dovette | **dovrà** | **dovrebbe** | **deva, debba** | dovesse | |
| dovendo | **dobbiamo** | dovevamo | dovemmo | **dovremo** | **dovremmo** | **dobbiamo** | dovẹssimo | |
| avere dovuto | dovete | dovevate | doveste | **dovrete** | **dovreste** | **dobbiate** | doveste | |
| | **dẹvono, dẹbbono** | dovẹvano | dovẹrono, dovẹtero | **dovranno** | **dovrẹbbero** | **dẹvano, dẹbbano** | dovẹssero | |
| 23 fare | **faccio** | **facevo** | **feci** | **farò** | **farei** | **faccia** | **facessi** | |
| *(to do; to make)* | **fai** | **facevi** | **facesti** | **farai** | **faresti** | **faccia** | **facessi** | **fai, fa'** (non fare) |
| **fatto** | fa | **faceva** | **fece** | **farà** | **farebbe** | **faccia** | **facesse** | **faccia** |
| **facendo** | **facciamo** | **facevamo** | **facemmo** | **faremo** | **faremmo** | **facciamo** | **facẹssimo** | **facciamo** |
| avere **fatto** | fate | **facevate** | **faceste** | **farete** | **fareste** | **facciate** | **faceste** | **fate** |
| | **fanno** | **facẹvano** | **fẹcero** | **faranno** | **farẹbbero** | **fạcciano** | **facẹssero** | **fạcciano** |
| 24 giocare | **gioco, giuoco** | giocavo | giocai | **giocherò** | **giocherei** | **giochi, giuochi** | giocassi | |
| *(to play)* | **giochi, giuochi** | giocavi | giocasti | **giocherai** | **giocheresti** | **giochi, giuochi** | giocassi | **gioca, giuoca** (non giocare) |
| giocato | **gioca, giuoca** | giocava | giocò | **giocherà** | **giocherebbe** | **giochi, giuochi** | giocasse | **giochi, giuochi** |
| giocando | **giochiamo** | giocavamo | giocammo | **giocheremo** | **giocheremmo** | **giochiamo** | giocạssimo | **giochiamo** |
| avere giocato | giocate | giocavate | giocaste | **giocherete** | **giochereste** | **giochiate** | giocaste | giocate |
| | **giọcano, giuọcano** | giọcavano | giocạrono | **giocheranno** | **giocherẹbbero** | **giọchino, giuọchino** | giocạssero | **giọchino, giuọchino** |
| 25 inviare | invio | inviavo | inviai | invierò | invierei | invịi | inviassi | |
| *(to send)* | invịi | inviavi | inviasti | invierai | invieresti | invịi | inviassi | invịa (non inviare) |
| inviato | invịa | inviava | inviò | invierà | invierebbe | invịi | inviasse | invịi |
| inviando | **inviamo** | inviavamo | inviammo | invieremo | invieremmo | **inviamo** | inviạssimo | **inviamo** |
| avere inviato | inviate | inviavate | inviaste | invierete | inviereste | **inviate** | inviaste | inviate |
| | invịano | inviạvano | inviạrono | invieranno | invierẹbbero | invịino | inviạssero | invịino |
| 26 litigare | lịtigo | litigavo | litigai | **litigherò** | **litigherei** | **lịtighi** | litigassi | |
| *(to quarrel)* | **lịtighi** | litigavi | litigasti | **litigherai** | **litigheresti** | **lịtighi** | litigassi | lịtiga (non litigare) |
| litigato | lịtiga | litigava | litigò | **litigherà** | **litigherebbe** | **lịtighi** | litigasse | **lịtighi** |
| litigando | **litighiamo** | litigavamo | litigammo | **litigheremo** | **litigheremmo** | **litighiamo** | litigạssimo | **litighi**amo |
| avere litigato | litigate | litigavate | litigaste | **litigherete** | **litighereste** | **litighiate** | litigaste | litigate |
| | lịtigano | litigạvano | litigạrono | **litigheranno** | **litigherẹbbero** | **lịtighino** | litigạssero | **lịtighino** |
| 27 mangiare | mangio | mangiavo | mangiai | **mangerò** | **mangerei** | **mangi** | mangiassi | |
| *(to eat)* | **mangi** | mangiavi | mangiasti | **mangerai** | **mangeresti** | **mangi** | mangiassi | mangia (non mangiare) |
| mangiato | mangia | mangiava | mangiò | **mangerà** | **mangerebbe** | **mangi** | mangiasse | **mangi** |
| mangiando | **mangiamo** | mangiavamo | mangiammo | **mangeremo** | **mangeremmo** | **mangiamo** | mangiạssimo | **mangiamo** |
| avere mangiato | mangiate | mangiavate | mangiaste | **mangerete** | **mangereste** | **mangiate** | mangiaste | mangiate |
| | mạngiano | mangiạvano | mangiạrono | **mangeranno** | **mangerẹbbero** | **mạngino** | mangiạssero | **mạngino** |

| | Infinito<br>**Participio passato**<br>**Gerundio presente**<br>**Infinito passato** | INDICATIVO<br>Presente | INDICATIVO<br>Imperfetto | INDICATIVO<br>Passato remoto | INDICATIVO<br>Futuro | CONDIZIONALE<br>Presente | CONGIUNTIVO<br>Presente | CONGIUNTIVO<br>Imperfetto | IMPERATIVO |
|---|---|---|---|---|---|---|---|---|---|
| 28 | mẹttere | metto | mettevo | **misi** | metterò | metterei | metta | mettessi | |
| | *(to put)* | metti | mettevi | mettesti | metterai | metteresti | metta | mettessi | metti (non mẹttere) |
| | **messo** | mette | metteva | **mise** | metterà | metterebbe | metta | mettesse | metta |
| | mettendo | mettiamo | mettevamo | mettemmo | metteremo | metteremmo | mettiamo | mettẹssimo | mettiamo |
| | avere **messo** | mettete | mettevate | metteste | metterete | mettereste | mettiate | metteste | mettete |
| | | mẹttono | mettẹvano | **mịsero** | metteranno | metterẹbbero | mẹttano | mettẹssero | mẹttano |
| 29 | morire | **muọio** | morivo | morịi | morirò, **morrò** | morirei, **morrei** | **muọia** | morissi | |
| | *(to die)* | **muori** | morivi | moristi | morirai, **morrai** | moriresti, **morresti** | **muọia** | morissi | **muori** (non morire) |
| | **morto/a** | **muore** | moriva | morì | morirà, **morrà** | morirebbe, **morrebbe** | **muọia** | morisse | **muọia** |
| | morendo | moriamo | morivamo | morimmo | moriremo, **morremo** | moriremmo, **morremmo** | moriamo | morịssimo | moriamo |
| | ẹssere **morto/a** | morite | morivate | moriste | morirete, **morrete** | morireste, **morreste** | moriate | moriste | morite |
| | | **muọiono** | morịvano | morịrono | moriranno, **morranno** | morirẹbbero, **morrẹbbero** | **muọiano** | morịssero | **muọiano** |
| 30 | muọvere | muovo | muovevo, **movevo** | **mossi** | muoverò, **moverò** | muoverei, **moverei** | muova | muovessi, **movessi** | |
| | *(to move)* | muovi | muovevi, **movevi** | muovesti, **movesti** | muoverai, **moverai** | muoveresti, **moveresti** | muova | muovessi, **movessi** | muovi (non muọvere) |
| | **mosso/a** | muove | muoveva, **moveva** | **mosse** | muoverà, **moverà** | muoverebbe, **moverebbe** | muova | muovesse, **movesse** | muova |
| | muovendo, **movendo** | muoviamo, **moviamo** | muovevamo, **movevamo** | muovemmo, **movemmo** | muoveremo, **moveremo** | muoveremmo, **moveremmo** | muoviamo, **moviamo** | muovẹssimo, **movẹssimo** | muoviamo, **moviamo** |
| | avere **mosso** | muovete, **movete** | muovevate, **movevate** | muoveste, **moveste** | muoverete, **moverete** | muovereste, **movereste** | muoviate, **moviate** | muoveste, **moveste** | muovete, **movete** |
| | | muọvono | muovẹvano, **movẹvano** | **mọssero** | muoveranno, **moveranno** | muoverẹbbero, **moverẹbbero** | muọvano | muovẹssero, **movẹssero** | muọvano |
| 31 | nuọcere | **nuoccio, noccio** | nuocevo, **nocevo** | **nocqui** | nuocerò, **nocerò** | nuocerei, **nocerei** | **nuoccia** | nuocessi, **nocessi** | |
| | *(to harm)* | nuoci | nuocevi, **nocevi** | nuocesti, **nocesti** | nuocerai, **nocerai** | nuoceresti, **noceresti** | **nuoccia** | nuocessi, **nocessi** | nuoci (non nuọcere) |
| | **nuociuto, nociuto** | nuoce | nuoceva, **noceva** | **nocque** | nuocerà, **nocerà** | nuocerebbe, **nocerebbe** | **nuoccia** | nuocesse, **nocesse** | nuoca |
| | nuocendo, **nocendo** | nuociamo, **nociamo** | nuocevamo, **nocevamo** | nuocemmo, **nocemmo** | nuoceremo, **noceremo** | nuoceremmo, **noceremmo** | nuociamo, **nociamo** | nuocẹssimo, **nocẹssimo** | nuociamo, **nociamo** |
| | avere **nuociuto, nociuto** | nuocete, **nocete** | nuocevate, **nocevate** | nuoceste, **noceste** | nuocerete, **nocerete** | nuocereste, **nocereste** | nuociate, **nociate** | nuoceste, **noceste** | nuocete, **nocete** |
| | | nuọcciono, **nọcciono** | nuocẹvano, **nocẹvano** | **nọcquero** | nuoceranno, **noceranno** | nuocerẹbbero, **nocerẹbbero** | **nuọcciano** | nuocẹssero, **nocẹssero** | **nuọcciano** |
| 32 | parere | **pạio** | parevo | **parvi** | **parrò** | **parrei** | **pạia** | paressi | *This verb is not used in the imperative.* |
| | *(to seem)* | pari | parevi | paresti | **parrai** | **parresti** | **pạia** | paressi | |
| | **parso/a** | pare | pareva | **parve** | **parrà** | **parrebbe** | **pạia** | paresse | |
| | parendo | **paiạmo** | parevamo | paremmo | **parremo** | **parremmo** | **paiạmo** | paressimo | |
| | ẹssere **parso/a** | parete | parevate | pareste | **parrete** | **parreste** | **paiạte** | pareste | |
| | | **pạiono** | parẹvano | **pạrvero** | **parranno** | **parrẹbbero** | **pạiano** | parẹssero | |

| | Infinito<br>**Participio passato**<br>**Gerundio presente**<br>**Infinito passato** | INDICATIVO<br>Presente | Imperfetto | Passato remoto | Futuro | CONDIZIONALE<br>Presente | CONGIUNTIVO<br>Presente | Imperfetto | IMPERATIVO |
|---|---|---|---|---|---|---|---|---|---|
| 33 | porre | **pongo** | **ponevo** | **posi** | **porrò** | **porrei** | **ponga** | **ponessi** | |
| | *(to put)* | **poni** | **ponevi** | **ponesti** | **porrai** | **porresti** | **ponga** | **ponessi** | **poni** (non porre) |
| | **posto** | **pone** | **poneva** | **pose** | **porrà** | **porrebbe** | **ponga** | **ponesse** | **ponga** |
| | **ponendo** | **poniamo** | **ponevamo** | **ponemmo** | **porremo** | **porremmo** | **poniamo** | **ponẹssimo** | **poniamo** |
| | avere **posto** | **ponete** | **ponevate** | **poneste** | **porrete** | **porreste** | **poniate** | **poneste** | **ponete** |
| | | **pọngono** | **ponẹvano** | **pọsero** | **porranno** | **porrẹbbero** | **pọngano** | **ponẹssero** | **pọngano** |
| 34 | potere | **posso** | potevo | potei, potetti | **potrò** | **potrei** | **possa** | potessi | |
| | *(to be able to)* | **puoi** | potevi | potesti | **potrai** | **potresti** | **possa** | potessi | *This verb is not used in the imperative.* |
| | potuto | **può** | poteva | poté, potette | **potrà** | **potrebbe** | **possa** | potesse | |
| | potendo | **possiamo** | potevamo | potemmo | **potremo** | **potremmo** | **possiamo** | potẹssimo | |
| | avere potuto | potete | potevate | poteste | **potrete** | **potreste** | **possiate** | poteste | |
| | | **pọssono** | potẹvano | potẹrono, potẹttero | **potranno** | **potrẹbbero** | **pọssano** | potẹssero | |
| 35 | prẹndere | prendo | prendevo | **presi** | prenderò | prenderei | prenda | prendessi | |
| | *(to take)* | prendi | prendevi | prendesti | prenderai | prenderesti | prenda | prendessi | prendi (non prẹndere) |
| | **preso** | prende | prendeva | **prese** | prenderà | prenderebbe | prenda | prendesse | prenda |
| | prendendo | prendiamo | prendevamo | prendemmo | prenderemo | prenderemmo | prendiamo | prendẹssimo | prendiamo |
| | avere **preso** | prendete | prendevate | prendeste | prenderete | prendereste | prendiate | prendeste | prendete |
| | | prẹndono | prendevano | **prẹsero** | prenderanno | prenderẹbbero | prẹndano | prendẹssero | prẹndano |
| 36 | produrre | **produco** | **producevo** | **produssi** | **produrrò** | **produrrei** | **produca** | **producessi** | |
| | *(to produce)* | **produci** | **producevi** | **producesti** | **produrrai** | **produrresti** | **produca** | **producessi** | **produci** (non produrre) |
| | **prodotto** | **produce** | **produceva** | **produsse** | **produrrà** | **produrrebbe** | **produca** | **producesse** | **produca** |
| | **producendo** | **produciamo** | **producevamo** | **producemmo** | **produrremo** | **produrremmo** | **produciamo** | **producẹssimo** | **produciamo** |
| | avere **prodotto** | **producete** | **producevate** | **produceste** | **produrrete** | **produrreste** | **produciate** | **produceste** | **producete** |
| | | **prodụcono** | **producẹvano** | **prodụssero** | **produrranno** | **produrrẹbbero** | **prodụcano** | **producẹssero** | **prodụcano** |
| 37 | riempire | **riempio** | riempivo | riempii | riempirò | riempirei | **riempia** | riempissi | |
| | *(to fill)* | riempi | riempivi | riempisti | riempirai | riempiresti | **riempia** | riempissi | riempi (non riempiere) |
| | riempito | **riempie** | riempiva | riempì | riempirà | riempirebbe | **riempia** | riempisse | **riempia** |
| | **riempiendo** | riempiamo | riempivamo | riempimmo | riempiremo | riempiremmo | riempiamo | riempịssimo | riempiamo |
| | avere riempito | riempite | riempivate | riempiste | riempirete | riempireste | riempiate | riempiste | riempite |
| | | **riẹmpiono** | riempịvano | riempịrono | riempiranno | riempirẹbbero | **riẹmpiano** | riempịssero | **riempiano** |
| 38 | rimanere | **rimango** | rimanevo | **rimasi** | **rimarrò** | **rimarrei** | **rimanga** | rimanessi | |
| | *(to stay)* | rimani | rimanevi | rimanesti | **rimarrai** | **rimarresti** | **rimanga** | rimanessi | rimani (non rimanere) |
| | **rimasto/a** | rimane | rimaneva | **rimase** | **rimarrà** | **rimarrebbe** | **rimanga** | rimanesse | **rimanga** |
| | rimanendo | rimaniamo | rimanevamo | rimanemmo | **rimarremo** | **rimarremmo** | *rimaniamo* | rimanẹssimo | rimaniamo |
| | ẹssere **rimasto/a** | rimanete | rimanevate | rimaneste | **rimarrete** | **rimarreste** | *rimaniate* | rimaneste | rimanete |
| | | **rimạngono** | rimanẹvano | **rimạsero** | **rimarranno** | **rimarrẹbbero** | **rimạngano** | rimanẹssero | **rimạngano** |

| Infinito<br>**Participio passato<br>Gerundio presente<br>Infinito passato** | INDICATIVO | | | | CONDIZIONALE | CONGIUNTIVO | | IMPERATIVO |
|---|---|---|---|---|---|---|---|---|
| | **Presente** | **Imperfetto** | **Passato remoto** | **Futuro** | **Presente** | **Presente** | **Imperfetto** | |
| **39** risọlvere | risolvo | risolvevo | **risolvei, risolvetti, risolsi** | risolverò | risolverei | risolva | risolvessi | |
| *(to resolve)* | risolvi | risolvevi | risolvesti | risolverai | risolveresti | risolva | risolvessi | risolvi (non risọlvere) |
| **risolto** | risolve | risolveva | **risolvé, risolvette, risolse** | risolverà | risolverebbe | risolva | risolvesse | risolva |
| risolvendo | risolviamo | risolvevamo | risolvemmo | risolveremo | risolveremmo | risolviamo | risolvẹssimo | risolviamo |
| avere **risolto** | risolvete | risolvevate | risolveste | risolverete | risolvereste | risolviate | risolveste | risolvete |
| | risọlvono | risolvẹvano | **risolvẹrono, risolvẹttero, risọlsero** | risolveranno | risolverẹbbero | risọlvano | risolvẹssero | risọlvano |
| **40** rispọndere | rispondo | rispondevo | **risposi** | risponderò | risponderei | risponda | rispondessi | |
| *(to answer)* | rispondi | rispondevi | rispondesti | risponderai | risponderesti | risponda | rispondessi | rispondi (non rispọndere) |
| **risposto** | risponde | rispondeva | **rispose** | risponderà | risponderebbe | risponda | rispondesse | risponda |
| rispondendo | rispondiamo | rispondevamo | rispondemmo | risponderemo | risponderemmo | rispondiamo | rispondẹssimo | rispondiamo |
| avere **risposto** | rispondete | rispondevate | rispondeste | risponderete | rispondereste | rispondiate | rispondeste | rispondete |
| | rispọndono | rispondẹvano | **rispọsero** | risponderanno | risponderẹbbero | rispọndano | rispondẹssero | rispọndano |
| **41** salire | **salgo** | salivo | salịi | salirò | salirei | **salga** | salissi | |
| *(to go up)* | sali | salivi | salisti | salirai | saliresti | **salga** | salissi | sali (non salire) |
| salito | sale | saliva | salì | salirà | salirebbe | **salga** | salisse | **salga** |
| salendo | saliamo | salivamo | salimmo | saliremo | saliremmo | saliamo | salịssimo | saliamo |
| avere salito/ẹssere salito (*intransitive*) | salite | salivate | saliste | salirete | salireste | saliate | saliste | salite |
| | **sạlgono** | salịvano | salịrono | saliranno | salirẹbbero | **sạlgano** | salịssero | **sạlgano** |
| **42** sapere | **so** | sapevo | **seppi** | **saprò** | **saprei** | **sappia** | sapessi | |
| *(to know)* | **sai** | sapevi | sapesti | **saprai** | **sapresti** | **sappia** | sapessi | **sappi** (non sapere) |
| saputo | **sa** | sapeva | **seppe** | **saprà** | **saprebbe** | **sappia** | sapesse | **sappia** |
| sapendo | **sappiamo** | sapevamo | sapemmo | **sapremo** | **sapremmo** | **sappiamo** | sapẹssimo | **sappiamo** |
| avere saputo | sapete | sapevate | sapeste | **saprete** | **sapreste** | **sappiate** | sapeste | **sappiate** |
| | **sanno** | sapẹvano | **sẹppero** | **sapranno** | **saprẹbbero** | **sạppiano** | sapẹssero | **sạppiano** |
| **43** sedere | **siedo, seggo** | sedevo | sedei, sedetti | sederò, **siederò** | sederei, **siederei** | **sieda, segga** | sedessi | |
| *(to sit)* | **siedi** | sedevi | sedesti | sederai, **siederai** | sederesti, **siederesti** | **sieda, segga** | sedessi | **siedi** (non sedere) |
| seduto | **siede** | sedeva | sedé, sedette | sederà, **siederà** | sederebbe, **siederebbe** | **sieda, segga** | sedesse | **sieda, segga** |
| sedendo | sediamo | sedevamo | sedemmo | sederemo, **siederemo** | sederemmo, **siederemmo** | sediamo | sedẹssimo | sediamo |
| essere seduto | sedete | sedevate | sedeste | sederete, **siederete** | sedereste, **siedereste** | sediate | sedeste | sedete |
| | **siẹdono, sẹggono** | sedẹvano | sedẹrono, sedẹttero | sederanno, **siederanno** | sederẹbbero, **siederẹbbero** | **siẹdano, sẹggano** | sedẹssero | **siẹdano, sẹggano** |
| **44** sognare | sogno | sognavo | sognai | sognerò | sognerei | sogni | sognassi | |
| *(to dream)* | sogni | sognavi | sognasti | sognerai | sogneresti | sogni | sognassi | sogna (non sognare) |
| sognato | sogna | sognava | sognò | sognerà | sognerebbe | sogni | sognasse | sogni |
| sognando | **sogniamo, sognamo** | sognavamo | sognammo | sogneremo | sogneremmo | **sogniamo, sognamo** | sognạssimo | sogniamo |
| avere sognato | sognate | sognavate | sognaste | sognerete | sognereste | **sogniate, sognate** | sognaste | sognate |
| | sọgnano | sognạvano | sognạrono | sogneranno | sognerẹbbero | sọgnino | sognạssero | sọgnino |

| | Infinito<br>Participio passato<br>Gerundio presente<br>Infinito passato | INDICATIVO Presente | INDICATIVO Imperfetto | INDICATIVO Passato remoto | INDICATIVO Futuro | CONDIZIONALE Presente | CONGIUNTIVO Presente | CONGIUNTIVO Imperfetto | IMPERATIVO |
|---|---|---|---|---|---|---|---|---|---|
| 45 | spẹgnere<br>*(to turn off)*<br>**spento**<br>spegnendo<br>avere **spento** | **spengo**<br>spegni<br>spegne<br>spegniamo<br>spegnete<br>**spẹngono** | spegnevo<br>spegnevi<br>spegneva<br>spegnevamo<br>spegnevate<br>spegnẹvano | **spensi**<br>spegnesti<br>**spense**<br>spegnemmo<br>spegneste<br>**spẹnsero** | spegnerò<br>spegnerai<br>spegnerà<br>spegneremo<br>spegnerete<br>spegneranno | spegnerei<br>spegneresti<br>spegnerebbe<br>spegneremmo<br>spegnereste<br>spegnerẹbbero | **spenga**<br>**spenga**<br>**spenga**<br>spegniamo<br>spegniate<br>**spẹngano** | spegnessi<br>spegnessi<br>spegnesse<br>spegnẹssimo<br>spegneste<br>spegnẹssero | <br>spegni (non spẹgnere)<br>**spenga**<br>spegniamo<br>spegnete<br>**spẹngano** |
| 46 | stare<br>*(to stay; to be)*<br>stato/a<br>stando<br>ẹssere stato/a | sto<br>**stai**<br>sta<br>stiamo<br>state<br>**stanno** | stavo<br>stavi<br>stava<br>stavamo<br>stavate<br>stạvano | **stetti**<br>**stesti**<br>**stette**<br>**stemmo**<br>**steste**<br>**stẹttero** | **starò**<br>**starai**<br>**starà**<br>**staremo**<br>**starete**<br>**staranno** | **starei**<br>**staresti**<br>**starebbe**<br>**staremmo**<br>**stareste**<br>**starẹbbero** | **stịa**<br>**stịa**<br>**stịa**<br>stiamo<br>stiate<br>**stịano** | **stessi**<br>**stessi**<br>**stesse**<br>**stẹssimo**<br>**steste**<br>**stẹssero** | <br>**stai, sta'** (non stare)<br>**stịa**<br>stiamo<br>state<br>**stịano** |
| 47 | tạcere<br>*(to be silent)*<br>**taciuto**<br>tacendo<br>avere **taciuto** | **taccio**<br>taci<br>tace<br>**tacciamo**<br>tacete<br>**tạcciono** | tacevo<br>tacevi<br>taceva<br>tacevamo<br>tacevate<br>tacẹvano | **tacqui**<br>tacesti<br>**tacque**<br>tacemmo<br>taceste<br>**tạcquero** | tacerò<br>tacerai<br>tacerà<br>taceremo<br>tacerete<br>taceranno | tacerei<br>taceresti<br>tacerebbe<br>taceremmo<br>tacereste<br>tacerẹbbero | **taccia**<br>**taccia**<br>**taccia**<br>**tacciamo**<br>**tacciate**<br>**tạcciano** | tacessi<br>tacessi<br>tacesse<br>tacẹssimo<br>taceste<br>tacẹssero | <br>taci (non tạcere)<br>**taccia**<br>**tacciamo**<br>tacete<br>**tạcciano** |
| 48 | tenere<br>*(to hold)*<br>tenuto<br>tenendo<br>avere tenuto | **tengo**<br>**tieni**<br>**tiene**<br>teniamo<br>tenete<br>**tẹngono** | tenevo<br>tenevi<br>teneva<br>tenevamo<br>tenevate<br>tenẹvano | **tenni**<br>tenesti<br>**tenne**<br>tenemmo<br>teneste<br>**tẹnnero** | **terrò**<br>**terrai**<br>**terrà**<br>**terremo**<br>**terrete**<br>**terranno** | **terrei**<br>**terresti**<br>**terrebbe**<br>**terremmo**<br>**terreste**<br>**terrẹbbero** | **tenga**<br>**tenga**<br>**tenga**<br>teniamo<br>teniate<br>**tẹngano** | tenessi<br>tenessi<br>tenesse<br>tenẹssimo<br>teneste<br>tenẹssero | <br>**tieni** (non tenere)<br>**tenga**<br>teniamo<br>tenete<br>**tẹngano** |
| 49 | tọgliere<br>*(to remove)*<br>**tolto**<br>togliendo<br>avere **tolto** | **tolgo**<br>**togli**<br>toglie<br>**togliamo**<br>togliete<br>**tọlgono** | toglievo<br>toglievi<br>toglieva<br>toglievamo<br>toglievate<br>togliẹvano | **tolsi**<br>togliesti<br>**tolse**<br>togliemmo<br>toglieste<br>**tọlsero** | toglierò<br>toglierai<br>toglierà<br>toglieremo<br>toglierete<br>toglieranno | toglierei<br>toglieresti<br>toglierebbe<br>toglieremmo<br>togliereste<br>toglierẹbbero | **tolga**<br>**tolga**<br>**tolga**<br>**togliamo**<br>**togliate**<br>**tọlgano** | togliessi<br>togliessi<br>togliesse<br>togliẹssimo<br>toglieste<br>togliẹssero | <br>**togli** (non tọgliere)<br>**tolga**<br>**togliamo**<br>togliete<br>**tọlgano** |
| 50 | trarre<br>*(to draw)*<br>**tratto**<br>traendo<br>avere **tratto** | **traggo**<br>trai<br>trae<br>traiạmo<br>traẹte<br>**trạggono** | traevo<br>traevi<br>traeva<br>traevamo<br>traevate<br>traẹvano | **trassi**<br>traesti<br>**trasse**<br>traemmo<br>traeste<br>**trạssero** | **trarrò**<br>**trarrai**<br>**trarrà**<br>**trarremo**<br>**trarrete**<br>**trarranno** | **trarrei**<br>**trarresti**<br>**trarrebbe**<br>**trarremmo**<br>**trarreste**<br>**trarrẹbbero** | **tragga**<br>**tragga**<br>**tragga**<br>traiạmo<br>traiạte<br>**trạggano** | traessi<br>traessi<br>traesse<br>traẹssimo<br>traeste<br>traẹssero | <br>trai (non trarre)<br>**tragga**<br>traiạmo<br>traete<br>**trạggano** |
| 51 | udire<br>*(to hear)*<br>udito<br>udendo<br>avere udito | **odo**<br>**odi**<br>**ode**<br>udiamo<br>udite<br>**ọdono** | udivo<br>udivi<br>udiva<br>udivamo<br>udivate<br>udịvano | udịi<br>udisti<br>udì<br>udimmo<br>udiste<br>udịrono | udirò, **udrò**<br>udirai, **udrai**<br>udirà, **udrà**<br>udiremo, **udremo**<br>udirete, **udrete**<br>udiranno, **udranno** | udirei, **udrei**<br>udiresti, **udresti**<br>udirebbe, **udrebbe**<br>udiremmo, **udremmo**<br>udireste, **udreste**<br>udirẹbbero, **udrẹbbero** | **oda**<br>**oda**<br>**oda**<br>udiamo<br>udiate<br>**ọdano** | udissi<br>udissi<br>udisse<br>udịssimo<br>udiste<br>udịssero | <br>**odi** (non udire)<br>**oda**<br>udiamo<br>udite<br>**ọdano** |

| | Infinito<br>Participio passato<br>Gerundio presente<br>Infinito passato | INDICATIVO Presente | INDICATIVO Imperfetto | INDICATIVO Passato remoto | INDICATIVO Futuro | CONDIZIONALE Presente | CONGIUNTIVO Presente | CONGIUNTIVO Imperfetto | IMPERATIVO |
|---|---|---|---|---|---|---|---|---|---|
| 52 | uscire | **esco** | uscivo | uscịi | uscirò | uscirei | **esca** | uscissi | |
| | *(to go out)* | **esci** | uscivi | uscisti | uscirai | usciresti | **esca** | uscissi | **esci** (non uscire) |
| | uscito/a | **esce** | usciva | uscì | uscirà | uscirebbe | **esca** | uscisse | **esca** |
| | uscendo | usciamo | uscivamo | uscimmo | usciremo | usciremmo | usciamo | uscịssimo | usciamo |
| | ẹssere uscito/a | uscite | uscivate | usciste | uscirete | uscireste | usciate | usciste | uscite |
| | | **ẹscono** | uscịvano | uscịrono | usciranno | uscirẹbbero | **ẹscano** | uscịssero | **ẹscano** |
| 53 | valere | **valgo** | valevo | **valsi** | **varrò** | **varrei** | **valga** | valessi | |
| | *(to be worth)* | vali | valevi | valesti | **varrai** | **varresti** | **valga** | valessi | vali (non valere) |
| | **valso** | vale | valeva | **valse** | **varrà** | **varrebbe** | **valga** | valesse | **valga** |
| | valendo | valiamo | valevamo | valemmo | **varremo** | **varremmo** | valiamo | valẹssimo | valiamo |
| | avere **valso** | valete | valevate | valeste | **varrete** | **varreste** | valiate | valeste | valete |
| | | **vạlgono** | valẹvano | **vạlsero** | **varranno** | **varrẹbbero** | **vạlgano** | valẹssero | **vạlgano** |
| 54 | vedere | vedo | vedevo | **vidi** | **vedrò** | **vedrei** | veda | vedessi | |
| | *(to see)* | vedi | vedevi | vedesti | **vedrai** | **vedresti** | veda | vedessi | vedi (non vedere) |
| | **visto**/veduto | vede | vedeva | **vide** | **vedrà** | **vedrebbe** | veda | vedesse | veda |
| | vedendo | vediamo | vedevamo | vedemmo | **vedremo** | **vedremmo** | vediamo | vedẹssimo | vediamo |
| | avere **visto**/veduto | vedete | vedevate | vedeste | **vedrete** | **vedreste** | vediate | vedeste | vedete |
| | | vẹdono | vedẹvano | **vịdero** | **vedranno** | **vedrẹbbero** | vẹdano | vedẹssero | vẹdano |
| 55 | venire | **vengo** | venivo | **venni** | **verrò** | **verrei** | **venga** | venissi | |
| | *(to come)* | **vieni** | venivi | venisti | **verrai** | **verresti** | **venga** | venissi | **vieni** (non venire) |
| | **venuto/a** | **viene** | veniva | **venne** | **verrà** | **verrebbe** | **venga** | venisse | **venga** |
| | venendo | veniamo | venivamo | venimmo | **verremo** | **verremmo** | veniamo | venịssimo | veniamo |
| | ẹssere **venuto/a** | venite | venivate | veniste | **verrete** | **verreste** | veniate | veniste | venite |
| | | **vẹngono** | venịvano | **vẹnnero** | **verranno** | **verrẹbbero** | **vẹngano** | venịssero | **vẹngano** |
| 56 | vịncere | vinco | vincevo | **vinsi** | vincerò | vincerei | vinca | vincessi | |
| | *(to win)* | vinci | vincevi | vincesti | vincerai | vinceresti | vinca | vincessi | vinci (non vincere) |
| | **vinto** | vince | vinceva | **vinse** | vincerà | vincerẹbbe | vinca | vincesse | vinca |
| | vincendo | vinciamo | vincevamo | vincemmo | vinceremo | vinceremmo | vinciamo | vincẹssimo | vinciamo |
| | avere **vinto** | vincete | vincevate | vinceste | vincerete | vincereste | vinciate | vinceste | vincete |
| | | vịncono | vincẹvano | **vịnsero** | vinceranno | vincerẹbbero | vịncano | vincẹssero | vịncano |
| 57 | vịvere | vivo | vivevo | **vissi** | **vivrò** | **vivrei** | viva | vivessi | |
| | *(to live)* | vivi | vivevi | vivesti | **vivrai** | **vivresti** | viva | vivessi | vivi (non vịvere) |
| | **vissuto** | vive | viveva | **visse** | **vivrà** | **vivrebbe** | viva | vivesse | viva |
| | vivendo | viviamo | vivevamo | vivemmo | **vivremo** | **vivremmo** | viviamo | vivẹssimo | viviamo |
| | avere **vissuto** | vivete | vivevate | viveste | **vivrete** | **vivreste** | viviate | viveste | vivete |
| | | vịvono | vivẹvano | **vịssero** | **vivranno** | **vivrẹbbero** | vịvano | vivẹssero | vịvano |
| 58 | volere | **voglio** | volevo | **volli** | **vorrò** | **vorrei** | **voglia** | **volessi** | |
| | *(to want)* | **vuoi** | volevi | volesti | **vorrai** | **vorresti** | **voglia** | **volessi** | **vogli** (non volere) |
| | voluto | **vuole** | voleva | **volle** | **vorrà** | **vorrebbe** | **voglia** | **volesse** | **voglia** |
| | volendo | vogliamo | volevamo | volemmo | **vorremo** | **vorremmo** | **vogliamo** | **volẹssimo** | **vogliamo** |
| | avere voluto | volete | volevate | voleste | **vorrete** | **vorreste** | **vogliate** | **voleste** | **vogliate** |
| | | **vọgliono** | volẹvano | **vọllero** | **vorranno** | **vorrẹbbero** | **vọgliano** | **volẹssero** | **vọgliano** |

# Verbs that are irregular in the *participio passato* and *passato remoto*

These –**ere** and –**ire** verbs are irregular in the **participio passato** and in three forms of the **passato remoto**. All other forms of these verbs follow regular conjugation patterns. The full conjugation of some high-frequency verbs from this list —**chiedere** (15), **mettere** (28), **prendere** (35), **rispondere** (40), and **vincere** (56)— is presented in the preceding pages for your reference. On the list of active verbs on p. **405**, these verbs are referenced as **1-3-3** verbs.

| **Infinito** | | **Participio passato** | **Passato remoto (1st p. sing, 3rd p. sing, 3rd p. pl.)** |
|---|---|---|---|
| accọrgersi | *to realize* | accorto | accorsi, accorse, accọrsero |
| afflịggere | *to torment* | afflitto | afflissi, afflisse, afflịssero |
| assụmere | *to assume* | assunto | assunsi, assunse, assụnsero |
| attẹndere | *to wait for* | attento | attesi, attese, attẹsero |
| chiẹdere | *to ask* | chiesto | chiesi, chiese, chiẹsero |
| chiụdere | *to close* | chiuso | chiusi, chiuse, chiụsero |
| conclụdere | *to conclude* | concluso | conclusi, concluse, conclụsero |
| condivịdere | *to share* | condiviso | condivisi, condivise, condivịsero |
| conọscere | *to meet, to know/ be familiar with* | conosciuto | conobbi, conobbe, conọbbero |
| coprire | *to cover* | coperto | copriị/copersi, coprì/coperse, coprịrono/copẹrsero |
| corrẹggere | *to correct* | corretto | corressi, corresse, corrẹssero |
| cọrrere | *to run* | corso | corsi, corse, cọrsero |
| crẹscere | *to grow* | cresciuto | crebbi, crebbe, crẹbbero |
| decịdere | *to decide* | deciso | decisi, decise, decịsero |
| difẹndere | *to defend* | difeso | difesi, defese,difẹsero |
| dipẹndere | *to depend on* | dipeso | dipesi, dipese, dipẹsero |
| dipịngere | *to paint* | dipinto | dipinsi, dipense, dipịnsero |
| dirịgere | *to manage* | diretto | diressi, diresse, dirẹssero |
| discụtere | *to discuss* | discusso | discussi, discusse, discụssero |
| distrụggere | *to destroy* | distrutto | distrussi, distrusse, distrụssero |
| elẹggere | *to elect* | eletto | elessi, elesse, elẹssero |
| emẹrgere | *to emerge* | emerso | emersi, emerse, emẹrsero |
| esịgere | *to require* | esatto | esigei/esigetti, esigé/esigette, esigẹrono/esigẹttero |
| espạndere | *to expand* | espanso | espansi, espanse, espạnsero |
| espẹllere | *to expel* | espulso | espulsi, espulse, espụlsero |
| esplọdere | *to explode* | esploso | esplosi, esplose, esplọsero |
| esprịmere | *to express* | espresso | espressi, espresse, esprẹssero |
| evạdere | *to evade* | evaso | evasi, evase, evạsero |
| fịngere | *to pretend* | finto | finsi, finse, finsero |
| friggere | *to fry* | fritto | frissi, frisse, frịssero |
| giụngere | *to arrive* | giunto | giunsi, giunse, giụnsero |
| invạdere | *to invade* | invaso | invasi, invase, invạsero |
| lẹggere | *to read* | letto | lessi, lesse, lẹssero |
| mẹttere | *to put* | messo | misi, mise, mịsero |
| nạscere | *to be born* | nato | nacqui, nacque, nạcquero |
| nascọndere | *to hide* | nascosto | nascosi, nascose, nascọsero |

| Infinito | | Participio passato | Passato remoto (1st p. sing, 3rd p. sing, 3rd p. pl.) |
|---|---|---|---|
| occọrrere | *to be necessary* | occorso | occorsi, occorse, occọrsero |
| offẹndere | *to offend* | offeso | offesi, offese, offẹsero |
| offrire | *to offer* | offerto | offrịi/offersi, offrì/offerse, offrịrono/offẹrsero |
| opprịmere | *to oppress* | oppresso | oppressi, oppresse, opprẹssero |
| pẹrdere | *to lose* | perso | persi, perse, pẹrsero |
| persuạdere | *to convince* | persuaso | persuasi, persuase, persuạsero |
| piacere | *to please, to like* | piaciuto | piacqui, piacque, piạcquero |
| piạngere | *to cry* | pianto | piansi, pianse, piạnsero |
| piọvere | *to rain* | piovuto | piovve, piọvvero |
| pọrgere | *to give* | porto | porsi, porse, pọrsero |
| prẹndere | *to take* | preso | presi, prese, prẹsero |
| rạdere | *to shave* | raso | rasi, rase, rạsero |
| redịmere | *to redeem* | redento | redensi, redense, redẹnsero |
| rẹndere | *to render* | reso | resi, rese, rẹsero |
| rịdere | *to laugh* | riso | risi, rise, rịsero |
| riflẹttere *(intrans.)* | *to reflect on, to ponder* | riflettuto | riflettei, riflетté, riflettẹrono |
| riflẹttere *(trans.)*/ riflẹttersi | *to reflect* | riflesso | riflessi, riflesse, riflẹssero |
| risọlvere | *to resolve* | risolto | risolsi/risolvei, risolse/risolvé, risọlsero/risolvẹrono |
| rispọndere | *to answer* | risposto | risposi, rispose, rispọsero |
| rọmpere | *to break* | rotto | ruppi, ruppe, rụppero |
| scẹndere | *to come down* | sceso | scesi, scese, scẹsero |
| sconfịggere | *to defeat* | sconfitto | sconfissi, sconfisse, sconfịssero |
| scoprire | *to discover* | scoperto | scoprịi/scopersi, scoprì/scoperse, scoprịrono/ scopẹrsero |
| scrịvere | *to write* | scritto | scrissi, scrisse, scrịssero |
| scuọtere | *to shake* | scosso | scossi, scosse, scọssero |
| smẹttere | *to stop* | smesso | smisi, smise, smịsero |
| soffrire | *to suffer* | sofferto | sofrịi/soffersi, soffrì/sofferse, soffrịrono/soffẹrsero |
| sorrịdere | *to smile* | sorriso | sorrisi, sorrise, sorrịsero |
| sospẹndere | *to hang* | sospeso | sospesi, sospese, sospẹsero |
| spẹndere | *to spend* | speso | spesi, spese, spẹsero |
| spịngere | *to push* | spinto | spinsi, spinse, spịnsero |
| strịngere | *to press* | stretto | strinsi, strinse, strịnsero |
| succẹdere | *to happen* | successo | successi, successe, succẹssero |
| svọlgere | *to carry out, conduct* | svolto | svolsi, svolse, svolsero |
| trascọrrere | *to spend* | trascorso | trascorsi, trascorse, trascọrsero |
| uccịdere | *to kill* | ucciso | uccisi, uccise, uccịsero |
| vịncere | *to win* | vinto | vinsi, vinse, vịnsero |
| vọlgere | *to turn* | volto | volsi, volse, vọlsero |

# Vocabulary

This glossary contains the words and expressions listed on the **Vocabolario** page found at the end of each lesson in **IMMAGINA**, as well as other useful vocabulary. A numeral following an entry indicates the lesson where the word or expression was introduced.

## Abbreviations used in this glossary

| | | | |
|---|---|---|---|
| *adj.* | adjective | *invar.* | invariable |
| *adv.* | adverb | *m.* | masculine |
| *conj.* | conjunction | *p.p.* | past participle |
| *f.* | feminine | *pl.* | plural |
| *fam.* | familiar | *prep.* | preposition |
| *form.* | formal | *pron.* | pronoun |
| *indef.* | indefinite | *v.* | verb |

## Italiano-Inglese

### A

**a** *prep.* at; in; to
**a condizione che** *conj.* provided that **7**
**a meno che** *conj.* unless **7**
**a patto che** *conj.* provided that **7**
**a piedi** *adv.* on foot
**a righe** *adj.* striped
**a squarciagola** *adv.* at the top of one's voice **3**
**a suo agio** *adv.* at ease
**a tempo parziale** *adj., adv.* part-time
**a tempo pieno** *adj., adv.* full-time
**a tinta unita** *adj.* solid-color
**a volte** *adv.* sometimes
**al mare** *adv.* at/to the beach
**al sọlito suo** *adv.* as usual
**al vapore** *adj.* steamed
**all'inizio** *adv.* at first
**alla griglia** *adj.* grilled
**alla moda** *adj.* fashionable **3**
**abbastanza** *adv.* enough
**Abbastanza bene.** Pretty well.
**abbiente** *adj.* affluent **5**
**abbigliamento** *m.* clothing **10**
**abbonamento** *m.* season ticket; subscription
**abbracciare** *v.* to hug
**abbracciarsi** *v.* to hug each other **2**
**abbronzarsi** *v.* to tan
**abitare** *v.* to inhabit, to live **8**
**abitazioni** *f., pl.* housing **5**
**ạbito** *m.* dress; suit (men's) **10**
**ạbito** *m.* **da sera** evening dress **3**
**abituarsi** *v.* to get used to **7, 8**
**abolire** *v.* to abolish **8**
**abusare** *v.* to abuse **4**
**abuso** *m.* **di potere** abuse of power **4**
**accadere** *v.* to happen
**accanto (a)** *prep.* next to
**accẹndere** *v.* to turn on
**accenno** *m.* hint **8**
**accọgliere** *v.* to greet **1**
**accomodarsi** *v.* to make oneself comfortable **5**
**accordo** *m.* agreement **4**
**accọrgersi** *v.* to realize **2**
**accọrgersi di** *v.* to notice **8**
**ạcido/a: pioggia** *f.* **ạcida** acid rain
**acqua** *f.* water
**acquario** *m.* aquarium **7**
**acquedotto** *m.* aqueduct **2**
**acquerello** *m.* watercolor **8**
**acquisito/a: parenti** *m., pl.* **acquisiti** in-laws
**acquisto** *m.* purchase **2**
**acrịtico/a** *adj.* acritical
**adagiarsi** *v.* to lie down
**adattamento** *m.* adaptation **9**
**adattarsi** *v.* to adapt **6**
**addormentarsi** *v.* to fall asleep **2**
**adeguarsi** *v.* to adjust **6**
**adesso** *adv.* now
**adorare** *v.* to adore **1**
**adottare** *v.* to adopt
**adottivo/a** *adj.* adopted; adoptive **5**
**ạereo** *m.* airplane
**aeroporto** *m.* airport
**affare** *m.* deal **4**
**affascinante** *adj.* charming **1**
**affatto** *adv.* completely
**non... affatto** *adv.* not at all
**affettuoso/a** *adj.* affectionate **1**
**affiatato/a** *adj.* close-knit **5**
**affidare** *v.* to entrust **10**
**affinché** *conj.* so that **7**
**affinità di coppia** *f.* compatibility **9**
**affittare** *v.* to rent (owner)
**affitto** *m.* rent
**affollato/a** *adj.* crowded **2**
**affresco** *m.* fresco **8**
**affumicato/a** *adj.* smoked
**africano/a** *adj.* African
**agenda** *f.* planner
**agente** *m., f.* agent
**agenzịa** *f.* agency
**agenzịa** *f.* **di collocamento** job agency **10**
**agenzịa** *f.* **di somministrazione lavoro** temp agency
**agenzịa** *f.* **immobiliare** real estate agency
**aggiornare** *v.* to update **7**
**aggiornato: ẹssere aggiornato/a** *v.* to be up-to-date **9**
**aggiustare** *v.* fix
**aggrapparsi** *v.* to hold on to, hang on to **6**
**aglio** *m.* garlic
**agnọstico/a** *adj.* agnostic **6**
**agosto** *m.* August
**agricoltore/agricoltrice** *m., f.* farmer
**agricoltura** *f.* agriculture
**agricoltura** *f.* **biolọgica** organic farming
**agrodolce** *adj.* sweet-and-sour
**aiutare** *v.* help
**aiutarsi** *v.* to help each other **2**
**alba** *f.* dawn, sunrise
**albergo** *m.* hotel
**albergo** *m.* **a cinque stelle** five-star hotel
**ạlbero** *m.* tree
**alcuni/e** *indef. adj.* some; a few **9;** *indef. pron.* some; a few **9**
**alimentari** *m., pl.* foodstuffs
**allacciare** *v.* to buckle (seatbelt)
**allagamento** *m.* flooding **7**
**alleati** *m., pl.* allies, allied troops **2**
**allegare** *v.* to attach **7**
**allegramente** *adv.* cheerfully
**allegro/a** *adj.* cheerful
**allenarsi** *v.* to train **3**

**allenatore/allenatrice** *m., f.* coach **3**
**allontanarsi (da)** *v.* to distance oneself **8**
**allora** *adv., conj.* so, then
**allusivo/a** *adj.* suggestive **8**
**alluvione** *f.* flood, inundation **7**
**alpinismo** *m.* mountain climbing **3**
**alto/a** *adj.* tall **9**
**altri/e** *indef. pron.* others
**altro** *indef. pron.* something (anything else)
**altro/a/i/e** *indef. adj.* other
**l'altro ieri** *adv.* the day before yesterday
**l'un l'altro** each other
**altroché** *adv.* absolutely
**alunno/a** *m., f.* pupil, student
**alzare** *v.* to raise; lift **2**
**alzarsi** *v.* to get up, to stand up **2**
**amạbile** *adj.* lovable **5**
**amante** *m., f.* lover **1**
**amare** *v.* to love **1**
**amaro/a** *adj.* bitter
**amarsi** *v.* to love each other **2**
**ambientalismo** *m.* environmentalism
**ambiente** *m.* environment
**ambulanza** *f.* ambulance
**americano/a** *adj.* American
**amicizia** *f.* friendship **1**
**amico/a** *m., f.* friend
**analfabeta** *adj.* illiterate **4**
**ạnanas** (*invar.*) *m.* pineapple
**anche** *conj.* also, as well, too
**ancora** *adv.* again, still, yet
**non... ancora** *adv.* not yet
**andare** *v.* to go **1**
**andare a cavallo** *v.* to go horseback riding
**andare al cịnema** *v.* to go to the movies
**andare dal dottore** *v.* to go to the doctor
**(non) andare di moda** *v.* to (not) be in fashion
**andare in bicicletta** *v.* to ride a bike
**andare in palestra** *v.* to go to the gym **3**
**andare in pensione** *v.* to retire **10**
**andạrsene** *v.* to leave (go away from it) **6**
**ạngolo** *m.* corner **2**
**dietro l'ạngolo** *adv.* around the corner
**ạnima** *f.* soul **5**
**ạnima** *f.* **gemella** soul mate **1**
**animalaccio** *m.* monster **2**
**animale** *m.* animal
**animale** *m.* **domẹstico** pet
**anno** *m.* year
**avere ... anni** *v.* to be ... years old
**annoiarsi** *v.* to get bored **2**
**annullare** *v.* to cancel
**annuncio** *m.* ad **10**
**annuncio** *m.* **di lavoro** job ad **10**
**ansioso/a** *adj.* anxious **1**
**antenato** *m.* ancestor **5**
**antịcipo: ẹssere in antịcipo** *v.* to be early **2**
**anticonformista** *adj.* nonconformist **6**
**antipasto** *m.* appetizer, starter
**antipạtico/a** *adj.* unpleasant
**ape** *f.* bee
**apparecchiare la tạvola** *v.* to set the table
**apparenza** *f.* appearance **4**
**appartamento** *m.* apartment **2**
**appartamento** *m.* **arredato** furnished apartment
**appartenere (a)** *v.* to belong (to) **6**
**appena** *adv., conj.* hardly, just
**applaudire** *v.* to clap **3**
**applauso** *m.* applause
**apprendista** *m., f.* apprentice **8**
**approfittare** *v.* to take advantage of **10**
**approfondire** *v.* to study in-depth **1**
**approvare una legge** *v.* to pass a law **4**
**appuntamento** *m.* date **1**
**prẹndere un appuntamento** *v.* to make an appointment
**appunti** *m., pl.* notes
**aprile** *m.* April
**aprire** *v.* to open **3**
**aprire un conto** *v.* to open an account **10**
**ạrabo/a** *adj.* Arab
**arancia** *f.* orange
**arancione** *adj.* orange
**ạrbitro** *m.* referee **3**
**architetto** *m., f.* architect
**arma** *f.* weapon **4**
**armadio** *m.* closet
**armate** *f., pl.* armies **2**
**aroma** *m.* aroma, flavoring
**arrabbiarsi** *v.* to get mad/angry **1, 2**
**arrabbiato/a** *adj.* angry
**arrampicata** *f.* climbing
**arrẹndersi** *v.* to surrender **8**
**arricchirsi** *v.* to become rich **6**
**arricciare** *v.* to curl
**arrivare** *v.* to arrive **3**
**Arrivederci.** Good-bye.
**arrivi** *m., pl.* arrivals
**arrosto/a** *adj.* roasted
**arte** *f.* art
**belle arti** *f. pl.* fine arts **8**
**ọpera** *f.* **d'arte** work of art
**artigiano/a** *m., f.* artisan **8**
**artịstico/a** *adj.* artistic
**ascensore** *m.* elevator
**asciugacapelli** *(invar.) m.* hair dryer
**asciugamano** *m.* towel
**asciugarsi** *v.* to dry up **2**
**asciugatrice** *f.* clothes dryer
**ascoltare** *v.* to listen **6**
**ascoltare mụsica** *v.* to listen to music
**ascoltatore/ascoltatrice** *m., f.* (radio) listener **9**
**aspettare** *v.* to wait **8**
**aspettare un figlio** *v.* to be expecting (a baby) **5**
**aspirapọlvere** *m.* to vacuum
**passare l'aspirapọlvere** *v.* to vacuum
**aspirina** *f.* aspirin
**assaggiare** *v.* to taste **4**
**assegno** *m.* check **4**
**cambiare un assegno** *v.* to cash a check **10**
**pagare con assegno** *v.* to pay by check
**assicurazione** *f.* **sulla vita** life insurance
**assistente** *m., f.* **amministrativo/a** administrative assistant
**assistere a** *v.* to attend **8**
**assolo** *m.* solo
**assomigliare a** *v.* to resemble **5**
**assụmere** *v.* to hire **10**
**assụmersi una responsabilità** *v.* to assume responsibility **5**
**assunzione** *f.* hiring
**astronauta** *m., f.* astronaut **7**
**astrọnomo/a** *m., f.* astronomer **7**
**ạteo/a** *adj.* atheistic **6**; *m., f.* atheist
**atlẹtica** *f.* track and field
**atlẹtico/a** *adj.* athletic
**attẹndere** *v.* to wait (for)
**attento/a** *adj.* attentive
**ẹssere attento/a** *v.* to be careful **8**
**attenzione: fare attenzione** *v.* to pay attention
**atterrare** *v.* to land
**attesa** *f.* waiting
**restare in attesa** *v.* to be on hold
**ạttimo** *m.* second, moment
**attivista** *m., f.* activist **4**
**attivo/a** *adj.* active
**atto** *m.* act
**attore/attrice** *m., f.* actor/actress **9**
**attraente** *adj.* attractive
**attraversare** *v.* to cross **2**
**attualità** *f.* current affairs **9**
**audace** *adj.* audacious, bold
**aula** *f.* classroom, lecture hall
**aumentare** *v.* to increase **6**
**aumento** *m.* raise
**ạutobus** *m.* bus
**salire sull'ạutobus** *v.* to get on the bus **2**
**scẹndere dall'ạutobus** *v.* to get off the bus **2**

**automọbile** *f.* car
**automobilismo** *m.* car racing **3**
**automobilista** *m.,f.* driver
**autonomịa** *f.* autonomy **6**
**autọnomo/a** *adj.* self-governing **4**
**autore/autrice** *m., f.* author
**autoritario/a** *adj.* bossy **5**
**autoritratto** *m.* self-portrait **8**
**autostrada** *f.* highway
**autosufficiente** *adj.* self-sufficient **5**
**autunno** *m.* fall
**avanspettạcolo** *m.* variety show, burlesque
**avanti Cristo** *adj.* BC **8**
**avaro/a** *adj.* greedy
**avere** *v.* to have **1**
**avẹrcela con qualcuno** *v.* to be angry at someone
**avere bisogno di** *v.* to need **8**
**avere dei dẹbiti** *v.* to be in debt **10**
**avere fame** *v.* to be hungry **1**
**avere fiducia (in)** *v.* to trust **1**
**avere fretta (di)** *v.* to be in a hurry **8**
**avere mal di pancia (schiena, testa)** *v.* to have a stomachache (backache, headache)
**avere paụra (di)** *v.* to be afraid (of) **1**
**avere ragione** *v.* to be right **8**
**avere sete** *v.* to be thirsty **1**
**avere sonno** *v.* to be sleepy **1**
**avere torto** *v.* to be wrong **8**
**avere un incidente** *v.* to have/be in an accident
**avere vergogna (di)** *v.* to be ashamed (of) **1**
**avere voglia di** *v.* to feel like **8**
**avere… anni** *v.* to be… years old **1**
**avvenire** *v.* to happen **6**
**avvicinarsi** *v.* to go/come near **5**
**avvocato** *m., f.* lawyer **4**
**azienda** *f.* company **10**
**azzurro/a** *adj.* blue, sky blue

## B

**bacca** *f.* berry
**bacheca** *f.* bulletin board
**baciare** *v.* to kiss
**baciarsi** *v.* to kiss each other **2**
**baffi** *m., pl.* moustache **9**
**bagaglio** *m.* **a mano** carry-on baggage
**bagno** *m.* bath, bathroom
**vasca** *f.* **da bagno** bathtub
**baita** *f.* cabin (mountain shelter)
**balconata** *f.* dress circle
**balcone** *m.* balcony
**ballare** *v.* to dance
**ballerino/a** *m., f.* ballet dancer
**balletto** *m.* ballet; *m.* short dance performance
**bambino/a** *m., f.* baby, child
**bạmbola** *f.* doll **5**
**banana** *f.* banana
**banca** *f.* bank
**banca** *f.* **dati** database **7**
**bancario/a** *adj.* bank
**conto** *m.* **bancario** bank account
**bancarotta** *f.* bankruptcy **10**
**banchiere/a** *m., f.* banker
**banco** *m.* desk; *m.* check-in counter **5**
**bancomat** *m.* ATM **10**
**banconota** *f.* bill
**bandiera** *f.* flag **4**
**bar** *m.* café **1**
**barba** *f.* beard
**schiuma** *f.* **da barba** shaving cream
**barca** *f.* boat
**barista** *m., f.* bartender
**barocco/a** *adj.* Baroque
**basket** *m.* basketball
**basso/a** *adj.* short **9**
**bastare** *v.* to be sufficient **3**
**battaglia** *f.* battle **8**
**bạttere le mani** *v.* to clap
**batterịa** *f.* drums
**batterista** *m., f.* drummer
**baụle** *m.* trunk **8**
**beige** (*invar.*) *adj.* beige
**bellezza** *f.* beauty **1**
**salone** *m.* **di belleza** beauty salon
**bellino/a** *adj.* cute, pretty
**bello/a** *adj.* beautiful, handsome
**belle arti** *f. pl.* fine arts **8**
**benché** *conj.* although **7**
**bene** *adv.* well **9**
**Abbastanza bene.** Pretty well.
**Benvenuto!** Welcome!
**bere** *v.* to drink **1**
**bernọccolo** *m.* bump
**biancherịa** *f.* **ịntima** underwear
**bianco/a** *adj.* white
**bịbita** *f.* drink
**biblioteca** *f.* library
**bicchiere** *m.* glass
**bicicletta** *f.* bicycle
**bidello/a** *m., f.* caretaker, custodian
**biglietterịa** *f.* ticket office/window
**biglietto** *m.* ticket **3**
**biglietto** *m.* **intero** full price ticket
**biglietto** *m.* **ridotto** reduced ticket
**biliardino** *m.* foosball **3**
**biliardo** *m.* billiards **3**
**bilocale** *m.* two-room apartment
**binario** *m.* train track **1**
**biochịmico/a** *m., f.* biochemist **7**
**biografịa** *m.* biography **8**
**biologịa** *f.* biology
**biọlogo/a** *m., f.* biologist **7**
**biondo/a** *adj.* blond(e)
**birra** *f.* beer
**birrerịa** *f.* pub
**biscotto** *m.* cookie **1**
**bisnonno/a** *m., f.* great-grandfather/grandmother **1, 5**
**bisogno: avere bisogno di** *v.* to need **8**
**bizantino/a** *adj.* Byzantine
**blu** (*invar.*) *adj.* blue
**bocca** *f.* mouth
**In bocca al lupo.** (*lit.* In the mouth of the wolf.) Good luck.
**boccaglio** *m.* snorkel **4**
**bocciare** *v.* to fail (an exam)
**bollette** *f., pl.* bills
**pagare le bollette** *v.* to pay the bills
**bontà** *f.* goodness **3**
**borsa** *f.* handbag; stock exchange **10**
**borsetta** *f.* small purse
**bottega** *f.* shop **8**
**bottiglia** *f.* bottle
**braccio (*pl.* braccia f.)** *m.* arm
**bravo/a** *adj.* good; skilled
**breve: a breve tẹrmine** *adj.* short-term **10**
**brevetto** *m.* patent **7**
**brịciola** *f.* crumb
**brillante** *adj.* bright
**bruciare** *v.* to burn **9**
**bruciore** *m.* **di stọmaco** heartburn
**bruno/a** *adj.* dark-haired
**brutto/a** *adj.* ugly
**bucato: fare il bucato** *v.* to do the laundry **5**
**bue (*pl.* i buoi)** *m.* ox (oxen) **7**
**buffo/a** *adj.* funny **3**
**bugia** *f.* lie **2**
**bullo/a** *m., f.* bully **3**
**buono/a** *adj.* good **9**
**buon affare** *m.* good deal
**buon senso** *m.* common sense **6**
**Buonanotte.** Good night.
**Buonasera.** Good evening.
**Buongiorno.** Good morning, Hello.
**burattinạio** *m.* puppetteer **4**
**burattino** *m.* puppet **3**
**burro** *m.* butter
**bussare** *v.* to knock **5**
**busta** *f.* envelope
**buttare: buttare di sotto** *v.* to throw down/below **6**
**buttare vịa** *v.* to throw away **1**

## C

**C.V.** *m.* résumé
**c'è** *there is*
**C'è il/la signor(a)…?** Is Mr./Mrs… there?

**C'è il sole.** It's sunny.
**C'è il temporale.** It's stormy.
**C'è vento.** It's windy.
**Che c'è di nuovo?** What's new?
**Che cosa c'è?** What's wrong?
**cabina** *f.* cabin
**cabina** *f.* **di controllo** cockpit **5**
**cabina** *f.* **telefọnica** phone booth
**cadere** *v.* to fall **3**
**caffè** *m.* coffee
**caffettiera** *f.* coffee maker
**cafone/a** *m., f.* slob; *adj.* rude, boorish
**calcetto** *m.* foosball **9**
**calciatore** *m.* soccer player **3**
**calcio** *m.* soccer **3**
**calcio** *m.* **di rigore** penalty kick **3**
**caldo/a** *adj.* hot
**avere caldo** *v.* to feel hot
**ondata** *f.* **di caldo** heat wave
**calli** *f., pl* Venetian streets **7**
**calza** *f.* sock; stocking
**cambiare** *v.* to change; to exchange **3**
**cambiare un assegno** *v.* to cash a check **10**
**cạmera** *f.* room
**cạmera** *f.* **d'aria** inner tube **4**
**cạmera** *f.* **da letto** bedroom
**cạmera** *f.* **sịngola/doppia** single/double room
**servizio** *m.* **in cạmera** room service
**cameriere/a** *m., f.* waiter/waitress
**camicetta** *f.* blouse
**camicia** *f.* dress shirt
**camion** *m.* truck
**camion** *m.* **della nettezza urbana** garbage truck
**camionista** *m., f.* truck driver
**camminare** *v.* to walk
**campagna** *f.* campaign; countryside **2**
**campagna** *f.* **elettorale** electoral campaign **3**
**campagna** *f.* **pubblicitaria** advertising campaign **2**
**campeggiare** *v.* to camp **3**
**campeggio** *m.* camping
**campo** *m.* cellular reception; field **9**
**campo** *m.* field **2**
**campi** *m., pl.* Venetian squares/fields **7**
**campo** *m.* **di/da gioco** playing field **3**
**canadese** *adj.* Canadian
**canale** *m.* channel, canal
**canale** *m.* **televisivo** television channel
**canali** *m., pl.* canals **7**
**canarino** *m.* canary
**cancellare** *v.* to erase **7**
**candidato/a** *m., f.* candidate
**cane** *m.* dog
**canottaggio** *m.* rowing **3**
**canottiera** *f.* tank top
**cantante** *m., f.* singer
**cantare** *v.* to sing **1**
**cantina** *f.* wine cellar **8**
**cantucci** *m., pl.* Tuscan almond biscotti **1**
**canzone** *f.* song
**caos** *m.* chaos **6**
**capacità** *f.* skill
**capelli** *m., pl.* hair
**capelli** *m., pl.* **a spạzzola** crew cut
**capelli** *m., pl.* **raccolti** pulled back hair
**capelli** *m., pl.* **sciolti** loose hair
**tagliarsi i capelli** *v.* to cut one's hair
**capire** *v.* to understand **1**
**capitare** *v.* to happen **2, 9**
**capitone** *m.* large eel **6**
**capo** *m.* leader **4**, boss **10;** item, article
**capo** *m.* **di abbigliamento** article of clothing **10**
**capodanno** *m.* New Year's Day
**capolavoro** *m.* masterpiece **9**
**capolịnea** *m.* terminus
**cappello** *m.* hat
**cappotto** *m.* coat **3**
**Cappuccetto Rosso** *m.* Little Red Riding Hood **2**
**capra** *f.* goat
**carabinieri** *m., pl.* military police **5**
**caraffa** *f.* carafe
**carạttere** *m.* personality **5**
**cạrcere** *m.* jail **8**
**carciofo** *m.* artichoke
**cạrica** *f.* post **4**
**cạrica batterịa** *m.* battery charger
**caricare** *v.* to charge; to load
**carie** *f.* cavity
**carino/a** *adj.* cute
**carne** *f.* meat
**carne** *f.* **di maiale** pork
**carne** *f.* **di manzo** beef
**carnevale** *m.* carnival; Mardi Gras **9**
**caro/a** *adj.* expensive
**carota** *f.* carrot
**carriera** *f.* career **10**
**carrozza** *f.* car (train) **4;** carriage
**carta** *f.* card, paper
**carta** *f.* **d'imbarco** boarding pass
**carta** *f.* **di crẹdito** credit card **10**
**carta** *f.* **di dẹbito** debit card
**carta geogrạfica** map **6**
**carta topogrạfica** city map **9**
**foglio** *m.* **di carta** sheet of paper
**pagare con carta di crẹdito/dẹbito** *v.* to pay with a credit/debit card
**carte** *f., pl.* playing cards
**cartella** *f.* folder
**cartina** *f.* map
**cartolerịa** *f.* stationery store
**cartolina** *f.* post card
**cartoni** *m. pl.* **animati** *m.* cartoons **9**
**caruccio** *adj.* sweet, very dear
**casa** *f.* home, house
**casale** *m.* farmhouse **2**
**casalinga** *f.* housewife **10**
**cascata** *f.* waterfall
**casino: Che casino!** What a mess!
**caso: nel caso che** *conj.* in the case that **7**
**cassa** *f.* **automạtica** ATM
**cassata** *f.* Sicilian dessert **1**
**cassetta** *f.* **delle lẹttere** mailbox
**cassettiera** *f.* dresser
**cassetto** *m.* drawer
**castano/a** *adj.* brown (hair)
**catạstrofe** *f.* catastrophe
**cattedrale** *f.* cathedral **6**
**cattivo/a** *adj.* bad **9;** naughty
**cattọlico/a** *adj.* Catholic **6**
**cavallo** *m.* horse
**cavo** *m.* cable
**CD/compact disc** *m.* CD
**CD-ROM** *m.* CD-ROM
**cẹlibe** *adj., m.* single **1**
**cẹllula staminale** *f.* stem cell **7**
**cellulare** *m.* cell phone
**cena** *f.* supper
**censura** *f.* censorship **8, 9**
**censurare** *v.* to censor **8**
**centẹsimo** *adj.* one-hundredth
**cento** *m.* one hundred
**centomila** *m.* one hundred thousand
**centonovantotto** *m.* one hundred ninety eight
**centouno** *m.* one hundred one
**centoventicinque** *m.* one hundred twenty five
**centrale** *f.* **nucleare** nuclear power plant
**centravanti** *m.* center forward **3**
**centro** *m.* center
**centro** *m.* **commerciale** shopping mall **3**
**in centro** *adj., adv.* downtown
**cercare** *v.* to look for **1, 5**
**cercare di** *v.* to try **8**
**certo/a** *adj.* certain
**cespuglio** *m.* bush
**cessare (di)** *v.* to stop **8**
**cestino** *m.* wastebasket
**chattare** *v.* to chat online **9**
**che** *interr. pron.* what; *rel. pron.* that, which, who, whom
**che cosa** *interr. pron.* what
**chi** *interr. pron.* who; whom; *rel. pron.* those who, the one(s) who
**chiacchierare** *v.* to chat **2**
**chiacchiere** *f., pl.* chit-chat **1**
**chiacchierone** *m.* chatterbox
**chiamare** *v.* to call **2**
**chiamarsi** *v.* to be named; to call each other **2**
**chiaro/a** *adj.* clear; light

**chiave** *f.* key
**chiavetta USB** *f.* flash drive **7**
**chic** *adj.* chic
**chiẹdere** *v.* to ask (for) **3**
**chiẹdere un prẹstito** *v.* to ask for a loan
**chiesa** *f.* church **6**
**chilo** *m.* kilo
**chịmico/a** *m., f.* chemist **7**
**chiọcciola** *f.* @ symbol **7**
**chiosco** *m.* kiosk, newstand
**chiosco** *m.* **per le informazioni** information booth
**chirurgo/a** *m., f.* surgeon
**chitarra** *f.* guitar
**chitarrista** *m., f.* guitarist
**chiụdere** *v.* to close
**chiụdere un conto** *v.* to close an account **10**
**chiunque** *indef. pron.* anyone, whoever **9**
**chiuso: naso** *m.* **chiuso** stuffy nose
**ci: ci sono** there are
**Ci sono 18 gradi.** It is 18 degrees out.
**Ci vediamo!** See you soon!
**Ciao.** Good-bye./Hi.
**ciascuno/a** *indef. adj.* each **9;** *indef. pron.* each **9**
**cibo** *m.* food
**ciclismo** *m.* cycling
**ciclone** *m.* cyclone
**cielo** *m.* sky
**cifra** *f.* figure, number **10**
**ciglia** *(invar.) f.* eyelash
**Cin, cin!** Cheers!
**cineasta** *m., f.* filmmaker **9**
**cịnema** *m.* cinema
**cinese** *adj.* Chinese
**cinquanta** *m.* fifty
**cinquantuno** *m.* fifty-one
**cinque** *m.* five
**cinquecentẹsimo** *adj.* five-hundredth
**cinquecento** *m.* five hundred
**cinquecentocinquantamila** *m.* five hundred fifty thousand
**cinquemila** *m.* five thousand
**cintura** *f.* belt
**cintura** *f.* **di sicurezza** seatbelt
**ciò che** *rel. pron.* that which, that, what **9**
**cioccolaterịa** *f.* cafè specializing in chocolate
**cipolla** *f.* onion
**cipresso** *m.* cypress
**circolazione** *f.* traffic **2**
**città** *f.* city
**cittadinanza** *f.* citizenship **4**
**cittadino/a** *m., f.* citizen **2**
**ciuffo** *m.* tuft of hair
**civile** *adj.* civil
**guerra** *f.* **civile** civil war **4**
**stato** *m.* **civile** marital status
**civiltà** *f.* civilization **8**
**clandestino** *m.* illegal (immigrant) **4**
**claque** *f.* professional clappers
**clarinetto** *m.* clarinet
**classe** *f.* class
**classe** *f.* **economica** economy class
**classe** *f.* **turistica** tourist class
**conflitto** *m.* **di classe** class conflict **6**
**prima classe** *adj.* first class
**clạssico/a** *adj.* classic; classical **8**
**classịfica** *f.* chart **3**
**cliente** *m., f.* client, customer
**clima** *m.* climate
**clonare** *v.* to clone **7**
**club** *m.* **sportivo** sports club **3**
**coda** *f.* queue
**fare la coda** *v.* to wait in line **3**
**codardo/a** *adj.* coward **5**
**cọdice** *m.* code **7**
**cọdice** *m.* **deontolọgico** code of conduct/ethics **7**
**codino** *m.* ponytail
**coercitivo/a** *adj.* coercive **8**
**cọfano** *m.* hood
**cogliere** *v.* to pick **1**
**cognato/a** *m.* brother-/sister-in-law
**cognome** *m.* last name
**coincidenza** *f.* coincidence **3**
**coinquilino/a** *m., f.* housemate; roommate **2**
**colazione** *f.* breakfast
**fare colazione** *v.* to have breakfast **1**
**collaboratrice** *f.* **domẹstica** maid
**collana** *f.* necklace
**collega** *m., f.* colleague **10**
**collegamento** *m.* connection **7**
**collezione** *f.* collection
**colline** *f., pl.* hills **8**
**collo** *m.* neck
**colloquio** *m.* **di lavoro** job interview **10**
**colonizzare** *v.* to colonize **8**
**colonna** *f.* **sonora** soundtrack **9**
**colore** *m.* color
**colpa** *f.* fault **1**
**colpẹvole** *adj.* guilty **4**
**colpire** *v.* to hit
**colpo** *m.* **di fụlmine** love at first sight **1**
**colpo** *m.* **di fulmine** lightning |strike **9**
**coltello** *m.* knife
**coltivare** *v.* to grow **7**
**combạttere** *v.* to fight **4**
**come** *adv.* how
**cominciare (a)** *v.* to begin (to); to start (to) **1**
**commedia** *f.* comedy
**commessa** *f.* saleswoman **1**
**commẹttere** *v.* commit
**commissione** *f.* commission **8**
**commovente** *adj.* moving, touching
**comodino** *m.* night table
**compagno/a** *m., f.* partner **1**
**compagno/a** *m.,f.* **di classe** classmate
**comparsa** *f.* appearance **6**
**compassione** *f.* compassion **2**
**competenza** *f.* ability; competence
**competitivo/a** *adj.* competitive **3**
**cọmpiti** *m., pl.* homework
**compleanno** *m.* birthday
**completo/a: al completo** *adj.* no vacancies
**comporre** *v.* to compose; to dial
**compositore/compositrice** *m., f.* composer
**composizione** *f.* composition **8**
**composizione** *f.* **demogrạfica** demographic makeup **2**
**comprare** *v.* to buy
**comprensione** *f.* understanding **6**
**comprensivo/a** *adj.* understanding **1**
**compressa** *f.* tablet
**compromesso** *m.* compromise
**computer** *m.* computer **7**
**computer** *m.* **portạtile** laptop computer **7**
**computer** *m.* **da tạvolo** desktop computer **7**
**comune** *m.* town hall
**comunicato** *m.* **stampa** press release **9**
**comunque** *conj., adv.* however
**con** *prep.* with
**concerto** *m.* concert
**concorrente** *m.* contestant
**condivịdere** *v.* to share **1**
**condizione** *f.* condition
**condurre** *v.* to run
**condurre un'inchiesta** *v.* to carry out an investigation
**confidenza** *f.* intimacy **10**
**confine** *m.* (national) boundary **4**
**conflitto** *m.* **di classe** class conflict **6**
**conformarsi** *v.* to conform **6**
**conformismo** *m.* conformism **8**
**conformista** *adj.* conformist **6**
**congedo** *m.* leave
**congelatore** *m.* freezer
**coniglio** *m.* rabbit
**cọniuge** *m., f.* spouse **9**
**conọscere** *v.* to meet; know, be familiar with **3**
**conọscere di vista** *v.* to know by sight
**conọscere la strada** *v.* to know the way
**conọscere... a fondo** *v.* to know something inside and out

**Piacere di conọscerLa/ti.** (*form./fam.*) Pleased to meet you.
**conọscersi** *v.* to know each other **2**
**conquistare** *v.* to conquer **8**
**conservare** *v.* to preserve
**conservatore/conservatrice** *adj.* conservative **4**
**consigliare (di)** *v.* to advise **8**
**consiglio** *m.* council **4**
**consulente** *m., f.* consultant **10**
**conta** *f.* counting rhyme **2**
**contạbile** *m., f.* accountant **10**
**contadino/a** *m., f.* farmer **2**
**contanti** *m., pl.* cash
**pagare in contanti** *v.* to pay in cash
**contare** *v.* to be important **9**
**contare su** *v.* to rely on, count on **1**
**contemporạneo/a** *adj.* contemporary; modern
**contento/a** *adj.* content; happy
**continuare** *v.* to continue **8**
**conto** *m.* account **10**
**aprire/chiụdere un conto** *v.* to open/close an account **10**
**conto** *m.* **bancario** bank account
**conto** *m.* **corrente** checking account **10**
**contorno** *m.* side dish
**contrariato/a** *adj.* annoyed **1**
**contratto** *m.* contract; lease
**contravvenire a** *v.* infringe **8**
**contributi** *m., pl.* contributions; taxes
**contro** *prep.* against **8**
**controllare** *v.* to check
**controllare la lịnea** *v.* to watch one's weight
**controllo** *m.* control; check-up
**controllo** *m.* **passaporti** passport control
**controllore** *m.* ticket collector
**controverso/a** *adj.* controversial **7**
**convalidare** *v.* to validate (ticket)
**conversazione** *f.* conversation
**convinto/a** *adj.* earnest
**coperto/a** *adj.* overcast
**copiare** *v.* to copy **7**
**copione** *m.* script **9**
**coppia** *f.* couple **1**
**coprire (di)** *v.* to cover (with) **8**
**coraggioso/a** *adj.* courageous
**coricarsi** *v.* to lie down **10**
**cornetta** *f.* receiver
**coro** *m.* chorus
**corpo** *m.* body
**corrẹggere** *v.* to correct **3**
**cọrrere** *v.* to run **3**
**corridọio** *m.* hallway
**corriera** *f.* long-distance bus **6**
**cortese** *adj.* courteous
**cortesịa** *f.* courtesy
**corto/a** *adj.* short (hair)
**cortometraggio** *m.* short film
**cosa** *f.* thing; *interr. pron.* what
**(Che) cos'è?** What is it?
**Cosa vuol dire...?** What does... mean?
**La sọlita cosa.** The usual.
**coscienza** *f.* conscience **3, 8**
**coscienza** *f.* **ambientale** environmental awareness
**Così, così.** So-so.
**così... come** *adv.* as
**costa** *f.* coast
**costare** *v.* to cost; to be worth
**Quanto costa(no)...?** How much is/are... ?
**costituzione** *f.* constitution **6**
**costoso/a** *adj.* expensive
**costrịngere** *v.* to coerce **2**
**costruire** *v.* to build
**costume** *m.* **da bagno** bathing suit
**cotone** *m.* cotton
**cravatta** *f.* tie **10**
**credenza** *f.* cupboard
**crẹdere** *v.* to believe **6**
**crẹdito** *m.* credit
**carta** *f.* **di crẹdito** credit card **10**
**pagare con carta di crẹdito** *v.* to pay with a credit card
**crema** *f.* lotion
**Crepi.** Thanks. (*lit.* May the wolf die.) (*answer to* **In bocca a lupo**.)
**crẹscere** *v.* to grow **3**
**crẹscita** *f.* growth **4**
**cretino/a** *m., f.* jerk
**criminale** *m., f.* criminal **4**
**criminalità** *f.* crime **4**
**crịmine** *m.* crime **4**
**crisi** *f.* **econọmica** economic crisis **10**
**crịtico** *m.* critic **9**
**crịtico** *m.* **cinematogrạfico** film critic **9**
**crociera** *f.* cruise
**crọnaca** *f.* news **9**
**crọnaca** *f.* **sportiva** sports news **9**
**crọnaca** *f.* **locale** local news **9**
**cronista** *m., f.* reporter **9**
**crostata** *f.* pie
**crudele** *adj.* cruel
**crudeltà** *f.* cruelty **4**
**cucchiaino** *m.* teaspoon
**cucchịaio** *m.* spoon
**cucina** *f.* kitchen
**cucinare** *v.* to cook
**cuffie** *f., pl.* headphones
**cugino/a** *m., f.* cousin **5**
**cui** *rel. pron.* which, whom
**cụlmine** *m.* height (fig.) **9**
**cuọcere** *v.* to cook **3**
**cuoco/a** *m., f.* chef, cook
**cuore** *m.* heart
**stare a cuore** *v.* to matter **2**
**curare** *v.* to heal
**curatore/curatrice** *m., f.* curator **1**
**curioso/a** *adj.* curious
**currịculum (vitae)** *m.* résumé **10**

## D

**d.C. (dopo Cristo)** *adj.* AD (Anno Domini) **2, 8**
**d'avanguardia** *adj.* avant-garde **8**
**da** *prep.* at; by; from, since
**da non perdere** must-see
**Da quanto tempo...** For how long...
**danza** *f.* **clạssica** classical dance
**dare** *v.* to give
**dare fastidio** *v.* to annoy **1**
**dare indicazioni** *v.* to give directions **2**
**dare le dimissioni** *v.* to resign, to quit **10**
**dare nọia a** *v.* to bother **8**
**dare retta** *v.* to pay attention **5**
**dare un esame** *v.* to take a test **1**
**dare un passaggio** *v.* to give a ride **2**
**dare un'occhiata** *v.* to take a look **3**
**darsi** *v.* to give to each other
**può darsi** it's possible
**davanti (a)** *prep.* in front of
**davvero** *adv.* really
**dẹbito** *m.* debt **10**
**avere dei dẹbiti** *v.* to be in debt **10**
**pagare con carta di dẹbito** *v.* to pay with a debit card
**dẹbole** *adj.* weak
**debutto** *m.* debut
**decennio** *m.* decade **8**
**decịdere** *v.* to decide **3**
**decịdersi (a)** *v.* to make up one's mind (to) **8**
**dẹcimo** *adj.* tenth
**decisione: prẹndere una decisione** *v.* to make a decision
**decollare** *v.* to take off
**decreto** *m.* decree **8**
**dedicarsi (a)** *v.* to dedicate oneself to **4**
**degrado** *m.* deterioration
**delitto** *m.* crime **6**
**deluso/a** *adj.* disappointed **1**
**democrạtico/a** *adj.* democratic **8**
**democrazịa** *f.* democracy **4**
**denaro** *m.* money
**dente** *m.* tooth
**lavarsi i denti** *v.* to brush one's teeth
**dentiera** *f.* denture **5**
**dentifricio** *m.* tooth paste
**dentista** *m., f.* dentist
**dentro** *prep.* inside
**deporre** *v.* to testify **4**
**depositare** *v.* to deposit **10**

**depọsito: fare un depọsito** *v.* to make a deposit **10**
**depressione** *f.* depression
**depresso/a** *adj.* depressed **1**
**depurare** *v.* purify
**deputato/a** *m., f.* congressman/congresswoman **4**
**deserto** *m.* desert
**desiderare** *v.* to desire **6**
**desolato/a** *adj.* sorry
**ẹssere desolato/a** *v.* to be sorry **5**
**destra** *f.* right, right hand
**di (d')** *prep.* from; of
**di fronte a** *prep.* across from
**di media statura** *adj.* of average height
**dialetto** *m.* dialect **6**
**diạlogo** *m.* dialogue **6**
**dicembre** *m.* December
**diciannove** *m.* nineteen
**diciasette** *m.* seventeen
**diciottẹsimo** *adj.* eighteenth
**diciotto** *m.* eighteen
**dieci** *m.* ten
**dieta** *f.* diet
**ẹssere a dieta** *v.* to be on a diet
**dietro** *prep.* behind **8**
**difẹndere** *v.* to defend **4**
**difesa** *f.* defense **3**
**differita: in differita** *adv.* pre-recorded **9**
**diffịcile** *adj.* difficult
**diffidente** *adj.* mistrustful **2**
**digitale** *adj.* digital
**mạcchina** *f.* **fotogrạfica digitale** digital camera
**digitare** *v.* to type; dial **7**
**dignità** *f.* dignity
**dilemma** *m.* dilemma, quandary
**diluvio** *m.* torrential downpour
**dimenticạbile** *adj.* forgettable **1**
**dimenticare** *v.* to forget
**dimenticarsi (di)** *v.* to forget (to) **2**
**diminuire** *v.* to decrease **6**
**dimissioni: dare le dimissioni** *v.* to quit **10**
**dimostrare** *v.* to prove **7**
**dinạmico/a** *adj.* dynamic
**Dio** *m.* God **6**
**dipẹndere (da)** *v.* to depend (on) **8**
**dipịngere** *v.* to paint **3, 8**
**dipinto** *n.* painting
**diploma** *m.* degree; diploma
**dire** *v.* to say **1**
**dire la verità** *v.* to tell the truth **2**
**diretta: in diretta** *adv., adj.* live **9**
**direttore** *m., f.* manager **10**
**direzione** *f.* management **10**
**dirigente** *m., f.* executive **10**
**dirịgere** *v.* to lead **8**; to manage **10**
**diritto** *m.* right; law
**diritti** *m., pl.* **umani** human rights **4**
**diritto** *m.* **d'autore** copyright **8**
**disboscamento** *m.* deforestation
**discạrica** *f.* dump
**disco** *m.* **rigido** hard drive
**discreto/a** *adj.* discreet
**discụtere** *v.* to discuss **3**
**disfarsi** *v.* to get rid of **6**
**disinvolto/a** *adj.* confident
**disoccupato/a** *adj.* unemployed **10**
**disonesto/a** *adj.* dishonest **1**
**dispensa** *f.* pantry
**dispiacere** *v.* to mind, to be sorry **2**
**disponịbile** *adj.* helpful
**stanza** *f.* **disponịbile** vacancy
**dispositivo** *m.* device **7**
**dissentire** *v.* to disagree; dissent **6**
**distịnguere** *v.* to distinguish **6**
**disturbare** *v.* to bother **1**
**dito (*pl.* dita f.)** *m.* finger
**dito** *m.* **del piede** (*pl.* **dita** *f.*) toe
**ditta** *f.* company **10**
**dittatura** *f.* dictatorship **4**
**divano** *m.* couch
**divenire** *v.* to become **3**
**diventare** *v.* to become
**diventare indipendente** *v.* to become independent **5**
**divergenza** *f.* difference
**diversità** *f.* diversity **6**
**divertente** *adj.* fun
**divertirsi** *v.* to have fun **2**
**divieto** *m.* ban **8**
**divorziare (da)** *v.* to divorce **1**
**divorziato/a** *adj.* divorced **1**
**dizionario** *m.* dictionary
**DNA** *m.* DNA **7**
**doccia** *f.* shower
**docente** *m., f.* lecturer; teacher
**documentario** *m.* documentary **9**
**documento** *m.* document; ID
**dọdici** *m.* twelve
**dogana** *f.* customs
**dolce** *adj.* sweet; *m.* dessert
**dolcezza** *f.* sweetness **10**
**dolore** *m.* pain
**domanda** *f.* question
**fare domanda** *v.* to apply **10**
**fare una domanda** *v.* to ask a question
**domandare** *v.* to ask
**domani** *adv.* tomorrow
**domẹnica** *f.* Sunday
**domẹstico/a** *adj.* domestic
**dominio** *m.* domination **6**
**donna** *f.* woman
**donna** *f.* **d'affari** businesswoman
**dono** *m.* gift
**dopo** *adv.* afterwards; *prep.* after **8**
**d.C. (dopo Cristo)** *adj.* AD (Anno Domini) **2, 8**
**dopodomani** *adv.* the day after tomorrow
**doppiaggio** *m.* dubbing **9**
**dormire** *v.* to sleep **1**
**dotato/a** *adj.* gifted; talented
**dottore(ssa)** *m., f.* doctor
**dove** *prep.* where
**dovere** *v.* to have to; must **1;** *v.* to owe
**dramma** *m.* drama; play
**dramma** *m.* **psicolọgico** psychological drama
**drammạtico/a** *adj.* dramatic
**drammaturgo/a** *m., f.* playwright **8**
**dubitare** *v.* to doubt **7**
**due** *m.* two
**duecento** *m.* two hundred
**duecentoquarantacinque** *m.* two hundred forty five
**duemila** *m.* two thousand
**durante** *prep.* during **8**
**durare** *v.* to last
**duro/a** *adj.* hard; tough

## E

**e** *conj.* and
**ebreo/a** *adj.* Jewish, Jew **6**
**ecco** *adv.* here
**ecografịa** *f.* ultrasound **3**
**ecologịa** *f.* ecology
**economịa** *f.* economics
**edịcola** *f.* newsstand **2**
**edificio** *m.* building **2**
**editore/editrice** *m., f.* publisher **9**
**editorịa** *f.* publishing industry
**educare** *v.* to raise **5**
**effetto** *m.* effect
**effetti** *m., pl.* **speciali** special effects **9**
**effetto** *m.* **serra** greenhouse effect
**egoista** *adj.* selfish **5**
**Ehilà!** Hey there!
**elẹggere** *v.* to elect **4**
**elettricista** *m., f.* electrician **9**
**elettrodomẹstico** *m.* appliance
**elettrọnica** *f.* electronics **7**
**elevato/a** *adj.* high
**elezione** *f.* election
**pẹrdere le elezioni** *v.* to lose the election **4**
**vịncere le elezioni** *v.* to win the election **4**
**e-mail** *f.* e-mail message
**emicrania** *f.* migraine
**emigrazione** *f.* emigration **4**
**emozionato/a** *adj.* excited **1**
**empatịa** *f.* empathy **6**
**energịa** *f.* energy
**energịa** *f.* **ẹolica** wind power
**energịa** *f.* **nucleare** nuclear energy
**energịa** *f.* **rinnovạbile** renewable energy

**energịa** *f.* **solare** solar energy
**energịa** *f.* **tẹrmica** thermal energy
**energịa pulita** *f.* clean energy **7**
**enẹrgico/a** *adj.* energetic
**enoteca** *f.* store specializing in wine
**entrare** *v.* to go in **3**
**entusiasta** *adj.* enthusiastic **1**
**ẹpico/a: racconto** *m.* **ẹpico** epic
**equitazione** *f.* horseback riding **3**
**erba** *f.* grass
**ereditare** *v.* to inherit **5**
**errore** *m.* error
**eruzione** *f.* eruption
**eruzione** *f.* **cutạnea** rash
**esame** *m.* test
**dare un esame** *v.* to take a test **1**
**esaurirsi** *v.* to run out **7**
**escursionismo** *m.* hiking **3**
**esẹrcito** *m.* army **4**
**esercizio: fare esercizio** *v.* to exercise
**esibizione** *f.* performance
**esigente** *adj.* demanding
**esigenza** *f.* requirement **2**
**esịgere** *v.* to require **6**
**espẹllere** *v.* to expel **8**
**esperienza** *f.* experience **10**
**esperienza** *f.* **professionale** professional experience **10**
**esperimento** *m.* experiment **7**
**esplorare** *v.* explore
**esposizione** *f.* exhibit
**espressione** *f.* expression
**ẹssere** *v.* to be **3**
**ẹssere aggiornato/a** *v.* to be up-to-date **9**
**ẹssere al verde** *v.* to be broke
**ẹssere allẹrgico (a)** *v.* to be allergic (to)
**ẹssere attento/a** *v.* to be careful **8**
**ẹssere ben/mal pagato/a** *v.* to be well/poorly paid
**ẹssere desolato/a** *v.* to be sorry **5**
**ẹssere in antịcipo** *v.* to be early **2**
**ẹssere in buona salute** *v.* to be in good health
**ẹssere in lịnea** to be online
**ẹssere in panne** *v.* to break down
**ẹssere in tour** *v.* to be on tour
**ẹssere in/fuori forma** *v.* to be in/out of shape
**ẹssere incinta** *v.* to be pregnant **5**
**ẹssere negato/a per** *v.* to be no good at…
**ẹssere pronto/a a** *v.* to be ready to **8**
**ẹssere sorpreso/a** *v.* to be surprised **6**
**estate** *f.* summer
**ẹstero** *m.* foreign countries **6**
**all'ẹstero** *adv.* abroad
**estẹtico/a** *adj.* aesthetic **8**
**estrạneo/a** *m., f.* stranger **5**
**età** *f.* age; era **8**
**età adulta** *f.* adulthood **5**
**ẹtico/a** *adj.* ethical **7**
**etto** *m.* one hundred grams
**evitare (di)** *v.* to avoid

## F

**fa** *adv.* ago
**fạbbrica** *f.* factory **10**
**faccende** *f., pl.* chores
**fare i mestieri/le faccende** *v.* to do household chores
**faccia** *f.* face
**fạcile** *adj.* easy
**facoltà** *f.* department; faculty
**fagiolino** *m.* green bean
**falegname** *m.* carpenter
**fallire** *v.* fail
**fame: avere fame** *v.* to be hungry **1**
**famiglia** *f.* family
**fango** *m.* mud
**fantascientifico/a** *adj.* science fiction **7**
**fantasma** *m.* ghost **5**
**fantoccio** *m.* puppet **4**
**fare** *v.* to do, make **1**
**Fa caldo.** It's hot.
**Fa freddo.** It's cold.
**Fammi vedere.** Let me see.
**fạrcela** *v.* to make it **6**
**fare attenzione a** *v.* to pay attention **8**
**fare bel/brutto tempo** *v.* to be nice/nasty weather **1**
**fare colazione** *v.* to have breakfast **1**
**fare commissioni** *v.* to run errands **2**
**fare/comporre un nụmero** *v.* to dial a number **9**
**fare domanda (per un lavoro)** *v.* to apply (for a job) **10**
**fare due passi** *v.* to take a short walk
**fare finta** *v.* to pretend **2**
**fare i compiti** *v.* to do one's homework **1**
**fare il bagno/la doccia** *v.* to take a bath/shower
**fare il bucato** *v.* to do the laundry **5**
**fare il buffone** *v.* to act the fool
**fare il letto** *v.* to make the bed
**fare il pendolare** *v.* to commute
**fare il ponte** *v.* to take a long weekend
**fare la coda** *v.* to wait in line **3**
**fare la fila** *v.* to wait in line
**fare la pọlvere** *v.* to dust
**fare la valigia** *v.* to pack a suitcase
**fare lo straordinario** *v.* to work overtime **10**
**fare meglio a** *v.* to be better off **8**
**fare progetti** *v.* to make plans
**fare spese** *v.* to go shopping **1**
**fare un abbonamento** *v.* to subscribe **9**
**fare un giretto** *v.* to go for a stroll **2**
**fare un mụtuo** *v.* to take out a mortgage **10**
**fare un picnic** *v.* to have a picnic
**fare un prelievo/depọsito** *v.* to make a withdrawal/deposit **10**
**fare un viaggio** *v.* to take a trip
**fare una domanda** *v.* to ask a question
**fare una foto** *v.* to take a picture
**fare una gita** *v.* to take a short trip
**fare una manifestazione** *v.* to demonstrate **6**
**fare una passeggiata** *v.* to take a walk
**fare vedere a** *v.* to show **8**
**farsi male** *v.* to hurt oneself
**fatto/a in casa** *adj.* homemade
**farmacista** *m., f.* pharmacist
**faro** *m.* headlight; *m.* lighthouse **4**
**farsi la barba** *v.* to shave **2**
**fascista** *adj.* fascist **8**
**fastidio: dare fastidio** *v.* to annoy **1**
**fatato/a** *adj.* enchanted **3**
**fattorịa** *f.* farm
**fạvola** *f.* fairy tale **3**
**fax** *m.* fax
**febbraio** *m.* February
**febbre** *f.* fever
**avere la febbre** *v.* to have a fever
**fede** *f.* faith **6**
**fedele** *adj.* faithful **1;** *m., f.* believer **6**
**felice** *adj.* happy
**felpa** *f.* sweatshirt
**fẹmmina** *f.* female
**femminista** *adj.* feminist
**fenọmeno** *m.* phenomenon **3**
**ferie** *f., pl.* holidays **10**
**ferirsi** *v.* to injure oneself **3**
**ferita** *f.* injury; wound
**fermare** *v.* to stop **2**
**fermarsi** *v.* to stop **2**
**fermata** *f.* stop **2**
**fermata** *f.* **a richiesta** stop on request
**fermata** *f.* **dell'ạutobus/della metro/del treno** *f.* bus/subway/train
**ferragosto** *m.* August 15 (holiday); August vacation **9**
**ferro (da stiro)** *m.* iron
**ferroviere** *m.* railway employee **6**
**festa** *f.* holiday; party
**Festa del santo patrono** *f.* Feast of the Patron Saint
**Festa** *f.* **del lavoro** Labor Day
**Festa** *f.* **della Repụbblica** Republic Day

**festeggiamenti** *m., pl.* festivities **9**
**festeggiare** *v.* to celebrate **2, 3**
**fẹstival** *m.* festival
**fetta** *f.* slice
**fiaba** *f.* fairy tale **3**
**fidanzarsi (con)** *v.* to get engaged (to) **1**
**fidanzato/a** *adj.* engaged **1;** *m., f.* boyfriend/girlfriend **5;** *m., f.* fiancé(e) **1**
**fidarsi (di)** *v.* to trust (in) **8**
**fiducia** *f.* trust **4**
  **avere fiducia (in)** *v.* to trust **1**
**fieno** *m.* hay
**figliastra** *f.* stepdaughter
**figliastro** *m.* stepson
**figlio/a** *m., f.* son/daughter **5**
  **figlio/a ụnico/a** *m., f.* only child **5**
**figlioccio/a** *m., f.* godson/goddaughter **5**
**fila** *f.* line
  **fare la fila** *v.* to wait in line
  **stare in fila** *v.* to stand in line
**film** *m.* film, movie
  **film** *m.* **di fantascienza/dell'orrore** horror/sci-fi film
**filmare** *v.* to film **9**
**filmino** *m.* short film
**finanziario/a** *adj.* financial **10**
**fine** *f.* end **1**
  **saldi** *m., pl.* **di fine stagione** end-of-season sales **3**
**finestra** *f.* window
**fịngere** *v.* to pretend
**finire** *v.* to finish **4**
**fino a** *prep.* until
**fiorạio** *m.* florist **10**
**fiore** *m.* flower
**fiorista** *m.* florist; flower shop
**firmare** *v.* to sign
**firmato/a** *adj.* designer **3**
**fisarmọnica** *f.* accordion
**fịsico/a** *m., f.* physicist **7**
  **fịsico/a** *m., f.* **nucleare** nuclear physicist **7**
**fiume** *m.* river
**flauto** *m.* flute
**focaccerịa** *f.* store specializing in focaccia
**foglia** *f.* leaf
**folclore** *m.* folklore **9**
**folla** *f.* crowd **2**
**fondamenta** *f., pl.* foundations **6**
**fondo** *m.* bottom
**fontana** *f.* fountain
**football** *m.* **americano** football
**forchetta** *f.* fork
**foresta** *f.* forest
**formaggio** *m.* cheese
**formazione** *f.* education; training **10**
**forno** *m.* oven
**forte** *adj.* strong
**Forza!** Come on!
**foschịa** *f.* mist
**foto(grafịa)** *f.* photo(graph)
**fotocopiare** *v.* to photocopy
**fotọgrafo** *m.* photographer
**fra/tra** *prep.* among; between; in **8**
  **fra di loro** each other, among/between them
  **fra poco** *adv.* in a little while
**frạgola** *f.* strawberry
**fraintendimento** *m.* misunderstanding **10**
**francese** *adj.* French
**francobollo** *m.* stamp
**frangia** *f.* bang
**fratellastro** *m.* half brother; stepbrother
**fratellino** *m.* little/younger brother
**fratello** *m.* brother
**frattura** *f.* fracture
**freccette** *f., pl.* darts
**freddo/a** *adj.* cold
  **avere freddo** *v.* to feel cold
**fregạrsene** *v.* to not care (about) **6**
**frenare** *v.* to brake
**freni** *m., pl.* brakes
**frequentare** *v.* to attend
**frequentemente** *adv.* frequently
**fresco/a** *adj.* cool
**fretta** *f.* haste
  **avere fretta (di)** *v.* to be in a hurry **8**
**frettoloso/a** *adj.* in a hurry **2**
**frịggere** *v.* to fry
**frigo** *m.* fridge
**fritto/a** *adj.* fried
**frizione** *f.* clutch
**frizzante: acqua** *f.* **frizzante** sparkling water
**fronte** *f.* front
**frutta** *f.* fruit
  **frutti** *m., pl.* **di mare** seafood
**fuggire** *v.* to flee **3**
**fụlmine** lightning
  **colpo** *m.* **di fụlmine** love at first sight **1;** lightning strike **9**
**fumetto** *m.* comic strip **9**
**fungo** *m.* mushroom
**funzionare** *v.* function; work
**funzionario/a** *m., f.* civil servant
**fuori** *prep.* outside
**furbo/a** *adj.* sly, shrewd **5**
**furto** *m.* theft **7**
  **furto** *m.* **d'identità** identity theft **7**
**futurista** *adj.* Futurist
**futuro** *m.* future

## G

**gabbiano** *m.* seagull
**gabinetto** *m.* toilet
**gallerịa** *f.* gallery
**gamba** *f.* leg
  **in gamba** *adj.* smart
**gamberetto** *m.* shrimp
**gara** *f.* race **3**
**garage** *(invar.) m.* garage
**gatto/a** *m., f.* cat
**gelaterịa** *f.* ice cream shop
**geloso/a** *adj.* jealous **1**
**gemello/a** *adj.* twin **5**
  **ạnima** *f.* **gemella** soul mate **1**
**gene** *m.* gene **7**
**gẹnere** *m.* genre; kind **8**
  **in gẹnere** *adv.* generally
**gẹnero** *m.* son-in-law **5**
**generoso/a** *adj.* generous
**genẹtica** *f.* genetics **3**
**gengiva** *f.* gum **5**
**geniale** *adj.* great **1**
**genio/a** *m., f.* genius
**genitore** *m.* parent **5**
  **genitore** *m.* **single** single parent **5**
**gennạio** *m.* January
**genocidio** *m.* genocide
**gentile** *adj.* kind
**geọlogo/a** *m., f.* geologist **7**
**gesso** *m.* chalk
**gestore** *m., f.* manager
**gettare** *v.* to throw
**già** *adv.* already
**giacca** *f.* jacket
**giallo** *m.* thriller **8;** *adj.* mystery **9**
**giallo/a** *adj.* yellow
**giapponese** *adj.* Japanese
**giardiniere/a** *m., f.* gardener
**giardino** *m.* garden
  **giardini** *m., pl.* **pụbblici** public gardens **2**
**ginnạstica** *f.* gymnastics
**ginocchio (*pl.* ginocchia *f.*)** *m.* knee
**giocare** *v.* to play **8**
  **giocare a nascondino** *v.* to play hide-and-seek **3**
  **giocare in casa/trasferta** *v.* to play a home/away game **3**
**giocatore/giocatrice** *m., f.* player **3**
**gioco** *m.* game
  **campo** *m.* **di/da gioco** playing field **3**
  **gioco** *m.* **a premi** quiz show
  **gioco** *m.* **di società** board game **3**
**gioiellerịa** *f.* jewelry store
**gioiẹlli** *m., pl.* jewelry **10**
**giornale** *m.* newspaper **9**
  **giornale** *m.* **radio** radio news **9**
  **giornale** *m.* **scandalịstico** tabloid
**giornalista** *m., f.* journalist **9**
**giorno** *m.* day
  **giorno** *m.* **festivo** public holiday
**giọvane** *adj.* young; *m., f.* young man/woman
**giovedì** *m.* Thursday
**gioventù: ostello** *m.* **della gioventù** youth hostel

**giovinezza** *f.* youth **5**
**girare** *v.* to film **9**
**girare (a destra/sinistra)** *v.* to turn (right/left) **2**
**giro** *m.* tour; turn
**in giro** *adv.* around; out and about
**prẹndere in giro** *v.* to tease
**gita** *f.* short trip
**giudicare** *v.* to judge **4**
**giụdice** *m., f.* judge **4**
**giugno** *m.* June
**giurare (su)** *v.* to swear (on) **8**
**giurịa** *f.* jury **4**
**giurisprudenza** *f.* law
**giustizia** *f.* justice **4**
**giusto/a** *adj.* fair, right **4**
**globalizzazione** *f.* globalization **6**
**gola** *f.* throat
**golf** *m.* sweater **9**
**goloso/a** *adj.* food-loving **4**
**gọmito** *m.* elbow
**gomma** *f.* eraser
**gonna** *f.* skirt **10**
**gọtico/a** *adj.* Gothic
**governare** *v.* to govern **4**
**governo** *m.* government **4**
**gradinata** *f.* tier
**gradino** *m.* step
**grado** *m.* degree
**graffetta** *f.* paper clip; staple
**graffettatrice** *f.* stapler
**granata** *f.* grenade **8**
**grande** *adj.* big **9**
**grande magazzino** *m.* department store
**grạndine** *f.* hail
**grasso/a** *adj.* fat
**gratis** *(invar.) adj.* free
**gratitụdine** *f.* gratitude
**grattacielo** *m.* skyscraper **2**
**grave** *adj.* serious
**Grazie.** Thank you.
**Grazie mille.** Thanks a lot.
**greco/a** *adj.* Greek
**grembo** *m.* womb
**griffe** *f.* designer label **10**
**grigio/a** *adj.* grey
**griglia** *f.* grill
**gruppo** *m.* group
**gruppo** *m.* **(musicale)** band **3**
**gruppo** *m.* **rock** rock band
**guadagnare** *v.* to earn **10**
**guanciale** *m.* pillow **10**
**guanto** *m.* glove
**guardare** *v.* to look at
**guardarsi** *v.* to look at oneself/each other
**guardia** *f.* **costiera** coast guard **4**
**guarire** *v.* to cure; heal **7**
**guerra** *f.* war
**guerra** *f.* **civile** civil war **4**
**guerra** *f.* **mondiale** world war **4**
**guidare** *v.* to drive **2**
**gusti** *m., pl.* tastes, preferences **9**
**gusto** *m.* flavor
**gustoso/a** *adj.* tasty

## I

**idea** *f.* idea
**idealista** *adj.* idealistic **1**
**idrạulico** *m.* plumber
**ieri** *adv.* yesterday
**ieri sera** last night
**illegale** *adj.* illegal **4**
**imbianchino** *m.* painter
**imbonitore** *m.* huckster
**imbucare una lẹttera** *v.* to mail a letter
**immaginare** *v.* to imagine **7**
**immaturo/a** *adj.* immature **1**
**immigrante** *m., f.* immigrant **2**
**immigrazione** *f.* immigration **4**
**immobiliare: agente** *m., f.* **immobiliare** real estate agent
**immondizia** *f.* trash
**immorale** *adj.* unethical **7**
**impanare** *v.* to bread
**imparare** *v.* to learn **8**
**imparentato/a** *adj.* related **5**
**imparziale** *adj.* impartial; unbiased **9**
**impatto** *m.* impact
**impatto ambientale** *m.* environmental impact **7**
**impazzire** *v.* to go mad **3**
**impedire** *v.* to prevent; incapacitate
**impegno** *m.* commitment **10**
**imperatore/imperatrice** *m., f.* emperor/empress **8**
**impermeạbile** *m.* raincoat **3**
**impianto** *m.* **stẹreo** stereo system
**impiegare** *v.* to employ **10**
**impiegato/a** *m., f.* employee **10**
**impiegato/a** *m., f.* **postale** postal worker
**impiego** *m.* job **4**
**imporre** *v.* to impose **4**
**importante** *adj.* important
**importare** *v.* to be important; matter **2**
**impossịbile** *adj.* impossible **7**
**impoverirsi** *v.* to become poor **6**
**impressione** *f.* impression
**imprigionare** *v.* to imprison **4**
**improbạbile** *adj.* unlikely **7**
**improvvisare** *v.* to improvise **3**
**in** *prep.* at; in; to
**In bocca al lupo.** (*lit.* In the mouth of the wolf.) Good luck.
**in gamba** *adj.* sharp
**in modo che** *conj.* so that
**inaffidạbile** *adj.* unreliable **4**
**incartare** *v.* to wrap
**incassare** *v.* to cash **4**
**incertezza** *f.* uncertainty **6**
**inchiesta: condurre un'inchiesta** *v.* to carry out an investigation
**incidente** *m.* accident
**incinta: ẹssere incinta** *v.* to be pregnant **5**
**incollare** *v.* to paste **7**
**incomprensione** *f.* lack of understanding **6**
**incontrare** *v.* to meet
**incontrarsi** *v.* to get together **2**
**incoraggiare** *v.* to encourage **8**
**incosciente** *adj.* irresponsible **6**
**incoscienza** *f.* recklessness **6**
**incredịbile** *adj.* incredible
**incrocio** *m.* intersection **2**
**indaffarato/a** *adj.* busy **2**
**indicazioni: dare indicazioni** *v.* to give directions **2**
**indimenticạbile** *adj.* unforgettable **1**
**indipendente** *adj.* independent
**diventare indipendente** *v.* to become independent **5**
**indirizzo** *m.* address
**indirizzo** *m.* **e-mail** e-mail address **7**
**indossare** *v.* to wear **1**
**indovinare** *v.* to guess
**ineguale** *adj.* unequal **4**
**infanzia** *f.* childhood **5**
**infedele** *adj.* unfaithful **1**
**inferiore** *adj.* lower, shorter; inferior **9**
**infermiere/a** *m., f.* nurse
**infezione** *f.* infection
**ịnfimo/a** *adj.* lowest **9**
**infilarsi** *v.* to slip on (clothing) **9**
**influente** *adj.* influential **9**
**influenza** *f.* flu
**influenzare** *v.* to influence **4**
**informarsi** *v.* to keep oneself informed **9**
**informạtica** *f.* computer science **7**
**infradito** *f., pl.* flip-flops **3**
**infrastruttura** *f.* infrastructure **2**
**ingegnere** *m.* engineer **2**
**ingegnerịa** *f.* engineering **7**
**ingenuità** *f.* naïveté **5**
**ingenuo/a** *adj.* naïve **1**
**ingiusto/a** *adj.* unfair **4**
**inglese** *adj.* English
**ingolfare** *v.* to flood
**ingordigia** *f.* gluttony **4**
**ingorgo** *m.* **stradale** traffic jam **2**
**inizio** *m.* beginning **1**
**innamorarsi (di)** *v.* to fall in love (with) **1**
**innanzitutto** *adv.* first of all
**inno** *m.* anthem **4**
**innocente** *adj.* innocent **4**
**innovativo/a** *adj.* innovative
**inopportuno/a** *adj.* inappropriate
**inquietante** *adj.* disturbing

**inquilino/a** *m., f.* tenant
**inquinamento** *m.* pollution **7**
**insalata** *f.* salad
**insegnante** *m., f.* professor; teacher
**insegnare** *v.* to teach **8**
**insensịbile** *adj.* insensitive
**insetto** *m.* insect
**insicuro/a** *adj.* insecure **1**
**insieme** *adv.* together
**insịpido/a** *adj.* bland
**insịstere** *v.* to insist **6**
**insonnia** *f.* insomnia
**insopportạbile** *adj.* unbearable **5**
**intasato/a** *adj.* crowded
**integrazione** *f.* integration **4, 6**
**intelligente** *adj.* intelligent
**intelligenza** *f.* intelligence
**intelligenza** *f.* **artificiale** artificial intelligence (A.I.) **7**
**interessante** *adj.* interesting
**interessare** *v.* to interest **2**
**interessarsi (a/di)** *v.* to be interested in **8**
**interesse: tasso** *m.* **di interesse** interest rate
**Internet caffè** *m.* internet cafè
**interpellare** *v.* to consult **8**
**interpretare** *v.* to perform
**intervallo** *m.* intermission
**intervento** *m.* intervention
**intervista** *f.* interview **9**
**intervistatore/intervistatrice** *m., f.* interviewer **10**
**intorno** *prep., adv.* around
**intrattenitore** *m.* entertainer
**invạdere** *v.* to invade **8**
**invecchiare** *v.* to age **5**
**invece** *adv.* instead; on the other hand
**inventare** *v.* invent
**inverno** *m.* winter
**investimento** *m.* investment
**investire** *v.* to invest **10**
**inviare** *v.* to send **1**
**inviato/a** *m., f.* **speciale** correspondent **9**
**invitare (a)** *v.* to invite (to) **8**
**irlandese** *adj.* Irish
**irresponsạbile** *adj.* irresponsible
**ịsola** *f.* island
**istantạneo/a: messaggio** *m.* **istantạneo** instant message
**istruzione** *f.* education
**italiano/a** *adj.* Italian

## J

**jeans** *m., pl.* jeans

## L

**là** *adv.* there
**labbro (*pl.* labbra *f.*)** *m.* lip
**laboratorio** *m.* lab **7**
**laggiù** *adv.* down there **6**
**ladro/a** *m., f.* thief **4**
**lagnone/a** *m., f.* whiner
**lago** *m.* lake
**lamentare** *v.* to regret, to lament **6**
**lamentarsi (di)** *v.* to complain (about) **2**
**lamentoso/a** *adj.* whiny
**lạmpada** *f.* lamp
**lampo** *m.* flash of lightning
**lana** *m.* wool
**largo/a** *adj.* big; loose
**lasciare** *v.* to allow, to let; to leave **1**
**Lasciami in pace.** Leave me alone.
**lasciare un messaggio** *v.* to leave a message
**lasciarsi** *v.* to leave each other, to split up
**lasciarsi** *v.* to break up **2**
**lassù** *adv.* up there **6**
**latte** *m.* milk
**lattuga** *f.* lettuce
**laurearsi** *v.* to graduate from college/university
**lavagna** *f.* blackboard
**lavanderịa** *f.* dry cleaner **9**
**lavanderịa** *f.* dry cleaner; laundromat
**lavare** *v.* to wash
**lavare i piatti** *v.* to wash the dishes
**lavarsi** *v.* to wash oneself **2**
**lavarsi i denti** *v.* to brush one's teeth
**lavastoviglie** *f.* dishwasher
**lavatrice** *f.* washing machine **5**
**lavavetri** *m.* window cleaner
**lavorare** *v.* to work
**lavoro** *m.* job; work
**annuncio** *m.* **di lavoro** job ad **10**
**colloquio** *m.* **di lavoro** job interview **10**
**lavoro** *m.* **a orario normale/ridotto** full-/part-time job **10**
**leale** *adj.* loyal **3**
**legale** *adj.* legal **4**
**legge** *f.* law
**approvare/passare una legge** *v.* to pass a law **4**
**lẹggere** *v.* to read **3**
**leggero/a** *adj.* light; slight
**legiferare** *v.* legislate **4**
**legno** *m.* wood **5**
**legumi** *m., pl.* legumes
**lenti a specchio** *f., pl.* mirrored lenses **3**
**lento/a** *adj.* slow
**lẹttera** *f.* letter
**lẹttera** *f.* **di presentazione** cover letter
**letteratura** *f.* literature
**lẹttere** *f., pl.* arts (humanities)
**letto** *m.* bed
**lettore** *m.* reader
**lettore CD/DVD/MP3** *m.* CD/DVD/MP3 player **7**
**lettura** *f.* reading
**lezione** *f.* class; lesson
**liberale** *adj.* liberal **4**
**liberare** *v.* to liberate **8**
**libertà** *f.* freedom **4**
**libertà** *f.* **di culto** freedom of worship **6**
**libertà** *f.* **di stampa** freedom of the press **9**
**librerịa** *f.* bookstore
**libro** *m.* book
**libro** *m.* **elettrọnico** *m.* e-Book **7**
**licenziare** *v.* to fire **10**
**liceo** *m.* high school
**limite** *m.* **di velocità** speed limit
**lịnea** *f.* line
**lingua** *f.* language
**lingua** *f.* **dei segni** sign language **7**
**lingua** *f.* **madre** native language **6**
**lingue** *f., pl.* languages (subject)
**liscio/a** *adj.* straight (hair)
**litigare** *v.* to quarrel, fight **2, 5**
**livello: passaggio** *m.* **a livello** level crossing
**lịvido** *m.* bruise
**locale** *m.* **notturno** nightclub
**località** *f.* resort
**località** *f.* **balneare** ocean resort
**località** *f.* **di villeggiatura** resort
**lontano/a** *adj.* distant **5;** *adv.* far
**look** *m.* dressing style **10**
**lottare** *v.* to fight, struggle
**luglio** *m.* July
**luna** *f.* moon
**luna park** *m.* amusement park **3**
**lunedì** *m.* Monday
**lungo** *prep.* along **8**
**lungo/a** *adj.* long
**a lungo tẹrmine** *adj.* long-term **10**
**luogo** *m.* place
**luoghi comuni** *m., pl.* commonplaces **1**
**lusso** *m.* luxury **4**

## M

**ma** *conj.* but
**macchiare** *v.* to stain
**macchiato/a** *adj.* stained
**mạcchina** *f.* car
**mạcchina** *f.* **ịbrida** hybrid car
**salire in mạcchina** *v.* to get in the car **2**
**scẹndere dalla mạcchina** get out of the car **2**
**mạcchina** *f.* **fotogrạfica (digitale)** (digital) camera
**macellerịa** *f.* butcher shop
**madre** *f.* mother
**madrina** *f.* godmother **5**

**maggio** *m.* May
**maggiore** *adj.* bigger; older **9**
**magia** *f.* magic **3**
**maglia** *f.* jersey **3**
**maglietta** *f.* t-shirt
**maglione** *m.* sweater
**magro/a** *adj.* thin
**mai** *adv.* ever
**malato/a** *adj.* ill
**malattia** *f.* ailment; disease
**male** *adv.* badly **9;** *m.* pain
**mal** *m.* **di gola** sore throat
**mal** *m.* **di mare** sea-sickness
**mal** *m.* **di testa** headache
**Non c'è male.** Not bad.
**Sto male.** I am not well.
**maledire** *v.* to curse
**maledizione** *f.* curse
**maleducato/a** *adj.* bad-mannered **5**
**malgrado** *conj.* although **7**
**maltempo** *m.* bad weather **6**
**maltrattamento** *m.* abuse; mistreatment **6**
**mamma** *f.* mom
**mammone** *m.* mama's boy **5**
**mancare** *v.* to be missing **2**
**mandare** *v.* to send
**mandare in onda** *v.* to broadcast
**mandria** *f.* herd **7**
**mangiare** *v.* to eat **6**
**manica** *f.* sleeve
**maglietta** *f.* **a maniche corte/lunghe** short-/long-sleeved t-shirt
**manifestare** *v.* to demonstrate **6**
**manipolazione** *f.* manipulation
**mano (*pl.* le mani)** *f.* hand
**mansarda** *f.* attic
**mantenersi** *v.* to provide for oneself
**mappa** *f.* map
**marca** *f.* brand **10**
**marciapiede** *m.* sidewalk **2**
**mare** *m.* sea
**marea** *f.* tide **7**
**marito** *m.* husband **5**
**primo/secondo marito** *m.* first/second husband
**marmellata** *f.* jam
**marmo** *m.* marble **8**
**marrone** *adj.* brown (eyes)
**martedì** *m.* Tuesday
**martello** *m.* hammer **8**
**marziano/a** *m., f.* Martian **7**
**marzo** *m.* March
**maschera** *f.* mask **4**
**maschio** *m.* male
**massima** *f.* maxim **1**
**massimo/a** *adj.* greatest **9**
**masterizzare** *v.* to burn **7**
**matematica** *f.* mathematics
**matematico/a** *m., f.* mathematician **7**
**materia** *f.* subject
**materiale** *m.* **edile** building material **2**
**materno/a** *adj.* maternal **5**
**matita** *f.* pencil
**matrigna** *f.* stepmother
**matrimonio** *m.* wedding **1**
**mattina** *f.* morning
**maturità** *f.* maturity **5**
**maturo/a** *adj.* mature **1**
**meccanico/a** *m., f.* mechanic
**mecenate** *m.* patron **8**
**media** *m., pl.* media
**mediante** *prep.* by means of **8**
**medicina** *f.* drug; medicine
**medico** *m.* **di famiglia** family doctor
**medio/a: di media statura** *adj.* of average height
**Medioevo** *m.* Middle Ages **6**
**meglio** *adv.* better **9**
**mela** *f.* apple
**melanzana** *f.* eggplant
**melone** *m.* melon
**mendicante** *m., f.* beggar **2**
**meno** *adv.* less; *adv.* minus
**mensa** *f.* cafeteria
**mensile** *f.* monthly magazine **9**
**mensilità** *f.* monthly paycheck; salary
**mentire** *v.* to lie **1**
**mentre** *conj.* while
**menu** *m.* menu
**mercato** *m.* market
**mercato** *m.* **immobiliare** real estate market **10**
**mercoledì** *m.* Wednesday
**merenda** *f.* afternoon snack
**merendina** *f.* snack **3**
**meridionale** *adj.* southern **6**
**meritare** *v.* to deserve **1**
**mese** *m.* month
**messaggio** *m.* message
**messaggio** *m.* **istantaneo** IM, instant message
**messicano/a** *adj.* Mexican
**mestiere** *m.* occupation; trade **10**
**mestieri** *m., pl.* chores
**metro(politana)** *f.* subway **2**
**metropoli** *f.* big city **2**
**mettere** *v.* to put **2**
**mettere in scena** *v.* to put on a play
**mettersi** *v.* to put on (clothing, shoes) **1**
**mezzanotte** *f.* midnight
**mezzo** *m.* means
**mezzo** *m.* **di trasporto** means of transportation
**mezzo** *m.* **pubblico** public transportation **2**
**mezzogiorno** *m.* noon
**mezzora** *f. m.* half hour
**microfono** *m.* microphone
**microonda: (forno a)**
**microonde** *m.* microwave oven
**miglio** *m.* mile
**migliorare** *v.* to improve
**migliore** *adj.* better **9**
**mille** *m.* one thousand
**millecento** *m.* one thousand one hundred
**millesimo** *adj.* one-thousandth
**minaccia** *f.* threat **4**
**minestrone** *m.* thick soup
**minigonna** *f.* miniskirt **10**
**minimo/a** *adj.* least, lowest **9**
**minore** *adj.* smaller; younger **9**
**miracolo** *m.* miracle **5**
**miseria** *f.* misery, poverty
**mobili** *m., pl.* furniture
**mobilità** *f.* transfer
**mobilitare** *v.* to mobilize **6**
**moda** *f.* fashion
**passato/a di moda** *adj.* out-of-style **3**
**moderato/a** *adj.* moderate **4**
**modesto/a** *adj.* modest
**modo** *m.* way
**modulo** *m.* form
**riempire un modulo** *v.* to fill out a form
**moglie** *f.* wife **5**
**mollare** *v.* to let go **6**
**molto** *adv.* a lot **9**
**molto/a/i/e** *indef. adj., pron.* a lot of; many; much
**monarchico/a** *adj.* monarchic **8**
**moneta** *f.* change; coin
**monolocale** *m.* studio apartment
**montagna** *f.* mountain
**montano/a: località** *f.* **montana** mountain resort
**morale** *adj.* ethical **7;** *f.* moral **3**
**morbillo** *m.* measles
**morire** *v.* to die **3**
**morso** *m.* bite
**morte** *f.* death **5**
**moschea** *f.* mosque **6**
**mosso/a** *adj.* wavy
**mostra** *f.* exhibition **3, 8**
**mostrare** *v.* to show
**motore** *m.* engine; motor
**motorino** *m.* scooter
**mucca** *f.* cow
**multa** *f.* traffic ticket **9;** fine
**multilingue** *adj.* multilingual **6**
**multilinguismo** *m.* multilinguism **4**
**municipio** *m.* city hall **2**
**muovere** *v.* to move **2**
**muoversi** *v.* to get going **2**
**mura** *f., pl.* **di cinta** city walls **2**
**muratore** *m.* bricklayer
**muschio** *m.* moss
**muscoloso/a** *adj.* muscular
**musica** *f.* music

**musicista** *m., f.* musician
**musulmano/a** *adj.* Muslim **6**
**muta** *f.* wet suit **4**
**mụtuo** *m.* mortgage **2**

## N

**nanotecnologịa** *f.* nanotechnology **7**
**narratore** *m.* narrator **8**
**nạscere** *v.* to be born **3**
**nạscita** *f.* birth **5**
**nascọndere** *v.* to hide **1**
**nascosto/a** *adj.* hidden **4**
**naso** *m.* nose
  **naso** *m.* **chiuso** stuffy nose
**nastro** *m.* ribbon
  **nastro** *m.* **adesivo** adhesive tape **7**
  **nastro** *m.* **trasportatore** luggage carousel; moving walkway **5**
**Natale** *m.* Christmas
**natura** *f.* nature
  **natura** *f.* **morta** still life **8**
**naturale** *adj.* natural
  **acqua** *f.* **naturale** still water
**nạufrago** *m.* castaway **4**
**nạusea** *f.* nausea
**nave** *f.* ship
**navigare** *v.* to navigate
  **navigare in rete** *v.* to surf the Web
  **navigare su Internet/sulla rete** *v.* to browse /surf the Internet/Web **7**
**navigatore satellitare** *m.* GPS **7**
**nazionalismo** *m.* nationalism **6**
**né: non... né... né** *conj.* neither... nor
**neanche: non... neanche** *adv.* not even
**necessario/a** *adj.* necessary
**necessità: di prima necessità** *adj.* absolutely necessary **5**
**negozio** *m.* store
  **negozio** *m.* **d'alimentari** grocery store
**nemico** *m.* enemy **2**
**nemmeno** *conj.* not even
**neoclạssico/a** *adj.* Neoclassical
**neoplatonismo** *m.* Neoplatonism **8**
**neppure** *conj.* not even
**nero/a** *adj.* noir, black
**nervoso/a** *adj.* nervous
**nessuno/a** *indef. adj.* no, not any **9**; *indef. pron.* no one, not anyone **9**
**netturbino/a** *m., pl.* garbage collector
**neve** *f.* snow
**nevicare** *v.* to snow
**niente** *indef. pron.* nothing **9**
  **Niente di nuovo.** Nothing new.
**ninnananna** *f.* lullaby **3**
**nipote** *m., f.* nephew/niece; grandson/granddaughter **5**
**no** *adv.* no
**nọia** *f.* boredom **1**
  **Che nọia!** How boring!
  **dare nọia a** *v.* to bother **8**
**noioso/a** *adj.* boring
**noleggiare** *v.* to rent (car)
**non** *adv.* not
  **non... più** *adv.* no more, no longer
**nonno/a** *m., f.* grandfather/grandmother **5**
**nono** *adj.* ninth
**nonostante** *conj.* although **7**
**norma** *f.* law; norm **8**
**notẹvole** *adj.* remarkable, important **7**
**notizia** *f.* news story **9**
**notiziario** *m.* radio/TV news, news program **2, 9**
**notorietà** *f.* fame
**notte** *f.* night
**novanta** *m.* ninety
**nove** *m.* nine
**novecento** *m.* nine hundred
**novella** *f.* short novel **8**
**novembre** *m.* November
**nụbile** *adj., f.* single **1**
**nụcleo familiare** *m.* family unit **5**
**nulla** *indef. pron.* nothing **9**
**nụmero** *m.* number
  **nụmero** *m.* **di telẹfono** phone number
**nuora** *f.* daughter-in-law **5**
**nuotare** *v.* to swim
**nuoto** *m.* swimming
**nuovo/a** *adj.* new
  **di nuovo** *adv.* again
**nụvola** *f.* cloud
**nuvoloso/a** *adj.* cloudy

## O

**o** *conj.* or
**obbediente** *adj.* obedient **4**
**obbligare (a)** *v.* to oblige, compel **8**
**occhiali** *m., pl.* glasses
  **occhiali da sole** *m., pl.* sunglasses **10**
**occhiata: dare un'occhiata** *v.* to take a look **3**
**occhio** *m.* eye
**occọrrere** *v.* to be necessary **6**
**occuparsi di** *v.* to take care of **8**
**occupazione** *f.* occupation
  **prima occupazione** *f.* first job
**ocẹano** *m.* ocean
**odiare** *v.* to hate **1**
**odiarsi** *v.* to hate each other
**odio** *m.* hatred **1**
**odore** *m.* smell **10**
**officina** *f.* factory **10**
**offrire** *v.* to offer **3**
**oggettivo/a** *adj.* objective **8**
**oggi** *m., adj., adv.* today
**ogni** *indef. adj.* every, all **9**
**Ognissanti** *m.* All Saints' Day
**ognuno/a** *indef. pron.* everyone **9**
**olio** *m.* oil
**olio d'oliva** *m.* olive oil
**oltre** *prep.* beyond **8**
**ombrello** *m.* umbrella
**onesto/a** *adj.* honest **1**
**onịrico/a** *adj.* dream-like **9**
**ọpera** *f.* work (of art); opera **8**
**operạio/a** *m., f.* factory worker
**opinione** *f.* opinion
  **opinione** *f.* **pụbblica** public opinion **6**
**opportuno/a** *adj.* appropriate
**oppresso/a** *adj.* oppressed **4**
**opprịmere** *v.* to oppress **8**
**oppure** *conj.* or
**ora** *f.* hour
**orario** *m.* schedule **1**
  **orario** *m.* **di lavoro** work hours **10**
**orchestra** *f.* orchestra
  **orchestra** *f.* **da camera** chamber orchestra **8**
  **orchestra** *f.* **sinfọnica** symphony **8**
**ordigno** *m.* bomb **5**
**ordinare** *v.* to order
**orecchini** *m., pl.* earrings **10**
**orecchio (*pl.* orecchie *f.*)** *m.* ear
**orgoglio** *m.* pride **3**
**orgoglioso/a** *adj.* proud **1**
**orientarsi** *v.* to get one's bearings
**orizzonte** *m.* horizon
**ormai** *adv.* by now, already
**orologio** *m.* clock; watch
**orọscopo** *m.* horoscope **9**
**orrore: film** *m.* **dell'orrore** *m.* horror film
**ospedale** *m.* hospital
**ospizio** *m.* nursing home **6**
**osterịa** *f.* small restaurant
**ottanta** *m.* eighty
**ottantaduẹsimo** *adj.* eighty-second
**ottantuno** *m.* eighty-one
**ottavo** *adj.* eighth
**ottenere** *v.* to obtain **6**
**ọttico** *m.* optician **3**
**ottimista** *adj.* optimistic **1**
**ọttimo/a** *adj.* very good **9**
**otto** *m.* eight
**otto milioni** *m.* eight million
**ottobre** *m.* October
**ottocento** *m.* eight hundred
**ovunque** *adv.* all over; wherever

## P

**pacco** *m.* package
**pace** *f.* peace **4**
**pacịfico/a** *adj.* peaceful **4**
**pacifista** *adj.* pacifist **4**

**padre** *m.* father
**padrino** *m.* godfather **5**
**padrone** *m.* owner, boss **4**
**padrone/a di casa** *m., f.* landlord/landlady
**paesaggio** *m.* landscape **8**
**paesano/a** *m., f.* village/ (fellow) countryman/woman **2**
**paese** *m.* village **2**
**pagare** *v.* to pay
**pagare con assegno** *v.* to pay by check
**pagare in contanti** *v.* to pay in cash
**pagare le bollette** *v.* to pay the bills
**pạio** *m.* pair
**palazzo** *m.* building, palace **2**
**palestra** *f.* gymnasium
**andare in palestra** *v.* to go to the gym **3**
**pallacanestro** *f.* basketball
**pallavolo** *f.* volleyball
**pallone** *m.* soccer; (soccer) ball **3**
**pạlpebra** *f.* eyelid **5**
**panchina** *f.* bench
**pane** *m.* bread
**panetterịa** *f.* bakery
**panettone** *m.* Christmas cake **6**
**paninoteca** *f.* sandwich shop
**pannello** *m.* **solare** solar panel
**pannolino** *m.* diaper **2**
**panorama** *m.* landscape; panorama
**pantaloncini** *m., pl.* shorts
**pantaloni** *m., pl.* pants
**pantaloni corti** *m., pl.* short pants **10**
**pantaloni lunghi** *m., pl.* long pants **10**
**pantọfole** *f., pl.* slippers
**papa** *m.* pope **6**
**papà** *m.* dad
**parabrezza** *m.* windshield
**parapendịo** *m.* paragliding
**parare** *v.* to save; block **3**
**parcheggiare** *v.* to park **2**
**pareggiare** *v.* to tie **3**
**pareggiare una partita** *v.* to tie a game **3**
**pareggio** *m.* tie **3**
**parente** *m., f.* relative **5**
**parentela** *f.* relatives; family relationship **5**
**parenti** *m., pl.* relatives
**parere** *v.* to appear; seem **2**
**parete** *f.* wall
**parlamento** *m.* parliament **6**
**parlare (di)** *v.* to talk (about) **8**
**parlarsi** *v.* to speak to each other **2**
**parrucchiere/a** *m., f.* hairdresser
**parte** *f.* part
**Da questa parte.** This way.
**partecipare (a)** *v.* to participate (in) **8**
**partenze** *f., pl.* departures
**partigiano** *m.* resistance fighter **2**
**partire** *v.* to leave **3**
**partire in vacanza** *v.* to go on vacation
**partita** *f.* game
**vịncere/pẹrdere/pareggiare una partita** *v.* to win/lose/tie a game **3**
**partito** *m.* **polịtico** political party **4**
**parziale** *adj.* partial; biased **9**
**pạscolo** *m.* pasture, grazing land **7**
**Pasqua** *f.* Easter
**pasquetta** *f.* Easter Monday **9**
**passaggio** *m.* passage
**dare un passaggio** *v.* to give a ride **2**
**passare** *v.* to pass **3;** to spend (time)
**passare una legge** *v.* to pass a law **4**
**passato/a di moda** *adj.* out of style **3**
**passeggero/a** *m.* passenger **2**
**passeggiare** *v.* to take a walk **2**
**passeggiata** *f.* walk
**passerella** *f.* footbridge **7**
**passo** *m.* pass; step
**a due passi da** not far from
**pasta(sciutta)** *f.* pasta
**laboratorio** *m.* **di pasta fresca** store specializing in homemade pasta
**pasticcerịa** *f.* pastry shop
**pasto** *m.* meal
**patata** *f.* potato
**patente** *f.* driver's license
**paterno/a** *adj.* paternal **5**
**patria** *f.* homeland **2**
**patrigno** *m.* stepfather
**patrimonio** *m.* **culturale** cultural heritage **9**
**pattinaggio** *m.* skating **3**
**pattinaggio** *m.* **sul ghiaccio** ice-skating **3**
**patto** *m.* pact **8**
**paụra** *f.* fear **4**
**avere paụra (di)** *v.* to be afraid (of) **1**
**pavimento** *m.* floor
**paziente** *adj.* patient; *m., f.* patient
**pazzo/a** *adj.* crazy
**peccato** *m.* pity
**pẹcora** *f.* sheep
**pedone** *m., f.* pedestrian **2**
**peggio** *adv.* worse
**peggiore** *adj.* worse **9;** *adv.* worse **9**
**pelle** *f.* skin; leather
**pelliccia** *f.* fur **5**
**penare** *v.* to suffer **6**
**penna** *f.* pen
**pennello** *m.* paintbrush **8**
**pensare** *v.* to think **8**
**pensare a** *v.* to think about **8**
**pensare di** *v.* to plan to **8**
**pensionato/a** *m., f.* retiree
**pensione** *f.* boarding house; pension
**pensione: andare in pensione** *v.* to retire **10**
**pentirsi** *v.* to regret **5**
**pepe** *m.* pepper (spice)
**peperone (rosso, verde)** *m.* (red, green) pepper
**per** *prep.* for, in order to, through
**per favore** *adv.* please
**pera** *f.* pear
**perché** *conj.* why; so that **7**
**perciò** *conj.* so
**pẹrdere** *v.* to lose **3**
**pẹrdere le elezioni** *v.* to lose the election **4**
**pẹrdere una partita** *v.* to lose a game **3**
**pẹrdersi** *v.* to get lost **2**
**pẹrdita** *f.* loss **2**
**perịcolo** *m.* danger **4**
**pericoloso/a** *adj.* dangerous **2**
**periferịa** *f.* suburb **2**
**permẹttere** *v.* to allow **6**
**persona** *f.* person
**personaggio** *m.* character **8**
**personaggio** *m.* **principale** main character
**persuadere (a)** *v.* to persuade (to) **8**
**pesante** *adj.* heavy; rich
**pesca** *f.* peach
**pescare** *v.* to fish **4**
**pesce** *m.* fish
**pescherịa** *f.* fish/seafood shop
**peso** *m.* weight
**pessimista** *adj.* pessimistic **1**
**pẹssimo/a** *adj.* very bad **9**
**pettegolezzi** *m.* gossip **1**
**pettinare** *v.* to brush
**pettinarsi** *v.* to brush/comb one's hair
**pẹttine** *m.* comb
**petto** *m.* chest
**pezzo** *m.* piece **3**
**piacere** *m.* pleasure **1;** *v.* to be pleasing, like **6**
**pianeta** *m.* planet
**salvare il pianeta** *v.* to save the planet
**pịangere** *v.* to cry **3**
**pianificare** *v.* to plan **6**
**pianista** *m., f.* pianist
**piano** *m.* **di cottura** stovetop **7**
**piano** *m.* **urbanịstico** city plan **2**
**pianta** *f.* plant
**piattaforma** *f.* platform **1**
**piatto** *m.* course; plate
**primo/secondo piatto** *m.* first/second course
**piccante** *adj.* spicy
**pịccolo/a** *adj.* small **9**
**piede** *m.* foot
**pieno/a** *adj.* full
**pietanza** *f.* dish **4**
**pietra** *f.* rock

**pigmento** *m.* pigment **8**
**pigro/a** *adj.* lazy
**PIL** *m.* GDP
**pịllola** *f.* pill
**pinne** *f., pl.* flippers **4**
**pioggia** *f.* rain
**piọvere** *v.* to rain
**piovoso/a** *adj.* rainy
**piscina** *f.* swimming pool **10**
**pittore/pittrice** *m., f.* painter **8**
**pittura** *f.* paint; painting **8**
  **pittura** *f.* **a olio** oil painting **8**
  **pittura** *f.* **a pastello** pastel painting **8**
**più** *adj., adv.* more; most
  **non… più** *adv.* no more, no longer
**pizzerịa** *f.* pizza shop
**pịzzico** *m.* pinch
**platea** *f.* stall
**pneumạtico** *m.* **sgonfio** flat tire
**poco** *adv.* little **9**
**poco/a (po'): po' (di)** *adj.* little (not much) (of)
**podere** *m.* farmhouse **8**
**poema** *m.* poem
**poesịa** *f.* poetry **8**
**poeta/poetessa** *m., f.* poet
**poi** *adv.* later; then
**polẹmica** *f.* controversy **6**
**polịtico/a** *m., f.* politician **4**
**polịtica** *f.* politics **4**
**polizịa** *f.* police
**poliziotto/a** *m., f.* police officer **2**
**pọllici** *m./pl* inches (*lit.* thumbs) **7**
**polpo** *m.* octopus **7**
**poltrona** *f.* armchair; seat
**pọlvere** *f.* dust
**pomeriggio** *m.* afternoon
**pomodoro** *m.* tomato
**pompiere** *m.* fireman **7**
**ponte** *m.* bridge
**popolazione** *f.* population **6**
**pọpolo** *m.* people **8**
**poppa** *f.* stern **4**
**porre** *v.* to put **1**
**porta** *f.* door
**portare** *v.* to bring; to wear
  **portare fuori la spazzatura** *v.* to take out the trash
  **portare un vestito** *v.* to wear a suit
**portạtile** *adj.* portable
  **computer** *m.* **portạtile** laptop computer **7**
**portiera** *f.* car door
**portiere** *m.* goalkeeper **3**
**portiere/a** *m., f.* caretaker; doorman
**posizione** *m., f.* job **10**
**possedere** *v.* to own **4**; to possess
**possessivo/a** *adj.* possessive **5**
**possịbile** *adj.* possible **7**
**posta** *f.* mail
**poster** *m.* poster
**postino/a** *m., f.* mail carrier
**posto** *m., f.* job **10**
**potente** *adj.* powerful **4**
**potenza** *f.* power **4**
**potere** *v.* to be able, can **1**; *m.* power **8**
**pọvero/a** *adj.* poor
**povertà** *f.* poverty **2, 6**
**pranzo** *m.* lunch
  **sala** *f.* **da pranzo** dining room
**prato** *m.* meadow
**predire** *v.* to predict **7**
**preferịbile** *adj.* preferable
**preferire** *v.* to prefer **6**
**preferito/a** *adj.* favorite
**prefisso** *m.* area code **9**
**pregare** *v.* to pray **6**
**preghiera** *f.* prayer
**pregiudizio** *m.* prejudice **6**
**preistọrico** *adj.* prehistoric **8**
**prelievo: fare un prelievo** *v.* to make a withdrawal **10**
**premiato/a** *adj.* award-winning **8, 9**
**premio** *m.* prize
**prenatale** *adj.* prenatal **3**
**prẹndere** *v.* to take **1**
  **prẹndere in affitto** *v.* to rent (tenant)
  **prẹndere l'iniziativa** *v.* to take initiative **5**
  **prẹndere qualcosa da bere/mangiare** *v.* to get something to drink/eat **3**
  **prẹndere un congedo** *v.* to take leave time
**prenotare** *v.* to make a reservation
**prenotazione** *f.* reservation
**preoccuparsi (di)** *v.* to worry (about) **2**
**preoccupato/a** *adj.* worried **1**
**preparare** *v.* to prepare **8**
**prepararsi** *v.* to get oneself ready
**presentare** *v.* to introduce; to present
**presentazione** *f.* introduction
**preservare** *v.* to preserve
**presso** *prep.* near, with **8**
**prestare** *v.* to lend
**presidente** *m., f.* president **4**
**prẹstito** *m.* loan **10**
**presto** *adv.* quickly; soon
  **A presto.** See you soon.
**prete** *m.* priest **6**
**prevedere** *v.* to predict **7**
**prigionịa** *f.* imprisonment
**prigioniero/a** *m., f.* prisoner **2**
**prima** *adv.* beforehand; *adv.* first, before; *f.* opening night, premiere **3**; *prep.* before
  **prima che** *conj.* before **7**
**primavera** *f.* spring
**primo/a** *adj.* first
**primogẹnito/a** *m., f.* first-born
**principale** *adj.* main; *m., f.* boss; director
**prioritario/a: posta** *f.* **prioritaria** priority mail
**probạbile** *adj.* likely **7**
**probabilità** *f.* probability **9**
**problema** *m.* problem
**professione** *f.* profession
**professore(ssa)** *m., f.* professor
**profumerịa** *f.* cosmetics/perfume shop
**programma** *m.* plan; program
**proibito/a** *adj.* forbidden **8**
**proiezione** *f.* screening
**promesso** *p.p., adj.* promised **4**
**promẹttere (di)** *v.* to promise (to) **8**
**promozione** *f.* promotion **10**
**promuọvere** *v.* to promote **4**
**pronto/a** *adj.* ready
  **ẹssere pronto/a a** *v.* to be ready to **8**
  **pronto soccorso** *m.* first aid; emergency room
  **Pronto.** Hello. (on the phone)
**proporre** *v.* to propose
**proprietario/a** *m., f.* owner **10**
**prosa** *f.* prose **8**
**prosciutto** *m.* ham
**proseguire** *v.* to continue
**prọspero/a** *adj.* successful **10**
**prọssimo/a** *adj.* next
**protagonismo** *m.* desire to be in the limelight
**protestante** *adj.* Protestant **6**
**protettore** *m.* protector **8**
**provare** *v.* to feel **1**
  **provare a** *v.* to try to **8**
**provarsi** *v.* to try on **3**
**proverbio** *m.* proverb **6**
**provincia** *f.* province **6**
**provino** *m.* screen test **2**
**prụa** *f.* bow **4**
**prudente** *adj.* careful **1**
**pseudọnimo** *m.* screen/pen name
**psicọlogo/a** *m., f.* psychologist
**pubblicare** *v.* to publish
**pubblicità** *f.* commercial; advertisement **9**
**pụbblico** *m.* audience, public
**pugilato** *m.* boxing **3**
**pulire** *v.* to clean
**pulito/a** *adj.* clean
  **energịa** *f.* **pulita** clean energy **7**
**pullman** *m.* bus; coach
**punire** *v.* to punish **5**
**puntata** *f.* episode **9**

**punto** *m.* point
**punto** *m.* **di riferimento** reference point **4**
**punto** *m.* **di vista** point of view **8**
**puntuale** *adj.* on-time
**puntura: fare una puntura** *v.* to give a shot
**purché** *conj.* so that **7**
**pure** *adv.* also; even
**puzza** *f.* stench **8**

## Q

**qua** *adv.* here
**quaderno** *m.* notebook
**quadro** *m.* painting; picture **8**
**qualche** *indef. adj.* some, a few **9**
**qualche volta** *adv.* sometimes
**qualcosa** *indef. pron.* something **9**
**qualcuno/a** *indef. pron.* someone **9**
**quale** *adj., pron., adv.* what, which
**qualịfiche** *f., pl.* qualifications **10**
**qualsịasi** *indef. adj.* any, whatever, whichever **9**
**qualunque** *indef. adj.* any, whatever, whichever **9**
**quando** *conj., adv.* when
**quanti** *rel. pron.* everyone, all who, all that **9**
**quanti/e** *adj.* how many
**Quanti gradi ci sono?** What is the temperature?
**quanto** *adj., pron., adv.* how much; *rel. pron.* that which, that, what **9**
**Da quanto tempo…** For how long…
**quaranta** *m.* forty
**quartiere** *m.* neighborhood **1, 2;** *m.* quarter
**quarto** *adj.* fourth; quarter hour
**quattọrdici** *m.* fourteen
**quattro** *m.* four
**quattrocchi** *m., f.* four eyes **3**
**quattrocento** *m.* four hundred
**quel(lo) che** *rel. pron.* that which, that, what **9**
**quello/a** *adj.* that
**questo/a** *adj.* this
**questura** *f.* police headquarters
**qui** *adv.* here
**qui vicino** *adv.* nearby
**quịndici** *m.* fifteen
**quinto** *adj.* fifth
**quotidiano/a** *adj.* daily **2**

## R

**rabbino** *m.* rabbi **6**
**raccọgliere** *v.* to pick **3**
**raccomandare** *v.* to recommend; to urge
**raccomandata** *f.* registered mail
**raccomandazione** *f.* recommendation
**racconto** *m.* short story
**rạdersi** *v.* to shave
**radice** *f.* root **5**
**radio** *f.* radio
**stazione** *f.* **radio** radio station **9**
**raffinato/a** *adj.* refined **3**
**raffreddore** *m.* cold
**avere il raffreddore** *v.* to have a cold
**rafting** *m.* rafting
**ragazza** *f.* girl; girlfriend
**ragazzaccio** *m.* bad boy
**ragazzo** *m.* boy; boyfriend
**ragione** *f.* reason
**avere ragione** *v.* to be right **8**
**ramo** *m.* branch
**rana** *f.* frog
**rapina** *f.* robbery **4**
**rapinare** *v.* to rob **4**
**rapporto** *m.* relationship **9**
**rappresentazione** *f.* **dal vivo** live performance
**raramente** *adv.* rarely
**rasọio** *m.* razor
**rassegna** *f.* festival **9**
**rata** *f.* installment; payment
**razzismo** *m.* racism **6**
**re/regina** *m., f.* king/queen **8**
**realismo** *m.* realism **6**
**realista** *adj.* realistic **8**
**reality** *m.* reality show
**realizzare** *v.* to fulfill; achieve **6**
**recensione** *f.* review **9**
**recessione** *f.* recession **10**
**recitare** *v.* to act; to recite
**recitare un ruolo** *v.* to play a role
**reclamare** *v.* to complain, protest; claim **6**
**redattore/redattrice** *m., f.* editor **9**
**referenze** *f., pl.* references
**regalare** *v.* to give (as a gift)
**regime** *m.* regime **8**
**regista** *m., f.* director **9**
**registrare** *v.* to record **9**
**registratore** *m.* recorder (tape, CD, etc.)
**regno** *m.* kingdom **6, 8**
**regolamento** *m.* regulations **3**
**relitto** *m.* relic **8**
**remare** *v.* to row
**remissivo/a** *adj.* submissive **5**
**rẹndersi** *v.* to become
**rẹndersi conto di** *v.* to realize **8**
**reperto** *m.* find (archeol.) **2**
**resistente** *adj.* sturdy **1**
**responsạbile** *adj.* responsible
**restare** *v.* to have left **2;** to remain, to stay
**restituire** *v.* to give back
**retaggio** *m.* heritage **1**
**rete** *f.* goal; net **3**
**rete** *f.* **senza fili** wireless network **7**
**retta: dare retta** *v.* to pay attention **5**
**riattaccare: riattaccare il telẹfono** *v.* to hang up the phone
**ribalta** *f.* proscenium, downstage
**ribelle** *adj.* rebellious **5**
**riccio/a** *adj.* curly
**ricco/a** *adj.* rich
**ricerca** *f.* research **7**
**ricercatore/ricercatrice** *m., f.* researcher **7**
**ricetta** *f.* prescription; recipe **7**
**ricẹvere** *v.* to receive; to get
**ricevuta** *f.* receipt **10**
**richiesta** *f.* demand **10**
**riciclare** *v.* to recycle **7**
**riciclo** *m.* recycling
**riconọscere** *v.* to acknowledge, to recognize
**ricordare** *v.* to remember
**ricordarsi (di)** *v.* to remember (to) **2**
**ricordo** *m.* memory **1**
**rịdere** *v.* to laugh **3**
**riempire (di)** *v.* to fill (with) **8**
**rifiuto** *m.* garbage
**vietato buttare rifiuti** no littering
**riflettere (su)** *v.* to reflect (on) **8**
**rifugio** *m.* shelter **8**
**riga** *f.* part, stripe
**rigore: calcio** *m.* **di rigore** penalty kick **3**
**rima** *f.* rhyme **8**
**rimandare** *v.* to postpone **5**
**rimanere** *v.* to stay **1**
**rimborso** *m.* refund
**rimproverare** *v.* to scold **5**
**rinascimentale** *adj.* Renaissance
**Rinascimento** *m.* Renaissance **6**
**rincasare** *v.* to go back home **10**
**rincọrrere** *v.* to chase
**rinforzo** *m.* reinforcement **5**
**ringraziare (di)** *v.* to thank (for) **8**
**rinunciare (a)** *v.* to give up **10**
**riordinare** *v.* to tidy up
**riparare** *v.* to repair
**ripẹtere** *v.* to repeat
**riposarsi** *v.* to rest **2**
**riscaldamento** *m.* **globale** global warming **7**
**riso** *m.* rice
**risọlvere** *v.* to solve **6**
**Risorgimento** *m.* Resurgence (Italian unification) **6**
**risparmiare** *v.* to save **10**
**rispạrmio** *m.* saving **10**
**conto** *m.* **di risparmio** savings account
**rispettare** *v.* to respect
**rispọndere** *v.* to answer **3**
**rispọndere al telẹfono** *v.* to answer the phone

**ristorante** *m.* restaurant
**risultare** *v.* to result **3**
**ritardo** *m.* delay **2**
**ritenere** *v.* to maintain **6**
**ritirare dei soldi** *v.* to withdraw money
**ritirata** *f.* retreat **2**
**ritornare** *v.* to go back, to return **3**
**ritratto** *f.* portrait
**ritrovato** *m.* discovery, finding **7**
**riunione** *f.* meeting
**riuscire (a)** *v.* to succeed in, manage to **1**
**rivedere** *v.* to recognize
**rivista** *f.* magazine, revue, vaudeville **9**
**robọtica** *f.* robotics **7**
**romạnico/a** *adj.* Romanesque
**romạntico/a** *adj.* romantic
**romanzo** *m.* novel **8**
**rọmpere** *v.* to break **3**
**rọmpere con** *v.* to break up with **1**
**rọmpersi** *v.* to break
**rọndine** *f.* swallow
**rosa** *adj.* romance **9**; (*invar.*) pink; *f.* rose
**rosolare** *v.* to brown
**rossetto** *m.* lipstick
**rosso/a** *adj.* red
**rotonda** *f.* rotary
**rovesciare** *v.* to overturn **4**; to overthrow **8**
**rovine** *f., pl.* ruins **2**
**rozzo/a** *adj.* crude
**rubare** *v.* to steal **5**
**rubrica** *f.* address book
**rubrica (di cultura e società)** *f.* (lifestyle) section **9**
**rumore** *m.* noise **10**
**rumoroso/a** *adj.* noisy **2**
**ruolo** *m.* role **5**
**ruscello** *m.* stream
**russo/a** *adj.* Russian

## S

**sạbato** *m.* Saturday
**sacco** *m.* sack
**sacco (di)** *adj.* ton (of)
**saggista** *m., f.* essayist **8**
**sala** *f.* hall, room
**sala** *f.* **d'emergenza** emergency room
**salario** *m.* salary
**salario** *m.* **elevato/basso** high/low salary
**salato/a** *adj.* salty
**saldi** *m., pl.* sales **3**
**saldi** *m., pl.* **di fine stagione** end-of-season sales **3**
**sale** *m.* salt
**salire** *v.* to go up **1**
**salire in mạcchina** *v.* to get in the car **2**
**salire le scale** *v.* to climb stairs
**salire sul treno** *v.* to get on the train **2**
**salire sull'ạutobus** *v.* to get on the bus **2**
**saltare** *v.* to jump **3**
**saltare la lezione** *v.* to skip class
**salto** *m.* **generazionale** generation gap **5**
**salumerịa** *f.* delicatessen
**salutare** *v.* to greet
**salutarsi** *v.* to greet each other
**salute** *f.* health
**saluto** *m.* greeting
**salvare** *v.* to save **4**
**Salve.** *(form.)* Hello.
**salvo** *prep.* except (for) **8**
**salvo che** *conj.* unless **7**
**salvo/a** *adj.* safe **4**
**sạndali** *m., pl.* sandals **10**
**sangue** *m.* blood **5**
**sano/a** *adj.* healthy
**santo/a** *m., f.* saint **6**
**santo/a** *m., f.* **patrono/a** patron saint **9**
**sapere** *v.* to know **1**
**sapone** *m.* soap
**sapore** *m.* flavor **4**
**saporito/a** *adj.* tasty
**sasso** *m.* stone
**sassọfono** *m.* saxophone
**satịrico/a** *adj.* satirical **8**
**sbadigliare** *v.* to yawn **1**
**sbadiglio** *m.* yawn **1**
**sbagliare** *v.* to make a mistake **1**
**sbagliato/a** *adj.* wrong **7**
**sbarazzarsi di** *v.* to get rid of
**sbrigarsi** *v.* to hurry **2**
**scacchi** *m., pl.* chess **3**
**scaffale** *m.* bookshelf
**scala** *f.* ladder; staircase **8**
**scale** *f., pl.* stairs
**salire/scẹndere le scale** *v.* to climb/go down stairs
**scalare** *v.* to climb **3**
**scambio** *m.* exchange **4**
**scạndalo** *m.* scandal **4**
**scappamento** *m.* exhaust
**scaricare** *v.* to download **7**
**scarpe** *f., pl.* **da ginnạstica/tennis** sneakers **3**
**scạtola** *f.* box **1**
**scavo** *m.* excavation **2**
**scẹgliere** *v.* to choose **1**
**scemo/a** *adj.* dim-witted
**scena** *f.* stage, scene
**mẹttere in scena** *v.* to put on a play
**scẹndere** *v.* to go down
**scẹndere dal treno** get off the train **2**
**scẹndere dalla mạcchina** *v.* to get out of the car **2**
**scẹndere dall'ạutobus** *v.* to get off the bus **2**
**scẹndere in campo** *v.* to start the game **3**
**sceneggiatura** *f.* screenplay **9**
**scenetta** *f.* skit
**schema** *m.* diagram; scheme
**schermo** *m.* screen **9**
**scherzare** *v.* to joke **1**
**scherzo** *m.* joke
**scherzoso/a** *adj.* playful
**schiavitù** *f.* slavery **8**
**schiena** *f.* back
**schifoso/a** *adj.* disgusting
**schizzo** *m.* sketch **8**
**sci** *m.* skiing **3**; *m. (inv.)* ski
**sci** *m.* **di fondo** cross-country skiing **3**
**sciare** *v.* to ski **1**
**sciarpa** *f.* scarf
**scienze** *f., pl.* science
**scienziato/a** *m., f.* scientist
**Sciò!** Shoo!
**sciọpero** *m.* strike **10**
**scivolare** *v.* to slide **8**
**scodella** *f.* bowl
**scogliera** *f.* cliff
**scoiạttolo** *m.* squirrel
**scolpire** *v.* to sculpt **8**; *engrave*
**scommẹttere (su)** *v.* to bet (on) **6, 8**
**scomparire** *v.* to disappear **7**
**scomparsa** *f.* disappearance **6**
**sconfịggere** *v.* to defeat **8**
**sconfitta** *f.* defeat **4**
**scontrino** *m.* receipt **10**
**scopa** *f.* broom
**scoperta** *f.* discovery **7**
**scopo** *m.* aim; goal **7**
**scoria** *f.* waste
**scorso/a** *adj.* last
**scortese** *adj.* discourteous
**scottatura** *f.* burn
**scrittore/scrittrice** *m., f.* writer
**scrịvere** *v.* to write **3**
**scrịversi** *v.* to write each other **2**
**scultore/scultrice** *m., f.* sculptor **8**
**scultura** *f.* sculpture **8**
**scuola** *f.* school
**scuro/a** *adj.* dark
**scusare** *v.* to excuse
**Scusi/a.** *(form./fam.)* Excuse me.
**sdegnarsi** *v.* to become indignant **9**
**sdegno** *m.* contempt
**se** *conj.* if
**sé** *disj. pron., m., f., sing., pl.* herself; himself; itself; themselves; yourself
**sebbene** *conj.* although **7**

**secchione/a** *m., f.* student who studies too hard **3**
**secco/a** *adj.* dry
**sẹcolo** *m.* century **2**
**secondo** *prep.* according to **8**
**secondo/a** *adj.* second
**sẹdersi** *v.* sit down
**sedia** *f.* chair
**sedicẹsimo** *adj.* sixteenth
**sẹdici** *m.* sixteen
**seducente** *adj.* attractive
**segnale** *m.* signal **7**
  **segnale** *m.* **analọgico** analog signal **7**
  **segnale** *m.* **digitale** digital signal **7**
  **segnale** *m.* **stradale** road sign **2**
**segnare (un gol)** *v.* to score (a goal) **3**
**segretario/a** *m., f.* secretary **10**
**seguire** *v.* to follow; to take (a class)
**sei** *m.* six
**seicento** *m.* six hundred
**selciato** *m.* cobblestones
**selvaggi** *m. pl.* savages
**semạforo** *m.* traffic light **2**
**sembrare** *v.* to seem **2**
**seminterrato** *m.* basement; garden-level apartment
**sempre** *adv.* always
**sensịbile** *adj.* sensitive **1**
**senso** *m.* sense
  **buon senso** *m.* common sense **6**
  **senso** *m.* **ụnico** one way
**sentiero** *m.* path
**sentire** *v.* to feel; to hear
**sentirsi** *v.* to feel **1**
**senza** *prep.* without **8**
  **senza che** *conj.* without **7**
**separato/a** *adj.* separated
**sera** *f.* evening
**serio/a** *adj.* serious
**serpente** *m.* snake
**servire** *v.* to serve
  **servire a** *v.* to be good for **8**
**servizio** *m.* service
  **stazione** *f.* **di servizio** service station
**sessanta** *m.* sixty
**sesto** *adj.* sixth
**seta** *m.* silk
**sete: avere sete** *v.* to be thirsty **1**
**settanta** *m.* seventy
**sette** *m.* seven
**settecento** *m.* seven hundred
**settembre** *m.* September
**settentrionale** *adj.* northern **6**
**settimana** *f.* week
  **settimana** *f.* **bianca** ski vacation
**settimanale** *m.* weekly magazine **9**
**sẹttimo** *adj.* seventh
**settore** *m.* sector **10**
**severo/a** *adj.* strict **5**
**sfarsi** *v.* to fall apart
**sfida** *f.* challenge **7**
**sfilata** *f.* (fashion) parade **10**
**sfogliatella** *f.* Neapolitan pastry **1**
**sfollati** *m., pl.* evacuees **2**
**sforzo** *m.* effort **9**
**sguardo** *m.* gaze **10**
**shampoo** *(invar.) m.* shampoo
**si** *pron.* one; *ref. pron. m., f., sing., pl.* herself, himself, itself, onself, themselves
**siccità** *f.* drought
**sicurezza** *f.* security, safety **4**
**sicuro** *adj.* certain
**significare** *v.* to mean
**signor…** *m.* Mr.…
**signora…** *f.* Mrs.…
**simpạtico/a** *adj.* likeable, nice
**sinagoga** *f.* synagogue **6**
**sincero/a** *adj.* sincere
**sindacato** *m.* labor union **10**
**sịndaco** *m.* mayor **2**
**sinistra** *f.* left
**sịntomo** *m.* symptom
**sipario** *m.* curtain
**sistema** *m.* system
**sistemare** *v.* to put together
**sito** *m.* **Internet** Web site
**smaltire** *v.* to drain
**smẹttere** *v.* to stop **3**
**sminuire** *v.* to play down **3**
**smog** *m.* smog
**smorfia** *f.* smirk **10**
**SMS** *m.* text message **7**
**soccorso: pronto soccorso** *m.* emergency room
**società** *f.* firm; society **10**
**sociẹvole** *adj.* sociable; friendly **5**
**socio/a** *m., f.* (business) partner **10**
**sofferenza** *f.* suffering
**soffrịggere** *v.* to fry lightly
**soffrire (di)** *v.* to suffer (from) **8**
**soggettivo/a** *adj.* subjective **8**
**soggiorno** *m.* living room
**sognare** *v.* to dream **1**
**soldato** *m.* soldier **2**
**soldi** *m., pl.* money
**sole** *m.* sun
**soleggiato/a** *adj.* sunny
**sọlito/a** *adj.* usual
  **di sọlito** *adv.* usually
**solo** *adj.* alone; lonely **2**
**soltanto** *adv.* only
**soluzione** *f.* solution
**sommerso/a** *adj.* submerged **7**
**sondaggio** *m.* opinion poll **9**
**sopra** *prep., adv.* above; over
**sopracciglio (*pl.* sopracciglia *f.*)** *m.* eyebrow
**soprannome** *m.* nickname **5**
**sopravvivenza** *f.* survival **2**
**sopravvịvere** *v.* to survive **5**
**sordo/a** *adj.* deaf **5**
**sorella** *f.* sister
  **sorellastra** *f.* half sister, stepsister
  **sorellina** *f.* little/younger sister
**sọrgere** *v.* to rise (sun)
**sormontare** *v.* to overcome **5**
**sorpreso/a: ẹssere**
  **sorpreso/a** *v.* to be surprised **6**
**sorrịdere** *v.* to smile **5**
**sottaceto** *adj.* pickled
**sott'olio** *adj.* in oil
**sotto** *prep.* under **8;** *adv.* underneath
**sottosviluppo** *m.* underdevelopment **6**
**sottotịtolo** *m.* subtitle **9**
**sovrappopolazione** *f.* overpopulation **6**
**spagnolo/a** *adj.* Spanish
**spalla** *f.* shoulder
**sparare** *v.* to shoot **4**
**sparecchiare la tạvola** *v.* to clear the table
**sparire** *v.* to dissapear **3**
**spazzare** *v.* to sweep
**spazzatura** *f.* garbage
  **portare fuori la spazzatura** *v.* to take out the trash
**spazzino/a** *m., f.* street sweeper
**spạzzola** *f.* brush
**spazzolino** *m.* **(da denti)** tooth brush
**specchio** *m.* mirror
**specialista** *m., f.* specialist
**specializzazione** *f.* specialization
**spedire** *v.* to send
**spẹgnere** *v.* to turn off
**spẹndere** *v.* to spend (money)
**sperare** *v.* to hope **6**
**sperimentale** *adj.* experimental **9**
**spesa: fare la spesa** *v.* to buy groceries
**spesso** *adv.* often
**spettạcolo** *m.* show, performance **3**
**spettatore/spettatrice** *m., f.* spectator
**spettinare** *v.* to muss hair **5**
**spịa** *f.* spy **2**
**spiaggia** *f.* beach
**spiare** *v.* to spy **4**
**spịccioli** *m., pl.* small change **3**
**spiegare** *v.* to explain **1**
**spịgola** *f.* bass fish **4**
**spịngere** *v.* to push **6**
**spinotto** *m.* plug **3**
**spiritoso/a** *adj.* clever; funny
**spogliarsi** *v.* to undress **10**
**spolverare** *v.* to dust
**sporcare** *v.* to soil
**sporco/a** *adj.* dirty
**sport** *m.* sport
  **sport** *m., pl.* **estremi** extreme sports
**sportello** *m.* window; counter **10**

**sportivo/a** *adj.* active
  **club** *m.* **sportivo** sports club **3**
  **crọnaca** *f.* **sportiva** sports news **9**
**sposare** *v.* to marry
**sposarsi (con)** *v.* to get married (to) **1**
**sposato/a** *adj.* married **1**
**sposo/a** *m., f.* groom/bride **5**
**sprecare** *v.* to waste
**spumone** *m.* a type of gelato **1**
**spuntare (i capelli)** *v.* to trim (one's hair)
**spuntino** *m.* snack
**squadra** *f.* team **3**
**squillare** *v.* to ring (telephone) **9**
**squisito/a** *adj.* exquisite
**stabilirsi** *v.* to settle **6**
**stadio** *m.* stadium **2**
**stage** *m.* internship
**stagione** *f.* season
**stagista** *m., f.* intern **10**
**stampa: comunicato** *m.* **stampa** press release **9**
**stampante** *f.* printer
**stampare** *v.* to print
**stanco/a** *adj.* tired
**stanza** *f.* room
**stare** *v.* to stay **1**
  **stare a cuore** *v.* to matter **2**
  **stare bene/male** *v.* to be well/ill **1**
  **stare in fila** *v.* to stand in line **5**
  **stare per** *v.* to be about to **1**
  **stare zitto** *v.* to be/stay quiet
**starnutire** *v.* to sneeze
**statista** *m.* statesman **6**
**statua** *f.* statue
**stazione** *f.* station
  **stazione** *f.* **di polizịa** police station **2**
  **stazione** *f.* **radio** radio station **9**
**stella** *f.* star
**stereọtipo** *m.* stereotype **6**
**stile** *m.* style **10**
**stilista** *m., f.* fashion designer **10**
**stipendio** *m.* wage **10**
  **stipendio** *m.* **mịnimo** minimum wage **10**
**stirare** *v.* to iron
**stirarsi** *v.* to stretch **10**
**stivale** *m.* boot
**stọmaco** *m.* stomach
**storia** *f.* history
**stọrico/a** *adj.* historic **8**
**strada** *f.* street **2**
  **conọscere la strada** *v.* to know the way
**strafare** *v.* to overdo things
**straniero/a** *adj.* foreign
**strano/a** *adj.* strange **5**
**stretto/a** *adj.* tight; tight-fitting
**strịngere la mano a** *v.* to shake hands with **8**
**strisce** *f., pl.* **pedonali** crosswalk **2**
**strofa** *f.* stanza **8**
**strumento** *m.* instrument **7**
  **strumento** *m.* **musicale** musical instrument
**studente(ssa)** *m., f.* student
**studi** *m., pl.* studies
**studiare** *v.* to study **1**
**studio** *m.* office; study
**studioso/a** *adj.* studious
**stufarsi** *v.* to be fed up **2**
**stufo/a** *adj.* fed up **1**
**stupire** *v.* to surprise **7**
**su** *prep.* in; on
  **su Internet** online
**subạcqueo** *m.* scuba diver **4**
**subaffittare** *v.* to sublet
**sụbito** *adv.* immediately; right away
**succẹdere** *v.* to happen
**successo** *m.* success
**succo** *m.* juice
  **succo** *m.* **d'arancia** orange juice
**suggerire** *v.* to suggest **6**
**suọcero/a** *m., f.* father-/mother-in-law **5**
**suonare** *v.* to play (instrument) **3**
**suora** *f.* nun **3**
**superare** *v.* to overcome **6;** *v.* to pass (an *exam*)
**superato/a** *adj.* old-fashioned
**superiore** *adj.* higher; superior **9**
**supermercato** *m.* supermarket
**supplemento** *m.* excess fare
**supplente** *m.* substitute teacher **1**
**supremo/a** *adj.* supreme **9**
**sussurro** *m.* rumor; whisper **8**
**sveglia** *f.* alarm clock **10**
**svegliare** *v.* to wake someone **2**
**svegliarsi** *v.* to wake up **2**
**sviluppare** *v.* to develop
**sviluppo** *m.* advance; development **6, 7**
**svịzzero/a** *adj.* Swiss
**svọlgersi** *v.* to take place **8**

## T

**tacca** *f.* cellular reception bar **9**
**tacchi** *m., pl.* heels **3**
  **tacchi** *m., pl.* **alti.** high heels **1**
  **tacchi** *m., pl.* **bassi** low heels **1**
**taccuino** *m.* notebook **1**
**taglia** *f.* clothing size
**tagliare** *v.* to cut
  **tagliare i capelli** *v.* to cut one's hair
**tailleur** *m.* (women's) suit **10**
**tamburo** *m.* drum
**tana** *f.* burrow **8**
**tanto** *adj.* so much, so many
  **di tanto in tanto** *adv.* off and on
  **tanto… quanto** *adv.* as
**tappeto** *m.* carpet
**tardi** *adv.* late
  **A più tardi.** See you later.
**tariffa** *f.* fare
**tassa** *f.* tax **10**
**tassì** *m.* taxi
**tassista** *m.* taxi driver **6**
**tasso** *m.* rate
  **tasso** *m.* **d'interesse** interest rate **10**
  **tasso** *m.* **di natalità** birthrate **6**
**tastiera** *f.* keyboard
**tata** *f.* nanny
**tatuaggio** *m.* tattoo **10**
**tạvola** *f.* table
  **sparecchiare la tạvola** *v.* to clear the table
  **tạvola** *f.* **calda** cafeteria; snack bar
**tạvolo** *m.* table
  **computer** *m.* **da tạvolo** desktop computer **7**
**taxi** *m.* taxi
**tazza** *f.* cup; mug
**tè** *m.* tea
**teatrale** *adj.* theatrical
**teatro** *m.* theater
**tẹcnico** *m., f.* technician
**tecnologịa** *f.* technology
**tedesco/a** *adj.* German
**tela** *f.* canvass
**telecomando** *m.* remote control
**telecomunicazioni** *f., pl.* telecommunications **7**
**telefonare** *v.* to telephone
**telefonarsi** *v.* to phone each other **2**
**telefọnico/a: segreterịa** *f.* **telefọnica** answering machine
**telefonino** *m.* cell phone **9**
**telẹfono** *m.* telephone
**telegiornale** *m.* TV news **9**
**telenovela** *f.* soap opera
**telespettatore/telespettatrice** *m., f.* television viewer **9**
**televisione** *f.* television **9**
  **televisione** *f.* **vịa cavo** cable TV **9**
  **televisione** *f.* **satellitare** satellite TV **9**
**tema** *m.* essay; theme
**temere** *v.* to fear, be afraid **6**
**tempaccio** *m.* bad weather
**tempo** *m.* weather
**temporale** *m.* storm **9**
**tenace** *adj.* tenacious
**tenda** *f.* curtain
**tenere** *v.* to hold **1**
  **tenere a** *v.* to care about **8**
**tẹnero/a** *adj.* sweet; tender
**tennis** *m.* tennis
**tenore di vita** *m.* standard of living **6**
**teorema** *m.* theorem
**tergicristallo** *m.* windshield wiper
**terme** *f., pl.* (thermal) baths **2**
**tẹrmine: breve/lungo**

**termine** *adj.* short-/long-term **10**
**termometro** *m.* thermometer
**terra: surriscaldamento** *m.* **della terra** global warming
**terremoto** *m.* earthquake
**terrorismo** *m.* terrorism **4**
**terrorista** *m., f.* terrorist **4**
**terzo** *adj.* third
**tesina** *f.* essay; term paper
**testa** *f.* head
**testardo/a** *adj.* stubborn **5**
**testimone** *m., f.* witness **4**
**testo** *m.* textbook
**tiepido** *adj.* lukewarm **4**
**tifare (per)** *v.* to be a fan of, root for **3**
**tifoso/a** *m., f.* fan **3**
**timbrare** *v.* to stamp
**timido/a** *adj.* shy **1**
**tinta** *f.* color; dye
**tintoria** *f.* dry cleaner
**tipo** *m.* guy
**tiramisù** *m.* "pick-me-up" coffee dessert **1**
**tirare avanti** *v.* to forge ahead **6**
**tirocinio** *m.* professional training
**tivù** *f.* TV
**toccare** *v.* to touch
**togliere** *v.* to remove **1, 2**
**tonno** *m.* tuna
**tonto/a** *adj.* dumb
**topo** *m.* mouse
**topografia** *f.* topography **2**
**tormenta** *f.* bilizzard
**tornado** *m.* tornado
**tornare** *v.* to go back, to return **3**
**torneo** *m.* tournament **3**
**toro** *m.* bull
**tosse** *f.* cough **1**
**tossico/a: rifiuti** *m., pl.* **tossici** toxic waste
**tossire** *v.* to cough
**tostapane** *m.* toaster
**tostare** *v.* to toast
**tovaglia** *f.* tablecloth **4**
**tovagliolo** *m.* napkin
**tra** *prep.* among, between, in
**tracciare** *v.* to trace **6**
**tradizione** *f.* tradition **6**
**tradurre** *v.* to translate **1, 8**
**traffico** *m.* traffic **2**
**tragedia** *f.* tragedy
**traghetto** *m.* ferry **7**
**tragico/a** *adj.* tragic **8**
**tram** *m.* cable car **2**
**trama** *f.* plot **8**
**tramontare** *v.* set (sun)
**tramonto** *m.* sunset
**tranne** *prep.* except **8**
**tranquillo/a** *adj.* calm **1**
**trarre** *v.* to draw, bring **9**
**trasferirsi** *v.* to move (change residence) **2, 5**
**traslocare** *v.* to move
**trasmettere** *v.* to broadcast **9**
**trasmissione** *f.* broadcast **7**
**trasporto** *m.* transportation
**trasporto** *m.* **pubblico** public transportation
**trattarsi di** *v.* to be about, deal with **8**
**trattato** *m.* treaty **4**
**trattoria** *f.* small restaurant, family run
**trauma** *m.* trauma
**tre** *m.* three
**treccia** *f.* braid
**treccine** *f., pl.* dreadlocks
**trecento** *m.* three hundred
**tredicesima** *f.* year-end bonus
**tredici** *m.* thirteen
**trendy** *adj.* trendy
**treno** *m.* train
**salire sul treno** *v.* to get on the train **2**
**scendere dal treno** *v.* get off the train **2**
**trenta** *m.* thirty
**trentacinque** *m.* thirty-five
**trentadue** *m.* thirty-due
**trentanove** *m.* thirty-nine
**trentaquattro** *m.* thirty-four
**trentasei** *m.* thirty-six
**trentasette** *m.* thirty-seven
**trentatré** *m.* thirty-three
**trentatreesimo** *adj.* thirty-third
**trentotto** *m.* thirty-eight
**trentuno** *m.* thirty-one
**tribuna** *f.* stand
**tribunale** *m.* courthouse **2**
**triste** *adj.* sad
**troppo** *adj., adv., indef. pron.* too much
**trovare** *v.* to find
**trovare lavoro** *v.* to find a job
**trovarsi** *v.* to be located **2**
**truccarsi** *v.* to put on make up **1**
**trucco** *m.* makeup **10**
**truppa** *f.* troop **7**
**tuono** *m.* thunder
**turista** *m., f.* tourist
**turno** *m.* **di lavoro** work shift **10**
**tutelare** *v.* to protect, defend **6**
**tutto** *indef. adj.* every, all **9;** *indef. pron.* everything **9**
**tutti quanti** *rel. pron.* everyone, all who, all that **9**
**tutti quelli che** *rel. pron.* everyone, all who, all that **9**
**tutti/e** *indef. pron.* everyone; everything **9**
**tutto ciò che** *rel. pron.* everything that, all that **9**
**tutto esaurito** *adj.* sold out **3**
**tutto quanto** *rel. pron.* everything that, all that **9**
**tutto quel(lo) che** *rel. pron.* everything that, all that **9**
**TV** *f.* TV
**guardare la TV** *v.* to watch TV

## U

**uccello** *m.* bird
**ufficio** *m.* office **10**
**ufficio** *m.* **informazioni turistiche** tourist information office
**ufficio** *m.* **postale** post office
**uguaglianza** *f.* equality **4**
**uguale** *adj.* equal **4**
**ultimo/a** *adj.* last
**Umanesimo** *m.* Humanism **8**
**umano/a: risorse** *f., pl.* **umane** human resources
**umidità** *f.* humidity
**umido/a** *adj.* humid
**in umido** *adj.* stewed
**umile** *adj.* humble **1**
**umorismo** *m.* humor **6**
**umoristico/a** *adj.* humorous **8**
**undicesimo** *adj.* eleventh
**undici** *m.* eleven
**unito/a** *adj.* united
**università** *f.* university
**uomo (*pl.* uomini)** *m.* man
**uomo** *m.* **d'affari** businessman
**uovo (*pl.* uova *f.*)** *m.* egg
**urbanistica** *f.* city planning **2**
**usanza** *f.* custom **9**
**usare** *v.* to use
**uscire** *v.* to come out **1**; to be released **9**
**uscire (da)** *v.* to leave **8**
**uscire con** *v.* to go out with **1**
**uscita** *f.* exit
**utile** *adj.* useful **1**
**uva** *f.* grapes

## V

**vacanza** *f.* vacation
**vaccino** *m.* vaccine **7**
**vagare** *v.* to roam, to wander **9**
**valere** *v.* to be worth **6**
**valere la pena** *v.* to be worth it **3**
**valigetta** *f.* briefcase
**valigia: fare la valigia** *v.* to pack a suitcase
**valle** *f.* valley
**valletta** *f.* TV host assistant
**valuta** *f.* currency **4**
**vanitoso/a** *adj.* vain **5**
**vantaggio** *m.* advantage **4**

**vantarsi** *v.* to boast, brag **2**
**vaporetto** *m.* motor boat (used for public transportation in Venice) **7**
**varicella** *f.* chicken-pox
**vaso** *m.* vase
**vassọio** *m.* tray **1**
**vecchiạia** *f.* old age **5**
**vecchio/a** *adj.* old
**vedere** *v.* to see **3**
**vedersi** *v.* to see each other **2**
**vedersi con** *v.* to date **2**
**vẹdovo/a** *adj.* widowed; widower/widow **1**
**velato/a** *adj.* veiled **8**
**veloce** *adj.* fast
**velocemente** *adv.* quickly
**vẹndere** *v.* to sell
**vendicativo/a** *adj.* vengeful **1**
**venditore/venditrice** *m., f.* vendor **2**
  **venditore/venditrice** *m., f.* **ambulante** street vendor **2**
**venerdì** *m.* Friday
**venire** *v.* to come **1**
  **venire da** *v.* to come from **8**
**ventẹsimo** *adj.* twentieth
**venti** *m.* twenty
**venticinque** *m.* twenty-five
**ventidue** *m.* twenty-two
**ventinove** *m.* twenty-nine
**ventiquattro** *m.* twenty-four
**ventisei** *m.* twenty-six
**ventisette** *m.* twenty-seven
**ventitré** *m.* twenty-three
**vento** *m.* wind
**ventoso/a** *adj.* windy
**ventotto** *m.* twenty-eight
**ventre** *m.* abdomen
**ventuno** *m.* twenty-one
**veramente** *adv.* truly
**verde** *adj.* green
**verdura** *f.* vegetable
**vergogna** *f.* shame **2**
  **avere vergogna (di)** *v.* to be ashamed (of) **1**
**vergognarsi** *v.* to be ashamed **1**
**versare** *v.* to deposit **10**
**verso** *m.* line (of poetry) **8;** *prep.* toward
**vestaglia** *f.* robe **10**
**vestirsi** *v.* to get dressed **2**
**vestito** *m.* suit; dress
  **vestiti** *m., pl.* clothing
  **vestito** *m.* **da donna** suit **3**
  **vestito** *m.* **da sposa** wedding dress **8**
  **vestito** *m.* **da uomo** suit **3;** suit/dress **3**
**veterinario/a** *m., f.* veterinarian
**vetrina** *f.* shop window **1**
**vetro** *m.* car window
**vetturino** *m.* coachman

**vịa** *f.* street **2;** *adv.* away
  **buttare vịa** *v.* to throw away **1**
**viaggiare** *v.* to travel
**viaggiatore** *m.* traveler
**viaggio** *m.* trip
  **agente** *m.,f.* **di viaggio** travel agent
**vicino/a** *adj.* near; *m., f.* neighbor; *adv.* near, close
  **vicino a** *prep.* close (to)
**vịcolo** *m.* alley
**videocạmera** *f.* camcorder
**videogioco** *m.* videogame **3**
**videoteca** *f.* video store
**vigile** *m., f.* **del fuoco** firefighter **2**
**vigile/vigilessa** *m., f.* **urbano/a** traffic officer
**vigilia** *f.* eve **6**
**vignetta** *f.* cartoon **9**
**villa** *f.* single-family home; villa
**vịncere** *v.* to win
  **vịncere le elezioni** *v.* to win the election **4**
  **vịncere una partita** *v.* to win a game **3**
**vino** *m.* wine
**viola** *(invar.) adj.* purple
**violenza** *f.* violence **4**
**violinista** *m., f.* violinist
**violino** *m.* violin
**visitare** *v.* to visit
**viso** *m.* face **2**
**vista** *f.* sight
  **conọscere di vista** *v.* to know by sight
**vita** *f.* waist
**vịttima** *f.* victim **4**
**vitto: vitto e alloggio** room and board (lit. food and apartment) **5**
**vittoria** *f.* victory **4**
**vittorioso/a** *adj.* victorious **4**
**vivace** *adj.* lively **2, 5**
**vịvere** *v.* to live **5**
  **vịvere di** *v.* to live on **8**
**viziare** *v.* to spoil **5**
**voce** *f.* voice **4**
**voglia** *f.* desire
  **avere voglia di** *v.* to feel like **8**
**volante** *m.* steering wheel
**volere** *v.* to want **1**
  **volerci** *v.* to take, require **8**
  **volere bene a** *v.* to feel affection for **1**
**volo** *m.* flight
**volontà** *f.* willingness, will, wish **4, 6**
**volta** *f.* time; turn
**volto** *m.* face **9**
**vọngola** *f.* clam
**votare** *v.* to vote 4
**voto** *m.* grade
**vulạnico/a: eruzione** *f.* **vulcạnica** volcanic eruption

## W

**windsurf** *m.* windsurfing

## Y

**yogurt** *m.* yogurt

## Z

**zainetto** *m.* small backpack **5**
**zaino** *m.* backpack
**zeppe** *f., pl.* wedge shoes **3**
**zịo/a** *m., f.* uncle/aunt **5**
**zoọlogo/a** *m., f.* zoologist **7**
**zuppa** *f.* soup

# English-Italian

## A

**@ symbol** chiọcciola *f.* 7
**abdomen** ventre *m.*
**ability** competenza *f.*
**abolish** abolire *v.* 8
**above** sopra *prep., adv.*
**abroad** all'ẹstero *adv.*
**absolutely** altroché *conj.*
**abuse** abusare *v.* 4; maltrattamento *m.* 6
  **abuse of power** abuso *m.* di potere 4
**accident** incidente *m.*
  **to have/be in an accident** avere un incidente *v.*
**according to** secondo *prep.* 8
**accordion** fisarmọnica *f.*
**account** conto *m.* 10
  **checking account** conto *m.* corrente 10
  **to open/close an account** aprire/chiudere *v.* un conto 10
**accountant** contạbile *m., f.* 10
**achieve** realizzare *v.* 6
**acid rain** pioggia *f.* ạcida
**acknowledge** riconọscere *v.*
**acritical** acrịtico/a *adj.*
**across from** di fronte a *prep.*
**act** atto *m.;* recitare *v.*
**active** attivo/a *adj.;* sportivo/a *adj.*
**activist** attivista *m., f.* 4
**actor/actress** attore/attrice *m., f.* 9
**ad** annuncio *m.* 10
  **job ad** annuncio *m.* di lavoro 10
**AD (Anno Domini)** d.C. (dopo Cristo) *adj.* 2, 8
**adapt** adattarsi *v.* 6
**adaptation** adattamento *m.* 9
**address** indirizzo *m.*
  **address book** rubrica *f.*
**adhesive tape** nastro *m.* adesivo 7
**adjust** adeguarsi *v.* 6
**administrative assistant** assistente *m., f.* amministrativo/a
**adopt** adottare *v.*
**adopted** adottivo/a *adj.* 5
**adoptive** adottivo/a *adj.* 5
**adore** adorare *v.* 1
**adulthood** età *f.* adulta 5
**advance** sviluppo *m.* 6, 7
**advantage** vantaggio *m.* 4
**advertisement** pubblicità *f.* 9
**advertising campaign** campagna f. pubblicitaria 2
**advise** consigliare (di) *v.* 8
**aesthetic** estẹtico/a *adj.* 8
**affectionate** affettuoso/a *adj.* 1
**affluent** abbiente *adj.* 5
**afraid: be afraid (of)** avere paụra (di) *v.* 1
**African** africano/a *adj.*
**after** dopo *prep.* 8
**afternoon** pomeriggio *m.*
  **afternoon snack** merenda *f.*
**afterwards** dopo *adv.*
**again** ancora; di nuovo *adv.*
**against** contro *prep.* 8
**age** età *f.* 8; invecchiare *v.* 5
**agency** agenzịa *f.*
**agent** agente *m., f.*
**agnostic** agnọstico/a *adj., m., f.* 6
**ago** fa *adv.*
**agreement** accordo *m.* 4
**agriculture** agricoltura *f.*
**ailment** malattịa *f.*
**aim** scopo *m.* 7
**airplane** aẹreo *m.*
**airport** aeroporto *m.*
**alarm clock** sveglia *f.* 10
**all** ogni; tutto *indef. adj., indef. pron.* 9
  **all over** ovunque *adv.*
  **All Saints' Day** Ognissanti *m.*
  **all that** tutto ciò che, tutto quanto, tutto quel che, tutto quello che *rel. pron.* 9
  **all that/who** quanti, tutti quanti, tutti quelli che, tutti/e *rel. pron.* 9
**allergic: to be allergic (to)** ẹssere allẹrgico (a) *v.*
**alley** vịcolo *m.*
**allies (allied troops)** alleati *m., pl.* 2
**allow** lasciare *v.;* permẹttere *v.* 6
**allusive** allusivo/a *adj.*
**alone; lonely** solo *adj.* 2
**along** lungo *prep.* 8
**already** già *adv.*
  **by now, already** ormai *adv.*
**also** anche; pure *conj.*
**although** benché, malgrado, nonostante, sebbene *conj.* 7
**always** sempre *adv.*
**ambulance** ambulanza *f.*
**American** americano/a *adj.*
**among** fra, tra *prep.*
**amusement park** luna park *m.* 3
**analog signal** segnale *m.* analọgico 7
**ancestor** antenato *m.* 5
**and** e *conj.*
**angry** arrabbiato/a *adj.*
  **to be angry at someone** avẹrcela con qualcuno *v.*
**animal** animale *m.*
**annoy** dare fastidio *v.* 1
**annoyed** contrariato/a *adj.* 1
**answer** rispọndere *v.* 3
  **to answer the phone** rispọndere al telẹfono *v.*
**answering machine** segreterịa *f.* telefọnica
**anthem** inno *m.* 4
**anxious** ansioso/a *adj.* 1
**any** qualsiasi, qualunque *indef. adj.* 9
**anyone** chiunque *indef. pron.* 9
**apartment** appartamento *m.* 2
  **studio apartment** monolocale *m.*
**appear** parere *v.* 2
**appearance** apparenza *f.* 4; comparsa *f.* 6
**appetizer** antipasto *m.*
**applause** applauso *m.*
**apple** mela *f.*
**appliance** elettrodomẹstico *m.*
**apply** fare domanda *v.*
  **apply for a job** fare domanda per un lavoro *v.* 10
**appointment: to make an appointment** prẹndere un appuntamento *v.*
**apprentice** apprendista *m., f.* 8
**appropriate** opportuno/a *adj.*
**April** aprile *m.*
**aquarium** acquario *m.* 7
**aqueduct** acquedotto *m.* 2
**Arab** ạrabo/a *adj.*
**architect** architetto *m., f.*
**area code** prefisso *m.* 9
**arm** braccio (*pl.* braccia *f.*) *m.*
**armchair** poltrona *f.*
**armies** armate *f., pl.* 2
**army** esẹrcito *m.* 4
**aroma** aroma *m.*
**around** intorno *prep., adv.*
  **around (out and about)** in giro
**arrivals** arrivi *m., pl.*
**arrive** arrivare *v.* 3
**art** arte *f.*
  **fine arts** belle arti *f., pl.* 8
**artichoke** carciofo *m.*
**article: article of clothing** capo *m.* di abbigliamento 10
**artificial intelligence (A.I.)** intelligenza *f.* artificiale 7
**artisan** artigiano/a *m., f.* 8
**artistic** artịstico/a *adj.*
**arts (*humanities*)** lẹttere *f., pl.*
**as** così... come *adv.;* tanto... quanto *adv.*
  **as well** anche *conj.*
**ask** chiẹdere *v.* 3; domandare *v.*
  **to ask a question** fare una domanda *v.*
  **to ask, consult** interpellare *v.*
**aspirin** aspirina *f.*
**assume responsibility** assụmersi una responsabilità *v.* 5
**astronaut** astronauta *m., f.* 7
**astronomer** astrọnomo/a *m., f.* 7
**at** a; da; in *prep.*
  **@ symbol** chiọcciola *f.* 7
**atheistic** ạteo/a *adj.* 6
**athletic** atlẹtico/a *adj.*

**ATM** bancomat *m.* **10;** cassa *f.* automạtica
**attach** allegare *v.* 7
**attend** assistere a *v.* **8;** frequentare *v.*
**attention: to pay attention** dare retta, fare attenzione a *v.* **5**
**attentive** attento/a *adj.*
**attic** mansarda *f.*
**attractive** attraente *adj.* **1**
**audacious** audace *adj.*
**audience** pụbblico *m.*
**August** agosto *m.*
**aunt** zịa *f.* **5**
**author** autore/autrice *m., f.*
**autonomy** autonomịa *f.* **6**
**avant-garde** d'avanguardia *adj.* **8**
**average: of average height** di media statura *adj.*
**avoid** evitare (di) *v.*
**award-winning** premiato/a *adj.* **8, 9**
**awareness: environmental awareness** coscienza *f.* ambientale
**axiom** mạssima *f.* **1**

## B

**baby** bambino/a *m., f.*
**back** schiena *f.*
**backpack** zaino *m.*
**small backpack** zainetto *m.* **5**
**bad** cattivo/a *adj.* **9**
**bad boy** ragazzaccio *m.*
**bad weather** maltempo *m.* **6;** tempaccio *m.*
**bad-mannered** maleducato/a *adj.* **5**
**very bad** pẹssimo/a *adj.* **9**
**badly** male *adv.* **9**
**bakery** panetterịa *f.*
**balcony** balcone *m.*
**ball** pallone *m.* **3**
**ballet** balletto *m.*
**ballet dancer** ballerino/a *m., f.*
**ban** divieto *m.* **8**
**banana** banana *f.*
**band** gruppo *m.* (musicale) **3**
**rock band** gruppo *m.* rock
**bang** frangia *f.*
**bank** banca *f.;* bancario/a *adj.*
**bank account** conto *m.* bancario
**banker** banchiere/a *m., f.*
**bankruptcy** bancarotta *f.* **10**
**Baroque** barocco/a *adj.*
**bartender** barista *m., f.*
**basement** seminterrato *m.*
**basketball** basket, pallacanestro *m.*
**bass (*fish*)** spigola *f.* **4**
**bath** bagno *m.*
**bathing suit** costume *m.* da bagno
**bathroom** bagno *m.*
**bathtub** vasca *f.* da bagno
**battery charger** cạrica batterịa *m.*
**battle** battaglia *f.* **8**
**BC(E)** a.C. (avanti Cristo) *adj.* **8**
**be** ẹssere *v.* **3**
**to be... years old** avere... anni *v.* **1**
**to be a fan of, root for** tifare (per) *v.* **3**
**to be able, can** potere *v.* **1**
**to be about to** stare per *v.* **1**
**to be about, deal with** trattarsi di *v.* **8**
**to be afraid (of)** avere paụra (di) *v.* **1**
**to be afraid** temere *v.* **6**
**to be ashamed** vergognarsi *v.* **1**
**to be ashamed (of)** avere vergogna (di) *v.* **1**
**to be better off** fare meglio a *v.* **8**
**to be born** nạscere *v.* **3**
**to be careful** ẹssere attento/a *v.* **8**
**to be early** ẹssere in antịcipo *v.* **2**
**to be expecting (a baby)** aspettare un figlio *v.* **5**
**to be fed up** stufarsi *v.* **2**
**to be good for** servire a *v.* **8**
**to be hungry** avere fame *v.* **1**
**to be important** contare *v.* **9**
**to be important, to matter** importare *v.* **2**
**to be in a hurry** avere fretta (di) *v.* **8**
**to be in debt** avere dei dẹbiti *v.* **10**
**to be informed, up-to-date** ẹssere aggiornato/a *v.* **9**
**to be interested in** interessarsi (a/di) *v.* **8**
**to be located** trovarsi *v.* **2**
**to be missing** mancare *v.* **2**
**to be named** chiamarsi *v.* **2**
**to be necessary** occọrrere *v.* **6**
**to be pregnant** ẹssere incinta *v.* **5**
**to be ready** ẹssere pronto/a a *v.* **8**
**to be released** uscire *v.* **9**
**to be right** avere ragione (di) *v.* **8**
**to be sorry** dispiacere *v.* **2;** ẹssere desolato/a *v.* **5**
**to be sufficient** bastare *v.* **3**
**to be surprised** ẹssere sorpreso/a *v.* **6**
**to be thirsty** avere sete *v.* **1**
**to be well/ill** stare bene/male *v.* **1**
**to be worth** valere *v.* **6**
**to be worth it** valere la pena *v.* **3**
**to be wrong** avere torto *v.* **8**
**beach** spiaggia *f.*
**at/to the beach** al mare *adv.*
**beard** barba *f.*
**bearings: to get one's bearings** orientarsi *v.*
**beautiful** bello/a *adj.*
**beauty** bellezza *f.* **1**
**beauty salon** salone *m.* di belleza
**become** divenire *v.* **3;** diventare; rẹndersi *v.*
**to become independent** diventare indipendente *v.* **5**
**to become indignant** sdegnarsi *v.* **9**
**to become poor** impoverirsi *v.* **6**
**to become rich** arricchirsi *v.* **6**
**bed** letto *m.*
**bedroom** cạmera *f.* da letto
**bee** ape *f.*
**beef** carne *f.* di manzo
**beer** birra *f.*
**before** prima *prep., adv.;* prima che *conj.* **7**
**beforehand** prima *adv.*
**beggar** mendicante *m., f.* **2**
**begin (to)** cominciare (a) *v.* **1**
**beginning** inizio *m.* **1**
**behind** dietro *prep., adv.* **8**
**beige** beige (*invar.*) *adj.*
**believe** crẹdere *v.* **6**
**believer** fedele *m., f.* **6**
**belong (to)** appartenere (a) *v.* **6**
**belt** cintura *f.*
**bench** panchina *f.*
**berry** bacca *f.*
**bet (on)** scommẹttere (su) *v.* **6, 8**
**better** meglio *adv.* **9;** migliore *adj.* **9**
**between** fra/tra *prep.*
**beyond** oltre *prep., adv.* **8**
**biased** parziale *adj.* **9**
**bicycle** bicicletta *f.*
**big** grande *adj.* **9;** largo/a *adj.*
**big city** metropoli *f.* **2**
**bigger** maggiore *adj.* **9**
**bill** banconota *f.;* conto *m.*
**billiards** biliardo *m.* **3**
**bills** bollette *f., pl.*
**to pay the bills** pagare le bollette *v.*
**biochemist** biochịmico/a *m., f.* **7**
**biography** biografịa *m.* **8**
**biologist** biọlogo/a *m., f.* **7**
**biology** biologịa *f.*
**bird** uccello *m.*
**birth** nạscita *f.* **5**
**birthday** compleanno *m.*
**birthrate** tasso *m.* di natalità **6**
**bite** morso *m.*
**bitter** amaro/a *adj.*
**black** nero/a *adj.*
**blackboard** lavagna *f.*
**bland** insịpido/a *adj.*
**blizzard** tormenta *f.*
**blonde** biondo/a *adj.*
**blood** sangue *m.* **5**
**blouse** camicetta *f.*
**blue** azzurro/a; blu (*invar.*) *adj.*
**board game** gioco *m.* di società **3**
**boarding house** pensione *f.*
**boarding pass** carta *f.* d'imbarco *f.*
**boast** vantarsi *v.* **2**
**boat** barca *f.*
**body** corpo *m.*

**bomb** ordigno *m.* **5,** bomba *f.*
**book** libro *m.*
**bookshelf** scaffale *m.*
**bookstore** libreria *f.*
**boot** stivale *m.*
**boredom** noia *f.* **1**
**boring** noioso/a *adj.*
**How boring!** Che noia!
**boss** padrone *m.* **4;** capo *m.* **10;** principale *m., f.*
**bossy** autoritario/a *adj.* **5**
**bother** disturbare *v.* **1;** dare noia a *v.* **8**
**bottle** bottiglia *f.*
**bottom** fondo *m.*
**boundary** confine *m.* **4**
**bow** prua *f.* **4**
**bowl** scodella *f.*
**box** scatola *f.* **1**
**boxing** pugilato *m.* **3**
**boy** ragazzo *m.*
**boyfriend** fidanzato *m.* **5;** ragazzo *m.*
**brag** vantarsi *v.* **2**
**braid** treccia *f.*
**brake** frenare *v.*
**brakes** freni *m., pl.*
**branch** ramo *m.*
**brand** marca *f.* **10**
**bread** impanare *v.;* pane *m.*
**break** rompere *v.* **3;** rompersi *v.*
**to break up with** rompere con *v.* **1**
**break down** essere in panne *v.*
**breakfast** colazione *f.*
**to have breakfast** fare colazione *v.* **1**
**break up** lasciarsi *v.* **2**
**bricklayer** muratore *m.*
**bride** sposa *f.* **5**
**bridge** ponte *m.*
**briefcase** valigetta *f.*
**bright** brillante *adj.*
**bring** portare *v.*, trarre *v.* **9**
**broadcast** mandare in onda; trasmettere *v.* **9;** trasmissione *f.* **7**
**broke: to be broke** essere al verde *v.*
**broom** scopa *f.*
**brother** fratello *m.*
**brother-in-law** cognato *m.*
**little/younger brother** fratellino *m.*
**brown** rosolare *v.*
**brown (*eyes*)** marrone *adj.*
**brown (*hair*)** castano/a *adj.*
**browse the Internet/Web** navigare su Internet/sulla rete *v.* **7**
**bruise** livido *m.*
**brush** pettinare *v.;* spazzola *f.*
**to brush one's hair** pettinarsi *v.*
**to brush one's teeth** lavarsi i denti *v.*
**buckle (*seatbelt*)** allacciare *v.*
**build** costruire *v.*
**building** edificio *m.* **2;** palazzo *m.* **2;** immobiliare *adj.*
**building material** materiale *m.* edile *2*
**bull** toro *m.*
**bulletin board** bacheca *f.*
**bully** bullo *m., f.* **3**
**bump** bernoccolo *m.*
**burn** bruciare *v.* **9**
**burn** bruciare; masterizzare *v.* **7;** scottatura *f.*
**burrow** tana *f.* **8**
**bus** autobus *m.;* pullman *m.*
**get off a bus** scendere dall'autobus *v.* **2**
**long-distance bus** corriera *f.* **6**
**to get on a bus** salire sull'autobus *v.* **2**
**bush** cespuglio *m.*
**businessman** uomo *m.* d'affari
**businesswoman** donna *f.* d'affari
**busy** indaffarato/a *adj.* **2**
**but** ma *conj.*
**butcher** macelleria *f.;* macellaio *m.*
**butter** burro *m.*
**buy** comprare *v.*
**by** da *prep.*
**by now; already** ormai *adv.*
**Byzantine** bizantino/a *adj.*

## C

**cabin (*mountain shelter*)** baita *f.*
**cable** cavo *m.*
**cable car** tram *m.* **2**
**cable TV** televisione *f.* via cavo **9**
**café** bar *m.* **1**
**cafè specializing in chocolate** cioccolateria *f.*
**cafeteria** mensa; tavola *f.* calda *f.*
**cake: Christmas cake** panettone *m.* **6**
**call** chiamare *v.* **2**
**calm** tranquillo/a *adj.* **1**
**camcorder** videocamera *f.*
**camera: digital camera** macchina *f.* fotografica digitale
**camp** campeggiare *v.* **3**
**campaign** campagna *f.*
**electoral campaign** campagna *f.* elettorale **3**
**camping** campeggio *m.*
**Canadian** canadese *adj.*
**canals** canali *m., pl.* **7**
**canary** canarino *m.*
**cancel** annullare *v.*
**candidate** candidato/a *m., f.*
**canvass** tela *f.*
**car** automobile *f.;* macchina *f.*
**car racing** automobilismo *m.* **3**
**get out of a car** scendere dalla macchina *v.* **2**
**to get in a car** salire in macchina *v.* **2**
**car door** portiera *f.*
**carafe** caraffa *f.*
**card** carta *f.*
**playing cards** carte *f., pl.* (da gioco)
**care (about)** tenere a *v.* **8**
**to not care (about)** fregarsene (di) *v.* **6**
**career** carriera *f.* **10**
**careful** prudente *adj.* **1**
**caretaker** bidello/a; portiere/a *m., f.*
**carnival** carnevale *m.* **9**
**carpenter** falegname *m.*
**carpet** tappeto *m.*
**carriage** carrozza *f.*
**carrot** carota *f.*
**carry: carry out an investigation** condurre un'inchiesta *v.*
**carry-on baggage** bagaglio *m.* a mano
**cartoon** vignetta *f.* **9**
**cartoons** cartoni *m. pl.* animati **9**
**cash** contanti *m., pl.*
**to cash** incassare *v.* **4**
**to cash a check** cambiare un assegno *v.* **10**
**to pay in cash** pagare in contanti *v.*
**castaway** naufrago *m.* **4**
**cat** gatto/a *m., f.*
**catastrophe** catastrofe *f.*
**cathedral** cattedrale *f.* **6**
**Catholic** cattolico/a *adj.* **6**
**cavity** carie *f.*
**CD** CD/compact disc *m.*
**CD-ROM** CD-ROM *m.*
**celebrate** festeggiare *v.* **2, 3**
**celebrations** festeggiamenti *m., pl.*
**cell phone** cellulare *m.*
**cell phone** telefonino *m.* **9**
**cellular reception bar** tacca *f.* **9**
**cellular reception, field** campo *m.* **9**
**censorship** censura *f.* **8, 9**
**censor** censurare *v.* **8**
**center** centro *m.*
**center forward** centravanti *m.* **3**
**century** secolo *m.* **2**
**certain** certo/a, sicuro/a *adj.*
**chair** sedia *f.*
**chalk** gesso *m.*
**challenge** sfida *f.* **7**
**chamber orchestra** orchestra *f.* da camera **8**
**change** cambiare *v.;* moneta *f.*
**small change** spiccioli *m., pl.* **3**
**channel** canale *m.*
**chaos** caos *m.* **6**
**character** personaggio *m.* **8**
**main character** personaggio *m.* principale
**charge** caricare *v.*
**charming** affascinante *adj.* **1**
**chart** classifica *f.* **3**
**chase** rincorrere *v.*
**chat** chiacchierare *v.* **2**

**chat online** chattare *v.* 9
**chatterbox** chiacchierone *m.*
**check** assegno *m.* 4; controllare *v.*
  **to cash a check** cambiare un assegno *v.* 10
  **to pay by check** pagare con assegno *v.*
**check-in counter** banco *m.* 5
**cheerful** allegro/a *adj.*
**cheerfully** allegramente *adv.*
**Cheers!** Cin, cin!
**cheese** formaggio *m.*
**chef** cuoco/a *m., f.*
**chemist** chịmico/a *m., f.* 7
**chess** scacchi *m., pl.* 3
**chest** petto *m.*
**chic** chic *adj.*
**chicken-pox** varicella *f.*
**child** bambino/a *m., f.*
  **only child** figlio/a ụnico/a *m., f.* 5
**childhood** infanzia *f.* 5
**Chinese** cinese *adj.*
**chit-chat** chiacchiere *f., pl.* 1
**choose** scẹgliere *v.* 1
**chores** faccende *f., pl.*, mestieri *m., pl.*
  **to do household chores** fare i mestieri/le faccende *v.*
**chorus** coro *m.*
**Christmas** Natale *m.*
  **Christmas bread** panettone *m.* 6
**church** chiesa *f.* 6
**cinema** cịnema *m.*
**citizen** cittadino/a *m., f.* 2
**citizenship** cittadinanza *f.* 4
**city** città *f.*
  **big city** metropoli *f.* 2
  **city hall** municipio *m.* 2
  **city map** carta topogrạfica *f.* 9
  **city plan** piano *m.* urbanịstico 2
  **city planning** urbanịstica *f.* 2
  **city walls** mura *f., pl.* di cinta 2
**civil** civile *adj.*
  **civil servant** funzionario/a *m., f.*
  **civil war** guerra *f.* civile 4
**civilization** civiltà *f.* 8
**claim** reclamare *v.* 6
**clam** vọngola *f.*
**clap** applaudire *v.* 3; bạttere le mani *v.*
**clapper: professional clappers** claque *f.*
**clarinet** clarinetto *m.*
**class** classe; lezione *f.*
  **class conflict** conflitto *m.* di classe 6
**classic; classical** clạssico/a *adj.* 8
**classmate** compagno/a *m., f.* di classe
**classroom** aula *f.*
**clean** pulire *v.;* pulito/a *adj.*
  **clean energy** energịa *f.* pulita 7
**clear** chiaro/a *adj.*
  **to clear the table** sparecchiare la tạvola *v.*
**clever** spiritoso/a *adj.*
**client** cliente *m., f.*
**cliff** scogliera *f.*
**climate** clima *m.*
**climb** scalare *v.* 3
  **to climb stairs** salire le scale *v.*
**climbing** arrampicata *f.*
**clock** orologio *m.*
**clone** clonare *v.* 7
**close** chiụdere *v.*
  **to close an account** chiụdere un conto *v.* 10
**close (to)** vicino (a) *prep.*
**close-knit** affiatato/a *adj.* 5
**closet** armadio *m.*
**clothes dryer** asciugatrice *f.*
**clothing** abbigliamento *m.* 10; vestiti *m., pl.*
  **clothing size** taglia *f.*
**cloud** nụvola *f.*
**cloudy** nuvoloso/a *adj.*
**clutch** frizione *f.*
**coach** allenatore/allenatrice *m., f.* 3
  **coach (*bus*)** pullman *m.*
**coachman** vetturino *m.*
**coast** costa *f.*
  **coast guard** guardia *f.* costiera 4
**coat** cappotto *m.* 3
**cobblestones** selciato *m.*
**cockpit** cabina *f.* di controllo 5
**code** cọdice *m.* 7
  **code of conduct/ethics** cọdice *m.* deontolọgico 7
**coerce** costrịngere *v.* 2
**coercive** coercitivo/a *adj.* 8
**coffee** caffè *m.*
  **coffee maker** caffettiera *f.*
**coin** moneta *f.*
**coincidence** coincidenza *f.* 3
**cold** freddo/a *adj.;* raffreddore *m.*
  **It's cold.** Fa freddo.
  **to feel cold** avere freddo *v.*
  **to have a cold** avere il raffreddore *v.*
**colleague** collega *m., f.* 10
**collection** collezione *f.*
**colonize** colonizzare *v.* 8
**color** colore *m.;* tinta *f.*
**comb** pẹttine *m.*
  **to comb one's hair** pettinarsi *v.*
**come** venire *v.* 1
  **Come on!** Forza!
  **to come from** venire da *v.* 8
  **to come near** avvicinarsi *v.* 5
  **to come out** uscire *v.* 1
**comedy** commedia *f.*
**comic strip** fumetto *m.* 9
**commercial** pubblicità *f.* 9
**commission** commissione *f.* 8
**commit** commẹttere *v.*
**commitment** impegno *m.* 10
**common sense** buon senso *m.* 6
**commonplaces** luoghi *m., pl.* comuni 1
**commute** fare il pendolare *v.*
**company** azienda, ditta *f.* 10
**compassion** compassione *f.* 2
**compatibility** affinità di coppia *f.* 9
**compel** obbligare (a) *v.* 8
**competence** competenza *f.*
**competitive** competitivo/a *adj.* 3
**complain** lamentarsi (di) *v.* 2; reclamare *v.* 6
**completely** affatto; completamente *adv.*
**compose** comporre *v.*
**composer** compositore/ compositrice *m., f.*
**composition** composizione *f.* 8
**compromise** compromesso *m.*
**computer** computer *m.* 7
  **computer science** informạtica *f.* 7
  **desktop computer** computer *m.* da tạvolo 7
  **laptop computer** computer *m.* portạtile 7
**concert** concerto *m.*
**condition** condizione *f.*
**confident** disinvolto/a *adj.*
**conform** conformarsi *v.* 6
**conformism** conformismo *m.* 8
**conformist** conformista *adj.* 6
**congressman/congresswoman** deputato/a *m., f.* 4
**connection** collegamento *m.* 7
**conquer** conquistare *v.* 8
**conscience** coscienza *f.* 3, 8
**conservative** conservatore/ conservatrice *adj.* 4
**constitution** costituzione *f.* 6
**consult** interpellare *v.* 8
**consultant** consulente *m., f.* 10
**contemporary** contemporạneo/a *adj.*
**contempt** sdegno *m.*
**content** contento/a *adj.*
**contestant** concorrente *m., f.*
**continue** continuare *v.* 8; proseguire *v.*
**contract** contratto *m.*
**contravene** contravvenire a *v.*
**contributions** contributi *m., pl.*
**control** controllo *m.*
**controversial** controverso/a *adj.* 7
**controversy** polẹmica *f.* 6
**conversation** conversazione *f.*
**cook** cucinare *v.;* cuọcere *v.* 3
**cook** cuoco/a *m., f.*
**cookie** biscotto *m.* 1
**cool** fresco/a *adj.*
**copy** copiare *v.* 7
**copyright** diritto *m.* d'autore 8
**corner** ạngolo *m.* 2
  **around the corner** dietro l'ạngolo *adv.*

**correct** corrẹggere *v.* **3**
**correspondent** inviato/a *m., f.* speciale **9**
**cosmetics shop** profumerịa *f.*
**cost** costare *v.*
**cotton** cotone *m.*
**couch** divano *m.*
**cough** tosse *f.* **1;** tossire *v.*
**council** consiglio *m.* **4**
**count on** contare su *v.* **1**
**counting rhyme** conta *f.* **2**
**countryman/countrywoman** paesano/a *m., f.* **2**
**countryside** campagna *f.* **2**
**couple** coppia *f.* **1**
**courageous** coraggioso/a *adj.*
**course** piatto *m.*
**first/second course** primo/secondo piatto *m.*
**courteous** cortese *adj.*
**courtesy** cortesịa *f.*
**courthouse** tribunale *m.* **2**
**cousin** cugino/a *m., f.* **5**
**cover (with)** coprire (di) *v.* **8**
**cow** mucca *f.*
**coward** codardo/a *adj.* **5**
**craftsman** artigiano/a *m., f.*
**crazy** pazzo/a *adj.*
**credit** crẹdito *m.*
**credit card** carta *f.* di crẹdito **10**
**to pay with a credit card** pagare con carta di crẹdito *v.*
**crew cut** capelli *m., pl.* a spạzzola
**crime** criminalità *f.* **4;** crịmine **4;** delitto *m.* **6**
**criminal** criminale *m., f.* **4**
**crisis: economic crisis** crisi *f.* econọmica **10**
**critic** critico *m.* **9**
**cross** attraversare *v.* **2**
**cross-country skiing** sci *m.* di fondo *m.* **3**
**crosswalk** strisce *f., pl.* pedonali **2**
**crowd** folla *f.* **2**
**crowded** affollato/a *adj.* **2;** intasato/a *adj.*
**crude** rozzo/a *adj.*
**cruel** crudele *adj.*
**cruelty** crudeltà *f.* **4**
**cruise** crociera *f.*
**crumb** brịciola *f.*
**cry** pịangere *v.* **3**
**cultural heritage** patrimonio culturale *m.* **9**
**cup** tazza *f.*
**cupboard** credenza *f.*
**curator** curatore/curatrice *m., f.* **1**
**cure** guarire *v.* **7**
**curious** curioso/a *adj.*
**curl** arricciare *v.*
**curly** riccio/a *adj.*
**currency** valuta *f.* **4**
**current affairs** attualità *f.* **9**
**curse** maledire *v.*; maledizione *f.*
**curtain** sipario *m.;* tenda *f.*
**custom** usanza *f.* **9**
**customer** cliente *m., f.*
**customs** dogana *f.*
**cut** tagliare *v.*
**to cut one's hair** tagliare i capelli *v.*
**cute** bellino/a, *m., f.* carino/a *adj.*
**cycling** ciclismo *m.*
**cyclone** ciclone *m.*
**cypress** cipresso *m.*

## D

**dad** papà *m.*
**daily** quotidiano/a *adj.* **2**
**dance** ballare *v.*
**classical dance** danza *f.* clạssica
**short dance performance** balletto *m.*
**danger** perịcolo *m.* **4**
**dangerous** pericoloso/a *adj.* **2**
**dark** scuro/a *adj.*
**dark-haired** bruno/a *adj.*
**darts** freccette *f., pl.*
**database** banca *f.* dati **7**
**date** appuntamento *m.* **1**
**be up-to-date** ẹssere aggiornato/a *v.* **9**
**date** vedersi con *v.* **2**
**daughter** figlia *f.* **5**
**daughter-in-law** nuora *f.* **5**
**dawn** alba *f.*
**day** giorno *m.*
**deaf** sordo/a *adj.* **5**
**deal** affare *m.* **4**
**good deal** buon affare *m.*
**dear: sweet, very dear** caruccio *adj.*
**death** morte *f.* **5**
**debit card** carta *f.* di dẹbito
**to pay with a debit card** pagare con carta di dẹbito *v.*
**debt** dẹbito *m.* **10**
**to be in debt** avere dei dẹbiti *v.* **10**
**debut** debutto *m.*
**decade** decennio *m.* **8**
**December** dicembre *m.*
**decide** decịdere *v.* **3**
**decision: to make a decision** prẹndere una decisione *v.*
**decrease** diminuire *v.* **6**
**decree** decreto *m.* **8**
**dedicate oneself (to)** dedicarsi (a) *v.* **4**
**defeat** sconfịggere *v.* **8;** sconfitta *f.* **4**
**defend** difẹndere *v.* **4;** tutelare *v.* **6**
**defense** difesa *f.* **3**
**deforestation** disboscamento *m.*
**degree** diploma; grado *m.*
**It is 18 degrees out.** Ci sono 18 gradi.
**delay** ritardo *m.* **2**
**delicatessen** (negozio di) gastronomịa *f.*
**demand** richiesta *f.* **10**
**demanding** esigente *adj.*
**democracy** democrazịa *f.* **4**
**democratic** democrạtico/a *adj.* **8**
**demographic makeup** composizione *f.* demogrạfica **2**
**demonstrate** fare una manifestazione, manifestare *v.* **6**
**dentist** dentista *m., f.*
**denture** dentiera *f.* **5**
**department** facoltà *f.*
**department store** grande magazzino *m.*
**departures** partenze *f., pl.*
**depend (on)** dipendere (da) *v.* **8**
**deposit** depositare, versare *v.* **10**
**depressed** depresso/a *adj.* **1**
**depression** depressione *f.*
**desert** deserto *m.*
**deserve** meritare *v.* **1**
**designer** firmato/a *adj.* **3**
**designer label** griffe *f.* **10**
**desire** desiderare *v.* **6;** voglia *f.*
**desire to be in the limelight** protagonismo *m.*
**desk** banco *m.*
**desktop computer** computer *m.* da tạvolo **7**
**dessert** dolce *m.*
**deterioration** degrado *m.*
**develop** sviluppare *v.*
**development** sviluppo *m.* **6, 7**
**device** dispositivo *m.* **7**
**diagram** schema *m.*
**dial** comporre *v.;* digitare *v.* **7**
**dial a number** fare/comporre un nụmero *v.* **9**
**dialect** dialetto *m.* **6**
**dialogue** dịalogo *m.* **6**
**diaper** pannolino *m.* **2**
**dictatorship** dittatura *f.* **4**
**dictionary** dizionario *m.*
**die** morire *v.* **3**
**diet** dieta *f.*
**to be on a diet** ẹssere a dieta *v.*
**difference** divergenza; differenza *f.*
**difficult** diffịcile *adj.*
**digital** digitale *adj.*
**digital camera** mạcchina *f.* fotogrạfica digitale
**digital signal** segnale *m.* digitale **7**
**dignity** dignità *f.*
**dilemma** dilemma *m.*
**dim-witted** scemo/a *adj.*
**dining room** sala *f.* da pranzo
**diploma** diploma *m.*

**directions: to give directions** dare indicazioni *v.* **2**
**director** regista *m., f.* **9;** principale *m., f.*
**dirty** sporco/a *adj.*
**disagree** dissentire *v.* (da, su) **6**
**disappear** sparire *v.* **3;** scomparire *v.* **7**
**disappearance** scomparsa *f.* **6**
**disappointed** deluso/a *adj.* **1**
**discourteous** scortese *adj.*
**discovery** ritrovato *m.* **7;** scoperta *f.* **7**
**discreet** discreto/a *adj.*
**discuss** discụtere *v.* **3**
**disease** malattịa *f.*
**disgusting** schifoso/a *adj.*
**dish** pietanza *f.* **4**
**dishonest** disonesto/a *adj.* **1**
**dishwasher** lavastoviglie *f.*
**dissent** dissentire *v.* **6**
**distance oneself** allontanarsi (da) *v.* **8**
**distant** lontano/a *adj.* **5**
**distinguish** distịnguere *v.* **6**
**disturbing** inquietante *adj.*
**diversity** diversità *f.* **6**
**divorce** divorziare (da) *v.* **1**
**divorced** divorziato/a *adj.* **1**
**DNA** DNA *m.* **7**
**do** fare *v.* **1**
**to do one's homework** fare i compiti *v.* **1**
**to do the laundry** fare il bucato *v.* **5**
**doctor** dottore(ssa) *m., f.*
**family doctor** mẹdico *m.* di famiglia
**to go to the doctor** andare dal dottore *v.*
**document** documento *m.*
**documentary** documentario *m.* **9**
**dog** cane *m.*
**doll** bạmbola *f.* **5**
**domestic** domẹstico/a *adj.*
**domination** dominio *m.* **6**
**door** porta *f.*
**doorman** portiere/a *m., f.*
**doubt** dubitare *v.* **7**
**down there** laggiù *adv.* **6**
**download** scaricare *v.* **7**
**downstage** ribalta *f.*
**drain** smaltire *v.*
**drama** dramma *m.*
**dramatic** drammạtico/a *adj.*
**draw (*bring*)** trarre *v.* **9**
**drawer** cassetto *m.*
**dreadlocks** treccine *f., pl.*
**dream** sognare *v.* **1**
**dream-like** onịrico/a *adj.* **9**
**dress** ạbito *m.;* vestito *m.* **3**
**dress circle** balconata *f.*
**dress shirt** camicia *f.*
**evening dress** ạbito *m.* da sera **3**
**woman's dress** vestito *m.* da donna **3**
**dresser** cassettiera *f.*
**dressing style** look *m.* **10**
**drink** bere *v.* **1;** bịbita *f.*
**to get something drink/ eat** prẹndere qualcosa da bere/ mangiare *v.* **3**
**drive** guidare *v.* **2**
**driver** automobilista *m., f.* **2**
**driver's license** patente *f.*
**drought** siccità *f.*
**drug** medicina *f.*
**drum** tamburo *m.*
**drums** batterịa *f.*
**drummer** batterista *m., f.*
**dry** secco/a *adj.*
**dry cleaner** lavanderịa, tintorịa *f.* **9**
**dry up** asciugarsi *v.* **2**
**dryer (*clothes*)** asciugatrice *f.*
**dubbing** doppiaggio *m.* **9**
**dumb** tonto/a *adj.*
**dump** discạrica *f.*
**during** durante *prep.* **8**
**dust** fare la pọlvere, spolverare *v.;* pọlvere *f.*
**dye** tinta *f.*
**dynamic** dinạmico/a *adj.*

## E

**each** ciascuno/a *indef. adj., pron.* **9**
**each other** l'un l'altro, fra di loro
**ear** orecchio (*pl.* orecchie *f.*) *m.*
**earn** guadagnare *v.* **10**
**earnest** convinto/a *adj.*
**earrings** orecchini *m., pl.* **10**
**earthquake** terremoto *m.*
**ease: at ease** a proprio agio *adv.*
**Easter** Pasqua *f.*
**Easter Monday** pasquetta *f.* **9**
**easy** fạcile *adj.*
**eat** mangiare *v.* **6**
**to get something to drink/ eat** prẹndere qualcosa da bere/ mangiare *v.* **3**
**e-Book** libro *m.* elettrọnico **7**
**ecology** ecologịa *f.*
**economics** economịa *f.*
**economy class** classe *f.* econọmica
**editor** redattore/redattrice *m., f.* **9**
**education** formazione *f.* **10;** istruzione *f.*
**eel: large eel** capitone *m.* **6**
**effect** effetto *m.*
**effort** sforzo *m.* **9**
**egg** uovo (*pl.* uova *f.*) *m.*
**eggplant** melanzana *f.*
**eight** otto *m.*
**eight hundred** ottocento *m.*
**eight million** otto milioni *m.*
**eighteen** diciotto *m.*
**eighteenth** diciottẹsimo *adj.*
**eighth** ottavo *adj.*
**eighty** ottanta *m.*
**eighty-one** ottantuno *m.*
**eighty-second** ottantaduẹsimo *adj.*
**elbow** gọmito *m.*
**elect** elẹggere *v.* **4**
**election** elezione *f.*
**to lose the election** pẹrdere le elezioni *v.* **4**
**electrician** elettricista *m., f.* **9**
**electronics** elettrọnica *f.* **7**
**elevator** ascensore *m.*
**eleven** ụndici *m.*
**eleventh** undicẹsimo *adj.*
**e-mail address** indirizzo *m.* e-mail **7**
**e-mail message** e-mail *f.*
**emergency room** sala *f.* d'emergenza; pronto soccorso *m.*
**emigration** emigrazione *f.* **4**
**empathy** empatịa *f.* **6**
**emperor/empress** imperatore/ imperatrice *m., f.* **8**
**employ** impiegare *v.* **10**
**employee** impiegato/a *m., f.* **10**
**enchanted** fatato/a *adj.* **3**
**encourage** incoraggiare *v.* **8**
**end** fine *f.* **1**
**enemy** nemico *m.* **2**
**energetic** enẹrgico/a *adj.*
**energy** energịa *f.*
**clean energy** energịa *f.* pulita **7**
**engaged** fidanzato/a *adj.* **1**
**engine** motore *m.*
**engineer** ingegnere *m.* **2**
**engineering** ingegnerịa *f.* **7**
**English** inglese *adj.*
**engrave** scolpire *v.*
**enough** abbastanza *adv.*
**entertainer** intrattenitore *m.*
**enthusiastic** entusiasta *adj.* **1**
**entrust** affidare *v.* **10**
**envelope** busta *f.*
**environment** ambiente *m.*
**environmental impact** impatto *m.* ambientale **7**
**environmentalism** ambientalismo *m.*
**epic** racconto *m.* ẹpico
**episode** puntata *f.* **9**
**equal** uguale *adj.* **4**
**equality** uguaglianza *f.* **4**
**era** età *f.*
**erase** cancellare *v.* **7**
**eraser** gomma *f.*
**error** errore *m.*
**eruption** eruzione *f.*
**essay** tema *m.;* tesina *f.*
**essayist** saggista *m., f.* **8**
**ethical** ẹtico/a; morale *adj.* **7**
**evacuees** sfollati *m., pl.* **2**
**eve** vigilia *f.* **6**

**even** pure, persino *adv.*
**not even** non… neanche *adv.*
**not even** non… nemmeno, non… neppure *conj.*
**evening** sera *f.*
**Good evening.** Buonasera.
**ever** mai *adv.*
**every** ogni; tutto *indef. adj.* **9**
**everyone** ognuno/a; tutti *indef. pron.* **9** quanti, tutti quanti, tutti quelli che, tutti/e *rel. pron.* **9**
**everything** tutto, tutti/e *indef. pron.* **9**
**everything that** tutto ciò che, tutto quanto, tutto quel che, tutto quello che *rel. pron.* **9**
**excavation** scavo *m.* **2**
**except** tranne *prep.* **8**
**except (for)** salvo *prep.* **8**
**exchange** cambiare *v.* **3;** scambio *m.* **4**
**excited** emozionato/a *adj.* **1**
**excuse** scusare *v.*
**Excuse me.** Scusi/a. (*form./fam.*)
**executive** dirigente *m., f.* **10**
**exercise** fare esercizio *v.*
**exhaust** scappamento *m.*
**exhibit** esposizione *f.*
**exhibition** mostra *f.* **3, 8**
**exit** uscita *f.*
**expel** espẹllere *v.* **8**
**expensive** caro/a, costoso/a *adj.*
**experience** esperienza *f.* **10**
**professional experience** esperienza *f.* professionale **10**
**experiment** esperimento *m.* **7**
**experimental** sperimentale *adj.* **9**
**explain** spiegare *v.* **1**
**explore** esplorare *v.*
**expression** espressione *f.*
**exquisite** squisito/a *adj.*
**extreme sports** sport *m., pl.* estremi
**eye** occhio *m.*
**eyebrow** sopracciglio (*pl.* sopracciglia *f.*) *m.*
**eyelash** ciglio (*pl.* ciglia *f.*) *m.*
**eyelid** pạlpebra *f.* **5**

## F

**face** faccia *f.;* viso *m.;* volto *m.* **9**
**face** viso *m.* **2**
**factory** fạbbrica; officina *f.* **10**
**factory worker** operạio/a *m., f.*
**faculty** facoltà *f.*
**fail** fallire *v.*
**to fail (*exam*)** bocciare *v.*
**fair** giusto/a *adj.* **4**
**fairy tale** fạvola, fiaba *f.* **3**
**faith** fede *f.* **6**
**faithful** fedele *adj.* **1**
**fall** autunno *m.;* cadere *v.* **3**
**to fall apart** sfarsi *v.*
**to fall asleep** addormentarsi *v.* **2**
**to fall in love (with)** innamorarsi (di) *v.* **1**
**fame** notorietà *f.*
**family** famiglia *f.*
**family relationship** parentela *f.* **5**
**family unit** nụcleo *m.* familiare **5**
**fan** tifoso/a m., *f.* **3**
**fare** tariffa *f.*
**excess fare** supplemento *m.*
**farm** fattorịa *f.*
**farmer** agricoltore/agricoltrice *m., f.;* contadino/a *m., f.* **2**
**farmhouse** casale *m.* **2;** podere *m.* **8**
**fascist** fascista *adj.* **8**
**fashion** moda *f.*
**to (not) be in fashion** (non) andare di moda *v.*
**fashion designer** stilista *m.* **10**
**fashionable** alla moda *adj.* **3**
**fast** veloce *adj.*
**fat** grasso/a *adj.*
**father** padre *m.*
**father-in-law** suọcero *m.* **5**
**fault** colpa *f.* **1**
**favorite** preferito/a *adj.*
**fax** fax *m.*
**fear** paụra *f.* **4;** temere *v.* **6**
**Feast of the Patron Saint** Festa del santo patrono *f.*
**February** febbrạio *m.*
**fed up** stufo/a *adj.* **1**
**feel** sentire *v.;* provare *v.* **1;** sentirsi *v.* **1**
**to feel affection for** volere bene a *v.* **1**
**to feel like** avere voglia di *v.* **8**
**female** femmina *f.*
**feminist** femminista *adj.*
**ferry** traghetto *m.* **7**
**festival** fẹstival *m.;* rassegna *f.* **9**
**festivities** festeggiamenti *m., pl.* **9**
**fever** febbre *f.*
**to have a fever** avere la febbre *v.*
**few: a few** qualche, alcuni/e *indef. adj.* **9** alcuni/e *indef. pron.* **9**
**fiancé(e)** fidanzato/a *m., f.* **1**
**field** campo *m.* **2**
**playing field** campo *m.* di/da gioco **3**
**fifteen** quịndici *m.*
**fifth** quinto *adj.*
**fifty** cinquanta *m.*
**fifty-one** cinquantuno *m.*
**fight** combạttere *v.* **4;** litigare *v.* **2, 5;** lottare *v.* **6**
**figure** cifra *f.* **10**
**fill (with)** riempire (di) *v.* **8**
**to fill out a form** riempire un mọdulo *v.*
**film** film *m.;* filmare, girare *v.* **9**
**film critic** crịtico *m.* cinematogrạfico **9**
**horror/sci-fi film** film *m.* di fantascienza/dell'orrore
**filmmaker** cineasta *m., f.* **9**
**financial** finanziario/a *adj.* **10**
**find** trovare *v.*
**find (*archeol.*)** reperto *m.* **2**
**finding** ritrovato *m.* **7**
**fine** multa *f.*
**fine arts** belle arti *f., pl.* **8**
**finger** dito (*pl.* dita *f.*) *m.*
**finish** finire *v.* **4**
**fire** licenziare *v.* **10**
**firefighter** vịgile *m., f.* del fuoco **2**
**fireman** pompiere *m.* **7**
**firm** società *f.* **10**
**first** prima *adv.;* primo/a *adj.*
**at first** all'inizio *adv.*
**first aid** pronto/primo soccorso *m.*
**first-born** primogẹnito/a *m., f.*
**first class** prima classe *adj.*
**first of all** innanzitutto *adv.*
**fish** pescare *v.* **4;** pesce *m.*
**fish shop** pescherịa *f.*
**five** cinque *m.*
**five hundred** cinquecento *m.*
**five hundred fifty thousand** cinquecentocinquantamila *m.*
**five thousand** cinquemila *m.*
**five-hundredth** cinquecentẹsimo *adj.*
**fix** aggiustare *v.*
**flag** bandiera *f.* **4**
**flash drive** chiavetta USB *f.* **7**
**flash of lightning** lampo *m.*
**flavor** sapore *m.* **4;** gusto *m.*
**flavoring** aroma *m.*
**flee** fuggire *v.* **3**
**flight** volo *m.*
**flip-flops** infradito *f., pl.* **3**
**flippers** pinne *f., pl.* **4**
**flood** alluvione *f.* **7;** ingolfare *v.*
**flooding** allagamento *m.* **7**
**floor** pavimento *m.*
**florist** fiorạio, fiorista *m.* **10**
**flower** fiore *m.*
**flower shop** fiorista *m.*
**flu** influenza *f.*
**flute** flauto *m.*
**folder** cartella *f.*
**folklore** folclore *m.* **9**
**follow** seguire *v.*
**food** cibo *m.*
**food-loving** goloso/a *adj.* **4**
**foodstuffs** alimentari *m., pl.*
**fool: to act the fool** fare il buffone *v.*
**foosball** biliardino *m.* **3**
**foosball** calcetto *m.* **9**
**foot** piede *m.*
**on foot** a piedi *adv.*
**football** football *m.* americano
**footbridge** passerella *f.* **7**
**for** per *prep.*
**For how long…** Da quanto tempo…
**forbidden** proibito/a *adj.* **8**

**foreign** straniero/a *adj.*
**foreign countries** ẹstero *m.* **6**
**forest** foresta *f.*
**forge ahead** tirare avanti *v.* **6**
**forget** dimenticare *v.*; dimenticarsi (di) *v.* **2**
**forgettable** dimenticạbile *adj.* **1**
**fork** forchetta *f.*
**form** mọdulo *m.*
**forty** quaranta *m.*
**foundations** fondamenta *f., pl.* **6**
**fountain** fontana *f.*
**four** quattro *m.*
**four eyes** quattrocchi *m., f.* **3**
**four hundred** quattrocento *m.*
**fourteen** quattọrdici *m.*
**fourth** quarto *adj.*
**fraction** parte, frazione *f.*
**fracture** frattura *f.*
**free** gratis (*invar.*) *adj., adv.*
**freedom** libertà *f.* **4**
**freedom of the press** libertà *f.* di stampa **9**
**freedom of worship** libertà *f.* di culto *f.* **6**
**freezer** congelatore *m.*
**French** francese *adj.*
**frequently** frequentemente *adv.*
**fresco** affresco *m.* **8**
**Friday** venerdì *m.*
**fridge** frigo *m.*
**fried** fritto/a *adj.*
**friend** amico/a *m., f.*
**friendly** sociẹvole *adj.* **5**
**friendship** amicizia *f.* **1**
**frog** rana *f.*
**from** da, di (d') *prep*
**front** fronte *f.*
**in front of** davanti (a) *prep.*
**fruit** frutta *f.*
**fry** frịggere *v.*
**to fry lightly** soffrịggere *v.*
**fulfill** realizzare *v.* **6**
**full** pieno/a *adj.*
**full price ticket** biglietto *m.* intero
**full-time** a tempo pieno *adj., adv.*
**fun** divertente *adj.*
**function** funzionare *v.*
**funny** buffo/a *adj.* **3**; spiritoso/a *adj.*
**fur** pelliccia *f.* **5**
**furnished apartment** appartamento *m.* arredato
**furniture** mọbili *m., pl.*
**future** futuro *m.*
**Futurist** futurista *adj.*

## G

**gallery** gallerịa *f.*
**game** gioco *m.*; partita *f.*
**to win/lose/tie a game** *vịncere/* pẹrdere/pareggiare una partita *v.* **3**
**garage** garage (*invar.*) *m.*
**garbage** rifiuto *m.*; spazzatura *f.*
**garbage collector** netturbino/a *m., pl.*
**garbage truck** camion *m.* della nettezza urbana
**garden** giardino *m.*
**garden-level apartment** seminterrato *m.*
**public gardens** giardini *m., pl.* pụbblici **2**
**gardener** giardiniere/a *m., f.*
**garlic** aglio *m.*
**gaze** sguardo *m.* **10**
**GDP** PIL *m.*
**gene** gene *m.* **7**
**generally** in gẹnere *adv.*
**generation gap** salto *m.* generazionale **5**
**generous** generoso/a *adj.*
**genetics** genẹtica *f.* **3**
**genius** genio/a *m., f.*
**genocide** genocidio *m.*
**genre** gẹnere *m.* **8**
**geologist** geọlogo/a *m., f.* **7**
**German** tedesco/a *adj.*
**get** ricẹvere *v.*
**to get angry** arrabbiarsi *v.* **1**
**to get bored** annoiarsi *v.* **2**
**to get dressed** vestirsi *v.* **2**
**to get embarrassed** vergognarsi *v.* **1**
**to get engaged (to)** fidanzarsi (con) *v.* **1**
**to get going** muọversi *v.* **2**
**to get in a car** salire in mạcchina *v.* **2**
**to get lost** pẹrdersi *v.* **2**
**to get mad/angry** arrabbiarsi *v.* **2**
**to get married (to)** sposarsi (con) *v.* **1**
**to get off the bus** scẹndere dall'ạutobus *v.* **2**
**to get off the train** scẹndere dal treno *v.* **2**
**to get on the bus** salire sull'ạutobus *v.* **2**
**to get on the train** salire sul treno *v.* **2**
**to get out of the car** scẹndere dalla mạcchina *v.* **2**
**to get rid of** disfarsi di *v.* **6**
**to get something to drink/eat** prẹndere qualcosa da bere/mangiare *v.* **3**
**to get together** incontrarsi *v.* **2**
**to get up** alzarsi *v.* **2**
**to get used to** abituarsi *v.* **7, 8**
**ghost** fantasma *m.* **5**
**gift** dono *m.*
**gifted** dotato/a *adj.*
**girl** ragazza *f.*
**girlfriend** ragazza *f.*; fidanzata *m., f.* **5**
**give** dare *v.*
**to give (*as a gift*)** regalare *v.*
**to give a ride** dare un passaggio *v.* **2**
**to give back** restituire *v.*
**to give directions** dare indicazioni *v.* **2**
**to give to each other** darsi *v.*
**to give up** rinunciare (a) *v.* **10**
**glass** bicchiere *m.*
**glasses** occhiali *m., pl.*
**global warming** riscaldamento *m.* globale *m.* **7**; surriscaldamento *m.* della Terra
**globalization** globalizzazione *f.* **6**
**glove** guanto *m.*
**gluttony** ingordigia *f.* **4**
**go** andare *v.* **1**
**to go back home** rincasare *v.* **10**
**to go back/return** (ri)tornare *v.* **3**
**to go down** scẹndere *v.*
**to go down the stairs** scẹndere le scale *v.*
**to go for a stroll** fare un giretto *v.* **2**
**to go in** entrare *v.* **3**
**to go mad** impazzire *v.* **3**
**to go near** avvicinarsi *v.* **5**
**to go out with** uscire con *v.* **1**
**to go shopping** fare spese *v.* **1**
**to go to the gym** andare in palestra *v.* **3**
**to go up** salire *v.* **1**
**goal** rete *f.* **3**; scopo *m.* **7**
**goalkeeper** portiere *m.* **3**
**goat** capra *f.*
**God** Dio *m.* **6**
**godfather** padrino *m.* **5**
**godmother** madrina *f.* **5**
**godson/goddaughter** figlioccio/a *m., f.* **5**
**good** bravo/a *adj.*; buono/a *adj.* **9**
**good deal** buon affare *m.*
**Good evening.** Buonasera.
**Good luck.** In bocca al lupo. (*lit.* In the mouth of the wolf.)
**Good morning.** Buongiorno.
**Good night.** Buonanotte.
**to be no good at...** ẹssere negato/a per *v.*
**very good** ọttimo/a *adj.* **9**
**Good-bye.** Arrivederci., Ciao.
**goodness** bontà *f.* **3**
**gossip** pettegolezzi *m.* **1**
**Gothic** gọtico/a *adj.*
**govern** governare *v.* **4**
**government** governo *m.* **4**
**GPS** navigatore satellitare *m.* **7**
**grade** voto *m.*
**graduate: to graduate from college/university** laurearsi *v.*
**grandfather/grandmother** nonno/a *m., f.* **5**
**grandson/granddaughter** nipote *m., f.* **5**

**grapes** uva *f.*
**grass** erba *f.*
**gratitude** gratitụdine *f.*
**grazing land** pạscolo *m.* 7
**great** geniale *adj.* 1
**greatest** mạssimo/a *adj.* 9
**great-grandfather/grandmother** bisnonno/a *m., f.* 1, 5
**greedy** avaro/a *adj.*
**Greek** greco/a *adj.*
**green** verde *adj.*
**green bean** fagiolino *m.*
**greenhouse effect** effetto *m.* serra
**greet** accọgliere *v.* 1; salutare *v.*
**to greet each other** salutarsi *v.*
**greeting** saluto *m.*
**grenade** granata *f.* 8
**grey** grigio/a *adj.*
**grill** griglia *f.*
**grilled** alla griglia *adj.*
**groceries: to buy groceries** fare la spesa *v.*
**grocery store** negozio *m.* d'alimentari
**groom** sposo *m.* 5
**group** gruppo *m.*
**grow** coltivare *v.* 7; crẹscere *v.* 3
**growth** crẹscita *f.* 4
**guess** indovinare *v.*
**guilty** colpẹvole *adj.* 4
**guitar** chitarra *f.*
**guitarist** chitarrista *m., f.*
**gum** gengiva *f.* 5
**guy** tipo *m.*
**gym: to go to the gym** andare in palestra *v.* 3
**gymnasium** palestra *f.*
**gymnastics** ginnạstica *f.*

## H

**hail** grạndine *f.*; capelli *m., pl.*
**to cut one's hair** tagliare i capelli *v.*
**hair dryer** asciugacapelli (*invar.*) *m.*
**hairdresser** parrucchiere/a *m., f.*
**half brother** fratellastro *m.*
**half hour** mezzo *m.*
**half sister** sorellastra *f.*
**hall** sala *f.*
**hallway** corridọio *m.*
**ham** prosciutto *m.*
**hammer** martello *m.* 8
**hand** mano (*pl.* le mani) *f.*
**on the other hand** invece *adv.*
**handbag** borsa *f.*
**handsome** bello/a *adj.*
**hang: to hang up the phone** riattaccare il telẹfono *v.*
**happen** accadere, succẹdere *v.*; avvenire *v.* 6
**happen** capitare *v.* 2, 9
**happy** contento/a; felice *adj.*
**hard** duro/a *adj.*
**hard drive** disco rịgido *m.*
**hardly** appena *adv., conj.*
**haste** fretta *f.*
**hat** cappello *m.*
**hate** odiare *v.* 1
**to hate each other** odiarsi *v.*
**hatred** odio *m.* 1
**have** avere *v.* 1
**to have a stomachache (backache, headache)** avere mal di pancia (schiena, testa) *v.*
**to have breakfast** fare colazione *v.* 1
**to have fun** divertirsi *v.* 2
**to have left** restare *v.* 2
**to have to; must** dovere *v.* 1
**hay** fieno *m.*
**head** testa *f.*
**headache** mal *m.* di testa
**headlight** faro *m.*
**headphones** cuffie *f., pl.*
**heal** curare *v.*; guarire *v.* 7
**health** salute *f.*
**to be in good health** ẹssere in buona salute *v.*
**healthy** sano/a *adj.*
**hear** sentire *v.*
**heart** cuore *m.*
**heartburn** bruciore *m.* di stọmaco
**heat wave** ondata *f.* di caldo
**heavy** pesante *adj.*
**heels** tacchi *m., pl.* 3
**high heels** tacchi alti *m., pl.* 1
**low heels** tacchi bassi *m., pl.* 1
**height (fig.)** culmine *m.* 9
**of average height** di media statura *adj.*;
**Hello.** Buongiorno.; Salve. (*form.*)
**Hello. (*on the phone*)** Pronto.
**help** aiutare *v.*
**to help each other** aiutarsi *v.* 2
**helpful** disponịbile *adj.*
**herd** mandria *f.* 7
**here** ecco *adv.*; qua, qui *adv.*
**heritage** retaggio *m.* 1
**Hey there!** Ehilà!
**Hi.** Ciao.
**hidden** nascosto/a *adj.* 4
**hide** nascọndere *v.* 1
**high** elevato/a *adj.*
**high school** liceo *m.*
**higher** superiore *adj.* 9
**highway** autostrada *f.*
**hiking** escursionismo *m.* 3
**hills** colline *pl 8*
**hint** accenno *m.* 8
**hire** assụmere *v.* 10
**hiring** assunzione *f.*
**historic** stọrico *adj.* 8
**history** storia *f.*
**hit** colpire *v.*
**hold** tenere *v.* 1
**to hold on to, hang on to** aggrapparsi *v.* 6
**to be on hold** restare in attesa *v.*
**holiday** festa *f.*
**public holiday** giorno *m.* festivo
**holidays** ferie *f., pl.* 10
**home** casa *f.*
**homeland** patria *f.* 2
**homemade** fatto/a in casa *adj.*
**homework** cọmpiti *m., pl.*
**honest** onesto/a *adj.* 1
**hood** cọfano *m.*
**hope** sperare *v.* 6
**horizon** orizzonte *m.*
**horoscope** orọscopo *m.* 9
**horror film** film *m.* dell'orrore *m.*
**horse** cavallo *m.*
**horseback riding** equitazione *f.* 3
**to go horseback riding** andare a cavallo *v.*
**hospital** ospedale *m.*
**hot** caldo/a *adj.*
**It's hot.** Fa caldo.
**to feel hot** avere caldo *v.*
**hotel** albergo *m.*
**five-star hotel** albergo *m.* a cinque stelle
**hour** ora *f.*
**house** casa *f.*
**househusband** casalingo *m.*
**housemate** coinquilino/a *m., f.* 2
**housewife** casalinga *f.* 10
**housing** abitazioni *f., pl.* 5
**how** come *adv.*
**For how long...** Da quanto tempo...
**how many** quanti/e *adj., pron.*
**how much** quanto *adj., pron., adv.*
**How much is/are... ?** Quanto costa(no)...?
**however** comunque *conj., adv.*
**huckster** imbonitore *m.*
**hug** abbracciare *v.*; abbracciarsi *v.* 2
**human resources** risorse *f., pl.* umane
**human rights** diritti *m., pl.* umani 4
**Humanism** Umanẹsimo *m.* 8
**humanities** lẹttere *f., pl.*
**humble** ụmile *adj.* 1
**humid** ụmido/a *adj.*
**humidity** umidità *f.*
**humor** umorismo *m.* 6
**humorous** umorịstico/a *adj.* 8
**hungry: to be hungry** avere fame *v.* 1
**hurry** sbrigarsi *v.* 2
**in a hurry** frettoloso/a *adj.* 2
**to be in a hurry** avere fretta (di) *v.* 8
**hurt: to hurt oneself** farsi male *v.*
**husband** marito *m.* 5
**first/second husband** primo/secondo marito *m.*
**hybrid car** mạcchina *f.* ịbrida

## I

**ice cream shop** gelaterịa *f.*
**ice-skating** pattinaggio *m.* sul ghiaccio **3**
**ID** documento *m.*
**idea** idea *f.*
**idealistic** idealista *adj.* **1**
**identity theft** furto *m.* d'identità **7**
**if** se *conj.*
**ill** malato/a *adj.*
**illegal** illegale *adj.* **4**
**illegal immigrant** clandestino *m.* **4**
**illiterate** analfabeta *adj.* **4**
**IM** messaggio *m.* istantạneo *m.*
**imagine** immaginare *v.* **7**
**immature** immaturo/a *adj.* **1**
**immediately** sụbito *adv.*
**immigrant** immigrante *m., f.* **2**
**illegal immigrant** clandestino *m.* **4**
**immigration** immigrazione *f.* **4**
**impact** impatto *m.*
**impartial** imparziale *adj.* **9**
**important** importante *adj.;* notẹvole *adj.* **7**
**impose** imporre *v.* **4**
**impossible** impossịbile *adj.* **7**
**impression** impressione *f.*
**imprison** imprigionare *v.* **4**
**imprisonment** prigionịa *f.*
**improve** migliorare *v.*
**improvise** improvvisare *v.* **3**
**in** a; fra/tra; in; su *prep.*
**in a hurry** frettoloso/a *adj.* **2;** di/in fretta *adv.*
**in order to** per *prep.*
**in the case that** nel caso che *conj.* **7**
**inappropriate** inopportuno/a *adj.*
**incapacitate** impedire *v.*
**inches** pọllici *m./pl* **7**
**increase** aumentare *v.* **6**
**incredible** incredịbile *adj.*
**independent** indipendente *adj.*
**to become independent** diventare indipendente *v.* **5**
**indignant: to become indignant** sdegnarsi *v.* **9**
**infection** infezione *f.*
**inferior** inferiore *adj.* **9**
**influence** influenzare *v.* **4**
**influential** influente *adj.* **9**
**information booth** chiosco *m.* per le informazioni
**informed: to keep oneself informed** informarsi *v.* **9**
**infrastructure** infrastruttura *f.* **2**
**infringe** contravvenire a *v.* **8**
**inhabit** abitare *v.* **8**
**inherit** ereditare *v.* **5**
**injure oneself** ferirsi *v.* **3**
**injury** ferita *f.*
**in-laws** parenti *m., pl.* acquisiti
**inner tube** cạmera *f.* d'aria **4**
**innocent** innocente *adj.* **4**
**innovative** innovativo/a *adj.*
**insect** insetto *m.*
**insecure** insicuro/a *adj.* **1**
**insensitive** insensịbile *adj.*
**inside** dentro *prep., adv.*
**insist** insịstere *v.* **6**
**insomnia** insonnia *f.*
**installment** rata *f.*
**instant message** messaggio *m.* istantạneo
**instead** invece *adv.*
**instrument** strumento *m.* **7**
**musical instrument** strumento *m.* musicale
**insurance: life insurance** assicurazione *f.* sulla vita
**integration** integrazione *f.* **4, 6**
**intelligence** intelligenza *f.*
**intelligent** intelligente *adj.*
**interest** interessare *v.* **2**
**interest rate** tasso *m.* di interesse
**interested: to be interested in** interessarsi (a/di) *v.* **8**
**interesting** interessante *adj.*
**intermission** intervallo *m.*
**intern** stagista *m., f.* **10**
**Internet cafè** Internet caffè *m.*
**internship** stage *m.*
**intersection** incrocio *m.* **2**
**intervention** intervento *m.*
**interview** intervista *f.* **9**
**job interview** colloquio *m.* di lavoro **10**
**interviewer** intervistatore/intervistatrice *m., f.* **10**
**intimacy** confidenza *f.* **10**
**introduce** presentare *v.*
**introduction** presentazione *f.*
**inundation** alluvione *f.* **7**
**invade** invạdere *v.* **8**
**invent** inventare *v.*
**invest** investire *v.* **10**
**investment** investimento *m.*
**invite (to)** invitare (a) *v.* **8**
**Irish** irlandese *adj.*
**iron** ferro *m.* (da stiro); stirare *v.*
**irresponsible** incosciente *adj.* **6;** irresponsạbile *adj.*
**island** ịsola *f.*
**Italian** italiano/a *adj.*

## J

**jacket** giacca *f.*
**jail** cạrcere *m.* **8**
**jam** marmellata *f.*
**January** gennạio *m.*
**Japanese** giapponese *adj.*
**jealous** geloso/a *adj.* **1**
**jeans** jeans *m., pl.*
**jerk** cretino/a *m., f.*
**jersey** maglia *f.* **3**
**jewelry** gioịelli *m., pl.* **10**
**jewelry store** gioiellerịa *f.*
**Jewish** ebreo/a *adj.* **6**
**job** lavoro *m.;* impiego *m.* **4**, posto *m.*, posizione *f.* **10**
**first job** prima occupazione *f.*
**full-/part-time job** lavoro *m.* a orario normale/ridotto **10**
**job ad** annuncio *m.* di lavoro **10**
**job agency** agenzịa *f.* di collocamento **10**
**job interview** colloquio *m.* di lavoro **10**
**to find a job** trovare lavoro *v.*
**joke** scherzare *v.* **1;** scherzo *m.*
**journalist** giornalista *m., f.* **9**
**judge** giudicare *v.* **4;** giụdice *m., f.* **4**
**juice** succo *m.*
**July** luglio *m.*
**jump** saltare *v.* **3**
**June** giugno *m.*
**jury** giurịa *f.* **4**
**just** appena *adv., conj.*
**justice** giustizia *f.* **4**

## K

**keep: keep oneself informed** informarsi *v.* **9**
**key** chiave *f.*
**keyboard** tastiera *f.*
**kilo** chilo *m.*
**kind** gẹnere *m.;* gentile *adj.*
**king** re *m.* **8**
**kingdom** regno *m.* **6, 8**
**kiosk** chiosco *m.*
**kiss** baciare *v.*
**kiss each other** baciarsi *v.* **2**
**kitchen** cucina *f.*
**knee** ginocchio (*pl.* ginocchia *f.*) *m.*
**knife** coltello *m.*
**knock** bussare *v.* **5**
**know** sapere *v.* **1** (*be familiar with*) conọscere *v.* **3**
**to know by sight** conọscere di vista *v.*
**to know each other** conọscersi *v.* **2**
**to know something inside and out** conọscere… a fondo *v.*
**to know the way** conọscere la strada *v.*

## L

**lab** laboratorio *m.* **7**
**Labor Day** Festa *f.* del lavoro
**labor union** sindacato *m.* **10**
**lack of understanding** incomprensione *f.* **6**

**ladder** scala *f.* **8**
**lake** lago *m.*
**lament** lamentare *v.* **6**
**lamp** lạmpada *f.*
**land** atterrare *v.*
**landlord/landlady** padrone/a *m., f.* di casa
**landscape** paesaggio *m.* **8;** panorama *m.*
**language** lingua *f.*
  **languages (*subject*)** lingue *f., pl.*
  **native language** lingua *f.* madre **6**
  **sign language** lingua *f.* dei segni **7**
  **laptop computer** computer *m.* portạtile 7
**last** durare *v.;* scorso/a, ụltimo/a *adj.*
  **last name** cognome *m.*
  **last night** ieri sera
**late** tardi *adv.*
**later** poi *adv.*
**laugh** rịdere *v.* **3**
**laundromat** lavanderịa *f.*
**laundry: to do the laundry** fare il bucato *v.* **5**
**law** giurisprudenza; legge *f.;* norma *f.* **8**
  **to pass a law** approvare/passare una legge *v.* **4**
**lawyer** avvocato *m., f.* **4**
**lazy** pigro/a *adj.*
**leader** capo *m.* **4**
**lead** dirịgere *v.* **8**
**leaf** foglia *f.*
**learn** imparare *v.* **8**
**lease** contratto *m.*
**least** mịnimo/a *adj.* **9**
**leather** pelle *f.*
**leave** congedo *m.;* lasciare *v.* **1;** partire *v.* **3;** uscire (da) *v.* **8**
  **Leave me alone.** Lasciami in pace.
  **to leave (*go away from it*)** andạrsene *v.* **6**
  **to leave a message** lasciare un messaggio *v.*
  **to leave each other, to split up** lasciarsi *v.*
  **to take leave time** prẹndere un congedo *v.*
**lecture hall** aula *f.*
**lecturer** docente *m., f.*
**left** sinistra *f.*
**leg** gamba *f.*
**legal** legale *adj.* **4**
**legislate** legiferare *v.* **4**
**legumes** legumi *m., pl.*
**lend** prestare *v.*
**less** meno *adj., adv.*
**lesson** lezione *f.*
**let** lasciare *v.*
  **Let me see.** Fammi vedere.
  **to let go** mollare *v.* **6**
**letter** lẹttera *f.*
  **cover letter** lẹttera *f.* di presentazione

**lettuce** lattuga *f.*
**level** livello *m.*
**liberal** liberale *adj.* **4**
**liberate** liberare *v.* **8**
**library** biblioteca *f.*
**lie** bugia *f.* **2**
**lie** mentire *v.* **1**
  **to lie down** adagiarsi *v.;* sdraiarsi *v.* **2;** coricarsi *v.* **10**
**lift** alzare *v.* **2**
**light** chiaro/a; leggero/a *adj.*
**lighthouse** faro *m.* **4**
**lightning** fụlmine *m.*
**lightning strike** colpo *m.* di fulmine **9**
**like** piacere *v.* **6**
**likeable** simpạtico/a *adj.*
**likely** probạbile *adj.* **7**
**line** fila; lịnea *f.*
  **line (*poetry*)** verso *m.* **8**
  **to wait in line** fare la coda, fare la fila *v.*
**lip** labbro (*pl.* labbra *f.*) *m.*
**lipstick** rossetto *m.*
**listen** ascoltare *v.* **6**
  **to listen to music** ascoltare mụsica *v.*
**listener: radio listener** ascoltatore/ascoltatrice *m., f.* **9**
**literature** letteratura *f.*
**littering: no littering** vietato buttare rifiuti
**little** poco *adj., adv., indef. pron.* **9**
  **in a little while** fra poco *adv.*
  **little sister** sorellina *f.*
  **little (*not much*) (of)** po' (di) *adj.*
  **Little Red Riding Hood** Cappuccetto Rosso *m.* **2**
**live** abitare *v.* **8;** vivere *v.* **5;** in diretta *adj., adv.* **9**
  **live performance** rappresentazione *f.* dal vivo
  **to live on** vivere di *v.* **8**
**lively** vivace *adj.* **2, 5**
**living room** soggiorno *m.*
**load** caricare *v.*
**loan** prẹstito *m.* **10**
  **to ask for a loan** chiẹdere un prẹstito *v.*
**located: to be located** trovarsi *v.* **2**
**long** lungo/a *adj.*
  **no more, no longer** non… più *adv.*
**long-term** a lungo tẹrmine *adj.* **10**
**look at** guardare *v.*
  **to look at oneself/each other** guardarsi *v.*
**look for** cercare *v.* **1, 5**
**loose** largo/a *adj.*
  **loose hair** capelli *m., pl.* sciolti
**lose** pẹrdere *v.* **3**
  **to lose a game** pẹrdere una partita *v.* **3**
  **to lose the election** pẹrdere le elezioni *v.* **4**
**loss** pẹrdita *f.* **2**
**lot: a lot** molto *adv.* **9**
**a lot of** molto/a/i/e *indef. adj., pron.*
**lotion** crema *f.*
**lovable** amạbile *adj.* **5**
**love** volere bene a *v.* **1**
  **love at first sight** colpo *m.* di fụlmine **1**
  **to love each other** amarsi *v.* **2**
**lover** amante *m., f.* **1**
**lower** inferiore *adj.* **9**
**lowest** ịnfimo/a; mịnimo/a *adj.* **9**
**loyal** leale *adj.* **3**
**luck: Good luck.** Buona fortuna.; In bocca al lupo. (*lit.* In the mouth of the wolf.)
**luggage carousel** nastro *m.* trasportatore **5**
**lukewarm** tiẹpido *adj.*
**lullaby** ninnananna *f.* **3**
**lunch** pranzo *m.*
**luxury** lusso *m.* **4**

## M

**magazine** rivista *f.* **9**
  **monthly magazine** mensile *m.* **9**
  **weekly magazine** settimanale *m.* **9**
**magic** magịa *f.* **3**
**maid** collaboratrice *f.* domẹstica
**mail** posta *f.*
  **mail carrier** postino/a *m., f.*
  **to mail a letter** imbucare una lẹttera *v.*
**mailbox** cassetta *f.* delle lẹttere
**main** principale *adj.*
**maintain** ritenere *v.* **6**
**make** fare *v.* **1**
  **to make a mistake** sbagliare *v.* **1**
  **to make a withdrawal/deposit** fare un prelievo/depọsito *v.* **10**
  **to make it** fạrcela *v.* **6**
  **to make oneself comfortable** accomodarsi *v.* **5**
  **to make the bed** fare il letto *v.*
  **to make up one's mind (to)** decịdersi (a) *v.* **8**
**makeup** trucco *m.* **10**
**male** maschio *m.*
**mama's boy** mammone *m.* **5**
**man** uomo (*pl.* uọmini) *m.*
**manage** dirịgere *v.* **10**
  **manage (to)** riuscire (a) *v.* **1**
**management** direzione *f.* **10**
**manager** direttore/direttrice **10;** gestore *m.*
**manipulation** manipolazione *f.*
**many** molto/a/i/e *indef. adj., pron.*
  **how many** quanti/e *adj., pron.*
  **so many** tanti/e *adj.*

**map** carta *f.* geografica **6;** cartina, mappa *f.*
**city map** carta topografica *f.* **9**
**marble** marmo *m.* **8**
**March** marzo *m.*
**Mardi Gras** carnevale *m.* **9**
**marital status** stato *m.* civile
**market** mercato *m.*
**married** sposato/a *adj.* **1**
**marry** sposare *v.*
**Martian** marziano/a *m., f.* **7**
**mask** maschera *f.* **4**
**masterpiece** capolavoro *m.* **9**
**maternal** materno/a *adj.* **5**
**mathematician** matematico/a *m., f.* **7**
**mathematics** matematica *f.*
**matter** stare a cuore *v.* **2**
**mature** maturo/a *adj.* **1**
**maturity** maturità *f.* **5**
**maxim** massima *f.* **1**
**May** maggio *m.*
**mayor** sindaco *m.* **2**
**meadow** prato *m.*
**meal** pasto *m.*
**mean** significare *v.*
**means** mezzo *m.*
**by means of** mediante *prep.* **8**
**means of transportation** mezzo *m.* di trasporto
**measles** morbillo *m.*
**meat** carne *f.*
**mechanic** meccanico/a *m., f.*
**media** media *m., pl.*
**medicine** medicina *f.*
**meet** conoscere *v.* **3;** incontrare *v.;* conoscersi *v.*
**meeting** riunione *f.*
**melon** melone *m.*
**memory** ricordo *m.* **1**
**mention** accenno *m.*
**menu** menu *m.*
**mess: What a mess!** Che casino!
**message** messaggio *m.*
**Mexican** messicano/a *adj.*
**microphone** microfono *m.*
**microwave oven** (forno a) microonde *m.*
**Middle Ages** Medioevo *m.* **6**
**midnight** mezzanotte *f.*
**migraine** emicrania *f.*
**mile** miglio *m.*
**military police** carabinieri *m., pl.* **5**
**milk** latte *m.*
**mind** dispiacere *v.* **2**
**miniskirt** minigonna *f.* **10**
**minus** meno *adv.*
**minute** minuto *m.*
**miracle** miracolo *m.* **5**
**mirror** specchio *m.*
**mirrored lenses** lenti *f., pl.* a specchio **3**
**missing: to be missing** mancare *v.* **2**
**mist** foschia *f.*
**mistreatment** maltrattamento *m.* **6**
**mistrustful** diffidente *adj.* **2**
**misunderstanding** fraintendimento *m.* **10**
**mobilize** mobilitare *v.* **6**
**moderate** moderato/a *adj.* **4**
**modern** contemporaneo/a *adj.*
**modest** modesto/a *adj.*
**mom** mamma *f.*
**moment** attimo *m.*
**monarchic** monarchico/a *adj.* **8**
**Monday** lunedì *m.*
**money** denaro *m.;* soldi *m., pl.*
**monster** animalaccio *m.* **2**
**month** mese *m.*
**moon** luna *f.*
**moral** morale *f.* **3**
**more** più *adj., adv.*
**no more, no longer** non... più *adv.*
**morning** mattina *f.*
**Good morning.** Buongiorno.
**mortgage** mutuo *m.* **2**
**mosque** moschea *f.* **6**
**moss** muschio *m.*
**most** più *adj., adv.*
**mother** madre *f.*
**mother-in-law** suocera *f.* **5**
**motor** motore *m.*
**motor boat (*used for public transportation in Venice*)** vaporetto *m.* **7**
**mountain** montagna *f.*
**mountain climbing** alpinismo *m.* **3**
**mouse** topo *m.*
**moustache** baffi *m., pl.* **9**
**mouth** bocca *f.*
**move** muovere *v.* **2**
**to move (*change residence*)** trasferirsi *v.* **2, 5;** traslocare *v.*
**movie** film *m.*
**to go to the movies** andare al cinema *v.*
**moving** commovente *adj.*
**moving walkway** nastro *m.* trasportatore **5**
**Mr....** signor... *m.*
**Mrs....** signora... *f.*
**much** molto/a/i/e *indef. adj., pron.*
**how much** quanto *adj., pron., adv.*
**How much is/are... ?** Quanto costa(no)...?
**so much** tanto *adj., adv.*
**too much** troppo *adj., adv.*
**mud** fango *m.*
**mug** tazza *f.*
**multilingual** multilingue *adj.* **6**
**multilinguism** multilinguismo *m.* **4**
**muscular** muscoloso/a *adj.*
**mushroom** fungo *m.*
**music** musica *f.*
**musician** musicista *m., f.*
**Muslim** musulmano/a *adj.* **6**
**muss hair** spettinare *v.* **5**
**must-see** da non perdere *adj.* **3**
**mystery** giallo/a *adj.* **9**

## N

**naïve** ingenuo/a *adj.* **1**
**naïveté** ingenuità *f.* **5**
**name: last name** cognome *m.*
**named: to be named** chiamarsi *v.* **2**
**nanny** tata *f.*
**nanotechnology** nanotecnologia *f.* **7**
**napkin** tovagliolo *m.*
**narrator** narratore *m.* **8**
**nationalism** nazionalismo *m.* **6**
**natural** naturale *adj.*
**nature** natura *f.*
**naughty** cattivo/a *adj.*
**nausea** nausea *f.*
**navigate** navigare *v.*
**Neapolitan pastry** sfogliatella *f.* **1**
**near** presso *prep.* **8;** vicino/a *adj.*
**nearby** qui vicino *adv.*
**necessary** necessario/a *adj.*
**absolutely necessary** di prima necessità *adj.* **5**
**to be necessary** occorrere *v.* **6**
**neck** collo *m.*
**necklace** collana *f.*
**need** avere bisogno di *v.* **8**
**neighborhood** quartiere *m.* **1, 2**
**neither: neither... nor** non... né... né *conj.*
**Neoclassical** neoclassico/a *adj.*
**Neoplatonism** neoplatonismo *m.* **8**
**nephew** nipote *m.* **5**
**nervous** nervoso/a *adj.*
**net** rete *f.* **3**
**new** nuovo/a *adj.*
**New Year's Day** capodanno *m.*
**news** cronaca *f.* **9**
**(radio/TV) news (program)** notiziario *m.* **2, 9**
**local news** cronaca *f.* locale **9**
**news story** notizia *f.* **9**
**newspaper** giornale *m.* **9**
**newsstand** edicola *f.* **2;** chiosco *m.* dei giornali
**next** prossimo/a *adj.*
**next to** accanto (a) *prep.*
**nice** simpatico/a *adj.*
**Have a nice day** Buona giornata!
**nickname** soprannome *m.* **5**
**niece** nipote *f.* **5**
**night** notte *f.*
**Good night.** Buonanotte.

**night table** comodino *m.*
**nightclub** locale *m.* notturno
**nine** nove *m.*
**nine hundred** novecento *m.*
**nineteen** diciannove *m.*
**ninety** novanta *m.*
**ninth** nono *adj.*
**no** nessuno/a *indef. adj.* **9**; no *adv.*
**no one** nessuno/a *indef. pron.* **9**
**noir** nero *adj.*
**noise** rumore *m.* **10**
**noisy** rumoroso/a *adj.* **2**
**nonconformist** anticonformista *adj.* **6**
**noon** mezzogiorno *m.*
**norm** norma *f.* **8**
**northern** settentrionale *adj.* **6**
**nose** naso *m.*
**stuffy nose** naso *m.* chiuso
**not** non *adv.*
**not any** nessuno/a *indef. adj.* **9**
**not anyone** nessuno/a *indef. pron.* **9**
**not at all** non… affatto *adv.*
**Not bad.** Non c'è male.
**not far from** a due passi da
**not yet** non… ancora *adv.*
**notebook** quaderno *m.*; taccuino *m.* **1**
**notes** appunti *m., pl.*
**nothing** niente, nulla *indef. pron.* **9**
**Nothing new.** Niente di nuovo.
**notice** accorgersi di *v.* **8**
**novel** romanzo *m.* **8**
**short novel** novella *f.* **8**
**November** novembre *m.*
**now** adesso *adv.*
**nuclear** nucleare *adj.*
**nuclear energy** energịa *f.* nucleare
**nuclear power plant** centrale *f.* nucleare
**number** cifra *f.* **10**; nụmero *m.*
**nun** suora *f.* **3**
**nurse** infermiere/a *m., f.*
**nursing home** ospizio *m.* **6**

## O

**obedient** obbediente *adj.* **4**
**objective** oggettivo *adj.* **8**
**oblige** obbligare (a) *v.* **8**
**obtain** ottenere *v.* **6**
**occupation** mestiere *m.* **10**; occupazione *f.*
**ocean** ocẹano *m.*
**October** ottobre *m.*
**octopus** polpo *m.* **7**
**of** di (d') *prep.*
**off: off and on** di tanto in tanto *adv.*
**offer** offrire *v.* **3**
**office** studio *m.*; ufficio *m.* **10**
**often** spesso *adv.*
**oil** olio *m.*
**in oil** sott'olio *adj.*
**old** vecchio/a *adj.*
**old age** vecchịaia *f.* **5**
**to be … years old** avere … anni *v.*
**older** maggiore *adj.* **9**
**old-fashioned** superato/a *adj.*
**olive: olive oil** olio *m.* d'oliva
**on** su *prep.*
**one hundred** cento *m.*
**one hundred grams** etto *m.*
**one hundred ninety eight** centonovantotto *m.*
**one hundred one** centouno *m.*
**one hundred thousand** centomila *m.*
**one hundred twenty five** centoventicinque *m.*
**one thousand** mille *m.*
**one thousand one hundred** millecento *m.*
**one way** senso *m.* ụnico
**one-hundredth** centẹsimo *adj.*
**one-thousandth** millẹsimo *adj.*
**onion** cipolla *f.*
**online** su Internet *adj., adv.*
**to be online** ẹssere in lịnea *v.*
**only** soltanto *adv.*
**on-time** puntuale *adj., adv.*
**open** aprire *v.* **3**
**to open an account** aprire un conto *v.* **10**
**opening night** prima *f.* **3**
**opera** ọpera *f.*
**opinion** opinione *f.*
**opinion poll** sondaggio *m.* **9**
**public opinion** opinione *f.* pụbblica **6**
**oppress** opprịmere *v.* **8**
**oppressed** oppresso/a *adj.* **4**
**optician** ọttico *m.* **3**
**optimistic** ottimista *adj.* **1**
**or** o; oppure *conj.*
**orange** arancia *f.*; arancione *adj.*
**orange juice** succo *m.* d'arancia
**orchestra** orchestra *f.*
**order** ordinare *v.*
**organic farming** agricoltura *f.* biolọgica
**other** altro/a/i/e *indef. adj.*
**others** altri/e *indef. pron.*
**out-of-style** passato/a di moda *adj.* **3**
**outside** fuori *prep., adv.*
**oven** forno *m.*
**over** sopra *prep., adv.*
**overcast** coperto/a *adj.*
**overcome** sormontare *v.* **5**; superare *v.* **6**
**overdo** strafare *v.*
**overpopulation** sovrappopolazione *f.* **6**
**overthrow** rovesciare *v.* **8**
**overturn** rovesciare *v.* **4**
**owe** dovere *v.*
**own** possedere *v.* **4**
**owner** padrone *m.* **4**; proprietario/a *m., f.* **10**
**ox (oxen)** bue (*pl.* buoi) *m.* **7**

## P

**pacifist** pacifista *m., f., adj.* **4**
**pack: to pack a suitcase** fare la valigia *v.*
**package** pacco *m.*
**pact** patto *m.* **8**
**paid: to be well/poorly paid** ẹssere ben/mal pagato/a *v.*
**pain** dolore; male *m.*
**paint** dipịngere *v.* **3**; pittura *f.* **8**
**paintbrush** pennello *m.* **8**
**painter** imbianchino *m.*; pittore/pittrice *m., f.* **8**
**painting** dipinto *m.* **8**; quadro *m.* **8**; pittura *f.* **8**
**oil painting** pittura *f.* a olio **8**
**pastel painting** pittura *f.* a pastello **8**
**pair** pạio *m.*
**palace** palazzo *m.* **2**
**panorama** panorama *m.*
**pantry** dispensa *f.*
**pants** pantaloni *m., pl.*
**long pants** pantaloni *m., pl.* lunghi **10**
**short pants** pantaloni *m., pl.* corti **10**
**paper clip** graffetta *f.*
**parade: fashion parade** sfilata *f.* **10**
**paragliding** parapendio *m.*
**parent** genitore *m.* **5**
**single parent** genitore *m.* single **5**
**park** parcheggiare *v.* **2**
**parliament** parlamento *m.* **6**
**part** parte; riga *f.*
**partial** parziale *adj.* **9**
**participate (in)** partecipare (a) *v.* **8**
**partner** compagno/a *m., f.* **1**
**business partner** socio/a *m., f.* **10**
**part-time** a tempo parziale *adj., adv.*
**party** festa *f.*
**pass** passare *v.* **3**; passo *m.*
**to pass (*exam*)** superare *v.*
**to pass a law** approvare/passare una legge *v.* **4**
**passage** passaggio *m.*
**passenger** passeggero/a *m.* **2**
**passport control** controllo *m.* passaporti
**pasta** pasta(sciutta) *f.*
**paste** incollare *v.* **7**
**pastry shop** pasticcerịa *f.*
**pasture** pạscolo *m.* **7**
**patent** brevetto *m.* **7**
**paternal** paterno/a *adj.* **5**
**path** sentiero *m.*

**patient** paziente *adj.;* paziente *m., f.*
**patron** mecenate *m.* **8**
**patron saint** santo/a *m., f.* patrono/a **9**
**pay** pagare *v.*
**to pay attention** dare retta *v.* **5;** fare attenzione a *v.* **8**
**to pay by check** pagare con assegno *v.*
**to pay in cash** pagare in contanti *v.*
**to pay the bills** pagare le bollette *v.*
**to pay with a credit/debit card** pagare con carta di credito/ debito *v.*
**paycheck: monthly paycheck** mensilità *f.*
**payment** rata *f.*
**peace** pace *f.* **4**
**peaceful** pacifico/a *adj.* **4**
**peach** pesca *f.*
**peak (*fig.*)** culmine *m.*
**pear** pera *f.*
**pedestrian** pedone *m.* **2**
**pen** penna *f.*
**penalty kick** calcio *m.* di rigore **3**
**pencil** matita *f.*
**pension** pensione *f.*
**people** popolo *m.* **8**
**pepper: (red, green) pepper** peperone (rosso, verde) *m.*
**(*spice*)** pepe *m.*
**perform** interpretare *v.*
**performance** esibizione *f.;* spettacolo *m.* **3**
**perfume shop** profumeria *f.*
**person** persona *f.*
**personality** carattere *m.* **5**
**persuade (to)** persuadere (a) *v.* **8**
**pessimistic** pessimista *adj.* **1**
**pet** animale *m.* domestico
**pharmacist** farmacista *m., f.*
**phenomenon** fenomeno *m.* **3**
**phone booth** cabina *f.* telefonica
**phone number** numero *m.* di telefono
**photo(graph)** foto(grafia) *f.*
**photocopy** fotocopiare *v.*
**photographer** fotografo *m.*
**physicist** fisico/a *m., f.* **7**
**nuclear physicist** fisico/a *m., f.* nucleare **7**
**pianist** pianista *m., f.*
**pick** cogliere *v.* **1;** raccogliere *v.* **3**
**pickled** sottaceto *adj.*
**picnic: to have a picnic** fare un picnic *v.*
**picture** quadro *m.*
**pie** crostata *f.*
**piece** pezzo *m.* **3**
**pigment** pigmento *m.* **8**
**pill** pillola *f.*
**pillow** guanciale *m.* **10**
**pinch** pizzico *m.*
**pineapple** ananas *(invar.) m.*
**pink** rosa (*invar.*) *adj.*
**pity** peccato *m.*
**pizza shop** pizzeria *f.*
**place** luogo *m.*
**plan** pensare di *v.* **8;** pianificare *v.* **6;** programma *m.*
**to make plans** fare progetti *v.*
**planet** pianeta *m.*
**planner** agenda *f.*
**plant** pianta *f.*
**plate** piatto *m.*
**platform** piattaforma *f.* **1**
**play** giocare *v.* **8;** dramma *m.*
**to play (*instrument*)** suonare *v.* **3**
**to play a home/away game** giocare in casa/trasferta *v.* **3**
**to play a role** recitare un ruolo *v.*
**to play down** sminuire *v.* **3**
**to play hide-and-seek** giocare a nascondino *m.* **3**
**to put on a play** mettere in scena *v.*
**player** giocatore/giocatrice *m., f.* **3**
**CD/DVD/MP3 player** lettore *m.* CD/DVD/MP3 **7**
**playful** scherzoso/a *adj.*
**playing field** campo *m.* di/da gioco **3**
**playwright** drammaturgo/a *m., f.* **8**
**please** per favore *adv.*
**pleasure** piacere *m.* **1**
**Pleased to meet you.** Piacere di conoscerLa/ti. (*form./fam.*)
**plot** trama *f.* **8**
**plug** spinotto *m.* **3**
**plumber** idraulico *m.*
**poem** poema *m.*
**poet** poeta/poetessa *m., f.*
**poetry** poesia *f.* **8**
**point** punto *m.*
**point of view** punto *m.* di vista **8**
**reference point** punto *m.* di riferimento **4**
**police** polizia *f.*
**military police** carabinieri *m., pl.* **5**
**police headquarters** questura *f.*
**police officer** poliziotto/a *m., f.* **2**
**police station** stazione *f.* di polizia **2**
**political party** partito *m.* politico **4**
**politician** politico/a *m., f.* **4**
**politics** politica *f.* **4**
**pollution** inquinamento *m.* **7**
**ponytail** codino *m.*
**pool** piscina *f.* **10**
**poor** povero/a *adj.*
**to become poor** impoverirsi *v.* **6**
**pope** papa *m.* **6**
**population** popolazione *f.* **6**
**pork** carne *f.* di maiale
**portable** portatile *adj.*
**portrait** ritratto *f.*
**position** posto *m.,* posizione *f.*
**possess** possedere *v.* **4**
**possessive** possessivo/a *adj.* **5**
**possible** possibile *adj.* **7**
**it's possible** può darsi
**post** carica *f.* **4**
**post card** cartolina *f.*
**post office** ufficio *m.* postale
**postal worker** impiegato/a *m., f.* postale
**poster** poster *m.*
**postpone** rimandare *v.* **5**
**potato** patata *f.*
**poverty** povertà *f.* **2, 6**
**power** potenza *f.* **4;** potere *m.* **8**
**powerful** potente *adj.* **4**
**pray** pregare *v.* **6**
**prayer** preghiera *f.*
**predict** predire, prevedere *v.* **7**
**prefer** preferire *v.* **6**
**preferable** preferibile *adj.*
**preferences** gusti *m., pl.* **9**
**pregnant** incinta *adj.* **5**
**to be pregnant** essere incinta *v.*
**prehistoric** preistorico *adj.* **8**
**prejudice** pregiudizio *m.* **6**
**premiere** prima *f.* **3**
**prenatal** prenatale *adj.* **3**
**prepare** preparare *v.* **8**
**pre-recorded** in differita *adj., adv.* **9**
**prescription** ricetta *f.*
**present** presentare *v.*
**preserve** conservare; preservare *v.*
**president** presidente *m., f.* **4**
**press release** comunicato *m.* stampa **9**
**pretend** fare finta *v.* **2**
**pretend** fingere *v.*
**pretty** bellino/a *adj.*
**Pretty well.** Abbastanza bene.
**prevent** impedire *v.*
**pride** orgoglio *m.* **3**
**priest** prete *m.* **6**
**print** stampare *v.*
**printer** stampante *f.*
**priority mail** posta *f.* prioritaria
**prisoner** prigioniero/a *m., f.* **2**
**prize** premio *m.*
**probability** probabilità *f.* **9**
**problem** problema *m.*
**profession** professione *f.*
**professor** insegnante; professore(ssa) *m., f.*
**program** programma *m.*
**prohibition** divieto *m.*
**promise (to)** promettere (di) *v.* **8**
**promised** promesso *p.p., adj.* **4**
**promote** promuovere *v.* **4**
**promotion** promozione *f.* **10**
**propose** proporre *v.*
**proscenium** ribalta *f.*
**prose** prosa *f.* **8**

**protect** tutelare *v.* **6**
**protector** protettore *m.* **8**
**protest** reclamare *v.* **6**
**Protestant** protestante *adj.* **6**
**proud** orgoglioso/a *adj.* **1**
**prove** dimostrare *v.* **7**
**proverb** proverbio *m.* **6**
**provide: to provide for oneself** mantenersi *v.*
**provided that** a condizione che, a patto che *conj.* 7
**province** provincia *f.* **6**
**psychological drama** dramma *m.* psicolọgico
**psychologist** psicọlogo/a *m., f.*
**pub** birrerịa *f.*
**public** pụbblico *m.*
  **public transportation** mezzo *m.* pụbblico **2;** trasporto *m.* pụbblico
**publish** pubblicare *v.*
**publisher** editore/editrice *m., f.* **9**
**publishing industry** editorịa *f.*
**pulled back hair** capelli *m., pl.* raccolti
**punish** punire *v.* **5**
**pupil** alunno/a *m., f.*
**puppet** burattino *m.* **3,** fantoccio *m.* **4**
**puppeteer** burattinạio *m.* **4**
**purchase** acquisto *m.* **2**
**purify** depurare *v.*
**purple** viola (*invar.*) *adj.*
**purse: small purse** borsetta *f.*
**push** spịngere *v.* **6**
**put** mẹttere *v.* **2;** porre *v.* **1**
  **to put on (*clothing, shoes*)** mẹttersi *v.* **1**
  **to put on a play** mẹttere in scena *v.*
  **to put on make up** truccarsi *v.* **1**
  **to put together** sistemare *v.*

## Q

**qualifications** qualịfiche *f., pl.* **10**
**quandary** dilemma *m.*
**quarrel** litigare *v.* **5**
**quarter** quartiere *m.*
  **quarter hour** quarto
**queen** regina *f.* **8**
**question** domanda *f.*
  **to ask a question** fare una domanda *v.*
**queue** coda *f.*
**quickly** presto, velocemente *adv.*
  **to be/stay quiet** stare zitto *v.*
**quit** dare le dimissioni *v.* **10**
**quiz show** gioco *m.* a premi

## R

**rabbi** rabbino *m.* **6**
**rabbit** coniglio *m.*
**race** gara *f.* **3**
**racism** razzismo *m.* **6**
**radio** radio *f.*
  **radio news** giornale *m.* radio **9**
  **radio station** stazione *f.* radio **9**
**rafting** rafting *m.*
**railway employee** ferroviere *m.* **6**
**rain** pioggia *f.;* piọvere *v.*
**raincoat** impermeạbile *m.* **3**
**rainy** piovoso/a *adj.*
**raise** alzare *v.* **2;** aumento *m.;* educare *v.* **5**
**rarely** raramente *adv.*
**rash** eruzione *f.* cutạnea
**rate** tasso *m.*
  **interest rate** tasso *m.* d'interesse *m.* **10**
**razor** rasọio *m.*
**read** lẹggere *v.* **3**
**reader** lettore *m.*
**reading** lettura *f.*
**ready** pronto/a *adj.*
  **to be ready** ẹssere pronto/a a *v.* **8**
  **to get oneself ready** prepararsi *v.*
**real estate** immobiliare *adj.*
  **real estate agency** agenzịa *f.* immobiliare
  **real estate agent** agente *m., f.* immobiliare
  **real estate market** mercato *m.* immobiliare **10**
**realism** realismo *m.* **6**
**realistic** realista *adj.* **8**
**reality show** reality *m.*
**realize** accọrgersi *v.* **2;** rẹndersi conto (di) *v.* **8**
**really** davvero *adv.*
**reason** ragione *f.*
**rebellious** ribelle *adj.* **5**
**receipt** ricevuta *f.* **10;** scontrino *m.* **10**
**receive** ricẹvere *v.*
**receiver** cornetta *f.*
**recession** recessione *f.* **10**
**recipe** ricetta 7
**recite** recitare *v.*
**recklessness** incoscienza *f.* **6**
**recognize** rivedere *v.;* riconọscere *v.*
**recommend** raccomandare *v.*
**recommendation** raccomandazione *f.*
**record** registrare *v.* **9**
**recorder (*tape, CD, etc.*)** registratore *m.*
**recycle** riciclare *v.* **7**
**recycling** riciclo *m.*
**red** rosso/a *adj.*
**reduce: reduced ticket** biglietto *m.* ridotto
**referee** ạrbitro *m.* **3**
**reference point** punto di riferimento *m.* **4**
**references** referenze *f., pl.*
**refined** raffinato/a *adj.* **3**
**reflect (on)** riflettere (su) *v.* **8**
**refund** rimborso *m.*
**regime** regime *m.* **8**
**registered mail** raccomandata *f.*
**regret** lamentare *v.* **6;** pentirsi *v.* **5**
**regulations** regolamento *m.* **3**
**reinforcement** rinforzo *m.* **5**
**related** imparentato/a *adj.* **5**
**relationship** rapporto *m.* **9**
**relative** parente *m., f.* **5**
  **relatives** parentela *f.* **5;** parenti *m., pl.*
**relic** relitto *m.* **8**
**rely on** contare su *v.* **1**
**remain** restare
**remarkable** notẹvole *adj.* **7**
**remember** ricordare *v.;* ricordarsi (di) *v.* **2**
**remote control** telecomando *m.*
**remove** tọgliere *v.* **1, 2**
**Renaissance** rinascimentale *adj.;* Rinascimento *m.* **6**
**renewable energy** energịa *f.* rinnovạbile
**rent** affitto *m.*
  **to rent (*car*)** noleggiare *v.*
  **to rent (*owner*)** affittare *v.*
  **to rent (*tenant*)** prẹndere in affitto *v.*
**repair** riparare *v.*
**repeat** ripẹtere *v.*
**reporter** cronista *m., f.* **9**
**require** esịgere *v.* **6;** volerci *v.* **8**
**requirement** esigenza *f.* **2**
**research** ricerca *f.* **7**
**researcher** ricercatore/ricercatrice *m., f.* **7**
**resemble** assomigliare a *v.* **5**
**reservation** prenotazione *f.*
  **make a reservation** prenotare *v.*
**resign** dare le dimissioni *v.*
**resistance fighter** partigiano *m.* **2**
**resort** località *f.* di villeggiatura
  **mountain resort** località *f.* montana
  **ocean resort** località *f.* balneare
**respect** rispettare *v.*
**responsible** responsạbile *adj.*
**rest** riposarsi *v.* **2**
**restaurant** ristorante *m.*
  **small restaurant** osterịa *f.*
  **small restaurant, family run** trattorịa *f.*
**result** risultare *v.* **3**
**résumé** C.V. *m.;* currịculum *m.* (vitae) **10**
**Resurgence** Risorgimento *m.* **6**
**retire** andare in pensione *v.* **10**
**retiree** pensionato/a *m., f.*
**retreat** ritirata *f.* **2**
**return** tornare *v.*
**review** recensione *f.* **9**
**revue** rivista *f.* **9**
**rhyme** rima *f.* **8**
**ribbon** nastro *m.*

**rice** riso *m.*
**rich** pesante; ricco/a *adj.*
**to become rich** arricchirsi *v.* **6**
**rid: to get rid of** sbarazzarsi di *v.*
**ride: to give someone a ride** dare un passaggio *v.*
**to ride a bike** andare in bicicletta *v.*
**right** destra *f.*; giusto/a *adj.* **4**
**right away** sụbito *adv.*
**to be right** avere ragione (di) *v.* **8**
**ring (*telephone*)** squillare *v.* **9**
**rise (*sun*)** sọrgere *v.*
**river** fiume *m.*
**road sign** segnale *m.* stradale **2**
**roam** vagare *v.* **9**
**roasted** arrosto/a *adj.*
**rob** rapinare *v.* **4**
**robbery** rapina *f.* **4**
**robe** vestaglia *f.* **10**
**robotics** robọtica *f.* **7**
**rock** pietra *f.*
**role** ruolo *m.* **5**
**romance** rosa *adj.* **9**
**Romanesque** romạnico/a *adj.*
**romantic** romạntico/a *adj.*
**room** cạmera, stanza, sala *f.*
**single/double room** cạmera *f.* sịngola/doppia
**room and board** vitto e alloggio *(*lit. *food and apartment)* **5**
**room service** servizio *m.* in cạmera
**roommate** coinquilino/a *m., f.* **2**
**root** radice *f.* **5**
**rotary** rotonda *f.*
**row** remare *v.*
**rowing** canottaggio *m.* **3**
**ruins** rovine *f., pl.* **2**
**rumor** sussurro *m.* **8**
**run** condurre *v.*; cọrrere *v.* **3**
**to run errands** fare commissioni *v.* **2**
**to run out** esaurirsi *v.* **7**
**Russian** russo/a *adj.*

## S

**sack** sacco *m.*
**sad** triste *adj.*
**safe** salvo/a *adj.* **4**
**safety** sicurezza *f.* **4**
**saint** santo/a *m., f.* **6**
**salad** insalata *f.*
**salary** salario *m.*; mensilità *f.*
**high/low salary** salario *m.* elevato/basso
**sales** saldi *m., pl.* *3*
**end-of-season sales** saldi *m., pl.* di fine stagione **3**
**saleswoman** commessa *f.* **1**
**salt** sale *m.*
**salty** salato/a *adj.*
**sandals** sạndali *m., pl.* **10**
**sandwich shop** paninoteca *f.*
**satellite TV** televisione *f.* satellitare **9**
**satirical** satịrico/a *adj.* **8**
**Saturday** sạbato *m.*
**savages** selvaggi *pl*
**save** parare *v.* **3;** risparmiare *v.* **10;** salvare *v.* **4**
**to save the planet** salvare il pianeta *v.*
**saving** rispạrmio *m.* **10**
**savings account** conto *m.* di risparmio
**saxophone** sassọfono *m.*
**say** dire *v.* **1**
**scandal** scạndalo *m.* **4**
**scarf** sciarpa *f.*
**scene** scena *f.*
**schedule** orario *m.* **1**
**scheme** schema *m.*
**school** scuola *f.*
**science** scienze *f., pl.*
**computer science** informạtica *f.* **7**
**science fiction** fantascientịfico/a *adj.* **7**
**scientist** scienziato/a *m., f.*
**scold** rimproverare *v.* **5**
**scooter** motorino *m.*
**score (a goal)** segnare (un gol) *v.* **3**
**screen** schermo *m.* **9**
**screen name** pseudọnimo *m.*
**screen test** provino *m.* **2**
**screening** proiezione *f.*
**screenplay** sceneggiatura *f.* **9**
**script** copione *m.* **9**
**scuba diver** subạcqueo *m.* **4**
**sculpt** scolpire *v.* **8**
**sculptor** scultore/scultrice *m., f.* **8**
**sculpture** scultura *f.* **8**
**sea** mare *m.*
**seafood** frutti *m., pl.* di mare
**seafood shop** pescherịa *f.*
**seagull** gabbiano *m.*
**sea-sickness** mal *m.* di mare
**season** stagione *f.*
**season ticket** abbonamento *m.*
**seat** poltrona *f.*
**seatbelt** cintura *f.* di sicurezza
**second** secondo/a *adj.*
**secretary** segretario/a *m., f.* **10**
**section: lifestyle section** rubrica *f.* di cultura e società **9**
**sector** settore *m.* **10**
**security** sicurezza *f.* **4**
**see** vedere *v.* **3**
**See you later.** A più tardi.
**See you soon.** Ci vediamo./ A presto.
**to see each other** vedersi *v.* **2**
**seem** sembrare, parere *v.* **2**
**selfish** egoista *adj.* **5**
**self-governing** autọnomo/a *adj.* **4**
**self-portrait** autoritratto *m.* **8**
**self-sufficient** autosufficiente *adj.* **5**
**sell** vẹndere *v.*
**send** inviare *v.* **1;** mandare, spedire *v.*
**sense** senso *m.*
**sensitive** sensịbile *adj.* **1**
**separated** separato/a *adj.*
**September** settembre *m.*
**serious** grave, serio/a *adj.*
**serve** servire *v.*
**service** servizio *m.*
**service station** stazione *f.* di servizio
**set (*sun*)** tramontare *v.*
**to set the table** apparecchiare la tạvola *v.*
**settle** stabilirsi *v.* **6**
**seven** sette *m.*
**seven hundred** settecento *m.*
**seventeen** diciasette *m.*
**seventh** settimo *adj.*
**seventy** settanta *m.*
**shake hands with** strịngere la mano a *v.* **8**
**shame** vergogna *f.* **2**
**shape: to be in/out of shape** ẹssere in/fuori forma *v.*
**share** condivịdere *v.* **1**
**sharp** in gamba *adj.*
**shave** farsi la barba *v.* **2;** rạdersi *v.*
**shaving cream** schiuma *f.* da barba
**sheep** pẹcora *f.*
**sheet: sheet of paper** foglio *m.* di carta
**shelter** rifugio *m.* **8**
**ship** nave *f.*
**Shoo!** Sciò!
**shop** bottega *f.* **8;** fare spese *v.*
**shop window** vetrina *f.* **1**
**shopping center/mall** centro commerciale *m.* 3
**short** basso/a *adj.* **9**
**short (hair)** corto/a *adj.*
**short film** cortometraggio; filmino *m.*
**short story** racconto *m.*
**short-term** a breve tẹrmine *adj.* **10**
**short trip** gita *f.*
**shorter** inferiore *adj.* **9**
**shorts** pantaloncini *m., pl.*
**shot: to give a shot** fare una puntura *v.*
**shoulder** spalla *f.*
**show** fare vedere a *v.* **8;** mostrare *v.*; spettạcolo *m.* **3**
**shower** doccia *f.*
**shrewd** furbo/a *adj.* **5**
**shrimp** gamberetto *m.*

**shy** tịmido *adj.* **1**
**side dish** contorno *m.*
**sidewalk** marciapiede *m.* **2**
**sight** vista *f.*
**to know by sight** conọscere di vista *v.*
**sign** firmare *v.*
**signal** segnale *m.* **7**
**silk** seta *m.*
**since** da *prep*
**sincere** sincero/a *adj.*
**sing** cantare *v.* **1**
**singer** cantante *m., f.*
**single** cẹlibe *adj., m.* **1**; nụbile *adj., f.* **1**
**single-family home** villa *f.*
**sister** sorella *f.*
**little/younger sister** sorellina *f.*
**sister-in-law** cognata *f.*
**sit down** sẹdersi *v.*
**six** sei *m.*
**six hundred** seicento *m.*
**sixteen** sẹdici *m.*
**sixteenth** sedicẹsimo *adj.*
**sixth** sesto *adj.*
**sixty** sessanta *m.*
**size (*clothing*)** taglia *f.*
**skating** pattinaggio *m.* **3**
**sketch** schizzo *m.* **8**
**ski** sciare *v.* **1**; sci *(invar.) m.*
**skiing** sci *m.* **3**
**skill** capacità *f.*
**skilled** bravo/a *adj.*
**skin** pelle *f.*
**skip: to skip class** saltare la lezione *v.*
**skirt** gonna *f.* **10**
**skit** scenetta *f.*
**sky** cielo *m.*
**sky blue** azzurro/a *adj.*
**skyscraper** grattacielo *m.* **2**
**slavery** schiavitù *f.* **8**
**sleep** dormire *v.* **1**
**sleepy: to be sleepy** avere sonno *v.* **1**
**sleeve** mạnica *f.*
**slice** fetta *f.*
**slide** scivolare *v.* **8**
**slight** leggero/a *adj.*
**slip on (clothing)** infilarsi *v.* **9**
**slippers** pantọfole *f., pl.*
**slob** cafone/a *m., f.*
**slow** lento/a *adj.*
**sly** furbo/a *adj.* **5**
**small** pịccolo/a *adj.* **9**
**small change** spịccioli *m., pl.* **3**
**smaller** minore *adj.* **9**
**smart** in gamba *adj.*
**smell** odore *m.* **10**
**smile** sorrịdere *v.* **5**
**smirk** smorfia *f.* **10**
**smog** smog *m.*
**smoked** affumicato/a *adj.*
**snack** spuntino *m.*; merendina *f.* **3**
**snack bar** tạvola *f.* calda
**snake** serpente *m.*
**sneakers** scarpe *f., pl.* da ginnạstica/tennis **3**
**sneeze** starnutire *v.*
**snorkel** boccaglio *m.* **4**
**snow** neve *f.*; nevicare *v.*
**so** allora *adv., adj.*; perciò *conj.*
**so much, so many** tanto *adj.*
**so that** in modo che *conj.*
**so that** affinché, benché, purché *conj.* **7**
**soap** sapone *m.*
**soap opera** telenovela *f.*
**soccer** calcio *m.* **3**;
**soccer ball** pallone *m.* **3**
**soccer player** calciatore *m.* **3**
**sociable** sociẹvole *adj.* **5**
**society** società *f.* **10**
**sock** calza *f.*
**soil** sporcare *v.*
**solar: solar energy** energịa *f.* solare
**solar panel** pannello *m.* solare
**sold out** tutto esaurito *adj.* **3**
**soldier** soldato *m.* **2**
**solid-color** tinta unita *adj.*
**solo** assolo *m.*
**solution** soluzione *f.*
**solve** risọlvere *v.* **6**
**some** qualche, alcuni/e *indef. adj.* **9**; alcuni/e *indef. pron.* **9**
**someone** qualcuno/a *indef. pron.* **9**
**something** qualcosa *indef. pron.* **9**; **(anything else)** altro *indef. pron.*
**sometimes** a volte, qualche volta *adv.*
**son** figlio *m.* **5**
**song** canzone *f.*
**son-in-law** gẹnero *m.* **5**
**soon** presto *adv.*
**sorry** desolato/a *adj.*
**to be sorry** dispiacere *v.* **2**; ẹssere desolato/a *v.* **5**
**So-so.** Così, così.
**soul** ạnima *f.* **5**
**soul mate** ạnima *f.* gemella **1**
**soundtrack** colonna sonora *f.* **9**
**soup** zuppa *f.*
**thick soup** minestrone *m.*
**southern** meridionale *adj.* **6**
**Spanish** spagnolo/a *adj.*
**shoot** sparare *v.* **4**
**sparkling water** acqua *f.* frizzante
**speak: to speak to each other** parlarsi *v.* **2**
**special effects** effetti *m., pl.* speciali **9**
**specialist** specialista *m., f.*
**specialization** specializzazione *f.*
**spectator** spettatore/spettatrice *m., f.*
**speed limit** limite *m.* di velocità
**spend (*money*)** spẹndere *v.*; **(*time*)** passare *v.*
**spicy** piccante *adj.*
**spoil** viziare *v.* **5**
**spoon** cucchịaio *m.*
**sport** sport *m.*
**sports club** club *m.* sportivo **3**
**sports news** crọnaca *f.* sportiva **9**
**spouse** cọniuge *m., f.* **9**
**spring** primavera *f.*
**spy** spịa *f.* **2**; spiare *v.* **4**
**squirrel** scoiạttolo *m.*
**stadium** stadio *m.* **2**
**stage** scena *f.*
**stain** macchiare *v.*
**stained** macchiato/a *adj.*
**staircase** scala *f.* **8**
**stairs** scale *f., pl.*
**to climb/go down stairs** salire/scẹndere le scale *v.*
**stall** platea *f.*
**stamp** francobollo *m.*; timbrare *v.*
**stand** tribuna *f.*
**stand in line** stare in fila *v.* **5**
**standard of living** tenore di vita *m.* **6**
**stanza** strofa *f.* **8**
**staple** graffetta *f.*
**stapler** graffettatrice *f.*
**star** stella *f.*
**start (to)** cominciare (a) *v.* **1**
**to start the game** scẹndere in campo *v.* **3**
**starter** antipasto *m.*
**statesman** statista *m.* **6**
**station** stazione *f.*
**radio station** stazione *f.* radio **9**
**stationery store** cartolerịa *f.*
**statue** statua *f.*
**stay** rimanere, stare *v.* **1**; restare *v.*
**steal** rubare *v.* **5**
**steamed** al vapore *adj.*
**steering wheel** volante *m.*
**stem cell** cẹllula *f.* staminale **7**
**stench** puzza *f.* **8**
**step** gradino; passo *m.*
**stepbrother** fratellastro *m.*
**stepdaughter** figliastra *f.*
**stepfather** patrigno *m.*
**stepmother** matrigna *f.*
**stepsister** sorellastra *f.*
**stepson** figliastro *m.*
**stereo system** impianto *m.* stẹreo
**stereotype** stereọtipo *m.* **6**
**stern** poppa *f.* **4**
**stewed** in ụmido *adj.*
**still** ancora *adv.*
**still life** natura *f.* morta **8**
**still water** acqua *f.* naturale
**stock exchange** borsa *f.* **10**
**stomach** stọmaco *m.*
**stone** sasso *m.*
**stop** cessare (di) *v.* **8**; fermare; fermarsi *v.* **2**; smẹttere *v.* **3**; fermata *f.* **2**

**bus/subway/train stop** fermata *f.* dell'ạutobus/della metro/del treno *f.* 2
**stop on request** fermata *f.* a richiesta
**store** negozio *m.*
**store specializing in focaccia** focaccerịa *f.*
**store specializing in homemade pasta** laboratorio *m.* di pasta fresca
**store specializing in wine** enoteca *f.*
**storm** temporale *m.* **9**
**It's stormy.** C'è il temporale.
**stovetop** piano *m.* di cottura **7**
**straight (*hair*)** liscio/a *adj.*
**strange** strano/a *adj.* **5**
**stranger** estrạneo/a *m., f.* **5**
**strawberry** frạgola *f.*
**stream** ruscello *m.*
**street** strada, vịa *f.* **2**
**Venetian streets** calli *f., pl* 7
**stretch** stirarsi *v.* **10**
**strict** severo/a *adj.* **5**
**strike** scịopero *m.*
**stripe** riga *f.*
**striped** a righe *adj.*
**strong** forte *adj.*
**struggle** lottare *v.* **4**
**stubborn** testardo/a *adj.* **5**
**student** studente(ssa), alunno/a m., *f.*
**student who studies too hard** secchione/a *m., f.* **3**
**studies** studi *m., pl.*
**studio apartment** monolocale *m.*
**studious** studioso/a *adj.*
**study** studiare *v.* **1;** studio *m.*
**to study in-depth** approfondire *v.* **1**
**stuffy nose** naso *m.* chiuso
**sturdy** resistente *adj.* **1**
**style** stile *m.* **10**
**subject** materia *f.*
**subjective** soggettivo/a *adj.* **8**
**sublet** subaffittare *v.*
**submerged** sommerso/a *adj.* **7**
**submissive** remissivo/a *adj.* **5**
**subscribe** fare un abbonamento *v.* **9**
**subscription** abbonamento *m.*
**substitute teacher** supplente *m.* **1**
**subtitle** sottotịtolo *m.* **9**
**suburbs** periferịa *f.* **2**
**subway** metro(politana) *f.* **2**
**succeed in** riuscire a *v.* **1**
**success** successo *m.*
**successful** prọspero/a *adj.* **10**
**suffer** penare *v.* **6**
**to suffer (from)** soffrire (di) *v.* **8**
**suffering** sofferenza *f.*
**sufficient: to be sufficient** bastare *v.* **3**
**suggest** suggerire *v.* **6**
**suggestive** allusivo/a *adj.* **8**
**suit** ạbito *m.* **10;** vestito *m.* (da uomo) **3**
**women's suit** tailleur *m.* **10**
**suitcase: to pack a suitcase** fare la valigia *v.*
**summer** estate *f.*
**sun** sole *m.*
**It's sunny.** C'è il sole.
**Sunday** domẹnica *f.*
**sunglasses** occhiali *m., pl.* da sole **10**
**sunny** soleggiato/a *adj.*
**sunrise** alba *f.*
**sunset** tramonto *m.*
**superior** superiore *adj.* **9**
**supermarket** supermercato *m.*
**supper** cena *f.*
**supreme** supremo/a *adj.* **9**
**surf: to surf the Internet/Web** navigare su Internet/sulla rete *v.* **7;** navigare in rete *v.*
**surgeon** chirurgo *m.*
**surprise** stupire *v.* **7**
**to be surprised** ẹssere sorpreso/a *v.* **6**
**surrender** arrẹndersi *v.* **8**
**survival** sopravvivenza *f.* **2**
**survive** sopravvịvere *v.* **5**
**swallow** rọndine *f.*
**swear (on)** giurare (su) *v.* **8**
**sweater** golf *m.* **9;** maglione *m.*
**sweatshirt** felpa *f.*
**sweep** spazzare *v.*
**street sweeper** spazzino/a *m., f.*
**sweet** caruccio; dolce; tẹnero/a *adj.*
**sweet-and-sour** agrodolce *adj.*
**sweetness** dolcezza *f.* **10**
**swim** nuotare *v.*
**swimming** nuoto *m.*
**swimming pool** piscina *f.* **10**
**Swiss** svịzzero/a *adj.*
**symphony** orchestra *f.* sinfọnica **8**
**symptom** sịntomo *m.*
**synagogue** sinagoga *f.* **6**
**system** sistema *m.*

## T

**table** tạvola *f.;* tạvolo *m.*
**to clear the table** sparecchiare la tạvola *v.*
**tablecloth** tovạglia *f.* **4**
**tablet** compressa *f.*
**tabloid** giornale *m.* scandalịstico
**take** prẹndere *v.* **1;** volerci *v.* **8**
**to take (*a class*)** seguire *v.*
**to take a bath/shower** fare il bagno/la doccia *v.*
**to take a long weekend** fare il ponte *v.*
**to take a look** dare un'occhiata *v.* **3**
**to take a picture** fare una foto *v.*
**to take a short trip** fare una gita *v.*
**to take a short walk** fare due passi *v.*
**to take a test** dare un esame *v.* **1**
**to take a trip** fare un viaggio *v.*
**to take a walk** passeggiare *v.* **2;** fare una passeggiata *v.*
**to take advantage of** approfittare *v.* **10**
**to take care of** occuparsi di *v.* **8**
**to take initiative** prẹndere l'iniziativa *v.* **5**
**to take off** decollare *v.*
**to take out a mortgage** fare un mụtuo *v.* **10**
**to take out the trash** portare fuori la spazzatura *v.*
**to take place** svọlgersi *v.* **8**
**talented** dotato/a *adj.*
**talk (about)** parlare (di) *v.* **8**
**tall** alto/a *adj.* **9**
**tan** abbronzarsi *v.*
**tank top** canottiera *f.*
**taste** assaggiare *v.* **4**
**tastes** gusti *m., f.* **9**
**tasty** gustoso/a, saporito/a *adj.*
**tattoo** tatuaggio *m.* **10**
**tax** tassa *f.* **10**
**taxes** contributi *m., pl.*
**taxi** tassì; taxi *m.*
**taxi driver** tassista *m.* **6**
**tea** tè *m.*
**teach** insegnare *v.* **8**
**teacher** docente; insegnante *m., f.*
**team** squadra *f.* **3**
**tease** prẹndere in giro *v.*
**teaspoon** cucchiaino *m.*
**technician** tẹcnico *m., f.*
**technology** tecnologịa *f.*
**telecommunications** telecomunicazioni *f., pl.* **7**
**telephone** telefonare *v.;* telẹfono *m.*
**to (tele)phone each other** telefonarsi *v.* **2**
**television** televisione *f.* **9**
**television channel** canale *m.* televisivo
**television viewer** telespettatore/telespettatrice *m., f.* **9**
**TV host assistant** valletta *f.*
**TV news** telegiornale *m.* **9**
**tell the truth** dire la verità *v.* 2
**temp agency** agenzịa *f.* di somministrazione lavoro
**ten** dieci *m.*
**tenacious** tenace *adj.*
**tenant** inquilino/a *m., f.*
**tender** tẹnero/a *adj.*
**tennis** tennis *m.*
**tenth** dẹcimo *adj.*
**term paper** tesina *f.*
**terminus** capolịnea *m.*
**terrorism** terrorismo *m.* **4**
**terrorist** terrorista *m., f.* **4**
**test** esame *m.*

**testify** deporre *v.* **4**
**text message** SMS *m.* **7**
**textbook** libro *m.* di testo
**thank (for)** ringraziare (di) *v.* **8**
**Thank you.** Grazie.
**Thanks a lot.** Grazie mille.
**Thanks.** Crepi. *(answer to* In bocca a luppo.*)* (lit. *May the wolf die.*)
**that** che; ciò che, quanto, quel che, quello che *rel. pron.* **9;** quello/a *adj.*
**that which** ciò che, quanto, quel che, quello che *rel. pron.* **9**
**theater** teatro *m.*
**theatrical** teatrale *adj.*
**theft** furto *m.* **7**
**theme** tema *m.*
**then** allora; poi *adv.*
**theorem** teorema *m.*
**there** là *adv.*
**Is Mr./Mrs. ... there?** C'è il/la signor(a)...?
**there are** ci sono
**there is** c'è
**thermal baths** terme *f., pl.* **2**
**thermal energy** energịa *f.* tẹrmica
**thermometer** termọmetro *m.*
**thief** ladro/a *m., f.* **4**
**thin** magro/a *adj.*
**think** pensare *v.* **8**
**to think about** pensare a *v.* **8**
**third** terzo *adj.*
**thirsty: to be thirsty** avere sete *v.* **1**
**thirteen** trẹdici *m.*
**thirty** trenta *m.*
**thirty-eight** trentotto *m.*
**thirty-five** trentacinque *m.*
**thirty-four** trentaquattro *m.*
**thirty-nine** trentanove *m.*
**thirty-one** trentuno *m.*
**thirty-seven** trentasette *m.*
**thirty-six** trentasei *m.*
**thirty-third** trentatreẹsimo *adj.*
**thirty-three** trentatré *m.*
**thirty-two** trentadue *m.*
**this** questo/a *adj.*
**threat** minaccia *f.* **4**
**three** tre *m.*
**three hundred** trecento *m.*
**thriller** giallo *m.* **8**
**throat** gola *f.*
**sore throat** mal *m.* di gola
**through** per *prep.*
**throw** gettare *v.*
**to throw away** buttare vịa *v.* **1**
**to throw down/below** buttare di sotto *v.* **6**
**thunder** tuono *m.*
**Thursday** giovedì *m.*
**ticket** biglietto *m.* **3**
**ticket collector** controllore *m.*
**ticket office/window** biglietterịa *f.*
**traffic ticket** multa *f.* **9**
**tide** marea *f.* **7**
**tidy: to tidy up** riordinare *v.*
**tie** cravatta *f.* **10;** pareggiare *v.* **3;** pareggio *m.* **3**
**to tie a game** pareggiare una partita *v.* **3**
**tight: tight-fitting** stretto/a *adj.*
**time** volta *f.*
**times** etá *f.*
**tire: flat tire** pneumạtico *m.* sgonfio
**tired** stanco/a *adj.*
**to** a; in *prep.*
**toast** tostare *v.*
**toaster** tostapane *m.*
**today** oggi *m., adv.*
**toe** dito *m.* del piede (*pl.* dita *f.*) *m.*
**together** insieme *adv.*
**to get together** incontrarsi *v.* **2**
**toilet** gabinetto *m.*
**tomato** pomodoro *m.*
**tomorrow** domani *m., adv.*
**the day after tomorrow** dopodomani *m., adv.*
**ton (of)** sacco (di) *adj.*
**too** anche *conj.*
**too much** troppo *adj., adv.*
**tooth** dente *m.*
**to brush one's teeth** lavarsi i denti *v.*
**tooth brush** spazzolino *m.* (da denti)
**tooth paste** dentifricio *m.*
**topography** topografịa *f.* **2**
**tornado** tornado *m.*
**torrential downpour** diluvio *m.*
**touch** toccare *v.*
**touching** commovente *adj.*
**tough** duro/a *adj.*
**tour** giro *m.*
**to be on tour** ẹssere in tour *v.*
**tourist** turista *m., f.*
**tourist class** classe *f.* turistica
**tourist information office** ufficio *m.* informazioni turistiche
**tournament** torneo *m.* **3**
**toward** verso *prep.*
**towel** asciugamano *m.*
**town** città *f.,* paese *m.*
**in town** in centro *adv.*
**town hall** comune *m.*
**toxic waste** rifiuti *m., pl.* tọssici
**trace** tracciare *v.* **6**
**track and field** atlẹtica *m.*
**trade** mestiere *m.* **10**
**tradition** tradizione *f.* **6**
**traffic** circolazione *f.,* trạffico *m.* **2**
**traffic jam** ingorgo *m.* stradale *2*
**traffic light** semạforo *m.* **2**
**traffic officer** vigile/vigilessa *m., f.* urbano/a
**traffic ticket** multa *f.* **9**
**tragedy** tragedia *f.*
**tragic** trạgico/a *adj.* **8**
**train** allenarsi *v.* **3;** treno *m.*
**get off the train** scẹndere dal treno *v.* **2**
**to get on the train** salire sul treno *v.* **2**
**train car** carrozza *f.* **4**
**train track** binario *m.* **1**
**training** formazione *f.* **10**
**professional training** tirocinio *m.*
**transfer** mobilità *f.*
**translate** tradurre *v.* **1, 8**
**transportation** trasporto *m.*
**trash** immondizia *f.*
**to take out the trash** portare fuori la spazzatura *v.*
**trauma** trauma *m.*
**travel** viaggiare *v.*
**travel agent** agente *m.,* f. di viaggio
**traveler** viaggiatore *m.*
**tray** vassọio *m.* **1**
**treaty** trattato *m.* **4**
**tree** ạlbero *m.*
**trendy** trendy *adj.*
**trim (one's hair)** spuntare (i capelli) *v.*
**trip** viaggio *m.*
**troop** truppa *f.* **7**
**truck** camion *m.*
**truck driver** camionista *m., f.*
**truly** veramente *adv.*
**trunk** baụle *m.* **8**
**trust** avere fiducia (in), fidarsi (di) *v.* **1;** fiducia *f.* **4**
**try to** cercare di *v.* **8;** provare a *v.* **8**
**to try on** provare, provarsi *v.* **3**
**t-shirt** maglietta *f.*
**short-/long-sleeved t-shirt** maglietta *f.* a mạniche corte/lunghe
**Tuesday** martedì *m.*
**tuft of hair** ciuffo *m.*
**tuna** tonno *m.*
**turn** volta *f.;* svolta *f.;* girare *v.*
**to turn off** spẹgnere *v.*
**to turn on** accẹndere *v.*
**to turn (right/left)** girare (a destra/sinistra) *v.* **2**
**Tuscan almond biscotti** cantucci *m., pl.* **1**
**TV** tivù, TV *f.*
**twelve** dọdici *m.*
**twentieth** ventẹsimo *adj.*
**twenty** venti *m.*
**twenty-eight** ventotto *m.*
**twenty-five** venticinque *m.*
**twenty-four** ventiquattro *m.*
**twenty-nine** ventinove *m.*
**twenty-one** ventuno *m.*
**twenty-seven** ventisette *m.*
**twenty-six** ventisei *m.*
**twenty-three** ventitré *m.*
**twenty-two** ventidue *m.*

**twin** gemello/a *adj.* **5**
**two** due *m.*
**two hundred** duecento *m.*
**two hundred forty five** duecentoquarantacinque *m.*
**two thousand** duemila *m.*
**two-room apartment** bilocale *m.*
**type** digitare *v.* **7**

## U

**ugly** brutto/a *adj.*
**ultrasound** ecografịa *f.* **3**
**umbrella** ombrello *m.*
**unbearable** insopportạbile *adj.* **5**
**unbiased** imparziale *adj.* **9**
**uncertainty** incertezza *f.* **6**
**uncle** zịo *m.* **5** **under** sotto *adv., prep.* **8**
**underdevelopment** sottosviluppo *m.* **6**
**understand** capire *v.* **1**
**understanding** comprensione *f.* **6;** comprensivo/a *adj.* **1**
**underwear** biancherịa *f.* ịntima
**undress** spogliarsi *v.* **10**
**unemployed** disoccupato/a *adj.* **10**
**to be unemployed** ẹssere disoccupato/a *v.*
**unequal** ineguale *adj.* **4**
**unethical** immorale *adj.* **7**
**unfair** ingiusto/a *adj.* **4**
**unfaithful** infedele *adj.* **1**
**unforgettable** indimenticạbile *adj.* **1**
**united** unito/a *adj.*
**university** università *f.*
**unless** a meno che, salvo che *conj.* **7**
**unlikely** improbạbile *adj.* **7**
**unpleasant** antipạtico/a *adj.*
**unreliable** inaffidạbile *adj.* **4**
**until** fino a *prep.*
**up there** lassù *adv.* **6**
**update** aggiornare *v.* **7**
**urge** raccomandare *v.*
**use** usare *v.*
**useful** ụtile *adj.* **1**
**usual** sọlito/a *adj.*
**as usual** al sọlito sụo *adv.*
**The usual.** La sọlita cosa.
**usually** di sọlito *adv.*

## V

**vacancy** stanza *f.* disponịbile
**vacation** vacanza *f.*
**ski vacation** settimana *f.* bianca
**to go on vacation** partire in vacanza *v.*
**vaccine** vaccino *m.* **7**
**vacuum** aspirapọlvere *m.;* passare l'aspirapọlvere *v.*
**vain** vanitoso/a *adj.* **5**
**validate (*ticket*)** convalidare *v.*
**valley** valle *f.*
**variety show** avanspettạcolo *m.* varietà *f.*
**vase** vaso *m.*
**vaudeville** rivista *f.* **9**
**vegetable** verdura *f.*
**veiled** velato/a *adj.* **8**
**vendor** venditore/venditrice *m., f.* **2**
**street vendor** venditore/venditrice *m., f.* ambulante *2*
**Venetian** veneziano *m., f.*
**Venetian squares/fields** campi *m., pl.* **7**
**Venetian streets** calli *f., pl.* **7**
**vengeful** vendicativo/a *adj.* **1**
**veterinarian** veterinario/a *m., f.*
**victim** vịttima *f.* **4**
**victorious** vittorioso/a *adj.* **4**
**victory** vittoria *f.* **4**
**video store** videoteca *f.*
**videogame** videogioco *m.* **3**
**viewer** telespettatore *m.* **9**
**villa** villa *f.*
**village** paese *m.* **2**
**villager/(fellow) countryman/woman** paesano/a *m., f.* **2**
**violence** violenza *f.* **4**
**violin** violino *m.*
**violinist** violinista *m., f.*
**visit** visitare *v.*
**voice** voce *f.* **4**
**at the top of one's voice** a squarciagola *adv.* **3**
**volcanic eruption** eruzione *f.* vulcạnica
**volleyball** pallavolo *f.*
**vote** votare *v.* **4**

## W

**wage** stipendio *m.* **10**
**minimum wage** stipendio *m.* mịnimo **10**
**waist** vita *f.*
**wait** aspettare *v.* **8**
**to wait (for)** attẹndere *v.*
**to wait in line** fare la coda *v.* **3;** fare la fila *v.*
**waiter/waitress** cameriere/a *m., f.*
**waiting** attesa *f.*
**wake (*someone*)** svegliare *v.* **2**
**to wake up** svegliarsi *v.* **2**
**walk** camminare *v.;* passeggiata *f.*
**wall** parete *f.*
**wander** vagare *v.* **9**
**want** volere *v.* **1**
**war** guerra *f.*
**civil war** guerra *f.* civile **4**
**world war** guerra *f.* mondiale **4**
**wash** lavare *v.*
**to wash the dishes** lavare i piatti *v.*
**to wash oneself** lavarsi *v.* **2**
**washing machine** lavatrice *f.* **5**
**waste** scoria *f.;* sprecare *v.*
**wastebasket** cestino *m.*
**watch** orologio *m.*
**to watch one's weight** controllare la lịnea *v.*
**to watch TV** guardare la TV *v.*
**water** acqua *f.*
**watercolor** acquerello *m.* **8**
**waterfall** cascata *f.*
**wavy** mosso/a *adj.*
**way** modo *m.*
**This way.** Da questa parte.
**to know the way** conọscere la strada *v.*
**weak** dẹbole *adj.*
**weapon** arma *f.* **4**
**wear** indossare *v.* **1;** portare *v.*
**to wear a suit** portare un vestito *v.*
**weather** tempo *m.*
**to be nice/nasty (*weather*)** fare bel/brutto tempo *v.* **1**
**Web site** sito *m.* Internet
**wedding** matrimonio *m.* **1**
**wedding dress** vestito *m.* da sposa **8**
**wedge shoes** zeppe *f., pl.* **3**
**Wednesday** mercoledì *m.*
**week** settimana *f.*
**weight** peso *m.*
**Welcome!** Benvenuto!
**well** bene *adv.* **9**
**I am not well.** Sto male.
**Pretty well.** Abbastanza bene.
**wet suit** muta *f.* **4**
**what** che, che cosa, cosa *interr. pron.;* quale *adj., pron., adv.;* ciò che, quanto, quel che, quello che *rel. pron.* **9**
**What does . . . mean?** Cosa vuol dire…?
**What is it?** (Che) cos'è?
**What is the temperature?** Quanti gradi ci sono?
**What's new?** Che c'è di nuovo?
**What's wrong?** Che cosa c'è?
**whatever/whichever** qualsịasi, qualunque *indef. adj.* **9**
**wheel: steering wheel** volante *m.*
**when** quando *conj., adv.*
**where** dove *adv., conj.*
**wherever** ovunque *adv.*
**which** che; cui *rel. pron.;* quale *adj., pron., adv.*
**while** mentre *conj.*
**whiner** lagnone/a *m., f.*
**whiny** lamentoso/a *adj.*
**whisper** sussurro *m.* **8**
**white** bianco/a *adj.*
**who** che *rel. pron.;* chi *interr. pron.*

**those who, the one(s) who** chi *rel. pron.*
**whoever** chiunque *indef. pron.* **9**
**whom** che; cui *rel. pron.;* chi *rel. pron.*
**why** perché *conj.*
**widowed** vedovo/a *adj.* **1**
**widower/widow** vedovo/a *m., f.* **1**
**wife** moglie *f.* **5**
**willingness** volontà *f.* **4, 6**
**win** vịncere *v.*
**to win a game** vịncere una partita *v.* **3**
**to win the election** vịncere le elezioni *v.* **4**
**wind** vento *m.*
**It's windy.** C'è vento.
**wind power** energịa *f.* eọlica
**window** finestra *f.*
**window (*bank*)** sportello *m.* **10**
**window cleaner** lavavetri *m.*
**windshield** parabrezza *m.*
**windshield wiper** tergicristallo *m.*
**windsurfing** windsurf *m.*
**windy** ventoso/a *adj.*
**wine** vino *m.*
**wine cellar** cantina *f.* **8**
**winter** inverno *m.*
**wireless network** rete *f.* senza fili **7**
**with** con *prep.;* presso *prep.* **8**
**withdraw: to withdraw money** ritirare dei soldi *v.*
**without** senza *prep.* **8;** senza che *conj.* **7**
**witness** testimone *m., f.* **4**
**woman** donna *f.*
**womb** grembo *m.*
**wood** legno *m.* **5**
**wool** lana *m.*
**work** lavoro *m.;* funzionare; lavorare *v.*
**to work overtime** fare lo straordinario *v.* **10**
**work (of art)** ọpera *f.* (d'arte) **8**
**work hours** orario *m.* di lavoro **10**
**work shift** turno *m.* di lavoro **10**
**worker** operạio/a *m., f.*
**worried** preoccupato/a *adj.* **1**
**worry (about)** preoccuparsi (di) *v.* **2**
**worse** peggiore *adj.* **9;** peggio *adv.* **9**
**worth: to be worth** valere *v.* **6;** costare *v.*
**to be worth it** valere la pena *v.* **3**
**wound** ferita *f.*
**wrap** incartare *v.*
**write** scrịvere *v.* **3**
**to write each other** scrịversi *v.* **2**
**writer** scrittore/scrittrice *m., f.*
**wrong** sbagliato/a *adj.* **7**
**to be wrong** avere torto *v.* **8**

## Y

**yawn** sbadigliare *v.* **1;** sbadiglio *m.* **1**
**year** anno *m.*
**to be … years old** avere… anni *v.*
**year-end bonus** tredicẹsima *f.*
**yellow** giallo/a *adj.*
**yesterday** ieri *m., adv.*
**the day before yesterday** l'altro ieri *m., adv.*
**yet** ancora *adv.*
**yogurt** yogurt *m.*
**young** giọvane *adj.*
**younger sister** sorellina *f.*
**younger** minore *adj.* **9**
**youth** giovinezza *f.* **5**
**youth hostel** ostello *m.* della gioventù

## Z

**zoologist** zoọlogo/a *m., f.* **7**

# Index


## A

absolute superlative 249
adjectives
  demonstrative 64
  gender 20
  indefinite 338
  negative 212
  number 20
  participles, used as 303
  position of 64
  possessive 60
adverbs 182
**aggettivi** *see* adjectives
articles
  definite 18
  indefinite 18
  preposition and article contractions 18
**articolo determinativo** *see* definite article
**articolo indeterminativo** *see* indefinite article
augmentative suffixes 220

**Autori**
  Benni, Stefano 109
  Buzzati, Dino 311
  Calvino, Italo 393
  Fiume, Salvatore 33
  Fo, Dario 227
  Gianini, Claudio 71
  Ginzburg, Natalia 353
  Maraini, Dacia 149
  Morante, Elsa 189
  Salgari, Emilio 269

**avere** (auxiliary) 90
**avverbi** *see* adverbs

## C

causative constructions 384
**c'è, ci sono** 24
**ci** 174
comparatives
  comparisons of equality 248
  comparisons of inequality 248
  irregular 250
conditional
  hypothetical statements 342
  past 209
  present 208
**condizionale passato** *see* conditional, past
**condizionale presente** *see* conditional, present
**congiuntivo imperfetto** *see* imperfect subjunctive
**congiuntivo passato** *see* past subjunctive
**congiuntivo presente** *see* present subjunctive
**congiuntivo trapassato** *see* past perfect subjunctive
**conoscere** 262
  vs. **sapere** 262

**Cortometraggi**
  Bulli si nasce 82
  Dove dormono gli aerei 162
  Il numero di Sharon 324
  Il segreto del santo 282
  L'amore non esiste 44
  La scarpa 6
  Lacreme napulitane 200
  L'età del fuoco 240
  Mare nostro 120
  Rischio d'impresa 366

**Cultura**
  Federico Fellini: il 'maestro' dei sogni 349
  L'unità d'Italia: identità regionale e nazionale 223
  La mano che ubbidisce all'intelletto 307
  La moda italiana 389
  Perché studi l'italiano 29
  Rete! 105
  Tutte le strade portano a Roma 67
  Unità nella diversità: l'Italia nell'Unione Europea 145
  Venezia: sommersa o salvata? 265
  Vivere con la mamma 185

## D

demonstratives
  adjectives 64
  pronouns 64
diminutive suffixes 220
discourse
  direct 380
  indirect 380
disjunctive pronouns 294
**dovere** 142

## E

**essere** (auxiliary) 90

## F

**fare**
  followed by the infinitive 384
future
  **futuro anteriore** 179
  **futuro semplice** 178
  hypothetical statements 342
**futuro anteriore** 179
**futuro semplice** 178

## G

gerunds
  past 302
  present 302

## H

hypothetical statements 342

## I

imperative
  formal 138
  informal 138
  of reflexive verbs 139
  with object pronouns 139
imperfect *see* **imperfetto**
imperfect subjunctive 332
  hypothetical statements 342
**imperfetto** 94
  hypothetical statements 342
  **passato prossimo** and **imperfetto**, contrasted 96
impersonal expressions
  **si impersonale** 377
  with the subjunctive 217
indefinite
  adjectives 338
  pronouns 338
  subjunctive with indefinites 346
indirect discourse 380
infinitive
  past infinitive 290
  present infinitive 290
  uses 290
**infinito** *see* infinitive

## L

**lasciare**
  followed by the infinitive 385

**Lezioni**
  Distrarsi e divertirsi 78
  Il valore delle idee 116
  La società che si evolve 196
  Le generazioni in movimento 158
  Le ricchezze culturali e storiche 278

Le scienze e la tecnologia 236
L'influenza dei media 320
Prospettive lavorative 362
Sentire e vivere 2
Vivere insieme 40

N

**ne** 175
negation
negative adjectives 212
negative expressions 212
negative pronouns 212
subjunctive with negatives 346

**Note culturali**
Alessandro Manzoni 292
Arberia 256
Bolzano 263
Canzoni alla mamma 185
Cinecittà 285
Come si arriva all'aeroporto di Roma? 165
Confessioni religiose in Italia 199
Doppiaggio 336
Emigrati e immigranti 125
Famiglie allargate 160
Ferragosto 323
Fiabe italiane 113
Galleria del costume 389
Genova Comics 347
Giuseppe Tomasi di Lampedusa 161
*Gli amori difficili* (Italo Calvino) 393
Gli italo-americani 29
Gli ospizi 227
I burattini 85
I cellulari in Italia e nel mondo 327
I nomi di professione 119
I treni 260
*Il bar sotto il mare* (Stefano Benni) 109
Il calcio 81
I cellulari in Italia e nel mondo 327
*Il deserto dei Tartari* (Dino Buzzati) 311
Il giallo 155
Il Matese 218
Il Mediterraneo 123
Il processo Montesi 358
Il Regno d'Italia 223
Il Totocalcio 105
Immigranti a Milano 75
La casa antisismica del futuro 243
La festa delle mamme che lavorano 369
La festa dell'Europa 145
La Maddalena 180
La mimosa 344
La sfortuna 47
*La storia* (Elsa Morante) 189
La Via Francigena 95
Lacreme napulitane (canzone) 203
Lago Maggiore 136
Le avventure di Pinocchio 102
Le banche italiane 365
Le bomboniere 16
Le leggi razziali 353
*Le meraviglie del Duemila* (Emilio Salgari) 269
Le scarpe italiane 9
Leonardo da Vinci 307
L'onomastico 198
Napoli (prodotti alimentari) 210
Neorealismo 335, 349
Pantelleria 176
Parlare e mangiare 149
Pasqua 323
Perugia 65
Pompei 131
Salvatore Fiume 33
Sant'Anna di Stazzema 92
Sardegna 172
Savona 340
Taormina 173
Terme di Caracalla 67
Venezia 265

nouns
gender 20
number 20

P

participles
past 303
present 303
used as adjectives 303
partitives 170
**passato prossimo**
and the **imperfetto**, contrasted 96
hypothetical statements 342
with **avere** 90
with **essere** 90
**passato remoto**
irregular verbs 100
regular verbs 100
uses 101
passive voice 374
past absolute *see* **passato remoto**
past perfect *see* **trapassato remoto**
past perfect subjunctive 333
hypothetical statements 342
past subjunctive 259

**Per cominciare**
abbigliamento 80
al lavoro 364
arte 280
artisti 280
attività 42
cambiamenti 198
cinema 322
città e comunità 42
convinzioni religiose 198
cultura popolare 322
descrivere 42
diritti 118
finanze 364
generazioni 160
gente 42
gente (lavoro) 364
gente (media) 322
giustizia 118
indicazioni 42
leggi 118
letteratura 280
luoghi 42
media 322
mondo digitale 238
passatempi 80
pericoli 118
personalità 4, 160
politica 118
problemi e sfide 238
problemi e soluzioni 198
progressi 238
radio 322
rapporti di parentela 160
rapporti personali 4
ricerca di lavoro 364
ricerca scientifica 238
scienziati 238
sentimenti 4
shopping 80
sicurezza 118
sport 80
stampa 322
stato civile 4
storia 280
tappe della vita 160
tecnologia 238
televisione 322
tempo libero 80
tendenze sociali 198
trasporto 42
vita in famiglia 160

**piacere** and similar verbs 56
pluperfect *see* **trapassato prossimo**
pluperfect subjunctive see past perfect subjunctive
**potere** 142
prepositions
cause 295
company 295
dates 295
instrument 295
location 295
manner 295
material 295
means 295

other common
prepositions 295
place 295
possession 295
preposition and article
contractions 18
purpose 295
time 295
verbs followed by 298
with geographical names 295
**preposizione articolate** *see*
articles, preposition and article
contractions
present perfect *see*
**passato prossimo**
present subjunctive 216
present tense
hypothetical statements 342
irregular verbs 24
regular verbs 14
spell-changing verbs 15
pronouns
combined pronouns 133
demonstrative 64
direct object 132
disjunctive 294
indefinite 338
indirect object 132
negative 212
possessive 60
relative 254
subject 14

**Q**

quantity
expressions of 171

**R**

reciprocal verbs 52
reflexive verbs 52

**Regioni e paesi**
Abruzzo 50
Basilicata 206
Calabria 206
Campania 206
Città del Vaticano 50
Emilia-Romagna 288
Friuli-Venezia Giulia 246
Istria (Croazia/Slovenia) 247
L'America del Nord 12
Lazio 50
Liguria 330
Lombardia 126
Marche 50
Molise 206
Piemonte 372
Puglia 206
San Marino 289
Sardegna 168
Sicilia 168
Svizzera Italiana 372
Toscana 88
Trentino Alto-Adige 246
Umbria 50
Valle d'Aosta 372
Veneto 246
relative pronouns 254
relative superlative 249

**S**

**sapere** 262
vs. **conoscere** 262
**si**
**impersonale** 377
**passivante** 376
simple past *see* **passato remoto**
subjunctive
conjunctions 258
doubt 258
hypothetical statements 342
imperfect 332
impersonal expressions 217
past 258
past perfect 333
present 216
tense sequencing 334
will and emotion 217
with indefinites 346
with negatives 346
with restrictive adjectives 346
with superlatives 346
suffixes
augmentatives 220
diminutives 220
superlatives
absolute 249
irregular 250
relative 249
relative superlative followed by
the subjunctive 346

**T**

**trapassato prossimo** 128
**trapassato remoto** 129

**V**

verbs of perception
followed by the infinitive 385
**volere** 142

# Credits

## Text Credits

**34** Fondazione Salvatore Fiume.
**72** By permission of the author.
**110** © Giangiacomo Feltrinelli Editore, 1988. First published as *Il bar sotto il mare* in January 1988 by Giangiacomo Feltrinelli Editore, Milan, Italy.
**150** By permission of Dacia Maraini.
**190** © Elsa Morante Estate. All rights reserved handled by Agenzia Letteraria Internazionale, Milan, Italy. Published in Italy by Giulio Einaudi Editore, Milano.
**228** ©1991, 1997 Giulio Einaudi editore s.p.a., Torino.
**312** © Dino Buzzati Estate. All rights reserved handled by Agenzia Letteraria Internazionale, Milan, Italy. Published in Italy by Arnoldo Mondadori Editore, Milano.
**354** ©1962, 1998 e 2012 Giulio Einaudi editore s.p.a., Torino Prima edizione "Saggi" 1962.
**394** "L'avventura dei due sposi" by Italo Calvino. Copyright © 2002 by The Estate of Italo Calvino, used with permission of The Wylie Agency LLC.

## Film Credits

**8** By permission of Andrea Rovetta.
**46** By permission of Cineforum "Lumiere G. Di Venanzo".
**84** By permission of Nuvolafilm s.r.l.
**122** By permission of Elimi dei Mulini.
**164** By permission of Gianluca Arcopinto.
**202** By permission of PREMIUM FILMS.
**242** By permission of Shorts International Ltd.
**284** By permission of Hervé Ducroux.
**326** By permission of Associazione Culturale Premio Solinas.
**368** By permission of Nuvolafilm s.r.l.

## Photography Credits

**All images © Vista Higher Learning unless otherwise noted.**

**Cover:** © Ostill/Shutterstock.

**IAE FM: 16:** Rido/123RF

**Lesson 1: 2:** © Anna Bryukhanova/Getty Images; **4:** (tl) Martín Bernetti; (tm) Vanessa Bertozzi; (tr) © Dmitri Mikitenko/Fotolia; (b) Martín Bernetti; **8:** By permission of Andrea Rovetta; **12–13:** © Ed Rooney/Alamy; **13:** (left col: t) María Eugenia Corbo; (left col:b) © Mary Evans Picture Library/Alamy; (right col) María Eugenia Corbo; **17:** © Blend Images/Alamy; **23:** (tl) Nancy Camley; (tr) Ana Cabezas Martín; (bl) John DeCarli; (br) Katie Wade; **24:** Martín Bernetti; **27:** (l,r) Anne Loubet; **29:** (l,r) María Eugenia Corbo; **30:** © Hybrid Images/ Alamy; (background) © Zagreb/Fotolia; **31:** (t,b) Annie Pickert Fuller; (background) © Zagreb/Fotolia; **32:** (l) Nicolás Corbo; (m) Nicolás Corbo; (r) Gaby Corbo; **33:** © Giancarlo Caloja/AP Images; **34:** © Nino Braia/Age Fotostock; **37:** (l) María Eugenia Corbo; (m) Jose Blanco; (b) Ana Cabezas Martín.

**Lesson 2: 40:** © Sime/eStockphoto; **42:** (tl) Katie Wade; (m) Anne Loubet; (r) Katie Wade; (b) Katie Wade; **46:** By permission of Cineforum "Lumiere G. Di Venanz; **50-51:** Andres Vanegas; **50:** Ana Cabezas Martín; **51:** (left col: t) Nancy Camley; (left col: b) © Terry Wilson/iStockphoto; (right col) Ana Cabezas Martín; **54:** (tl) Martín Bernetti; (tm) © Nikada/iStockphoto; (tr) Martín Bernetti; (bl) Ali Burafi; (bm) Martín Bernetti; (br) Ana Cabezas Martín; **57:** (l) Martín Bernetti; (r) Martín Bernetti; **58:** (tl) Vanessa Bertozzi; (tm) Vanessa Bertozzi; (tr) Martín Bernetti; (bl) Vanessa Bertozzi; (bm) © Image Source/Age Fotostock; (br) Martín Bernetti; **59:** (l) © Paolo Cipriani/iStockphoto; (r) Vanessa Bertozzi; **63:** Anne Loubet; **65:** (t) John DeCarli; (bl) Rossy Llano; (bm) Pascal Pernix; (br) Anne Loubet; **66:** (tl) Katie Wade; (tr) © Peter M. Wilson/ Alamy; (bl) © Goodshoot/Alamy; (br) Vanessa Bertozzi; **67:** (l) Andrew Paradise; (r) © Ufficio Stampa Santa Cecilia-Riccardo Musacchio/AP Images; **68:** © Fabiomax/Fotolia; (foreground) © Clara/Fotolia; **69:** VHL; **71:** Courtesy of Claudio Giannini; **72:** © Altrendo Images/Getty Images.

**Lesson 3: 78:** © Dennisdvw/iStockphoto; **80:** (t) © Corbis RF; (m) Martín Bernetti; (b) © FogStock LLC/Index Stock Imagery/Photolibrary; **84:** By permission of Nuvolafilm s.r.l; **88–89:** © Werner Hilpert/Fotolia; **88:** (b) Jessica Beets; **89:** (left col: t) Ray Levesque; (left col: b) © Vaclav Janousek/Fotolia; (right col) Andrew Paradise; **99:** Ana

Cabezas Martín; **102:** Ana Cabezas Martín; **103:** (l) Jessica Beets; (ml) John DeCarli; (mr) © Hulton-Deutsch Collection/Corbis; (r) © Alessandra Benedetti/Corbis; **104:** (tl) © Corel/Corbis; (tr) © Imag'in Pyrenees/Fotolia; (bl) Martín Bernetti; (br) © Corel/Corbis; **106:** © Mipan/Fotolia; **107:** © Rick Friedman/Corbis; **109:** © Sophie Bassouls/Corbis; **110:** © Lawrence Manning/Corbis.

**Lesson 4: 116:** © Eugenio Marongiu/Shutterstock; **118:** (tl) Teresa Garrido; (tm) Katie Wade; (bl) © Image Source/Corbis; (br) Ana Cabezas Martín; **119:** Katie Wade; **122:** By permission of Elimi dei Mulini; **126–127:** © Atlantide Phototravel/Corbis; **126:** Nancy Camley; **127:** (left col: t) © Vision Images/Fotolia; (left col: b) © Skowron/Shutterstock; (right col) © Albo/Shutterstock; **131:** (l) Vanessa Bertozzi; (r) Nancy Camley; **140:** Ana Cabezas Martin; **141:** (tl) Martín Bernetti; (tr) Vanessa Bertozzi; (bl) Rafael Ríos; (br) Katie Wade; **143:** (l) © Darrin Henry/123RF; (m) Martin Bernetti; (r) © Viacheslav Nikolaenko/ Shutterstock; **146:** © Klaus Hackenberg/ Corbis; **149:** © Ulf Anderson/Getty Images.

**Lesson 5: 158:** © WestEnd61/Media Bakery; **160:** (l) © Corbis RF; (m) Anne Loubet; (r) © SW Productions/ Getty Images; **161:** Anne Loubet; **164:** By permission of Gianluca Arcopinto; **168-169:** © Ollirg/Shutterstock; **168:** ©Imagebroker/Alamy; **169:** (left col: t) © John Miller/Robert Harding World Imagery/Corbis; (left col: b) © Giorgio Mercalli/Fotolia; (right col) © Tobias Machhaus/Shutterstock; **173:** © Dragan Trifunovic/ iStockphoto; **176:** © CuboImages s.r.l/Alamy; **177:** © Tomo Jesenicnik/Shutterstock; **184:** (l) Martín Bernetti; (r) José Carbonell; **186:** © Michael Blann/Getty Images; **187:** Rachel Distler; **189:** © Pictorial Parade/Staff/ Getty Images; **190:** © Siri Stafford/Getty Images; **193:** © Pixtal/Age Fotostock.

**Lesson 6: 196:** © William Perugini/Shutterstock; **198:** (t) Nancy Camley; (bl) © Randall Fung/Corbis; (br) © Brand X Pictures/Getty Images; **199:** Katie Wade; **200:** (l) Ray Levesque; (r) © eZeePics Studio/Shutterstock; **202:** By permission of PREMIUM FILMS; **206-207:** Vanessa Bertozzi; **206:** Vanessa Bertozzi; **207:** (left col: t) © Sailor/Fotolia; (left col: b) © Davide Chiarito/iStockphoto; (right col) © Zbynek/Shutterstock; **211:** (l) Nancy Camley; (r) Nancy Camley; **221:** Martín Bernetti; **224:** © Fototeca Storica Nazionale/Getty Images; **225:** © PoodlesRock/Corbis; **227:** © Colin McPherson/Corbis; **228-231:** © Dario Fo. Il Giudizio. Gioco di equilibri by author Dario Fo, 1981; **233:** María Eugenia Corbo.

**Lesson 7: 236:** © Shots Studio/Shutterstock; **238:** (tl) © Suravid/Shutterstock; (tm) © Milos Luzanin/ Shutterstock; (tr) Vanessa Bertozzi; (b) © Comstock/Fotosearch; **242:** By permission of Shorts International Ltd; **246-247:** © Grand Tour/Corbis; **246:** Janet Dracksdorf; **247:** (left col: t) © Mikhail Nekrasov/Shutterstock; (left col: b) © Hulton Archive/iStockphoto; (right col) © Sebastiano Bettio/Fotolia; **252:** (l) Martín Bernetti; (r) Ray Levesque; (insert tablet) Ana Cabezas Martín; **253:** © Enrico Fianchini/Getty Images; **261:** Martín Bernetti; **264:** © Blinkstock/Alamy; **265:** Jessica Beets; **266:** © Costantini/AP Images; **269:** Courtesy of the Salgari family; **270:** © Images.com/Corbis; **273:** © Michelangelus/Shutterstock.

**Lesson 8: 278:** © Don Mammoser/Shutterstock; **280:** (t) Janet Dracksdorf; (ml) © Laurent Hamels/Fotolia; (mr) Ana Cabezas Martín; (bl) © Ismael Montero Verdu/Shutterstock; (br) © Corbis; **281:** © Bryan Busovicki/ Shutterstock; **282:** Ana Cabezas Martin; **284:** By permission of Hervé Ducroux; **288-289:** © DEA/R.Carnovalini/ Getty Images; **288:** John DeCarli; **289:** (left col: t) © Perov Stanislav/Shutterstock; (left col: b) © Neil Harrison/ Dreamstime; (right col) © Barbara Pheby/Shutterstock; **293:** (t) Rafael Rios; (ml) Martín Bernetti; (mr) Martín Bernetti; (bl) VHL; (br) Martín Bernetti; **305:** (l) Martín Bernetti; (ml) © Thomas Northcut/Digital Vision/Getty Images; (mr) Anne Loubet; (r) Martín Bernetti; **306:** © Alex Garaev/Shutterstock; **307:** © Alinari Archives/ Corbis; **308:** © Insadco Photography/Alamy; **311:** © Studio Patellani/Corbis; **312:** © Nancy R. Cohen/Getty Images; **314-315:** © Nancy R. Cohen/Getty Images.

**Lesson 9: 320:** © Travel Pictures/Alamy; **322:** (tl) Rafael Rios; (tr) Vanessa Bertozzi; (ml) © Corbis RF; (bl) © Sergey Nivens/Shutterstock; (br) © Janet Dracksdorf; **326:** By permission of Associazione Culturale Premio Solinas; **330-331:** © Leonardo Viti/Shutterstock; **330:** © CuboImages s.r.l/Alamy; **331:** (left col: t) © Foto Studio De Bon; (left col: b) Courtesy of Renzo Piano Building Workshop s.r.l. © Stefano Goldberg; (r) © Leemage/ Getty Images; **337:** (tr) Katie Wade; (bl) Katie Wade; (bml) Katie Wade; (bmr) Katie Wade; (br) Katie Wade; **341:** (bl) Rafael Rios; (bm) Rafael Rios; (br) Rafael Rios; **343:** Martín Bernetti; **347:** (l) © Frederic Cirou/Media Bakery; (m) Martín Bernetti; (r) © Skynesher/iStockphoto; **350:** © Carlo Bavagnoli/Time & Life Pictures/Getty Images; **351:** © Marka/Alamy; **353:** © Alberto Christofari/A3/contrasto/Redux; **354:** © Stanislav Mikhalev/Getty Images; (inset) © Matt Carr/Getty Images; **357:** © Sylvain Sonnet/Getty Images.

**Lesson 10: 362:** © Hero Images/Getty Images; **364:** (tl) © Image Source/Alamy; (tm) © PhotoAlto/Alamy; (tr) Katie Wade; (ml) Martín Bernetti; (mr) Vanessa Bertozzi; (bl) Nancy Camley; **368:** By permission of Nuvolafilm s.r.l; **372-373:** © C./Shutterstock; **372:** © Macumazahn/Shutterstock; **373:** (left col: t) John DeCarli; (left col: b) Leah Mercanti; (right col) María Eugenia Corbo; **378:** María Eugenia Corbo; **379:** Martin Bernetti; **388:** (tl) © Rui Vale de Sousa/Fotolia; (tr) © Corbis/Veer; (bl) © Fotolia; (br) © Blend Images/Fotolia; **390:** © WWD/Condé Nast/Corbis; **391:** Katie Wade; **392:** (l) © Ustyujanin/Shutterstock; (m) © Paul Hakimata Photography/Shutterstock; (r) © Konstantynov/Shutterstock; **393:** © Jean-Paul Guilloteau/Kipa/Corbis; **394:** © Leslie Richard Jacobs/Corbis; **397:** © Rob Goldman/Corbis; **399:** © Eric Audras/Mediabakery.

# About the Authors

**Anne Cummings** is a Professor of French and Italian at El Camino College in California. She has over thirty years of teaching experience at universities, community colleges, and in the private sector in both the US and abroad. Anne is widely published in the field of foreign language education. She has degrees from the University of Southern California and the University of California at Los Angeles, and a diploma from the **Centro di Lingua e Cultura Italiana "Giacomo Leopardi."** Anne resides in Southern California.

**Chiara Frenquelluci** teaches in the Department of Romance Languages and Literatures at Harvard University, where she also earned her PhD. Chiara also holds graduate degrees in Pedagogy and Comparative Literature from the University of Massachusetts at Boston and Brandeis University. She has won numerous awards for excellence in teaching and has published on French and Italian literature. Chiara is a native of Rome and now lives in the Boston area.

**Gloria Pastorino** is an Associate Professor of Italian and French at Farleigh Dickinson University in New Jersey. She holds a PhD in Comparative Literature from Harvard University, and also has degrees from the University of New Mexico and the **Istituto Universitario di Lingue Moderne** in Milan, Italy. Gloria specializes in theater and is a renowned literary translator. She is currently writing a book on Dario Fo. Among other accomplishments, she has earned numerous honors for distinction in teaching. Gloria is originally from Milan and lives outside New York City.